VERLAG
ÖSTERREICH

Walter Buchegger

Insolvenzrecht

3. Auflage

2017

Lehrbuch

VERLAG
ÖSTERREICH

Univ.-Prof. Dr. Walter Buchegger
Institut für Zivilprozessrecht, Insolvenzrecht und Vergleichendes Prozessrecht
Johannes-Kepler-Universität Linz

Mit einem Beitrag von

Dr. Klaus Markowetz, PGDipICA (London)
Institut für Zivilprozessrecht, Insolvenzrecht und Vergleichendes Prozessrecht
Johannes-Kepler-Universität Linz

www.verlagoesterreich.at
Gedruckt in Ungarn

Satz: Druckfertige Vorlage des Autors
Druck: Prime Rate Kft., 1044 Budapest, Ungarn

Gedruckt auf säurefreiem, chlorfrei gebleichtem Papier

Bibliografische Information der Deutschen Bibliothek

Die Deutsche Bibliothek verzeichnet diese Publikation in der Deutschen Nationalbibliografie; detaillierte bibliografische Daten sind im Internet über http://dnb.d-nb.de abrufbar.

ISBN 978-3-7046-6491-4 2. Aufl Verlag Österreich
ISBN 978-3-7046-7819-5 3. Aufl Verlag Österreich

Vorwort zur dritten Auflage

Seit der zweiten Auflage des vorliegenden Lehrbuchs, die ebenso wie ihre Vorgängerin sehr gute Aufnahme bei der Leserschaft fand, sind etwa vier Jahre vergangen.

Das Insolvenzrechtsänderungsgesetz 2017 (dessen BGBl-Nummer bei Drucklegung noch nicht vorlag) wie auch die EuInsVO 2015, in Geltung seit dem 26. Juni 2017, wurden eingearbeitet. Damit ist das Werk auf dem aktuellsten Stand.

Das IRÄG 2017 war ursprünglich nur als eine Novelle zur Anpassung der IO an die neue EuInsVO 2015 gedacht und trug in seiner Genesis noch nicht diesen Namen. Mediale Aufmerksamkeit gewann es durch die lange geplante und nunmehr umgesetzte Novelle der Insolvenz natürlicher Personen. Seine Darstellung basiert auf den Beschlüssen des Nationalrates und des Bundesrates zu 1588 BeilNR (RV) und 1741 BeilNR (AB), XXV. GP.

Auch die vorliegende dritte Auflage wendet sich, ebenso wie ihre Vorgängerin, an Studierende und Praktiker gleichermaßen, wobei Wert auf Detailtiefe gelegt wurde, soweit dies der Rahmen eines Lehrbuchs gestattet. Dogmatische Streitfragen fanden zwar vermehrt, aber mit der dem Umfang gezollten Zurückhaltung Berücksichtigung. Gleiches gilt für die in einem Lehrbuch gebotene Straffheit in Einzelfragen, die die Judikatur zu beantworten wusste.

Ein Überblick über das Sanierungs- und Abwicklungsgesetz für Banken (BaSAG) BGBl I 1014/98 wurde ebenso aufgenommen wie die zugrunde liegende Richtlinie.

Im Rahmen des Internationalen Insolvenzrechts findet sich eine eingehende systematische Darstellung der neuen Europäischen Insolvenz-Verordnung (EuInsVO) 2015; die Judikatur des EuGH wurde in noch größerem Umfang berücksichtigt. Die Bestimmungen des neu gefassten Achten Teils der IO (§§ 217 ff IO) fanden dabei ebenso die ihnen gebührende Aufarbeitung wie die des neuen Sechsten Teils der IO (§§ 180b, 180c IO) zur Konzerninsolvenz. Die Bestimmungen über Drittstaateninsolvenzen und die Sonderbestimmungen über Kreditinstitute und Versicherungsunternehmen (3. und 4. Hauptstück des Sechsten Teils) liegen überarbeitet auf dem Stand des IRÄG 2017 vor.

Literatur wurde berücksichtigt, soweit sie bei Drucklegung vorlag.

Mein Dank richtet sich an alle Leserinnen und Leser, die durch ihre Hinweise zur Gestaltung dieser Neuauflage beigetragen haben. Ich bin wiederum für Anregungen dankbar, dienen sie doch der Pflege des Werks in der Auflage.

Herzlichen Dank möchte ich an dieser Stelle Herrn Dr. *Franz Mohr,* BMJ, für seine Hinweise zur Insolvenz natürlicher Personen und zum IRÄG 2017 abstatten.

Mein besonderer Dank gilt meinem Mitarbeiter, Herrn Senior Scientist Dr. *Klaus Markowetz,* PGDipICA (London), der abermals die Darstellung des Internationalen Insolvenzrechts übernommen hat. Vor allem aber möchte ich mich bei Frau *Claudia Erhartmaier* bedanken, die erneut mit unermüdlichem Einsatz in gewohnt akribischer Kleinarbeit die technische Aufbereitung des Typoskripts durchgeführt hat.

Linz, im Juli 2017 *Walter Buchegger*

Vorwort zur ersten Auflage

Der Gesetzgeber hat mit dem Insolvenzrechtsänderungsgesetz 2010 (IRÄG 2010 BGBl I 2010/29) die alte Dichotomie der Insolvenzgesetze beseitigt, auf der Basis der Konkursordnung eine einheitliche Insolvenzordnung (IO) geschaffen und die Ausgleichsordnung aufgehoben.

Der Sanierungsgedanke des Zwangsausgleichs findet sich im neuen Sanierungsplan wieder, Gedankengut der Ausgleichsordnung wurde insbesondere im Sanierungsverfahren mit Eigenverwaltung durch den Schuldner in das Gesetz eingebaut.

Das vorliegende Lehrbuch wendet sich an Studierende und Praktiker gleichermaßen; es soll einen Überblick über das neue Regelungsgebäude vermitteln.

Literatur wurde berücksichtigt, soweit sie bei Drucklegung vorlag.

Für Anregungen bin ich dankbar, dienen sie doch der Pflege des Werks in der Auflage.

Mein besonderer Dank gilt meinem Mitarbeiter, Herrn Dr. *Klaus Markowetz,* PGDipICA (London), der die Darstellung des Internationalen Insolvenzrechts übernommen hat, sowie Frau *Claudia Erhartmaier,* die in unermüdlicher Kleinarbeit die technische Aufbereitung des Typoskripts durchgeführt hat.

Linz, im Juli 2010 *Walter Buchegger*

Inhaltsverzeichnis

Abkürzungsverzeichnis XXV

Literaturverzeichnis XXXI

Erstes Buch. Insolvenzordnung

Erster Teil. Die Insolvenzverfahren nach der IO

I. Grundlagen 3
A. Paritätsprinzip 3
1. EO: Die Spezialexekution nach dem Prioritätsprinzip 3
2. IO: Die Generalexekution nach dem Paritätsprinzip 3
B. Insolvenzfähigkeit 5
C. Das Insolvenzverfahren der IO und seine Formen 5
D. Schuldner – Insolvenzmasse – Insolvenzverwalter und Sanierungsverwalter 6
E. Schuldnersanierung im Konkurs und im Schuldenregulierungsverfahren – Sanierungsplan und Zahlungsplan 8
1. Sanierungsplan 8
2. Zahlungsplan und nachgeschaltetes Abschöpfungsverfahren 10
F. Schuldnersanierung im Sanierungsverfahren 10
G. Schuldnersanierung vor Insolvenz – Insolvenzprophylaxe 12

II. Rechtsquellen 13

III. Erkenntnisquellen 16
1. Gesetzesausgaben 16
2. Gesetzesmaterialien 16
3. Kommentare 16
4. Lehrbücher, systematische Darstellungen und Handbücher 16
5. Monographien und Sammelwerke 17
6. Aufsätze und Entscheidungsbesprechungen 18

Zweiter Teil. Materielles Insolvenzrecht

I. Insolvenzmasse 23

II. Wirkungen der Eröffnung des Insolvenzverfahrens 25
A. Beginn der Verfahrenswirkungen 26
B. Insolvenzbeschlag 26
1. Verstrickung der Insolvenzmasse 26
2. Insolvenzteilnahmeanspruch – Haftungsdurchsetzung 26

C. Rechtshandlungen des Schuldners 29
D. Unterhalt und Wohnung des Schuldners 30
1. Insolvenzfreier Neuerwerb 30
2. Unentbehrlichkeitsgrundsatz 31
3. Anspannungsgrundsatz 31
4. Unentbehrlicher Wohnraum 32
E. Rechtsstreitigkeiten und Außerstreitverfahren 33
1. Rechtsstreitigkeiten, die die Insolvenzmasse nicht betreffen 33
2. Rechtsstreitigkeiten über Aus- und Absonderungsansprüche 33
3. Rechtsstreitigkeiten, die die Insolvenzmasse betreffen 34
4. Außerstreitverfahren 36
F. Einzelvollstreckungen 37
1. Vollstreckungssperre (§ 10 IO) 37
2. Rückschlagsperre für jüngere exekutive Absonderungsrechte (§ 12 Abs 1 IO) 37
3. Sonstige Absonderungsrechte (§ 11 IO) 38
4. Einkünfte aus einem Arbeitsverhältnis (§ 12a IO) 38
5. Erweiterte Rückschlagsperre (§ 12b IO) 39
6. Räumungssperre (§ 12c IO) 40
7. Erlöschen von Zwangsverwaltungen (§ 12d IO) 41
G. Grundbuchssperre 41
H. Verjährung: Hemmung und Unterbrechung 41
I. Fälligkeit 42
J. Unbestimmte und bedingte Forderungen 42
K. Mitschuldner und Bürgen 43
1. Solidarschuldner und Bürgen des Schuldners 43
2. Haftung mehrerer insolventer Schuldner zur ungeteilten Hand 44
3. Kreditbesicherung nach § 16 EKEG 44
L. Aufrechnung 44
1. Volle Befriedigung in Höhe der Aufrechungssumme 45
2. Aufrechnungserleichterungen 46
3. Aufrechnungssperren 47
4. Aufrechnung von Masseforderung und Masseschuld 48
M. Abwicklung schwebender Rechtsgeschäfte 48
1. Gegenseitige (synallagmatische) Verträge 50
2. Bestandverträge (§§ 23, 24 IO) 53
3. Arbeitsverträge (§ 25 IO) 53
4. Auflösung von Verträgen durch den Vertragspartner des Schuldners (§ 25a IO) 57
5. Unwirksame Vereinbarungen (§ 25b IO) 58

6. Aufträge und Anträge (§ 26 IO) 59
7. Gebrauchsüberlassung durch Gesellschafter (§ 26a IO) 59

III. Massebeteiligte 59
A. Insolvenzfeste Ansprüche 59
1. Aussonderungsansprüche 60
2. Absonderungsansprüche 60
3. Aufrechnungsansprüche 60
4. Masseansprüche (Masseforderungen) 60
B. Gemeinschaftliche Insolvenzmasse – Insolvenzforderungen 60
1. Gemeinschaftliche Insolvenzmasse 60
2. Insolvenzforderungen 61
C. Forderungen aus Eigenkapital ersetzenden Leistungen 62
D. Ausgeschlossene Ansprüche 62

IV. Aussonderungsansprüche 63
A. Allgemeines 63
B. Aussonderungsgründe 64
C. Durchsetzung der Aussonderungsansprüche 65
D. Zwangsstundung der Aussonderungsansprüche 66
1. Die Regelung des § 11 Abs 2 IO 66
2. Die erweiterte Zwangsstundung des § 26a IO 67

V. Absonderungsansprüche 67
A. Allgemeines 68
B. Absonderungsgründe 68
1. Pfandrechte 68
2. Zurückbehaltungsrechte 69
3. Sicherungseigentum 69
C. Ausfallshaftung 69
D. Zinsenansprüche 70
E. Durchsetzung der Absonderungsansprüche 70
F. Aufschiebung des Exekutionsverfahrens (§ 120a IO) 72
G. Zwangsstundung der Absonderungsrechte 72

VI. Geltendmachung von Aussonderungs- und Absonderungsansprüchen an Einkünften aus einem Arbeitsverhältnis 73

VII. Aussonderungs- und Absonderungsansprüche für eigenkapitalersetzende Leistungen 73
A. Eigenkapitalersetzende Leistungen 73
B. Erlöschen der Aussonderungs- und Absonderungsansprüche 73

VIII. Masseforderungen 74
A. Allgemeine Masseforderungen – Sondermasseforderungen 75
B. Einteilung der Masseforderungen im Insolvenzverfahren 76
C. Rangordnung der Masseforderungen 77

D. Durchsetzung der Masseforderungen 77
1. Abhilfeantrag 78
2. Leistungsklage 78
E. Unzulänglichkeit der Insolvenzmasse 78

IX. Insolvenzanfechtung 80
A. Überblick 81
B. Nahe Angehörige 81
C. Allgemeiner Anfechtungstatbestand 82
D. Absichtsanfechtung (actio Pauliana) 84
1. Doluspauliana (§ 28 Z 1 IO) 84
2. Culpapauliana (§ 28 Z 2 IO) 84
3. Familienpauliana (§ 28 Z 3 IO) 84
E. Verschleuderungsanfechtung 85
F. Schenkungsanfechtung 85
1. Schenkungsanfechtung (§ 29 Z 1 IO) 85
2. Anfechtung exekutiven Erwerbs (§ 29 Z 2 IO) 85
G. Begünstigungsanfechtung 86
1. Subjektive Begünstigung (§ 30 Abs 1 Z 3 IO) 86
2. Familienbegünstigung (§ 30 Abs 1 Z 2 IO) 86
3. Objektive Begünstigung (§ 30 Abs 1 Z 1 IO) 87
H. Kenntnisanfechtung 87
1. Allgemeine Krisenkenntnis (§ 31 Abs 1 Z 2 IO) 87
2. Familiäre Krisenkenntnis (§ 31 Abs 1 Z 1 IO) 88
3. Objektive Vorhersehbarkeit eines Nachteils für die Insolvenzmasse (§ 31 Abs 1 Z 3 IO) 88
I. Anfechtungsprozess 89
1. Parteien 89
2. Zuständigkeit und Geltendmachung 90
3. Doppelbegehren 91
4. Ansprüche des Anfechtungsgegners 91

Dritter Teil. Insolvenzgericht und Organe des Insolvenzverfahrens

I. Insolvenzgericht 94
A. Zuständigkeit 94
1. Sachliche Zuständigkeit 94
2. Örtliche Zuständigkeit 95
3. Insolvenznahe Verfahren 96
4. Internationale Zuständigkeit → Drittes Buch 96
B. Aufgaben des Insolvenzgerichts 96

II. Insolvenzverwalter 97
A. Auswahl und Bestellung 97
1. Allgemeines 97

2. Insolvenzverwalterliste 98
3. Unabhängigkeit des Insolvenzverwalters 98
B. Aufgaben 99
1. im Konkursverfahren 99
2. im Sanierungsverfahren 100
3. im Schuldenregulierungsverfahren 101
4. im Gruppen-Koordinationsverfahren 101
C. Haftung und Rechnungslegung 101
D. Überwachung und Enthebung 102
E. Rechtsstellung 102
F. Entlohnung nach dem IVEG 1999 102

III. Gläubigerversammlung 104
A. Einberufung 104
B. Beschlusserfordernisse und Stimmrecht 104
C. Aufgaben 105
1. Kontrollfunktion 105
2. Beratungsfunktion 105
3. Entscheidungsfunktion 106
D. Gerichtliche Nachkontrolle – Sistierung von Beschlüssen 106

IV. Gläubigerausschuss 106
A. Bestellung 106
B. Aufgaben 107
C. Beschlussfassung – Sistierungsrecht des Insolvenzgerichts 108
D. Auslagenersatz und Vergütung 108

V. Gläubigerschutzverbände 109
A. Bevorrechtung 109
B. Aufgaben 109
C. Belohnungsanspruch 110

VI. Anerkannte Schuldenberatungsstellen 111
A. Bevorrechtung 111
B. Aufgaben 112

Vierter Teil. Insolvenzverfahren als Konkurs

I. Allgemeine Verfahrensbestimmungen und Begleitregelungen 113
A. Allgemeine Verfahrensbestimmungen (§§ 252 bis 263 IO) 113
1. Zuständigkeit, Anwendung der Prozessgesetze 113
2. Anträge 113
3. Vertretung 113
4. Fristen und Fristversäumnis 114

5. Mündliche Verhandlungen und Säumnis 115
6. Stoffsammlung und Entscheidungen 115
7. Rekurs und Revisionsrekurs 116
8. Öffentliche Bekanntmachung, Verständigungen und Zustellungen 119
9. Strafanzeige 121

B. Rechtsstreitigkeiten vor dem Insolvenzgericht 122
1. Insolvenzanhangsachen und insolvenznahe Verfahren – Verfahrensbestimmungen 122
2. Ausschließliche Zuständigkeit des Insolvenzgerichts 122
3. Wahlzuständigkeit des Insolvenzgerichts 123

C. Begleitregelungen (§§ 264 bis 269 IO) 123
1. Vorabentscheidungsersuchen 123
2. Geschäftsverteilung in Insolvenzsachen 124
3. Bevorrechtete Gläubigerschutzverbände, anerkannte Schuldenberatungsstellen 124
4. Insolvenzverwalterliste 124

II. Insolvenzanträge – Insolvenzgründe 124

A. Insolvenzantrag des Schuldners (§ 69 IO) 125

B. Insolvenzantrag eines Gläubigers (§ 70 IO) 127
1. Kostendeckendes Insolvenzvermögen (§§ 71 bis 71d IO) 127
2. Insolvenzforderung oder nachrangige Forderung des Antragstellers 130
3. Zahlungsunfähigkeit oder Überschuldung 131
4. Vernehmungstagsatzung 133

C. Einstweilige Vorkehrungen im Eröffnungsverfahren 133

D. Entscheidung über den Antrag auf Eröffnung des Insolvenzverfahrens 134

III. Eröffnung des Insolvenzverfahrens 135

A. Insolvenzedikt 135

B. Sicherungsmaßnahmen und Benachrichtigungen 137

C. Aufhebung des Insolvenzverfahrens 138

IV. Feststellung der Insolvenzmasse 139

A. Feststellung der Aktiven (§§ 96 bis 100 IO) 139
1. Inventar und Schätzung 139
2. Vermögensverzeichnis und Bilanz 140
3. Anzeigepflicht Dritter 141

B. Anmeldung der Forderungen (§§ 102 bis 104, 107 IO) 142
1. Anmeldungsfrist 143
2. Nachträgliche Anmeldungen 143
3. Anmeldungsverzeichnis 143

C. Prüfungstagsatzung (§§ 105 bis 109 IO) 143

D. Prüfungsprozesse (§§ 110 bis 113 IO) 146

V. Berichtstagsatzung (§§ 114a, 114b, 114c, 115 IO) 147
A. Unternehmenslage bis zur Berichtstagsatzung 148
B. Berichtstagsatzung (§ 114b IO) 149
C. Unternehmenslage nach der Berichtstagsatzung 150
VI. Verwertung der Insolvenzmasse 150
A. Geschäftsführung durch den Insolvenzverwalter 151
B. Veräußerung der Insolvenzmasse 151
1. Allgemeine Masse 151
2. Sondermasse 152
C. Überlassung zur freien Verfügung (§ 119 Abs 5 IO) 152
D. Rechnungslegung (§§ 121 bis 122 IO) 153
VII. Verteilung des Erlöses (§§ 124 bis 127 und 128 bis 138 IO) 153
A. Massegläubiger – Insolvenzgläubiger 154
B. Abschlagsverteilungen 154
C. Schlussverteilung – Schlussverteilungstagsatzung 156
D. Nachtragsverteilung 157
VIII. Aufhebung des Insolvenzverfahrens 157
A. Aufhebung des Insolvenzverfahrens mit konstitutivem Beschluss 158
B. Aufhebung des Insolvenzverfahrens ex lege 158
C. Voraussetzungen und Wirkungen 159
IX. Geringfügiger Konkurs 160
X. Gruppenverfahren 160
A. Die Konzerninsolvenz 160
B. Zusammenarbeit und Koordination 161
C. Genehmigungspflichtige Anträge und Handlungen 161
XI. Internationales Insolvenzrecht 161

Fünfter Teil. Sanierungsplan

I. Grundlagen 164
A. Wesen 164
B. Nomenklatur 165
II. Sanierungsplanvorschlag 166
A. Schuldnerantrag 166
B. Zurückweisung des Sanierungsplanantrags 166
C. Notwendiger Inhalt 167
D. Berichtstagsatzung 169
III. Sanierungsplantagsatzung und Rechnungstagsatzung 170
A. Sanierungsplantagsatzung und Sanierungsplanannahme 170
1. Sanierungsplantagsatzung 170

2. Stimmrecht 171
3. Annahmeerfordernisse 172
4. Erstreckung der Sanierungsplantagsatzung 173
B. Besonderheiten der Rechnungslegung und Rechnungstagsatzung 173

IV. Gerichtliche Bestätigung 174
A. Bestätigungsvoraussetzungen 174
B. Versagungsgründe 175
C. Entscheidung und Rekurs 176
D. Aufhebung des Insolvenzverfahrens ex lege 177

V. Rechtswirkungen des Sanierungsplans 177
A. Teilweise Schuldbefreiung – teilweise Haftungsentkleidung? 177
1. Die vorherrschende Naturalobligationstheorie 177
2. Aufrechnung nach Rechtskraft der Sanierungsplanbestätigung 179
B. Volle Befriedigung 180
C. Paritätsprinzip 180
D. Erfüllungsverzug und quotenmäßiges Wiederaufleben (§ 156a IO) 182
1. Qualifizierter Verzug 182
2. Verzugswirkungen 182
3. Andere Abreden 183
4. Keine Anwendung des § 156a IO beim Treuhandplan mit vollständiger Vermögensübergabe 184
5. Beweislast 184
E. Vorläufige Forderungs- und Ausfallsfeststellung 184
F. Exekutionstitel 185
1. gegen den Schuldner 185
2. gegen Sanierungsplangaranten 186

VI. Erfüllung des Sanierungsplans 187
A. Autonome Sanierungsplanerfüllung 188
B. Treuhandplan (Nachverfahren) 189
1. Allgemeine Bestimmungen 189
2. Formen des Treuhandplans 189
C. Überwachung durch einen Treuhänder 189
1. Rechtsstellung des Schuldners 189
2. Rechte und Pflichten des Treuhänders 191
3. Ansprüche des Treuhänders 191
4. Überwachung und Enthebung des Treuhänders 192
D. Übergabe von Vermögen 192
1. Voraussetzungen und Wirkungen 192
2. Rechtsstellung in Treugutprozessen 193

3. Haftung 194
4. Zahlungsfrist 194
5. Rechnungslegung 195
6. Gläubigeranonyme Kollektivhypothek 195
7. Eröffnung des Insolvenzverfahrens während der Treuhand mit Vermögensübergabe 196
E. Beendigung und Einstellung der Treuhand 196
1. Beendigung 196
2. Einstellung 197

VII. Nichtigkeit des Sanierungsplans und Wiederaufnahme des Insolvenzverfahrens 198
A. Nichtigkeit des Sanierungsplans 198
B. Wiederaufnahme des Insolvenzverfahrens 198
1. Voraussetzungen und Antrag 198
2. Teilnehmende Gläubiger 198
3. Verfahrenswiederholung, Forderungsprüfung 198
4. Insolvenzanfechtung und Aufrechnung 199

VIII. Unwirksamerklärung des Sanierungsplans 199

IX. Neuerliches Insolvenzverfahren 200

X. Sanierungsplan einer eingetragenen Personengesellschaft, einer Verlassenschaft oder eines unbeschränkt haftenden Gesellschafters 200
A. Sanierungsplan einer eingetragenen Personengesellschaft oder Verlassenschaft 200
B. Haftung eines ausgeschiedenen unbeschränkt haftenden Gesellschafters 201
C. Sanierungsplan eines unbeschränkt haftenden Gesellschafters 201

Sechster Teil. Sanierungsverfahren

I. Wesen 204

II. Dogmatisches Konzept 205

III. Antragsteller, Verfahrensauslöser und Zuständigkeit 206
A. Schuldnergruppen des § 166 IO 206
B. Verfahrensauslöser 207
C. Zuständigkeit 208

IV. Sanierungsverfahren ohne Eigenverwaltung 208
A. Verfahrensvoraussetzungen des § 167 IO 208
B. Wesen 208
C. Organe 209
D. Verfahrensablauf 209

1. Eröffnungsedikt – Tagsatzungen 209
2. Vorschlagsprüfung, Annahme und Bestätigung 210
3. Rechtswirkungen und Erfüllung 211
E. Konkurs 211

V. Sanierungsverfahren mit Eigenverwaltung 212
A. Wesen 212
B. Verfahrensvoraussetzungen 213
1. Erfüllung der Voraussetzungen des § 167 IO 213
2. Die Verfahrensvoraussetzungen des § 169 Abs 1 bis 4 IO 213
3. Mangelhaftes Vorbringen und seine Rechtsfolgen 214
C. Organe 215
1. Grundsatz 215
2. Sanierungsverwalter 215
D. Verfahrensablauf 217
1. Eröffnungsedikt und Tagsatzungen 217
2. Annahme, Bestätigung, Rechtswirkungen und Erfüllung 218
E. Eigenverwaltung 218
1. Umfang der Eigenverwaltung 218
2. Beschränkung der Eigenverwaltung 220
3. Entziehung der Eigenverwaltung 221

Siebenter Teil. Sonderbestimmungen für natürliche Personen

I. Zuständigkeit 224
A. Sachliche Zuständigkeit 224
B. Örtliche Zuständigkeit 225
C. Funktionelle Zuständigkeit 225

II. Schuldnerantrag auch ohne Kostendeckung 226

III. Schuldenregulierungsverfahren 227
A. Begriff 227
B. Besonderheiten 227
1. Eigenverwaltung des Schuldners 227
2. Vertretung des Schuldners 229
3. Bestellung eines Insolvenzverwalters 229
4. Obliegenheiten des Insolvenzgerichts 230

IV. Zahlungsplan 230
A. Begriff und Rechtsquellen 230
B. Besonderheiten 231
1. Aus- und Absonderungsrechte an Einkünften aus einem Arbeitsverhältnis 231

2. Quote und Erfüllungszeitraum 231
3. Verwertung der Insolvenzmasse 231
4. Tagsatzung über den Zahlungsplan 232
5. Änderung des Zahlungsplans 232
6. Nichtigkeit des Zahlungsplans 233
7. Berücksichtigung nicht angemeldeter Forderungen 233

V. Abschöpfungsverfahren 234
A. Einleitung 234
1. Antrag auf Einleitung des Abschöpfungsverfahrens 234
2. Einleitungshindernisse 234
3. Aufhebung des Insolvenzverfahrens 235
B. Treuhänder 236
C. Obliegenheiten des Schuldners 237
1. Umfang 237
2. Auskunft über die Obliegenheitserfüllung (§ 210a IO) 239
3. Obliegenheitsverletzungen 239
D. Berücksichtigung nicht angemeldeter Forderungen 239
E. Ausfälle bei Aus- und Absonderungsansprüchen 240

VI. Restschuldbefreiung 240
A. Restschuldbefreiung ohne Mindestquote 240
1. Der Kompromiss des IRÄG 2017 240
2. Die Restschuldbefreiung 240
B. Wirkungen der Restschuldbefreiung 241
C. Widerruf der Restschuldbefreiung 241

Zweites Buch. Insolvenz-Nebengesetze

Erster Teil. Unternehmensreorganisation

I. Allgemeines 245
A. Rechtsquelle 245
B. Anwendungsbereich 245
C. Zuständigkeit 246
D. Anwendung der IO und der ZPO 246

II. Einleitung des Verfahrens 247
A. Antrag 247
B. Einleitungsbeschluss 247

III. Reorganisationsplan 247
A. Vorlage 247
B. Inhalt 248

IV. Reorganisationsprüfer **248**
A. Auswahl und Enthebung 248
B. Aufgaben 249
1. Allgemeine Lageprüfung 249
2. Insolvenzprüfung 249
3. Gutachten über den Reorganisationsplan 249

V. Aufhebung oder Einstellung des Verfahrens **249**
A. Aufhebung des Verfahrens 249
B. Einstellung des Verfahrens 250
1. Einstellungsgründe (§ 13 Abs 1 URG) 250
2. Einstellungsbeschluss 250

VI. Durchführung des Reorganisationsplans **250**
A. Berichtspflicht des Unternehmers 250
B. Berichtspflicht des Reorganisationsprüfers 251

VII. Ansprüche beteiligter Personen **251**
1. des Reorganisationsprüfers 251
2. der bevorrechteten Gläubigerschutzverbände 251

VIII. Wirkungen des Verfahrens **252**
A. Anfechtungsfristen 252
B. Verträge 252
C. Beschränkte Anfechtbarkeit der Überbrückungs- und Reorganisationsmaßnahmen 252
D. Nichtanwendung des Eigenkapitalersatzrechts 253

IX. Haftungsvorschriften **253**
A. Haftung der Mitglieder des vertretungsbefugten Organs 253
B. Haftung des Aufsichtsrats und der Gesellschafterversammlung 254
C. Nichteintritt der Haftung 254
D. Entfall der Haftung 255
E. Geltendmachung der Haftung 255
F. Richtlinienentwurf über präventive Restrukturierungsverfahren 255

Zweiter Teil. Geschäftsaufsicht über Kreditinstitute

I. Bankenaufsicht und Insolvenzprophylaxe – das Regelungsgebäude des BaSAG **257**
A. Bankenaufsicht 257
B. Das Bankensanierungs- und -abwicklungsgesetz (BaSAG) 258
1. Rechtliche Basis 258
2. Vorbereitung auf Krisenfälle 259

3. Frühzeitiges Eingreifen 259
4. Abwicklung 259
5. Grenzüberschreitende Gruppenabwicklung 259
6. Beziehung zu Drittländern 260
7. Sonstige Regelungen 260
C. Geschäftsaufsichtsverfahren 260

II. Voraussetzungen für die Anordnung der Geschäftsaufsicht 260

III. Eröffnungsverfahren 261
A. Zuständigkeit und Antragslegitimation 261
B. Parteien 261
C. Eröffnungsverfahren und Eröffnungsbeschluss 262
D. Bestellung einer Aufsichtsperson 263

IV. Wirkungen der Geschäftsaufsicht 264
A. Beginn und Umfang der Wirkungen 264
B. Forderungen gegen das Kreditinstitut 264
1. Altforderungen 264
2. Neuforderungen 265
3. Forderungen aus nicht erfüllten Verträgen; Bestand- und Arbeitsverträge; Insolvenz-Entgelt 265

V. Rechtshandlungen des Schuldners 266

VI. Erlöschen der Geschäftsaufsicht 266
A. Gerichtliche Aufhebung 266
B. Konkurseröffnung 267

Dritter Teil. Genossenschaftsinsolvenz

I. Grundlagen 269
A. Wesen des GenIG 269
B. Insolvenzverfahren 270

II. Das Umlageverfahren 271
A. Beitragsberechnung 271
1. Erstellung und Inhalt 271
2. Beitragspflicht und Nachschusspflicht 272
B. Insolvenzgerichtliche Genehmigung der Beitragsberechnung und Zwangsvollstreckung 272
1. Beitragsberechnungstagsatzung 272
2. Genehmigungsbeschluss – Rekurs – Vollstreckungstitel 273
C. Zusatzberechnung 274
D. Rückzahlung – Aufrechnung – Rückgriffsausschluss 274

III. Anwendung außerhalb des Insolvenzverfahrens 274

Vierter Teil. Insolvenzentgeltsicherung

I. Allgemeines **276**
II. Anspruchsberechtigung **276**
A. Gesicherte Personen 276
B. Ungesicherte Personen 277
III. Auslösetatbestände **277**
IV. Gesicherte und ausgeschlossene Ansprüche **278**
A. Voraussetzung der Sicherung 278
B. Gesicherte Ansprüche 279
C. Ausgeschlossene Ansprüche 282
V. Ausmaß **284**
A. Berechnung 284
B. Insolvenz-Entgelt 285
1. vor der Insolvenz 285
2. bei Eröffnung des Insolvenzverfahrens im Inland 285
3. bei Anordnung der Geschäftsaufsicht 286
4. als Ausfallshaftung bei Eröffnung des Insolvenzverfahrens 286
5. in übrigen Fällen und bei Insolvenzfällen im Ausland 287
C. Weitere Ansprüche 287
D. Fälle besonderen Kündigungs- und Entlassungsschutzes 288
E. Betriebspensionen 288
VI. Zuständigkeit **289**
VII. Verfahren **290**
A. Antrag 290
B. Antragsfrist 291
1. Stichzeitpunkt 291
2. Neuerlicher Fristenlauf 292
3. Nachsichterteilung von der Fristversäumnis 293
C. Forderungserfassung und Äußerungspflicht 293
D. Beweis 294
E. Entscheidung 295
F. Berücksichtigungswürdige Umstände 295
G. Zahlung 295
H. Rückzahlungspflicht des Fonds nach Anfechtung 296
VIII. Übergang der Ansprüche **297**
A. Legalzession 297
B. Zukünftiges Vermögen des Arbeitgebers 297
IX. Widerruf und Rückforderung **298**
X. Übertragung, Verpfändung und Pfändung von Insolvenz-Entgeltansprüchen **299**

XI. Rechtsstreitigkeiten (sukzessive Zuständigkeit) 299

XII. Abrechnung mit Sozialversicherungsträgern, der Bauarbeiter-Urlaubs- und Abfertigungskasse und der Betrieblichen Mitarbeiter- und Selbständigenvorsorge-Kasse 300

A. Dienstnehmer-Beitragsanteile zur gesetzlichen Sozialversicherung 300
1. Sicherung der Dienstnehmerbeitragsanteile 300
2. Verrechnung 300
3. Abschlagszahlungen 302
B. Zuschläge nach dem Bauarbeiter-Urlaubs- und Abfertigungsgesetz (BUAG) 302
C. Beiträge nach dem Betrieblichen Mitarbeiter- und Selbständigenvorsorgegesetz (BMSVG) 302

XIII. Ansprüche bevorrechteter Gläubigerschutzverbände 303

XIV. Rechtshilfe und Auskunftspflicht 303

A. Auskunftspflichten 303
B. Unterstützungspflichten 304
C. Mitteilungspflicht bei Strafanzeige 304
D. Datenübermittlung 304

XV. Zusammenarbeit mit ausländischen Einrichtungen 304

A. Grenzüberschreitende Insolvenz 304
B. Informationsaustausch 305
C. Vereinbarungen 305
1. innerhalb des EWR 305
2. außerhalb des EWR 305

XVI. Strafbestimmungen 306

Drittes Buch. Internationales Insolvenzrecht

I. Begriff 313

II. Rechtsquellen 314

A. Europa 316
B. Drittstaaten 317

III. Europäische Insolvenzverordnung (EuInsVO 2015) 318

A. Gliederung der EuInsVO 2015 318
B. Anwendungsbereich 319
1. Sachlicher Anwendungsbereich 319
2. Persönlicher Anwendungsbereich 323
3. Räumlicher Anwendungsbereich 324
4. Zeitlicher Anwendungsbereich 325

C. Universalitätsprinzip 325
D. Hauptinsolvenzverfahren 327
1. Definitionen 327
2. Internationale Zuständigkeit 328
3. Prüfung der Zuständigkeit und Bekämpfung der Eröffnungsentscheidung 333
4. Zuständigkeit für insolvenznahe Verfahren (Annexverfahren) 335
5. Positive und negative Kompetenzkonflikte 338
6. Anwendbares Recht 340
7. Maßnahmen zur Massesicherung 341
8. Anerkennung und ihre Wirkungen 342
9. Ordre Public Vorbehalt 344
10. Verwalter des Insolvenzverfahrens 345
11. Öffentliche Bekanntmachung und Eintragung in öffentliche Register 346
E. Sekundärinsolvenzverfahren – Partikularinsolvenzverfahren 348
1. Allgemeines 348
2. Insolvenz keine Voraussetzung mehr für die Eröffnung von Sekundärinsolvenzverfahren 350
3. Vermeidung von Sekundärinsolvenzverfahren 351
4. Aufschiebung von Sekundärinsolvenzverfahren 354
5. Verfahrenskoordination 354
F. Einrichtung von Insolvenzregistern 357
G. Prozesse und Exekutionen 358
H. Einheitliche Kollisionsnormen 360
1. Dingliche Rechte Dritter 360
2. Eigentumsvorbehalt 360
3. Aufrechnung 361
4. Arbeitsverhältnisse 362
5. Erwerb und Nutzung unbeweglicher Sachen 363
I. Anmeldung der Forderungen 364
J. Gutgläubige Leistung an den Schuldner 366
K. Aussetzung der Verwertung im Sekundärverfahren 367
L. Insolvenzverfahren über das Vermögen von Mitgliedern einer Unternehmensgruppe 368
1. Allgemeines 368
2. Zusammenarbeit und Kommunikation 369
3. Gruppen-Koordinationsverfahren 370
M. Zusammenfassung und Bewertung der Reform der EuInsVO 2000 373

IV. Bundesgesetz über das Internationale Insolvenzrecht – IIRG 374

A. Österreichische Insolvenzverfahren und Auslandsvermögen 374
B. Anerkennung ausländischer Verfahren 375
C. Bekanntmachungen und Registereintragungen 377
D. Sonstige wichtige Bestimmungen 377
E. Umsetzung der Richtlinien für Kreditinstitute und Versicherungsunternehmen 378

V. Richtlinie zur Sanierung und Abwicklung von Kreditinstituten und Wertpapierfirmen 380

Sachverzeichnis 383

Abkürzungsverzeichnis

aA	anderer Ansicht
aaO	am angeführten Ort
AB	Ausschussbericht
ABGB	Allgemeines Bürgerliches Gesetzbuch vom 1.6.1811 JGS 946 idgF
ABlEG	Amtsblatt der Europäischen Gemeinschaften (seit 1958 bzw. 1968) zitiert mit Band (Jahr) Seite
ADV	Automationsunterstützte Datenverarbeitung
aE	am Ende
aF	alte Fassung
AGB	Allgemeine Geschäftsbedingungen
AktG	Aktiengesetz vom 31.3.1965 BGBl 98 idgF
AKV	Alpenländischer Kreditorenverband
AMFG	Arbeitsmarktförderungsgesetz BGBl 1969/31 idgF
AMPFG	Arbeitsmarktpolitik-Finanzierungsgesetz BGBl 1994/315
AMS-BegleitG	Arbeitsmarktservice-Begleitgesetz BGBl 1994/314 idgF
AnfO	Anfechtungsordnung vom 10.12.1914 RGBl 337 idgF
AngG	Angestelltengesetz vom 11.5.1921 BGBl 292 idgF
Anm	Anmerkung
AnwBl	Österreichisches Anwaltsblatt (ab 1970); zitiert mit Jahr, Seite (Abhandlungen) oder Jahr/Nummer (Entscheidungen)
AO	Ausgleichsordnung vom 10.12.1914 RGBl 337, wv am 10.9.1934 BGBl II 221 außer Kraft seit 1.7.2010
APSG	Arbeitsplatz-Sicherungsgesetz 1991 BGBl 1991/683 idgF
arg	argumento; argumentum (folgt aus)
Art	Artikel
ASGG	Arbeits- und Sozialgerichtsgesetz vom 7.3.1985 BGBl 104 idgF
ASVG	Allgemeines Sozialversicherungsgesetz vom 9.9.1955 BGBl 189 idgF
AußStrG	Außerstreitgesetz (BGBl ausgegeben am 12.12.2003) BGBl I 2003/111 idgF
AVG	Allgemeines Verwaltungsverfahrensgesetz vom 21.7.1925 BGBl 274 wv am 31.1.1991 BGBl 51 idgF
BaSAG	Sanierungs- und Abwicklungsgesetz BGBl I 98/2014.
Bd	Band
BFG	Beteiligungsfondsgesetz vom 18.2.1982 BGBl 1983/111 idgF
BG	Bezirksgericht; Bundesgesetz
BGB	(deutsches) Bürgerliches Gesetzbuch vom 18.8.1896 dRGBl 195 idgF
BGBl	Bundesgesetzblatt; zitiert mit Jahr/Nummer
BGH	(deutscher) Bundesgerichtshof
BIRG	Bankeninterventions- und -restrukturierungsgesetz (BIRG) BGBl I 98/2014 außer Kraft seit 31.12.2014
BlgNR	Beilagen zu den Stenographischen Protokollen der Sitzungen des Nationalrats
BMJ	Bundesministerium für Justiz
BMSVG	Betriebliches Mitarbeiter- und Selbständigenvorsorgegesetz BGBl I 2002/100
BPG	Betriebspensionsgesetz BGBl 1990/282 idgF
B-VG	Bundes-Verfassungsgesetz vom 1.10.1920 BGBl 1 wv 1929 BGBl 1930/1 idgF

BWG	Bundesgesetz über das Bankwesen (Bankwesengesetz), erlassen im Rahmen des Finanzmarktanpassungsgesetzes vom 30.7.1993 BGBl 532 (samt V des BMF vom 6.9.1994 BGBl 730) idgF
bzw	beziehungsweise
DZWiR	Deutsche Zeitschrift für Wirtschafts- und Insolvenzrecht (seit 1991)
EB	Erläuternde Bemerkungen
ecolex	Fachzeitschrift für Wirtschaftsrecht (seit 1990); zitiert mit Jahr, Seite
EGEO	Einführungsgesetz zur Exekutionsordnung vom 27.5.1896 RGBl 78, wv am 2.12.1952 BGBl 1953/6, idgF
EGJN	Einführungsgesetz zur Jurisdiktionsnorm vom 1.8.1895 RGBl 110 idgF
EGZPO	Einführungsgesetz zur Zivilprozeßordnung vom 1.8.1895 RGBl 112 idgF
EKEG	Bundesgesetz über Eigenkapital ersetzende Gesellschafterleistungen (Eigenkapitalersatz-G – EKEG), verlautbart als Art I GIRÄG 2003 BGBl I 2003/92 idgF
EO	Exekutionsordnung vom 27.5.1896 RGBl 79 idgF
EPG	Eingetragene Partnerschaft-Gesetz vom 30.12.2009 BGBl I 2009/135
Erläut	Erläuterungen zum Ministerialentwurf/zur Regierungsvorlage
ESUG	(deutsches) Gesetz zur weiteren Erleichterung der Sanierung von Unternehmen, dBGBl I 2011 Nr. 64 S. 2582
etc	et cetera
EuGH	Europäischer Gerichtshof
EuInsVO 2000	Verordnung (EG) Nr 1346/2000 des Rates vom 29. Mai 2000 über Insolvenzverfahren, ABl L 160/1 vom 30.6.2000
EuInsVO 2015	Verordnung (EG) Nr 2015/848 des Rates vom 20. Mai 2015 über Insolvenzverfahren, ABl L 141/19 vom 5.6.2015
eV	einstweilige Verfügung
EvBl	Evidenzblatt der Rechtsmittelentscheidungen (bis 1938); zitiert mit Jahr/Nummer; seit 1946 Beilage zur ÖJZ, zitiert mit ÖJZ Jahr/Nummer
EWR	Europäischer Wirtschaftsraum
f, ff	folgende, fortfolgende
FamRÄG 2009	Familienrechts-Änderungsgesetz 2009 BGBl I 2009/75
FBG	Firmenbuchgesetz vom 11.1.1991 BGBl 10 idgF
FN	Fußnote
FS	Festschrift
GAngG	Gutsangestelltengesetz BGBl 1923/538 idgF
GBG	Allgemeines Grundbuchsgesetz vom 2.2.1955 BGBl 39 idgF
GedS	Gedächtnisschrift
GEG	Gerichtliches Einbringungsgesetz vom 18.9.1962 BGBl 1962/288 idgF
gem	gemäß
GenG	Gesetz über die Erwerbs- und Wirtschaftsgenossenschaften vom 9.4.1873 RGBl 70 idF BGBl 1974/81, 1976/91, 1982/371 idgF
GenIG	Genossenschaftsinsolvenzgesetz RGBl 1918/105 idgF
Geo	Geschäftsordnung für die Gerichte I. und II. Instanz vom 1.3.1930 BGBl 74, wv durch BGBl 1951/264, idgF
GerH	siehe GH
GesBR	Gesellschaft Bürgerlichen Rechts
GesRÄG 2013	Gesellschaftsrechts-Änderungsgesetz - GesRÄG 2013 BGBl I 2013/109

GewO	Gewerbeordnung vom 29.11.1973 BGBl 1974/50 wv BGBl I 1994/194 idgF
GGG	Gerichtsgebührengesetz vom 27.11.1984 BGBl 1984/501 idgF
ggt	gegenteilig
GIN 2006	Gerichtsgebühren- und Insolvenzrechts-Novelle 2006 BGBl I 2006/8
GIRÄG 2003	Gesellschafts- und Insolvenzrechtsänderungsgesetz 2003 BGBl I 2003/92
GmbHG	Gesetz vom 6.3.1906 über Gesellschaften mit beschränkter Haftung RGBl 58 idgF
GOG	Gerichtsorganisationsgesetz vom 27.11.1896 RGBl 217 idgF
GP	Geschäftsperiode, Gesetzgebungsperiode
GS	Gemeinschuldner, Gedenkschrift
hA	herrschende Ansicht
HaRÄG	Handelsrechts-Änderungsgesetz BGBl I 2005/120
HeimArbG	Heimarbeitsgesetz 1960 BGBl 1961/105 (Wv) idgF
HG	Handelsgericht
hL	herrschende Lehre
hM	herrschende Meinung
Hrsg	Herausgeber
hrsg	herausgegeben
hRsp	herrschende Rechtsprechung
Hs	Halbsatz
idF	in der Fassung
idgF	in der geltenden Fassung
idR	in der Regel
IEG	Insolvenzrechtseinführungsgesetz (früher: Kaiserliche Verordnung über die Einführung einer Konkursordnung, einer Ausgleichsordnung und einer Anfechtungsordnung RGBl 1914/337) gemäß Art III IRÄG 1997 BGBl I 114 idgF
IESG	Insolvenz-Entgeltsicherungsgesetz vom 2.6.1977 BGBl 1977/324 idgF
ieS	im engeren Sinne
IIRG	Bundesgesetz über das Internationale Insolvenzrecht BGBl I 2003/36 idgF
InsNov 2002	Insolvenzrechts-Novelle 2002 BGBl I 2002/75
InsO	(deutsche) Insolvenzordnung vom 5. Oktober 1994 dBGBl I 1994 S 2866 idgF
IO	Bundesgesetz über das Insolvenzverfahren (Insolvenzordnung), mit RGBl 1914/337 als KO verlautbart, seit dem IRÄG 2010 (BGBl I 2010/29) als IO in Kraft idgF
IRÄ-BG	Insolvenzrechtsänderungs-Begleitgesetz BGBl I 2010/58
IRÄG 1982	Insolvenzrechtsänderungsgesetz vom 1.7.1982 BGBl 370
IRÄG 1994	Insolvenzrechtsänderungsgesetz vom 4.3.1994 BGBl 153
IRÄG 1997	Insolvenzrechtsänderungsgesetz 1997 BGBl I 114 (ausgegeben am 12.9.1997, die Kundmachung ersetzte BGBl I 1997/106, ausgegeben am 19.8.1997)
IRÄG 2002	siehe InsNov 2002
IRÄG 2010	Insolvenzrechtsänderungsgesetz 2010 vom 20.5.2010 BGBl I 2010/29
IRÄG 2017	Insolvenzrechtsänderungsgesetz 2017
ISA	Insolvenzschutzverband für Arbeitnehmer
iSd	im Sinne des
IV	Insolvenzverwalter
IVEG	Insolvenzverwalter-Entlohnungsgesetz BGBl I 1999/73 idgF
iVm	im Verein mit; in Verbindung mit

iwS	im weiteren Sinn
JEV	Journal für Erbrecht und Vermögensnachfolge (seit 2007); zitiert mit Jahr, Seite
JN	Jurisdiktionsnorm vom 1.8.1885 RGBl 111 idgF
KO	Konkursordnung vom 10.12.1914 RGBl 337, siehe IO
KO-Nov 93	Konkursordnungs-Novelle 1993 BGBl 974
krit	kritisch
KSV	Kreditschutzverband von 1870
KTS	Zeitschrift für Insolvenzrecht. Konkurs–Treuhand–Sanierung (deutsch; bis 1988: „Konkurs-, Treuhand- und Schiedsgerichtswesen"); zitiert mit Jahr, Seite
LG	Landesgericht
LGZ	Landesgericht für Zivilrechtssachen
lit	litera (Buchstabe)
mE	meines Erachtens
MinE	Ministerialentwurf
MoMiG	(deutsches) Gesetz zur Modernisierung des GmbH-Rechts und zur Bekämpfung von Missbräuchen dBGBl I 2008 Nr 46 S 2026
MRG	Mietrechtsgesetz vom 12.11.1981 BGBl 520 idgF
MRK	Konvention zum Schutz der Menschenrechte und Grundfreiheiten vom 4.11.1950 BGBl 1958/210, 1964/59 idgF
MuttSchG	Mutterschutzgesetz 1979 BGBl 221 (Wv) idgF
MV	Masseverwalter
mwN	mit weiteren Nachweisen
nF	neue Fassung
NO	Notariatsordnung vom 25.7.1871 RGBl 75 idgF
NZ	Österreichische Notariatszeitung (1858 – 1938, 1949 ff); zitiert mit Jahr, Seite
ÖBA	Österreichisches Bankarchiv (seit 1953); zitiert mit Jahr, Seite
OGH	Oberster Gerichtshof
OGHG	Bundesgesetz vom 19.6.1968 über den Obersten Gerichtshof BGBl 328 idgF
OG	Offene Gesellschaft
ÖJZ	Österreichische Juristenzeitung (1946 ff); zitiert mit Jahr, Seite; das Evidenzblatt der Rechtsmittelentscheidungen seit 1946 wird zitiert mit EvBl Jahr/Nummer
OLG	Oberlandesgericht
ÖVC	Österreichischer Verband der Vereine Creditreform (bevorrechteter Gläubigerschutzverband seit 1. Juni 2007 BGBl II 2006/442)
ÖZW	Österreichische Zeitschrift für Wirtschaftsrecht; zitiert mit Jahr, Seite
PIN	(geplante) Privatinsolvenznovelle
PKG	Pensionskassengesetz BGBl 1990/281 idgF
RAO	Rechtsanwaltsordnung vom 6.7.1868 RGBl 96 idgF
RATG	Rechtsanwaltstarifgesetz vom 22.5.1969 BGBl 189 mit angeschlossenem Rechtsanwaltstarif (RAT) idgF
RdW	Österreichisches Recht der Wirtschaft (seit 1994); zitiert mit Jahr, Seite
RG	Reichsgericht
RGBl	Reichsgesetzblatt
RIW	Recht der internationalen Wirtschaft (deutsch, seit 1954); zitiert mit Jahr, Seite
Rsp	Rechtsprechung
RV	Regierungsvorlage

RWZ	Zeitschrift für Recht und Rechnungswesen (seit 1983), zitiert mit Jahr, Seite bzw. Jahr/Nummer, Seite
Rz	Randzahl
RZ	Österreichische Richterzeitung (1907 – 1938; 1954 ff); Abhandlungen zitiert mit Jahr, Seite; Entscheidungen zitiert mit Jahr/Nummer
S	Satz; Seite; siehe (am Satzanfang)
s	siehe
SBA	Small Business Act für Europa
SchuNov	Schuldenberatungs-Novelle BGBl I 2007/73
sog	so genannte, -er, -es
SozBeG	Sozialbetrugsgesetz BGBl I 2004/152 idgF
SozSi	Soziale Sicherheit, Zeitschrift für die Österreichische Sozialversicherung (seit 1948); zitiert mit Jahr, Seite
StenProt	Stenographische Protokolle
StGB	Strafgesetzbuch vom 23.1.1974 BGBl 60 idgF
stR, stRsp	ständige Rechtsprechung
SWK	Österreichische Steuer- und Wirtschaftskartei (seit 1925); zitiert mit Jahr, Seite
SZ	Entscheidungen des österreichischen Obersten Gerichtshofes in Zivil- und Justizverwaltungssachen, veröffentlicht von seinen Mitgliedern (seit 1919); zitiert mit Band/Nummer
UGB	Unternehmensgesetzbuch dRGBl 1897/219, als HGB in Österreich eingeführt durch dRGBl 1938 I 1999, seit dem HaRÄG (BGBl I 2005/120) als UGB in Kraft idgF
URG	Unternehmensreorganisationsgesetz, verkündet als Art XI des IRÄG 1997 BGBl I 114, idgF
UrlG	BG betreffend die Vereinheitlichung des Urlaubsrechtes und die Einführung einer Pflegefreistellung BGBl 1976/390 idgF
uU	unter Umständen
V	Verordnung
v	vom, von
VAG	Versicherungsaufsichtsgesetz vom 18.10.1978 BGBl 569 idF BGBl I 1999/194 idgF
VBG	Vertragsbedienstetengesetz 1948 BGBl 86 idgF
vgl	vergleiche
VKG	Väter-Karenzgesetz BGBl 1989/651 idgF (vor dem 1.1.2002 EKUG – Eltern-Karenzurlaubsgesetz)
WBl, wbl	Wirtschaftsrechtliche Blätter (seit 1987); zitiert mit Jahr, Seite
WEG 2002	Wohnungseigentumsgesetz 2002 BGBl I 2002/70 idgF
ZFR	Zeitschrift für Finanzmarktrecht (seit 2006), zitiert mit Jahr, Seite bzw. Jahr/Nummer, Seite
ZIK	Zeitschrift für Insolvenzrecht und Kreditschutz (seit 1995); zitiert mit Jahr, Seite bzw. Jahr/Nummer, Seite
ZinsO	Zeitschrift für das gesamte Insolvenzrecht (deutsch, seit 1998), zitiert mit Jahr, Seite
ZIP	Zeitschrift für Wirtschaftsrecht (deutsch, seit 1980; bis 1982 Zeitschrift für Wirtschaftsrecht und Insolvenzpraxis); zitiert mit Jahr, Seite
zit	zitiert
ZPO	Zivilprozessordnung vom 1.8.1895 RGBl 113 idgF
zT	zum Teil
zust	zustimmend
zutr	zutreffend

ZustG	Bundesgesetz vom 1.4.1982 BGBl 200 über die Zustellung behördlicher Schriftstücke (Zustellgesetz) idgF
ZVN 2009	Zivilverfahrens-Novelle 2009 BGBl I 2009/30
ZZP	Zeitschrift für Zivilprozess, begründet von Hermann Busch (deutsch; 1879 – 1943, 1950/51 ff); zitiert mit Band, Seite

Literaturverzeichnis

Achatz	Markus Achatz (Hrsg.), Umsatzsteuer in der Insolvenz (Wien 1998)
Adolphsen	Jens Adolphsen, Europäisches Zivilverfahrensrecht, 2. Auflage (Berlin, Heidelberg 2015)
Ahrens/Gehrlein/Ringstmeier	Martin Ahrens, Markus Gehrlein, Andreas Ringstmeier (Hrsg.), Insolvenzrecht (Köln 2017)
Bartsch/Heil	Robert Bartsch und Rudolf Heil, Grundriß des Insolvenzrechts, 4. Auflage (Wien 1983)
Baumgartner	Andreas Baumgartner, Unternehmensschließung oder -fortführung (Wien 2003)
Bartsch/Pollak/Buchegger	Robert Bartsch, Rudolf Pollak, fortgef. Walter Buchegger (Hrsg.), Österreichisches Insolvenzrecht, Kommentar, 4. Auflage, Band I (Wien 2000); Band III (Wien 2002); Band II/2 (Wien 2004); Band IV (Wien 2006)
BeitrZPR I, II, III, IV, V, VI	Beiträge zum Zivilprozeßrecht I (Wien 1982), II (Wien 1986), III (Wien 1989), hrsg. von Walter Buchegger und Richard Holzhammer; Beiträge zum Zivilprozeßrecht IV (Wien 1991), V (Wien 1995), VI (Freistadt 2002) hrsg. von Walter Buchegger
Bertl/D. Mandl/G. Mandl/Ruppe	Romuald Bertl, Dieter Mandl, Gerwald Mandl und Hans Georg Ruppe, Insolvenz – Sanierung – Liquidation (Wien 1998)
Bock/Muhri	Gerhard Bock und Georg Muhri, Das neue Insolvenzrecht – Kurzkommentar zur Europäischen Insolvenzverordnung und Insolvenzrechts-Novelle 2002 (Wien 2002)
Bollenberger, Irrtum	Raimund Bollenberger, Irrtum über die Zahlungsunfähigkeit. Aussonderung durch Anfechtung (Wien 1995)
Buchegger, Ausgleichserfüllung	Walter Buchegger, Die Ausgleichserfüllung (Wien 1988)
Buchegger	Walter Buchegger (Hrsg.), Österreichisches Insolvenzrecht, Kommentar, Erster Zusatzband zu Bartsch/Pollak/Buchegger (Wien 2009)
Burgstaller, EZPR	Alfred Burgstaller, Europäisches Zivilprozeßrecht (Freistadt 2001)
Burgstaller, IZVR	Alfred Burgstaller (Hrsg.), Internationales Zivilverfahrensrecht (Wien 2001)
Burgstaller/Neumayr/Geroldinger/Schmaranzer	Alfred Burgstaller, Matthias Neumayr, Andreas Geroldinger und Gerhard Schmaranzer (Hrsg.), Internationales Zivilverfahrensrecht, 3 Bände (in Teillieferungen, Wien seit 2003)
Burgstaller/Deixler-Hübner, EO	Alfred Burgstaller, Astrid Deixler-Hübner (Hrsg.) und Bearbeiter, Kommentar zur Exekutionsordnung, 4 Bände (in Teillieferungen, Wien seit 1999/2000); zitiert mit *Autor* in Burgstaller/Deixler-Hübner, Paragraph und Randzahl

Carstens	Nis Carstens, Die internationale Zuständigkeit im Europäischen Insolvenzrecht (Köln 2005)
Chalupsky/Holzapfel/Straberger	Ernst Chalupsky, Werner Holzapfel und Viktor A. Straberger, Österreichisches Insolvenzrecht (Wels 1983)
Chalupsky/Ennöckl	Ernst Chalupsky und Wolfgang Ennöckl, Unternehmensfortführung im Konkurs (Wien 1985)
Chalupsky/Ennöckl/Holzapfel	Ernst Chalupsky, Wolfgang Ennöckl und Werner Holzapfel, Handbuch des österreichischen Insolvenzrechts (Wien 1986)
Chini/Frölichsthal, BWG^{2}	Leo W. Chini und Georg Frölichsthal, Praxiskommentar zum Bankwesengesetz, 2. Auflage (Wien 1997)
Chini/Oppitz, BWG	Leo W. Chini und Martin Oppitz, Bankwesengesetz – Kommentar (Wien 2011); beachte auch die Änderung bei Chini/Frölichsthal
Clavora/Garber	Selena Clavora und Thomas Garber (Hrsg.), Grenzüberschreitende Insolvenzen im europäischen Binnenmarkt – die EuInsVO (Wien 2011)
Cranshaw/Hinkel	Friedrich L. Cranshaw und Lars Hinkel (Hrsg.) und Bearbeiter, Gläubigerkommentar Anfechtungsrecht, 2. Auflage (Heidelberg 2014)
Deixler-Hübner, Privatkonkurs	Astrid Deixler-Hübner, Privatkonkurs, 2. Auflage (Wien 1996)
Deixler-Hübner/Klicka	Astrid Deixler-Hübner und Thomas Klicka, Zivilverfahren. Erkenntnisverfahren und Grundzüge des Exekutions- und Insolvenzrechts, 9. Auflage (Wien 2015)
Dellinger, BWG	Markus Dellinger (Hrsg.), Bankwesengesetz – Kommentar, Loseblatt (Wien seit 2010)
Dellinger, Haftung	Markus Dellinger Vorstands- und Geschäftsführerhaftung im Insolvenzfall insbesondere gegenüber sogenannten Neugläubigern (Wien 1991)
Dellinger, Liquidation	Markus Dellinger, Rechtsfähige Personengesellschaften in der Liquidation (Wien 2001)
Dellinger/Mohr	Markus Dellinger und Franz Mohr, Eigenkapitalersatzgesetz, Kommentar (Wien 2004), zitiert mit Randzahl
Dellinger/Oberhammer/Koller	Markus Dellinger, Paul Oberhammer und Christian Koller, Insolvenzrecht, 3. Auflage (Wien 2014)
Denkschrift	Denkschrift zur Einführung einer Konkursordnung, einer Ausgleichsordnung und einer Anfechtungsordnung (Wien 1914)
Deriu, Ins-Entgeltsicherung	Claudio Deriu, Insolvenz-Entgeltsicherung zwischen EU-Recht und nationalem Recht (2013)
Derntl, Insolvenzsicherung	Johannes Derntl, Insolvenzsicherung für die Sozialversicherung (Wien 2012)
Dullinger, Aufrechnung	Silvia Dullinger, Handbuch der Aufrechnung (Wien 1995)
Duursma-Kepplinger, Haftungsordnung	Henriette-Christine Duursma-Kepplinger, Die Haftungsordnung im Gesellschaftskonkurs, 4 Bände (Wien 2009)
Duursma-Kepplinger, Insolvenz	Henriette-Christine Duursma-Kepplinger, Eigentumsvorbehalt und Mobilienleasing in der Insolvenz (Wien 2002)

Duursma-Kepplinger/Duursma/ Chalupsky, EuInsVO	Henriette-Christine Duursma-Kepplinger, Dieter Duursma und Ernst Chalupsky, Europäische Insolvenzverordnung, Kommentar (Wien 2002)
Erber, Insolvenzrecht	Josef Erber, ABC des Insolvenzrechtes. Eine gemeinverständliche und praxisnahe Darstellung aller wichtigen Bestimmungen der Konkurs- und Ausgleichsordnung sowie des Insolvenz-Entgeltsicherungsgesetzes, 4. Auflage (Wien 1998)
Fasching	Hans W. Fasching, Zivilprozeßrecht, Lehr- und Handbuch, 2. Auflage (Wien 1990); zitiert mit Randzahl
*Fasching/Konecny*²	Hans W. Fasching, Andreas Konecny (Hrsg.) und Bearbeiter: Kommentar zu den Zivilprozessgesetzen: 1. Band (Wien 2000), 2. Band, 1. Teilband (Wien 2002), 2. Band, 2. Teilband (Wien 2003), 3. Band (Wien 2004), 4. Band, 1. Teilband (Wien 2005), 4. Band, 2. Teilband (Wien 2007), 5. Band, 1 Teilband (Wien 2008), Ergänzungsband zum Zustellrecht (Wien 2008); zitiert mit *Autor* in Fasching² [§] und [Rz]
*Fasching/Konecny*³	Hans W. Fasching, fortgeführt von Andreas Konecny (Hrsg.) und Bearbeiter: Kommentar zu den Zivilprozessgesetzen, 3. Auflage: Band I (Wien 2013), Band II/1 (Wien 2015), Band II/2 (Wien 2016), Band II/3 (Wien 2015), Band IV/2 (Wien 2016)
Fasching, Konkurs	Hans W. Fasching, Konkurs, Ausgleich und Zwangsvollstreckung bei Gemeinden (Wien 1983)
Feil, IO	Erich Feil, Insolvenzordnung – Praxiskommentar, 8. Auflage (Wien 2014)
Feldbauer-Durstmüller/Mayr	Birgit Feldbauer-Durstmüller und Stefan Mayr (Hrsg.), Unternehmenssanierung in der Praxis (Wien 2009)
Feldbauer-Durstmüller/Schlager	Birgit Feldbauer-Durstmüller und Josef Schlager (Hrsg.), Krisenmanagement – Sanierung – Insolvenz, 2. Auflage (Wien 2002)
Feldbauer-Durstmüller/Stiegler	Birgit Feldbauer-Durstmüller und Harald Stiegler (Hrsg.), Krisenmanagement (Linz 1994)
Feuchtinger/Lesigang	Günther Feuchtinger und Michael Lesigang, Praxisleitfaden Insolvenzrecht, 4. Auflage (Wien 2014)
Fink, Privatkonkurs	Herbert Fink, Der neue Privatkonkurs (Wien 1994)
Fink	Herbert Fink, Insolvenzrecht – Orac Rechtsskriptum, 9. Auflage (Wien 2015)
Fritz/Schauer K.	Christian Fritz und Katja Schauer, Die Sanierung einer GmbH (Wien 2009)
Fussenegger	Paul Fussenegger, Unternehmerinsolvenz (Wien 2012)
Geimer/Schütze	Reinhold Geimer und Rolf A. Schütze, Europäisches Zivilverfahrensrecht – Kommentar, 3. Auflage (München 2010)
Geroldinger, Verfahrenskoordination	Andreas Geroldinger, Verfahrenskoordination im Europäischen Insolvenzrecht (Wien 2010)
Gessler	Alexander Gessler, Steuern bei Konkurs und Ausgleich, 3. Auflage (Wien 1990)
Gottwald InsR-HB	Peter Gottwald, Insolvenzrechts-Handbuch, 5. Auflage (München 2015)

Herchen	Axel Herchen, Das Übereinkommen über Insolvenzverfahren der Mitgliedstaaten der Europäischen Union vom 23.11.1995 (Würzburg 2000)
Hess	Burkhard Hess, Europäisches Zivilprozessrecht (Heidelberg 2010)
Hess/Oberhammer/Pfeiffer	Burkhard Hess, Paul Oberhammer und Thomas Pfeiffer, European Insolvency Regulation – Heidelberg-Luxembourg-Vienna-Report (München 2014)
Laurer/Borns/Strobl/Schütz M/ Schütz O, BWG	H. René Laurer, Rainer Borns, Johann Strobl, Melitta Schütz und Oliver Schütz, Bankwesengesetz – Kommentar, 3. Auflage (Wien 2010)
Laurer/Schütz/Kammel/Ratka	H. René Laurer, Melitta Schütz, Armin Kammel und Thomas Ratka, Kommentar zum Bankwesengesetz, 4. Auflage, Stand 29. Lieferung (Wien 2017)
Hajek	Peter Hajek, Ausgleichsordnung – Praxiskommentar (Wien 2000)
Hauser, Insolvenzrecht	Werner Hauser, Insolvenzrecht – IRÄG 2010 (Wien 2010
Heil, InsR	Rudolf Heil, Insolvenzrecht (Wien 1989)
Hofmeister	Roman Hofmeister, Die Fortbestehensprognose für Kapitalgesellschaften (Wien 2003)
Holzer/Reissner/Schwarz	Wolfgang Holzer, Gert-Peter Reissner und Walter Schwarz, Die Rechte des Arbeitnehmers bei Insolvenz, 5. Auflage (Wien 2006)
Holzhammer InsR	Richard Holzhammer, Österreichisches Insolvenzrecht, 5. Auflage (1996)
Holzhammer/Roth	Richard Holzhammer und Marianne Roth, Exekutionsrecht und Konkursrecht – Grundstudium, 6. Auflage (Freistadt 2008)
Hödl	Erik Hödl, Der Lieferantenpool – Zur organisierten Durchsetzung der Eigentumsvorbehalte mehrerer Lieferanten im Konkurs des gemeinsamen Schuldners (Wien, Graz 2010)
Jaufer	Clemens Jaufer, Das Unternehmen in der Krise, 3. Auflage (Wien 2014)
Jelinek/Zangl, IO	Wolfgang Jelinek und Sylvia Zangl, Insolvenzordnung, 8. Auflage (Wien 2010)
Karollus, EKEG	Martin Karollus, Kommentierung des EKEG in Buchegger (Hrsg.), Österreichisches Insolvenzrecht – Kommentar, 1. Zusatzband (Wien 2009)
Karollus/Huemer, Fortbestehensprognose	Martin Karollus und Daniela Huemer, Die Fortbestehensprognose im Rahmen der Überschuldungsprüfung, 2. Auflage (Wien 2006)
Karollus/Schulyok, Leistungen	Martin Karollus und Peter Schulyok, Eigenkapitalersetzende Leistungen. Eine fallorientierte Darstellung für die Praxis (Wien 1998)
Keppelmüller	Rudolf Keppelmüller, Österreichisches Internationales Konkursrecht (Wien 1997)
Kepplinger	Henriette-Christine Kepplinger, Das Synallagma in der Insolvenz (Wien 2000)

Klauser/Kodek	Alexander Klauser und Georg E. Kodek, Jurisdiktionsnorm und Zivilprozessordnung – Österreichisches und Europäisches Zivilprozessrecht, 17. Auflage (Wien 2012)
Kodek, Handbuch	Georg Kodek, Handbuch Privatkonkurs, 2. Auflage (Wien 2015)
Kodek, IO	Georg Kodek (Hrsg.), Kurzkommentar zur Insolvenzordnung (angekündigt Wien 2017)
Kohn-Löffelmann	Cordelia Kohn-Löffelmann, Insolvenzanfechtung in Europa – Vergleich der Anfechtungsvorschriften von Deutschland, der Schweiz und Frankreich (Hamburg 2008)
Konecny, IRÄG 2010	Andreas Konecny (Hrsg.), IRÄG 2010 – Insolvenzrechtsänderungsgesetz 2010, ZIK Spezial (Wien 2010)
Konecny/Riel, IVEG	Andreas Konecny und Stephan Riel, Entlohnung im Insolvenzverfahren (Wien 1999)
Konecny/Schubert	Andreas Konecny, Günter Schubert (Hrsg.) und Bearbeiter, Kommentar zu den Insolvenzgesetzen, *Autor* in Konecny/Schubert, Paragraph der KO, der IO, Art der EuInsVO Randzahl
König, Anfechtung	Bernhard König, Die Anfechtung nach der Konkursordnung, 5. Auflage (Wien 2014)
König/Mayr	Bernhard König und Peter G. Mayr (Hrsg.), Europäisches Zivilverfahrensrecht in Österreich (Wien 2007)
Kotrschal	Hanna Kotrschal, Änderung der Insolvenzgesetze (Wien, Graz 2005)
Koziol, Gläubigeranfechtung	Helmut Koziol, Grundlagen und Streitfragen der Gläubigeranfechtung (Wien 1991)
Koziol/Bydlinski/Bollenberger KBB	Helmut Koziol, Peter Bydlinski und Raimund Bollenberger (Hrsg.), ABGB, Kurzkommentar, 5. Auflage (Wien 2017)
Lichtkoppler/Reisch (Hrsg.) Unternehmenssanierung	Kurt Lichtkoppler und Ulla Reisch (Hrsg.), Handbuch Unternehmenssanierung (Wien 2010)
Liebeg, IESG	Paul Liebeg, Insolvenz-Entgeltsicherungsgesetz. Praxiskommentar, 3. Auflage (Wien 2007)
Mayr, EZPR	Peter G. Mayr, Europäisches Zivilprozessrecht (Wien 2011)
Mohr	Franz Mohr, IO – Die Insolvenzordnung samt Nebengesetzen, verweisenden und erläuternden Anmerkungen und ausführlichen Hinweisen auf die Rechtsprechung, 11. neu bearbeitete Auflage (Wien 2012)
Mohr, Insolvenzrecht 2002	Franz Mohr, Insolvenzrecht 2002 (Wien 2002)
Mohr, IRÄG 1997	Franz Mohr, Das Insolvenzrechtsänderungsgesetz 1997 (Wien 1997)
Mohr, Privatkonkurs	Franz Mohr, Privatkonkurs, 2. Auflage (Wien 2007)
Mohr, URG	Franz Mohr, Unternehmensreorganisationsgesetz – URG (Wien 1997)
Mohr, Sanierungsplan und Sanierungsverfahren	Franz Mohr, Sanierungsplan und Sanierungsverfahren, (Wien 2010)

Muhri/Stortecky	Georg Muhri und Felix Stortecky, Das neue Insolvenzrecht, Kurzkommentar, 6. Auflage (Wien 2010)
MünchKomm InsO	Hans-Peter Kirchhof, Horst Eidenmüller und Rolf Stürner (Hrsg.) und Bearbeiter, Münchener Kommentar zur Insolvenzordnung, 1. Band, 3. Auflage (München 2013), 2. Band, 3. Auflage (München 2013), 3. Band, 3. Auflage (München 2014)
Nunner, Freigabe	Bettina Nunner, Die Freigabe von Konkursvermögen (Wien 1998)
Nunner-Krautgasser, Staaten	Bettina Nunner-Krautgasser, Insolvenzverfahren für Staaten – mögliche Wege aus der Krise (Wien 2013)
Nunner-Krautgasser, Schuld	Bettina Nunner-Krautgasser, Schuld, Vermögenshaftung und Insolvenz (Wien 2007)
Nunner-Krautgasser/Reissner	Bettina Nunner-Krautgasser und Gert-Peter Reissner, Praxishandbuch Insolvenz und Arbeitsrecht (Wien 2012)
Pannen	Klaus Pannen (Hrsg.), Europäische Insolvenzverordnung – Kommentar (Berlin 2007)
Paulus	Christoph Paulus, Europäische Insolvenzverordnung – Kommentar, 4. Auflage (Frankfurt am Main 2013)
Petsch/Reckenzaun/Bertl/Isola	Wolfgang Petsch, Axel Reckenzaun, Romuald Bertl und Alexander Isola, Praxishandbuch Konkursabwicklung, 2. Auflage (Wien, Frankurt/Main 2003)
Petschek/Reimer/Schiemer	Georg Petschek, Otto Reimer und Karl Schiemer, Das österreichische Insolvenzrecht (Wien 1973)
Poltsch/Bertl/Fraberger/ Reckenzaun/Isola/Petsch	Kathrin Poltsch, Romuals Bertl, Friedrich Fraberger, Axel Reckenzaun, Alexander Isola und Wolfgang Petsch (Hrsg.), Praxishandbuch Insolvenzabwicklung (Wien 2016), zitiert mit Bearbeiter
Rauscher	Thomas Rauscher (Hrsg.), Europäisches Zivilprozess- und Kollisionsrecht, EuZPR/EuIPR – Kommentar, 4. Auflage, 5 Bände (Köln, seit 2015)
Rechberger	Walter H. Rechberger (Hrsg.) – Kommentar zur ZPO, 4. Auflage (Wien 2014)
Rechberger/Thurner	Walter H. Rechberger und Mario Thurner, Insolvenzrecht, 2. Auflage (Wien 2004)
Reckenzaun, IRÄG 2010	Axel Reckenzaun, IRÄG 2010 – Textausgabe mit Anmerkungen für die Praxis (Wien 2010)
Resch	Reinhard Resch, Sozialrecht, 6. Auflage (2014)
Riel F.	Frank Riel, Das Zwangsausgleichsverfahren (Wien 2005)
Riel, Befugnisse	Stephan Riel, Die Befugnisse des Masseverwalters im Zivilverfahrensrecht (Wien 1995)
Roth/Duursma-Kepplinger	Marianne Roth und Henriette Duursma-Kepplinger, Exekutions- und Insolvenzrecht, 10. Auflage (Wien 2016)
Säcker/Rixecker	Franz Jürgen Säcker und Roland Rixecker (Hrsg.) und Bearbeiter, Münchener Kommentar zum Bürgerlichen Gesetzbuch, Band 11, 6. Auflage (München 2015)
Schack	Haimo Schack, Internationales Zivilverfahrensrecht, 7. Auflage (München 2017)

Schmidt	Andreas Schmidt (Hrsg.) und Bearbeiter, Hamburger Kommentar zum Insolvenzrecht, 6. Auflage (Köln 2017)
Schoditsch	Thomas Schoditsch, Eigentumsvorbehalt und Insolvenz (Wien 2009)
Schopper, Insolvenzanfechtung	Alexander Schopper, Insolvenzanfechtung gesellschaftsrechtlicher Maßnahmen (Wien 2012)
Schopper/Vogt	Alexander Schopper und Nikolaus Vogt, Eigenkapitalersatzgesetz (Wien 2003)
Schönbacher	Jörg Schönbacher, Die Haftung des Aufsichtsrats bei Konkursverschleppung (Wien 2009)
Schrammel	Walter Schrammel, Betriebspensionsgesetz (Wien 1992)
Shamiyeh, Haftung	Peter Shamiyeh, Die zivilrechtliche Haftung des Masseverwalters (Wien 1995)
Sigmund-Akhavan Aghdam	Jutta Sigmund-Akhavan Aghdam, Insolvenzrecht, 3. Auflage (Wien 2004)
Sigmund-Akhavan Aghdam	Jutta Sigmund-Akhavan Aghdam, Insolvenzrecht in der Praxis, 2. Auflage (Wien 2010)
Smid	Stefan Smid, Europäisches Internationales Insolvenzrecht (Wien 2002)
Smid InsR	Stefan Smid, Handbuch Insolvenzrecht, 6. Auflage (Berlin 2012)
Trenker	Martin Trenker, Insolvenzanfechtung gesellschaftsrechtlicher Maßnahmen (Wien 2012)
Vogler	Daniela Vogler, Die internationale Zuständigkeit für Insolvenzverfahren (Wien, Graz 2004)
Uhlenbruck	Wilhelm Uhlenbruck, Heribert Hirte und Heinz Vallender (Hrsg.) und Bearbeiter, Insolvenzordnung, Kommentar, 14. Auflage (München 2015)
Weber	Romana Weber, Arbeitsverhältnisse in Insolvenzverfahren (Wien 1998)
Wegan/Reiterer	Josef Wegan und Irmgard Reiterer, Österreichisches Insolvenzrecht (Wien 1973)
Werschitz/Muhri	Otto Werschitz und Georg Muhri, Insolvenzrecht (Wien 2010)
Wimmer, FK-InsO	Klaus Wimmer (Hrsg.) und Bearbeiter, Frankfurter Kommentar zur Insolvenzordnung, 8. Auflage (Köln 2015)

Erstes Buch

Insolvenzordnung

Erster Teil

Die Insolvenzverfahren nach der IO

I. Grundlagen

A. Paritätsprinzip

1. EO: Die Spezialexekution nach dem Prioritätsprinzip

Ist ein ***Schuldner nicht gewillt,*** seine(n) Gläubiger zu befriedigen, so greift das Regelwerk der EO:

▪ Basis jeder Exekution ist ein ***gültiger Exekutionstitel*** nach § 1 EO (zB. ein Gerichtsurteil, ein bedingter Zahlungsbefehl, ein vollstreckbarer Notariatsakt), der die berechtigte Partei (den betreibenden Gläubiger) und die verpflichtete Partei (den Verpflichteten) genau bezeichnet.

▪ Jeder ***betreibende Gläubiger*** vollstreckt für sich in ***einzelne Vermögensstücke*** des Verpflichteten bis zur vollständigen Befriedigung; es handelt sich um eine ***individuelle Spezialexekution.***

▪ Es gilt dabei das ***Prioritätsprinzip.*** Das früher begründete Pfändungspfandrecht geht dem späteren vor.

▪ Durch die ***Pfändung*** wird das ***Pfändungspfandrecht*** an der in Exekution gezogenen Sache begründet und es entsteht ***Verstrickung***: Die Verfügungsgewalt (nicht die Inhaberschaft) geht vom Schuldner auf den Staat über.

▪ Es herrscht das ***Verbot der Kahlpfändung:*** Kraft gesetzlicher Vorschrift unpfändbare Sachen oder Geldbeträge haben dem Schuldner zu verbleiben, sind ***nicht der Exekution unterworfen*** (zB. der Katalog unpfändbarer Fahrnisse in § 250 bis 252 EO oder das Existenzminimum nach §§ 291a ff EO iVm den Existenzminimumtabellen).

2. IO: Die Generalexekution nach dem Paritätsprinzip

Ist der ***Schuldner*** dagegen ***nicht in der Lage,*** all seine Gläubiger voll zu befriedigen, so tritt an die Stelle der individuellen Spezialexekution der EO die Rechtsdurchsetzung der IO:

▪ Ein ***Exekutionstitel*** iSd § 1 EO ***ist nicht non Nöten,*** es muss etwa kein Gerichtsurteil erstritten werden.

▪ Dem einzelnen Gläubiger ist die individuelle Rechtsverfolgung verboten (§ 10 IO); an ihre Stelle tritt eine ***kollektive Rechtsverfolgung.*** Das ***Insolvenzverfahren*** fasst die Gläubiger in einem einheitlichen Verfahren zusammen, die Insolvenz des Schuldners macht sie zu einer Verlustgemeinschaft, die einen ***Ausfall***, die Differenz zwischen geschuldetem und im Insolvenzverfahren erhaltenen Betrag (Quote), *verhältnismäßig* tragen muss.

- Durch die Verfahrenseröffnung bildet sich die ***Insolvenzmasse.*** Sie besteht aus dem pfändbaren Schuldnervermögen zum Zeitpunkt der Verfahrenseröffnung und seinem pfändbaren Erwerb während des Verfahrens (§ 2 Abs 2 IO).

- Die *Insolvenzmasse unterliegt mit dem Beschluss auf Eröffnung des Insolvenzverfahrens dem* ***Insolvenzbeschlag,*** es entsteht daran ***Verstrickung,*** aus ihr werden die Gläubiger befriedigt.

- Das Insolvenzverfahren erspart den Gläubigern Klage- und Exekutionsführung. Sie müssen vielmehr ihre Forderungen im Insolvenzverfahren anmelden. Der Insolvenzverwalter trägt sie in ein Anmeldungsverzeichnis ein. Er hat sich zu jeder Forderung in einer ***Prüfungstagsatzung*** zu äußern; bestreitet weder er die Forderung noch ein bestreitungsbefugter anderer Gläubiger, so ist die Forderung ***insolvenzmäßig festgestellt*** und im Rahmen insolvenzmäßiger Befriedigung zu berücksichtigen.

- Für eine Sanierung stellt der Gesetzgeber das ***Regelwerk des Sanierungsplans*** zur Verfügung, der entweder im eröffneten Konkurs vorgelegt wird oder Gegenstand eines Schuldnerantrags auf Eröffnung eines Sanierungsverfahrens ist: Der Schuldner muss hier alle seine Insolvenzgläubiger gleichmäßig nach Quoten befriedigen: ***paritätische Gläubigerbefriedigung aufgrund von Zwangsvollstreckungsparametern.***

- ***Sofern eine Sanierung*** in der Insolvenz ***misslingt,*** wird die ***Insolvenzmasse verwertet*** und der Erlös, entsprechend seinem prozentuellen Verhältnis zu den angemeldeten Forderungen an die ***Gläubiger, mithin quotenmäßig verteilt.*** Es handelt sich also um eine ***Gesamtvollstreckung (Generalexekution) mit quotenmäßiger paritätischer Gläubigerbefriedigung.***

Daher versteht sich, dass es neben dem Insolvenzverfahren weder Klagen noch Einzelexekutionen geben kann (***Prozess- und Exekutionssperre [§ 6 Abs 1 und § 10 IO]*** für Insolvenzforderungen iSd § 51 IO und nachrangige Forderungen iSd § 57a IO).

Die Exekutionsbeschränkungen bleiben selbstverständlich aufrecht (§ 2 Abs 2 IO). Der Schuldner ***haftet für den Ausfall*** nach dem Insolvenzverfahren weiter, mit dem verbliebenen und dem später erworbenen Vermögen (§ 60 IO).

Die in der Prüfungstagsatzung festgestellten Forderungen, denen der Schuldner nicht widersprochen hat, bilden einen ***Exekutionstitel*** (§ 61 IO, § 1 Z 7 EO), mit dem der Gläubiger nach Aufhebung des Insolvenzverfahrens in Höhe des erlittenen Ausfalls auf das dem Schuldner verbliebene oder neu erworbene Vermögen Exekution führen kann.

B. Insolvenzfähigkeit

Die ***Insolvenzfähigkeit*** ist Teil der privatrechtlichen Rechtsfähigkeit: Wer Träger von Verbindlichkeiten sein kann, der ist auch insolvenzfähig. Auf die Geschäfts- und somit auch auf die Verpflichtungsfähigkeit kommt es nicht an: Auch über Kinder können Insolvenzverfahren eröffnet werden.

Insolvenzfähig sind alle natürlichen und juristischen Personen sowie Nachlässe, ferner Personengesellschaften (OG, KG, EWIV usw.),

nicht aber stille Gesellschaften und die Erwerbsgesellschaften bürgerlichen Rechts.

Beachte: *Kreditinstitute und Versicherungsunternehmen* sind zwar *konkurs*fähig, ein Sanierungsplan im Konkurs ist ihnen aber ebenso verwehrt wie das Sanierungsverfahren (§§ 82 Abs 1 BWG, 95 VAG), weshalb der breitere Begriff Insolvenzfähigkeit hier unangebracht ist.

Aufgelöste juristische Personen und Personengesellschaften bleiben ebenfalls bloß *konkurs*fähig (§ 180 IO) und dies auch nur, solange ihr Vermögen nicht verteilt ist (§ 68 Abs 1 IO). Sie verlieren ihre Rechtsfähigkeit und damit auch ihre Konkursfähigkeit erst mit der vollständigen Verteilung des Vermögens (Vollbeendigung) gleich ob schon vorher eine Löschung im Firmenbuch erfolgt ist. Der Beschluss, mit dem entschieden wird, das Verfahren wegen erfolgter Vermögensverteilung nicht zu eröffnen, ist zum Schutz der Verkehrskreise öffentlich bekannt zu machen (§ 68 Abs 2 IO, eingefügt durch Art 1 Z 7 IRÄG 2017).

C. Das Insolvenzverfahren der IO und seine Formen

Anders als das neue deutsche kannte das österreichische Insolvenzrecht bis zum IRÄG 2010 kein einheitliches Insolvenzverfahren und war vielmehr durch einen völlig überflüssigen Dualismus geprägt: Dem insolventen Schuldner stand die Wahl zwischen dem Konkursverfahren (KO) und dem Ausgleichsverfahren (AO) frei.

Die Gläubiger hingegen konnten nur einen Konkursantrag stellen, dem der Schuldner immer noch einen Antrag auf Eröffnung des Ausgleichsverfahrens entgegensetzen konnte, der Vorrang genoss (Subsidiarität des Konkursverfahrens gegenüber dem Ausgleichsverfahren).

Der Gesetzgeber des IRÄG 2010 hat sich vom Dualismus KO – AO gelöst, die Insolvenzverfahren in einem Gesetz zusammengefasst und sich die früher notwendigen Regeln über den Verfahrenswechsel vom Ausgleich in den Konkurs (Anschlusskonkurs) erspart.

Inhaltlich besteht der Dualismus in der jeder Insolvenzgesetzgebung inhärenten Spannung zwischen Liquidation und Sanierung weiter. Das Ausgleichsverfahren wurde abgelöst durch das Sanierungsverfahren in seiner Ausgestaltung mit Eigenverwaltung (unten 6. Teil), der Zwangsausgleich durch den Sanierungsplan (unten 5. Teil).

Daher gibt es nun – neben dem ***Schuldenregulierungsverfahren*** für natürliche Personen, die kein Unternehmen betreiben (§ 182 IO) – zwei Ausformungen eines ***einheitlichen Insolvenzverfahrens*** (§ 1 IO):

- das ***Konkursverfahren*** und
- das ***Sanierungsverfahren***
  - *ohne Eigenverwaltung des Schuldners*
  - *mit beaufsichtigter Eigenverwaltung des Schuldners.*

Die Bezeichnung „Konkursverfahren" hat Hinweischarakter:

Es soll dargetan werden, dass ein Sanierungsverfahren nicht möglich war (§§ 180, 180a IO) oder gescheitert ist (§§ 167 Abs 3, 169 Abs 5 IO).

Beantragt ein Gläubiger die Eröffnung des Insolvenzverfahrens, so ist dies ein *Konkursverfahren,* es sei denn der Schuldner antwortet mit einem zulässigen Antrag auf Eröffnung eines Sanierungsverfahrens bei gleichzeitiger Vorlage eines zulässigen Sanierungsplanvorschlags:

Dann wird – bei Vorliegen aller Voraussetzungen für Sanierungsplan und Sanierungsverfahrensantrag – an Stelle des Konkurses das Sanierungsverfahren eröffnet.

Im Übrigen gilt die Terminologieänderung des § 275 IO, die frühere Nomenklatur (Masseverwalter, Konkursmasse etc.) wird aber im Insolvenzverfahren als Konkurs von der Praxis und mitunter auch vom Gesetzgeber verwendet (§§ 180, 180a, 167 Abs 3, 169 Abs 5 IO).

Dass die Bezeichnung Konkurs nicht völlig abgeschafft wurde, hat auch noch den bereits oben (siehe B.) erwähnten Hintergrund, dass Kreditinstituten und Versicherungsunternehmen das Sanierungsverfahren verschlossen bleibt; sie sind nur *konkursfähig,* nicht insolvenzfähig.

So sich die Regelungen der IO auf Konkurs- ***und*** Sanierungsverfahren beziehen, werden die Begriffe Insolvenzverfahren, Insolvenzgläubiger, Insolvenzverwalter usw. verwendet (§ 275 IO).

Zur Insolvenzstatistik der letzten Jahre vgl. *Zotter,* Insolvenzstatistik 2013 für Österreich, ZIK 2014/11, 18; *Zotter,* Insolvenzstatistik 1. Halbjahr 2014 für Österreich, ZIK 2014/175, 137; *Zotter,* Insolvenzstatistik 2014 für Österreich, ZIK 2015/9, 21; *Zotter,* Insolvenzstatistik 1. Halbjahr 2015 für Österreich, ZIK 2015/161, 133; *Zotter,* Insolvenzstatistik 2015 für Österreich, ZIK 2016/8, 17; *Zotter,* Insolvenzstatistik 1. Halbjahr 2016 für Österreich, ZIK 2016/170, 138; *Zotter,* Insolvenzstatistik 2016 für Österreich, ZIK 2017/11, 21. Vgl. auch die umfassenden Statistiken von *Kantner* auf www.ksv.at.

D. Schuldner – Insolvenzmasse – Insolvenzverwalter und Sanierungsverwalter

Das Insolvenzverfahren wird durch das Insolvenzgericht auf Antrag des Schuldners oder eines Gläubigers eröffnet, wenn ein ***Insolvenzgrund*** vorliegt (§ 1 IO):

- bei natürlichen Personen ***Zahlungsunfähigkeit*** (§ 66 IO),
- bei juristischen Personen, Verlassenschaften und bei solchen eingetragenen Personengesellschaften, bei denen kein persönlich haftender Gesellschafter eine natürliche Person ist, ***auch Überschuldung*** (§ 67 IO).

Sanierungsverfahren können auf Schuldnerantrag schon bei bloß ***drohender Zahlungsunfähigkeit*** eingeleitet werden (§ 167 Abs 2 IO).

Der insolvente ***Schuldner*** ist strafrechtlich zum Insolvenzantrag verpflichtet (Kridadelikte: §§ 156 bis 161 StGB). § 69 Abs 2 IO gewährt ihm allerdings eine Vorbereitungsfrist von höchstens ***sechzig Tagen ab Eintritt der Insolvenz,*** die er insbesondere für Verhandlungen nützen soll. Auch hat er zu prüfen, ob die Voraussetzungen für die Eröffnung eines Sanierungsverfahrens erfüllt werden können, mithin ein Eigenantrag eingebracht und ein zulässiger Sanierungsplan beigelegt werden kann.

Die Frist verlängert sich auf ***120 Tage,*** wenn die Insolvenz durch eine Naturkatastrophe eingetreten ist (§ 69 Abs 2a IO).

Die Insolvenzeröffnung unterwirft

▪ das exekutionsunterworfene Vermögen des Schuldners zum Zeitpunkt der Verfahrenseröffnung sowie

▪ jeden exekutionsunterworfenen Neuerwerb während des Insolvenzverfahrens

dem *Insolvenzbeschlag* und macht dieses Vermögen zur ***Insolvenzmasse (Sollmasse, § 2 Abs 2 IO). Der Massebegriff der IO ist mithin dynamisch,*** weil die Zugehörigkeit zur Insolvenzmasse nicht bloß am Verfahrensanfang beleuchtet wird.

Die Insolvenzmasse ist ein ***Sondervermögen:***

► Sie gehört zwar formell (noch) dem Schuldner,

► Sie ist aber jeglicher schuldnerischer Verwaltung und Verfügung bei Verfahren mit Fremdverwaltung entzogen (§ 3 IO).

► Sie untersteht im Insolvenzverfahren als Konkurs (§ 180 IO) oder als Sanierungsverfahren ohne Eigenverwaltung (§§ 166 ff IO) einem bei Verfahrenseröffnung bestellten ***Insolvenzverwalter,*** der es im Konkurs mit Liquidation zugunsten der Gläubiger restlos verwerten muss; im Sanierungsverfahren ohne Eigenverwaltung unterliegt er dagegen einer Verwertungssperre.

► Lediglich im Sanierungsverfahren mit (beschränkter und beaufsichtigter) Eigenverwaltung (§§ 166 ff iVm 169 ff IO) verwaltet der Schuldner die Insolvenzmasse weitgehend selbst, unterliegt aber gesetzlichen wie richterlichen Verfügungsbeschränkungen, deren Einhaltung von einem ***Sanierungsverwalter*** überwacht wird (§§ 169 ff, 171, 172 IO).

Dem Schuldner bleibt das ***insolvenzfreie Vermögen,*** über das er weiterhin beliebig verfügen kann. Dazu gehören die unpfändbaren Sachen und Forderungen (arg § 2 Abs 2 IO), von seinem Einkommen (Neuerwerb) so viel als nötig, um ihm und seinen Angehörigen eine bescheidene Lebensführung zu ermöglichen (§ 5 Abs 1 IO) und allenfalls im Lauf des Insolvenzverfahrens zur freien Verfügung überlassene Gegenstände oder Forderungen (§ 119 Abs 5 IO).

Von der Eigenverwaltung im Sanierungsverfahren iSd §§ 166, 167 iVm 169 ff IO zu unterscheiden ist die ***Eigenverwaltung des Schuldners in der Insolvenz natürlicher Personen (§§ 186 ff IO):*** Dort ist kein Verwalter zur Überwachung des Schuldners vorgesehen, diese erfolgt durch das Gericht. Fakultativ kann es zu Bestellung eines Insolvenzverwalters kommen, der dann die Insolvenzmasse wie im Konkurs verwaltet (§ 186 Abs 2 iVm § 190 IO).

E. Schuldnersanierung im Konkurs und im Schuldenregulierungsverfahren – Sanierungsplan und Zahlungsplan

1. Sanierungsplan

Das Insolvenzverfahren soll womöglich nicht mit der Liquidierung des Schuldnervermögens enden. Häufig können die Gläubiger mit einer besseren Befriedigung rechnen, wenn die wirtschaftliche Existenz des Schuldners erhalten bleibt. Darüber hinaus liegt es im gesamtwirtschaftlichen Interesse, dass das Schuldnerunternehmen saniert und weiterbetrieben wird.

Daher steht am Anfang des Konkursverfahrens die Prüfung, ob das Unternehmen fortgeführt werden kann. Darüber befindet das Insolvenzgericht in einer ***Berichtstagsatzung.***

- Zunächst hat es dort die Entscheidung zu fällen, ob das Schuldnerunternehmen ganz oder – zum Teil ***(Teilschließung)*** – fortgeführt ***(Fortführungsbeschluss),*** oder aber gänzlich geschlossen wird ***(Schließungsbeschluss).***

- *Abgekoppelt davon* ist vom Insolvenzverwalter zu berichten, ob ein ***Sanierungsplan*** erfüllbar ist und den gemeinsamen Gläubigerinteressen entspricht. Bejahendenfalls wird dem Schuldner auf seinen Antrag eine vierzehntägige Frist eingeräumt, um einen Sanierungsplan zu beantragen, der letztlich das Insolvenzverfahren beenden soll. Stimmen die Gläubiger seinem konkreten Sanierungsplanvorschlag mehrheitlich zu, so verzichten sie auf einen Teil ihrer Forderungen und stunden den Rest meist in Form von Ratenzahlungen.

Der Sanierungsplan muss ein ***Mindestangebot*** enthalten (§ 141 Abs 1 IO):

- Unternehmer müssen mindestens 20 % der Forderungen anbieten, zahlbar in zwei Jahren ab der Annahme des Vorschlags.

■ Natürliche Personen, die kein Unternehmen betreiben, müssen ebenfalls mindestens 20% der Forderungen anbieten, können aber eine Zahlungsfrist von mehr als zwei bis höchstens fünf Jahre in Anspruch nehmen.

Die Sanierung unterbleibt in folgenden Fällen:

- Wenn nicht einmal so viel Vermögen vorhanden ist, um daraus die voraussichtlichen Kosten des Insolvenzverfahrens zu decken, oder der hierfür gerichtlich bestimmte Kostenvorschuss nicht erlegt wird, dann wird der Insolvenzantrag *mangels kostendeckenden Vermögens* abgewiesen (§ 71b Abs 1 IO). Stellt sich im bereits eröffneten Insolvenzverfahren heraus, dass die erhoffte Kostendeckung etwa in Folge eines verlorenen Insolvenzanfechtungsprozesses (§§ 27 ff IO) nicht erreicht werden kann, so ist das Insolvenzverfahren mangels kostendeckenden Vermögens aufzuheben (§ 123a IO).

- Wenn ein Unzulässigkeitsgrund für den Sanierungsplan vorliegt (§§ 141, 142 IO).

- Wenn von vornherein offenkundig ist oder die Berichtstagsatzung ergibt, dass eine Fortführung des Unternehmens den Ausfall erhöhen wird, falls der Sanierungsplan nicht fristgemäß vorgelegt oder nicht fristgemäß angenommen wird. Dann hat das Insolvenzgericht das Unternehmen unverzüglich zu schließen. Eine solche kann allenfalls gleich mit der Eröffnung des Insolvenzverfahrens erfolgen, womit die Sanierung des laufenden Unternehmens unmöglich wird. Auch in diesen Fällen ist stets zu prüfen, ob die Veräußerung des Unternehmens vorteilhafter ist als die Liquidierung (Versilberung, Abwicklung) des Vermögens (§ 114a Abs 4 IO).

- Wenn der Sanierungsplan nicht angenommen (§ 147 IO) oder ihm die gerichtliche Bestätigung rechtskräftig versagt wird (§§ 153, 154 IO).

- Wenn die Verfahrensbezeichnung des Sanierungsverfahrens ohne Eigenverwaltung auf Konkurs abgeändert wird (§ 167 Abs 3 IO).

- Wenn die Voraussetzungen des § 169 IO für ein Sanierungsverfahren mit Eigenverwaltung auch nach Verbesserungsversuch nicht vorliegen und der Konkurs eröffnet wird (§ 169 Abs 5 IO).

- Wenn dem Schuldner in einem Sanierungsverfahren nach §§ 169 ff IO die Eigenverwaltung aus einem Grund entzogen wird, der auch ein Sanierungsverfahren ohne Eigenverwaltung in einen Konkurs verwandelt (§ 170 Abs 1 Z 2 IO).

Der Sanierungsplan ist der Nachfolger des erfolgreichen Zwangsausgleichs; die IO hat daher an diesem bewährten Sanierungsinstrument nur wenige Korrekturen vorgenommen, die aber offensichtlich geeignet erschienen, vor dem wirtschaftlichen Hintergrund der letzten Jahre eine bessere Quote zu erzielen als mit dem Zwangsausgleich.

Betrachtet man die Zahlen, so ergibt sich für das Jahr 2016 folgendes Bild: Von 3163 eröffneten Unternehmensinsolvenzen entfielen 438 auf Sanierungsverfahren ohne Eigenverwaltung, dagegen lediglich 60 auf Sanierungsverfahren mit Eigenverwaltung; 2665 Verfahren waren Konkurse. Mangels Kostendeckung nicht zur Eröffnung gelangten 2063 Unternehmensinsolvenzfälle (vgl. *Zotter* ZIK 2017/11, 21).

Im Vergleich zeigt der Zeitraum 1.7.2010 bis 30.6.2012 unmittelbar nach dem IRÄG 2010 ein wesentlich sanierungsfreudigeres Bild: Von 6.874 eröffneten Unternehmensinsolvenzverfahren entfielen 1.050 auf Sanierungsverfahren ohne Eigenverwaltung, 442 auf Sanierungsverfahren mit Eigenverwaltung (siehe dazu unten F.), 5.382 waren Konkurse.

In diesen Konkursverfahren kam es zu 1.462 Sanierungsplananträgen. Dabei scheiterten oder wurden nicht erfüllt 27,5%, in Erfüllung oder nach abgeschlossener Erfüllung befanden sich zum Erfassungszeitpunkt 72,5%. Bemerkenswert ist die im Verhältnis zum Zwangsausgleich hohe durchschnittliche Quote von etwa 30% - übrigens auch wesentlich höher als die etwa 23% übersteigende Quote bei Sanierungsverfahren ohne Eigenverwaltung (Vgl. *Zotter* ZIK 2012/246, 180).

2. *Zahlungsplan und nachgeschaltetes Abschöpfungsverfahren*

Im Konkurs natürlicher Personen, die ein Unternehmen betreiben (§ 180 IO) sowie im Schuldenregulierungsverfahren natürlicher Personen ohne Unternehmen (§ 182 IO) steht die Sanierung auch ohne Sanierungsplan offen:

Sie können den Gläubigern einen siebenjährigen ***Zahlungsplan*** mit einer einkommensgemäßen Quote vorlegen; die Bestimmungen über den Sanierungsplan gelten subsidiär, allerdings ohne gesetzliche Mindestquote (§§ 193 ff IO).

Für den Fall, dass der Zahlungsplan von der Gläubigermehrheit abgelehnt wird, kann der Schuldner beim Insolvenzgericht ein ***eigenständiges, dem Insolvenzverfahren nachgeschaltetes,*** fünfjähriges ***Abschöpfungsverfahren*** erwirken, an dessen Ende die *Restschuldbefreiung* steht (§ 213 Abs 1 IO). ***Eine gesetzliche Mindestquote für die Gläubiger muss nicht erreicht werden.***

Aber: Wurde in den letzten zwanzig Jahren *vor Eröffnung des Insolvenzverfahrens* bereits einmal ein Abschöpfungsverfahren eingeleitet, so hindert dies die Einleitung eines weiteren (§ 201 Abs 1 Z 6 IO).

F. Schuldnersanierung im Sanierungsverfahren

Das *Sanierungsverfahren* ist ein Kind des IRÄG 2010 und steht natürlichen Personen, die ein Unternehmen betreiben, juristischen Personen und Verlassenschaften offen (§ 166 IO). Es wurde von der Praxis gut aufgenommen. Die Zahl angestrebter Sanierungen hat sich seit der Reform deutlich erhöht, die Intention des Reformgesetzgebers Sanierungen zu begünstigen konnte umgesetzt werden.

Um den sonst drohenden Konkurs (§ 180 IO) abzuwenden, ***beantragt der leistungswillige Schuldner bei Gericht die Eröffnung eines Sanierungsverfahrens bei gleichzeitiger Vorlage eines zulässigen Sanierungsplans*** (§§ 166 bis 179 IO).

Die Mehrheit der Gläubiger muss dem Vorschlag zustimmen *(Mehrstimmigkeitsprinzip).* Das ist ein Prozessvertrag, der die Minderheit bindet; er bedarf der gerichtlichen Bestätigung.

Seine Erfüllung lässt den Ausfall der Gläubiger zu einer ***Naturalobligation*** herabsinken (hM, § 156 IO, anders die *Erlasstheorie*).

Dem Schuldner iSd § 166 IO stehen offen:

- das ***Sanierungsverfahren ohne Eigenverwaltung mit Insolvenzverwalter*** (§§ 166 bis 179 IO), wenn er selbst die Eröffnung des Insolvenzverfahrens unter Vorlage eines Sanierungsplans mit einem Mindestgebot von 20% binnen zwei Jahren ab Annahme (§ 167 IO) beantragt.

Zeigt der Insolvenzverwalter die Masseunzulänglichkeit an, zieht der Schuldner seinen Sanierungsplanantrag zurück, wird dieser nicht binnen neunzig Tagen von den Gläubigern angenommen oder ihm die gerichtliche Bestätigung versagt, so ist die Verfahrensbezeichnung auf ***Konkursverfahren*** abzuändern (§ 167 Abs 3 IO).

- das ***Sanierungsverfahren mit Eigenverwaltung*** unter Aufsicht eines ***Sanierungsverwalters,*** wenn eine Quote von mindestens 30% binnen zwei Jahren ab Annahme geboten wird (§ 169 Abs 1 Z 1 lit a IO) und die in § 169 Abs 1 Z 1 lit b bis e und Z 2 sowie Abs 2 und 3 IO genannten Urkunden und Angaben vorgelegt bzw. unterzeichnet werden. Die schuldnerischen Angaben sind zudem, soweit zumutbar, zu belegen (§ 169 Abs 4 IO).

Dieses Verfahren verlangt daher vom Schuldner eine aufwändigere Sanierungsvorbereitung als das Sanierungsverfahren ohne Eigenverwaltung.

Werden die geforderten Urkunden und Angaben auch nach Verbesserungsversuch nicht vorgelegt bzw. unterzeichnet, so kann entweder

- das ***Sanierungsverfahren mit Insolvenzverwalter*** fortgesetzt werden (§ 169 Abs 5 IO) oder
- der ***Konkurs*** eröffnet werden (§ 169 Abs 5 IO).

Das Sanierungsverfahren mit Eigenverwaltung verursacht weniger Kosten als das Konkursverfahren im Sinn des § 180 IO, dem Schuldner wird grundsätzlich die Verfügungs- und Verwaltungsfähigkeit über sein Vermögen belassen (kann aber unter den Voraussetzungen des § 170 IO entzogen werden) und verspricht den Gläubigern eine höhere Quote. Allerdings verlangt es eine aufwändige Verfahrensvorbereitung (§ 169 IO) und eine Mindestquote von 30%.

Höhere Quote und aufwändigere Verfahrensvorbereitung führten dazu, dass zwar nach Inkrafttreten des IRÄG 2010 etwa ein Drittel aller Sanierungsverfahren mit Eigenverwaltung eröffnet wurden, zwei Drittel dagegen ohne. Dieses Zahlenverhältnis hat sich mittlerweile geändert: So standen im Jahr 2016 bei 3.163 eröffneten Unternehmensinsolvenzen 2.665 Konkurse 438 Sanierungsverfahren ohne Eigenverwaltung 60 Verfahren mit Eigenverwaltung gegenüber; die Verhältniszahl hat sich also von 1:3 auf 1:7,3 zugunsten des Sanierungsverfahrens ohne Eigenverwaltung verschoben. Vgl. *Zotter* ZIK 2017/11, 21. Damit ist das Sanierungsverfahren mit Eigenverwaltung zwar derzeit noch erfolgreicher als sein Vorgänger, der Ausgleich nach der AO, der zuletzt nur noch selten in Anspruch genommen wurde, wenn die dargestellte Entwicklung aber anhält, so wird ihm ein gleiches Schicksal zuteil werden.

Im ersten Quartal 2017 wurden von insgesamt 787 Unternehmensinsolvenzverfahren 26 als Sanierungsverfahren mit und 101 als solche ohne Eigenverwaltung eröffnet; 660 waren Konkurse. Den eröffneten Unternehmensinsolvenzen standen 511 wegen mangelnder Kostendeckung nicht eröffnete Verfahren gegenüber (ksv.at.).

Die deutsche Insolvenzordnung (InsO 1994, in Kraft seit 1.1.1999) hat ein einheitliches Insolvenzverfahren geschaffen, das über ein reichhaltiges Instrumentarium verfügt, um einerseits die Gläubiger bestmöglich zu befriedigen und anderseits die wirtschaftliche Existenz des Schuldners zu wahren. Der dort vorgesehene Sanierungsplan der InsO, der an das Chapter 11 Verfahren des US-Bankruptcy Code angelehnte *Insolvenzplan* (§§ 217 bis 269 InsO) muss indes (mit einstelligen Prozentzahlen am jährlichen Gesamtvolumen aller bereinigten Insolvenzen) als ähnlich gescheitert betrachtet werden wie die Sanierung nach der ehemaligen AO in Österreich.

G. Schuldnersanierung vor Insolvenz – Insolvenzprophylaxe

Die Eröffnung eines Insolvenzverfahrens setzt die Insolvenz des Schuldners voraus (§ 1 IO). In diesem Stadium fällt eine Sanierung des Unternehmens nicht mehr leicht.

Das IRÄG 1997 bemüht sich daher vorbeugend um eine ***Insolvenzabwehr.*** Bei *drohender* Insolvenz des Unternehmens kann der Schuldner die ***Einleitung eines Reorganisationsverfahrens*** beantragen.

Durch eine nach betriebswirtschaftlichen Grundsätzen vorgenommene Verbesserung der Vermögens-, Finanz- und Ertragslage des gefährdeten Unternehmens soll dessen nachhaltige Weiterführung ermöglicht werden (§ 1 URG).

Seit dem IRÄG 2010 steht dem Schuldner aber die wesentlich mehr Erfolg versprechende Möglichkeit offen, bei bloß drohender Zahlungsunfähigkeit/Überschuldung die Eröffnung eines Sanierungsverfahrens zu beantragen (s. oben F.). Zwar wird so mit Eigenantrag und gleichzeitiger Sanierungsplanvorlage die Eröffnung eines Insolvenzverfahrens angestrebt, die Erfahrungen mit dem URG sind indes entmutigend.

Ob die *Empfehlung der Kommission vom 12.3.2014 für einen neuen Ansatz im Umgang mit unternehmerischen Scheitern und Unternehmensinsolvenzen* C (2014) 1500 final (Vorlage RAT: 7859/14) als Verordnung erfolgreicher wäre als das URG, muss bezweifelt werden. Die Empfehlung sieht gerade solche präventive Restrukturierungsrahmen und Restrukturierungspläne vor, wie sie sich in Österreich nicht bewährt haben.

Aufgrund der kaum erfolgten Umsetzung der Empfehlung folgte am 22.11.2016 der Entwurf COM (2016) 723 final, 2016/0359 (COD) einer Richtlinie der EU-Kommission über präventive Restrukturierungsrahmen, die zweite Chance und Maßnahmen zur Steigerung der Effizienz von Restrukturierungs-, Insolvenz- und Entschuldungsverfahren. Das scheme of arrangement, das bei diesem Entwurf ebenso wie bei der vorangegangenen Empfehlung Pate steht, ist bloß ein Gesichtspunkt. Man muss diesen Entwurf wohl als ersten, kleinen Schritt auf dem Weg zu einem einheitlichen europäischen Insolvenzrecht betrachten – ein Anliegen, das die Kommission ja bereits artikuliert hat.

II. Rechtsquellen

Die IO geht zurück auf die kaiserliche Verordnung vom 10.12.1914, RGBl 1914/337, über die Einführung einer Konkursordnung, einer Ausgleichsordnung und einer Anfechtungsordnung ***(IEG)*** mit beiliegender Konkursordnung ***(KO),*** Ausgleichsordnung ***(AO)*** und Anfechtungsordnung ***(AnfO),*** nunmehr in der Fassung des Insolvenzrechtsänderungsgesetzes, BGBl I 1997/114 ***(IRÄG 1997),*** des Insolvenzverwalterentlohnungsgesetzes, BGBl 1999/73 ***(IVEG 1999),*** der Insolvenzrechts-Novelle, BGBl I 2002/75 ***(InsNov 2002),*** des Bundesgesetzes über das Internationale Insolvenzrecht – **IIRG** (BGBl I 2003/36), des Gesellschafts- und Insolvenzrechtsänderungsgesetzes, BGBl I 2003/92 ***(GIRÄG 2003),*** des ***Sozialbetrugsgesetzes*** BGBl I 2004/152, des Handelsrechts-Änderungsgesetzes – ***HaRÄG*** BGBl I 2005/120, der Gerichtsgebühren- und Insolvenzrechtsnovelle 2006 ***(GIN 2006)*** BGBl I 2006/8, der Schuldenberatungs-Novelle ***(Schu-Nov 2007)*** BGBl I 2007/73 sowie der Zivilverfahrens-Novelle 2009 (**ZVN 2009**) BGBl I 2009/30.

Hauptquellen sind heute die (auf der KO aufbauende) ***Insolvenzordnung (IO),*** und das ***Insolvenzrechts-Einführungsgesetz (IEG),*** beide RGBl 1914/337 idF des IRÄG 2010 BGBl I 2010/29 (in Kraft seit 1.7.2010).

Die IO begegnet uns derzeit idF des BudgetbegleitG 2011, BGBl I 2010/111, des GesRÄG 2013, BGBl I 2013/109, der EO-Novelle 2014 BGBl I 2014/69, des BaSAG BGBl I 2014/98, des VAG 2016 BGBl I 2015/34 sowie des APRAG 2016 BGBl I 2016/43.

Flankierende Bestimmungen enthält das ***Insolvenzrechtsänderungs-Begleitgesetz (IRÄ-BG)*** BGBl I 2010/58 (in Kraft seit dem 1.8.2010).

Die Ausgleichsordnung wurde mit dem IRÄG 2010 aufgehoben, IEG und AnfO geändert.

Verfahrensrechtliche Subsidiärquellen sind die JN und die ZPO samt ihren Einführungsgesetzen (§ 252 IO).

Ein wichtiges Nebengesetz ist das Bundesgesetz vom 2.6.1977, BGBl 1977/324, zuletzt geändert mit BGBl I 2012/35, über die Sicherung von Arbeitnehmeransprüchen im Fall der Insolvenz des Arbeitgebers ***(Insolvenz-Entgeltsicherungsgesetz, IESG).***

Genossenschaften, Banken und Versicherungen unterliegen besonderen Vorschriften: ***Genossenschaftsinsolvenzgesetz (GenIG),*** vormals „Genossenschaftskonkursverordnung" RGBl 1918/105 idgF, §§ 81 ff ***Bankwesengesetz (BWG)*** idgF, §§ 89 ff ***Versicherungsaufsichtsgesetz (VAG)*** sowie der §§ 307 ff ***VAG 2016*** idgF.

Durch Art XI IRÄG 1997 neu geschaffen wurde das ***Unternehmensreorganisationsgesetz (URG),*** in Kraft seit 1.10.1997.

Das Reorganisationsverfahren soll die Vermögens-, Finanz- und Ertragslage insolvenzgefährdeter Unternehmen verbessern helfen und dadurch deren nachhaltige Weiterführung ermöglichen. Es ist kein Insolvenzverfahren, sondern soll einem solchen vorbeugen.

Das Insolvenzrecht ist ***Notrecht,*** das der Insolvenzsituation gerecht werden soll und daher auch ***Mischrecht, weil*** es verfahrensrechtliche und sonderprivaterchtliche Regelungen enthält (vgl. *Buchegger,* Rechtsphilosophische Betrachtungen zum Insolvenzrecht, in Feldbauer-Durstmüller/Mayr, Unternehmenssanierung in der Praxis [2009] 17 ff):

Das ***materielle Insolvenzrecht*** regelt die Einwirkungen des Insolvenzverfahrens auf die materiellen Rechtsverhältnisse der Beteiligten, enthält also Sonderprivatrecht ***(Insolvenzprivatrecht),*** zB. die Voraussetzungen und Wirkungen der Verfahrenseröffnung und -aufhebung, die Rechte und Pflichten der Beteiligten, die insolvenzmäßige Anfechtung.

All diese Vorschriften finden ihre Ergänzung im allgemeinen Privatrecht.

Das ***formelle Insolvenzrecht*** regelt den Ablauf des Insolvenzverfahrens, enthält also Sonderprozessrecht ***(Insolvenzverfahrensrecht),*** und findet seine Ergänzung in der JN, der ZPO und deren Einführungsgesetzen (§ 252 IO).

Die Insolvenzordnung zerfällt in elf Teile:

1. Teil. Insolvenzrecht (§§ 1 bis 62 IO)

Der Erste Teil enthält überwiegend materielles Insolvenzrecht und gilt sowohl für den Konkurs wie für das Sanierungsverfahren und das Schuldenregulierungsverfahren.

2. Teil. Insolvenzverfahren (§§ 63 bis 165 IO)

Der Zweite Teil enthält formelles Insolvenzrecht, zeichnet den Lauf eines Konkursverfahrens vom Antrag bis zur Berichtstagsatzung mit anschließender Liquidation und Verteilung der Masse (§§ 63 bis 139 IO) und – als Alternative zur Liquidation – den Sanierungsplan (§§ 140 bis 165 IO).

3. Teil. Sanierungsverfahren (§§ 166 bis 168 IO)

4. Teil. Sanierungsverfahren mit Eigenverwaltung unter Aufsicht eines Verwalters (§§ 169 bis 179 IO)

Der Dritte und der Vierte Teil enthalten die Bestimmungen über das Sanierungsverfahren ohne Eigenverwaltung (§§ 166 bis 168 IO) und mit Eigenverwaltung (§§ 166, 169 bis 179 IO); sie sind überwiegend formelles Insolvenzrecht, beinhalten aber auch punktuelle materielle Bestimmungen.

Da die Bestimmungen über das Sanierungsverfahren als Sonderbestimmungen konzipiert sind, gilt das materielle Insolvenzrecht des Ersten Teils, es sind aber auch verfahrensrechtliche Bestimmungen, die sowohl für den Konkurs als auch für das Sanierungsverfahren gelten, aber im Zweiten Teil geregelt sind (zB. die Organe des Verfahrens aber auch der Endigungszeitpunkt des Verfahrens, vor allem aber der Sanierungsplan), heranzuziehen.

5. Teil. Konkursverfahren (§§ 180 bis 180a IO)

Der Fünfte Teil ist als eine Verweisung konzipiert und stellt klar, dass Verfahren, die nicht unter den Dritten oder Vierten Teil fallen als Konkurse zu bezeichnen sind. Es gelten die Verfahrensbestimmungen des Zweiten Teils.

6. Teil. Konzern (§§ 180b und 180c IO)

In Anknüpfung an die konzernrechtlichen Bestimmungen der EuInsVO neu (Art 56 bis 60 und 61 bis 77 EuInsVO neu) enthalten diese durch Art 1 Z 21 IRÄG 2017 neu eingefügten Bestimmungen Regelungen für die Zusammenarbeit und Koordination sowie genehmigungspflichtige Anträge und Handlungen

7. Teil. Sonderbestimmungen für natürliche Personen (§§ 181 bis 216 IO)

Sie enthalten allerdings teils materielles, teils formelles Insolvenzrecht, das seinerseits wieder ergänzend auf den ersten und zweiten Teil der Insolvenzordnung zurückgreift. Schwerpunkte bilden das bezirksgerichtliche Schuldenregulierungsverfahren mit Eigenverwaltung des Schuldners, der Zahlungsplan und das Abschöpfungsverfahren mit Restschuldbefreiung. Die Bestimmungen wurden mit Art 1 Z 21 sowie 22 bis 34 IRÄG 2017 neu gefasst und vor allem die Dauer des Abschöpfungsverfahrens von sieben auf fünf Jahre bei gleichzeitigem Entfall einer zu erreichenden Mindestquote verkürzt.

8. Teil. Internationales Insolvenzrecht (§§ 217 bis 251 IO)

Das IRÄG 2017 hat das internationale Insolvenzrecht in einem nunmehrigen 8. Teil der IO großteils neu gefasst und erweitert: Der Teil enthält in vier Hauptstücken allgemeine Bestimmungen, ergänzende Bestimmungen zur EuInsVO neu, Regeln für grenzüberschreitende Drittstaateninsolvenzen (außerhalb des Geltungsbereichs der EuInsVO neu) sowie Regelungen zur Sanierung und Liquidation von Kreditunternehmen und Versicherungsunternehmen im Rahmen des EWR.

9. Teil. Allgemeine Verfahrensbestimmungen (§§ 252 bis 263 IO)

Sie zählen zum formellen Insolvenzrecht und sind auf Konkurse wie auf Sanierungsverfahren und auch auf Schuldenregulierungsverfahren anzuwenden.

10. Teil. Begleitregelungen (§§ 264 bis 269 IO)

Auch die Begleitregelungen gehören zum formellen Insolvenzrecht. Sie sind seit 2010 Teil der IO und fanden sich bis dahin im IEG.

11. Teil. Schluss- und Übergangsbestimmungen (§§ 270 bis 281 IO)

III. Erkenntnisquellen

1. Gesetzesausgaben

Doralt/Stumvoll, Kodex Zivilgerichtliches Verfahren, 41. Auflage (2017); *Jelinek/Zangl,* IO (2010); *Mayr/Broll,* Zivilverfahrensrecht, 7. Auflage (2008); *Deixler-Hübner,* Zivilprozessrecht, 12. Auflage (2017); *Mohr,* Insolvenzordnung, Manzsche Große Gesetzesausgabe, 11. Auflage (2012); *Reckenzaun,* IRÄG 2010 - Insolvenzordnung (2010).

2. Gesetzesmaterialien

Denkschrift zur Einführung einer Konkursordnung, einer Ausgleichsordnung und einer Anfechtungsordnung (1914).

Zum IRÄG 2010: NR: GP XXIV RV 612 AB 651 S. 60. BR: 8302 AB 8304 S. 784. Zum IRÄ-BG: NR: GP XXIV RV 771 AB 840 S. 74. BR: 8354 AB 8380 S. 787.

Zum IRÄG 2017: NR: GP XXV RV 1588 AB 1741 XXX BR: XXX AB XXX S. XXX.

3. Kommentare

Bartsch/Pollak, Konkurs-, Ausgleichs-, Anfechtungsordnung, 2 Bände, 3. Auflage (1937); *Bartsch/Pollak/Buchegger* (Hrsg.), Österreichisches Insolvenzrecht – Kommentar, 4. Auflage (erscheint in Teilbänden, seit 2000); *Buchegger* (Hrsg.), Österreichisches Insolvenzrecht – Kommentar, Erster Zusatzband, BWG (Auszug), GenKonkV, EKEG, VAG (Auszug), URG, Insolvenz und Steuern, 1. Auflage (2009); *Dellinger/Mohr,* Eigenkapitalersatz-Gesetz (EKEG) (2004); *Feil,* Konkursordnung, 6. Auflage (2008); *Feil,* Insolvenzordnung, 8. Auflage (2014); *G. Kodek* (Hrsg.), Insolvenzordnung (Wien 2017, angekündigt); *Konecny/Schubert,* Kommentar zu den Insolvenzgesetzen (erscheint in Teillieferungen seit 1997); *Muhri/Stortecky,* Das neue Insolvenzrecht, Kurzkommentar, 6. Auflage (Wien 2010).

4. Lehrbücher, systematische Darstellungen und Handbücher

Bartsch/Heil, Grundriß des Insolvenzrechts, 4. Auflage (1983); *Bertl/D. Mandl/G. Mandl/Ruppe,* Insolvenz – Sanierung – Liquidation (1998); *Chalupsky/Holzapfel/Straberger,* Österreichisches Insolvenzrecht (1983); *Chalupsky/Ennöckl/Holzapfel,* Handbuch des österreichischen Insolvenzrechts, Insolvenzverfahren – Grundzüge, Muster und Formularien, abgabenrechtliche Sonderprobleme (1986); *Deixler-Hübner/Klicka,* Zivilverfahren, 9. Auflage (2015); *Dellinger/Oberhammer,* Insolvenzrecht, 2. Auflage (2004); *Dellinger/Oberhammer/Koller,* Insolvenzrecht, 3. Auflage (2014); *Erber,* ABC des Insolvenzrechtes. Eine gemeinverständliche und praxisnahe Darstellung aller wichtigen Bestimmungen der Konkurs- und Ausgleichsordnung sowie des Insolvenz-Entgeltsicherungsgesetzes, 4. Auflage (1998); *Feuchtinger/Lesigang,* Praxisleitfaden Insolvenzrecht, 4. Auflage (2015); *Fink,* Zivilverfahrensrecht - Insolvenzrecht, 7. Auflage (2010); Heil, Insolvenzrecht (1989); *Holzhammer/Roth,* Exekutionsrecht und Konkursrecht – Grundstudium, 6. Auflage (2008); *Jaufer,* Das Unternehmen in der Krise, 3. Auflage (2014); *König,* Die Anfechtung nach der Insolvenzordnung, 5. Auflage (2009); *Lichtkoppler/Reisch* (Hrsg.), Handbuch Unternehmenssanierung (Wien 2010); *Muhri/Stortecky,* Das neue Insolvenzrecht, 5. Auflage (2009); *Nunner-Krautgasser/Reissner,* Praxishandbuch Insolvenz und Arbeitsrecht (2012); *Petsch/Reckenzaun/Bertl/Isola* (Hrsg.), Praxishandbuch Konkursabwicklung, 2. Auflage (2003); *Petschek/Reimer/Schiemer,* Das österreichische Insolvenzrecht (1973); *Poltsch/Bertl/Fraberger/Reckenzaun/Isola/Petsch,* Praxishandbuch

Insolvenzabwicklung (2016); *Rechberger/Thurner,* Insolvenzrecht, 2. Auflage (2004); *Roth/ Duursma-Kepplinger,* Exekutionsrecht und Insolvenzrecht, 10. Auflage (2016); *Sigmund-Akhavan Aghdam,* Insolvenzrecht, 3. Auflage (2004); *Sigmund-Akhavan Aghdam,* Insolvenzrecht in der Praxis, 2. Auflage (2010); *Wegan/Reiterer,* Österreichisches Insolvenzrecht (1973); *Werschitz/Muhri,* Insolvenzrecht (2010); *Widhalm-Budak,* Anfechtungsrecht, 2. Auflage (2013).

5. Monographien und Sammelwerke

Zum Recht vor dem IRÄG 2010: *Bollenberger,* Irrtum über die Zahlungsunfähigkeit – Aussonderung durch Anfechtung (1995); *Buchegger,* Die Ausgleichserfüllung (1988); *Chalupsky/ Ennöckl,* Unternehmensfortführung im Konkurs (1985); *Clavora/Garber,* Grenzüberschreitende Insolvenzen im europäischen Binnenmarkt (2011); *Dellinger,* Vorstands- und Geschäftsführerhaftung im Insolvenzfall insbesondere gegenüber sogenannten Neugläubigern (1991); *Duursma-Kepplinger,* Eigentumsvorbehalt und Mobilienleasing in der Insolvenz (2002); *Duursma-Kepplinger,* Die Haftungsordnung im Gesellschaftskonkurs, 4 Bände (2009); *Fasching,* Konkurs, Ausgleich und Zwangsvollstreckung bei Gemeinden (1983); *Feldbauer-Durstmüller/Mayr* (Hrsg.), Unternehmenssanierung in der Praxis (2009); *Feldbauer-Durstmüller/Schlager* (Hrsg.), Krisenmanagement – Sanierung – Insolvenz, 2. Auflage (2002); *Feldbauer/Stiegler* (Hrsg.), Krisenmanagement – Früherkennung – Sanierung – Insolvenzrecht (1994); *Fritz/Schauer K.,* Die Sanierung einer GmbH (2009); *Fussenegger,* Unternehmerinsolvenz (Wien 2012); *Gessler,* Steuern bei Konkurs und Ausgleich, 3. Auflage (1990); *Hofmeister,* Die Fortbestehungsprognose für Kapitalgesellschaften (2003); *Karollus/Huemer,* Die Fortbestehensprognose im Rahmen der Überschuldungsprüfung, 2. Auflage (2006); *Karollus/Schulyok,* Eigenkapital ersetzende Leistungen (1998); *Keppelmüller,* Österreichisches Internationales Konkursrecht (1997); *Kepplinger,* Das Synallagma in der Insolvenz (2000); *Kohn-Löffelmann,* Insolvenzanfechtung in Europa – Vergleich der Anfechtungsvorschriften von Deutschland, der Schweiz und Frankreich (2008); *Konecny* (Hrsg.) Insolvenz-Forum [2001 bis 2016] (Tagungsbände seit 2002; 2008 zusammen mit G. Kodek); *Konecny/Riel,* Entlohnung im Insolvenzverfahren (1999); *Kotrschal,* Änderung der Insolvenzgesetze (2005); *Koziol,* Grundlagen und Streitfragen der Gläubigeranfechtung (1991); *Mohr,* Insolvenzrecht 2002 (2002); *Nunner-Krautgasser,* Schuld, Vermögenshaftung und Insolvenz (2007); *Riel,* Die Befugnisse des Masseverwalters im Zivilverfahrensrecht (1995); *Riel F.,* Das Zwangsausgleichsverfahren (2005); *Rossdorfer,* Gerichtliche Unternehmenssanierung (2009); *Schoditsch,* Eigentumsvorbehalt und Insolvenz (2009); *Schönbacher,* Die Haftung des Aufsichtsrats bei Konkursverschleppung (2009); *Vogler,* Die internationale Zuständigkeit für Insolvenzverfahren (2004); *Weber,* Arbeitsverhältnisse in Insolvenzverfahren (1998).

Zum Recht seit dem IRÄG 2010: *Anzenberger,* Die Insolvenzfestigkeit von Bestandverträgen (2014); *Augustin,* Insolvenzfähigkeit von Bundesländern (2016); *Buchegger,* Das österreichische Insolvenzanfechtungsrecht, in Cranshaw/Hinkel (Hrsg.), Praxiskommentar zum Anfechtungsrecht (2013) 819; *Buchegger,* Das österreichische Insolvenzanfechtungsrecht, in *Cranshaw/Hinkel* (Hrsg.), Gläubigerkommentar Anfechtungsrecht, 2. Auflage (2014) 845; *Derntl,* Insolvenzsicherung für die Sozialversicherung (2012); *Fucik/Konecny/Lovrek/Oberhammer* (Hrsg.), Jahrbuch Zivilverfahrensrecht 2010 (2010); *Fucik/Konecny/Oberhammer* (Hrsg.), Jahrbuch Zivilverfahrensrecht 2011 (2011); *Jaufer/Nunner-Krautgasser/Schummer,* Verwertung in der Insolvenz (2015); *Jaufer/ Nunner-Krautgasser/Schummer,* Stellung der Gläubiger im Insolvenzverfahren (2015); *G. Kodek,* Privatkonkurs, 2. Auflage (2015); *G. Kodek/Potacs,* Insolvenz eines Bundeslandes (2015); *G. Kodek/Reinisch* (Hrsg.), Staateninsolvenz, 2. Auflage (2012); *Hödl,* Der Lieferantenpool – Zur organisierten Durchsetzung der Eigentumsvorbehalte mehrerer Lieferanten im Konkurs des gemeinsamen Schuldners (2010); *Kodek/Reinisch* (Hrsg.), Staateninsolvenz (2011); *Konecny* (Hrsg.) Insolvenz-Forum [2010 bis 2011] (Tagungsbände seit 2002; 2008 zusammen mit G. Kodek); *Konecny* (Hrsg.), IRÄG 2010 – Insolvenzrechtsänderungsgesetz 2010, ZIK Spezial (Sammelwerk 2010); *Konecny,*

Insolvenzrecht und Kreditschutz 2015, ZIK Spezial (Sammelwerk 2015); *Konecny/Reisch,* Österreichische Insolvenzordnung/Austrian Insolvency Act (2014); *G. Koziol,* Lizenzen als Kreditsicherheiten – Zivilrechtliche Grundlagen in Deutschland, Österreich und Japan (2011); *Lichtkoppler/Reisch* (Hrsg.), Unternehmenssanierung (2010); *Mittendorfer* (Hrsg.), Unternehmenskauf in der Praxis (2012); *Mohr,* Sanierungsplan und Sanierungsverfahren nach dem Insolvenzrechtsänderungsgesetz 2010 (2010); *Nunner-Krautgasser,* Insolvenzverfahren für Staaten – mögliche Wege aus der Krise (2013); *Nunner-Krautgasser/Kapp/Clavora,* Insolvenz- und Sanierungsrecht – Jahrbuch 2013 bis 2016 (2013, 2014, 2016); *Schneider,* Privatinsolvenz (2010); *Trenker,* Insolvenzanfechtung gesellschaftsrechtlicher Maßnahmen (2012); *Trenker,* Treuhänderüberwachung der Sanierungsplanerfüllung (2017); *Volkheimer,* Die vorläufige Forderungsfeststellung in der Insolvenz (2015); *Wegscheider,* Vertragsgestaltung im Umfeld der Bestandnehmerinsolvenz (2014).

6. *Aufsätze und Entscheidungsbesprechungen*

Zum Recht vor dem IRÄG 2010: *Baumgartner,* Unternehmensschließung oder -fortführung (2003); *Bollenberger,* Auflösungsklausel für den Konkursfall – neue Rechtsprechung. Anmerkungen zu OGH 1 Ob 145/08t, ZIK 2009/125, 74; *Bresich/Klingenbrunner,* Die prämienbegünstigte Zukunftsvorsorge des Gemeinschuldners im Konkursverfahren, ZIK 2008/187, 114; *Buchegger,* Zur Beendigung des Synallagmas in der Insolvenz, FS Matscher (1993) 49; *Buchegger,* Insolvenzanfechtung und EuInsVO – Internationale Zuständigkeit und Kollisionsrecht, in Smid/Zeuner/Schmidt (Hrsg.), Aktuelle Probleme des geltenden deutschen Insolvenzrechts, Schriften zum deutschen, europäischen und internationalen Insolvenzrecht, Band 16 (2009) 107; *Hellbling,* Insolvenz- und Verwaltungsverfahren, ÖVA 1964, 65; *Jud,* Konkurs des Notars und Treuhandschaft: Zur Stellung des Notariatssubstituten, NZ 2008/95; *Kanduth-Kristen,* Ertragsteuerliche Besonderheiten in der Insolvenz von Personengesellschaften, taxlex 2005, 113; *Kantner,* Die nationale und internationale Insolvenzentwicklung, in Feldbauer-Durstmüller/Schlager (Hrsg.), Krisenmanagement – Sanierung – Insolvenz, 2. Auflage (2002) 1289; *Konecny,* Insolvenz und Sanierung in Österreich, DZWir 1994, 227; *Konecny,* Insolvenzrechts-Novelle 2006 tritt in Kraft, ZIK 2006/1a, 1; *Konecny,* Ausbau der Sanierungsmöglichkeiten, ZIK 2006/1c, 1; *Konecny,* Neues EDV-System von AK und ISA für die Forderungsbearbeitung, ZIK 2006/1e, 1; *Konecny,* Insolvenzdatei: Neue/auffallende Rechtsprobleme, ÖJZ 2002, 492; *Krenn,* Was leistet die Insolvenzdatei? ZIK 2000/54, 53; *Oberhammer,* Der (Zwangs-)Ausgleich nach dem IRÄG 1994, ecolex 1994, 308; *Riss,* Der Konkurs des Zedenten beim Factoring – Überlegungen zur Anfechtung der Unterlassung von Rechtsgeschäften, ÖBA 2006, 425; *Schneider,* Außerstreitverfahren und Konkurs - zum neuen § 8a KO, ZIK 2006/41, 38; *Vogler,* Die internationale Zuständigkeit für Insolvenzverfahren, ZIK 2001/290, 189; *Weiler,* Wer ist schuld an der Insolvenz? Überlegungen zur Vermeidung von Insolvenzen, SWK 1994, C 17; *Widhalm,* Die Rechte des Urhebers, Masseverwalters und Dritten im Konkurs und Ausgleich des Werknutzungsberechtigten, ÖBl 2001, 205.

Im Hinblick auf das IRÄG 2010 (MinE IRÄG 2009): *Aichinger,* Rechtzeitiger Kampf gegen Pleiten? Experten zweifeln, Die Presse 2009/44/02; *Bauer,* Insolvenzrechtsänderungsgesetz 2009, VWT 2009, 226; *Chini,* Editorial in Aufsichtsratsaktuell 2009 H 6, 1; *Edelhauser,* Insolvenzrechtsänderungsgesetz 2009: Auswirkung der Insolvenz auf Bestandverträge, immolex 2010, 38; *Ercher,* Insolvenzrechtsänderungsgesetz 2010 – IRÄG 2010, ASoK 2010, 151; *Fragner/Schimka,* Insolvenzrechtsänderungsgesetz 2009, GesRZ 2009, 251; *Frey,* Therapie statt Begräbnis, Der Standard 2009/41/06; *Gassner,* Die geplante Reform des Unternehmensinsolvenzrechts – ein Überblick zum IRÄG 2009, GeS 2009, 261; *Gassner,* Update zur Reform des Unternehmensinsolvenzrechts (I-RÄG 2010), GeS 2009, 378; *Hochegger,* Ist der Ausgleich als Sanierungsverfahren geeignet? Aufsichtsrataktuell 2009 H 2, 6; *Hochegger,* Ist die Insolvenzrechtsreform gescheitert? Aufsichtsrataktuell 2009 H 6, 4; *Hopf,* Insolvenzrecht wird umgebaut – Gesetzesentwurf in Begutachtung, ÖJZ 2009/79; *Hoenig/Viehböck,* Insolvenzreform gefährdet Standort, Die Presse 2010/13/05; *Höller,*

Insolvenzreform schmälert Mitspracherecht der Gläubiger, Der Standard 2010/14/04; *Isola/Wieleder,* Reform des Unternehmensinsolvenzrechts. Diskussionsstand und Ausblick. Sanierungsverfahren, SWK 2009, W 59; *Kodek,* KO-Novelle 2008 – Diskussionsstand und Perspektiven, ÖBA 2008, 91; *Kommenda,* Schutzschirm für Schuldner in der Krise, Die Presse 2009/38/06; *Kommenda,* Anfechtung ausklammern, Die Presse 2009/48/03; *König,* Sollen Sanierungskredite trotz Scheiterns privilegiert werden?, Die Presse 2009/32/01; *Lehofer/Kirchbacher,* ÖJZ 2010/46; *Liebeg/Sommer,* Gedanken zur Anfechtbarkeit von Lohn- und Sozialabgaben in der Insolvenz. Vorschläge zur Vermeidung von Wertungswidersprüchen und Wettbewerbsverzerrungen. Handlungsbedarf für den Gesetzgeber, SWK 2009, S. 921; *Mohr,* Reform des Unternehmensinsolvenzrechts. Der Ministerialentwurf des Insolvenzrechtsänderungsgesetzes 2009, ecolex 2009, 848; *Schumacher,* Insolvenzrechtsnovelle 2009 – Ein Schlag ins Wasser? ÖBA 2009, 761; *Wagner,* Trotz Novelle: Unternehmen droht der Todesstoß, Die Presse 2010/12/04.

Ausgewählte Lit. seit dem IRÄG 2010: *Abel,* Sanierungsplan: Keine Rekurslegitimation ohne Forderungsanmeldung - Interessenabwägung und Versagung der Bestätigung, ZIK 2011/5, 2; *Abel,* Kopfstimme(n) des Teilschuldverschreibungskurators im Insolvenzverfahren, ZIK 2011/178, 133; *Bartos,* Insolvenzrechtsänderungsgesetz 2010, SozSi 2010, 86; *Burgstaller,* Urheber- und Patentlizenzen in der Insolvenz, ecolex 2016, 57; *Bußjäger/Schumacher,* Insolvenz von Gebietskörperschaften, RdW 2015/478, 539; *Clavora/Kapp,* Zur einredeweisen Geltendmachung von Anfechtungsansprüchen gem § 43 IO im Widerspruch in der Meistbotsverteilung (§ 213 EO) unter besonderer Berücksichtigung der Anfechtungsfrist, ZIK 2012/182, 131; *Dobner,* Das Bestandgeberpfandrecht in der Insolvenz des Bestandnehmers, immolex 2015, 202; *Doppelhofer,* Prämienbegünstigte Zukunftsvorsorge im Konkurs des Versicherungsnehmers, RdW 2012, 331; *Ehrke-Rabel/Kettisch,* Bescheidadressat im Insolvenzverfahren – ins Ausland anders? ZIK 2015/8, 16; *Eidenmüller,* Strategische Insolvenz: Möglichkeiten, Grenzen, Rechtsvergleichung, ZIP 2014, 1197; *Engelhart,* Kennenmüssen der Insolvenzeröffnung - Aktuelles zur unwirksamen Zahlung wegen unterlassener Einsichtnahme in die Insolvenzdatei, ZIK 2011/127, 92; *Engelhart,* Fortbetriebsrecht und Lehrverhältnis bei Insolvenzeröffnung - Anmerkungen zu OGH 8 ObS 3/11s und Art 59 IRÄ-BG, ZIK 2012/6, 8; *Fritz/Mayr-Riedler,* Vertragliche Absicherung des nichtinsolventen Vertragspartners, RdW 2015/593, 702; *Fruhstorfer,* Beendigung von Dauerschuldverhältnissen im Konkurs durch den Vertragspartner des Gemeinschuldners, ZIK 2003/105, 78; *Fruhstorfer,* Die Erfüllung des Sanierungsplanes, RdW 2011/71, 70; *Geroldinger,* Klarstellungen zu Art 3 EuInsVO und Aufweichung der (innerprozessualen) Bindungswirkung, ZIK 2011/293, 208; *Geroldinger,* Zur Verjährung von Zinsen und Kostenersatzansprüchen iSd § 58 Z 1 IO, JBl 2012, 540; *Gruber,* Die Vinkulierung der Versicherungsforderung in der jüngsten Rechtsprechung, ZFR 2011, 56; *Hackl,* Berechnung der Schlussverteilungsquote, ZIK 2012/69, 60; *Hämmerle,* Absonderungsrechte und Drittsicherheiten, ÖBA 2011, 641; *Hämmerle,* Absicherung der Teilnahmeansprüche am Insolvenzverfahren bei Anfechtung einer Schuldtilgung, ZIK 2011/294, 213; *Hämmerle,* Sind die Kosten eines Hypothekarklageverfahrens als Sondermassekosten zu bezahlen? - Kritische Anmerkungen zu OLG Wien 28 R 306/10s, ZIK 2012/8, 13; *Hämmerle,* Müssen Pfandgläubiger für die Immobilienertragsteuer aufkommen? ZIK 2012/245, 176; *Harnoncourt,* Kostenersatz, Insolvenz und Rechtsschutzversicherung, JBl 2015, 693; *Hergenröder/Alsmann,* Das Privatinsolvenzrecht in Österreich, der Schweiz und Tschechien, ZVI 2012, 1; *Hitzel,* Der Staatsbankrott – die Verwertung und Verteilung des Vermögens von Bund und Ländern im Falle der Insolvenz, KTS 2015, 441; *Hoenig,* Plädoyer für einen Vertragsübergang bei Verwertung im Insolvenzverfahren, ZIK 2011/229, 171; *Hofer-Zeni-Rennhofer,* Die Bekämpfung des Abstimmungsergebnisses beim Sanierungsplan, ZIK 2011/295, 216; *Höller/Steger,* Das Stimmrecht des Kurators der Anleihegläubiger in der Sanierungsplantagsatzung, ZIK 2011/179, 135; *Hüppe,* Sanierungsverfahren mit Eigenverwaltung: Finanzplan allein zeigt Ausfallrisiko nicht, ZIK 2011/9, 12; *Isola/Seidl/Sprajc,* Zur Zahlungsunfähigkeit – Plädoyer für eine „statische" bzw. einheitliche Auslegung, ZIK 2012/299, 214; *Kanduth-Kristen,* Einkommensteuer aus einer Liegenschaftsveräußerung im Insolvenzverfahren - keine Sondermassekosten! Anmerkungen zu OGH 8 Ob 87/10t, ZIK 2011/226, 162; *Kanduth-Kristen,* Einkommensteuer im Jahr der Insolvenzeröffnung - Aufteilung in Insolvenz- und Masseforderung! - Anmerkungen zu OGH 3 Ob 103/11k, ZIK 2011/292, 205; *Kanduth-Kristen,* Liegenschaftsveräußerungen nach dem 1. StabG 2012 – ist die Einkommensteuer nun doch eine Sondermasseforderung? ZIK 2012/121, 87; *Kantner,* Bonitätsauskunft und Haftung, ZIK 2012/122, 89; *G. Kodek/Potacs,* Insolvenz eines Bundeslandes – eine Erwiderung, JBl 2016, 481; *Kolland,* Wann entspricht eine Forderungsanmeldung dem § 103 Abs 1 IO? ZIK 2011/66, 42; *Koller,* Prozesskostenersatz für Insolvenzgläubiger auf materiellrechtlichem Weg, ZIK 2012/298, 210; *Konecny,* Das Insolvenzrechtsänderungsgesetz 2010 - Ein Überblick, ZIK 2010/119, 82; *Konecny,* Das Verfahrensgebäude der Insolvenzordnung, in Konecny, ZIK Spezial - IRÄG 2010, 1; *Konecny,* Masseunzulänglichkeit und Leistungsklagen von Altmassegläubigern, ZIK 2011/175, 122; *Konecny,* Masseunzulänglichkeit in Bezug auch auf Neumasseforderungen, Anmerkungen zu OGH 3 Ob 92/12v, ZIK 2012/296, 205; *Konecny,* Praktische Erfahrungen mit den Sanierungsverfahren aus dem ersten halben Jahr des neuen Insolvenzrechts, ZIK 2011/129, 97; *Konecny,* Eröffnungsbeschluss: Gläubigerrekurs nur bei Forderungsnachweis, ZIK 2012/241, 162; *Konecny,* Die Fortsetzung des Bestandverhältnisses gem § 12c IO erfordert keine Räumungsexekution, ZIK 2013/5, 2; *Konecny,* Die Zulässigkeit des Rekurses gegen Beschlüsse des Insolvenzgerichts, ÖJZ 2012/118, 1035; *Konecny,* Die Sanierung im Lichte des österreichischen IRÄG 2010, ZZP 125 (2012) 285; *Konecny,* Voraussetzungen für eine Verfahrenshilfe für die Insolvenzmasse, ZIK 2015/142, 115; *Konecny,* Schuldnerbezüge und Massezugehörigkeit, ZIK 2016/190, 144; *Konecny,* Insolvenzfähigkeit und Niederlassung einer ausländischen Gesellschaft, ZIK 2016/250, 186; *König,* IRÄG 2010: Zessionsanfechtung aus der „Sicht der Banken", RdW 2010, 749; *König,* Insolvenzanfechtung im Sanierungsverfahren, ZIK 2012/7, 11; *Krach/Schmidt,* Passivlegitimation des Treuhänders für die Klage gem § 150 Abs 4 IO bei Liquidationssanierungsplan der Schuldnerin, ZIK 2013/300, 219; *Langen,* Zur Entwicklung eines Staateninsolvenzrechts, ZInsO 2014, 1894; *Lesigang,* Zusammenfassung der wesentlichen Änderungen durch die Insolvenzrechtsnovelle 2010 und bisherige Erfahrungen, RWZ 2011, 66; *Mettam,* IO-Novelle: „Freischalten" des Sanierungsverwalters für Bekanntmachungen in der Insolvenzdatei, ZIK 2012/10, 20; *Mitterecker,* Insolvenz vor Durchführung einer Kapitalerhöhung, ZIK 2017/65, 50; *Mohr,* Aktuelles zum Exekutions- und Insolvenzrecht, ein Rückblick auf 2015 und ein Ausblick auf 2016, ÖRPfl 2/2015, 29; *Mohr,* GGN 2015 – Änderungen bei den Rechtsmittelgebühren im Insolvenzverfahren, ZIK 2016/9, 19; *Müller,* Too Big to Fail? ecolex 2015, 712; *Nunner-Krautgasser,* Insolvenzverfahren für Staaten und Gemeinden – die Grundsatzfragen, ÖJZ 2013/19, 155; *Nunner-Krautgasser,* Zur Abgrenzung von Insolvenz- und Masseforderungen: Die Entlohnung des Verlassenschaftskurators im Verlassenschaftskonkurs, ZAK 2016/576, 304; *Nunner-Krautgasser/Anzenberger,* Trennungsgebot in der „Konzerninsolvenz" - Anmerkungen zu OGH 8 Ob 104/11v und 8 Ob 105/11s, ZIK 2012/4, 2; *Oberhammer,* Zur Abtretung von Ansprüchen der Insolvenzmasse nach § 275 UGB, ecolex 2016, 580; *Oberhammer,* Massefreies Vermögen in der Insolvenz eines Bundeslandes? JBl 2016, 209; *Podoschek,* § 131a BaSAG – Klassenkonkurs bei Bankeninsolvenzen, ZIK 2016/225, 179. (Ausnahme vom Prinzip des klassenlosen Konkurses); *Posani,* Berücksichtigung nicht angemeldeter Insolvenzforderungen nach Erfüllung des Zahlungsplans, ZIK 2011/70, 56; *Posani,* Restschuldbefreiung ohne Gläubigerbeteiligung, ZIK 2012/120, 85; *Potacs/Wutscher,* Grenzen der Einbringlichkeit von Forderungen gegen Bundesländer, wbl 2015, 61; *Radschek/Unger,* Nachzahlungen im Insolvenzverfahren, taxlex 2014, 208; *Reckenzaun,* Zahlungsplan und fristgerechter Erlag einer Barquote, ZIK 2011/230, 174; *Reckenzaun,* Sondermasseforderung Immo-ESt, ZIK 2012/297, 208; *Reisenhofer,* Verjährung laufender Zinsen auf Insolvenzforderungen, ZIK 2012/64, 42; *Reissner/Sundl,* Bemessung der Kündigungsentschädigung bei Austritt besonders geschützter Arbeitnehmer nach § 25 IO, Anmerkungen zu OGH 8 ObS 4/12i, ZIK 2012/295, 202; *Riel,* Was sind Sondermasseforderungen? ZIK 2004, 182; *Riel,* Wer ist der Insolvenzverwalter? ZIK 2012/66, 47; *Riel,* Die Schätzung unbeweglicher Sachen im Insolvenzverfahren, ZIK 2012/124, 96; *Riel*, Das Insolvenzverfahren über das Vermögen der ALPINE Bau GmbH – ein Zwischenbericht, ZIK 2014/245, 174; *Riss*, Einige Gedanken zum Aufschub der Räumungsexekution und zur Fortsetzung des Bestandverhältnisses nach § 12c IO, ZIK 2011/228, 168; *Rüffler/Told*, Folgen des Konkurses eines ARGE-Mitglieds, GES 2014, 221; *Schneider*, Sicherungsrechte am Einkommen in grenzüberschreitenden Verfahren, ZIK 2011/67, 45; *Schneider*, Bestätigungsvoraussetzung und Zahlungsplan, ZIK 2011/126, 89; *Schneider*, Wiederaufleben und Exekution einer nicht angemeldeten Forderung, ZIK 2011/227, 165; *Schneider*, Zahlungsplan und Exekution einer nicht angemeldeten Forderung, ZIK 2012/65, 44; *Schneider*, Die Verlängerung des Abschöpfungsverfahrens, ZIK 2012/242, 165; *Schuhmacher/Köchl*, Insolvenzeröffnung unterbricht Schiedsverfahren: Fortsetzung als Prüfungsprozess? RdW 2012, 399; *Slonina*, „Schützenhilfe" vom EuGH in der Diskussion um Verfahrenshilfeansprüche des Masseverwalters, ZIK 2011/68, 49; *Slonina*, Abschaffung des Anspruchs auf Verfahrenshilfe für juristische Personen verfassungswidrig - Anmerkungen zu VfGH G 26/10 ua, ZIK 2011/291, 202; *Slonina*, Keine grenzüberschreitende Insolvenzerstreckung auf konzernabhängiges Unternehmen - Anmerkungen zu EuGH Rs C-191/10, Rastelli Davide e C. Snc/Jean-Charles Hidoux, ZIK 2012/5, 4; *Told*, Kapitalmarktrechtliche Schadenersatzansprüche in der Insolvenz, ZFR 2014/73, 109; *Trenker*, Verfahrenshilfe für die Insolvenzmasse unter besonderer Berücksichtigung von Art 6 MRK, Art 47 Abs 3 GRC, ZIK 2014/10, 13; *Trettnak/Welser*, Ausgewählte Praxisfragen des Käufers beim Unternehmenskauf in der Krise, ZIK 2011/176, 125; *Thaller*, Sind Fälligkeitsvereinbarungen für Überstundenentgelte Angestellter für die Beurteilung der Ansprüche auf Insolvenzentgelt in Verbindung mit § 3a IESG von Relevanz? ZIK 2011/128, 94; *Wagner*, Die Insolvenz des Schuldners im Zivilprozess, RdW 2012/742, 712; *Walch*, Die Aufbringung des Stammkapitals in der Insolvenz eines GmbH-Gesellschafters, GES 2014, 155; *Weber*, Das Schicksal von Konventionalstrafen in der Insolvenz, ZIK 2012/243, 168; *Weissel*, Die neue Rechtsstellung des Absonderungsgläubigers nach dem IRÄG 2010, ÖBA 2011, 391; *Weissel*, Anfechtung der Unterlassung eines Kreditabrufs? ZIK 2011/177, 129; *Weissel*, Einkommensteuer als Sondermasseforderung? ZIK 2012/67, 52; *Weissel*, Das IRÄG 2010 aus der Sicht von Kreditinstituten – eine Nachlese, RdW 2012, 71; *Weissel*, Immobilienertragsteuer im Insolvenzverfahren – ein befriedigendes Regelwerk? ZIK 2013/8, 11; *Welte*, Kriterien für die Annahme eines Zahlungsplans und den Belohnungsanspruch, ZIK 2011/125, 88; *Widhalm-Budak*, Nachforschungspflichten der GKK und Abgrenzung von Zahlungsstockung und Zahlungsunfähigkeit, ZIK 2011/124, 85; *Widhalm-Budak*, Insolvenzfestigkeit und Anfechtung von an Konnossementen erlangten Zurückbehaltungsrechten der Akkreditivbank, ZIK 2012/119, 82; *Widhalm-Budak*, Erkennbarkeit der Zahlungsunfähigkeit bei vorangegangener Veröffentlichung der Konkursabweisung mangels kostendeckenden Vermögens, ZIK 2012/179, 122; *Wilfert*, Zeitpunkt des Betriebsübergangs, ZIK 2011/6, 4; *Windisch-Graetz*, Auswirkung von Restschuldbefreiungen für Sozialversicherungsbeiträge auf die Pension, ZIK 2011/7, 6; *Winkler*, Zum Verhältnis von Insolvenzverfahren und Verlassenschaftsverfahren, ZIK 2014/301, 214; *Zeitler*, Das Sanierungskonzept des § 31 Abs 1 Z 3 IO, ZIK 2011/69, 52; *Zeitler*, Absonderungsgläubiger und Sicherungseigentümer bei der Verteilung, ZIK 2002/261, 196; *Zeitler*, § 48 KO und pfandweise Beschreibung, ZIK 2003/260, 197; *Zeitler*, Zur Anfechtung eines auf einem Sicherstellungsauftrag gem § 232 BAO beruhenden Pfandrechts, ZIK 2012/244, 171; *Zenker/Garber*, Das deutsche Gesetz zur weiteren Erleichterung der Sanierung von Unternehmen (dESUG) – Insolvenzrechtsreform in Deutschland, ZIK 2012/68, 56; *Zipperer*, Die Insolvenz – historische, literarische und philosophische Aspekte des wirtschaftlichen Scheiterns, NJW 2016, 750; *Zöchling-Jud/Kogler*, Anfechtungsrisiken beim Factoring – Zugleich ein Beitrag zur Rechtsnatur des Factoring, ÖBA 2012, 428; *Zotter*, Insolvenzstatistik 2010 für Österreich, ZIK 2011/8, 8; *Zotter*, Insolvenzstatistik 1. Halbjahr 2011 für Österreich, ZIK 2011/180, 138; *Zotter*, Insolvenzstatistik 2011 für Österreich, ZIK 2012/9, 16; *Zotter*, Abweisungen: das ungelöste Problem, ZIK 2012/123, 92; *Zotter*, Insolvenzstatistik 1. Halbjahr 2012 für Österreich. Mit einem Rückblick auf die Entwicklung der Sanierungsbestrebungen insolventer Unternehmen nach zwei Jahren neuem Insolvenzrecht, ZIK 2012/183, 135; *Zotter*, Sanierungsplan: Der „neue Zwangsausgleich“ in der Praxis – Wie sich das Sanierungsverfahren ohne Eigenverwaltung und der Sanierungsplan im Konkurs in den ersten beiden Jahren bewährt haben, ZIK 2012/246, 180; *Zotter,* Insolvenzstatistik 2012 für Österreich, ZIK 2013/9, 14; *Zotter,* Insolvenzstatistik 2013 für Österreich, ZIK 2014/11, 18; *Zotter,* Insolvenzstatistik 1. Halbjahr 2014 für Österreich, ZIK 2014/175, 137; *Zotter,* Insolvenzstatistik 2014 für Österreich, ZIK 2015/9, 21; *Zotter,* Insolvenzstatistik 1. Halbjahr 2015 für Österreich, ZIK 2015/161, 133; *Zotter,* Insolvenzstatistik 2015 für Österreich, ZIK 2016/8, 17; *Zotter,* Insolvenzstatistik 1. Halbjahr 2016 für Österreich, ZIK 2016/170, 138; *Zotter,* Insolvenzstatistik 2016 für Österreich, ZIK 2017/11, 21.

Lit. zum IRÄG 2017: *G. Kodek,* Reform des Privatkonkurses – Das Insolvenzrechtsänderungsgesetz 2017, Zak 2017/260, 147; *Konecny,* InsolvenzrechtsänderungsG 2017, ZIK 2017/61, 41; *Riel,* Insolvenzrechtsänderungsgesetz 2017, AnwBl 2017, 275.

Zweiter Teil

Materielles Insolvenzrecht

I. Insolvenzmasse

Lit.: *Bußjäger/Schumacher,* Insolvenz von Gebietskörperschaften, RdW 2015/478, 539; *Bründl,* Zur Verfahrenshilfe für die Konkursmasse, ZIK 1998, 189; *Csoklich,* Zugriff auf Vermögen der Privatstiftung durch Gläubiger der Stifter und Begünstigten, ÖBA 2008, 416; *Hitzel,* Der Staatsbankrott – die Verwertung und Verteilung des Vermögens von Bund und Ländern im Falle der Insolvenz, KTS 2015, 441; *G. Kodek/Potacs,* Insolvenz eines Bundeslandes – eine Erwiderung, JBl 2016, 481; *Konecny* (Hrsg.), IRÄG 2010- Insolvenzrechtsänderungsgesetz 2010, ZIK Spezial (Wien 2010); *Konecny,* Voraussetzungen für eine Verfahrenshilfe für die Insolvenzmasse, ZIK 2015/142, 115; *Konecny,* Schuldnerbezüge und Massezugehörigkeit, ZIK 2016/190, 144; *Konecny,* Insolvenzfähigkeit und Niederlassung einer ausländischen Gesellschaft, ZIK 2016/250, 186; *Nunner-Krautgasser,* Insolvenzverfahren für Staaten und Gemeinden – die Grundsatzfragen, ÖJZ 2013/19, 155; *Mitterecker,* Insolvenz vor Durchführung einer Kapitalerhöhung, ZIK 2017/65, 50; *Müller,* Too Big to Fail? ecolex 2015, 712; *Nunner,* Die Freigabe von Konkursvermögen (1998); *Nunner-Krautgasser,* Endgültigkeit der Freigabe? Zur Frage der Wiedereinbeziehung ausgeschiedenen Vermögens in die Konkursmasse, wbl 2000, 107; *Oberhammer,* Massefreies Vermögen in der Insolvenz eines Bundeslandes? JBl 2016, 209; *Oberhammer,* Zur Abtretung von Ansprüchen der Insolvenzmasse nach § 275 UGB, ecolex 2016, 580; *Potacs/Wutscher,* Grenzen der Einbringlichkeit von Forderungen gegen Bundesländer, wbl 2015, 61; *Riel,* Keine Verfahrenshilfe für Konkursmassen, ZIK 2009/186, 120; *Riel,* Verfahrenshilfe für die Konkursmasse, RZ 1997, 187; *Schneider,* Zahlungsunfähigkeit der Konkursmasse und ihre Rechtsfolgen, JAP 2004/2005/28; *Slonina,* „Schützenhilfe" vom EuGH in der Diskussion um Verfahrenshilfeansprüche des Masseverwalters, ZIK 2011/68, 49; *Slonina,* Abschaffung des Anspruchs auf Verfahrenshilfe für juristische Personen verfassungswidrig - Anmerkungen zu VfGH G 26/10 ua, ZIK 2011/291, 202; *Trenker,* Verfahrenshilfe für die Insolvenzmasse unter besonderer Berücksichtigung von Art 6 MRK, Art 47 Abs 3 GRC, ZIK 2014/10, 13; *Walch,* Die Aufbringung des Stammkapitals in der Insolvenz eines GmbH-Gesellschafters, GES 2014, 155; *Widhalm-Budak,* Bereicherungsanspruch der Konkursmasse nach Vertragsrücktritt gem § 21 KO bei erfolgter (Teil-)Abtretung des Erfüllungsanspruchs. Anmerkungen zu OGH 8 Ob 45/09i, ZIK 2010/63, 45.

Die Eröffnung des Insolvenzverfahrens teilt das Schuldnervermögen in zwei Teile: in die Insolvenzmasse und in das insolvenzfreie Vermögen.

Insolvenzmasse ist das gesamte exekutionsunterworfene Vermögen des Schuldners zur Zeit der Insolvenzeröffnung und der gesamte exekutionsunterworfene Neuerwerb während des Insolvenzverfahrens (§ 2 Abs 2 IO). Diese *Aktivmasse (Teilungsmasse)* dient der gemeinschaftlichen Befriedigung der *Insolvenzgläubiger.*

Die IO bekennt sich daher zum ***dynamischen Massebegriff,*** der eine stetige Änderung der Masse im Verfahren vorsieht und nicht bloß eine Feststellung am Verfahrenseingang.

Nur das Vermögen, nicht die Person des Schuldners gehört zur Insolvenzmasse, daher weder die Arbeitskraft des Schuldners noch die Arbeitsergebnisse. Daneben ist allerdings der von der hL überwiegend abgelehnte insolvenzrechtliche Anspannungsgrundsatz zu beachten, der den Schuldner verpflichtet, durch eigene Tätigkeit zur Massemehrung beizutragen, um so nicht die Masse für die schuldnerischen Unterhaltsverpflichtungen aufkommen zu lassen (s. unten II. D.).

Immaterialgüterrechte des Schuldners wie Patente, Lizenzen, das Copyright oder auch nicht verwertete Erfindungen des Schuldners gehören zur Insolvenzmasse. Die Feststellung des Werts geistigen Eigentums stellt oft bei der Aktivenfeststellung ein großes Problem dar. Mitunter entwickeln sich bisher praktisch wertlose Rechte aufgrund einer plötzlich entstehenden Mode zum wertvollen Massebestandteil.

Die Exekutionsbeschränkungen gelten auch im Insolvenzverfahren. Daher zählen unpfändbare Sachen (§§ 250, 251 EO) und unpfändbare Forderungen (§§ 290 ff EO) nicht zur Insolvenzmasse, wohl aber jene Sachen, auf die bloß eine abgesonderte Exekution nicht geführt werden kann (zB. Zubehör von Liegenschaften, § 252 EO, Art XI EGEO).

Zum ***Neuerwerb während des Insolvenzverfahrens*** zählt alles, was der Schuldner durch eigene Tätigkeit oder unentgeltlich erwirbt. Davon ist dem Schuldner zu überlassen, was er zu einer bescheidenen Lebensführung für sich und für diejenigen, die gegen ihn einen gesetzlichen Unterhaltsanspruch haben, unbedingt benötigt (§ 5 Abs 1 IO).

Mithin zählen zum ***insolvenzfreien Vermögen:***

- das exekutionsfreie Vermögen des Schuldners (arg. e contr. § 2 Abs 2 IO);
- der ihm aus seinem Neuerwerb überlassene (§ 5 Abs 1 IO) oder aus der Insolvenzmasse gewährte Unterhalt (§ 5 Abs 2 IO);
- Erbschaften, Vermächtnisse und unentgeltliche Zuwendungen, die der Insolvenzverwalter nicht beansprucht (§ 4 Abs 2 IO);
- Ansprüche aus Aktivprozessen des Schuldners und Sachen aus (erfolglosen) Aussonderungsprozessen, wenn der Insolvenzverwalter den Prozesseintritt ablehnt (§ 8 IO);
- Sachen und Forderungen, die aus der Insolvenzmasse ausgeschieden werden, weil sich ihre Liquidierung nicht lohnt (§ 119 Abs 5 IO);
- nach der Schlussverteilung freiwerdendes oder zum Vorschein kommendes Insolvenzvermögen, wenn sich die Nachtragsverteilung nicht lohnt (§ 138 Abs 3 IO).

Was rechtlich zur Masse gehört *(Sollmasse),* deckt sich nicht immer mit dem, was tatsächlich in der Masse ist *(Istmasse),* namentlich wenn der Schuldner insolvenzunterworfene Sachen verschoben oder der Insolvenzverwalter insolvenzfreie (dem Schuldner oder Dritten gehörende) Sachen zur Masse geschlagen hat.

Dann muss der Insolvenzverwalter die Istmasse der Sollmasse angleichen.

Zu diesem Zweck muss der Schuldner ein genaues Vermögensverzeichnis vorlegen (§§ 100, 100a IO). Unabhängig davon errichtet der Insolvenzverwalter ein Inventar über die Insolvenzmasse (§ 96 Abs 1 IO). Drittdetentoren trifft eine Anzeigepflicht (§ 97 Abs 2 IO).

Beachte: Nur im Sanierungsverfahren mit Eigenverwaltung und im Insolvenz- bzw. Schuldenregulierungsverfahren natürlicher Personen entfällt die Erstellung eines Inventars.

Umgekehrt gehören solche Istmassebestandteile, die nicht Teil der Sollmasse sind, nicht zum insolvenzunterworfenen Vermögen des Schuldners: Bei ordnungsgemäßer Befriedigung aller Aussonderungsgläubiger verschwindet dieser Teil der Istmasse.

II. Wirkungen der Eröffnung des Insolvenzverfahrens

Lit.: *Brauneis,* Konkursaufhebung aufgrund Stattbebung des Rekurses wider die Konkurseröffnung, ZIK 1995, 174; *Buchegger,* Der Folgenkonkurs, BeitrZPR II 1; *Buchegger,* Zur Dogmatik der Insolvenzauslösetatbestände, in Feldbauer-Durstmüller/Schlager (Hrsg.), Krisenmanagement – Sanierung – Insolvenz (2002) 953; *Engelhart,* Keine Verpflichtung zur Einsichtnahme in die Insolvenzdatei bei Massenzahlungen? ZIK 2013/298, 202; *Hämmerle,* Absicherung der Teilnahmeansprüche am Insolvenzverfahren bei Anfechtung einer Schuldtilgung, ZIK 2011/294, 213; *Kininger,* Urteilsfällung in dem durch Konkurseröffnung unterbrochenen Zivilprozeß (§ 159 ZPO und § 7/1 KO), BeitrZPR I, 147; *Kloiber,* Die Konkurseröffnung nach dem IRÄG 1997, ZIK 1997, 154; *Kodek,* Zur Berücksichtigung von Ratenvereinbarungen im Konkurseröffnungsverfahren, ZIK 2006/184, 146; *Kodek/Ladon,* Rechtstatsachenuntersuchung zum Konkurseröffnungsverfahren, ZIK 2008/129, 89; *Konecny,* Außerstreitreform: Wirkung der Konkurseröffnung auf Außerstreitverfahren, NZ 2001, 34; *Konecny,* GIN 2006 – die kleineren Änderungen, ZIK 2006/42, 41; *Konecny,* Insolvenzrechts-Novelle 2006 tritt in Kraft, ZIK 2006/1a, 1; *Konecny* (Hrsg.), IRÄG 2010 – Insolvenzrechtsänderungsgesetz 2010 (2010); *Konecny,* Unzulässigkeit der Klage einer dt. Schuldnerin in einer Masseangelegenheit, ZIK 2017/54, 37; *Konecny,* Verbot von Rechtshandlungen gegen Schuldner(organe), ZIK 2017/34, 26; *Kossak,* Das neue Konkurseröffnungsverfahren aufgrund des IRÄG 1997 im Spiegel der Rechtsprechung des OLG Linz, ZIK 1998, 181, ZIK 1999, 6; *König,* § 2 und die drohende „Zahlungsunfähigkeit", RdW 1997, 581; *Lutschounig,* Anmerkungen zu OGH 8 Ob 85/16g, ZIK 2017/7, 2; *Mohr,* Das Konkurseröffnungsverfahren bei juristischen Personen, ZIK 1997, 157; *Mohr,* Das Konkurseröffnungsverfahren in der jüngsten Rechtsprechung der Oberlandesgerichte, RdW 1993, 234; *Noverka,* Was sollte vor Antragstellung auf Eröffnung eines Konkursverfahrens beachtet werden? AnwBl 1984, 58; *Nunner-Krautgasser,* Schuld, Vermögenshaftung und Insolvenz (2007); *Nunner-Krautgasser,* Übertragung ausschließlich von Anfechtungsansprüchen auf den Treuhänder? (Glosse zu OGH 3 Ob 30/14d), ÖBA 2014/2055, 858; *Nunner-Krautgasser,* Verjährung bestrittener Insolvenzforderungen, RdW 2016/540, 731; *Nunner-Krautgasser,* Unwirksamkeit von Rechtshandlungen insolventer Arbeitgeber iSd § 3 Abs 1 IO, DRdA 2017, 3; *Pogacar,* Kostentragung im Konkurseröffnungsverfahren, ZIK 2006/240, 187; *Reckenzaun,* Eröffnung eines Insolvenzverfahrens und Erlöschen der Berechtigung zur Ausübung der Rechtsanwaltschaft, AnwBl 2008, 351; *Schneider,* Außerstreitverfahren und Konkurs – zum neuen § 8a KO, ZIK 2006/41, 38; *Schumacher,* Konkurseröffnung, Treuhand und Liegenschaftsverkehr, NZ 1991, 1; *Stöger,* Der Entwurf zum neuen Außerstreitgesetz und die Unterbrechungswirkung der Konkurseröffnung im Außerstreitverfahren, AnwBl 2001, 186; *Strigl,* Konkurseröffnung und Amtshaftung, AnwBl 1991, 677; *Umlauft,* Gesellschaftsvertragsrechtliche Aufgriffsrechte in der Insolvenz des Gesellschafters, NZ 2012, 289; *Werschitz,* Kein Privatbeteiligtenanspruch der Insolvenzmasse bei Strafverfahren gegen Geschäftsführer gemäß §§ 156 und 159 StGB? ZIK 2014/243, 16; *Ziniel,* Vorzeitiger Austritt von Betriebsratsmitgliedern wegen Konkurseröffnung, DRdA 1985, 331.

A. Beginn der Verfahrenswirkungen

Die Rechtswirkungen der Eröffnung des Insolvenzverfahrens setzen am Anfang des Tags ein, der der öffentlichen Bekanntmachung des Inhalts des Insolvenzedikts folgt (§ 2 Abs 1 IO).

Die ***öffentliche Bekanntmachung*** der Verfahrenseröffnung erfolgt durch Aufnahme des ***Insolvenzedikts*** in die ***Insolvenzdatei*** (§§ 255, 256 IO). Diese ist Teil einer allgemein zugänglichen Datenbank (Ediktsdatei), in die jedermann durch Abfrage mit automationsunterstützter Datenübermittlung unter www.edikte.justiz.gv.at Einsicht nehmen kann (§§ 89j, 89k GOG).

B. Insolvenzbeschlag

Durch die Eröffnung des Insolvenzverfahrens wird das insolvenzunterworfene Vermögen des Schuldners zugunsten der Insolvenzgläubiger beschlagnahmt. Dieser ***Insolvenzbeschlag*** hat zwei Wirkungen:

1. Verstrickung der Insolvenzmasse

Die beschlagnahmte Masse gehört zwar formell (noch) dem Schuldner, unterliegt aber nicht mehr seiner Verwaltung und Verfügung. Sie verselbständigt sich zu einem ***Sondervermögen*** und steht nun dem *insolvenzfreien Vermögen* des Schuldners gegenüber. Die Sach- und Prozessführungsbefugnis übt im Konkurs (§ 180 IO) und im Sanierungsverfahren ohne Eigenverwaltung (§ 166 ff IO) der ***Insolvenzverwalter*** aufgrund der gesetzlichen Vorschriften aus, als gerichtlich bestellter organschaftlicher Vertreter der Insolvenzmasse *(Organtheorie).*

Auch im Sanierungsverfahren mit Eigenverwaltung (§§ 166 ff iVm 169 ff IO) herrscht Masseverstrickung. Allerdings geht das Gesetz hier vom Grundsatz der Fremdverwaltung durch einen Insolvenzverwalter ab und ermächtigt den Schuldner zur eigenständigen Verwaltung der Masse. Die Verstrickung wird hier durch gesetzliche wie richterliche Verfügungsbeschränkungen deutlich, deren Einhaltung ein ***Sanierungsverwalter*** zu überwachen hat (§ 171 IO); daneben sieht das Gesetz ausschließliche Sanierungsverwalteragenden vor (§ 172 IO), sodass die schuldnerische *Eigenverwaltung sowohl beaufsichtigt wie auch beschränkt* ist.

2. Insolvenzteilnahmeanspruch – Haftungsdurchsetzung

Der ***Insolvenzteilnahmeanspruch*** gehört zu dem in § 19 Satz 1 ABGB verankerten ***formellen Rechtsschutzanspruch*** (Justizgewährungsanspruch) und konkretisiert sich im Lauf des Verfahrens. Er ist die verfahrensrechtliche Abbildung des ***privatrechtlichen Haftungsanspruchs*** der Gläubiger gegen den Schuldner. Ebenso wie in anderen Verfahren (Zivilprozess, Außerstreitverfahren, Zwangsvollstreckungsverfahren) basiert auch das Insolvenzverfahren auf einem subjektiv-öffentlichrechtlichen ***Rechtsschutzanspruch gegenüber dem Staat. Was für das Exekutionsverfahren der formelle Exekutionsanspruch, ist für das Insolvenzverfahren der formelle Konkursteilnahmeanspruch. Wir sprechen von der insolvenzrechtlichen Justizgewährung.***

Zu Unrecht vermeint die hM, ein Insolvenzteilnahmeanspruch habe in der österreichischen Insolvenzrechtsdogmatik keinen Platz! (Vgl. ausführlich *Nunner-Krautgasser,* Schuld 119 f, 357 f, 361 f). Von einem *materiellen Insolvenzteilnahmeanspruch* (wie in der älteren Lehre vertreten) ist nicht die Rede:

Die IO spricht von der (privatrechtlichen) Forderung, dem (privatrechtlichen) Anspruch des Insolvenzgläubigers gegen den Schuldner und von nichts sonst. Diese Forderung lässt sich indes nicht für sich genommen sondern nur im Verfahren durchsetzen.

Wann und unter welchen Voraussetzungen aber diese privatrechtliche Forderung durchgesetzt wird oder nicht, hängt von den Bestimmungen der IO ab: ***Der Staat stellt mithin in der IO das Regelungsgebäude auf, innerhalb dessen er dem Gläubiger Rechtsschutz bietet.***

Es ist zu unterscheiden:

a) Antragslegitimation – Eröffnungsanspruch

Auf der Basis seines ***privatrechtlichen Anspruchs,*** dessen haftungsrechtliche Komponente im Insolvenzverfahren nach insolvenzrechtlichen Grundsätzen durchzusetzen ist, hat jeder ***Insolvenzgläubiger*** einen *subjektiv - öffentlichrechtlichen* ***Anspruch gegen den Staat auf Eröffnung*** des Insolvenzverfahrens ***bei Vorliegen der von der IO geforderten gesetzlichen Voraussetzungen des § 70 IO.*** Eine abschlägige Entscheidung kann er mit Rekurs bekämpfen: Aus der Antragslegitimation ergibt sich bei Vorliegen der Beschwer das Rechtsmittelrecht.

Gläubiger, die gegen den Schuldner Forderungen aus Eigenkapital ersetzenden Gesellschafterdarlehen haben, sind ***Inhaber nachrangiger Forderungen*** (§ 57a IO), aber neben den Insolvenzgläubigern (§ 51 IO) gleichwohl zum Insolvenzverfahrensantrag legitimiert (§ 70 IO).

Dieser Anspruch manifestiert sich als ***Konkurseröffnungsanspruch,*** da durch bloßen und vom Schuldner nicht mit einem Sanierungsverfahrensantrag beantworteten Gläubigerantrag nur ein Konkurs und kein Sanierungsverfahren eröffnet werden kann (§ 180 IO).

► Beantwortet der Schuldner indes den (Konkurs)Antrag des Gläubigers mit einem Antrag auf Eröffnung eines Sanierungsverfahrens (§§ 166 ff IO) und legt er gleichzeitig einen zulässigen Sanierungsplan (§§ 140 ff IO) vor, so ist das Insolvenzverfahren als Sanierungsverfahren und nicht als Konkurs zu eröffnen.

b) Forderungsanmeldung – Prüfungsanspruch

Die Eröffnung des Insolvenzverfahrens berechtigt die Insolvenzgläubiger, sich am Insolvenzverfahren zu beteiligen, indem sie ihre ***Insolvenzforderungen anmelden.*** Das Gericht fordert dazu im Eröffnungsedikt auf. Auf der Basis der Forderungsanmeldung haben die Insolvenzgläubiger den öffentlichrechtlichen ***Anspruch auf Prüfung ihrer Forderung*** im Rahmen der Prüfungstagsatzung. Im Bestreitungsfall steht ihnen der Prüfungsklageweg offen (§ 110 IO).

c) Verwertungsanspruch in der Liquidation – Befriedigungsanspruch in Liquidation und Sanierungsplan

Die Feststellung der angemeldeten Forderungen in der Prüfungstagsatzung verdichtet den subjektiven öffentlich-rechtlichen Insolvenzteilnahmeanspruch zu einem Anspruch auf Berücksichtigung im Verfahren: Der Insolvenzgläubiger hat alle Rechte eines Verfahrensbeteiligten (zB. Einsichtsrecht, Bemängelungsrecht bei der Schlussrechnung, Erinnerungsrecht beim Schlussverteilungsentwurf) und ***das Verfahrensrecht auf Berücksichtigung seines privatrechtlichen Anspruchs gegen den Schuldner*** nach Verwertung der Masse ***in Form insolvenzmäßiger Befriedigung*** aus dem Masseerlös oder – im Sanierungsplan wie im Sanierungsverfahren – Zahlung des Sanierungsplanerfordernisses).

Auf diese Weise verhilft der öffentlich-rechtliche Anspruch auf Teilnahme dem Insolvenzgläubiger für seine privatrechtliche Forderung gegen den Schuldner zur – allerdings quotenmäßig gekürzten – Berücksichtigung. Eine regelrechte Haftungsverwirklichung bleibt Insolvenzgläubigern daher zum großen Teil und nachrangigen Gläubigern regelmäßig überhaupt verwehrt.

Eine Verwertung findet im Rahmen der Masseliquidation (§§ 119 ff, 124 bis 127, 128 bis 139 IO) aber auch bei Umsetzung eines Sanierungsplans zu Liquidierungszwecken statt; ein solcher Plan ist letztlich auch im Sanierungsverfahren möglich (§§ 166 ff iVm 157g bis 157m IO).

Kein Verwertungs- wohl aber ein Befriedigungsanspruch besteht beim Sanierungsplan zu Sanierungszwecken, sei es im Konkurs oder im Sanierungsverfahren.

Ebenso wie man überhaupt auf den Rechtsschutz (Rechtsschutzverzicht) oder auf eine seiner Ausformungen (zB. Rechtsmittelverzicht, Exekutionsverzicht) verzichten kann, so können die Inhaber von Insolvenzforderungen auf die Teilnahme am Insolvenzverfahren verzichten ***(Insolvenzteilnahmeverzicht).*** Das macht ihre Anmeldung im Verfahren oder jede weitere Verfahrensteilnahme unzulässig, eine etwa bereits erfolgte Anmeldung gilt dadurch als zurückgezogen. Gläubiger, die nicht zugleich einen Klageverzicht erklärt haben, können aber ohne Rücksicht auf die im Insolvenzverfahren bestehende Prozess-

und Exekutionssperre mit Klage und Exekution gegen den Schuldner vorgehen, dessen Haftungsfonds freilich während des Insolvenzverfahrens auf das (großteils der Pfändung entzogene) insolvenzfreie Vermögen beschränkt bleibt.

Es ist ganz und gar nicht Gebot der Gläubigergleichbehandlung, die uns zwingt, den Verzichtenden nicht aus dem Verfahren zu lassen, vielmehr Gebot der Privatautonomie, den Teilnahmeverzicht zu respektieren. Das insolvenzfreie Vermögen des Schuldners unterliegt eben nicht dem Paritäts- sondern dem Prioritätsprinzip. Mit anderen Worten: ***Entgegen Teilen der Rsp und Lehre sei hier festgehalten:*** Das insolvenzrechtgliche Paritätsprinzip gilt für die allgemeine Teilungsmasse und für nichts sonst (aA *Nunner-Krautgasser,* Schuld 329 ff). Verträte man die Ablehnung des Insolvenzteilnahmeverzichts bis zur letzten Konsequenz, so dürfte der seine Prüfungsklagefrist versäumende Insolvenzgläubiger als rechtlos betrachtet werden: Die Versäumung der Prüfungsklage ist ein Teilnahmeverzicht.

C. Rechtshandlungen des Schuldners

Lit.: Engelhart, Kennenmüssen der Insolvenzeröffnung - Aktuelles zur unwirksamen Zahlung wegen unterlassener Einsichtnahme in die Insolvenzdatei, ZIK 2011/127, 92; *Engelhart,* Keine Verpflichtung zur Einsichtnahme in die Insolvenzdatei bei Massenzahlungen? ZIK 2013/298, 202; *Konecny,* Massebezogene Rechtshandlungen von Gemeinschuldnern, JBl 2004, 341; *Konecny,* Zur Prozeßführung durch den Ausgleichschuldner, JBl 1986, 353; *Nunner-Krautgasser,* Unwirksamkeit von Rechtshandlungen insolventer Arbeitgeber iSd § 3 Abs 1 IO, DRdA 2017, 3; *Rechberger,* OGH verschärft die Sorgfaltspflichten nach § 3 Abs 2 KO. Zur Entscheidung OGH 12.6.1996, 9 Ob 2009/96y, ZIK 1996/5, 145; *Richter,* Zur Erfüllung des Zwangsausgleichs durch Dritte (Gesellschafter), ZIK 2008/312, 189; *Rüffler,* Zweifelsfragen zu gesellschaftsvertraglichen Aufgriffsrechten für den Fall des Konkurses eines GmbH-Gesellschafters, wbl 2008, 353; *Shamiyeh,* Judikaturänderung zur Klagslegitimation des Gemeinschuldners, ZIK 1997/1, 3.

Rechtshandlungen, die der Schuldner nach der Eröffnung des Insolvenzverfahrens an Masseteilen vornimmt, sind den Insolvenzgläubigern gegenüber unwirksam (§ 3 Abs 1 Satz 1 IO). Es handelt sich um eine *relative Unwirksamkeit:* Weder der Schuldner noch Dritte, die nicht Insolvenzgläubiger sind, können sich auf die Unwirksamkeit berufen.

1. Wird die Unwirksamkeit der Rechtshandlung vom Insolvenzverwalter geltend gemacht, so ist rückabzuwickeln: der Insolvenzmasse, was der Schuldner dem anderen geleistet hat, und dem anderen, was dieser der Masse geleistet hat, soweit sie bereichert ist (§ 3 Abs 1 Satz 2 IO). Der Insolvenzverwalter kann aber ein derart verbotswidriges Geschäft des Schuldners mit dem Dritten durch *nachträgliche Genehmigung* in Kraft setzen, das dadurch rückwirkend zu einem Geschäft der Masse wird.

2. Wer nach Eröffnung des Insolvenzverfahrens an den Schuldner eine Schuld zahlt, wird nur in zwei Fällen befreit (§ 3 Abs 2 IO):

- wenn seine Leistung der Insolvenzmasse zugewendet wird,
- wenn er gutgläubig ist, mithin beweist, dass ihm zur Zeit der Leistung die Eröffnung des Insolvenzverfahrens unverschuldet unbekannt war (vgl. § 1424 ABGB), andernfalls er nochmals leisten muss.

Beachte: Die Rechtsprechung stellt hier auf die *unverschuldete Unkenntnis der Zahlungsunfähigkeit* (statt bloß der Eröffnung des Insolvenzverfahrens) ab.

Der vom Insolvenzverwalter auf (nochmalige) Zahlung geklagte Dritte muss die rechtshindernde Sacheinrede der unverschuldeten Unkenntnis erheben. Da er sich auf eine Gegennorm stützt (§ 3 Abs 2 IO: „es sei denn"), trägt er die Beweislast für ihre Verwirklichung: Ein non liquet führt zu seiner Verurteilung.

Die Rechtsprechung legt an die Sorgfaltspflicht des § 3 Abs 2 IO einen strengen Maßstab an: *Unternehmer* (insb. Banken und Versicherungen), müssen eine auf die Insolvenzdatei gestützte aktuelle Insolvenzevidenz führen.

Kleinunternehmer müssen die Solvenz bzw. Insolvenz des Vertragspartners zumindest bei Barleistungen größerer Geldsummen anhand der Insolvenzdatei prüfen (im konkreten Fall 40.000 Euro, OGH 17.2.2011, 2 Ob 4/11v, ZIK 2011/95, 64).

Nur *Nichtunternehmer* brauchen sich nicht mit Hilfe elektronischer Medien darüber zu informieren, ob über das Vermögen ihrer Geschäftspartner ein Insolvenzverfahren eröffnet wurde.

D. Unterhalt und Wohnung des Schuldners

Lit.: *Gitschthaler,* Die Anspannungstheorie im Unterhaltsrecht - 20 Jahre später, ÖJZ 1996, 553 (559); *Gitschthaler/Simma,* Die Sicherung der Existenz des Gemeinschuldners und seiner Familie Teil 1, EF-Z 2007/79, Teil 2, EF-Z 2007/100; *Hoyer,* Der Unterhaltsanspruch des Gemeinschuldners, JBl 1973, 451 (zur Rechtslage vor dem IRÄG 1982); *Kodek,* Die Genossenschaftswohnung in der Exekution. Überlegungen aus Anlass der E 3 Ob 92/07m, wobl 2008, 89; *Kodek,* Die Genossenschaftswohnung in Exekution und Konkurs. Zur Reichweite des § 42 Abs 4 MRG, wobl 2005, 33; *Mitrovic,* Der Privatkonkurs und seine Auswirkungen auf den Kindesunterhalt, ÖA 1995, 176; *Neuhauser,* Unterhaltserhöhung durch Einleitung des Abschöpfungsverfahrens? Zak 2007/144, 83; *Neuhauser,* Unterhalt und Konkurs. Ein Plädoyer für die alte Judikatur, iFamZ 2009, 141; *Pfarrhofer,* Konkurs und Unterhalt (Linz, Diss. 2008); *Pichler,* Konkurs – Privatkonkurs – Unterhalt, ÖA 1995, 43; *Reckenzaun,* Die Durchsetzung von Unterhaltsansprüchen gegen den Gemeinschuldner, ÖJZ 1994, 113; *Riel,* Die Mietwohnung des Gemeinschuldners, wobl 1995, 40; *Simma,* Zahlungsplan und Unterhaltsbemessung. Anmerkung zu OGH 9 Ob 74/07h, ZIK 2009/126, 76; *Weber,* Frauenspezifische Aspekte des Konkurs- und Exekutionsrechts, in Deixler-Hübner, Die rechtliche Stellung der Frau (1998) 145.

1. Insolvenzfreier Neuerwerb

Dem Unterhalt des Schuldners dient vor allem dessen ***exekutionsfreier Neuerwerb*** während des Insolvenzverfahrens (§ 2 Abs 2 IO).

Der exekutionsfreie Neuerwerb fällt nicht in die Insolvenzmasse, sondern gehört von vornherein zum insolvenzfreien Vermögen des Schuldners. Was dieser als Arbeitnehmer oder Pensionist bezieht, ist ihm ***in der Höhe des Existenzminimums*** unmittelbar auszuzahlen. § 2 Abs 2 IO geht § 5 IO vor.

Ob dem Schuldner darüber hinaus Mittel aus der Masse zu überlassen sind, um seinen Unterhalt zu decken, richtet sich nach § 5 IO.

2. *Unentbehrlichkeitsgrundsatz*

Darüber hinaus hat der Insolvenzverwalter dem Schuldner aus dem exekutionsunterworfenen (entgeltlichen oder unentgeltlichen) Neuerwerb so viel zu überlassen, als jener zum eigenen Unterhalt und zur Erfüllung seiner gesetzlichen Unterhaltspflichten benötigt (§ 5 Abs 1 IO): ***Zuschuss aus dem exekutionsunterworfenen Neuerwerb.***

§ 5 Abs 1 IO sichert dem Schuldner nur den ***notwendigen Unterhalt,*** „soweit es *zu einer bescheidenen Lebensführung* für ihn und für diejenigen, die gegen ihn einen gesetzlichen Unterhaltsanspruch haben, *unerlässlich* ist". *Einzurechnen ist* alles, was der Schuldner an insolvenzfreiem Vermögen bezieht, aber auch jedes Einkommen der von ihm zu unterhaltenden Personen.

Was nach dieser Einrechnung noch an Unentbehrlichem fehlt, kann er von seinen exekutionsunterworfenen Einkünften für sich verlangen *(Subsidiaranspruch;* vgl. *Holzhammer* InsR 18; *Schubert* in Konecny/Schubert, zu § 5 KO Rz 10 ff, 12; siehe auch *Buchegger* in Bartsch/Pollak/Buchegger, InsR I zu § 5 KO Rz 12 ff). Einen darüber hinaus gehenden Anspruch auf Unterhalt aus der Masse hat der Schuldner nicht (§ 5 Abs 1 S 1 IO).

Zwei Rechtssätze aus OGH 1 Ob 160/09z JBl 2010, 431 seien zur Verdeutlichung angeführt: „Der Umstand, dass dem Unterhaltspflichtigen sein Erwerbseinkommen aufgrund der Eröffnung des Konkurses über sein Vermögen oder daran anschließender insolvenzrechtlicher Konsequenzen ... nicht zur Gänze zur Verfügung steht, führt für sich allein nicht zu einer Verminderung seiner Unterhaltspflicht."
„Bei der Unterhaltsbemessung ist in allen Insolvenzfällen regelmäßig von der im Einzelfall ermittelten Unterhaltsbemessungsgrundlage auszugehen. Auf die Deckung in der Differenz zwischen dem Existenzminimum gemäß § 291a EO und dem Unterhaltsexistenzminimum gemäß § 291b EO kommt es nicht an. Die Belastbarkeit des Unterhaltspflichtigen richtet sich nach dem Unterhaltsexistenzminimum gemäß § 291b EO, das ausnahmsweise in den Grenzen des § 292b EO unterschritten werden kann."

Bedenklich erscheint die herrschende Judikatur, die den Begriff der bescheidenen Lebensführung mit dem Existenzminimum gleichsetzt (etwa OGH 8 Ob 50/06w ZIK 2007/223, 130). Damit reduziert sie das zu Überlassende auf allfällig auf das Existenzminimum fehlende Beträge und ignoriert § 5 Abs 1 IO, der ausdrücklich von Überlassung aus exekutionsunterworfenem Neuerwerb spricht und damit die Deckung des Existenzminimums voraussetzt! Diese Position beruht allein auf § 2 Abs 2 IO iVm § 5 Abs 2 IO. Der Reformgesetzgeber des Jahres 2010 wie des Jahres 2017 hat die Gelegenheit versäumt, hier klärend einzugreifen.

3. *Anspannungsgrundsatz*

Erreicht das Einkommen des Schuldners nicht einmal das Existenzminimum, so hat der Insolvenzverwalter mit Zustimmung des Gläubigerausschusses dem Schuldner und seiner Familie aus der Masse zu gewähren, was zu einer bescheidenen Lebensführung unerlässlich ist ***(Zuschuss aus der Masse). Doch ist der Schuldner nicht zu unterstützen, soweit er nach seinen Kräften zu einem Erwerb durch eigene Tätigkeit imstande ist*** (§ 5

Abs 2 IO). Trotz dieser gesetzlichen Bestimmung wird der insolvenzrechtliche Anspannungsgrundsatz ***von der überwiegenden Lehre*** mit dem Verweis, die Arbeitskraft des Schuldners sei nicht Massebestandteil, ***abgelehnt.***

Im Zusammenhalt mit § 5 Abs 1 S 1 IO ist aus § 5 Abs 2 IO abzuleiten, dass der bedürftige Schuldner einen Anspruch auf Gewährung des notwendigen Unterhalt hat, darüber hinaus aber keinerlei Unterhaltsansprüche gegen die Masse geltend machen kann (*Schubert* in Konecny/Schubert, KO, zu § 5 KO Rz 16; zum *insolvenzrechtlichen Anspannungsgrundsatz* auf bestmögliche Gläubigerbefriedigung vgl. *Buchegger* in Bartsch/Pollak/Buchegger, InsR I zu § 5 KO Rz 28 ff, siehe zum Ausgleich nach der AO und der Verpflichtung zur Quotenmaximierung, die auch heute im Sanierungsplan gilt, bereits *Buchegger*, Ausgleichserfüllung 225 ff sowie zur bescheidenen Lebensführung 107 ff). Auch die Obliegenheit des Schuldners im Abschöpfungsverfahren, einer Beschäftigung nachzugehen oder sich um eine solche zu bemühen (§ 210 Abs 1 Z 1 IO), spiegelt diesen Grundsatz wider.

4. Unentbehrlicher Wohnraum

Wohnt der Schuldner in einem Haus oder einer Eigentumswohnung (SZ 44/124), die zur Insolvenzmasse gehören (Eigentum des Schuldners; 8 Ob 136/03p ZIK 2004/117, 91), so sind ihm und seiner Familie die unentbehrlichen Wohnräume zu überlassen (§ 5 Abs 3 IO verweist auf § 105 EO). Das hindert aber nicht die insolvenzmäßige Verwertung des Hauses oder der Eigentumswohnung im Insolvenzverfahren.

Miet- und Nutzungsrechte an Wohnraum hat das Insolvenzgericht dem Schuldner „zur freien Verfügung" zu überlassen, wenn sie Wohnräume betreffen, die für den Schuldner und die mit ihm im gemeinsamen Haushalt lebenden Familienangehörigen *unentbehrlich* sind (§ 5 Abs 4 IO).

§ 5 Abs 4 IO ist lex specialis zu § 119 Abs 5 IO, der nur auf die Verwertbarkeit der Massesachen abstellt: *Entbehrliche* Wohnräume sind dem Schuldner „zur freien Verfügung" zu überlassen, wenn ihre Verwertung keinen ausreichenden Erfolg verspricht (zB. ein hypothekarisch überbelastetes Haus).

Was *zur freien Verfügung* überlassen wird, scheidet aus der Insolvenzmasse aus. Es wird und bleibt Bestandteil des insolvenzfreien Vermögens. Soweit es nicht der Exekution unterworfen ist, können titulierte Gläubiger darauf greifen.

Bei Insolvenzgläubigern mit einem ***Insolvenztitel*** iSd § 61 IO setzt dies allerdings einen Insolvenzteilnahmeverzicht voraus (*Jelinek/Nunner-Krautgasser* in Konecny/Schubert, zu §§ 60, 61 KO Rz 60 mwN), da die Anwendung des Insolvenztitels die rechtskräftige Verfahrensaufhebung voraussetzt und eine Simultanhaftung von Masse und insolvenzfreiem Vermögen nicht stattfindet.

Was unentbehrlicher Wohnraum iSd § 5 Abs 3 und 4 ist, hat das Gericht am Anfang des Verfahrens zu prüfen und dem Schuldner unentbehrliche Wohnräume zu überlassen. Eine Änderung der Umstände während des Verfahrens ist auch im Nachhinein zu beachten: Der Schuldner kann nach Freiwerden von Räumlichkeiten nicht darauf pochen, die Grenze dessen, was der Masse zuzuschlagen und was ihm als unentbehrlich überlassen worden sei, habe das Gericht bei Verfahrensbeginn ein für alle Mal festgesetzt.

E. Rechtsstreitigkeiten und Außerstreitverfahren

Lit.: Frauenberger-Pfeiler/Geroldinger, Fortsetzung eines Mahnverfahrens als Prüfungsprozess? ZIK 2007/197, 112; *Fremuth,* Schiedsverfahren und Konkurs. Zur Bindung des Masseverwalters an Schiedsvereinbarungen des Gemeinschuldners, ÖJZ 1998, 848; *Fremuth-Wolf,* Zur Unterbrechung des Schiedsverfahrens bei Insolvenzeröffnung, ecolex 2015, 564; *Fucik,* Vertretungsbefugnis im Verfahren außer Streitsachen, ÖJZ 2009/27; *Jelinek,* Allgemeine Auswirkungen der Konkurseröffnung auf außerstreitige Verfahren, FS Wagner (1987), 203; *Kininger,* Urteilsfällung in dem durch Konkurseröffnung unterbrochenen Zivilprozeß (§ 159 ZPO und § 7/1 KO), BeitrZPR I, 147; *Klicka,* Zur Fortsetzung eines nach Schluß der Verhandlung durch Konkurs unterbrochenen Zivilprozesses, RdW 1991, 106; *Konecny,* Massebezogene Rechtshandlungen von Gemeinschuldnern, JBl 2004, 341; *Konecny,* Zur Prozeßführung durch den Ausgleichsschuldner, JBl 1986, 353; *Langer,* Anwaltliches Kostenpfandrecht und Konkurs der vertretenen Partei. „Prozessführungspflicht“ des Masseverwalters? ZIK 1999, 145; *Mohr,* Wann ist die Einsicht in die Insolvenzdatei geboten? ZIK 2000/7, 3; *Rabl,* § 1026 und ABGB und Konkurs des Machthabers, NZ 1997, 203; *Rechberger,* Das Urteil im unterbrochenen Zivilprozeß – Exekutionsakte im aufgeschobenen Verfahren, Kralik-FS (1986) 273; *Reckenzaun,* Überlegungen zum Kostenersatzanspruch des Prozessgegners bei Prozessfortsetzung durch den Masseverwalter, ZIK 2001/5, 2; *Reckenzaun,* Wann ist der überschuldete Nachlass ein Fall für den Masseverwalter?, NZ 2007/31; *Reiter,* Der Privatankläger im Konkurs, ZIK 2007/247, 150; *Riel,* Die Befugnisse des Masseverwalters im Zivilverfahrensrecht (1995); *Schreiner,* Rechtsschutzversicherung im Konkurs, AnwBl 1994, 766; Schumacher, Verfahrenshilfe an den Masseverwalter, JBl 1986, 498; *Schuhmacher/Köchl,* Insolvenzeröffnung unterbricht Schiedsverfahren: Fortsetzung als Prüfungsprozess? RdW 2012, 399; *Sprung/ Fink,* Privatbeteiligung des Konkursgläubigers in einem Strafverfahren gegen den Gemeinschuldner und „konkursrechtliches Titelerwerbsverbot“, FS Fasching (1988), 491; *Wagner,* Die Insolvenz des Schuldners im Zivilprozess, RdW 2012/742, 712; *Weber-Wilfert,* Austritt wegen Entgeltvorenthalts vor Konkurseröffnung. Anmerkungen zu OGH 9 Ob A 87/08x, ZIK 2009/280, 182; *Widhalm,* Die Rechte des Urhebers, Masseverwalters und Dritten im Konkurs und Ausgleich des Werknutzungsberechtigten, ÖBl 2001, 205; *Winkler,* Mahnverfahren und Konkurs, ZIK 2001/127, 74.

1. Rechtsstreitigkeiten, die die Insolvenzmasse nicht be treffen

Solche Rechtsstreitigkeiten werden durch die Eröffnung des Insolvenzverfahrens nicht berührt, daher weder unterbrochen noch durch den Insolvenzverwalter weiter geführt (§ 6 Abs 3 IO).

Hierher gehören alle Rechtsstreitigkeiten, die das ***insolvenzfreie Vermögen*** betreffen (zB. Klagen gegen den Schuldner auf Gewährung des Unterhalts aus dem insolvenzfreien Vermögen), und alle Ansprüche nicht vermögensrechtlicher Art (zB. Ehesachen, Klagen auf persönliche Leistungen, auf Unterlassung der Namensführung).

2. Rechtsstreitigkeiten über Aus- und Absonderungsansprüche

Sie werden *durch die Eröffnung des Insolvenzverfahrens unterbrochen* (§ 7 Abs 1 IO).

- ***Aktivprozesse des Schuldners***

Der Insolvenzverwalter, Streitgenossen des Schuldners und der Prozessgegner können den Antrag stellen, dass der Prozess aufgenommen und fortgesetzt werde (§ 7 Abs 2 IO). Dies gilt auch, wenn die Aufnahme erst nach Aufhebung des Insolvenzverfahrens beantragt wird (3 Ob 61/03x ZIK 2004/121, 94).

Lehnt der Insolvenzverwalter den Eintritt ab, so scheidet die vom Schuldner beanspruchte Sache aus der Insolvenzmasse aus (§ 8 Abs 1 IO); Versäumung einer vom Prozessgericht bestimmten *Erklärungsfrist* gilt als Ablehnung (§ 8 Abs 2 IO); dann kann das Verfahren vom Schuldner, von dessen Streitgenossen und vom Gegner aufgenommen werden (§ 8 Abs 3 IO).

■ ***Passivprozesse des Schuldners***

▶ *Passive **Aus**sonderungsprozesse* stehen den aktiven gleich.

Lehnt der Insolvenzverwalter hier den Eintritt ab, so fällt das Aussonderungsgut in das insolvenzfreie Vermögen des Schuldners (§ 8 Abs 1 IO).

▶ *Bei passiven **Ab**sonderungsprozessen* hat dagegen der Insolvenzverwalter *kein Ab*lehnungsrecht: Er muss in den Prozess gegen den Schuldner eintreten; sonst belastet er die Masse mit den Säumnisfolgen.

Aus- und Absonderungsansprüche können auch nach Insolvenzverfahrenseröffnung gegen die durch den Insolvenzverwalter vertretene Insolvenzmasse geltend gemacht werden; es besteht *Wahlzuständigkeit* des Insolvenzgerichts (§ 262 Abs 1 Z 1 IO), das die Bestimmungen des § 263 IO anzuwenden hat.

3. Rechtsstreitigkeiten, die die Insolvenzmasse betreffen

a) Gerichtsanhängige Prozesse

Sie werden durch die Eröffnung des Insolvenzverfahrens ***ipso iure unterbrochen*** (§ 7 Abs 1 IO; OLG Innsbruck EvBl 1985/144) und zwar in jeder Lage des Verfahrens (RS0037039, RS0036752, RS0036996).

■ ***Passivprozesse des Schuldners*** bleiben bis zum Abschluss der allgemeinen Prüfungstagsatzung unterbrochen (§ 7 Abs 3 IO): Der Kläger muss die eingeklagte Forderung im Insolvenzverfahren anmelden (§ 102 Abs 1 IO). Dann kann zweierlei geschehen:

▶ Wird die Klageforderung in der Prüfungstagsatzung vom Insolvenzverwalter ***anerkannt*** und von keinem Insolvenzgläubiger bestritten, so ist sie insolvenzmäßig festgestellt. Diese ***insolvenzmäßige Feststellung*** berechtigt zur Teilnahme am weiteren Insolvenzverfahren, insbesondere im Insolvenzverfahren an der insolvenzmäßigen Verteilung des Erlöses (§ 109 Abs 1 IO).

Beachte: Wird die Klageforderung auch nicht vom Schuldner bestritten, so bildet sie einen Exekutionstitel ***(Insolvenztitel),*** der es dem Gläubiger ermöglicht, nach Aufhebung des Insolvenzverfahrens (hM, vgl. *Jelinek/Nunner-Krautgasser* in Konecny/Schubert, zu

§§ 60, 61 KO Rz 60 mwN nicht § 61 Abs 1 IO) in das verbleibende oder neu erworbene Schuldnervermögen zu vollstrecken (soweit es der Exekution unterliegt).

▶ Wird die Klageforderung vom Insolvenzverwalter oder von einem Insolvenzgläubiger ***bestritten,*** so muss der Kläger den Prozess als *Feststellungsprozess* gegen den Bestreitenden binnen einer vom Insolvenzgericht bestimmten, mindestens einmonatigen Frist (§§ 113, 110 Abs 4 IO) fortsetzen; zuständig bleibt das Prozessgericht.

■ ***Aktivprozesse des Schuldners*** kann der Insolvenzverwalter übernehmen.

Das Prozessgericht hat dem Insolvenzverwalter auf Antrag eine Erklärungsfrist zu setzen. Lehnt er den Eintritt ab oder erklärt er sich nicht fristgerecht, so scheidet der Anspruch aus der Insolvenzmasse aus, und der Schuldner, dessen Streitgenossen oder der Gegner können den Prozess aufnehmen (§ 8 Abs 2 und 3 IO).

Im *Sanierungsverfahren mit beschränkter und beaufsichtigter Eigenverwaltung* steht dem Schuldner die Prozessführungsbefugnis zu, soweit seine Eigenverwaltung reicht (§ 171 IO iVm § 173 IO). Es stellt sich die Frage nach der Notwendigkeit einer Prozessunterbrechung: Allerdings gilt es zu bedenken, dass die schuldnerische Masseverwaltung unter den Einschränkungen des § 172 IO steht und der Schuldner gesetzlichen wie gerichtlichen Verfügungsbeschränkungen unterworfen ist (§§ 171, 172 Abs 2 IO).

Das OLG Graz hat für ein *Sanierungsverfahren mit Eigenverwaltung* bei Aktivprozessen über Geschäfte innerhalb des gewöhnlichen Unternehmensbetriebs des Schuldners ebenfalls eine Prozessunterbrechung verneint (OLG Graz 3 R 121/10d). Die Prozessunterbrechung tritt daher jedenfalls bei Aktivprozessen, die zustimmungsbedürftige Geschäfte betreffen (außerhalb des gewöhnlichen Unternehmensbetriebs) ein. Vgl. dazu auch *Mohr,* Sanierungsplan und Sanierungsverfahren Rz 671.

Im *Schuldenregulierungsverfahren* steht dem Schuldner regelmäßig ebenfalls eine beaufsichtigte Eigenverwaltung zu. Der OGH hat hier nur dann eine Prozessunterbrechung für notwendig erachtet, wenn zur weiteren Verfahrensführung eine gerichtliche Genehmigung eingeholt werden muss (im Zusammenhang mit einem außerstreitigen Unterhaltsverfahren: OGH 8 Ob 120/08t, Zak 2009/28, 31), eine Position die aber mittlerweile wieder aufgegeben wurde: Für eine *generelle Unterbrechung des Schuldenregulierungsverfahrens* dagegen RS0103501.

Auch *Schiedsverfahren* werden bei Insolvenzverfahrenseröffnung unterbrochen (vgl. dazu *Fremuth-Wolf,* ecolex 2015, 564). Vgl. zur Ablehnung von Prüfungsprozessen vor Vereinsschlichtungseinrichtungen (OLG Wien 3 R 105/08w) *Geroldinger,* ZIK 2009/127, 78; gegenteilig OGH 7 Ob 172/11m, ZIK 2012/90, 65.

b) Prozesssperre für Neuklagen

Forderungen gegen den Schuldner sind ***Insolvenzforderungen,*** daher im Insolvenzverfahren anzumelden (§ 104 IO) und in der Prüfungstagsatzung auf ihren Bestand zu prüfen:

▶ Werden sie vom Insolvenzverwalter ***anerkannt*** und von keinem Insolvenzgläubiger bestritten, so sind sie insolvenzmäßig festgestellt und bei der Verteilung zu berücksichtigen; werden sie auch nicht vom Schuldner bestritten, so bilden sie einen *Insolvenztitel* (§ 1 Z 7 EO).

► Werden sie hingegen vom Insolvenzverwalter oder von einem Insolvenzgläubiger ***bestritten,*** so sind sie durch *Prüfungsklage (Liquidierungsklage)* binnen einer vom Insolvenzgericht bestimmten, mindestens einmonatigen Frist geltend zu machen; zuständig ist das Insolvenzgericht (§§ 110 ff IO).

Auch nachrangige Forderungen sind von der Prozesssperre erfasst; allerdings steht ihnen ein Anmeldungsrecht erst nach gesonderter Aufforderung seitens des Insolvenzgerichts zu (§ 57a IO).

Forderungen des Schuldners werden durch die Eröffnung des Insolvenzverfahrens zu Forderungen der Insolvenzmasse und können nur mehr durch den Insolvenzverwalter eingeklagt werden.

4. Außerstreitverfahren

Lit.: *Bittner,* Das neue Verlassenschaftsverfahren, JEV 2008, 114; *Deixler-Hübner,* Aufteilungsverfahren und Beginn der Präklusivfrist des § 95 EheG, iFamZ 2014/62, 78; *G. Kodek,* Die Suche nach unbekannten Erben im Verlassenschaftsverfahren, ÖJZ 2009/22; *Konecny,* Außerstreitreform: Wirkung der Konkurseröffnung auf Außerstreitverfahren, NZ 2001, 34; *Konecny,* GIN 2006 - die kleineren Änderungen, ZIK 2006/42, 41; *Konecny,* Insolvenzrechts-Novelle 2006 tritt in Kraft, ZIK 2006/1a, 1; *Mohr,* Änderungen beim Zwangsausgleich durch die GIN 2006, ZIK 2006/2, 2; *Riel,* Die verbotene Sonderbegünstigung, ZIK 2008/5, 2; *Reckenzaun,* Wann ist der überschuldete Nachlass ein Fall für den Masseverwalter?, NZ 2007/31; *Schneider,* Außerstreitverfahren und Konkurs - zum neuen § 8a KO, ZIK 2006/41, 38; *Stöger,* Der Entwurf zum neuen Außerstreitgesetz und die Unterbrechungswirkung der Konkurseröffnung im Außerstreitverfahren, AnwBl 2001, 186.

Die Bestimmungen betreffend Rechtsstreitigkeiten der IO gelten sinngemäß auch für Außerstreitverfahren (§ 8a IO). Die oben unter 1. bis 3. dargestellten Regelungen über Prozessunterbrechung und Prozesssperre sind daher auch auf Außerstreitverfahren anzuwenden.

► Es gilt der Grundsatz des Vorrangs des insolvenzrechtlichen Prüfungsverfahrens vor dem Außerstreitverfahren; ein Verstoß dagegen wiegt gleich schwer wie die Missachtung der Unzulässigkeit des Rechtswegs und stellt einen Nichtigkeitsgrund iSd § 56 AußStrG dar (OGH 10 Ob 30/10z, ZIK 2010/283, 184).

► Ein anhängiges *Aufteilungsverfahren* (§§ 81 ff EheG) wird durch die Insolvenzverfahrenseröffnung über das Vermögen eines der beiden Ehegatten unterbrochen; die Aufteilungsansprüche des solventen Ehegatten sind nach den Bestimmungen der IO zu behandeln und daher anzumelden, das Aufteilungsverfahren darf erst nach Abschluss der Prüfungstagsatzung fortgeführt werden (OGH 6 Ob 61/09b EvBl 2010/65, 460; OGH 1 Ob 234/13p, ZIK 2014/269, 184, RS0057570).

► Wird über das Vermögen des einzigen erberklärten Erben das Insolvenzverfahren eröffnet, so ist das *Verlassenschaftsverfahren* iSd § 8a IO unterbrochen. Das Außerstreitgericht kann das Verfahren aber jederzeit auch von Amts wegen unter Beiziehung des Insolvenzverwalters fortsetzen; dazu bedarf es allerdings eines klarstellenden Beschlusses (OGH 5 Ob 249/07i, NZ 2008/57, 207).

► Verneint wurde dagegen die Unterbrechung des außerstreitigen *Unterhaltsvorschussverfahrens* durch die Konkurseröffnung (OGH 10 Ob 41/08i, JBl 2008, 733).

► *Außerstreitverfahren die die Insolvenzmasse nicht betreffen* oder nicht vermögensrechtlicher Natur sind, werden nicht unterbrochen (OGH 10 Ob 41/08i ZIK 2009/57, 58).

F. Einzelvollstreckungen

Lit.: Apathy, Die Forderungsabtretung, insbesondere zur Kreditsicherung, im österreichischen Recht, in Hadding/Schneider, Die Forderungsabtretung, insbesondere zur Kreditsicherung, in ausländischen Rechtsordnungen (1999), 509; *Bachmann*, Befriedigung der Masseforderungen, (1993); *Birek*, Zwangsvollstreckung und Konkursanfechtung, ZIK 2009/9, 9; *Borns*, Das Schicksal der Ab- und Aussonderungsrechte an Lohneinkünften im Konkurs, ÖBA 1995, 441; *Dobner*, Das Bestandgeberpfandrecht in der Insolvenz des Bestandnehmers, immolex 2015, 202; *Fink*, Insolvenzverfahren als Instrument der Schuldbefeiung, ÖJZ 1992, 8; *Gollob-Palten*, Quod erat exspectandum: Änderung der Judikatur zur Wirkung der Vinkulierung im Konkurs des Versicherungsnehmers (OGH 7 Ob 228/07s), ZUVO, 2008/106, 151; *Hoyer*, Sind die 60-Tages-Fristen der §§ 12 Abs 1 und 30 Abs 1 KO gerechtfertigt? wbl 1988, 39; *Hoyer*, § 12 Abs 1 KO nicht verfassungswidrig? ecolex 1991, 380; *Mohr*, Die im Ministerialentwurf der Insolvenzrechts-Novelle 2002 enthaltenen Änderungen des Privatkonkursrechts, ZIK 2001/243, 153; *Nunner-Krautgasser/Anzenberger*, Aufrechnung gegen den unpfändbaren Einkommensteil und rechtzeitige Geltendmachung gemäß § 113a Abs 2 IO, DRdA 2013/6, 46; *Papis*, Anfechtbarkeit bedingt erloschener Absonderungsrechte, RdW 1990, 282; *Rebernig*, Anfechtungsfeste Sicherstellung durch Zession künftiger Forderungen?, ZIK 2009/64, 44; *Reckenzaun*, Zum Verhältnis zwischen § 12 Abs 1 KO und § 30 Abs 1 Z 1 KO, RdW 1992, 230; *Reisenhofer*, Konkursanfechtung eines exekutiven Gehaltspfandrechts. Anmerkung zu OGH 3 Ob 127/08k, ZIK 2009/8, 7; *Scherbaum*, Sind § 12 Abs 1 und § 25 Konkursordnung verfassungswidrig? AnwBl 1992, 889; *Seiser/Hintringer*, Probleme des Schuldenregulierungsverfahrens bei Grenzgängern, ZIK 1999, 84; *Steiner*, Konkurs und Steuern – Ausgewählte Rechtsfragen, RdW 2006/182, 186; *Thiele*, Internet Domains in der Insolvenz, ZIK 2003/152, 110; *Wiesinger*, Sicherungszession und Drittschuldnerverständigung, ÖJZ 2009/44; *Wühl*, Zu den Voraussetzungen und Rechtswirkungen der sog "Zwangsstundung" gemäß § 11 Abs 2 IO, ÖJZ 2015/20, 24.

1. Vollstreckungssperre (§ 10 IO)

An Masseteilen kann weder ein exekutives Pfand- oder Befriedigungsrecht (§ 10 Abs 1 IO) noch ein Zurückbehaltungsrecht (§ 10 Abs 2 IO) erworben werden; Sicherstellungen und einstweilige Verfügungen sind gleichfalls unzulässig.

Gegen eine trotz Eröffnung des Insolvenzverfahrens erlassene Exekutionsbewilligung gibt es den Nichtigkeitsrekurs (wegen fehlender Vollstreckungsunterworfenheit); ein dennoch eröffnetes Vollzugsverfahren ist auf Antrag oder von Amts wegen einzustellen (§ 39 Abs 1 Z 2 EO). Darüber hinaus dürfen schon vor Eröffnung des Insolvenzverfahrens bewilligte Exekutionen nicht mehr vollzogen werden.

2. Rückschlagsperre für jüngere exekutive Absonderungsrechte (§ 12 Abs 1 IO)

Exekutive Pfand- und Befriedigungsrechte, die in den letzten sechzig Tagen *vor Eröffnung des Insolvenzverfahrens* ***erworben wurden*** und nicht öffentlichen Abgaben dienen, erlöschen durch die Eröffnung des Insolvenzverfahrens (***Rückschlagsperre,*** § 12 Abs 1 Satz 1 IO).

Diese Absonderungsrechte erlöschen allerdings nicht endgültig, sondern sind zunächst in Schwebe ***(bedingtes Erlöschen):*** Sie leben wieder auf, wenn das Insolvenzverfahren nach § 123a IO mangels Vermögens (zur Verfahrenskostendeckung) aufgehoben wird.

Wurde die exekutive Verwertung nur aufgrund eines solchen neuen Absonderungsrechts beantragt, so ist auf Ersuchen des Insolvenzgerichts oder auf Antrag des Insolvenzverwalters das exekutive Verwertungsverfahren einzustellen (§ 12 Abs 2 Satz 1 IO).

Exekutive Pfandrechte erlöschen in zwei Jahren (§ 256 Abs 2 EO). Diese Zweijahresfrist ist im Fall eines bedingten Erlöschens bis zum Ablauf des Tags gehemmt, an dem der Beschluss über die Aufhebung des Insolvenzverfahrens rechtskräftig wird (§ 12 Abs 2 Satz 2 IO).

Wurde bei einer vor oder nach Eröffnung des Insolvenzverfahrens durchgeführten exekutiven Verwertung ein Erlös erzielt, so ist der auf ein solches neues Absonderungsrecht entfallende Teil in die Insolvenzmasse einzubeziehen (§ 12 Abs 3 IO).

Allerdings darf der Insolvenzverwalter wegen des bedingten Erlöschens diesen Geldbetrag an die Insolvenzgläubiger erst ausschütten, wenn feststeht, dass das Insolvenzverfahren nicht mangels Insolvenzvermögens aufgehoben wird.

3. Sonstige Absonderungsrechte (§ 11 IO)

Ältere exekutive und andere als exekutive **Absonderungsrechte** werden durch die Eröffnung des Insolvenzverfahrens grundsätzlich nicht berührt (§ 11 Abs 1 IO); sie können nur durch Anfechtung (§§ 27 bis 43 IO) unschädlich gemacht werden. Bereits anhängige Exekutionsverfahren laufen grundsätzlich weiter. Klageverfahren muss der Insolvenzverwalter übernehmen (s. oben E. 2.; *Einlösungsrecht:* § 120 Abs 1 IO).

Außer den älteren exekutiven Absonderungsrechten, gehören hierher alle vertraglichen und gesetzlichen Pfandrechte, die Zurückbehaltungsrechte nach §§ 369 UGB, 471 ABGB, 19 HVertrG, Sicherungsabtretungen und Sicherungsübereignungen (§ 10 Abs 3 IO).

4. Einkünfte aus einem Arbeitsverhältnis (§ 12a IO)

a) Vertraglich begründete Aus- oder Absonderungsrechte

Aus- und Absonderungsrechte, die vor Eröffnung des Insolvenzverfahrens durch Zession oder Verpfändung einer Forderung auf Einkünfte aus einem Arbeitsverhältnis (oder auf sonstige wiederkehrende Leistungen mit Einkommensersatzfunktion) erworben worden sind, ***erlöschen zwei Jahre nach*** Ablauf des Kalendermonats ***der Eröffnung des Insolvenzverfahrens*** (§ 12a Abs 1 IO).

Der Drittschuldner (Arbeitgeber) kann gegen die Forderung auf Einkünfte aus einem Arbeitsverhältnis mit einer Forderung aufrechnen, die ihm gegen den Schuldner zusteht, gleichfalls nur in derselben Zweijahresspanne (§ 12a Abs 2 IO).

b) Exekutiv begründete Absonderungsrechte

Vor der Eröffnung des Insolvenzverfahrens erworbene Pfändungspfandrechte an Forderungen auf Einkünfte aus einem Arbeitsverhältnis (oder auf sonstige wiederkehrende Leistungen mit Einkommensersatzfunktion) ***erlöschen mit Ablauf des Kalendermonats der Eröffnung des Insolvenzverfahrens,*** wenn diese aber nach dem 15. Monatstag stattfindet, mit Ablauf des folgenden Kalendermonats (§ 12a Abs 3 IO).

§ 12a Abs 3 IO ist lex specialis zu § 12 IO: *Alle* Pfändungspfandrechte an Forderungen auf Einkünfte aus einem Arbeitsverhältnis - jüngere wie ältere - erlöschen mit Monatsablauf.

c) Wiederaufleben der nach § 12a Abs 1 und 3 IO erloschenen Absonderungsrechte

Die nach § 12a Abs 1 und 3 IO erloschenen Absonderungsrechte (oben a. und b.) leben allerdings wieder auf (§ 12 Abs 4 IO), wenn:

- das Insolvenzverfahren mangels Vermögens (§ 123a IO), mit Einverständnis der Gläubiger (§ 123b IO) oder nach Vollzug der Schlussverteilung (§ 139 IO) aufgehoben wird
- die gesicherte Forderung wieder auflebt: wegen Verzugs mit der Erfüllung des Sanierungs- oder Zahlungsplans (§ 156a IO, §§ 193 Abs 1, 198 IO) sowie bei Nichtigkeit (§ 158 Abs 1 IO) und Unwirksamerklärung des Sanierungsplans (§ 161 Abs 1 IO)
- nach dem Schuldenregulierungsverfahren über das Vermögen natürlicher Personen das Abschöpfungsverfahren vorzeitig eingestellt (§§ 210a Abs 3, 211 IO) oder eine Restschuldbefreiung (§ 213 IO) nicht erteilt oder widerrufen wird (§ 216 IO).

Beachte: Aus- und Absonderungsrechte nach § 12a Abs 1 und 3 IO für Forderungen, die von der Restschuldbefreiung ausgenommen sind (§ 215 IO, dort insbesondere Z 2), leben auch bei Erteilung der Restschuldbefreiung gemäß § 213 IO wieder auf (§ 12a Abs 5 IO).

Das Gericht hat dem Drittschuldner den Zeitpunkt des Erlöschens des Rechts nach § 12a Abs 1 und 3 (oben a. und b.) *von Amts wegen,* ihr Wiederaufleben *auf Antrag des Gläubigers* mitzuteilen (§ 12a Abs 6 IO).

5. Erweiterte Rückschlagsperre (§ 12b IO)

Ab- und Aussonderungsansprüche, die vor der Eröffnung des Insolvenzverfahrens aus dem Schuldnervermögen ***für eine Eigenkapital ersetzende Leistung*** erworben wurden, erlöschen mit Verfahrenseröffnung; sie leben aber wieder auf, wenn das Insolvenzverfahren mangels Kostendeckung (§ 123a IO) aufgehoben wird; § 12 Abs 1 S 2, Abs 2 und 3 IO gelten sinngemäß (§ 12b IO).

Dies trifft auch Ab- und Aussonderungsansprüche, die der Gesellschafter wegen früher erbrachter Leistungen in einem Zeitpunkt erworben hat, in dem diese Leistungen Eigenkapital ersetzend gewesen wären.

Beachte: Die erweiterte Rückschlagsperre kennt keine von der Verfahrenseröffnung zurück zu rechnende Frist so wie die reguläre Rückschlagsperre des § 12 Abs 1 IO; auch erstreckt sie sich auf alle Aus- und Absonderungsrechte und nicht nur auf richterlich begründete Pfand- oder Befriedigungsrechte.

6. Räumungssperre (§ 12c IO)

Lit.: *Konecny,* Die Fortsetzung des Bestandverhältnisses gem § 12c IO erfordert keine Räumungsexekution, ZIK 2013/5, 2; *Konecny/Nunner-Krautgasser,* Neuerungen bei Bestandverträgen durch das IRÄG 2010, in Konecny, ZIK Spezial - IRÄG 2010, 39; *Riss,* Einige Gedanken zum Aufschub der Räumungsexekution und zur Fortsetzung des Bestandverhältnisses nach § 12c IO, ZIK 2011/228, 168; *Wegscheider,* Bestandnehmerinsolvenz ist nicht gleich Bestandnehmerinsolvenz, immolex 2015, 206.

Auf Antrag des Insolvenzverwalters ist eine bei Eröffnung des Verfahrens laufende ***Exekution zur Räumung*** eines Bestandobjekts, in dem das *Unternehmen* betrieben wird, wegen Nichtzahlung des Bestandzinses in der Zeit vor Eröffnung des Insolvenzverfahrens aufzuschieben bis

- das schuldnerische Unternehmen geschlossen wird
- der Schuldner einen vorgelegten Sanierungsplanvorschlag zurückzieht oder das Gericht den Antrag zurückweist
- der Sanierungsplan in der Sanierungsplantagsatzung abgelehnt und die Tagsatzung nicht erstreckt wurde
- dem Sanierungsplan die Bestätigung versagt wurde oder
- die Forderung des Bestandgebers nach § 156a IO wegen qualifizierten Erfüllungsverzugs wieder auflebt.

Wird die Forderung mit der festgesetzten Ausgleichsquote voll befriedigt, so ist die Räumungsexekution auf Antrag des Schuldners einzustellen. Das Bestandverhältnis gilt als fortgesetzt.

Mietzinsrückstände bilden einen Kündigungsgrund, wenn sie trotz Mahnung nach mindestens achttägiger Fälligkeit (§ 30 Abs 2 Z 1 MRG) oder bis zum nächsten Zinstermin (§ 1118 ABGB) nicht entrichtet werden. Betreibt der Bestandgeber aufgrund eines entsprechenden Räumungstitels eine Räumungsexekution, so besteht die Gefahr, dass das Bestandobjekt für eine Unternehmenssanierung nicht mehr zur Verfügung steht.

Um dies zu verhindern, sieht § 12c IO auf Verwalterantrag die faktische Innehaltung einer bereits bewilligten Räumungsexekution vor. Wird der vorgelegte Sanierungsplan angenommen, bestätigt und erfüllt, so wird auf weiteren Schuldnerantrag die endgültige Einstellung der Exekution verfügt.

Beachte: Damit das Bestandverhältnis als fortgesetzt gilt, muss *bloß der Bestandgeber gemäß Sanierungsplan befriedigt* werden. Die Einstellung der Exekution ist dazu nicht erforderlich, ja nicht einmal eine vorangegangene Räumungsexekution. § 12c IO ist eine insolvenzprivatrechtliche Fortführungsschutznorm, keine bloße Exekutionsschutznorm (so zutr. *Konecny,* ZIK 2013/5, 2 gegen OGH 7 Ob 129/12i).

7. *Erlöschen von Zwangsverwaltungen (§ 12d IO)*

Die Zwangsverwaltung eines Unternehmens, einer Liegenschaft, eines Liegenschaftsanteils oder eines Superädifikats ***erlischt*** mit Ablauf des Kalendermonats in dem das Insolvenzverfahren eröffnet wurde. Wird das Verfahren nach dem 15. des Monats eröffnet, so tritt das Erlöschen der Zwangsverwaltung erst mit Ablauf des folgenden Kalendermonats ein.

§ 12d IO beseitigte die bis zum IRÄG 2010 geltende sanierungsfeindliche Rechtslage, wonach die Konkurseröffnung vorerst auf laufende Zwangsverwaltungen keinen Einfluss hatte, und so zur Erfüllung eines Sanierungsplans (damals Zwangsausgleich) notwendige Massemittel vom betreibenden Gläubiger nach den Regeln des Exekutionsrechts abgeschöpft wurden (vgl. RVEB, 612 BeilNR XXIV. GP, zu Artikel 1 Z 9, Seite 11).

G. Grundbuchssperre

Lit.: *Bollenberger,* Konkurs des Liegenschaftsverkäufers und ungenützter Ablauf der Rangordnung, ecolex 2004, 258; *Rechberger*, Die Treuhandschaft bei Insolvenz und Exekution, in Apathy, Die Treuhandschaft (1995) 178; *Reckenzaun*, Freihändige Liegenschaftsveräußerung während des Konkurses und Einverleibung im Rang der Anmerkung der Rangordnung, NZ 1992, 1.

Nach Eröffnung des Insolvenzverfahrens können grundbücherliche Eintragungen – Einverleibungen wie Vormerkungen – nur bewilligt und vollzogen werden, wenn sich der Rang der Eintragung nach einem vor der Eröffnung des Insolvenzverfahrens liegenden Tag richtet, wenn also das Gesuch spätestens am Tag vor der Eröffnung des Insolvenzverfahrens beim Grundbuchsgericht eingelangt ist (§ 13 IO). Diese Grundbuchssperre gilt *nur gegenüber dem Schuldner.*

Eine Durchbrechung der Grundbuchssperre wurde für das Ausgleichsverfahren abgelehnt (§ 13 AO entsprach dem heutigen § 13 IO), einer teleologischen Reduktion des § 13 AO eine Absage erteilt: OGH 5 Ob 153/09z EvBl 2010/52, 363 *Jelinek.* Für das Sanierungsverfahren mit Eigenverwaltung gilt im Zusammenhalt mit § 13 IO nichts anderes.

H. Verjährung: Hemmung und Unterbrechung

Lit.: *Geroldinger,* Zur Verjährung von Zinsen und Kostenersatzansprüchen iSd § 58 Z 1 IO, JBl 2012, 540; *Nunner-Krautgasser*, Verjährung von Konkursforderungen, ÖJZ 2001, 793; *Langheinrich/Ryda*, Die Einhebungsverjährung, FJ 2006, 2008; *Reisenhofer,* Verjährung laufender Zinsen auf Insolvenzforderungen, ZIK 2012/64, 42; *Schobesberger*, Die allgemeine – dreißigjährige – Verjährungsfrist, ÖStZ 1985, 31.

Die Anmeldung einer Insolvenzforderung im Insolvenzverfahren hemmt die Verjährung ab dem Tag der Anmeldung. Diese Hemmung verwandelt sich rückwirkend in eine Unterbrechung, wenn die angemeldete Forderung in der Prüfungstagsatzung festgestellt oder die Prüfungsklage fristgerecht eingebracht wird; andernfalls läuft die Verjährungsfrist weiter (§ 9 Abs 2 IO).

Sobald die Forderung in der Prüfungstagsatzung oder im Prüfungsprozess (auch Rechtfertigungsprozess oder Liquidierungsklageverfahren, §§ 110 ff IO) festgestellt wurde, beginnt die Verjährung erst wieder mit der rechtskräftigen Aufhebung des Insolvenzverfahrens zu laufen (§ 9 Abs 1 IO). Die neue Verjährungsfrist beträgt – unabhängig von der zugrunde liegenden Forderung – einheitlich dreißig Jahre.

I. Fälligkeit

Die Eröffnung des Insolvenzverfahrens stellt alle betagten Forderungen *gegen* den Schuldner fällig (§ 14 Abs 2 IO). Für Aktivforderungen der Masse tritt hingegen keine vorzeitige Fälligkeit ein.

Bei ***verzinslichen betagten Forderungen*** endet der Zinsenlauf mit Eröffnung des Insolvenzverfahrens (§ 58 Z 1 IO: ***Zinsenstopp***).

Unverzinsliche betagte Forderungen verringern sich um die gesetzlichen Zwischenzinsen (§ 14 Abs 3 IO): Vollkapital = verringertes Kapital + Zwischenzinsen; berechnet nach der ***Hoffmannschen Formel.***

$$\text{Insolvenzforderung} = \frac{\text{Forderungsbetrag x 36.500}}{\text{36.500 + (Zinsfuß x Tage von Verfahrenseröffnung bis Fälligkeit)}}$$

Die Höhe des Zwischenzinsenabzugs errechnet sich wie folgt:

$$\text{Zwischenzinsenabzug} = \frac{\text{Forderungsbetrag x Zinsfuß x Tage (von IVE bis Fälligkeit)}}{\text{36.500 + (Zinsfuß x Tage von IVE bis Fälligkeit)}}$$

Beispiel: Eine unverzinsliche Kapitalforderung von 10.000 Euro, die 90 Tage nach Insolvenzverfahrenseröffnung fällig geworden wäre, ist bei Anwendung des gesetzlichen Zinssatzes von 4% als Insolvenzforderung in der Höhe von 9902,33 Euro anzumelden.

J. Unbestimmte und bedingte Forderungen

Forderungen in ausländischer Währung sind mit ihrem Schätzwert (Wechselkurswert) in inländischer Währung zur Zeit der Eröffnung des Insolvenzverfahrens geltend zu machen (§ 14 Abs 1 IO).

Individualleistungsansprüche gegen den Schuldner werden durch die Eröffnung des Insolvenzverfahrens zu Geldforderungen umgewandelt: Sie sind nach ihrem Schätzwert bei Eröffnung des Insolvenzverfahrens anzusetzen (§ 14 Abs 1 IO). Die Forderungsschätzung obliegt dem Gläubiger selbst, unterliegt aber in der Prüfungstagsatzung der Forderungsprüfung: Sie kann dort (auch) der Höhe nach bestritten werden (§ 105 IO); die so geäußerten Bedenken gegen die Forderungsschätzung des Gläubigers münden ein in einen Prüfungsprozess (§§ 110 ff IO), an dessen Ende ein rechtskräftiges Feststellungsurteil über die Forderungshöhe steht.

Forderungen auf Renten, Ruhe- und Unterhaltsgelder oder andere ***wiederkehrende Leistungen von bestimmter Dauer*** sind unter jeweiligem

Abzug der in § 14 Abs 3 IO bezeichneten Zwischenzinsen nach der Hoffmannschen Formel zusammen zu rechnen.

Derart qualifizierte Forderungen ***von unbestimmten Dauer*** sind nach ihrem Schätzwert zur Zeit der Eröffnung des Insolvenzverfahrens geltend zu machen (§ 15 Abs 1 und 2 IO).

► § 15 IO gilt nur für *vertragliche Unterhaltsansprüche:* Sie sind, anders als die gesetzlichen, bei der Anmeldung zu kapitalisieren; durch die insolvenzmäßige Feststellung und quotenmäßige Befriedigung der Kapitalforderung erlischt der vertragliche Unterhaltsanspruch endgültig. Vgl. etwa 2 Ob 88, 89/71.

Inhaber ***bedingter Forderungen*** können für den Fall des Eintritts der suspensiven oder des Nichteintritts der resolutiven Bedingung Sicherstellung der Zahlung fordern. Inhaber resolutiv bedingter Forderungen haben auch die Möglichkeit, für den Fall des Bedingungseintritts Sicherstellung zu leisten und Zahlung zu fordern (§ 16 IO).

► Bedeutsam für die Behandlung bedingter Forderungen ist allein das Zeitfenster zwischen Verfahrenseröffnung und Verfahrensaufhebung. Der Eintritt von Bedingungen nach Verfahrensaufhebung ist bei der Betrachtung der Bestimmungen des § 16 IO irrelevant.

K. Mitschuldner und Bürgen

Lit.: P. Bydlinski, Der Bürge im Konkurs, ÖBA 2005, 97; *Grill*, Haftung gem. § 18 Abs 1 KO aus der nach Konkurseröffnung abrufbaren Bankgarantie?, AnwBl 1989, 517; *Leitner,* Die harte Patronatserklärung im Konkurs, ZIK 2002/208, 151; *Rabl*, Der Rückgriff des Bürgen im Konkurs des Hauptschuldners, ecolex 1998, 615; *Rabl*, Trotz Zahlung kein Rückgriff des Bürgen? ecolex 1998, 619; *Reisenhofer,* Die Auftraggeberhaftung gem §§ 67a ff ASVG im Konkurs des Subunternehmers, ZIK 2008/248, 150; *Riel*, Die Rechte des Mitschuldners gegen den insolventen Hauptschuldner – dargestellt am Beispiel des Wechselsausstellers, RdW 1997, 267; *Wratzfeld*, Konkursteilnahmeanspruch des Pfandschuldners, ZIK 2000/137, 117.

1. Solidarschuldner und Bürgen des Schuldners

Solidarschuldner und Bürgen des Schuldners können im Insolvenzverfahren ihren Anspruch auf Ersatz der vor oder nach der Eröffnung des Insolvenzverfahrens von ihnen auf die Forderung geleisteten Zahlungen anmelden, soweit ihnen ein Rückgriff gegen den Schuldner zusteht (§ 17 Abs 1 IO).

Wegen künftiger Zahlungen können sich Mitschuldner und Bürgen des Schuldners am Insolvenzverfahren nur beteiligen, wenn der Gläubiger nicht teilnimmt; andernfalls würde dieselbe Forderung mehrmals im Insolvenzverfahren stehen (§ 17 Abs 2 IO). Nach der Eröffnung des Insolvenzverfahrens können Mitschuldner und Bürgen die Forderung einlösen (§ 1358 ABGB) und dann selbst als Insolvenzgläubiger auftreten (§ 17 Abs 3 IO).

2. *Haftung mehrerer insolventer Schuldner zur ungeteilten Hand*

Haften dem Gläubiger mehrere Personen für dieselbe Forderung zur ungeteilten Hand, so gilt der ***Grundsatz der Doppelbegünstigung.***

Der Gläubiger kann *gegen jeden Schuldner, über dessen Vermögen ein Insolvenzverfahren eröffnet ist,* den gesamten Betrag der bei Eröffnung des Insolvenzverfahrens noch ausstehenden Forderung anmelden (§ 18 Abs 1 IO, vgl. *Gamerith* in Buchegger I § 18 KO Rz 2).

In jeder der mehreren Prüfungstagsatzungen ist der volle Betrag festzustellen. Ebenso werden die Insolvenz- und Sanierungsplansquoten jeweils nach dem vollen Betrag berechnet, selbst wenn in parallel laufenden anderen Insolvenzverfahren inzwischen Teilzahlungen erfolgt sind.

Wird der Gläubiger auf diese Weise ***voll befriedigt*** und ergibt sich ein Überschuss, so hat der Insolvenzverwalter die weitere Zahlung zu stoppen, um eine Bereicherung zu verhindern (*Gamerith* in Buchegger I § 18 KO Rz 9 f). § 18 Abs 2 IO verweist daher auf das Rückgriffsrecht nach den allgemeinen gesetzlichen Bestimmungen.

3. *Kreditbesicherung nach § 16 EKEG*

Hat ein Gesellschafter zu einer Zeit, da eine Kreditgewährung Eigenkapital ersetzend wäre, einen Kredit an die Gesellschaft besichert (etwa durch Bürgschaft oder Pfandbestellung), so kann der Gläubiger die Rückzahlung des besicherten Kredits von der Gesellschaft nur so weit verlangen, als er bei der Inanspruchnahme der Sicherheit einen Ausfall erlitten hat (→ § 16 EKEG). Als Insolvenzgläubiger kann er daher nur den Ausfall oder, solange dieser nicht endgültig feststeht, den mutmaßlichen Ausfall geltend machen (§ 18a IO).

L. Aufrechnung

Lit.: *Astner/Merdzo*, Die Aufrechnungslage als Kreditsicherheit in der Krise? ÖBA 2006, 497; *Beiser*, Fragen zum Spannungsfeld zwischen Insolvenzrecht und Abgabenrecht, ZIK 2001/289, 182; *Dullinger*, Handbuch der Aufrechnung (1995); *Fink*, Zur Aufrechnungsbefugnis des Finanzamtes während des Abschöpfungsverfahrens, RdW 2009/131, 134; *Fichtinger*, Aufrechnung nach Abschluss eines Sanierungsplans, ZIK 2016/56, 42; *Fischerlehner*, Die Abgabenverrechnung im Konkursverfahren (Beispiele und Lösungsansätze), ÖStZ 2002/678, 382; *Fruhstorfer*, Ungeklärte Fragen der Aufrechnung im Sanierungsverfahren, ZIK 2016/223, 169; *Geroldinger/Laimböck*, Zur Aufrechnung und Absonderung in der Rechtsschutzversicherung. Die (analoge) Anwendung der §§ 35b und 157 VersVG auf die Rechtsschutzversicherung, RdW 2009/491, 513; *Hecht*, ARGE-Gesellschafter im Konkurs: Aufrechnung gegen Abschichtungsguthaben, RdW 1998, 325; *Henckel*, Aufrechnung in der Insolvenz, in Lüke-FS (1997) 237; *Iro*, Aufrechnungsverbot bei Girokonten? RdW 1987, 182; *Iro*, Das Zug-um-Zug-Prinzip im Insolvenzverfahren, RdW 1985, 101; *Kolacny*,

Die Abgabenverrechnung im Konkursverfahren, ÖStZ 2003/58, 47; *Konecny/Weber*, Aufrechnung durch Sozialversicherungsträger im Privatkonkurs, ZIK 1999, 191; *König*, Aufrechnung mit dem gesellschaftsrechtlichen Abfindungsanspruch im Konkurs des Gesellschafters, wbl 1987, 52; *Liebeg*, Kontokorrent – Aufrechnung – abgabenbehördliche Verrechnung. Gemeinsamkeiten und Unterschiede, in Finanzprokuratur-FS (1995) 121; *Kriechbaumer*, Zur insolvenzrechtlichen Zulässigkeit und Anfechtbarkeit der Aufrechnung in der Bankenpraxis, ecolex 2015, 267; *Lehofer/Fucik*, Kommissionsvorschlag für Reform des EU-Asylsystems, Datenschutz- Grundverordnung, Verstärkter Senat zur Aufrechnung nach rechtskräftiger Bestätigung des Sanierungsplans, ÖJZ 2016/70, 481; *Müller*, Probleme der Aufrechnung mit Konkurs- und Masseforderungen (1981); *Nunner-Krautgasser*, Aufrechnung und Zwangsausgleich. Anmerkung zu OGH 3 Ob 82/08t und 7 Ob 118/08s, ZIK 2009/7, 4; *Nunner-Krautgasser*, Sportverbandsrecht versus Insolvenzrecht, ZIK 2008/126, 74; *Nunner-Krautgasser*, Verstärkter Senat: Beschränkung der Aufrechnungsbefugnis durch Sanierungsplan, Zak 2016/279, 144; *Pechmann*, Fälle der unzulässigen Aufrechnung mit Konkursforderungen (1995); *Rebernig*, Konkursanfechtung der Aufrechnung, ZIK 1998, 185; *Reckenzaun*, § 14 Abs 3 AÜG – Zur Haftung des Beschäftigers im Konkurs des Überlassers. Aus Anlass der Entscheidungen 3 Ob 143/08p = Zak 2009/40, 35 und 2 Ob 261/07g = Zak 2009/41, 35, Zak 2009/23, 28; *Reckenzaun/Isola*, Die Geltendmachung von Zinsen im Konkursverfahren, ZIK 1996, 109; *Reiterer*, Aufrechnung (1076); *Riel*, Forderungsbetreibung bei konkursverfangenen Arbeitskräfteüberlassern. Anmerkungen zu OGH 2 Ob 261/07g und 3 Ob 143/08p, ZIK 2009/6, 2: *M. Roth*, Die Aufrechnung im Konkurs – Ausgewählte Problemstellungen, BeitrZPR II 165; *Rüffler/Told*, Zur Aufrechnung bei Ausscheiden eines Gesellschafters aus mehreren Arbeitsgemeinschaften infolge der Eröffnung des Konkursverfahrens über sein Vermögen, GES 2014, 323; *Schoditsch*, Zur Zulässigkeit von Konzernverrechnungsklauseln im Insolvenzfall, ecolex 2009, 1039; *Taucher*, Aktuelle Judikatur der Höchstgerichte zur Gemeinde als Steuergläubiger, RFG 2009/19; *Widhalm*, Buchung auf ein Sonderkonto, Aufrechnung und Konkursanfechtung, ZIK 1998, 113; *Wilmovsky*, Aufrechnung in internationalen Insolvenzfällen, KTS 1998, 343.

1. Volle Befriedigung in Höhe der Aufrechnungssumme

Insolvenzgläubiger, die aufrechenbare Forderungen haben, brauchen sich am Insolvenzverfahren nicht zu beteiligen, soweit sie durch die Gegenforderung des Schuldners gedeckt sind (§ 19 Abs 1 IO). Sie werden von ihrer Verbindlichkeit gegenüber der Insolvenzmasse um den vollen Betrag ihrer Insolvenzforderung und nicht nur um die Quote befreit.

Die Aufrechnung verschafft dem Insolvenzgläubiger mithin eine dem Absonderungsrecht vergleichbare Sicherung: Vermag der Gläubiger seine Schuld auf dem Aufrechnungsweg nicht gänzlich abzuschütteln, so hat er den Restbetrag an den Insolvenzverwalter zu leisten; übersteigt die Insolvenzforderung die Verbindlichkeit des Insolvenzgläubigers gegenüber dem Insolvenzschuldner, so erleidet er einen Ausfall, den er als Insolvenzforderung anmelden muss.

Die Aufrechnung kann während des ganzen Insolvenzverfahrens gerichtlich oder außergerichtlich gegenüber dem Insolvenzverwalter erklärt werden, selbst wenn die Forderung vorbehaltslos zum Insolvenzverfahren angemeldet worden war. Beträgt die Forderung mehr als 100.000 Euro, so ist das Anerkenntnis des Aufrechnungsanspruchs ein mitteilungsbedürftiges Rechtsgeschäft nach § 116 Abs 1 Z 2 iVm Abs 2 IO: Der Insolvenzverwalter hat das Anerkenntnis des Aufrechnungsanspruchs mindestens acht Tage im Vorhinein zusammen mit der schriftlichen Äußerung des Gläubigerausschusses dem Insolvenzgericht mitzuteilen (§ 116 Abs 1 Z 2 IO).

Nach allgemeinem bürgerlichem Recht setzt die Aufrechnung voraus, dass im Zeitpunkt der Aufrechnung einander richtige, fällige, gleichartige und gegenseitige Forderungen gegenüberstehen und gesetzliche Aufrechnungsverbote nicht bestehen (vgl. *A. Heidinger* in Schwimann/Kodek, ABGB, Band 6, 4. Auflage, zu § 1438 Rz 9).

Das materielle Insolvenzrecht erweitert die Aufrechnung hinsichtlich der Fälligkeit und Gleichartigkeit (§ 19 Abs 2 IO), schränkt sie aber hinsichtlich des Zeitpunkts der Fälligkeit auch erheblich ein (§ 20 IO); vgl. dazu *Griss/P. Bydlinski* in Koziol/Bydlinski/Bollenberger, 5. Auflage, zu § 1439 ABGB Rz 5 f.

2. *Aufrechnungserleichterungen*

Bedingte Forderungen der Gläubiger wie des Schuldners können gegeneinander aufgerechnet werden.

Ist die Forderung des Gläubigers aufschiebend oder auflösend bedingt, so kann das Gericht die Aufrechnung von einer ***Sicherheitsleistung*** abhängig machen, deren Art es nach § 56 ZPO bestimmt (§§ 19 Abs 2 letzter Satz, 171 IO). Ist die Forderung des Schuldners bedingt, so hat der Gläubiger keinen Sicherstellungsanspruch.

Betagte Forderungen der Gläubiger wie des Schuldners können gegeneinander aufgerechnet werden.

Bei verzinslichen betagten Forderungen der Gläubiger (nicht des Schuldners) endet der Zinsenlauf mit der Eröffnung des Insolvenzverfahrens (***Zinsenstopp,*** § 58 Z 1 IO). Unverzinsliche betagte Forderungen der Gläubiger (nicht des Schuldners) können nur unter Abzug der Zwischenzinsen geltend gemacht werden (§§ 19 Abs 2, 14 Abs 3 IO).

Ungleichartige Forderungen sind insoweit aufrechenbar, als die Eröffnung des Insolvenzverfahrens alle Individualleistungsansprüche des Gläubigers in Geldforderungen umwandelt (§ 14 Abs 1 IO, oben J), die Aufrechnung mit einer Geldforderung des Schuldners (nunmehr der Masse) wird so möglich.

Beispiel: Über das Vermögen eines Ofensetzers und Fliesenlegers wird das Insolvenzverfahren eröffnet. Bis zu diesem Zeitpunkt hat er einem Kunden zwar den bestellten Kachelofen gesetzt, aber noch nicht die Verfliesungsarbeiten in Bad und WC ausgeführt. Der Kunde hat zwar schon die Verfliesungsarbeiten, nicht aber den Kachelofen bezahlt. Der Anspruch auf Vornahme der Verfliesungsarbeiten ist ein Individualleistungsanspruch, der in Geld geschätzt und gegen den Anspruch der Insolvenzmasse auf Zahlung des Kachelofens aufgerechnet werden kann.

Steht jedoch der Geldforderung des Gläubigers ein Individualleistungsanspruch des Schuldners gegenüber, so muss ihn der Gläubiger voll erfüllen, wogegen er nur die Quote erhält: Es gibt keine Umwandlung der schuldnerischen Individualleistungsansprüche.

3. *Aufrechnungssperren*

Es genügt nicht, dass die beiden Forderungen bei Abgabe der Aufrechnungserklärung einander aufrechenbar gegenüberstehen, sie müssen zum einen ***zur Zeit der Eröffnung des Insolvenzverfahrens*** einander ***aufrechenbar*** gegenüber gestanden sein (§ 19 Abs 1 IO) zum anderen muss die Aufrechenbarkeit bei Abgabe der Aufrechnungserklärung noch bestehen.

Darüber hinaus ist eine in den letzten sechs Monaten vor Eröffnung des Insolvenzverfahrens erworbene Insolvenzforderung mit einer bestehenden Verbindlichkeit gegenüber dem Schuldner nicht aufrechenbar, wenn der Erwerber die Zahlungsunfähigkeit des Schuldners zur Zeit des Erwerbs kannte oder kennen musste (§§ 20 Abs 1 S 2 IO).

Dieser Grundsatz ist allerdings in den zwei Fällen des § 20 Abs 2 IO durchbrochen (s. sogl. unten).

Mithin können Altforderungen nur gegen Altschulden aufgerechnet werden:

▶ ***Insolvenzgläubiger,*** die erst während des Insolvenzverfahrens Schuldner der Insolvenzmasse werden (zB. indem sie etwa Sachen aus der Insolvenzmasse kaufen), können nicht mit ihren Insolvenzforderungen aufrechnen (§ 20 Abs 1 S 1 Hs 1 IO).

▶ Wer vor Verfahrenseröffnung ***Schuldner des Insolvenzschuldners*** geworden ist, kann nicht mit einer erworbenen Masseforderung (Neuforderung) aufrechnen (arg § 20 Abs 1 S 1 Hs 2 IO, der zwar von einer Neuforderung gegen den „Schuldner" spricht, s sogleich, Masseforderungen aber bei dieser Aufrechnungssperre im Verhältnis zu Altschulden mit erfasst).

▶ ***Masseschuldner,*** die erst während des Insolvenzverfahrens gegen den Insolvenzschuldner eine gewöhnliche Forderung erwerben (Neuforderung, aber keine Masseforderung), können nicht mit dieser aufrechnen (§ 20 Abs 1 S 1 Hs 2 IO, verdeutlicht durch Art 1 Z 1 IRÄG 2017).

Diese Aufrechnungssperren sind mehrfach durchbrochen:

▶ Ist der Schuldner des späteren Insolvenzschuldners zur Forderungsübernahme verpflichtet, kann mit der so erworbenen Insolvenzforderung aufrechnen, sofern er bei Eingehen seiner Verpflichtung die Zahlungsunfähigkeit des Schuldners weder kannte noch kennen musste; dies gilt auch dann, wenn er die Insolvenzforderung in Kenntnis oder fahrlässiger Unkenntnis der Insolvenz erwirbt (§ 20 Abs 2 IO).

Das kommt dem Bürgen zugute, der vor Eröffnung des Insolvenzverfahrens Bürge des späteren Insolvenzschuldners geworden und in dieser Eigenschaft zur späteren Einlösung seiner Bürgschaftsverpflichtung genötigt ist: Wusste er zum Zeitpunkt seiner Inanspruchnahme - mithin bei Entstehen der Regressforderung - um die Insolvenz oder hätte er darum wissen müssen, so hindert das nicht die Aufrechnung der Regressforderung (Insolvenzforderung) mit der (aus einem anderen Rechtsgeschäft) begründeten Verbindlichkeit beim Schuldner.

► Kenntnis oder fahrlässige Unkenntnis der Insolvenz ist kein Kriterium, wenn die Insolvenzforderung früher als sechs Monate vor Verfahrenseröffnung erworben wurde: Auch hier steht einer Aufrechnung mit einer Altschuld nichts im Wege (§ 20 Abs 2 IO).

► Der Vertragspartner kann mit Insolvenzforderungen, die aufgrund eines Vertragsverhältnisses gemäß §§ 21 bis 25 IO (siehe unten M.) *nach* Verfahrenseröffnung entstehen, aufrechnen. Gleiches gilt für die infolge Erstattung einer anfechtbaren Leistung wiederauflebende – ebenfalls *nach* Verfahrenseröffnung entstehende Insolvenzforderung des Anfechtungsgegners (§ 41 Abs 2 IO, siehe unten IX. I. 4.): § 20 Abs 3 IO.

► Die in § 20 Abs 4 Z 1, 2, 2a, 3 und 4 IO genannten Aufrechnungsmöglichkeiten betreffen Finanzgeschäfte. Der Forderungsinhaber kann hier auch mit noch offenen Forderungen aus Verträgen, die *aufgrund der Insolvenzverfahrenseröffnung* aufgelöst worden sind, aufrechnen. Dies gilt allerdings nur dann, wenn für den Insolvenzfall die Vertragsauflösung oder ein Vertragsauflösungsrecht und die gegenseitige Abrechnung offener Forderungen vereinbart wurden.

4. *Aufrechnung von Masseforderung mit Masseschuld*

Hat der Inhaber einer ***Masseforderung*** (Neuforderung, § 46 IO) nach Verfahrenseröffnung eine ***Verbindlichkeit gegenüber der Masse*** eingegangen, so gelten für die Aufrechnung die allgemeinen zivilrechtlichen Regeln: ***Neuforderung und Neuschuld sind nach den Bestimmungen des bürgerlichen Rechts aufrechenbar.***

M. Abwicklung schwebender Rechtsgeschäfte

Lit.: *Buchegger*, Zur Beendigung des Synallagmas in der Insolvenz, Matscher-FS (1993) 49; *Burgstaller*, Urheber- und Patentlizenzen in der Insolvenz, ecolex 2016, 57; *Doppelhofer,* Prämienbegünstigte Zukunftsvorsorge im Konkurs des Versicherungsnehmers, RdW 2012, 331; *Erler*, Rücktritt nach § 21 IO von fondsgebundenen Lebensversicherungen im Konkurs möglich? ZIK 2014/9, 10; *Feil*, Rücktrittsrecht des Masseverwalters bei gerichtlichen Vergleichen, GesRZ 2005, XIX; *Fruhstorfer*, Beendigung von Dauerschuldverhältnissen im Konkurs durch den Vertragspartner des Gemeinschuldners, ZIK 2003/105, 78; *Garber,* Zu den Auswirkungen der Konkurseröffnung auf Barterverträge, ZIK 2009/183, 112; *Grundei,* Vereine, Verbände, Konkurse. Das Spannungsverhältnis zwischen (internationalem) Sportverbandsrecht und staatlichem Recht, ecolex 2007, 400; *Hock*, Zur Wirkung der Rücktrittserklärung des Masseverwalters gem § 21 KO, ÖJZ 1991, 297; *Hohl,* Lebensversicherung als steuerliche Vorsorgemodelle im Konkurs des Versicherungsnehmers – keine vorzeitige Zugriffsmöglichkeit für den Masseverwalter, AnwBl 2007, 453; *Iro*, Der Leasingvertrag im Konkurs des Leasingnehmers, RdW 1993, 177; *Iro*, Kein Wahlrecht des Masseverwalters nach § 21 KO beim Kauf unter Eigentumsvorbehalt? RdW 1989, 294; *Kepplinger*, Der Eigentumsvorbehalt in der Insolvenz, ZIK 2000/135, 110; *Kepplinger*, Das Synallagma in der

Insolvenz (2000); *Kepplinger/Duursma,* Rücktritt des Masseverwalters im Konkurs des Werkunternehmers, ecolex 2001, 269; *Kepplinger/Duursma,* Rücktritt des Masseverwalters vom Bauvertrag gem § 21 KO, wobl 2001, 33; *Kernbichler,* Insolvenzrechtliche Einschnitte in das zivilrechtliche Leistungsstörungsrecht, JBl 2015, 409; *Kernbichler,* Privilegierte Fristsetzung nach § 21 Abs 2 IO und Haftung des Insolvenzverwalters, RdW 2016/541, 735; *Kofler,* Vertragsauflösung wegen Zahlungsverzugs und Schuldnerinsolvenz, Krejci-FS II (2001) 1809; *Konecny/Nunner-Krautgasser,* Neuerungen bei Bestandverträgen durch das IRÄG 2010, in Konecny (Hrsg.), IRÄG 2010 – Das Insolvenzrechtsänderungsgesetz 2010, ZIK Spezial (2010) 39; *Konecny,* Auflösung von Bestandverträgen wegen Mietzinsrückständen trotz Konkurses des Bestandnehmers, wobl 2001, 241; *König,* Die konkursrechtliche Qualifizierung der Schadenersatzforderung des vorzeitig gekündigten Bestandnehmers (§ 24 KO), ZIK 1999, 37; *Konwitschka/Schalk,* Glosse zu OGH 7 Ob 168/12z, ecolex 2013/201, 517; *Nunner-Krautgasser,* Sportverbandsrecht versus Insolvenzrecht, ZIK 2008/126, 74; *Oberhammer,* Kündigung durch den Verpächter im Konkurs des Pächters, wobl 2006, 74; *Pitkowitz,* Wirkt der Rücktritt des Masseverwalters gem § 21 KO ex tunc? ÖJZ 1990, 677; *T. Rabl,* Rücktritt des Masseverwalters und Haftrücklass im Konkurs des Werkunternehmers, ecolex 2001, 518; *Rechberger,* Die Treuhandschaft bei Insolvenz und Exekution, in Apathy, Die Treuhandschaft (1995) 178; *Riss,* Sicherung von Gewährleistungsansprüchen in der Insolvenz des Werkunternehmers. Überlegungen zum Rücktrittsrecht des Masseverwalters nach § 21 KO und zu Wesen und Konkursfestigkeit des Haftrücklasses, ÖBA 2008, 18; *Rüffler/Told,* Zur Aufrechnung bei Ausscheiden eines Gesellschafters aus mehreren Arbeitsgemeinschaften infolge der Eröffnung des Konkursverfahrens über sein Vermögen, GES 2014, 323; *Weber,* Das Schicksal von Konventionalstrafen in der Insolvenz, ZIK 2012/243, 168; *Welser/Graff,* Zum Rücktrittsrecht des Masseverwalters gem § 21 KO im Konkurs eines ARGE-Partners, GesRZ 1984, 121; *Widhalm,* Die Rechte des Urhebers, Masseverwalters und Dritten im Konkurs und Ausgleich des Werknutzungsberechtigten, ÖBl 2001, 205; *Widhalm-Budak,* Bereicherungsanspruch der Konkursmasse nach Vertragsrücktritt gem § 21 KO bei erfolgter (Teil-)Abtretung des Erfüllungsanspruchs. Anmerkungen zu OGH 8 Ob 45/09i, ZIK 2010/63, 45; *Widhalm-Budak/Riel,* Schicksal eines Kaufs unter Eigentumsvorbehalt im Sanierungsverfahren mit Eigenverwaltung bei Fehlen eines ausdrücklich erklärten Vertragsrücktritts, ZIK 2014/298, 202.

Die §§ 21 bis 25a IO regeln – zwingend (§ 25b Abs 1 IO) – den Einfluss der Eröffnung des Insolvenzverfahrens auf gegenseitige Verträge, die beiderseits noch nicht voll erfüllt sind. § 21 IO enthält die Grundregel („im allgemeinen“), die nur gilt, sofern nicht die Sondertatbestände der §§ 22 IO (Fixgeschäfte), §§ 23, 24 IO (Bestandverträge) sowie § 25 IO (Arbeitsverträge) eingreifen. § 25a IO erschwert den Vertragspartnern des Schuldners in den ersten sechs Monaten nach Verfahrenseröffnung die Vertragsauflösung, wenn dadurch die Fortführung des Schuldnerunternehmens gefährdet würde; auch diese Norm bezieht sich überwiegend auf gegenseitige Rechtsgeschäfte (Stromversorgung, Handyproviderverträge usw.)

§ 26 IO (Aufträge und Anträge) und § 26a IO (Gebrauchsüberlassung durch Gesellschafter) gestatten dagegen keinen Rückgriff auf die Regeln des § 21 IO, weil in §§ 26, 26a IO Gegenseitigkeit von Leistungen nicht gefordert ist.

Andere als gegenseitige Verträge werden durch §§ 21 bis 25 IO nicht erfasst. Daher scheiden einseitig verpflichtende Verträge aus (zB. Schenkung, unverzinsliches Darlehen, Krediteröffnungsvertrag und Kontokorrent). Für sie gelten die allgemeinen Regeln über die Wirkung des Insolvenzverfahrens auf Forderungen und Schulden des Schuldners.

1. Gegenseitige (synallagmatische) Verträge

a) Allgemeine Bestimmungen (§ 21 IO)

Grundsätzlich haben Schuldner der Masse voll zu leisten, Insolvenzgläubiger hingegen ihre Forderungen im Insolvenzverfahren anzumelden, wenn sie Wert auf die Verteilungsquote legen und nicht überhaupt leer ausgehen wollen.

Das gilt auch, wenn bei Eröffnung des Insolvenzverfahrens ein gegenseitiger Vertrag von einer Seite voll erfüllt ist: Hat der Schuldner voll erfüllt, so muss der Gegner an die Masse voll leisten. Hat der Gegner voll erfüllt, so bleibt seine Leistung in der Masse; er kann nur seine Gegenforderung als Insolvenzforderung geltend machen.

Von diesem Grundsatz macht § 21 IO eine *Ausnahme für gegenseitige Verträge, die bei Eröffnung des Insolvenzverfahrens zwar geschlossen, aber noch von keiner Seite voll erfüllt sind.* Hier hat der ***Insolvenzverwalter*** das ***Wahlrecht zwischen Erfüllung und Rücktritt vom Vertrag*** (§ 21 Abs 1 Satz 1 IO):

- Wählt er die Erfüllung, so haben beide Seiten voll zu leisten.
- Wählt er den Rücktritt, so leistet er nichts und hat auch nichts zu fordern; der Gläubiger kann den Ersatz des ihm dadurch verursachten Schadens als Insolvenzgläubiger geltend machen (§ 21 Abs 1 Satz 2 IO: verschuldensunabhängiger Differenzanspruch wegen Nichterfüllung des Vertrags).

Das Insolvenzgericht muss auf Antrag des Gegners dem Insolvenzverwalter eine ***Erklärungsfrist*** setzen, die frühestens drei Tage nach der Berichtstagsatzung enden darf. Lässt sie der Insolvenzverwalter verstreichen, so bedeutet das den Rücktritt vom Vertrag (§ 21 Abs 2 Satz 1 IO).

Anderes gilt bei Verträgen, wo der Schuldner zu einer ***nicht in Geld bestehenden Leistung*** verpflichtet und mit ihrer Erfüllung in ***Verzug ist.*** Hier muss sich der Insolvenzverwalter unverzüglich nach Einlangen des Ersuchens des Vertragspartners, spätestens aber *binnen fünf Arbeitstagen* erklären, wobei Schweigen wiederum als Rücktritt gilt (§ 21 Abs 2 letzter Satz IO).

Diese, im Rahmen der Gesetzwerdung des IRÄG 2010 ob der Kürze der Frist viel kritisierte, in der Praxis aber klaglos funktionierende Regelung soll dem Vertragspartner möglichst rasche Klarheit über das weitere Schicksal des Vertrags und die allfällige Notwendigkeit eines Abschlusses mit einem anderen Vertragspartner verschaffen.

Bei Verträgen mit einem Wert von mehr als 100.000 Euro ist die Ausübung des Wahlrechts ein mitteilungsbedürftiges Rechtsgeschäft: Der Insolvenzverwalter hat seine Entscheidung zusammen mit der vorher eingeholten Äußerung des Gläubigerausschusses mindestens acht Tage im Vorhinein dem Insolvenzgericht zusammen mit der schriftlichen Äußerung des Gläubigerausschusses mitzuteilen (§ 116 Abs 1 Z 4 IO).

Der vom Insolvenzverwalter erklärte ***Rücktritt wirkt – anders als der des bürgerlichen Rechts – ex nunc.*** Bereits Geleistetes kann nicht mehr zurückgefordert werden:

- Was der andere (auch nur teilweise) geleistet hat, bleibt in der Masse; mit seinem Gegenleistungs- und Schadenersatzanspruch ist er Insolvenzgläubiger (§ 21 Abs 2 und 4 IO).

- Auch der Insolvenzverwalter kann nicht zurückfordern, was der Schuldner dem Geschäftspartner geleistet hat, wohl aber einen Bereicherungsanspruch geltend machen, wenn der Wert des Geleisteten den der Gegenleistungen samt allfälliger Schadenersatzansprüche übersteigt.

§ 21 IO deckt auch den ***Kauf unter Eigentumsvorbehalt im Insolvenzverfahren des Käufers,*** denn der Verkäufer hat mit der bedingten Übereignung noch nicht voll erfüllt:

- Wählt der Insolvenzverwalter die Erfüllung und zahlt er den Kaufpreis, so geht das Eigentum selbsttätig auf die Masse über.

- Wählt der Insolvenzverwalter den Rücktritt, so kann der Verkäufer, der keine Leistungen mehr zu erwarten hat, aufgrund seines Vorbehaltseigentums die Ware aussondern.

Der Vorbehaltsverkäufer hat kein Wahlrecht im Insolvenzverfahren des Käufers, insbesondere kann er nicht nach § 918 ABGB vom Vertrag zurücktreten. Doch kann er den Schwebezustand jederzeit beenden: Erklärt sich der Insolvenzverwalter nicht, so kann der Vorbehaltsverkäufer vom Insolvenzgericht die Setzung einer Erklärungsfrist erwirken. Wenn diese ungenützt verstreicht, bedeutet das den Rücktritt nach insolvenzrechtlichen Regeln. Nun kann der Vorbehaltsverkäufer seinen Aussonderungsanspruch geltend machen.

Beachte: *im Insolvenzverfahren des Vorbehaltsverkäufers* weicht das Wahlrecht des Insolvenzverwalters dem Anwartschaftsrecht des Vorbehaltskäufers. Wenn dieser den Kaufpreisrest vereinbarungsgemäß zahlt, geht das Eigentum selbsttätig auf ihn über; den mit Aussonderungskraft ausgestatteten Rechtsgestaltungsautomatismus vermag der Insolvenzverwalter nicht zu durchbrechen. Nur im Verzugsfall ist ein Rücktritt (nach § 918 ABGB) möglich.

b) Vorleistungspflicht des Geschäftspartners

Ist der Gegner des Schuldners zur Vorleistung verpflichtet, so kann er nunmehr Leistung Zug um Zug verlangen, es hätten ihm denn bei Vertragsabschluss die schlechten Vermögensverhältnisse des Schuldners bekannt sein müssen (§ 21 Abs 3 IO).

c) Teilbare Leistungen

Sind die geschuldeten Leistungen teilbar und hat der Gläubiger die ihm obliegende Leistung bei Eröffnung des Insolvenzverfahrens schon teilweise erbracht, so ist er mit dem der Teilleistung entsprechenden Betrag seiner Forderung auf die Gegenleistung Insolvenzgläubiger (§ 21 Abs 4 IO).

Teilbarkeit liegt vor, wenn die Einzelleistungen zusammen genommen den Wert der ganzen Leistung ausmachen (zB. bei Stromlieferungsverträgen), hingegen nicht, wenn sie allein für den Leistungsempfänger nicht von Wert sind; hierfür geben wirtschaftliche Erwägungen den Ausschlag.

d) Wiederkehrende Schuldverhältnisse und Dauerschuldverhältnisse, die unter § 21 IO fallen

Die allgemeine Regelung des § 21 IO gilt auch für wiederkehrenden Schuldverhältnisse sowie solche Dauerschuldverhältnisse, die nicht von §§ 23, 24 IO (Bestandverträge) und § 25 IO (Arbeitsverträge) erfasst sind (s. unten 2. und 3.)

Das gilt etwa für alle gegenseitigen Verträge, bei denen periodisch wiederkehrende Leistungen über bestimmte Zeit oder bis zur Vertragskündigung zu erbringen sind (zB. Telefon-, Strom-, Gas- und Wasserlieferungsverträge). Teilleistungen, die bei Eröffnung des Insolvenzverfahrens von einer Seite voll erbracht sind, gelten als selbständige Leistungen. Hinsichtlich der noch ausstehenden Leistungen hat der Insolvenzverwalter das Wahlrecht.

e) Fixgeschäfte (§ 22 IO)

Beim Fixgeschäft soll ein Teil die Leistung zu einer festbestimmten Zeit oder innerhalb einer festbestimmten Frist bei sonstigem Rücktritt des anderen bewirken (vgl. § 919 S 1 ABGB).

Wenn Waren, die einen Börsen- oder Marktpreis haben, Gegenstand eines Fixgeschäfts waren, die Erfüllung aber wegen Eröffnung des Insolvenzverfahrens vor Ablauf der Leistungsfrist oder vor Leistungstermin unterblieb, so verbietet sich ein dem § 21 Abs 1 IO entsprechendes Wahlrecht, weil die sofortige Gewissheit über die Leistung (oder Nichtleistung) bei Fixgeschäften zu den essentialia negotii gehört.

Das Gesetz sieht bei Eröffnung des Insolvenzverfahrens über das Vermögen des Leistungspflichtigen Nichterfüllung vor und gewährt dem Geschäftspartner bloß einen Schadenersatzanspruch wegen Nichterfüllung (§ 22 Abs 1 IO). Dessen Höhe ist die Differenz zwischen dem vereinbarten Kaufpreis und dem Marktpreis am zweiten Werktag nach Eröffnung des Insolvenzverfahrens (§ 22 Abs 2 IO), mithin die Zusatzkosten einer Ersatzbeschaffung.

Zu beachten ist freilich, dass bei der Ermittlung des Schadenersatzes nur gleichartige Erfüllungszeiten heranzuziehen sind (§ 22 Abs 2 aE IO): Stand dem Schuldner nach dem Fixgeschäft eine Beschaffungsfrist von vier Wochen zur Verfügung, so sind Geschäfte mit gleicher Leistungsfrist heranzuziehen und nicht etwa solche mit einer kürzeren, was den Preis in der Regel erhöhen würde.

2. *Bestandverträge (§§ 23, 24 IO)*

In Bestandverträge, die der Schuldner als Bestandnehmer oder Bestandgeber abgeschlossen hat, tritt die Insolvenzmasse ein. Daher sind Ansprüche aus der Zeit vor Eröffnung des Insolvenzverfahrens Insolvenzforderungen (zB. Mietzinsrückstände), aus der Zeit danach Masseforderungen.

a) Insolvenz des Bestandnehmers (§ 23 IO)

Der ***Insolvenzverwalter*** hat ein ***außerordentliches Kündigungsrecht*** binnen gesetzlicher (siehe § 560 ZPO) oder zulässigerweise vereinbarter kürzerer Kündigungsfrist. Kündigt danach der Insolvenzverwalter früher, als der Vertrag vorsieht (zB. weil er das Mietobjekt nicht mehr benötigt), so hat der Bestandgeber eine Schadenersatzforderung, die er als Insolvenzforderung geltend machen muss (§ 23 IO).

Ein korrespondierendes Kündigungsrecht des Bestandgebers gibt es seit dem IRÄG 2010 nicht mehr, weil dieser so die Unternehmensfortführung gefährden könnte und für Forderungen nach Eröffnung des Insolvenzverfahrens ohnehin eine Masseforderung hat (vgl. *Oberhammer* in Konecny/Schubert, zu § 23 KO Rz 7 ff).

Betrifft der Bestandvertrag Wohnräume, die für den Schuldner und seine im gemeinsamen Haushalt lebenden Familienangehörigen unentbehrlich sind, so hat das Insolvenzgericht dem Schuldner das Nutzungsrecht zur freien Verfügung zu überlassen (§ 5 Abs 4 IO). Durch den Überlassungsbeschluss fällt das Mietverhältnis in das insolvenzfreie Vermögen, der Schuldner bezahlt daraus die künftig fällig werdenden Mietzinse.

b) Insolvenz des Bestandgebers (§ 24 IO)

Das Insolvenzverfahren des Bestandgebers berührt den Bestandvertrag nicht. Es gibt ***kein außerordentliches Kündigungsrecht,*** auch hat der Insolvenzverwalter kein Wahlrecht nach § 21 IO (§ 24 Abs 1 Satz 1 IO).

Wird die Bestandsache während des Insolvenzverfahrens veräußert, so gilt § 1121 ABGB (§ 24 Abs 2 IO): Verbücherte Bestandrechte sind Dienstbarkeiten gleichgestellt; nicht verbücherte Bestandrechte können aufgekündigt werden, wobei vom Erwerber nur die gesetzliche Kündigungsfrist (siehe § 560 ZPO), nicht aber die vom Schuldner getroffenen Vereinbarungen eingehalten werden müssen. Doch vermag auch eine zwangsweise gerichtliche Veräußerung nicht die Schutzvorschriften des MRG außer Kraft zu setzen.

3. *Arbeitsverträge (§ 25 IO)*

Lit.: Anzenberger, Resolutivbedingungen und außergerichtliche Sanierung, ZAK 2014/309, 166; *Aschauer,* Graviditas longissima – oder zur neuerlichen Schwangerschaft karenzierter Arbeitnehmerinnen nach Austrittserklärung gem § 25 IO, DRdA 2013/27, 303; *Bauer,* Arbeitnehmeransprüche: Konkurs- oder Masseforderungen? ZIK 1995, 42; *Engelhart,* Fortbetriebsrecht und Lehrverhältnis bei Insolvenzeröffnung - Anmerkungen zu OGH 8 ObS 3/11s und Art 59 IRÄ-BG, ZIK 2012/6, 8; *Engelhart,* Nochmals: Fortbetriebsrecht und Lehrverhältnis bei Insolvenzeröffnung, ZIK 2013/125, 86; *Fenyves,* Schadenersatzfragen bei Konkurs des Arbeitsgebers, FS Strasser (1983)

349; *Fruhstorfer*, Beendiung von Dauerschuldverhältnissen im Konkurs durch den Vertragspartner des Gemeinschuldners, ZIK 2003/105, 78; *Holzer*, Der praktische Fall: Die Insolvenz des Arbeitgebers, DRdA 1983, 295; *Holzner*, Insolvenz und Arbeitsverhältnisse, DRdA 1998, 325 und 393; *Holzer/Reissner*, Neuerungen im Insolvenzrecht aus arbeitsrechtlicher Sicht, DRdA 1994, 461; *Holzer/Reiss-ner/Schwarz*, Die Rechte des Arbeitnehmers bei Insolvenz (1999); *Kernbichler*, Privilegierte Fristsetzung nach § 21 Abs 2 IO und Haftung des Insolvenzverwalters, RdW 2016/541, 735; *Konecny*, Beendigungsansprüche der Arbeitnehmer im Konkurs, ZIK 1997, 160; *Konecny*, Vorzeitiger Austritt im Konkurs wegen eines Entgeltrückstands, ZIK 1996, 146; *König*, Die konkursrechtliche Qualifizierung der Schadenersatzforderung des vorzeitig gekündigten Bestandnehmers, (§ 24 KO), ZIK 1999, 37; *Kulmer*, Vorzeitige Beendigung der Altersteilzeit im Blockzeitmodell. Eine Besprechung der Entscheidungen 9 Ob A 21/07i und 8 Ob A 30/08g, RdW 2009/174, 210; *Niksova*, Die Beendigung von Arbeitsverhältnissen bei Insolvenz des Arbeitgebers (Teil I), ecolex 2009, 203 und 350; *Niksova*, Die Sicherung der Ansprüche der Arbeitnehmer bei Insolvenz des Arbeitgebers (Teil III), ecolex 2009, 435; *Nunner*, Beendigungsansprüche nach allgemeinem Arbeitsrecht während des Konkursverfahrens austretender Arbeitnehmer, ASoK 1998, 293; *Nunner-Krautgasser/Reissner*, Praxishandbuch Insolvenz und Arbeitsrecht (2012); *Pfeil*, Beendigung des Lehrverhältnisses bei Konkurs des Lehrberechtigten, DRdA 1983, 10; *Reckenzaun/Reissner*, Nochmals: Zur Auslegung von § 3 Abs 2 AVRAG. Zugleich eine Besprechung der Entscheidungen des OGH vom 19. 12. 2007, 9 Ob A 106/06p und vom 7. 2. 2008, 9 Ob A 161/07p, ZIK 2008/127, 80; *Reissner/Sundl*, Bemessung der Kündigungsentschädigung bei Austritt besonders geschützter Arbeitnehmer nach § 25 IO, Anmerkungen zu OGH 8 ObS 4/12i, ZIK 2012/295, 202; *Rohrer/Otenhajmer*, Fortbetriebsrecht der Insolvenzmasse und Ex-lege-Beendigung des Arbeitsverhältnisses, EvBl 2013/78, 548; *Runggaldier*, § 25 KO: Betriebsratsmitglieder nicht mehr privilegiert, Grundsatzerkenntnis des OGH vom 10.7.1991, 9 Ob S 8/81; *Schnetzinger*, Die Auflösung der Arbeitsverhältnisse im Konkurs nach dem IRÄG 1997, ZIK 1998, 7; *Spielbüchler*, Insolvenz und Arbeitsrecht, DRdA 1982, 273; *Sundl*, Probleme des Schadenersatzanspruchs gemäß § 25 Abs 2 KO Besonderheiten der Schadensberechnung im Arbeitsrecht, ASoK 2001, 74; *Wachter*, Der Einfluss des Konkurses auf den Bestand des Arbeitsvertrags, ZAS 1972, 83; *Weber*, Arbeitsverhältnisse in Insolvenzverfahren (1998); *Wachter*, Der Anstellungsvertrag von Vorstandsmitgliedern bei Insolvenz der Aktiengesellschaft, NZ 2015/80, 241; *Weber*, Austritt wegen Entgeltrückständen aus der Zeit vor Insolvenzeröffnung: berechtigt – unberechtigt – unwirksam? ZIK 2003/108, 90; *Weber/Wilfert*, Arbeitsrechtliche Änderungen des IRÄG 2010, in Konecny (Hrsg.), IRÄG 2010 – Das Insolvenzrechtsänderungsgesetz 2010, ZIK Spezial (2010) 59; *Weber-Wilfert*, BAG-Novelle 2015: Auswirkungen auf Lehrverhältnisse in der Insolvenz, ZIK 2016/109, 87.

Die ***Insolvenz des Arbeitnehmers*** berührt dessen Arbeitsvertrag nicht, da der Schuldner über seine Arbeitskraft frei verfügen kann, wohl aber verpflichtet das Insolvenzverfahren ihn zu einer bescheidenen Lebensführung (§§ 5, 175 IO).

In der ***Insolvenz des Arbeitgebers*** übt der Insolvenzverwalter die Rechte und Pflichten des Arbeitgebers aus (§ 25 Abs 1 S 1 IO).

Er hat allerdings ein ***besonderes Kündigungsrecht,*** der Arbeitnehmer ein ***besonderes Austrittsrecht*** (§ 25 Abs 1 S 2 aE IO).

Gegenteilige Vereinbarungen sind unwirksam (ius cogens, § 25b IO, s. unten 5.).

Der Arbeitnehmer kann sich beim ***vorzeitigen Austritt*** insbesondere auf die Eröffnung des Insolvenzverfahrens als wichtigen Grund stützen (so dass der Abfertigungsanspruch erhalten bleibt).

Abgesehen davon kann der Arbeitnehmer auch nach allgemeinen arbeitsrechtlichen Regeln vorzeitig austreten, vor allem wenn ihm das Entgelt *nach Verfahrenseröffnung* ungebührlich geschmälert oder vorenthalten wird, dies selbst dann, wenn sein Anspruch durch das IESG gesichert ist).

Der Insolvenzverwalter muss bei der insolvenzmäßigen ***Kündigung*** nur die gesetzlichen, kollektivvertraglichen oder zulässigerweise vereinbarten kürzeren Kündigungsfristen sowie die gesetzlichen Kündigungsbeschränkungen beachten (§ 25 Abs 1 IO); gesetzliche Kündigungstermine binden ihn nicht.

Der gekündigte oder vorzeitig austretende Arbeitnehmer kann den ***Ersatz des verursachten Schadens als Insolvenzforderung*** verlangen (§ 25 Abs 2 IO), und zwar in jener Höhe, die ihm bei gewöhnlicher frist- und termingerechter Kündigung gebührt hätte. Er muss sich aber einen anderweitigen Verdienst anrechnen lassen.

Der nach § 25 IO gekündigte Arbeitnehmer verliert indes weder die ihm gebührende Abfertigung noch die Urlaubsabgeltung, weil beide nach dem IESG gesichert sind.

Jede insolvenzmäßige Kündigung und der vorzeitige Austritt sind ***nur zulässig*** (§ 25 Abs 1 IO):

- ***innerhalb eines Monats***
  - im *Schuldenregulierungsverfahren* (dem Konkurs einer natürlichen Person, die kein Unternehmen betreibt) *nach Eröffnung* des Insolvenzverfahrens (§ 25 Abs 1 Z 1 IO)
  - sonst nach öffentlicher Bekanntmachung des Beschlusses, der die *Schließung des Unternehmens oder eines Unternehmensbereichs* anordnet, bewilligt oder feststellt (§ 25 Abs 1 Z 2 lit a IO)
  - oder *nach der Berichtstagsatzung,* sofern nicht das Gericht dort die Fortführung des Unternehmens beschlossen hat (§ 25 Abs 1 Z 2 lit b IO)
- ***im vierten Monat nach Eröffnung des Insolvenzverfahrens,*** wenn bis dahin keine Berichtstagsatzung stattgefunden hat und die Fortführung des Unternehmens nicht in der Insolvenzdatei bekannt gemacht wurde (§ 25 Abs 1 Z 3 IO).

Bei Arbeitnehmern mit besonderem gesetzlichen Kündigungsschutz ist die Monatsfrist gewahrt, wenn die Klage oder der Antrag auf Zustimmung zur Kündigung durch den Insolvenzverwalter fristgerecht eingebracht worden ist. Gleiches gilt für die gebotene Anzeige an das AMS nach dem „Frühwarnsystem" gemäß § 45a AMFG (§ 25 Abs 1a IO).

Bei Schließung bloß eines Unternehmensbereichs gilt das Austritts- und Kündigungsrecht nach § 25 Abs 1 IO nur für jene *Arbeitnehmer, die* *im betroffenen Unternehmensbereich beschäftigt sind* (§ 25 Abs 1b S 1 IO). ***Die Kündigung nach § 25 Abs 1 ist eine Schließungskündigung.***

Hat das Gericht in der Berichtstagsatzung die ***Fortführung des Unternehmens*** beschlossen, so kann der Insolvenzverwalter nur *Arbeitnehmer, die in einzuschränkenden Bereichen* beschäftigt sind, innerhalb eines Monats nach der Berichtstagsatzung kündigen: ***Rationalisierungskündigung, § 25 Abs 1b S 2 IO.*** Allerdings steht auch hier dem gekündigten Arbeitnehmer das ***Austrittsrecht*** im Sinn des § 25 Abs 1 IO zu (§ 25 Abs 1b S 3 IO).

Im ***Sanierungsverfahren mit Eigenverwaltung*** steht die ***Rationalisierungskündigung*** dem Schuldner zu, der sie mit Zustimmung des Sanierungsverwalters binnen eines Monats nach Bekanntmachung des Eröffnungsbeschlusses aussprechen kann, wenn sonst das Zustandekommen oder die Erfüllbarkeit des Sanierungsplans oder die Fortführung des Unternehmens gefährden könnte (§ 25 Abs 1c S 1 IO). Wiederum steht dem gekündigten Arbeitnehmer ein ***Austrittsrecht*** nach § 25 Abs 2 IO zu.

Es soll in diesen Verfahren gewährleistet werden, dass schon zu einem frühen Zeitpunkt eine Kündigung von Arbeitsverhältnissen ausgesprochen werden kann. Eine Anzeigeverpflichtung nach § 45a AMFG entfallt (§ 25 Abs 1c S 2 IO), weil dem Schuldner im Sanierungsverfahren mit Eigenverwaltung ohnehin eine entsprechende Verfahrensvorbereitung abverlangt wird (vgl. § 169 IO).

Bestimmungen besonderer Gesetze über den Einfluss der Eröffnung des Insolvenzverfahrens auf das Arbeitsverhältnis bleiben allerdings unberührt (§ 25 Abs 4 IO).

Ein nach der Eröffnung des Insolvenzverfahrens erklärter ***Austritt*** des Arbeitnehmers ist unwirksam, wenn er sich nur darauf stützt, dass dem Arbeitnehmer zustehendes Entgelt *vor der Verfahrenseröffnung* ungebührlich geschmälert oder vorenthalten wurde (***Austrittssperre,*** § 25 Abs 3 IO).

Die Austrittsrechte nach § 25 Abs 1, Abs 1b S 3, Abs 1c IO stützen sich auf die Einleitung des Insolvenzverfahrens und nicht auf Unregelmäßigkeiten seitens des Arbeitgebers vorher. Die Austrittssperre des § 25 Abs 3 IO soll verhindern, dass sanierungsfähige Unternehmen durch Abgang von Arbeitskräften in Schwierigkeiten geraten.

Eine Kündigung richtet sich nach arbeitsrechtlichen Grundsätzen.

Unterscheide: Enthält der Insolvenzverwalter oder – im Sanierungsverfahren mit Eigenverwaltung der Schuldner – dem Arbeitnehmer Entgelt vor oder schmälert er es ihm, so kann dieser das Entgelt und auch Beendigungsansprüche als Masseforderungen (§ 46 Z 3 und Z 3a lit a IO) durchsetzen (§ 124 Abs 1 IO).

Beachte: Der Insolvenzverwalter kann *in drei Fällen eine Kündigung* aussprechen: ***Schließungskündigung, Rationalisierungskündigung und Kündigung nach den Bestimmungen des allgemeinen Arbeitsrechts.*** *Das Gleiche gilt für den* ***Austritt des Arbeitnehmers.***

4. Auflösung von Verträgen durch den Vertragspartner des Schuldners (§ 25a IO)

Lit.: *Hoenig,* Plädoyer für einen Vertragsübergang bei Verwertung im Insolvenzverfahren, ZIK 2011/229, 171; *Hoenig,* Reichweite der Vertragsauflösungssperre der IO, RdW 2013/515, 515; *Kernbichler,* Die Gefährdung der Unternehmensfortführung in § 25a IO, ÖJZ 2015/68, 493; *Nunner-Krautgasser,* IRÄG 2010: Insolvenzverfahren und Vertragsauflösungssperre, in Konecny, Insolvenzforum 2009 (2010) 81; *Rattacher,* Zur Wirkung einer Kündigungserklärung während der Vertragsauflösungssperre des § 25a IO, ÖJZ 2017/72, 489; *Rüffler/Told,* Folgen des Konkurses eines ARGE-Mitglieds, GES 2014, 221; *Wegscheider,* Bestandnehmerinsolvenz ist nicht gleich Bestandnehmerinsolvenz, immolex 2015, 206; *Widhalm-Budak,* Verhinderung der Vertragsauflösung und unwirksame Vereinbarungen, in Konecny (Hrsg.), IRÄG 2010 – Das Insolvenzrechtsänderungsgesetz 2010, ZIK Spezial (2010) 23.

a) Erschwerte Vertragsauflösung

§ 25a IO soll die Fortführung des Unternehmens erleichtern helfen und schafft daher für den Vertragspartner des Schuldners Beschränkungen bei der Vertragsauflösung. Er ist daher *nur auf Unternehmen anzuwenden.*

Wenn die ***Vertragsauflösung*** durch den Vertragspartner die Fortführung des Unternehmens gefährden könnte, so ist eine solche ***bis zum Ablauf von sechs Monaten*** nach der Eröffnung des Insolvenzverfahrens ***nur aus wichtigem Grund*** möglich.

Die Sechsmonatsfrist des § 25a Abs 1 IO für die Beschränkung der Vertragsauflösung korrespondiert mit dem Zeitraum der Zwangsstundung von Aus- und Absonderungsrechten (§ 11 Abs 2 IO). In diesen ersten sechs Monaten soll eine Unternehmensfortführung bestmöglich geschützt, sollen Sanierungsoptionen gewahrt werden.

Kein wichtiger Grund ist:

- eine Verschlechterung der wirtschaftlichen Situation des Schuldners
- Verzug des Schuldners mit der Erfüllung von Forderungen, die schon *vor* der Eröffnung des Insolvenzverfahrens fällig geworden sind.

(*Nach* Verfahrenseröffnung eingetretener Verzug berechtigt dagegen zum vertraglich vorgesehenen Rücktritt oder bei wiederkehrenden bzw. Dauerschuldverhältnissen zur Kündigung.)

b) Ausnahmen

Die ***Beschränkungen bei der Vertragsauflösung gelten allerdings nicht*** (§ 25a Abs 2 IO):

- wenn die Vertragsauflösung zur Abwendung schwerer persönlicher oder wirtschaftlicher Nachteile des Vertragspartners unerlässlich ist (vgl. dazu die ähnliche ***Härteklausel*** des § 11 Abs 2 IO),

- bei Ansprüchen auf Auszahlung von Krediten (inklusive Haftungs- und Akzeptkrediten) sowie

- bei Arbeitsverträgen, wodurch das Austrittsrecht des Arbeitnehmers iSd § 25 IO oder eine Kündigung nicht gesperrt werden sollen.

c) *Nicht erfasste Vereinbarungen*

§ 25a IO schließt indes nicht aus, dass für den Insolvenzfall eine ***Änderung der Zahlungsbedingungen*** vereinbart wird; dies allerdings nur, soweit dadurch nicht die Bestimmung umgangen werden soll: Knebelungsbestimmungen, die im Insolvenzfall eine schuldnerische Zahlungsverpflichtung für unzumutbar lange Dauer vorsehen, sind als Umgehung anzusehen.

Wenn aber bloß auf Zug-um-Zug-Leistung umgestellt oder der Schuldner zur Vorleistung verpflichtet wird, so widerspricht dies § 25a IO dann nicht, wenn sich die Neugestaltung der Leistungsverpflichtung in zumutbarem Rahmen hält.

Unberührt bleiben auch Kündigung oder Rücktritt mangels Zahlung nach Verfahrenseröffnung, Gewährleistungsrechte.

5. *Unwirksame Vereinbarungen (§ 25b IO)*

Lit.: *Fellner*, Insolvenzfestigkeit einer Besserungsvereinbarung, ecolex 2014, 428; *Hoenig*, Plädoyer für einen Vertragsübergang bei Verwertung im Insolvenzverfahren, ZIK 2011/229, 171; *Hoenig*, Reichweite der Vertragsauflösungssperre der IO, RdW 2013/515, 515; *Kernbichler*, Unwirksamkeit eines auflösend bedingten Forderungsverzichts? ZIK 2014/59, 42; *Nunner-Krautgasser*, IRÄG 2010: Insolvenzverfahren und Vertragsauflösungssperre, in Konecny, Insolvenzforum 2009 (2010) 81; *Rüffler/Told*, Folgen des Konkurses eines ARGE-Mitglieds, GES 2014, 221; *Widhalm-Budak*, Verhinderung der Vertragsauflösung und unwirksame Vereinbarungen, in Konecny (Hrsg.), IRÄG 2010 – Das Insolvenzrechtsänderungsgesetz 2010, ZIK Spezial (2010) 23.

Anders als § 25a IO ***setzt § 25b IO den Betrieb eines Unternehmens nicht voraus.*** Die Bestimmung ist daher generell anzuwenden:

In vielen Verträgen ist für den Fall der Eröffnung eines Insolvenzverfahrens ein Rücktrittsrecht oder die selbsttätige Vertragsauflösung vereinbart. Um zu verhindern, dass durch sie die Unternehmenssanierung gefährdet oder die Verwaltung der Masse erschwert wird, erklärt § 25b Abs 2 IO solche Vereinbarungen für unwirksam bzw. unzulässig:

Unwirksam ist das Abbedingen der §§ 21 bis 25a IO im Vorhinein für den Fall der Eröffnung eines Insolvenzverfahrens über das Vermögen eines Vertragsteils. Die Vertragspartner können sich auf eine derartige Klausel nicht berufen (§ 25b Abs 1 IO). ***§§ 21 bis 25a IO sind daher zwingendes Recht (ius cogens).***

Abermals schuldig blieb der Reformgesetzgeber des IRÄG 2010 die Antwort auf die Frage, ob auch ***§§ 26 und 26a IO interpretativ als ius cogens*** anzusehen sind, was dem telos der Bestimmungen nach zu bejahen ist, wenngleich sie vom bloßen Wortlaut des § 25b IO nicht erfasst sind.

Unzulässig ist die Vereinbarung eines Rücktrittsrechts oder einer Vertragsauflösung für den Fall der Eröffnung eines Insolvenzverfahrens über das Vermögen eines Vertragspartners (§ 25b Abs 2 IO).

Das gilt nicht für gesetzliche Rücktrittsrechte, für vertragliche Rechte, die etwa an eine wirtschaftliche Verschlechterung anknüpfen, sofern so nicht § 25a verletzt würde, und ebenso wenig ***für Finanzgeschäfte*** (§ 20 Abs 4 IO), deren Aufrechenbarkeit offener Forderungen die Möglichkeit der Vereinbarung eines Rücktrittsrechts oder der selbsttätigen Vertragsauflösung voraussetzt (§ 25b Abs 2 IO).

Offene Ansprüche aus vom Auflösungsverbot erfassten Verträgen aus der Zeit vor Eröffnung des Insolvenzverfahrens sind als Insolvenzforderungen anzumelden, Ansprüche, die während des Verfahrens entstehen, sind Masseforderungen.

6. *Aufträge und Anträge (§ 26 IO)*

Lit.: *Feil,* Erlöschen eines Treuhandauftrags, GesRZ 2005, VII; *Fruhstorfer,* Beendigung von Dauerschuldverhältnissen im Konkurs durch den Vertragspartner des Gemeinschuldners, ZIK 2003/105, 78; *Heil,* Prokuraerteilung im Insolvenzverfahren, GesRZ 1983, 10; *Kletečka,* Aufgriffsrechte, Optionsrechte und Anbote im Konkurs, GesRZ 2009, 82; *Rabl,* § 1026 ABGB und Konkurs des Machthabers, NZ 1997, 302; *Rüffler,* Zweifelsfragen zu gesellschaftsvertraglichen Aufgriffsrechten für den Fall des Konkurses eines GmbH-Gesellschafters, wbl 2008, 353; *Trenker,* Insolvenz eines GmbH-Gesellschafters: Vorrang der Gläubigerbefriedigung vor Gesellschaftsinteressen; Sittenwidrigkeit einer Aufgriffsklausel, JBl 2016, 446; *Umlauft,* Die Auswirkungen des Insolvenzrechts auf gesellschaftsvertragliche Aufgriffsrechte, GesRZ 2009, 4.

Aufträge (Mandate), die der Schuldner übernommen hat, bleiben aufrecht. Aufträge, die er erteilt hat, erlöschen (§ 26 Abs 1 IO).

Erteilte wie übernommene ***Vollmachten*** erlöschen, wenn sie sich auf das insolvenzunterworfene Vermögen beziehen (§ 1024 Satz 2 ABGB), ausgenommen die Prozessvollmacht (§ 35 ZPO). Anderseits kann der Insolvenzverwalter als Organ der Insolvenzmasse neue Vollmachten erteilen, wenn dies im Interesse einer Unternehmensfortführung liegt.

Anträge (Offerten), die der Schuldner vor Eröffnung des Insolvenzverfahrens erhalten hat, bleiben aufrecht, sofern nicht ein anderer Wille des Antragstellers aus den Umständen hervorgeht (§ 26 Abs 2 IO). Anträge, die der Schuldner gestellt hat, binden die Masse nicht (§ 26 Abs 3 IO).

7. *Gebrauchsüberlassung durch Gesellschafter (§ 26a IO)*

§ 26a IO regelt die *erweiterte Zwangsstundung des Aussonderungsrechts* eines vom EKEG erfassten Gesellschafters. Dazu s. unten IV. D. 2.

III. Massebeteiligte

A. Insolvenzfeste Ansprüche

Gewisse Ansprüche gegen die Insolvenzmasse nehmen gegenüber den Insolvenzforderungen eine bevorzugte Stellung ein. Sie werden unabhängig vom Insolvenzverfahren geltend gemacht und befriedigt, allenfalls durch Klage und Zwangsvollstreckung gegen die Insolvenzmasse. Dazu gehören:

1. Aussonderungsansprüche

Sie gehen auf Ausscheidung bestimmter Sachen, die faktisch in der Insolvenzmasse sind, aber rechtlich nicht ihr gehören (§§ 44, 45 IO; s. unten IV.).

Beachte: Auszusondernde Gegenstände sind der Teil der Istmasse, der die gesetzlich definierte Sollmasse (§ 2 Abs 2 IO) übersteigt. Aussonderungsgläubiger befriedigen sich nicht aus der Sollmasse!

2. Absonderungsansprüche

Sie gehen auf vorzugsweise Befriedigung aus dem Erlös bestimmter Sicherungsgüter, die zur Insolvenzmasse gehören (§§ 48, 49 IO). Absonderungsansprüche werden nicht aus der allgemeinen Masse sondern aus der Sondermasse befriedigt (§§ 120, 120a IO; s. unten V. bis VII.).

3. Aufrechnungsansprüche

Sie verschaffen dem Insolvenzgläubiger unter den Voraussetzungen der §§ 19, 20 IO eine abgesonderte Befriedigung seiner Insolvenzforderung durch Tilgung der Gegenforderung in Höhe der Aufrechnungssumme (s. oben II. L.).

4. Masseansprüche (Masseforderungen)

Sie entstehen grundsätzlich erst nach Eröffnung des Insolvenzverfahrens und richten sich daher von Anfang an gegen die Insolvenzmasse (*Masseschulden,* §§ 46, 174 iVm 124, 124a, 125 bis 127 IO; s. unten VIII.).

B. Gemeinschaftliche Insolvenzmasse – Insolvenzforderungen

1. Gemeinschaftliche Insolvenzmasse

Soweit das Insolvenzvermögen nicht der Befriedigung bevorzugter Ansprüche dient, bildet es die ***gemeinschaftliche Insolvenzmasse.*** Aus ihr sind die Insolvenzforderungen (s sogleich) nach dem Verhältnis ihrer Beträge zu befriedigen (§ 50 IO). Die Insolvenzgläubiger erhalten die *Insolvenzquote (Insolvenzdividende), im Sanierungsplan bzw. im Sanierverfahren die angebotene Quote.*

Das moderne Insolvenzrecht bekennt sich zum *klassenlosen Insolvenzverfahren.* Allerdings sehen Spezialgesetze *Insolvenzklassen* in der Weise vor, dass bestimmte privilegierte Insolvenzgläubiger vor den anderen zu befriedigen sind (§§ 94 Abs 1 VAG, 39 Abs 4 PKG).

2. *Insolvenzforderungen*

● ***Insolvenzforderungen*** sind persönliche nicht besicherte Forderungen gegen den Schuldner, die *vor* Eröffnung des Insolvenzverfahrens entstanden sind (*Altforderungen,* § 51 IO).

Insolvenzforderungen sind auch (§ 51 Abs 2 IO):

- gesetzliche Unterhaltsansprüche für die Zeit nach Eröffnung des Insolvenzverfahrens, soweit der Schuldner als Erbe des Unterhaltspflichtigen haftet,
- Ansprüche aus der Beendigung des Beschäftigungsverhältnisses
  - nach § 25 IO
  - wenn die Auflösungserklärung vor Eröffnung des Insolvenzverfahrens rechtswirksam abgegeben wurde
  - wenn das Beschäftigungsverhältnis nach Eröffnung des Insolvenzverfahrens nicht nach § 25 IO vom Arbeitnehmer oder der arbeitnehmerähnlichen Person gelöst wird und dies nicht auf eine Rechtshandlung oder ein sonstiges Verhalten des Insolvenzverwalters zurückzuführen ist

● Bis zur Eröffnung des Insolvenzverfahrens entstandene Nebengebühren stehen mit der jeweiligen Forderung im gleichen Rang. Verwendungsansprüche gegen den Schuldner genießen den Rang der bezahlten Forderung (§ 54 IO).

● Ehepakte eines Unternehmers müssen, um gegen die Unternehmensgläubiger geschützt zu werden, ins Firmenbuch eingetragen werden. Entstand die Forderung des Unternehmensgläubigers aber vor der Eintragung des Ehepakts ins Firmenbuch, so geht sie dem Ehepakt dennoch vor, es sei denn dem Unternehmensgläubiger waren bei Forderungserwerb – auch ohne Eintragung des Ehepakts ins Firmenbuch – die dem Ehegatten daraus gebührenden Rechte bekannt (§ 36 UGB).

Solche, den Ehepakten vorrangige Forderungen von Unternehmensgläubigern sind im Insolvenzverfahren des Unternehmens mit dem Betrag zu berücksichtigen, der auf sie ohne Rücksicht auf die Ehepakte entfallen würde. Der Mehrbetrag ist aus dem Anteil zuzuweisen, der dem Ehegatten des Schuldners als Insolvenzgläubiger für seinen Anspruch aus dem Ehepakt zustünde (§ 56 IO).

● Wenn ein Insolvenzverfahren über das Vermögen einer eingetragenen Personengesellschaft ***(Gesellschaftsinsolvenz)*** *gleichzeitig* mit einer Insolvenz über das Privatvermögen eines unbeschränkt haftenden Gesellschafters ***(Gesellschafterinsolvenz)*** anhängig ist, so sind die Forderungen der Gesellschaftsgläubiger in der Gesellschafterinsolvenz nur mit dem Betrag zu berücksichtigen, der in der Gesellschaftsinsolvenz nicht befriedigt wurde. Die Begünstigungen, die der Gesellschaftsgläubiger in einem Sanierungsverfahren der Gesellschaft dabei erlangt, sind bei der Berechnung entsprechend zu berücksichtigen (§ 57 IO).

Was den Gesellschaftsgläubigern in der Gesellschaftsinsolvenz aufgrund der Kürzung ihrer Forderungen entgeht, das ist auch im Gesellschafterausgleich nicht zu berücksichtigen. Erfüllt also die Gesellschaft ihren Sanierungsplan oder die angebotene Quote in einem Sanierungsverfahren, so braucht der Gesellschafter den Gesellschaftsgläubigern überhaupt nichts zu zahlen. Diese sind in der Gesellschafterinsolvenz nur mit dem Betrag zu berücksichtigen, der durch die anderweitige Geltendmachung nicht befriedigt ist (§ 57 S 1 IO).

C. Forderungen aus Eigenkapital ersetzenden Leistungen

Lit.: *Dellinger/Mohr,* Eigenkapitalersatz-Gesetz, Kurzkommentar (2004); *Karollus* in Buchegger (Hrsg.), Österreichisches Insolvenzrecht, Kommentar, Erster Zusatzband (2009), zum EKEG, S. 181 ff; *Muhri/Stortecky,* Das neue Insolvenzrecht, 5. Auflage (2009); *Trenker*, Nachrangigkeit kapitalmarktrechtlicher Ansprüche in der Insolvenz der emittierenden AG, ÖBA 2013, 187; *Trenker,* Kapitalmarktrechtliche Ansprüche von Genussrechtsinhabern in der Insolvenz, VbR 2013/6, 16.

Sie berechtigen zur Insolvenzantragstellung und werden bei der Insolvenzprüfung mit berücksichtigt, sind aber *nach den Insolvenzforderungen* zu befriedigen (§ 57a IO): ***nachrangige Forderungen.***

Sie sind wie Insolvenzforderungen durchzusetzen, aber nicht zusammen mit diesen zur Anmeldung berechtigt.

Eine Anmeldung ist erst gestattet, wenn das Insolvenzgericht gesondert dazu auffordert. Das geschieht, sobald alle Insolvenzgläubiger *in voller Höhe* befriedigt sind und zu erwarten ist, dass es zu einer (teilweisen) Befriedigung nachrangiger Forderungen kommen wird.

Die Aufforderung zur Forderungsanmeldung ist öffentlich bekannt zu machen und den nachrangigen Gläubigern zuzustellen. Bei der Anmeldung ist auf den Nachrang hinzuweisen. Die Rechte der Insolvenzgläubiger werden durch die Befugnisse der Gläubiger mit nachrangigen Forderungen nicht berührt (§ 57a Abs 2 IO).

D. Ausgeschlossene Ansprüche

Lit.: *Geroldinger,* Zur Verjährung von Zinsen und Kostenersatzansprüchen iSd § 58 Z 1 IO, JBl 2012, 540; *Hellbling*, Insolvenz und Verwaltungsverfahren, ÖVA 1964, 65; *Kristen*, OGH zur Einkommensteuer als Masseforderung oder konkursfreie Forderung: Irrweg oder Leitlinie für die Zukunft? ZIK 2003/55, 38; *F Kristen,* OGH zur Einkommensteuer als Masseforderung oder konkursfreie Forderung: Irrweg oder Leitlinie für die Zukunft?, ZIK 2003/55, 38; *Prochaska*, Umweltrechtliche Ersatzvornahmekosten: Konkurs- oder Masseforderung? ZIK 1998, 83; *Reckenzaun/Isola*, Die Geltendmachung von Zinsen im Konkursverfahren, ZIK 1996, 109; *Reisenhofer,* Verjährung laufender Zinsen auf Insolvenzforderungen, ZIK 2012/64, 42; *Weber-Wilfert,* Austritt wegen Entgeltvorenthalts vor Konkurseröffnung. Anmerkungen zu OGH 9 Ob A 87/08x, ZIK 2009/280, 182.

Gewisse Ansprüche können kraft ausdrücklicher Vorschrift nicht als Insolvenzforderungen geltend gemacht werden, obschon sie die sonstigen Voraussetzungen erfüllen (§ 58 IO). Wir bezeichnen sie daher als ***ausgeschlossene Ansprüche:***

1. die ***seit*** Eröffnung des Insolvenzverfahrens laufenden ***Zinsen*** von Insolvenzforderungen sowie die ***Kosten,*** die den einzelnen Gläubigern aus ihrer Verfahrensteilnahme erwachsen (§ 58 Z 1 IO; eigentlich handelt es sich um neu entstehende Forderungen);

Dagegen können die vor Eröffnung des Insolvenzverfahrens erwachsenen Zinsen und Kosten gleichrangig neben dem Hauptanspruch als Insolvenzforderungen geltend gemacht werden (Zinsen- und Kostenrückstände als Nebengebühren nach § 54 Abs 1 IO).

Die im Insolvenzverfahren ausgeschlossenen Zinsen und Kostenforderungen erlöschen nicht. Sie können vielmehr unmittelbar gegen den Schuldner geltend gemacht, mithin eingeklagt und in das insolvenzfreie Vermögen vollstreckt werden. Mündet das Insolvenzverfahren in einen Sanierungsplan, so werden sie von diesem erfasst; Gleiches gilt für das Sanierungsverfahren.

Beachte: Insolvenzfest sind neue Zinsen und Kosten, die durch ein Absonderungsrecht, durch Aufrechnung oder durch Bürgschaft gesichert sind.

2. Geldstrafen wegen strafbarer Handlungen jeder Art (§ 58 Z 2 IO), mithin auch wegen Verwaltungsübertretungen;

3. Ansprüche aus Schenkungen und in der Verlassenschaftsinsolvenz auch Ansprüche aus Vermächtnissen (§ 58 Z 3 IO).

IV. Aussonderungsansprüche

Lit.: *Bollenberger,* Irrtum über die Zahlungsunfähigkeit – Aussonderung durch Anfechtung (1995); *Borns,* Das Schicksal der Ab- und Aussonderungsrechte an Lohneinkünften im Konkurs, ÖBA 1995, 441; *P. Bydlinski,* Nochmals: Zum Rücktrittsrecht des Vorbehaltskäufers, JBl 1985, 16; *Dünser,* Der Eigentumsvorbehalt in der Praxis – Der verlängerte Eigentumsvorbehalt und wie man ihn sichert, SWK 1985, C 1; *Duursma-Kepplinger,* Gänzliche Gleichstellung von Sicherungseigentümern und Absonderungsberechtigten im Konkurs?, ZIK 2003/56, 43; *Graf/Schett,* Das Schicksal des Eigentumsvorbehalts beim Scheck-/Wechselverfahren, wbl 1997, 189; *Harnoncourt/Spitzer,* Eigentumsvorbehalt, Vermengung und Individualisierbarkeit, ÖJZ 2014/80, 488; *Heckenast,* Nach dem Tod auf ein Bankkonto angewiesene Pensionsleistungen sind auszusondern, RdA 2006, 506; *Hödl,* Der Lieferantenpool – Zur organisierten Durchsetzung der Eigentumsvorbehalte mehrerer Lieferanten im Konkurs des gemeinsamen Schuldners (2010); *Kanduth-Kristen,* Ertragsteuerliche Besonderheiten in der Insolvenz von Personengesellschaften, taxlex 2005, 113; *Kepplinger,* Der Eigentumsvorbehalt in der Insolvenz, ZIK 2000/135, 110; *Kepplinger,* Insolvenzrechtliche Behandlung des Fruchtgenussrechts an beweglichen Sachen, NZ 2001, 185; *Mair,* Aussonderung von Buchgeld und Masseunzulänglichkeit, ZIK 2008/311, 185; *Papis,* Anfechtbarkeit bedingt erloschener Absonderungsrechte, RdW 1990, 282; *Rabl,* Die Aussonderung von Buchgeld, ÖBA 2006, 575; *Reckenzaun,* Neues bei Aus- und Absonderungsrechten, in Konecny (Hrsg.), IRÄG 2010 – Das Insolvenzrechtsänderungsgesetz 2010, ZIK Spezial (2010) 95; *Spitzer,* Enteignung des Pfandbestellers durch das UGB?, RdW 2006/633, 678; *Wühl,* Zu den Voraussetzungen und Rechtswirkungen der sog „Zwangsstundung" gem § 11 Abs 2 IO, ÖJZ 2015/2, 5.

A. Allgemeines

Aussonderungsberechtigt ist, wer eine in der Insolvenzmasse befindliche Sache für sich beansprucht mit der Begründung, dass diese Sache überhaupt oder teilweise *nicht zum Schuldnervermögen* gehört (§ 44 IO).

Das Aussonderungsrecht kann dinglicher oder persönlicher Natur sein und ist nach den allgemeinen Rechtsgrundsätzen zu beurteilen (§ 44 IO). Dabei kommt es allerdings nicht so sehr auf die formaljuristische, als vielmehr auf die wirtschaftliche Zugehörigkeit der Sache zum Vermögen des Aussonderungswerbers an. Insoweit entspricht das Aussonderungsrecht nach § 44 IO dem Exszindierungsrecht nach § 37 EO.

Stets betreffen die Aussonderungsansprüche daher solche Sachen, die sich nicht in der Sollmasse, sondern in dem Teil der Istmasse befinden, der die Sollmasse übersteigt.

B. Aussonderungsgründe

Das Aussonderungsrecht ist ein Anspruch, der sich auf einen Aussonderungsgrund stützt. Unter welchen Voraussetzungen und Bedingungen dieser Anspruch schlagend wird, bestimmt die IO.

Wir unterscheiden folgende ***Aussonderungsgründe:***

1. Eigentum. Deutlicher kann nicht dargetan werden, dass eine Sache nicht zum Vermögen des Schuldners gehört. Es verschafft dem Aussonderungsgläubiger einen *Herausgabeanspruch* gegen die Masse bei Vorliegen der Voraussetzungen der IO.

Dabei sind *zwei Besonderheiten* zu beachten:

- Der *Sicherungseigentümer* hat im Insolvenzverfahren des Sicherungsgebers kein Aussonderungsrecht, nur ein Absonderungsrecht (§ 10 Abs 3 IO).

Dagegen steht dem *Sicherungsgeber,* der zur Sicherheit übereignet oder zediert hat, im Insolvenzverfahren des Sicherungsnehmers die *Aussonderung* offen.

- Ein Verkäufer, der unter *Eigentumsvorbehalt* veräußert hat, kann im Insolvenzverfahren des Käufers nur aussondern, wenn der Insolvenzverwalter die Erfüllung des Vertrags nach § 21 Abs 1 IO ablehnt.

Wird die unter Eigentumsvorbehalt veräußerte Sache verarbeitet, so entsteht zwischen Verkäufer und Käufer Miteigentum an der verarbeiteten Sache. Auf diese Weise bleibt das Aussonderungsrecht erhalten.

2. Inhaberschaft an Forderungen, die der Insolvenzverwalter als Forderungen des Schuldners ansieht.

Kein Aussonderungsrecht gibt der ***verlängerte Eigentumsvorbehalt:*** Wenn der Vorbehaltskäufer die Sachen weiterveräußert und dafür seine Kaufpreisforderungen dem Vorbehaltsverkäufer zediert. Diese Abtretung künftiger Forderungen aus dem Weiterverkauf soll die Kaufpreisforderung des Vorbehaltskäufers als Ersatz dafür sichern, dass das Eigentum auf den Abnehmer übergeht. Es handelt sich um eine echte Sicherungsabtretung, die dem Sicherungsnehmer nur ein ***Absonderungsrecht*** gibt, wenn die Kaufpreisforderung bei Eröffnung des Insolvenzverfahrens schon entstanden war.

3. Obligatorische Rückgabeansprüche der Verleiher, Hinterleger, Vermieter auf Herausgabe der verliehenen, hinterlegten, vermieteten Sachen. Sie haben im Insolvenzverfahren des Entlehners, Verwahrers, Mieters auch dann ein Aussonderungsrecht, wenn sie nicht Eigentümer der Sachen sind. Entscheidend ist hier, dass die betroffenen Sachen nicht zur (Soll)Masse gehören.

Bloße Verschaffungsansprüche (zB. des Käufers auf Übereignung der Ware) begründen kein Aussonderungsrecht: Hier wird eine Leistung aus der Masse verlangt, also gerade die Zugehörigkeit zur Masse behauptet. Wer ein Aussonderungsrecht geltend macht, leugnet dagegen die Zugehörigkeit zur Sollmasse und widerspricht deshalb der insolvenzmäßigen Verwertung.

4. Treugut, das dem Schuldner als Treuhänder übereignet wird, steht nur formell im Eigentum des Schuldners, gehört aber wirtschaftlich zum Vermögen des Treugebers.

Im Insolvenzverfahren des Kommissionärs hat der Kommittent ein Aussonderungsrecht an den Forderungen des Kommissionärs aus den für Rechnung des Kommittenten abgeschlossenen Geschäften (§ 392 Abs 2 UGB), obschon diese Forderungen formaljuristisch dem Kommissionär zustehen.

5. Verfolgungsrecht beim Distanzkauf (§ 45 IO, res in transitu): Der Verkäufer oder Einkaufskommissionär kann Waren zurückfordern, die er von einem anderen Ort an den Schuldner abgesendet hat und die noch nicht vollständig bezahlt sind.

Dieses Rückforderungsrecht besteht nicht, wenn die Waren schon vor Eröffnung des Insolvenzverfahrens am Ablieferungsort angekommen und in die Gewahrsame des Schuldners oder einer anderen Person für ihn gelangt sind. Anders gewendet: Der Gläubiger kann nur aussondern, wenn das Insolvenzverfahren eröffnet wird, während die Ware unterwegs ist. Eine einstweilige Verfügung kann die Ablieferung stoppen (right of stoppage).

Beim Versendungskauf geht das Eigentum schon mit der Übergabe der Ware an den Transporteur über, wenn der Übernehmer die Versendungsart bestimmt oder gebilligt hat (§ 429 ABGB). Danach wäre das Aussonderungsrecht bereits erloschen. § 45 IO gewährt aber dem Versender, wenn die Ware bei Eröffnung des Insolvenzverfahrens unterwegs ist, einen obligatorischen Rückübereignungsanspruch mit Aussonderungskraft. Der Insolvenzverwalter kann die Ausübung des Verfolgungsrechts dadurch abwenden, dass er auf Erfüllung des Vertrags besteht; dann muss er aber den vollen Kaufpreis aus der Masse entrichten.

C. Durchsetzung der Aussonderungsansprüche

Aussonderungsansprüche werden durch die Insolvenzordnung grundsätzlich nicht berührt, sind daher nach den allgemeinen Rechtsregeln zu beurteilen (§ 44 IO, jedoch → D.). Sie sind unmittelbar gegenüber dem Insolvenzverwalter geltend zu machen, der sie bestreiten oder anerkennen kann.

Wenn der Wert des Aussonderungsanspruchs 100.000 Euro übersteigt, muss der Insolvenzverwalter dem Insolvenzgericht mindestens acht Tage im Vorhinein zusammen mit der schriftlichen Äußerung des Gläubigerausschusses das Anerkenntnis des Aussonderungsanspruchs mitteilen (§ 116 Abs 1 Z 2 IO). Das Anerkenntnis wird den Insolvenzgläubigern gerichtlich mitgeteilt; es ist unanfechtbar.

Bestreitet der Insolvenzverwalter das Aussonderungsrecht, so muss ihn der Berechtigte klagen. Die ***Aussonderungsklage*** wird in der Regel auf Herausgabe lauten, ausnahmsweise nur auf Feststellung, wenn nämlich die Masse im berechtigten Besitz der Sache ist (zB. aufgrund einer Miete).

Es besteht *Wahlzuständigkeit des Insolvenzgerichts* (§ 262 Z 1 IO) mit einigen besonderen Verfahrensvorschriften (§ 263 IO). Die Aussonderungsklage kann während des ganzen Insolvenzverfahrens erhoben werden. Eine Veräußerung des Aussonderungsguts kann der Aussonderungswerber durch einstweilige Verfügung verhindern. Das rechtskräftige Aussonderungsurteil ermöglicht eine ***Herausgabeexekution*** gegen die Masse.

Ein *Aussonderungsprozess, der bei Eröffnung des Insolvenzverfahrens bereits anhängig ist,* wird durch die Eröffnung des Insolvenzverfahrens zwar unterbrochen (§ 7 Abs 1 IO), doch kann das Verfahren unverzüglich wieder aufgenommen werden: vom Insolvenzverwalter, von einem Streitgenossen des Schuldners oder vom Gegner (§ 7 Abs 2 IO). Tritt der Insolvenzverwalter in den Aussonderungsprozess nicht ein, so scheidet die Sache aus der Insolvenzmasse aus (§ 8 Abs 1 IO; richterliche Erklärungsfrist, Schweigen gilt als Ablehnung des Eintritts: § 8 Abs 2 IO).

Ist das Aussonderungsgut nach Eröffnung des Insolvenzverfahrens unberechtigt veräußert worden, so tritt an die Stelle der Aussonderung die ***Ersatzaussonderung*** (*Surrogationsprinzip,* § 44 Abs 2 IO): Der Aussonderungswerber kann die Herausgabe des Entgelts aus der Masse oder, wenn es noch nicht geleistet ist, die Abtretung des Rechts auf das Entgelt verlangen, unbeschadet weiterer Ersatzansprüche. Nach Erlösverteilung hat er nur mehr einen Bereicherungsanspruch gegen die Insolvenzgläubiger.

D. Zwangsstundung der Aussonderungsansprüche

1. Die Regelung des § 11 Abs 2 IO

Aussonderungsberechtigte können die Erfüllung vorläufig nicht fordern, wenn sie die Fortführung des Unternehmens gefährden würde. Diese Zwangsstundung dauert ***sechs Monate ab Eröffnung des Insolvenzverfahrens.*** Sie entfällt, wenn die Erfüllung zur Abwendung schwerer persönlicher oder wirtschaftlicher Nachteile des Berechtigten unerlässlich ist und eine Exekution in anderes Schuldnervermögen zu einer vollständigen Befriedigung des Gläubigers nicht geführt hat oder voraussichtlich nicht führen wird (§ 11 Abs 2 S 1 Hs 2 IO). Ist die Fortführung des Unternehmens durch die Erfüllung des Aussonderungsanspruchs nicht gefährdet oder der Schuldner gar kein Unternehmer, so gibt es keine Zwangsstundung nach § 11 Abs 2 IO.

Läuft bereits eine *Aussonderungsexekution,* so muss sie das Exekutionsgericht auf Antrag des Insolvenzverwalters oder auf Ersuchen des Insolvenzgerichts *für die Dauer der Zwangsstundung aufschieben* (§ 11 Abs 3 IO). Die Zweijahresfrist des § 256 Abs 2 EO verlängert sich um die Zeit der Aufschiebung. Die Exekution ist nach Ablauf der Aufschiebungsfrist nur auf Antrag des Berechtigten wieder aufzunehmen.

2. Die erweiterte Zwangsstundung des § 26a IO

Wurde dem Schuldner (einer erfassten Gesellschaft iSd § 4 EKEG) von einem erfassten Gesellschafter iSd § 5 EKEG eine Sache zum Gebrauch überlassen, so kann die Sache vor Ablauf eines Jahrs ab der Eröffnung des Insolvenzverfahrens nicht zurückgefordert werden, wenn dadurch die Fortführung des Unternehmens gefährdet wäre; § 11 Abs 3 IO gilt sinngemäß (§ 26a IO).

Eine Härteklausel, so wie § 11 Abs 2 S 1 Hs 2 IO sie sonst für Aussonderungsgläubiger (und auch Absonderungsgläubiger, s. unten V.) vorsieht, gibt es bei der Gebrauchsüberlassung durch Gesellschafter nicht.

Erfasste Gesellschaften sind Kapitalgesellschaften, Genossenschaften mit beschränkter Haftung sowie Personengesellschaften, bei denen kein unbeschränkt haftender Gesellschafter eine natürliche Person ist (§ 4 EKEG). Erfasster Gesellschafter ist (§ 5 Abs 1 EKEG), wer an einer Gesellschaft kontrollierend, zu mindestens 25% oder mit beherrschendem Einfluss beteiligt ist (§ 5 Abs 2 EKEG; vgl. dazu *Karollus* in Buchegger, InsR, Erster Zusatzband, zu § 5 EKEG Rz 7 ff, 30 ff, 41 ff).

Zu beachten ist, dass die Gebrauchsüberlassung nicht Eigenkapital ersetzend gewesen, mithin nicht in der Krise der Gesellschaft (§ 2 EKEG) erfolgt sein muss.

V. Absonderungsansprüche

Lit.: *Bachmann*, Welchen Schutz bieten das anwaltliche Zurückbehaltungs- und Pfandrecht nach §§ 19, 19a RAO im Konkurs? AnwBl 1996, 501; *Borns*, Das Schicksal der Ab- und Aussonderungsrechte an Lohneinkünften im Konkurs, ÖBA 1995, 441; *Cohen*, Absonderungsrecht des Kostengläubigers in der Insolvenz des Rechtsschutzversicherungsnehmers? ZIK 2015/54, 48; *Dobner*, Das Bestandgeberpfandrecht in der Insolvenz des Bestandnehmers, immolex 2015, 202; *Duursma-Kepplinger,* Gänzliche Gleichstellung von Sicherungseigentümern und Absonderungsberechtigten im Konkurs?, ZIK 2003/56, 43; *Hadding/Schneider*, Die Forderungsabtretung, insbesondere zur Kreditsicherung, in ausländischen Rechtsordnungen (1999); *Hämmerle,* Absonderungsrechte und Drittsicherheiten, ÖBA 2011, 641; *Hämmerle,* Sind die Kosten eines Hypothekarklageverfahrens als Sondermassekosten zu bezahlen? - Kritische Anmerkungen zu OLG Wien 28 R 306/10s, ZIK 2012/8, 13; *Hämmerle,* Müssen Pfandgläubiger für die Immobilienertragsteuer aufkommen? ZIK 2012/245, 176; *Harnoncourt,* Kostenersatz, Insolvenz und Rechtsschutzversicherung, JBl 2015, 693; *Hödl,* Der Lieferantenpool – Zur organisierten Durchsetzung der Eigentumsvorbehalte mehrerer Lieferanten im Konkurs des gemeinsamen Schuldners (2010); *Holzner*, Zur Neuregelung der außergerichtlichen Pfandverwertung, ÖBA 2007, 940; *Juranek/Marko*, Pfandrecht für potenzielle Regressansprüche aus Bankgarantien? ecolex 2005, 100; *Karollus*, Aktuelle Probleme der Sicherungszession, ÖBA 1999, 327; *G. Koziol,* Lizenzen als Kreditsicherheiten (2011); *Kristen,* Umsatzsteuer im Konkurs. Was hat der Masseverwalter zu beachten? ZIK 2000/188, 153; *Krump*, Anwaltliches Kostenpfandrecht und Prozeßführungspflicht, AnwBl 1998, 295; *Maschke,* Betriebskosten und Berichtigung aus der Sondermasse. Bemerkungen zu OGH 8 Ob 249/02d, ZIK 2004/3, 8; *Papis*, Anfechtbarkeit bedingt erloschener Absonderungsrechte, RdW 1990, 282; *Reckenzaun,* Neues bei Aus- und Absonderungsrechten, in Konecny (Hrsg.), IRÄG 2010 – Das Insolvenzrechtsänderungsgesetz 2010, ZIK Spezial (2010) 95; *Reckenzaun*, Insolvenzverfahren und Vorzugspfandrecht nach § 13c WEG, immolex 2002, 121; *Sailer,* Aktuelle Probleme des Mobiliarpfandes, ÖBA 2001, 211; *Schneider,* Sicherungsrechte am Einkommen in grenzüberschreitenden Verfahren, ZIK 2011/67, 45; *Weissel,* Die neue Rechtsstellung des Absonderungsgläubigers nach dem IRÄG 2010, ÖBA 2011, 391; *Zeitler*, § 48 Abs 4 und pfandweise Beschreibung, ZIK 2003/260, 197; *Zeitler,* Absonderungsgläubiger und Sicherungseigentümer bei der Verteilung, ZIK 2002/261, 196; *Zeitler,* § 48 KO und pfandweise Beschreibung, ZIK 2003/260, 197.

A. Allgemeines

Absonderungsgläubiger haben einen *insolvenzsicheren (insolvenzfesten)* Anspruch auf bevorzugte Befriedigung aus einem bestimmten Massegegenstand. Dieses Sicherungsgut wird der allgemeinen Masse entnommen und als Sondermasse verwertet: Der Erlös soll primär die sichergestellte Forderung befriedigen; der Überschuss fließt in die allgemeine Masse zurück (§ 48 IO). Der Rang mehrerer Absonderungsrechte untereinander richtet sich nach den Grundsätzen der EO (§ 49 Abs 2 IO).

Vergleiche! Die Aussonderung scheidet Gegenstände, die nicht zur Insolvenzmasse gehören, endgültig aus. Die Absonderung führt Gegenstände, die zur Insolvenzmasse gehören, einer eigenständigen Verwertung und vorzugsweisen Befriedigung zu.

Falls das Gut exekutiv verwertet wurde, geschieht die Verteilung des Erlöses durch das Exekutionsgericht, sonst durch den Insolvenzverwalter.

Aus den Nutzungen sowie aus dem Erlös einer Sondermasse sind vor den Absonderungsgläubigern die Kosten der besonderen Verwaltung, Verwertung und Verteilung der Sondermasse zu berichtigen (*Spezialmassekosten,* § 49 Abs 1 IO).

B. Absonderungsgründe

1. Pfandrechte

Absonderungsgläubiger sind vor allem die Pfandgläubiger, die zur Sicherung ihrer persönlichen Forderungen Pfandrechte erworben haben, gleich ob durch Vertrag, Gesetz oder exekutive Pfändung.

Allerdings begründen ***nur ältere exekutive Pfand- und Befriedigungsrechte*** einen Absonderungsanspruch. Die jüngeren, die erst in den letzten sechzig Tagen vor Eröffnung des Insolvenzverfahrens entstanden sind, erlöschen durch die Eröffnung des Insolvenzverfahrens (siehe oben II F 2).

Ein ***gesetzliches Vermieterpfandrecht*** *(Illatenpfandrecht)* besteht an den vom Mieter in das Bestandobjekt eingebrachten Sachen (§ 1101

ABGB). Es kann nur für Mietzinsrückstände aus dem letzten Jahr vor Eröffnung des Insolvenzverfahrens geltend gemacht werden; keine zeitliche Beschränkung besteht für das Pfandrecht des Verpächters landwirtschaftlicher Liegenschaften (§ 48 Abs 4 IO).

Der Bestandgeber macht sein Illatenpfandrecht nach der Eröffnung des Insolvenzverfahrens durch bloße ***Anmeldung*** geltend, auf die eine pfandweise Beschreibung der eingebrachten Gegenstände folgt. Die Bescheinigung der Mietzinsforderung und der Gefährdung erübrigt die Klagerhebung im Insolvenzverfahren; dann bildet schon die Anmeldung einen Exekutionstitel.

2. *Zurückbehaltungsrechte*

Sie stehen den Pfandrechten gleich (§ 10 Abs 2 IO): Die geschuldete und fällige Herausgabe einer Sache kann bis zur Sicherstellung oder Befriedigung der Forderung verweigert werden (zB. §§ 471, 970c ABGB, 369 ff UGB, 19 HVertrG, 19 RAO).

Der aus einem kaufmännischen Retentionsrecht Berechtigte ist darüber hinaus befugt, die zurückbehaltene Sache zur Berichtigung seiner Forderung zu verwerten (§ 371 UGB). Der einfache Retentionsberechtigte kann jedoch nur Klage auf Leistung bei sonstiger Exekution in die Sache erheben; der Insolvenzverwalter kann dagegen Zug-um-Zug-Leistung einwenden.

3. *Sicherungseigentum*

Das Sicherungseigentum ist im Insolvenzverfahren des Sicherungsgebers dem Pfandrecht ausdrücklich gleichgestellt (§ 10 Abs 2 und 3 IO). Es gewährt also dem Sicherungseigentümer nur ein Absonderungsrecht und nicht, wie in der Zwangsvollstreckung, ein Aussonderungsrecht (was seiner Stellung als Eigentümer eigentlich entsprechen würde).

Der ***Sicherungsübereignung*** von Sachen steht die ***Sicherungsabtretung*** von Forderungen gleich. In beiden Fällen sind die pfandrechtlichen Übergabeformen zu beachten, mithin bei der Sicherungsabtretung die Verständigung des Schuldners.

C. Ausfallshaftung

Die Absonderungsgläubiger sind meist zugleich Insolvenzgläubiger, weil das Pfandrecht eine Forderung voraussetzt. Sie brauchen ihre Forderung nicht im Insolvenzverfahren anzumelden, wenn sie sich auf die abgesonderte Befriedigung aus dem haftenden Gegenstand beschränken wollen. Umgekehrt können sie auf die Absonderung verzichten und nur als Insolvenzgläubiger teilnehmen. Meist beziehen sie entsprechend ihrer materiellrechtlichen Doppelstellung als persönliche Gläubiger und dinglich Berechtigte auch im Insolvenzverfahren eine Doppelstellung. Dann machen sie als Insolvenzgläubiger nur die Ausfallsforderung geltend, die übrigbleibt, wenn die Sondermasse zur vollständigen Befriedigung nicht ausreicht:

In der Anmeldung (der ganzen Forderung) ist der voraussichtliche Ausfall bei der abgesonderten Befriedigung schätzungsweise zu beziffern (§§ 103 Abs 3, 132 Abs 1, 2 und 4 IO).

Nur in der Höhe des Ausfalls steht dem Absonderungsgläubiger ein Insolvenzteilnahmerecht zu (insbes das Stimmrecht beim Sanierungsplan). Verschweigt er bei der Forderungsanmeldung vorschriftswidrig seinen Absonderungsanspruch, so verliert er ihn darum nicht, zumal Absonderungsansprüche gar nicht im Insolvenzverfahren angemeldet, sondern nur unmittelbar gegenüber dem Insolvenzverwalter geltend gemacht werden können. Allerdings ist § 160 StGB (Umtriebe im Insolvenzverfahren) zu beachten.

D. Zinsenansprüche

Anders als der Insolvenzgläubiger, dem die Geltendmachung von Zinsen für die Zeit nach der Eröffnung des Insolvenzverfahrens versagt bleibt (§ 58 Z 1 IO), kann der Absonderungsgläubiger neben den vor Verfahrenseröffnung aufgelaufenen Zinsen auch Zinsen während des Insolvenzverfahrens geltend machen.

Allerdings muss er in den ersten sechs Monaten ab Verfahrenseröffnung einen Ausschluss von Verzugszinsen hinnehmen. Er darf während dieser Zeit nur Zinsen in der bei vertragsgemäßer Zahlung vereinbarten Höhe verlangen, wenn solche nicht vereinbart wurden, gesetzliche Zinsen (§ 48 Abs 1 S 2 und 3 IO).

Diese Beschränkung entfällt, wenn das Insolvenzverfahren mangels Vermögens aufgehoben wird (§ 48 Abs 1 aE iVm § 123a IO).

Diese Bestimmung soll eine Aushöhlung des Werts des Sicherungsguts durch auflaufende Verzugszinsen hintanhalten. Ob das Unternehmen fortgeführt wird oder nicht, ist in diesem Zusammenhang nicht unmittelbar relevant, weil die Regelung – anders als die Zwangsstundung des § 11 Abs 2 IO – daran nicht anknüpft.

Des Weiteren ist es dem Absonderungsgläubiger verboten, bei der Ausfallsberechnung die nach der Eröffnung des Insolvenzverfahrens anfallenden Zinsen mit einzubeziehen (§ 132 Abs 6 IO).

Es soll so vermieden werden, dass Zinsenforderungen der Absonderungsgläubiger auf die allgemeine Masse durchschlagen. Sie müssen vielmehr in der Absonderungssache selbst ihre Deckung finden.

E. Durchsetzung der Absonderungsansprüche

Ebenso wie die Aussonderungsrechte unterliegen auch Absonderungsrechte der ***gesetzlichen Zwangsstundung von sechs Monaten*** ab Eröffnung des Insolvenzverfahrens, sofern und solange der abzusondernde Gegenstand für den Fortbetrieb des schuldnerischen Unternehmens erforderlich ist; es gelten § 11 Abs 2 und 3 IO (§ 11 Abs 2 letzter Satz IO; → unten V. G.).

Die abgesonderte Befriedigung erfolgt außerhalb des Insolvenzverfahrens, mithin nach den Vorschriften des allgemeinen bürgerlichen und Prozessrechts. Doch enthält § 120 IO Kollisionsnormen.

Streitigkeiten über Absonderungsrechte werden durch Prozess zwischen dem angeblich Berechtigten und der Insolvenzmasse ausgetragen. Pfandgläubiger und Sicherungseigentümer setzen ihr Recht auf Befriedigung aus der Sache mit ***Absonderungsklage*** durch.

Es besteht die *Wahlzuständigkeit des Insolvenzgerichts* (§ 262 Z 1 IO) mit einigen besonderen Verfahrensvorschriften (§ 263 IO). Der Insolvenzverwalter kann das Absonderungsgut jederzeit durch Bezahlung der Schuld einlösen, bei unbeweglichen Sachen durch Bezahlung der Schuld in das Absonderungsrecht eintreten (§ 120 Abs 1 IO).

Ist der Insolvenzverwalter an der Einlösung nicht interessiert, so kommt es zur ***abgesonderten Verwertung und Befriedigung.*** Hierbei müssen wir unterscheiden, ob sich die Sache in der Gewahrsame des Insolvenzverwalters oder des Absonderungsgläubigers befindet:

- ***Ist die Sache in der Insolvenzmasse,*** so wird sie in der Regel ***gerichtlich veräußert*** (sohin nur Waren mit einem Börsenpreis von vornherein freihändig zum laufenden Preis).

Plant der Insolvenzverwalter eine ***anderweitige (freihändige) Veräußerung,*** so muss er davon den Absonderungsgläubiger verständigen, der binnen vierzehn Tagen ***Widerspruch*** erheben und glaubhaft machen kann, dass die gerichtliche Veräußerung für ihn erheblich vorteilhafter sei; über den Widerspruch entscheidet das Insolvenzgericht.

In dringenden Fällen, insb wenn die Entwertung der Sache zu besorgen ist, kann der Insolvenzverwalter mit unmittelbarer gerichtlicher Genehmigung eine anderweitige Verwertung durchführen. Die Beschlüsse des Insolvenzgerichts sind unanfechtbar (§ 120 Abs 2 IO).

- ***Ist die Sache beim Absonderungsgläubiger,*** so obliegt ihm die Verwertung nach den allgemeinen Vorschriften (§ 120 Abs 3 IO), sei es aus freier Hand aufgrund Vertrags oder Gesetzes (§§ 460 Abs 1 iVm 466a ff ABGB, 368 UGB, § 178 ZollG), sei es in einem gerichtlichen Verfahren (§ 461 ABGB) gegen den Insolvenzverwalter oder Schuldner (§§ 7, 8 IO).

Das Insolvenzgericht kann auf Antrag des Insolvenzverwalters nach Einvernehmung des Absonderungsgläubigers eine ***angemessene Verwertungsfrist*** bestimmen. Nach deren fruchtlosem Ablauf kann das Insolvenzgericht dem Absonderungsgläubiger die Herausgabe zur Verwertung unanfechtbar auftragen (§ 120 Abs 3 IO).

Ein bereits anhängiges Exekutionsverfahren läuft ungehindert fort, sofern es nicht wegen der Zwangsstundung des Absonderungsrechts nach § 11 Abs 3 IO (oben D) oder wegen der vom Insolvenzverwalter geplanten anderweitigen Verwertung nach § 120a IO (unten F.) aufgeschoben wird.

Gläubiger, die sonst zu einer außergerichtlichen Verwertung ihres Absonderungsrechts befugt sind (§§ 460 Abs 1 iVm 466a ff ABGB, 368 UGB), unterliegen ebenso den Bestimmungen des § 120 Abs 3 IO, sind also ebenfalls nach fruchtlosem Ablauf der ihnen gestellten Verwertungsfrist verpflichtet, die Absonderungssache auf insolvenzgerichtichen Auftrag hin, dem Insolvenzverwalter auszufolgen, der sie dann zu verwerten hat (§ 120 Abs 4 IO).

Eine Ausnahme davon bilden Anstalten, denen eine außergerichtliche Realisierung von Absonderungsrechten kraft Gesetzes oder staatlich genehmigter Satzung gestattet ist (vgl. §§ 52, 77 Abs 3 und 4 NBG, § 23 DepotG, § 22 BörseG, § 112 Abs 2 EVO); diese sind dem Insolvenzverwalter nur auskunftspflichtig (§ 120 Abs 4 aE IO).

F. Aufschiebung des Exekutionsverfahrens (§ 120a IO)

Lit.: *Mini*, Die Aufschiebung der Exekution (2002); *Mohr*, Der Ministerialentwurf der Insolvenzrechts-Novelle 2002. Ein Überblick über die geplanten Änderungen des Unternehmensinsolvenzrechts, ZIK 2001/186, 114; *Widhalm-Budak*, Das Aufschiebungsrecht des Masseverwalters gem § 120a KO, ZIK 2003/3, 4.

Auch wenn bereits ein Exekutionsverfahren zur Verwertung des Sicherungsguts läuft, kann der Insolvenzverwalter noch eine anderweitige (freihändige) Verwertung planen, um einen höheren Erlös zu erzielen.

Dann muss er nicht nur den Absonderungsgläubiger verständigen, der gegen die anderweitige Verwertung Widerspruch erheben kann (worüber das Insolvenzgericht endgültig entscheidet, § 120 Abs 2 IO), sondern es ist auf seinen Antrag oder auf Ersuchen des Insolvenzgerichts auch das Exekutionsverfahren einmalig auf neunzig Tage aufzuschieben. Die Zweijahresfrist des § 256 Abs 2 EO verlängert sich um die Dauer der Aufschiebung.

Bei seiner Einvernahme zum Aufschiebungsbegehren kann der betreibende Absonderungsgläubiger einwenden, dass für ihn die Fortsetzung der Exekution zur Abwendung schwerer wirtschaftlicher Nachteile unerlässlich ist.

Das Exekutionsgericht hat das aufgeschobene Exekutionsverfahren

- entweder auf Antrag des Insolvenzverwalters oder Ersuchen des Insolvenzgerichts einzustellen, wenn das Sicherungsgut innerhalb von neunzig Tagen freihändig verwertet wurde;
- oder auf Antrag des Sicherungsgläubigers fortzusetzen, wenn dem Widerspruch vom Insolvenzgericht stattgegeben wurde oder eine Frist von neunzig Tagen ab dem Einlangen eines Widerspruchs des Gläubigers gegen die geplante Verwertungsart (§ 120 Abs 2 IO), Einlangen des Stundungsantrags bzw. des Ersuchens fruchtlos verstrichen ist.

G. Zwangsstundung der Absonderungsrechte

Absonderungsrechte unterliegen ebenso wie Aussonderungsrechte der Zwangsstundung gemäß § 11 Abs 2 IO. Das dort Ausgeführte gilt daher auch für sie (→ oben IV.D.).

VI. Geltendmachung von Aussonderungs- und Absonderungsansprüchen an Einkünften aus einem Arbeitsverhältnis

Lit.: *Nunner-Krautgasser/Anzenberger,* Aufrechnung gegen den unpfändbaren Einkommensteil und rechtzeitige Geltendmachung gem § 113a Abs 2 IO, DRdA 2013/6, 46.

Aussonderungs- und Absonderungsansprüche an Einkünften aus einem Arbeitsverhältnis oder an sonstigen wiederkehrenden Leistungen mit Einkommensersatzfunktion unterliegen zusätzlichen Vorschriften:

- Sie sind wie eine Insolvenzforderung schriftlich oder protokollarisch beim Insolvenzgericht anzumelden; dabei sind die gesicherte Forderung und der Aus- oder Absonderungsanspruch zu begründen und die zum Nachweis notwendigen Beweismittel zu bezeichnen (§ 113a Abs 1 IO).
- Sie erlöschen, wenn sie nicht bis zur Abstimmung über einen Zahlungsplan geltend gemacht werden. Muss die Zahlungsplantagsatzung wegen der Geltendmachung eines solchen Rechts erstreckt werden, so hat der Anspruchsinhaber die dadurch verursachten Kosten (50 Euro zuzüglich Umsatzsteuer) zu tragen (§ 113a verweist auf § 107 Abs 2 IO).

VII. Aussonderungs- und Absonderungsansprüche für eigenkapitalersetzende Leistungen

A. Eigenkapitalersetzende Leistungen

Rechtsquelle: Bundesgesetz über Eigenkapital ersetzende Gesellschafterleistungen (Eigenkapitalersatz-Gesetz = EKEG) in Art I Gesellschafts- und Insolvenzrechtsänderungsgesetz 2003 (GIRÄG 2003) BGBl I 92/2003 idgF.

Ein Kredit, den Gesellschafter der Gesellschaft in der Krise gewähren, ist eigenkapitalersetzend (§ 1 EKEG).

Wann sich die Gesellschaft in der Krise befindet: → § 2 EKEG; wann ein Kredit nach § 1 EKEG *nicht* vorliegt: → § 3 EKEG; um welche Gesellschaften und Gesellschafter es sich handelt: → §§ 4 und 5 EKEG. (vgl. dazu jeweils *Karollus in* Buchegger, InsR, Erster Zusatzband, zum EKEG).

B. Erlöschen der Aussonderungs- und Absonderungsansprüche

Ab- und Aussonderungsansprüche, die aus dem Schuldnervermögen für eine Eigenkapital ersetzende Leistung erworben wurden, erlöschen mit

Eröffnung des Insolvenzverfahrens; sie leben aber wieder auf, wenn das Insolvenzverfahren mangels Kostendeckung (§ 123a IO) aufgehoben wird; § 12 Abs 1 S 2, Abs 2 und 3 IO gelten sinngemäß (***erweiterte Rückschlagsperre,*** § 12b IO).

Dies trifft auch Ab- und Aussonderungsansprüche, die der Gesellschafter wegen früher erbrachter Leistungen in einem Zeitpunkt erworben hat, in dem diese Leistungen Eigenkapital ersetzend gewesen wären.

Beachte: Die Gebrauchsüberlassung durch einen vom EKEG erfassten Gesellschafter (***erweiterte Zwangsstundung,*** § 26a IO) fällt zwar grundsätzlich nicht unter § 12b IO; sie unterliegt ihm allerdings dann, wenn die Gebrauchsüberlassung Eigenkapital ersetzenden Charakter hatte.

Dann treffen den Gesellschafter sowohl erweiterte Rückschlagsperre und erweiterte Zwangsstundung.

VIII. Masseforderungen

Lit.: *Bachmann*, Befriedigung der Masseforderungen, (1993); *Bachmann*, Die Neumasseforderung im Konkurs im Konkurs, ecolex 1994, 221; *Bernegger*, Masseunzulänglichkeit im Konkurs, ZIK 2005/77, 871; *Engelhart,* Vorsteuerberichtigung Konkursforderung oder Masseforderung? – VwGH gegen OGH, ZIK 2003/2, 2; *Engelhart*, Verursachen nicht bezahlte Verbindlichkeiten bei Liquidation gem § 19 KStG Masseforderungen? ZIK 2015/228, 176; *Hämmerle,* Sind die Kosten eines Hypothekarklageverfahrens als Sondermassekosten zu bezahlen? - Kritische Anmerkungen zu OLG Wien 28 R 306/10s, ZIK 2012/8, 13; *Kanduth-Kristen,* Erstragsteuerliche Besonderheiten in der Insolvenz von Personengesellschaften, taxlex 2005, 113; *Kanduth-Kristen,* Kapitalertragsteuer als Sondermassekosten? Anmerkungen zu OGH 8 Ob 66/08a, ZIK 2009/184, 115; *Kanduth-Kristen,* Einkommensteuer aus einer Liegenschaftsveräußerung im Insolvenzverfahren - keine Sondermassekosten! Anmerkungen zu OGH 8 Ob 87/10t, ZIK 2011/226, 162; *Kanduth-Kristen,* Einkommensteuer im Jahr der Insolvenzeröffnung - Aufteilung in Insolvenz- und Masseforderung! - Anmerkungen zu OGH 3 Ob 103/11k, ZIK 2011/292, 205; *Kanduth-Kristen,* Liegenschaftsveräußerungen nach dem 1. StabG 2012 – ist die Einkommensteuer nun doch eine Sondermasseforderung? ZIK 2012/121, 87; *Kanduth-Kristen*, OGH: Immobilienertragsteuer ist keine Sondermasseforderung, ZIK 2013/181, 122; *Kanduth-Kristen,* Steuer auf nicht getilgte Verbindlichkeiten – Masseforderung, Insolvenzforderung oder insolvenzfreie Forderung? ZIK 2016/110, 89; *Konecny,* Abgrenzung/Bezahlung von Sondermassekosten und besondere Entlohnung, ZIK 2007/126, 74; *Konecny,* Massenunzulänglichkeit und fehlende Liquidität, ZIK 2003/4, 8; *Konecny*, Masseunzulänglichkeit und ihre Folgen, in Konecny, Insolvenzforum 2002 (2003) 61; *Konecny,* Masseunzulänglichkeit und Leistungsklagen von Altmassegläubigern, ZIK 2011/175, 122; *Konecny,* Masseunzulänglichkeit in Bezug auch auf Neumasseforderungen, Anmerkungen zu OGH 3 Ob 92/12v, ZIK 2012/296, 205; *Mair,* Aussonderung von Buchgeld und Masseunzulänglichkeit, ZIK 2008/311, 185; *Nahtschläger*, Ersatz der Prozesskosten bei Masseunzulänglichkeit, ZIK 2005/32, 47; *Reckenzaun,* Sondermasseforderung Immo-ESt, ZIK 2012/297, 208; *Reiter,* Der Privatankläger im Konkurs, ZIK 2007/247, 150; *Riel,* Nochmals: Was sind Sondermasseforderungen? Anmerkungen zu 8 Ob 113/06k, ZIK 2007/63, 38; *Riel,* Zur Befriedigung der Massegläubiger bei Masseinsuffizienz, ZIK 1997, 81; *Riel*, Die Belohnung des Masseverwalters bei Masseinsuffizienz, ZIK 1997, 1; *Riel,* Was sind Sondermasseforderungen? ZIK 2004, 182; *Riel*, Prozesskosten bei Masseunzulänglichkeit, ZIK 2005/78, 85; *Rinner*, Geltendmachung und Durchsetzung von Masseforderungen, BeitrZPR I (1982) 185; *Rosam,* Ist die Ertragsteuer auf den Veräußerungsgewinn von Liegenschaften generell eine Masseforderung?, ZIK 2004/141, 110; *Schneider*, Zahlungsunfähigkeit der Konkursmasse und ihre Rechtsfolgen, JAP 2004/2005/28; *Straka,* Totenmahl als außergewöhnliche Belastung. Anlehnung an die Rechtsprechung des OGH zu § 46 Abs 1 Z 7 KO Bestattungskosten, SWK 2008, S 1; *Weissel,* Einkommensteuer als Sondermasseforderung? ZIK 2012/67, 52; *Weissel,* Immobilienertragsteuer im Insolvenzverfahren – ein befriedigendes Regelwerk? ZIK 2013/8, 11; *Zeitler*, Verzugszinsen für die Dauer der Masseunzulänglichkeit, ZIK 2015/158, 124;

A. Allgemeine Masseforderungen – Sondermasseforderungen

Gläubiger, die ihre Forderungen nach Verfahrenseröffnung gegen die Insolvenzmasse erworben haben ***(Neuforderungen)*** sind wegen ihrer Ansprüche vor den Insolvenzgläubigern vorweg aus der Masse *voll* zu befriedigen. Sie heißen *Massegläubiger* (§ 46 IO).

Die nach der Berichtigung der Aussonderungs-, Absonderungs- und Aufrechnungsansprüche verbleibende Insolvenzmasse muss zunächst zur vollen Befriedigung jener Verbindlichkeiten dienen, die im Interesse der Insolvenzgläubiger eingegangen werden (zB. Verwaltungskosten, Rechtsgeschäfte zur Versilberung der Masse), so dass die Insolvenzgläubiger nur auf den verbleibenden Rest einen Anspruch haben. Masseforderungen entstehen mithin erst *nach* Eröffnung des Insolvenzverfahrens, sie sind ***Neuforderungen gegen die Masse.***

Masseforderungen sind aus der Masse zu befriedigen, auf die sie sich beziehen. Wir unterscheiden daher:

► ***allgemeine Masseforderungen: Sie sind aus der allgemeinen Masse vorrangig zu befriedigen.***

► ***Sondermasseforderungen*** (auch Sondermassekosten): ***Sie sind bei der Verwertung der Sondermasse vor den Absonderungsrechten zu befriedigen.***

Die Grenzziehung zwischen allgemeiner und Sondermasseforderung ist eine alte Streitfrage, haben die Absonderungsgläubiger doch ein veritables Interesse daran, dass ihr Haftungsfonds nicht geschmälert wird.

Sondermasseforderungen haben folgende Eigenschaften:

► Sie müssen mit dem Prinzip des § 11 Abs 1 IO (Absonderungsrechte bleiben vom Insolvenzverfahren unberührt) am ehesten vereinbar sein (vgl. OGH 8 Ob 113/06k ZIK 2007/94, 53; RS0114697). Vgl. zur Problematik schon grundsätzlich *Riel,* Was sind Sondermasseforderungen? ZIK 2004, 182.

► Sie müssen die Eigenschaft haben, dass sie nicht entstanden wären, wenn die betreffende Sondermasse nicht Bestandteil des Insolvenzverfahrens gewesen wäre (vgl. OGH 8 Ob 113/06k ZIK 2007/94, 53; *Riel* ZIK 2007/63, 38); genannt seien etwa die Kosten der Sondermasseverwertung.

► Sie müssen sich daher auf die Sondermasse beziehen *und* Forderungen im Sinn des § 46 IO (s. unten B.) sein (vgl. für viele OGH 8 Ob 66/08a EvBl 2009/120, 816 *Aigner = ÖBA 2010/1604, 180 Riel;* OGH 8 Ob 105/09p ZIK 2010/216, 148 *Otenhajmer;* vgl. RS00114696).

Beispiel: Ein hypothekarisch belastetes Grundstück soll im Rahmen der Sondermasseverwertung versilbert werden; vor dem Verkauf fallen aber nach Verfahrenseröffnung behördlich aufgetragene Dekontaminierungskosten an. Diese Kosten treffen allein den betroffenen Hypothekargläubiger.

Verwertungskosten und Ansprüche des Insolvenzverwalters dagegen treffen alle Absonderungsgläubiger.

Weitere Diskussionspunkte in divergierender Judikatur sind die Ertragssteuer aus Liegenschaftsverkäufen und die Einkommenssteuer, so sie sondermassebezogen ist (vgl. dazu mehrfach *Kanduth-Kristen).*

Sondermassekosten sind ***bei der Sondermasseverwertung geltend zu machen, dort allerspätestens bei der Verteilungstagsatzung*** (zu den Verwertungskosten: SZ 68/209) und durch das Exekutionsgericht vorweg zu berücksichtigen. Herrscht Streit über die Sondermasseeigenschaft, so hat das Exekutionsgericht den entsprechenden Betrag sicherzustellen und eine Entscheidung des Insolvenzgerichts einzuholen.

B. Einteilung der Masseforderungen im Insolvenzverfahren

Die Masseforderungen sind im ***§ 46 IO*** erschöpfend aufgezählt. Eine Erweiterung durch Analogie ist ausgeschlossen:

- ► Kosten des Insolvenzverfahrens (Z 1).
- ► Alle Auslagen für die Erhaltung, Verwaltung und Bewirtschaftung der Masse (Z 2).
- ► Forderungen von Fonds und anderen gemeinsamen Einrichtungen der Arbeitnehmer und Arbeitgeber (zB. Insolvenz-Entgelt-Fonds, Bauarbeiter-Urlaubskasse, betriebliche Mitarbeitervorsorge-Kasse), sofern deren Leistungen Arbeitnehmern als Entgelt oder Quasientgelt zugute kommen (Z 2).
- ► Alle die Masse treffenden Steuern, Gebühren, Zölle, Sozialversicherungsbeiträge und anderen öffentlichen Abgaben, soweit der Anspruchsgrund während des Insolvenzverfahrens verwirklicht wird (Z 2).
- ► Forderungen der Arbeitnehmer und arbeitnehmerähnlichen Personen auf laufendes Entgelt (einschließlich Sonderzahlungen) für die Zeit nach der Eröffnung des Insolvenzverfahrens (Z 3).
- ► Beendigungsansprüche, wenn das Beschäftigungsverhältnis
    - vor Eröffnung des Insolvenzverfahrens eingegangen wurde und danach (jedoch nicht gem § 25 IO) durch den Insolvenzverwalter oder aufgrund einer Rechtshandlung des Insolvenzverwalters durch den Arbeitnehmer oder die arbeitnehmerähnliche Person gelöst wird; das gilt auch, wenn nach Eintritt der Masseunzulänglichkeit Entgelt nicht bezahlt wird (Z 3a lit a).
    - während des Insolvenzverfahrens vom Insolvenzverwalter neu eingegangen wird (Z 3a lit b).
- ► Ansprüche auf Erfüllung zweiseitiger Verträge, in die der Insolvenzverwalter eingetreten ist, unbeschadet §§ 46 Z 3, 21 Abs 4 IO (Z 4).
- ► Ansprüche aus Rechtshandlungen des Insolvenzverwalters (Z 5).
- ► Ansprüche aus einer grundlosen Bereicherung der Masse (Z 6).
- ► Kosten einer einfachen Bestattung des Schuldners (Z 7).
- ► Kosten der bevorrechteten Gläubigerschutzverbände (Z 8, → 3. Teil V. C.).

Im ***Sanierungsverfahren mit Eigenverwaltung*** (§§ 169 ff IO) sind alle Forderungen aus Rechtshandlungen des Schuldners, zu denen er kraft des gesetzlichen Umfangs der Eigenverwaltung (§ 171 IO) berechtigt ist, unbeschadet des § 46 IO, ebenfalls ***Masseforderungen*** (§ 174 IO).

C. Rangordnung der Masseforderungen

Reicht die Insolvenzmasse nicht aus, um alle fälligen Masseforderungen voll zu befriedigen (*Masseunzulänglichkeit,* siehe unten E.), so ist folgende Rangordnung einzuhalten (§ 47 Abs 2 IO):

- ► vom Insolvenzverwalter vorschussweise bestrittene Barauslagen (Z 1),
- ► die übrigen Verfahrenskosten nach § 46 Z 1 (Z 2),
- ► der von Dritten erlegte Kostenvorschuss, soweit er zur Deckung der Verfahrenskosten benötigt wurde (Z 3),
- ► die Forderungen der Arbeitnehmer und arbeitnehmerähnlichen Personen auf laufendes Entgelt, soweit sie nicht nach dem IESG gesichert sind (Z 4),
- ► Beendigungsansprüche der Arbeitnehmer und arbeitnehmerähnlichen Personen, soweit sie nicht nach dem IESG gesichert sind (Z 5),
- ► alle übrigen Masseforderungen (Z 6).

Die Masseforderungen werden innerhalb eines Ranges vollständig befriedigt, solange die Massemittel dies zulassen. Innerhalb derselben Gruppe wird dann verhältnismäßig befriedigt, wenn die Masse zur Befriedigung dieser Gruppe nicht mehr ausreicht. Allerdings gehen feststehende Masseforderungen strittigen vor (§ 47 Abs 2 S 2 IO). Bereits Geleistetes kann nicht zurückgefordert werden (§ 47 Abs 2 S 3 IO), selbst wenn die Leistung nicht rang- oder verhältnismäßig erfolgt ist.

In der Praxis wird oft der Versuch unternommen, Masseverbindlichkeiten, die einen Konnex zur Sondermasse aufweisen, letztendlich auf die allgemeine Masse abzuwälzen; zu diesem Thema vgl. schon *Riel* 2004, 182. Bestehen Zweifel, ob sich eine Masseforderung auf die *allgemeine Masse* oder die *Sondermasse* bezieht, so ist nach § 47 Abs 3 IO von einer ***allgemeinen Masseforderung*** und nicht von einer **Sondermasseforderung** auszugehen. Es entscheidet das Insolvenzgericht nach Durchführung der erforderlichen Erhebungen (*Untersuchungsgrundsatz,* 254 Abs 5 IO). Der Rechtsweg ist ausgeschlossen.

D. Durchsetzung der Masseforderungen

Sobald die Ansprüche gegen die Masse feststehen und fällig sind, hat sie der Insolvenzverwalter zu befriedigen, ohne Rücksicht auf den Stand des Insolvenzverfahrens (§ 124 Abs 1 IO); er hat auch dafür zu sorgen, dass die erforderlichen Mittel rechtzeitig verfügbar sind (§ 124 Abs 2 IO).

Mithin nehmen die Massegläubiger nicht am Insolvenzverfahren teil. Es ist keine Anmeldung, Prüfung und Feststellung ihrer Forderungen vorgesehen. Reicht der *augenblickliche* Aktivstand der Masse nicht aus, um die fälligen Masseforderungen zu befriedigen

(relative Unzulänglichkeit der Insolvenzmasse), so bleibt der offene Rest weiterbestehen und wird zusammen mit den später fällig werdenden Masseforderungen befriedigt, stets rangmäßig, sonst verhältnismäßig.

Verweigert oder verzögert der Insolvenzverwalter die Leistung, so können die Massegläubiger ihre Ansprüche prozessual durchsetzen. § 124 Abs 3 IO stellt ihnen zwei Wege zur Wahl: den Abhilfeantrag im Insolvenzverfahren und die Leistungsklage in einem eigenen Erkenntnisverfahren.

1. Abhilfeantrag

Die Massegläubiger können sich im Insolvenzverfahren selbst an das Insolvenzgericht um Abhilfe wenden. Das Insolvenzgericht prüft Grund und Höhe der Masseforderungen sowie die Verfügbarkeit der nötigen Mittel. Gegebenenfalls trägt es dem Insolvenzverwalter die Zahlung auf. Sind Tatfragen streitig, so verweist es auf den Rechtsweg (unten 2).

2. Leistungsklage

Die Massegläubiger können in einem eigenen Erkenntnisverfahren (für welches das Insolvenzgericht wahlzuständig ist, § 178 Z 2 IO) gegen die Insolvenzmasse ein Leistungsurteil erwirken und dieses zwangsweise vollstrecken lassen. Ob die erforderlichen Mittel vorhanden sind, wird nicht vom Prozessgericht, sondern erst vom Vollzugsgericht geprüft; falls sie fehlen, ist das Exekutionsverfahren einzustellen (§ 39 Abs 1 Z 8 EO).

Die Unzulänglichkeit der Insolvenzmasse hat keinen Einfluss auf das Klagebegehren und das stattgebende Urteil: Die Insolvenzmasse ist zur Zahlung binnen 14 Tagen zu verurteilen (und nicht etwa „nach Maßgabe der Vorschriften der Insolvenzordnung" oder „soweit Deckung nach § 47 IO gegeben ist"). Die öffentliche Bekanntmachung der absoluten Unzulänglichkeit der Insolvenzmasse bewirkt keine Prozesssperre, sondern eine Exekutionssperre für alle Masseforderungen, die nicht aus gebotenen Verwaltungs- und Verwertungshandlungen des Insolvenzverwalters stammen (§ 124a Abs 2 S 2 IO, gleich unten).

Zur Durchsetzung der Sondermasseforderungen im Rahmen der Sondermasseverwertung siehe oben A.

E. Unzulänglichkeit der Insolvenzmasse

Reicht die Insolvenzmasse ***auf Dauer*** nicht aus, um die Masseforderungen voll zu erfüllen ***(absolute Unzulänglichkeit der Insolvenzmasse),*** so hat der Insolvenzverwalter dies unverzüglich dem Insolvenzgericht anzuzeigen und mit der Befriedigung der bis dahin entstandenen ***Altmasseforderungen*** innezuhalten (§ 124a Abs 1 S 1 IO). Das Insolvenzgericht hat die Unzulänglichkeit der Insolvenzmasse öffentlich bekannt zu machen (§ 124a Abs 2 S 1 IO).

Daher ergeben sich folgende Konsequenzen:

- Zwischen Eintritt der Masseunzulänglichkeit und der Bekanntmachung ihrer Anzeige trifft den Insolvenzverwalter keine Leistungsflicht für Altmasseforderungen iSd § 124 IO: ***Zahlungsstopp;***
- Ab der öffentlichen Bekanntmachung der Anzeige ist Altmassegläubigern der Erwerb eines ein richterlichen Pfand- und Befriedigungsrechts an Massebestandteilen verboten (§ 124a Abs 2 S 2 IO): ***Vollstreckungssperre für Altmasseforderungen***).

Das Gesetz besagt nichts über eine Stundungswirkung im engeren Sinn nach öffentlich bekannt gemachter Anzeige der Masseunzulänglichkeit; ebenso ***schweigt es zur Frage, ob Altmassegläubiger ihre Forderungen mit Klage gegen die Masse geltend machen können,*** um sich für den Fall, dass Massezulänglichkeit wieder erlangt wird, einen Titel zu sichern. Daher ist ***weder eine Stundungswirkung noch eine Prozesssperre*** zu bejahen: Ob der Altmassegläubiger Leistungsklage oder - unter den Voraussetzungen des § 228 ZPO - bloß Feststellungsklage erheben ist strittig (für die Zulässigkeit der Leistungsklage vgl. OGH 22.3.2011, 8 Ob 116/10g, ZIK 2011/204, 149 zust. *Konecny* ZIK 2011/175, 122; s. dazu auch ZIK 2010/204, 149; nur für die Zulässigkeit der Feststellungsklage *Kodek* in Bartsch/Pollak/Buchegger, InsR IV, zu § 124a KO Rz 25). Mangelnde Fälligkeit aufgrund gesetzlich verordneter Stundung kann man ihm nicht entgegnen.

Während aufrechter Stundung gebühren den Altmassegläubigern ***Verzugszinsen*** (OLG Linz 1 R 65/15g; vgl. dazu *Zeitler,* Verzugszinsen für die Dauer der Masseunzulänglichkeit, ZIK 2015/158, 124).

- Der Insolvenzverwalter darf aber solche Rechtshandlungen vornehmen, die zur Verwaltung und Verwertung der Insolvenzmasse geboten sind (Abwicklungsforderungen); daraus entstehende ***Neumasseforderungen*** sind bei Fälligkeit unverzüglich und voll zu befriedigen (§ 124a Abs 1 S 2 und 3 IO). Für sie gilt § 124 IO: Es stehen ihnen Abhilfeantrag und Klagerecht offen, sie trifft ***keine Vollstreckungssperre*** (§ 124a Abs 2 S 2 IO).

Nach der Verwertung hat der Insolvenzverwalter dem Insolvenzgericht zur Befriedigung der (alten) Masseforderungen einen Verteilungsentwurf vorzulegen, der die Rangordnung des § 47 Abs 2 IO einhält (§ 124a Abs 3 S 1 IO).

Zum Verteilungsentwurf nach § 47 Abs 2 IO siehe oben C.

Reicht die Masse auch nicht hin, die Neumasseforderungen vollständig zu befriedigen, so sind auch diese nach den Rängen des § 47 Abs 2 IO zu reihen. (Anders und für eine Befriedigung nach Fälligkeit iSd § 124 Abs 1 IO aber OGH 11.7.2012, 3 Ob 92/12v ZIK 2012/332, 228; zu Recht abl. *Konecny* ZIK 2012/296, 205).

Nach der Verteilung hat das Insolvenzgericht das Insolvenzverfahren aufzuheben (§ 124a Abs 3 S 2 IO).

- Können die Masseforderungen aufgrund geänderter Umstände wieder voll erfüllt werden, so hat der Insolvenzverwalter die ***wieder erlangte Massezulänglichkeit*** unverzüglich dem Insolvenzgericht anzuzeigen. Das Insolvenzgericht hat dies öffentlich bekannt zu machen. Ab diesem Zeitpunkt hat der Insolvenzverwalter mit der Befriedigung aller feststehenden und fälligen Masseforderungen fortzufahren (§ 124a Abs 4 IO): Allen Massegläubigern stehen wieder die Rechte nach § 124 IO zu.

IX. Insolvenzanfechtung

Lit.: *Bachl*, Die Feststellung der (objektiven) Zahlungsunfähigkeit, Sachverständige 2015, 18; *Bollenberger*, Konkursanfechtung beim Kreditgeschäft – Umfang des Anfechtungsanspruchs, ÖBA 2000, 15; *Bollenberger*, Garantiekredit - Umfang der Deckungsanfechtung, ÖBA 2014, 909; *Buchegger*, Das österreichische Insolvenzanfechtungsrecht, in Cranshaw/ Hinkel (Hrsg.), Gläubigerkommentar Anfechtungsrecht, 2. Auflage (2013) 845; *Clavora/Kapp*, Zur einredeweisen Geltendmachung von Anfechtungsansprüchen gem § 43 IO im Widerspruch in der Meistbotsverteilung (§ 213 EO) unter besonderer Berücksichtigung der Anfechtungsfrist, ZIK 2012/182, 131; *Derntl*, Medienberichterstattung und Anfechtungsrecht, ZIK 2017/8, 6; *Doralt*, Zur Abgrenzung der Konkursanfechtungstatbestände der Kenntnis der Benachteiligungsabsicht, der Begünstigung und der Zahlungsunfähigkeit, ÖBA 1995, 346; *Fehrenbach*, Insolvenzanfechtung in grenzüberschreitenden Insolvenzverfahren bei Verfahrenspluralität, NZI 2015/5, 157; *Fichtinger*, Anfechtungsneutrale Zahlung des Gesellschafters an den Gläubiger der Gesellschaft, ZIK 2013/6, 5; *Fuchs*, Konkursanfechtung und EuInsVO, ÖJZ 2005/36; *Ganter*, die Insolvenzanfechtung in Deutschland und Österreich im Vergleich – Impulse für die Anfechtungsreform? NZI 2016, 153; *Hämmerle*, Absicherung der Teilnahmeansprüche am Insolvenzverfahren bei Anfechtung einer Schuldtilgung, ZIK 2011/294, 213; *Hämmerle*, Das Kreditinstitut in der Anfangsphase einer Unternehmenssanierung, ÖBA 2015, 505; *Jäger*, Internationale Zuständigkeit für Anfechtungsklagen, ZIK 2008/7, 10; *Jelinek/Scherbaum*, Unbefristete Durchsetzung von Anfechtungs- und Schadenersatzansprüchen durch Verwertungstreuhänder, ZIK 2013/66, 49; *G. Kodek*, EuGH zur Konkursanfechtung: Eine erste Analyse, ÖBA 2009, 629; *Koziol*, Der Begriff des „nachteiligen Rechtsgeschäftes" in § 31 Abs 1 Z 2 KO, JBl 1982, 57; *König*, Die (objektive) Nachteiligkeit als allgemeine Anfechtungsvoraussetzung, RdW 1999, 317; *König*, Zur Anfechtung nach der EuInsVO, ZIK 2007/6, 2; *König*, IRÄG 2010: Zessionsanfechtung aus der „Sicht der Banken", RdW 2010, 749; *König*, Änderungen im Anfechtungsrecht, in Konecny (Hrsg.), IRÄG 2010 – Das Insolvenzrechtsänderungsgesetz 2010, ZIK Spezial (2010) 79; *König*, Insolvenzanfechtung im Sanierungsverfahren, ZIK 2012/7, 11; *König*, Die Anfechtung nach der Insolvenzordnung, 5. Auflage (2014); *König*, Presseberichte: Als Insolvenzindikatoren können sie Nachforschungspflichten auslösen, ZIK 2016/222, 166; *König*, Anfechtung von Lohnsteuerzahlungen in der Insolvenz des Dienstgebers, JBl 2017, 128; *Kriechbaumer*, Die Ranganmerkung im Anfechtungsrecht, ecolex 2013, 1075; *Liebeg/Sommer*, Gedanken zur Anfechtbarkeit von Lohn- und Sozialabgaben in der Insolvenz. Vorschläge zur Vermeidung von Wertungswidersprüchen und Wettbewerbsverzerrungen. Handlungsbedarf für den Gesetzgeber, SWK 2009, S 921; *Rebernig*, Auftraggeberhaftung: Aktuelle Rechtsfragen und anfechtungsrechtliche Gesichtspunkte, ZIK 2016/112, 97; *Rebernig/Schmidsberger*, Zur Anfechtung von Kapitalmaßnahmen und Umgründungsvorgängen im Insolvenzverfahren, GeS 2009, 182; *Riss*, Der Konkurs des Zedenten beim Factoring - Überlegungen zur Anfechtung der Unterlassung von Rechtsgeschäften, ÖBA 2006, 425; *Roehlich*, Zahlung zur Insolvenzabwehr und nachträgliche Anfechtung, ZIK 2016/168, 131; *Schulyok*, Kritische Bemerkungen zum Anfechtungsvolumen beim nachteiligen Rechtsgeschäft, ZIK 2008/69, 38; *Trenker*, Insolvenzanfechtung gesellschaftsrechtlicher Maßnahmen (2012); *Weissel*, Anfechtung der Unterlassung eines Kreditabrufs? ZIK 2011/177, 129; *Weissel*, Anfechtung (§§ 27 ff IO) und Benachteiligung, ecolex 2013, 530; *Widhalm*, Die Absichtsanfechtung (§ 28 KO) in der Rechtsprechung, ecolex 2000, 787; *Widhalm-Budak*, Insolvenzfestigkeit und Anfechtung von an Konnossementen erlangten Zurückbehaltungsrechten der Akkreditivbank, ZIK 2012/119, 82; *Widhalm-Budak*, Erkennbarkeit der Zahlungsunfähigkeit bei vorangegangener Veröffentlichung der Konkursabweisung mangels kostendeckenden Vermögens, ZIK 2012/179, 122; *Widhalm-Budak*, Anfechtungsrecht, 2. Auflage (2013); *Zeitler*, Das Sanierungskonzept des § 31 Abs 1 Z 3 IO, ZIK 2011/69, 52; *Zeitler*, Zur Anfechtung eines auf einem Sicherstellungsauftrag gem. § 232 BAO beruhenden Pfandrechts, ZIK 2012/244, 171; *Zöchling-Jud/Kogler*, Anfechtungsrisiken beim Factoring – Zugleich ein Beitrag zur Rechtsnatur des Factoring, ÖBA 2012, 428.

A. Überblick

Mitunter setzt der Schuldner vor der Eröffnung des Insolvenzverfahrens masseschmälernde Rechtshandlungen, indem er einerseits Vermögenswerte verschiebt, anderseits einzelne Gläubiger vorzugsweise befriedigt. Die IO gewährt gegen den Dritten, dem solche Vermögensteile zugekommen sind, einen schuldrechtlichen Rückleistungsanspruch, den der Insolvenzverwalter durch ***Anfechtung*** geltend macht. Rechtsquelle dafür sind die §§ 27 bis 43 IO.

Unterscheide Insolvenzanfechtung und ***zivilrechtliche Anfechtung.*** Diese nimmt ein Vertragspartner einseitig gegen den anderen vor, indem er den Vertrag wegen Willensmängel ex tunc für absolut nichtig erklärt; dann ist bereits Geleistetes zurückzustellen, allenfalls Schadenersatz zu gewähren.

Die ***Insolvenzanfechtung*** erklärt hingegen die Rechtshandlung zwischen Schuldner und Drittem nur im Verhältnis zu den Insolvenzgläubigern und damit zur Insolvenzmasse für unwirksam (relativ wirksames Gestaltungsrecht), so dass der Dritte das Erworbene an die Insolvenzmasse rückleisten muss; zwischen Schuldner und Drittem bleibt die Rechtshandlung aufrecht.

Außerhalb des Insolvenzverfahrens kann jeder einzelne betreibende Gläubiger im Weg der ***Einzelanfechtung (Gläubigeranfechtung)*** auf verschobene Vermögensgegenstände des Schuldners greifen, wenn die Exekution zugunsten seiner vollstreckbaren Forderung versagt. Dadurch wird die Haftung auf Dritte erstreckt, welche die Zwangsvollstreckung in das Erworbene dulden oder Wertersatz leisten müssen. Rechtsquelle ist die ***Anfechtungsordnung*** (RGBl 1914/337). Vgl. zur Einzelanfechtung *Buchegger/Markowetz,* Exekutionsrecht[2] (2017) 355 ff.

Achtung: § 1 AnfO spricht noch immer von der Anwendbarkeit des Gesetzes außerhalb des *Konkurses.* Das wurde weder durch § 275 IO noch durch das IRÄ-BG bereinigt, ist aber wie oben ausgeführt zu interpretieren.

Die Einzelanfechtung ist nur zulässig, wenn entweder das Schuldnervermögen (noch) nicht im Insolvenzverfahren steht oder die Gläubigerforderung keine Insolvenzforderung und das Anfechtungsobjekt nicht in die Masse zu leisten ist. Davon abgesehen gehen die Einzelanfechtungsansprüche betreibender Gläubiger durch die Eröffnung des Insolvenzverfahrens auf die Insolvenzmasse über.

In der *Einzelanfechtung* gibt es an speziellen Anfechtungstatbeständen nur die Absichtsanfechtung, die Verschleuderungsanfechtung und die Schenkungsanfechtung. Die Insolvenzanfechtung kennt darüber hinaus noch zwei insolvenzspezifische Anfechtungstatbestände: die Begünstigungsanfechtung und die Kenntnisanfechtung.

B. Nahe Angehörige

Nahe Angehörige sind der Ehegatte und Personen, die mit dem Schuldner oder dessen Ehegatten in gerader Linie oder bis zum vierten Grad der Seitenlinie verwandt oder verschwägert sind (zB. Ehefrau des Vetters der

Ehefrau des Schuldners), ferner Wahl- und Pflegekinder sowie Personen, die mit dem Schuldner in außerehelicher Gemeinschaft leben. Außereheliche Verwandtschaft ist der ehelichen gleichzustellen (§ 32 Abs 1 IO).

Ist der Schuldner eine juristische Person, eine Personengesellschaft oder ein sonstiges parteifähiges Gebilde, so gelten

- die Mitglieder des Leitungs- oder Aufsichtsorgans,
- die unbeschränkt haftenden Gesellschafter sowie
- Gesellschafter im Sinne des § 5 EKEG

als nahe Angehörige des Schuldners. Gleiches gilt für solche Personen, auf die dies im letzten Jahr vor der Eröffnung des Insolvenzverfahrens zugetroffen hat, sowie für die im Abs 1 aufgezählten nahen Angehörigen all dieser Personen (§ 32 Abs 2 IO).

C. Allgemeiner Anfechtungstatbestand

§ 27 IO normiert einen *Grundtatbestand* der Gläubiger benachteiligenden Vermögensverschiebung oder Vermögensbelastung vor Insolvenzverfahrenseröffnung.

Die §§ 28 bis 31 IO fügen mehrere *Spezialtatbestände* hinzu, so dass in jedem Anfechtungsfall der ***Grundtatbestand*** im Zusammenhalt mit einem Spezialtatbestand verwirklicht sein muss. Dieser Grundtatbestand lässt sich wie folgt zusammenfassen (siehe dazu *König,* Anfechtungsrecht[5] Rz 3/1 ff, 5/4 ff, 5/32 ff; vgl. dazu *Buchegger* in Cranshaw/Hinkel, Gläubigerkommentar Anfechtungsrecht[2] 862 ff mwN):

Anfechtbar sind solche Rechtshandlungen, die vor der Eröffnung des Insolvenzverfahrens stattgefunden haben, das Vermögen des Schuldners betreffen, die Insolvenzgläubiger benachteiligen und deren Beseitigung die Befriedigungsaussichten der Insolvenzgläubiger verbessern.

- ***Rechtshandlungen*** sind alle Willensäußerungen mit rechtlicher Wirkung, mithin nicht nur Rechtsgeschäfte, auch Prozesshandlungen und sogar gewollte ***Unterlassungen,*** mit der der Schuldner ein Recht verliert, oder durch die vermögensrechtliche Ansprüche Dritter begründet, erhalten oder gesichert werden. Dabei ist der Begriff der Rechtshandlung so weit zu verstehen, dass er auch ***Rechtshandlungen nicht bloß des Schuldners sondern auch Dritter*** in sich begreift, wenn durch sie erst die Benachteiligung der Gläubiger begründet wird.

- Die Rechtshandlung muss ***vor der Eröffnung des Insolvenzverfahrens*** erfolgt sein.

Was der Schuldner nach Verfahrenseröffnung masseschmälernd unternimmt, ist von vornherein gegenüber den Insolvenzgläubigern unwirksam: Der Insolvenzverwalter muss in diesen Fällen nur auf Rückgabe wegen relativer Unwirksamkeit klagen und die Gegenleistung zurückstellen, falls die Masse dadurch bereichert würde (§ 3 Abs 1 Satz 2 IO).

Im Sanierungsverfahren mit Eigenverwaltung sind Rechtshandlungen, die die Gläubigerbefriedigung gefährden, dem Verbot des Sanierungsverwalters unterworfen (§§ 171, 172 IO):

▶ Die Rechtshandlung muss ***Schuldnervermögen*** betreffen, das Teil der Insolvenzmasse geworden wäre. Insolvenzfreies Vermögen und Aussonderungsgut sind nicht tatbestandsmäßig.

▶ Die Rechtshandlung muss die ***Gläubiger benachteiligen:*** Die Benachteiligung ist immer tatbestandsmäßig, auch wenn sie nicht in allen Sondertatbeständen aufscheint (zB. § 31 Abs 1 Z 1 und Z 3 IO: „... für die Gläubiger nachteiligen Rechtsgeschäfte ...").

Mittelbare Benachteiligung genügt, so können etwa ausgetauschte Leistungen zum Zeitpunkt des Rechtsgeschäfts auch gleichwertig sein; später eintretende Umstände, die die Rechtshandlung zu einer benachteiligenden werden lassen, genügen: zB. wenn die vom Schuldner veräußerte Sache hinterher eine Wertsteigerung erfährt, wenn er den Erlös verbraucht, das Erworbene später an Wert gewinnt oder wenn die schuldnerische Rechtshandlung - an sich nicht benachteiligend - erst condicio sine qua non für ein darauf aufbauendes, dann für die Gläubiger nachteiliges Geschäft mit einem Dritten ist. Bei der *Kenntnisanfechtung* nach § 31 Abs 1 Z 2 IO wird indes teilweise auch ***unmittelbare Nachteiligkeit*** gefordert.

▶ Die Anfechtung muss geeignet sein, die Befriedigungsaussichten der Insolvenzgläubiger im Verfahren zu verbessern: Es muss ***Befriedigungstauglichkeit*** vorliegen: Es mögen alle anderen Voraussetzungen des Grundtatbestands, ja auch ein Tatbestand der §§ 28 bis 31 IO gegeben sein, fehlt es dennoch an der Befriedigungstauglichkeit, so ist die Rechtshandlung nicht tatbestandsmäßig, eine Anfechtung wäre erfolglos.

Es muss daher die Wahrscheinlichkeit bestehen, dass sich die Anfechtung massemehrend oder -entlastend auswirkt und so die Insolvenzquote erhöht.

Die Veräußerung eines mit Hypotheken überlasteten Hauses vor der Insolvenzeröffnung benachteiligt die Insolvenzgläubiger nicht, weil das Haus als Absonderungsgut nur dem Zugriff der Hypothekargläubiger ausgesetzt wäre.

▶ Der Anfechtungsanspruch ist ***kein Bereicherungsanspruch:*** Bereicherung des Anfechtungsgegners ist keine Voraussetzung für die Geltendmachung.

▶ Vielmehr lässt sich der Anfechtungsanspruch am besten als ***Vorwirkung des Insolvenzverfahrens*** begreifen, die schuldnerischen Verfügungsbeschränkungen des Insolvenzverfahrens wirken zurück: Daraus leitet sich das Anfechtungsrecht ab, das eine Korrektur von gläubigerbenachteiligenden Vermögensverschiebungen oder -belastungen ahnden soll (vgl. *Kozi-*

ol/Bollenberger in Bartsch/Pollak/Buchegger, I, zu § 27 KO Rz 3 ff, insbes. 9; s. *König,* Anfechtung[5] Rz 2/9; ebenso *Buchegger* in Cranshaw/Hinkel, Gläubigerkommentar Anfechtungsrecht[2], 861 f).

D. Absichtsanfechtung (actio Pauliana)

Der Schuldner hat Rechtshandlungen vorgenommen in der Absicht, seine Gläubiger zu benachteiligen *(Benachteiligungsabsicht).*

Dolus eventualis genügt: Die Benachteiligung muss nicht Beweggrund, nur dem Schuldner bewusst gewesen und von ihm in Kauf genommen worden sein (Richterrecht). Wer im Bewusstsein, dass eine volle Befriedigung aller Gläubiger in Zukunft nicht möglich sein wird, einen Gläubiger voll befriedigt (mithin begünstigt), handelt in Benachteiligungsabsicht.

Zur Benachteiligungsabsicht des Schuldners muss noch die *Kenntnis oder fahrlässige Unkenntnis des Dritten von der Benachteiligungsabsicht* hinzutreten. Danach unterscheiden wir drei Fälle:

1. Doluspauliana (§ 28 Z 1 IO)

Anfechtbar sind alle Rechtshandlungen der letzten zehn Jahre vor Eröffnung des Insolvenzverfahrens, wenn der Anfechtungsgegner die Benachteiligungsabsicht gekannt hat.

2. Culpapauliana (§ 28 Z 2 IO)

Anfechtbar sind alle Rechtshandlungen der letzten zwei Jahre vor Eröffnung des Insolvenzverfahrens, wenn der Anfechtungsgegner die Benachteiligungsabsicht hätte kennen müssen.

Kennenmüssen bedeutet Außerachtlassen der gehörigen Sorgfalt. Schon leichte Fahrlässigkeit ist tatbestandsmäßig.

3. Familienpauliana (§ 28 Z 3 IO)

Ist der Anfechtungsgegner ein naher Angehöriger des Schuldners (§ 32 Abs 1 IO, oben II), so muss er beweisen, dass eine Benachteiligungsabsicht des Schuldners entweder nicht bestand oder ihm nicht bekannt war oder er unverschuldet keine Kenntnis von ihr hatte (anspruchshindernde Sacheinrede). Ein non liquet belastet den Beklagten. Die Anfechtungsfrist beträgt hier zwei Jahre.

In keinem dieser Fälle spielt es eine Rolle, ob der Anfechtungsgegner befriedigt wurde, wie es ihm aus dem Verpflichtungsgeschäft zustand (kongruente Deckung) oder wie er es nicht beanspruchen durfte (inkongruente Deckung). Allein die Benachteiligungsabsicht und deren Kenntnis oder Kennenmüssen geben den Ausschlag.

Die Rechtsprechung verlangt allerdings für die Anfechtung kongruenter Deckung mitunter zusätzliche Tatbestandsmerkmale auf subjektiver Ebene.

E. Verschleuderungsanfechtung

Anfechtbar sind gemäß § 28 Z 4 IO die Kauf-, Tausch- und Lieferungsverträge des Schuldners im letzten Jahr vor der Eröffnung des Insolvenzverfahrens, die eine gläubigerbenachteiligende Vermögensverschleuderung bewirkt haben (objektiver Tatbestandsteil). Der Schuldner muss fahrlässig gehandelt, der Dritte das Geschäft als gläubigerbenachteiligende Vermögensverschleuderung erkannt oder fahrlässig nicht erkannt haben (subjektiver Tatbestandsteil).

Nach hL und hR tritt bei nahen Angehörigen (§ 32 IO) hinsichtlich der subjektiven Tatbestandselemente eine Beweislastumkehr ein, wiewohl bei diesem Tatbestand eine Sonderregelung für nahe Angehörige – systemwidrigerweise – fehlt (planwidrige Gesetzeslücke).

F. Schenkungsanfechtung

Unentgeltliche sowie gleichgestellte Verfügungen des Schuldners innerhalb der letzten zwei Jahre vor Eröffnung des Insolvenzverfahrens sind nach § 29 IO anfechtbar. Subjektive Tatbestandselemente fehlen, weil der unentgeltliche Erwerb (bzw. ein diesem gleichgestellter Erwerb) weniger Schutz erfordert.

1. Schenkungsanfechtung (§ 29 Z 1 IO)

Anfechtbar sind die in den letzten zwei Jahren vor Eröffnung des Insolvenzverfahrens vorgenommenen unentgeltlichen sowie solchen gleichgestellte Verfügungen des Schuldners.

Von der Anfechtung ausgenommen ist die Erfüllung einer gesetzlichen Verpflichtung (Unterhaltspflicht).

Unanfechtbar sind weiters, jeweils aber in bloß angemessener Höhe

- gebräuchliche Gelegenheitsgeschenke (Hochzeitsgeschenk),
- Verfügungen zu gemeinnützigen Zwecken (Caritasspende),
- Verfügungen, mit denen einer sittlichen Pflicht entsprochen wird (freiwilliger Unterhalt bedürftiger Geschwister),
- Verfügungen, mit denen Rücksichten des Anstands entsprochen wird (Verzicht auf die Einforderung eines bloß geringfügigen Geldbetrags Verwandten und Freunden gegenüber).

2. Anfechtung exekutiven Erwerbs (§ 29 Z 2 IO)

Der Erwerb von exekutionsunterworfenen Sachen des Schuldners zufolge obrigkeitlicher Verfügung (zwangsweiser Verkauf im Exekutions-, Außerstreit- oder Verwaltungsverfahren) ist anfechtbar, sofern er binnen zwei Jahren vor der Eröffnung des Insolvenzverfahrens erfolgte und

- das Entgelt aus Mitteln des Schuldners geleistet worden ist oder
- der Erwerb durch nahe Angehörige des Schuldners erfolgte, wobei vermutet wird, dass das Entgelt aus Mitteln des Schuldners geleistet wurde; der nahe Angehörige hat sich daher frei zu beweisen, wenn er Gegenteiliges behauptet.

G. Begünstigungsanfechtung

Es handelt sich um drei Tatbestände, die ein zeitliches Naheverhältnis zum Insolvenzantrag oder zum Eintritt der Zahlungsunfähigkeit gemeinsam haben („kritische Zeit", § 30 Abs 1 IO):

Anfechtbar sind alle Sicherstellungen und Befriedigungen eines Gläubigers im letzten Jahr vor Eröffnung des Insolvenzverfahrens (§ 30 Abs 2 IO)

- nach dem Insolvenzantrag,
- nach Eintritt der Zahlungsunfähigkeit,
- in den letzten sechzig Tagen vor dem Insolvenzantrag oder vor Eintritt der Zahlungsunfähigkeit.

Begünstigung bedeutet Befriedigung eines Gläubigers zum Nachteil der anderen, weil die Schuldnermittel nicht zur Befriedigung aller ausreichen. „Nachteil" bedeutet nicht immer „Benachteiligung" im Sinn des § 28 IO.

1. Subjektive Begünstigung (§ 30 Abs 1 Z 3 IO)

Der Anfechtungsgegner erhielt zwar, was er zu fordern hatte ***(gebührende = kongruente Deckung),*** doch geschah dies in der Absicht des Schuldners, den Gegner vor anderen Gläubigern zu begünstigen, und der Gegner hat diese Begünstigungsabsicht gekannt oder hätte sie erkennen müssen.

Tatbestandsmäßig ist auch der ***kongruente Leistungsaustausch Zug um Zug*** (insbes. eine Kreditgewährung Zug um Zug gegen eine Pfandrechtsbestellung): Es kommt allein darauf an, ob der Grundsatz der Gläubigergleichbehandlung (par conditio creditorum) verletzt wurde, ob der Schuldner in Begünstigungsabsicht gehandelt hat und der Dritte davon wusste oder wissen musste.

2. Familienbegünstigung (§ 30 Abs 1 Z 2 IO)

Der Anfechtungsgegner gehört zur familia suspecta des Schuldners. Hier werden dolus des Schuldners und culpa des Gegners vermutet. Dieser kann sich nur durch den Beweis des Gegenteils befreien.

3. Objektive Begünstigung (§ 30 Abs 1 Z 1 IO)

Der Anfechtungsgegner erhielt, was er „nicht oder nicht in der Art oder nicht in der Zeit" zu beanspruchen hatte ***(abweichende = inkongruente Deckung).***

Hier fehlen subjektive Tatbestandselemente: Der Begünstigte muss weder die Zahlungsunfähigkeit noch eine etwaige Begünstigungsabsicht noch die abweichende Befriedigung kennen.

Beispiele: vom Arbeitgeber geleistete Lohnvorschüsse, der Erwerb einer Zwangshypothek am Schuldnergut, der Verkauf von Waren an einen Gläubiger unter Aufrechnung des Kaufpreises.

Der Anfechtungsgegner kann sich nur durch den Beweis befreien, dass er trotz dieser Abweichung vor den anderen Gläubigern nicht begünstigt wurde, also nicht mehr erhalten hat, als was ihm im Insolvenzverfahren zustünde.

Dieser schwierige *Einredebeweis der Nichtbegünstigung* gelingt zB. dem Verkäufer einer Sache unter Eigentumsvorbehalt, dessen Kaufpreisforderung durch Aufrechnung befriedigt wurde, wenn sich die Sache zur Zeit der (angefochtenen) Aufrechnung beim Schuldner befand und ihre Veräußerung einen zur Befriedigung des Anfechtungsgegners hinreichenden Betrag ergeben hätte *(König).*

H. Kenntnisanfechtung

Betroffen sind die in den letzten sechs Monaten vor der Eröffnung des Insolvenzverfahrens (§ 31 Abs 2 IO) nach Eintritt der Zahlungsunfähigkeit oder nach dem Insolvenzantrag (§ 31 Abs 1 IO), mithin ***in der Krise*** vorgenommenen Rechtshandlungen, und zwar

a. Rechtshandlungen, durch die ein anderer ***Insolvenzgläubiger Sicherstellung oder Befriedigung*** erlangt, sowie überhaupt

b. alle vom Schuldner mit anderen Personen eingegangenen, für die Gläubiger ***nachteilige Rechtsgeschäfte***

wenn dem anderen Teil die Zahlungsunfähigkeit/Überschuldung oder der Antrag auf Eröffnung des Insolvenzverfahrens bekannt war oder bekannt sein musste.

Die Beweislast für die ***Kenntnis oder fahrlässige Unkenntnis*** der Insolvenz oder des Eröffnungsantrags liegt beim klagenden Insolvenzverwalter. Auf eine Benachteiligungs*absicht* des Schuldners kommt es nicht an.

1. Allgemeine Krisenkenntnis (§ 31 Abs 1 Z 2 IO)

Gegenstand des § 31 Abs 1 Z 2 IO sind Rechtshandlungen, durch die ein anderer ***Insolvenzgläubiger Sicherstellung oder Befriedigung*** erlangt

Diese Rechtshandlungen sind unter zwei Voraussetzungen anfechtbar, nämlich wenn

- dem anderen Teil die Zahlungsunfähigkeit oder der Eröffnungsantrag bekannt war oder bekannt sein musste und
- die Rechtshandlung für die Gläubiger ***unmittelbar nachteilig ist.***

Unmittelbar nachteilig ist ein Rechtsgeschäft für die Gläubiger dann, wenn es für sich betrachtet schon unmittelbar nachteilige Rechtsfolgen nach sich zieht. Zu beweisen hat der Insolvenzverwalter die Vornahme der Rechtshandlung binnen der anfechtungsrechtlich kritischen Frist des § 31 Abs 1 IO. Ob unmittelbare Nachteiligkeit vorliegt oder nicht muss den Vertragspartnern zum Zeitpunkt des Abschlusses des Rechtsgeschäfts nicht bewusst gewesen sein. Es handelt sich hier um ein objektives Tatbestandselement.

So ist der Verkauf einer Sache zu angemessenem Preis, wenn der Schuldner den Erlös nicht zur Befriedigung der Gläubiger verwendet hat, dann nicht tatbestandsmäßig, wenn dies dem Geschäftspartner zum Zeitpunkt des Geschäftsabschlusses objektiv nicht vorhersehsehbar war.

2. *Familiäre Krisenkenntnis (§ 31 Abs 1 Z 1 IO)*

Hat durch solche Rechtshandlungen ein naher Angehöriger des Schuldners (familia suspecta, § 32 IO) für seine Insolvenzforderung Sicherstellung oder Befriedigung erlangt oder ist der Schuldner mit ihm ein für die Gläubiger nachteiliges Rechtsgeschäft eingegangen, so kann sich der nahe Angehörige nur befreien, wenn er beweist,

- dass ihm bei Sicherstellung oder Befriedigung oder bei Eingehen eines für die Gläubiger ***unmittelbar nachteiligen Rechtsgeschäfts*** die Zahlungsunfähigkeit/Überschuldung oder der Eröffnungsantrag weder bekannt war noch bekannt sein musste,
- *dass bei einem **sonst nachteiligen Rechtsgeschäft** die Insolvenz des Schuldners weder bekannt war noch bekannt sein musste und **zudem der Eintritt eines Nachteils objektiv nicht vorhersehbar war** (widerlegbare culpa-Vermutung).*

§ 31 Abs 1 Z 1 IO differenziert mithin zwischen unmittelbar und bloß mittelbar nachteiligen Rechtsgeschäften, verlangt bei letzteren aber den zusätzlichen ***Purgationsbeweis*** der Nichtvorhersehbarkeit eines Nachteils für die Gläubiger zum Zeitpunkt des Abschlusses des Rechtsgeschäfts.

3. *Objektive Vorhersehbarkeit eines Nachteils für die Insolvenzmasse (§ 31 Abs 1 Z 3 IO)*

Dieser Tatbestand ***betrifft*** – anders als § 31 Abs 1 Z 1 und 2 IO – ***nicht auch die Sicherstellung oder Befriedigung von Insolvenzforderungen, daher nur die oben eingangs unter b. genannten Geschäfte:***

Anfechtbar sind vom Schuldner mit anderen Personen eingegangene für die Gläubiger – wenn auch bloß mittelbar – nachteilige Rechtsgeschäfte, wenn dem anderen Teil die Zahlungsunfähigkeit/Überschuldung oder der Eröffnungsantrag bekannt war oder bekannt sein musste ***und*** der ***Eintritt eines Nachteils*** für die Insolvenzmasse ***zum Zeitpunkt des Abschlusses des Rechtsgeschäfts objektiv vorhersehbar war.***

Eine solche objektive Vorhersehbarkeit liegt insbesondere dann vor, wenn ein ***Sanierungskonzept offensichtlich untauglich*** war.

Den Begriff des Sanierungskonzepts verwendet die IO ohne nähere Erläuterung. Die RVEB 612 BeilNR XXIV GP, zu Artikel 1, Z 16 und 17, Seite 14 verweisen auf *Karollus* in Buchegger, Österreichisches Insolvenzrecht, Erster Zusatzband, zu § 13 EKEG Rz 15 ff, der – in Ermangelung einer näheren Definition des Begriffs auch im EKEG – jedenfalls ein Mindestmaß an gesamthaften Planungen der erforderlichen Sanierungsschritte sowie – als notwendige Voraussetzung für die Ermittlung des Sanierungsbedarfs – eine Analyse der Krisenursachen verlangt, und auf den Leitfaden Fortbestehensprognose der Kammer der Wirtschaftstreuhänder und der Wirtschaftskammer Österreich (2006) verweist. Siehe dazu *Mohr,* Sanierungsplan und Sanierungsverfahren Rz 812. Vgl. zum Begriff des Sanierungskonzepts auch *Zeitler* ZIK 2011/69, 52.

Die Sonderregelung für nahe Angehörige findet sich in § 31 Abs 1 Z 1 IO, zweiter Halbsatz (siehe oben 2.).

Hintergrund der Neuregelung war der ursprünglich im MinE des IRÄG 2010 enthaltene Gedanke, Geschäftspartnern im Vorfeld von Sanierungsbestrebungen zusätzlich zum Kreditrisiko nicht auch noch das Anfechtungsrisiko aufzuerlegen (vgl. RVEB 612 BeilNR XXIV GP, zu Artikel 1, Z 16 und 17, Seite 14 f mwN), ein Vorhaben, das allerdings vom MinE bis zur RV des IRÄG 2010 wieder deutlich in den Hintergrund gedrängt wurde (vgl. *Mohr,* Sanierungsplan und Sanierungsverfahren Rz 810 mwN).

I. Anfechtungsprozess

1. Parteien

Anfechtungsberechtigt ist der ***Insolvenzverwalter*** (§ 37 Abs 1 IO). Er muss zur Erhebung der Anfechtungsklage oder zum Eintritt in einen bei Verfahrenseröffnung anhängigen Anfechtungsprozess nach der AnfO die Äußerung des Gläubigerausschusses einholen; in dringenden Fällen genügt die Erlaubnis des Insolvenzgerichts (§ 114 Abs 1 und 2 IO).

Ist im *Privatinsolvenzverfahren* kein Insolvenzverwalter bestellt, so kann jeder Insolvenzgläubiger die Anfechtungsklage erheben; ein Erlös fällt in die Masse (§ 189 IO).

Anfechtungsgegner ist der Empfänger der anfechtbaren Leistung oder sein Gesamtrechtsnachfolger (Erbe, Vermögensübernehmer; § 38 Abs 1 IO).

Gegen ***Einzelrechtsnachfolger*** oder ***Rechtsnehmer*** (zB. bei Dienstbarkeiten, Pfand- und Bestandrechten) ist die gegen den Rechtsvorgänger begründete Anfechtung nur zulässig (§ 38 Abs 2 IO),

- wenn sie bei Erwerb den Anfechtungsgrund kannten oder kennen mussten,
- wenn sie vom Vorgänger unentgeltlich erworben haben,
- wenn sie nahe Angehörige des Schuldners sind (§ 32 IO), es sei denn, dass sie bei Erwerb unverschuldet keine Kenntnis vom Anfechtungsgrund hatten.

Wenn Ersterwerber und Nacherwerber dem Anfechtungsanspruch unterliegen, können sie gemeinsam als einfache Streitgenossen geklagt werden.

2. *Zuständigkeit und Geltendmachung*

Der Anfechtungsanspruch kann *innerhalb eines Jahrs nach Eröffnung des Insolvenzverfahrens gerichtlich* geltend gemacht werden durch:

- Anfechtungsklage,
- Anfechtungseinrede,
- Widerspruch im Verteilungsverfahren,
- Anmeldung im Insolvenzverfahren des Gegners.

Ausschließlich zuständig für die Geltendmachung durch Klage ist das Insolvenzgericht (§§ 43 Abs 5 iVm 63 ff, 189 IO).

Ist das ***Anfechtungsrecht durch Klage*** auszuüben, so führt eine Fristversäumung zum Erlöschen des Anfechtungsanspruchs (§ 43 Abs 2 S 1 IO). Diese Klagefrist kann allerdings durch eine ***Vereinbarung*** zwischen Insolvenzverwalter und Anfechtungsgegner ***einmalig um bis zu drei Monate verlängert*** werden (§ 43 Abs 2 S 3 und 4 IO, eingefügt durch Art 1 Z 2 IRÄG 2017).

Wurde ein ***Sanierungsplan vorgelegt und angenommen,*** so wird die ***Anfechtungsklagefrist*** ab Annahme bis zur Rechtskraft der Versagung der Bestätigung des Sanierungsplans ***gehemmt*** (§ 43 Abs 2 S 2 IO).

Bei rechtskräftiger Bestätigung erlischt das Anfechtungsrecht uno actu mit der damit einhergehenden ex-lege-Aufhebung des Insolvenzverfahrens (§ 152b Abs 2 S 1 IO).

Der Insolvenzverwalter kann mit der Fortführung eines bei Aufhebung des Insolvenzverfahrens anhängigen Anfechtungsprozesses betraut werden (SZ 60/3; ZIK 2006/24, 25), dies aber nur beim Liquidationsplan (RdW 2006/340, 342) und bei anderen Fällen der Aufhebung des Insolvenzverfahrens, nicht beim Sanierungsplan (ZIK 2003/288, 207).

3. Klagebegehren

Das Anfechtungsbegehren lautet nach hR ***auf Rückleistung*** dessen, was dem Vermögen des Schuldners entgangen ist, subsidiär auf Wertersatz ***(Leistungsbegehren).***

Die auf Leistung lautende Anfechtungsklage enthält konkludent auch ein Rechtsgestaltungsbegehren, denn Leistung aus Anfechtung setzt rechtslogisch Unwirksamerklärung voraus. Daher kann und muss ein solch unvollständig formuliertes Klagebegehren in jeder Verfahrenslage auf Antrag oder von Amts wegen berichtigt (ausformuliert) werden, allenfalls gemäß §§ 84, 85 ZPO.

Sofern der Insolvenzverwalter nicht der Verurteilung des Anfechtungsgegners bedarf, muss er ihn zunächst *außergerichtlich* auffordern, die Verbindlichkeit zu erfüllen. Sonst wird er kostenersatzpflichtig, wenn der Gegner den Anfechtungsanspruch sofort bei erster Gelegenheit anerkennt (§ 45 ZPO).

Hat der Anfechtungsgegner noch keine Leistung aus dem anfechtbaren Geschäft erhalten, so macht der Insolvenzverwalter die Anfechtung mittels ***Einrede*** gegen den auf Leistung klagenden Anfechtungsgegner geltend.

Die früher vertretene Auffassung, die Anfechtungsklage enthalte ein ***Doppelbegehren auf***

- Unwirksamerklärung der Rechtshandlung des Schuldners gegenüber der Insolvenzmasse ***(Rechtsgestaltungsbegehren)*** und auf
- Rückleistung dessen, was dem Vermögen des Schuldners entgangen ist, subsidiär auf Wertersatz ***(Leistungsbegehren)***

entspricht zwar dem Regelungsgehalt des § 27 IO, wird aber vor dem Hintergrund der hR nur mehr vereinzelt vertreten.

4. Ansprüche des Anfechtungsgegners

Hat der Anfechtungsgegner aufgrund des anfechtbaren Rechtsgeschäfts eine Gegenleistung erbracht, so kann er diese zurückfordern wenn

- diese noch unterscheidbar in der Insolvenzmasse vorhanden ist oder
- die Insolvenzmasse um ihren Wert bereichert ist (§ 41 Abs 1 IO).

In diesen Fällen hat der Anfechtungsgegner eine Masseforderung iSd § 46 IO.

Weitergehende Ansprüche des Anfechtungsgegners können nur als Insolvenzforderungen geltend gemacht werden (§ 41 Abs 2 IO), die mit dem Entstehen der Rückleistungspflicht, also erst *nach* Verfahrenseröffnung entstehen; sie unterliegen der insolvenzmäßigen Feststellung in der Prüfungstagsatzung und sind, sofern sie nicht vom Insolvenzverwalter oder einem bestreitungsbefugten Gläubiger bestritten werden, mit der Quote zu befriedigen. Der Anfechtungsgegner hat ein Aufrechnungsrecht nach § 20 Abs 3 IO.

Dritter Teil

Insolvenzgericht und Organe des Insolvenzverfahrens

Lit.: *Abel,* Kopfstimme(n) des Teilschuldverschreibungskurators im Insolvenzverfahren, ZIK 2011/178, 133; *Bachmann/Mitteregger,* Grundsätzliches zu Regelentlohnung und Prozesskosten des Insolvenzverwalters bei Masseunzulänglichkeit, ZIK 2014/244, 169; *Bachmann/Mitteregger,* Die Stellung der Massegläubiger bei Insolvenzaufhebung, ZIK 2016/59, 52; *Birek/Zeilinger,* Zur fachlichen Qualifikation von Insolvenzverwaltern, ZIK 2014/246, 178; *Buchegger,* Insolvenzanfechtung und EuInsVO – Internationale Zuständigkeit und Kollisionsrecht, in Smid/Zeuner/Schmidt (Hrsg.), Aktuelle Probleme des geltenden deutschen Insolvenzrechts, Schriften zum deutschen, europäischen und internationalen Insolvenzrecht, Band 16 (2009) 107; *Burgstaller/Holzweber,* Rechtzeitigkeit eines Antrags auf Enthebung des Masseverwalters, RZ 2005, 136; *Eimer/Seeber,* Der „Wert" von Anfechtungsklagen iSd § 116 Abs 2 IO, ZIK 2015/57, 60; *Engelhart,* Keine Insolvenzfähigkeit der Zweigniederlassung, ZIK 2016/221, 162; *Fruhstorfer,* Bemessungsgrundlage und Entlohnung für den Einsatz besonderer Sachkunde, ZIK 2008/186, 110; *Heimel/Trettnak,* Direkte Kompetenz des Masseverwalters zur Firmenänderung ohne Satzungsänderung? ZIK 2016/58, 49; *Hohl,* Lebensversicherung als steuerliche Vorsorgemodelle im Konkurs des Versicherungsnehmers – keine vorzeitige Zugriffsmöglichkeit für den Masseverwalter, AnwBl 2007, 453; *Höller/Steger,* Das Stimmrecht des Kurators der Anleihegläubiger in der Sanierungsplantagsatzung, ZIK 2011/179, 135; *Jelinek,* Besondere Verwalter im Insolvenzverfahren, RdW 1984, 330; *Jelinek,* Kompetenzverteilung zwischen Insolvenzverwalter und Insolvenzgläubigern, in Leipold (Hrsg.), Insolvenzrecht im Umbruch, Analysen und Alternativen, Würzburger Arbeitstagung der Vereinigung der Zivilprozessrechtslehrer zum Referentenentwurf einer Insolvenzordnung (1991) 21; *Kantner,* Bonitätsauskunft und Haftung, ZIK 2012/122, 89; *Kernbichler,* Privilegierte Fristsetzung nach § 21 Abs 2 IO und Haftung des Insolvenzverwalters, RdW 2016/541, 735; *Kolmasch,* Prüfung von Forderungsanmeldungen durch den Insolvenzverwalter, Zak 2017/179, 103; *Kolmasch,* Unterbrechung des Verlassenschaftsverfahrens durch Insolvenzeröffnung, Zak 2017/112, 63; *Kolmasch,* Kein datenschutzrechtliches Auskunftsrecht des Insolvenzverwalters der Verlassenschaft, Zak 2017/35, 23; *Konecny,* Zur Prozeßführung durch den Ausgleichsschuldner, JBl 1986, 353; *Konecny,* Eigenverwaltung im Konkurs privater Schuldner, in Buchegger, BeitrZPR V 45; *Konecny,* Aktuelles zur Bemessung der Regelentlohnung von Masseverwaltern, ZIK 2007/298, 190; *Konecny,* Belohnung der bevorrechteten Gläubigerschutzverbände bei Unternehmensfortführung ZIK 2000/50, 43; *Konecny,* Verbot von Rechtshandlungen gegen Schuldner(organe), ZIK 2017/34, 26; *Kraft/Thurner/Blancke,* Die Bestellung des Masseverwalters nach der österreichischen Insolvenzrechts-Novelle 2002, dZinsO 2002, 864; *Kristen,* Umsatzsteuer im Konkurs. Was hat der Masseverwalter zu beachten?, ZIK 2000/188, 153; *Leitshöller/Naderer/Hofbauer/Köstlbauer,* Unternehmenskrise und Insolvenz (1994); *Lentsch,* Geltendmachung und Umfang der Haftung des Masseverwalters bei gescheiterter Unternehmensfortführung, ZIK 2000/49, 38; *Löbl,* Die Überwachung der Geschäftsführung des Masseverwalters im regulären Konkurs (1999); *Nunner-Krautgasser,* Masseverwalterhaftung für Prozesskosten, Zak 2007/373, 212; *Nunner-Krautgasser,* Prozesskostenfinanzierung und Organkompetenzen im Insolvenzverfahren, ZIK 2015/99, 87; *Oberhammer,* Zur Abtretung von Ansprüchen der Insolvenzmasse nach § 275 UGB, ecolex 2016, 580; *Reckenzaun,* Wann ist der überschuldete Nachlass ein Fall für den Masseverwalter? NZ 2007/31; *Reckenzaun,* Haftung des Abschlussprüfers – Geltendmachung durch Insolvenzverwalter, ZIK 2016/167, 128; *Reimer,* Die Stellung der Gläubigerschutzverbände in den österreichischen Insolvenzverfahren, FS 100 Jahre Kreditschutzverband von 1870 (1970) 49; *Riel,* Aktuelle Probleme und Judikatur zum IVEG, ZIK 2000/241, 182; *Riel,* Die Befugnisse des Masseverwalters im Zivilverfahrensrecht (1995); *Riel,* Die Eigenverwaltung gem §§ 169 ff IO, in Konecny (Hrsg.), IRÄG 2010 – Insolvenzrechtsänderungsgesetz 2010, ZIK Spezial (2010) 131; *Riel,* Wer ist der Insolvenzverwalter? ZIK 2012/66, 47; *Riel,* (Keine) Akteneinsicht des Schuldners in Gläubigerausschussprotokolle, ZIK 2015/55, 53; *Riel/Schuster,* Bekanntmachungen der Masseverwalter in der Ediktsdatei – technische Voraussetzungen und Möglichkeiten, ZIK 2002/ 108, 82; *Riss,* Sicherung von Gewährleistungsansprüchen in der Insolvenz des Werkunternehmers. Überlegungen zum Rücktrittsrecht des Masseverwalters nach § 21 KO und zu Wesen und Konkursfestigkeit des Haftrücklasses, ÖBA 2008, 18; *Roehlich,* OLG Wien: Kommanditist ist nicht „Beteiligter" iSd § 81 Abs 3 IO, ZIK 2017/66, 55; *K. Schmidt,* Der Konkursverwalter als Gesellschaftsorgan und als Repräsentant des Gemeinschuldners, KTS 1984, 345; *Shamiyeh,* Die zivilrechtliche Haftung des Masseverwalters (1995); *Slonina,* „Schützenhilfe" vom EuGH in der Diskussion um Verfahrenshilfeansprüche des Masseverwalters, ZIK 2011/68, 49; *Slonina,* Abschaffung des Anspruchs auf Verfahrenshilfe für juristische Personen verfassungswidrig - Anmerkungen zu VfGH G 26/10 ua, ZIK 2011/291, 202; *Steyskal,* Unternehmensfortführung im Konkurs durch den Masseverwalter (2001); *Trenker,* Befugnis des Masseverwalters zur Firmenänderung? ZIK 2015/98, 84; *Truckenthanner,* Bedenken zur Geltendmachung von Quotenschäden durch den Masseverwalter – Dogmatik und Praxis, ZIK 2007/198, 116; *Völkl/ Völkl,* Die Haftung der rechtsberatenden Berufe im Spiegel der Rechtsprechung, ÖJZ 2017/2, 5 und 2017/30, 200; *Weber,* Das Insolvenzverwalter-Entlohnungsgesetz, ecolex 1999, 458; *Weber-Willfert,* Akteneinsicht des Insolvenzverwalters im Verwaltungsverfahren, ZIK 2014/6, 2; *Zeitler,* Zur Fortführungsverpflichtung und den Schließungsvoraussetzungen der IO, ZIK 2017/67, 57; *Zotter,* Die Rolle der Gläubigerschutzverbände bei der außergerichtlichen Sanierung, in Feldbauer-Durstmüller/Stiegler, Krisenmanagement (1994) 321.

I. Insolvenzgericht

A. Zuständigkeit

Das nach den folgenden Zuständigkeitsregeln ermittelte Gericht ist für alle Insolvenzverfahren, somit für Konkurse und Sanierungsverfahren gleichermaßen zuständig ***(Insolvenzgericht)***.

Besondere Bestimmungen gelten für das Schuldenregulierungsverfahren bei Insolvenz natürlicher Personen ohne Unternehmen.

1. Sachliche Zuständigkeit

Sachlich zuständig ist das ***Landesgericht*** (§ 63 Abs 1 IO); es besteht Einzelgerichtsbarkeit (§ 253 Abs 1 IO).

Das *Handelsgericht Wien* ist Insolvenzgericht für den Bereich des Landesgerichts für Zivilrechtssachen Wien (§ 64 IO).

► ***Die landesgerichtliche Zuständigkeit besteht für alle Unternehmer sowie für juristische Personen und Verlassenschaften, auch wenn sie kein Unternehmen betreiben.*** Zu den Unternehmern zählen nicht nur Kaufleute, sondern auch Landwirte und freie Berufe (Rechtsanwälte, Ärzte).

Soll mit oder nach Eröffnung des Insolvenzverfahrens über das Vermögen einer Handelsgesellschaft auch das Insolvenzverfahren über das Privatvermögen eines unbeschränkt haftenden Gesellschafters eröffnet werden, so ist hierfür das Gericht zuständig, bei dem das Gesellschaftsinsolvenzverfahren anhängig ist (§ 65 IO).

► Für ***Insolvenzverfahren natürlicher Personen, die kein Unternehmen betreiben, ist hingegen das Bezirksgericht zuständig*** (§ 182 IO). Das gilt auch für natürliche Personen, die früher ein Unternehmen betrieben haben, selbst wenn die Schulden aus jener Tätigkeit stammen. Das bezirksgerichtliche Insolvenzverfahren heißt *Schuldenregulierungsverfahren (§ 182 Abs 1 IO).* Siehe §§ 181 ff IO. Siehe dazu unten 7. Teil III.

In *Wien* ist jenes *Bezirksgericht* zuständig, das nach dem Wiener Bezirksgerichts-Organisationsgesetz (BGOG Wien) für *Exekutionssachen* zuständig ist (§ 181 IO).

Der Gerichtshof hat, falls er in einer Insolvenz eines Nichtunternehmers angerufen wird, in jeder Lage des Verfahrens von Amts wegen oder auf Antrag seine Unzuständigkeit auszusprechen und die Sache an das sachlich zuständige Bezirksgericht zu überweisen (§ 182 Abs 2 IO, eingefügt mit Art 1 Z 22 IRÄG 2017).

► Im Gegensatz zum ***Konkursverfahren (§ 180 IO)*** steht das ***Sanierungsverfahren*** nur natürlichen Personen, die ein Unternehmen betreiben, juristischen Personen, Personengesellschaften sowie Verlassenschaften offen (§ 166 IO). ***Im Sanierungsverfahren besteht daher stets landesgerichtliche Zuständigkeit, in Wien Zuständigkeit des HG Wien.***

2. Örtliche Zuständigkeit

Maßgeblicher Zeitpunkt für die Ermittlung der örtlichen Zuständigkeit ist der Zeitpunkt der Antragstellung. Örtlich zuständig sind in nachstehender Reihenfolge (§ 63 Abs 1 und 2 IO, vgl. Art 3 Abs 1 EuInsVO neu):

a) der Gerichtshof, in dessen Sprengel der Schuldner sein *Unternehmen* betreibt, mangels eines solchen

b) der Gerichtshof, in dessen Sprengel der Schuldner seinen *gewöhnlichen Aufenthalt* hat, mangels eines solchen im Inland

c) der Gerichtshof, in dessen Sprengel sich eine *Niederlassung des Schuldners* befindet, mangels einer solchen

d) der Gerichtshof, in dessen Sprengel sich *Vermögen des Schuldners* befindet.

Sind mehrere Gerichte zuständig, so entscheidet das Zuvorkommen mit der Insolvenzeröffnung (§ 63 Abs 3 IO).

Betreibt eine natürliche Person kein Unternehmen, so ist das Bezirksgericht örtlich zuständig (vgl. *Mohr* in Konecny/Schubert, zu § 182 KO Rz 9 f), in dem ***zum Zeitpunkt der Antragstellung*** *a)* der Schuldner seinen gewöhnlichen Aufenthalt hat, mangels eines solchen im Inland

b) sich Schuldnervermögen befindet.

Wiederum entscheidet bei Zuständigkeitskonkurrenz das *Zuvorkommen* (§§ 63 Abs 3, 182 IO).

3. Insolvenznahe Verfahren

Das Insolvenzgericht ist ***ausschließlich zuständig für Klagen*** (§ 63a S 1 IO, Art 1 Z 5 IRÄG 2017

- die unmittelbar aus dem Insolvenzverfahren hervorgehen ***und*** in engem Zusammenhang damit stehen,

sowie

- für andere zivil- oder unternehmensrechtliche Klagen, ***die mit den oben genannten in engem Zusammenhang stehen.***

Das gilt nicht, wenn der Insolvenzverwalter in einen anhängigen Rechtsstreit eintritt. Dann bleibt die Zuständigkeit des Prozessgerichts bestehen (§ 63a S 2 IO).

§ 63a IO ist die innerstaatliche Zuständigkeitsnorm für Verfahren nach Art 6 EuInsVO. Die Bestimmung ist die Antwort des Verordnungsgebers auf die EuGH-Entscheidung im Fall *Seagon/DecoMarty, Belgium,* in dem nach einem Vorabentscheidungsersuchen des BGH der EuGH für Insolvenzanfechtungsklagen die nationale Zuständigkeit der Gerichte des Eröffnungsstaats bejaht hatte. Der Test, ob ein Verfahren aus dem Insolvenzverfahren hervorgeht und damit in engem Zusammenhang steht, geht auf die Anwendung der *Gourdain/Nadler* – Doktrin zurück. Diese Doktrin führt zu einer unbefriedigenden, in der Verordnung und nun in § 63a IO festgeschriebenen, normativ geprägten Zuständigkeitsbestimmung, deren Auslegung im Einzelfall uns noch manche Rekursverfahren bescheren wird.

Vgl. zur internationalen Zuständigkeit für Insolvenzanfechtungsklagen *Buchegger,* Insolvenzanfechtung und EuInsVO – Internationale Zuständigkeit und Kollisionsrecht, in Smid/Zeuner/Schmidt (Hrsg.), Aktuelle Probleme des geltenden deutschen Insolvenzrechts, Schriften zum deutschen, europäischen und internationalen Insolvenzrecht, Band 16 (2009) 107.

Die ausschließliche Zuständigkeit für insolvenznahe Verfahren in einem neuen § 63a IO zu regeln erscheint geglückt, weil an prominenter und systematisch konsequenter Stelle. Für solche insolvenznahe Verfahren gelten gleichfalls die Verfahrensbestimmungen des § 263 IO (s. unten 4. Teil. I. B. 2.).

4. Internationale Zuständigkeit → Drittes Buch

B. Aufgaben des Insolvenzgerichts

Das Insolvenzgericht beschließt die Eröffnung und die Aufhebung des Insolvenzverfahrens. Es ***leitet das Insolvenzverfahren*** (namentlich die

Tagsatzungen), bestellt den Insolvenzverwalter oder den Sanierungsverwalter, überwacht ihn und die anderen Insolvenzorgane, trifft Maßnahmen zur Sicherung des Insolvenzvermögens, beteiligt sich an dessen Feststellung (namentlich der Aktiven), genehmigt die Verwalterrechnung und bewilligt die Verteilung des Erlöses.

Es kann Beschlüsse der Gläubigerversammlung sistieren. Es prüft den Sanierungsplanvorschlag auf die gesetzlichen Voraussetzungen und bestätigt den Sanierungsplan. Im Konkurs natürlicher Personen bestätigt es Sanierungs- oder Zahlungsplan, leitet das Abschöpfungsverfahren ein und erteilt die Restschuldbefreiung.

II. Insolvenzverwalter

A. Auswahl und Bestellung

1. Allgemeines

Das Insolvenzgericht bestellt den Insolvenzverwalter von Amts wegen im Beschluss über die Eröffnung des Insolvenzverfahrens und bei jedem Freiwerden der Verwalterstelle; jede Bestellung wird öffentlich bekanntgemacht (§ 80 Abs 1 IO).

Erforderlichenfalls können dem Insolvenzverwalter ein ***Stellvertreter*** (§ 85 IO) und/oder ***besondere Verwalter*** (§ 86 IO, zB. Liegenschaftsverwalter) beigegeben werden.

Der Verwalter ist

- ein ***Insolvenzverwalter*** mit den Befugnissen eines ***Masseverwalters*** im Konkursverfahren (§§ 74 Abs 1, 80 ff iVm 180 IO),
- ein ***Insolvenzverwalter*** (als Masseverwalter) im Sanierungsverfahren ohne Eigenverwaltung (§§ 74 Abs 1, 80 ff iVm §§ 166 bis 169 IO); siehe unten 6. Teil, Sanierungsverfahren, IV.,
- ein ***Sanierungsverwalter*** im Sanierungsverfahren mit Eigenverwaltung (§§ 74 Abs 1, 82 bis 82d, 125, 125a iVm §§ 166 bis 179 IO). Zum Sanierungsverwalter siehe unten 6. Teil, Sanierungsverfahren, V. C. 2.

Zum Insolvenzverwalter ist eine unbescholtene, verlässliche und geschäftskundige Person zu bestellen, die Kenntnisse im Insolvenzwesen (§ 80 Abs 2 IO), in Unternehmensinsolvenzen und insbesondere bei Großinsolvenzen spezielle Fachkenntnisse oder Erfahrungen hat (§ 80 Abs 3 IO, zB. Wirtschaftsanwälte, Wirtschaftstreuhänder, Unternehmensberater).

Auch eine juristische Person kann bestellt werden; sie muss dem Gericht bekannt geben, wer sie bei Ausübung der Insolvenzverwaltung vertritt (§ 80 Abs 5 IO).

2. *Insolvenzverwalterliste*

Das Insolvenzgericht muss sich in erster Linie der ***Insolvenzverwalterliste (§ 269 IO)*** bedienen, die beim OLG Linz als allgemein zugängliche Datenbank für ganz Österreich geführt wird (§ 269 Abs 2 IO) und in die sich an der Insolvenzverwaltung interessierte Personen unter Angabe der erforderlichen Daten (§ 269 Abs 1 IO) selbst eintragen können (§ 269 Abs 3 IO).

Zu den in der Insolvenzdatei vorgesehenen Textfeldern siehe § 269 IO. Das Ausfüllen aller Felder ist nicht verpflichtend, eine lakonische Eintragung wirkt sich freilich negativ auf die Bestellungschancen aus. Die Liste kann und soll von der eintragenden Person laufend aktualisiert werden. Das OLG Linz überwacht die Selbsteintragungen.

Nur dann, wenn keine in der Liste eingetragene Person die Erfordernisse des § 80a Abs 1 und 2 IO erfüllt, Eingetragene die Übernahme der Insolvenzverwaltung ablehnen, oder eine besser geeignete nicht eingetragene Person für die Insolvenzverwaltung bereit wäre, kann das Insolvenzgericht auch eine nicht in die Insolvenzverwalterliste eingetragene Person bestellen (§ 80a Abs 3 IO).

3. *Unabhängigkeit des Insolvenzverwalters*

Bei der Auswahl ist auf die ***Unabhängigkeit des Insolvenzverwalters*** vom Schuldner und von den Gläubigern zu achten (§ 80b Abs 1 IO):

Der Insolvenzverwalter darf *kein naher Angehöriger* des Schuldners sein (es gilt die Definition des § 32 IO), *kein Konkurrent* des Schuldners und auch *kein Reorganisationsprüfer* in einem vorangegangenen Reorganisationsverfahren nach dem URG (siehe unten 2. Buch, Insolvenzrechtliche Nebengesetze, Teil I.) (§ 80b Abs 1 IO).

Umstände, die geeignet sind, seine Unabhängigkeit in Zweifel zu ziehen, hat der Insolvenzverwalter unverzüglich dem Gericht anzuzeigen (§ 80b Abs 2 S 1 IO); diese sind in der ersten Gläubigerversammlung, bei späterer Bekanntgabe in einer vom Gericht zu diesem Zweck einberufenen Gläubigerversammlung zu erörtern (§ 80b Abs 4 IO).

§ 80b Abs 2 S 2 Z 1 bis 3 IO nennt insbesondere Vertretungs- und Beratungstätigkeiten für: den Schuldner, dessen nahe Angehörige (§ 32 IO), oder organschaftliche Vertreter, Gläubiger, Gläubiger gegen den Schuldner, weiters unmittelbare Konkurrenten des Schuldners, schließlich vom Verfahren wesentlich Betroffene, wobei Tätigkeiten, je nach Klienten, bis zu 5 Jahre vor der Eröffnung des Insolvenzverfahrens meldepflichtig sind.

Ist der Insolvenzverwalter eine juristische Person, so sind sämtliche Vertretungs- oder Beratungstätigkeiten iSd § 80b Abs 2 S 2 Z 1 bis 3 IO von Gesellschaftern, Außenvertretungsbefugten, ja sogar sonst an der juristischen Person maßgeblich beteiligten Personen bekannt zu geben.

Verschweigt der Insolvenzverwalter Umstände, die seine Unabhängigkeit in Zweifel ziehen und werden diese später bekannt, so droht ihm die *Enthebung* von Amts wegen oder auf Antrag (siehe unten D.).

B. Aufgaben

1. im Konkursverfahren

Dem Insolvenzverwalter obliegt die praktische Durchführung des Insolvenzverfahrens im gemeinschaftlichen Interesse aller Beteiligten (§ 81 Abs 2 IO). Er ***vertritt die Insolvenzmasse nach außen*** (§ 83 IO). Eine Beschränkung der Befugnisse im Einzelfall ist nur wirksam, wenn sie dem Dritten bekanntgegeben wird (§ 83 Abs 1 Ende IO).

Die *Rechtsgeschäfte des § 117 IO* sind allerdings nur wirksam, wenn sie vom Gläubigerausschuss und vom Insolvenzgericht schriftlich genehmigt wurden (***genehmigungspflichtige Geschäfte,*** Veräußerung oder Verpachtung des schuldnerischen Unternehmens, von Unternehmensanteilen, des gesamten beweglichen Anlage- und Umlaufvermögens oder eines betriebsnotwendigen Teils, einer Liegenschaft).

Nur um sich im Innenverhältnis abzusichern, muss der Insolvenzverwalter die *Rechtsgeschäfte des § 116 IO* dem Insolvenzgericht zusammen mit der Äußerung des Gläubigerausschusses mitteilen (***mitteilungspflichtige Geschäfte,*** die 100.000 Euro übersteigen, zB. Anerkenntnis strittiger Aussonderungs-, Absonderungs- und Aufrechungsansprüche sowie strittiger Masseforderungen), ferner bei *allen wichtigen Vorkehrungen gemäß § 114 IO* die Äußerung des Gläubigerausschusses einholen (***äußerungspflichtige Geschäfte,*** zB. Aufnahme von Darlehen, Erhebung von Anfechtungsklagen).

Der Insolvenzverwalter muss sich unverzüglich der ***Ermittlung der wirtschaftlichen Lage*** des Schuldners widmen (§ 81a Abs 1 IO), insbesondere bis zur Berichtstagsatzung prüfen, ob das Unternehmen fortgeführt oder wiedereröffnet werden kann und ein Sanierungsplan erfüllbar sowie im Interesse der Gläubiger ist (§ 81a Abs 3 IO).

Der Insolvenzverwalter muss unverzüglich für die ***Feststellung der Aktiven*** sorgen, die Masse – außer im Sanierungsverfahren mit Eigenverwaltung (s § 176 Z 2 IO) – ***inventarisieren*** und, soweit erforderlich, in Gewahrsam nehmen oder sonst wie, allenfalls durch *Prozessführung,* sicherstellen, namentlich vor Eröffnung des Insolvenzverfahrens erfolgte masseschmälernde Schuldnerhandlungen anfechten (§ 81a Abs 2 IO).

Zur ***Verwaltung der Aktiven*** gehört insbesondere die Fortführung des Schuldnerunternehmens (nur dessen Schließung oder Wiedereröffnung bedarf eines Gerichtsbeschlusses).

Nur im Sanierungsverfahren mit Eigenverwaltung obliegt die Unternehmensfortführung dem Schuldner selbst.

Das Verfügungsrecht umfasst ***im Konkursverfahren mit Liquidation*** auch die ***Versilberung der Aktiven*** durch freihändigen oder (mit gerichtlicher Genehmigung) exekutiven Verkauf der Massesachen.

Der Insolvenzverwalter nimmt auch an der ***Feststellung der Passiven*** teil: Er trägt die angemeldeten Insolvenzforderungen in das Anmeldungsverzeichnis ein und legt es dem Insolvenzgericht vor (§ 104 Abs 6 IO). Er muss die angemeldeten Forderungen auf ihre Richtigkeit und Rangordnung prüfen und in der *Prüfungstagsatzung* zu jeder angemeldeten Forderung eine bestimmte Erklärung abgeben: entweder anerkennen oder bestreiten (§ 105 Abs 3 IO). Im Bestreitungsfall ist er Partei eines *Prüfungsprozesses* (§§ 110 ff IO).

Dem Insolvenzverwalter obliegt ***im Konkursverfahren mit Liquidation*** endlich die ***Verteilung des Masseerlöses***

• an die *Massegläubiger* ohne Rücksicht auf den Stand des Verfahrens, sobald deren Forderungen feststehen und fällig sind (§ 124 IO), und

• an die *Insolvenzgläubiger,* allerdings erst nach der allgemeinen Prüfungstagsatzung:

→ sooft hinreichende Beträge vorhanden sind als *Abschlagsverteilung* mit Zustimmung des Insolvenzgerichts (§ 128 IO),

→ sowie nach Ende der Verwertung, genehmigter Schlussrechnung und rechtskräftiger Entscheidung über alle bestrittenen Forderungen durch die *Schlussverteilung* (§§ 136, 137 iVm 130 bis 135 IO)

→ nach dem Vollzug der Schlussverteilung wegen an die Masse fließender Mittel oder ermittelter Vermögensstücke mit *Nachtragsverteilung* (§ 138 IO) nach dem Verteilungsschlüssel der Schlussverteilung.

Im ***Konkurs mit Sanierungsplan*** herrscht Verwertungssperre, außer in den Fällen ihres Entfalls (siehe unten 5. Teil II. D.). Der Insolvenzverwalter hat die Masse zu verwalten, eine Schlussrechnung zu legen, die Rechnungstagsatzung wird mit der Sanierungsplantagsatzung verbunden. Gegebenenfalls ist die Schlussrechnung in der Rechnungslegungs- und Sanierungsplantagsatzung zu ergänzen.

Das Gericht genehmigt die Rechnungslegung bzw. entscheidet über Bemängelungen, die von den Parteien angebracht wurden (siehe unten 5. Teil, Sanierungsplan III. B.).

Die Entlohnung des Insolvenzverwalters regelt beim Sanierungsplan § 82a IO; grundsätzlich steht bei einem Sockelbetrag von in der Regel 3.000 Euro eine im Verhältnis zu § 82 IO geringer ansteigende, nach dem für die Befriedigung der Insolvenzgläubiger bemessenen Sanierungsplanerfordernis gestaffelte Entlohnung. Lediglich für die Erzielung von Erlösen gebührt eine Entlohnung nach § 82 (§ 82a Abs 2 IO).

2. im Sanierungsverfahren

Zu den Aufgaben des ***Insolvenzverwalters*** im Sanierungsverfahren ohne Eigenverwaltung (§§ 166 bis 168 IO) sowie des ***Sanierungsverwalters*** im Sanierungsverfahren mit Eigenverwaltung (§§ 166, 169 ff IO) siehe unten 6. Teil, Sanierungsverfahren.

3. *im Schuldenregulierungsverfahren*

Siehe dazu unten 7. Teil, Sonderbestimmungen für natürliche Personen III. B. 3.

4. *im Gruppen-Koordinationsverfahren*

Die EuInsVO neu kennt, anders als ihre Vorgängerin, die ***Konzerninsolvenz*** (Gruppenverfahren, Art 56 bis 60): Es werden mehrere Insolvenzverfahren über die Mitglieder einer Unternehmensgruppe eröffnet.

Hier trifft die Verwalter eine spezifische Zusammenarbeits- und Kommunikationspflicht (Art 56 bis 60 EuInsVO neu).

Um eine möglichst effiziente Abwicklung einer Gruppeninsolvenz und womöglich die Wiederherstellung der Solvenz zu erreichen, kann jeder Verwalter den Antrag stellen, dass ein Gruppen-Koordinationsverfahren eingeleitet wird (Art 61 bis 77 EuInsVO neu).

Dazu wird ein Koordinator bestellt, der nach dem Recht des Mitgliedsstaats die ***Befähigung zum Verwalter*** aufweisen muss, selbst aber keiner der Verwalter in der Konzerninsolvenz sein darf (Art 71 EuInsVO neu).

Dem Koordinator stehen umfassende Rechte und eine beträchtliche Ingerenz auf die einzelnen Insolvenzverfahren zu (Art 72 EuInsVO neu), insbesondere sei die Erstellung und Veranlassung der Umsetzung eines Gruppen-Koordinationsplans erwähnt.

§§ 180b und 180c IO, neu eingefügt durch Art 1 Z 21 IRÄG 2017, regeln Zusammenarbeit und Koordination sowie genehmigungspflichtige Anträge und Handlungen.
Siehe dazu 4. Teil, Insolvenzverfahren als Konkurs, X. Diese Regelungen gelten auch im Konkurs mit Sanierungsplan (5. Teil), und im Sanierungsverfahren (6. Teil).

Zu den Bestimmungen der Art 56 bis 77 EuInsVO siehe unten Drittes Buch, Internationales Insolvenzrecht.

C. Haftung und Rechnungslegung

Der Insolvenzverwalter hat die durch den Gegenstand seiner Geschäftsführung gebotene Sorgfalt anzuwenden. Er ist allen Beteiligten für Vermögensnachteile verantwortlich, die er ihnen durch Pflichtwidrigkeiten verursacht: keine Amtshaftung, sondern ***zivilrechtliche Sachverständigenhaftung*** (§§ 81 IO iVm 1299 ABGB).

Der Insolvenzverwalter hat auf jeweilige gerichtliche Anordnung eine ***Zwischenrechnung*** und am Schluss der Verwertung oder zusammen mit einer Sanierungsplantagsatzung eine ***Schlussrechnung*** über seine Verwaltung zu legen (§§ 81 Abs 1, 121, 122, 145b IO).

D. Überwachung und Enthebung

Der Insolvenzverwalter wird vom Insolvenzgericht und vom Gläubigerausschuss überwacht (§§ 84 Abs 1, 89 Abs 1 IO).

Er ist dem Insolvenzgericht gegenüber ***weisungs- und auftragsgebunden*** (§ 84 Abs 1 IO); das Gericht kann auch anordnen, dass der Insolvenzverwalter über bestimmte Fragen die Weisung des Gläubigerausschusses einzuholen hat (§ 84 Abs 1 S 3 IO). Er hat die Beschlüsse der Gläubigerversammlung zu vollziehen.

Über Beschwerden des Schuldners, eines Gläubigers oder Gläubigerausschussmitglieds gegen einzelne Maßnahmen oder das Verhalten des Insolvenzverwalters schlechthin entscheidet das Insolvenzgericht mit unanfechtbarem Beschluss (§ 84 Abs 3 IO).

Das Insolvenzgericht kann den Insolvenzverwalter aus wichtigen Gründen, insbesondere wegen Vertrauensverlusts, von Amts wegen oder auf Antrag ***entheben*** (§ 87 Abs 1 IO).

Ein *Enthebungsantrag* kann jederzeit vom Schuldner oder einem jeden Mitglied des Gläubigerausschusses gestellt werden. Die erste und jede spätere zur Verhandlung dieses Gegenstands einberufene (Gläubigerversammlung können die Enthebung beantragen. Enthebungsanträge sind zu begründen (§ 87 Abs 2 IO). Der Entscheidung hat die Einvernahme der Mitglieder des Gläubigerausschusses und – wenn tunlich – des Insolvenzverwalters vorauszugehen (§ 87 Abs 3 IO).

E. Rechtsstellung

Die Insolvenzmasse ist ein rechts- und parteifähiges Gebilde, der Insolvenzverwalter ihr gerichtlich bestelltes Organ mit gesetzlich festgelegten Befugnissen ***(organschaftlicher Vertreter der Insolvenzmasse).***

Neben der *Organtheorie* versuchen noch die *Amtstheorie* (kaum noch vertreten: der Insolvenzverwalter bekleidet ein auf den Einzelfall zugeschnittenes, zeitlich befristetes Amt), die *Vertretertheorie* (der Insolvenzverwalter handelt als Vertreter des Schuldners, der formaler Eigentümer der Insolvenzmasse ist, wobei vor dieser dinglichen Betrachtungsweise vernachlässigt wird, dass der Insolvenzverwalter die Interessen *aller* Beteiligten zu wahren hat) und die *neutrale Theorie* (der Insolvenzverwalter handelt aufgrund seiner Befugnisse und Pflichten kraft Gesetzes, was letztendlich zum Handeln in niemandes Namen führt) die Rechtsstellung des Insolvenzverwalters zu erklären. Gänzlich können alle die Rechtsstellung des Insolvenzverwalters nicht erklären. Letztlich ist der Theorienstreit für die Praxis ein Sturm im Wasserglas.
Wichtig ist die korrekte ***Parteibezeichnung des Insolvenzverwalters:*** „X als Insolvenzverwalter im Insolvenzverfahren über das Vermögen des S".

F. Entlohnung nach dem IVEG 1999

Es handelt sich um eine pauschalierte Tätigkeitsentlohnung (mit eingestreuten Erfolgselementen), die sonach keine Kürzung erfährt, wenn der Erfolg ausbleibt oder die Leistung mangelhaft ist.

Der Insolvenzverwalter wird nach den Bereichen, in denen er tätig wird, mithin gegebenenfalls kumulativ entlohnt („Baukastensystem"): Regelentlohnung entweder aus dem Verwertungserlös (§ 82 IO) oder beim Sanierungsplan (§ 82a IO), Entlohnung für die Unternehmensfortführung (§§ 82 Abs 3, 125a IO), Entlohnung bei Verwertung einer Sondermasse (§ 82d IO), Abgeltung von Spezialkenntnissen, die ein Beiziehen Dritter erübrigt. Eine Erhöhung der Entlohnung ist nach Maßgabe des § 82b IO, eine Verminderung nach den Bestimmungen des § 82c IO vorgesehen. Es gilt auch hierbei das Verdienstlichkeitsprinzip.

Die ***Regelentlohnung aus dem Verwertungserlös*** gebührt in allen Insolvenzverfahren, die nicht durch Sanierungsplan enden, mithin bei Aufhebung nach Vollzug der Schlussverteilung (§ 139 IO), mangels Masse (§ 123a IO), im Gläubigereinverständnis (§ 123b IO), nach Einleitung des Abschöpfungsverfahrens (§ 200 Abs 4 IO) sowie nach erfolgreichem Rekurs gegen die Insolvenzeröffnung (§ 79 Abs 1 IO). Sie wird in Prozentsätzen von einer ***Bemessungsgrundlage*** (§ 82 Abs 2 IO) berechnet, die sich zusammensetzt aus dem vom Insolvenzverwalter eingebrachten Bruttoerlös („Verdienstlichkeitsprinzip") und aus Überschüssen bei Sonderverwertungen abzüglich der an den Insolvenzverwalter oder Dritte (§§ 81 Abs 4, 82 Abs 4 IO) geleisteten Beträge. § 82 Abs 1 IO sieht zusätzlich zu einem Sockelbetrag von in der Regel 3.000 Euro acht logarithmisch ansteigende Entlohnungsstufen vor.

Die ***Ansprüche des Insolvenzverwalters*** sind ***Masseforderungen;*** der Insolvenzverwalter hat bei Beendigung seiner Tätigkeit, *bei sonstigem Verlust spätestens in der Rechnungstagsatzung,* seine Ansprüche auf Entlohnung sowie auf Ersatz der Barauslagen beim Insolvenzgericht geltend zu machen (§ 125 Abs 1 S 1 IO). Die Bemessungsgrundlage und die Verdienstlichkeit seiner Tätigkeit sind nachvollziehbar darzustellen (§ 125 Abs 1 S 2 IO). Das Insolvenzgericht kann den Insolvenzverwalter auch jederzeit beauftragen, seine Ansprüche bekannt zu geben (§ 125 Abs 1 S 3 IO).

Kosten des Insolvenzverwalters, die er anlässlich der gerichtlichen Veräußerung von Sachen und der Verteilung des Erlöses beim Exekutionsgericht zu beanspruchen hat, sind von diesem festzusetzen (§ 125 Abs 4 IO).

Auf die Ansprüche des Insolvenzverwalters können vom Insolvenzgericht nach Einvernehmung des Gläubigerausschusses Vorschüsse bewilligt werden (§ 125 Abs 3 IO).

Honorarvereinbarungen mit dem Schuldner oder den Gläubigern sind ungültig (§ 125 Abs 5 IO).

Über die Ansprüche des Insolvenzverwalters hat das Insolvenzgericht nach Einvernehmung des Gläubigerausschusses und des Schuldners zu entscheiden. Es hat die Entlohnung entsprechend §§ 82, 82a, 82b und 82c IO mit einem Pauschalbetrag zu entscheiden. Die Entscheidung ist dem Insolvenzverwalter, dem Schuldner und allen Mitgliedern des Gläubigerausschusses zuzustellen. Sie können die Entscheidung mit Rekurs anfechten. Die Rekursfrist beträgt 14 Tage, der Rekurs ist zweiseitig, andere Rekursberechtigte können daher binnen der gleichen Frist eine Rekursbeantwortung einbringen. Das Rekursgericht entscheidet endgültig, ein Rechtszug an die dritte Instanz ist ausgeschlossen (§ 125 Abs 2 IO).

Will der Insolvenzverwalter ***für die Fortführung des Unternehmens*** eine zusätzliche Entlohnung beanspruchen, so hat er längstens *innerhalb eines Monats ab Verfahrenseröffnung* (§ 82 Abs 3 IO), spätestens aber in der *Berichtstagsatzung* einen ***Kostenvoranschlag*** vorzulegen, in dem er die erforderlichen Tätigkeiten und die voraussichtliche Entlohnung pro Monat darzulegen hat (§ 125a Abs 1 IO). Werden zusätzliche Tätigkeiten erforderlich und will der Insolvenzverwalter eine gegenüber dem früheren Kostenvoranschlag um mehr als 15% höhere Entlohnung beanspruchen, so hat er einen weiteren Kostenvoranschlag vorzulegen. § 125 Abs 1 S 2, Abs 2 und Abs 5 IO ist sinngemäß anzuwenden (§ 125a Abs 1 IO). Der Gläubigerausschuss ist zum Kostenvoranschlag einzuvernehmen, wenn dieser nicht in der Berichtstagsatzung erörtert wird (§ 125a Abs 2 IO).

III. Gläubigerversammlung

Die Gläubigerversammlung besteht aus allen am Insolvenzverfahren beteiligten Insolvenzgläubigern. Sie nimmt deren gemeinsame Interessen wahr und beaufsichtigt Gläubigerausschuss und Insolvenzverwalter. Ihren verhältnismäßig kleinen Wirkungskreis hat das IRÄG 1997 durch die Einführung einer Berichtstagsatzung erweitert.

A. Einberufung

Die Gläubigerversammlung wird vom Insolvenzgericht einberufen und geleitet (§ 91 Abs 1 S 1 IO):

- die ***erste Gläubigerversammlung*** von Amts nach der Vorschrift des § 74 Abs 3 IO in der Regel nicht über vierzehn Tage nach Insolvenzeröffnung, die Praxis verbindet sie aber gern mit der allgemeinen Prüfungstagsatzung,
- die ***allgemeine Prüfungstagsatzung*** in der Regel auf sechzig bis neunzig Tage nach Insolvenzeröffnung (§§ 74 Abs 2 Z 4, 74 Abs 3 IO),
- eine weitere spätestens neunzig Tage nach Insolvenzeröffnung zur Entscheidung über die fernere Vorgangsweise bei noch laufenden Unternehmen (***Berichtstagsatzung,*** § 91a IO),
- ***sonstige Gläubigerversammlungen*** von Amts wegen oder auf Antrag.

Die Einberufung einer sonstigen Gläubigerversammlung können unter Angabe des Verhandlungsgegenstands beantragen: der Insolvenzverwalter, der Gläubigerausschuss oder wenigstens zwei Insolvenzgläubiger, deren Forderungen nach Schätzung des Gerichts den vierten Teil Insolvenzforderungen erreichen (§ 91 Abs 1 Satz 2 IO). Die Einberufung wird unter Angabe des Verhandlungsgegenstands in der Insolvenzdatei öffentlich bekannt gemacht (§§ 91 Abs 2, 173a IO; Ausnahme: § 91 Abs 2 S 2 und 3 IO).

B. Beschlusserfordernisse und Stimmrecht

Voraussetzungen für die Beschlussfähigkeit (zB. eine Anzahl anwesender Gläubiger oder eine bestimmte Summe repräsentierter Insolvenzforderungen) ***gibt es keine*** (arg § 92 Abs 1 IO).

Ein ***Stimmrecht*** haben nur die erschienenen Insolvenzgläubiger, deren Forderungen festgestellt sind (§§ 92 Abs 2, 93 Abs 1 IO). In der ersten Gläubigerversammlung müssen die Insolvenzgläubiger ihre Forderungen durch mitgebrachte Belege bescheinigen (§ 74 Abs 2 Z 4 IO).

Noch nicht geprüfte, bestrittene oder bedingte Insolvenzforderungen nehmen zunächst an der Abstimmung teil (§ 93 Abs 3 IO).

Für Forderungen der *Absonderungsgläubiger* sowie der *Gesellschaftsgläubiger* in der Gesellschafterinsolvenz wird ein Stimmrecht nur gewährt, soweit der Gläubiger dies begehrt und nur für den Teil der Forderung, der voraussichtlich durch die anderweitige Geltendmachung nicht gedeckt ist (§ 93 Abs 2 IO). Mit dieser Stimme nehmen auch sie vorläufig an der Abstimmung teil.

Ist die Stimme eines solchen Gläubigers für das Ergebnis der Abstimmung maßgeblich, so entscheidet nach vorläufiger Prüfung und Parteienvernehmung unanfechtbar, ob und inwieweit diesem Gläubiger ein Stimmrecht gewährt wird (***vorläufige Stimmrechtsentscheidung,*** § 93 Abs 4 IO).

Kein Stimmrecht haben Insolvenzgläubiger in eigener Sache *außer bei Anträgen* (§ 92 Abs 3 IO), sowie wegen Forderungen, die sie erst nach Eröffnung des Insolvenzverfahrens durch Abtretung erworben haben, es sei denn aufgrund eines vor Insolvenzeröffnung eingegangenen Verpflichtungsverhältnisses (§ 94 IO).

Beschlüsse sowie Anträge nach §§ 87 Abs 2, 88 Abs 1 und 3 IO bedürfen der ***absoluten Stimmenmehrheit,*** die nach dem Betrag der Forderungen zu berechnen ist (§ 92 Abs 2 IO).

C. Aufgaben

1. Kontrollfunktion

Die Gläubigerversammlung kann beim Insolvenzgericht ***beantragen:***

- die Enthebung des Insolvenzverwalters (§ 87 Abs 2 IO),
- die Einsetzung eines Gläubigerausschusses (§ 88 Abs 1 IO) und
- die Enthebung einzelner Ausschussmitglieder (§ 88 Abs 3 IO).

Ausschussmitglieder dürfen Insolvenzsachen aus freier Hand nur mit Genehmigung der Gläubigerversammlung erwerben, wogegen ihnen der kridamäßige = exekutive Erwerb und der Übernahmeantrag ohne weiteres offenstehen (§ 89 Abs 2 IO).

Das Insolvenzgericht *kann* die Gläubigerversammlung über Ausschusssachen abstimmen lassen, solange kein Gläubigerausschuss bestellt ist (§ 90 IO).

2. Beratungsfunktion

Im Unternehmensinsolvenzverfahren muss das Insolvenzgericht eine Gläubigerversammlung anberaumen, in der es über die weitere Vorgangsweise – Fortführung oder Schließung des Unternehmens, Sanierungsplan – verhandelt und entscheidet (*Berichtstagsatzung,* § 91a IO).

3. *Entscheidungsfunktion*

Die Gläubigerversammlung entscheidet über die Annahme oder Ablehnung eines Sanierungsplanvorschlags (§ 147 IO) und eines Zahlungsplans (§ 193 IO).

D. Gerichtliche Nachkontrolle – Sistierung von Beschlüssen

Die Beschlüsse der Gläubigerversammlung (wie auch des Gläubigerausschusses, s unten IV. C.) unterliegen gerichtlicher Nachkontrolle. Das Insolvenzgericht hat eine ***Sistierungsbefugnis:***

- Das Insolvenzgericht ***muss*** solche Beschlüsse von Amts wegen, auf Antrag des Insolvenzverwalters oder eines Ausschussmitglieds (s unten IV.) binnen acht Tagen aufheben, wenn sie dem gemeinsamen Interesse der Insolvenzgläubiger widersprechen oder andere gleich wichtige Gründe vorliegen (§ 95 Abs 2 IO).
- Das Insolvenzgericht ***kann in dringenden Fällen*** den Beschluss durch eine andere Verfügung ersetzen, um einen offenbaren Nachteil zu unterbinden (§ 95 Abs 3 IO).

Wird der Beschluss der Gläubigerversammlung nicht aufgehoben, so hat ihn der Insolvenzverwalter zu vollziehen.

IV. Gläubigerausschuss

A. Bestellung

Das Insolvenzgericht muss dem Insolvenzverwalter unverzüglich einen Gläubigerausschuss von drei bis sieben Mitgliedern beiordnen (§ 88 Abs 1 IO),

- wenn dies die Eigenart oder der besondere Umfang des Schuldnerunternehmens geboten erscheinen lässt (§ 88 Abs 1 S 1 IO),
- wenn die Veräußerung oder Verpachtung des Schuldnerunternehmens oder einer Unternehmensbeteiligung iSd § 189a Z 2 UGB beabsichtigt ist (§ 117 Abs 1 Z 1 iVm § 88 Abs 1 S 2 IO),
- wenn die Veräußerung oder Verpachtung des gesamten beweglichen Anlage- und Umlaufvermögens oder eines betriebsnotwendigen Teils beabsichtigt ist (§ 117 Abs 1 Z 2 iVm § 88 Abs 1 S 2 IO).

Die Ausschussmitglieder werden vom Gericht von Amts wegen oder auf Antrag einer Gläubigerversammlung ernannt. Die Gläubiger, die Gläubigerschutzverbände und gesetzliche oder freiwillige Interessenvertretungen der Gläubiger haben ein Vorschlagsrecht (***Präsentationsrecht,*** § 88 Abs 1 IO).

Zu Ausschussmitgliedern können nicht nur Gläubiger, sondern auch andere physische und juristische Personen bestellt werden; ein Mitglied muss die Arbeitnehmerbelange vertreten. Die Beiordnung des Gläubigerausschusses und die Mitgliedernamen sind öffentlich bekannt zu machen.

Viele Insolvenzverfahren kommen ohne Gläubigerausschuss aus. Dann obliegen dessen Aufgaben dem Insolvenzgericht, das in den Fällen, wo die Zustimmung des Gläubigerausschusses vorgeschrieben ist, einen Beschluss der Gläubigerversammlung einholen *kann,* nicht aber muss (§ 90 IO).

B. Aufgaben

Der Gläubigerausschuss muss *den* ***Insolvenzverwalter überwachen und unterstützen*** (zB. Kassenprüfung, § 89 Abs 1 IO).

Der Genehmigung des Gläubigerausschusses und des Insolvenzgerichts bedürfen *ohne Rücksicht auf den Wert des Gegenstands* folgende Geschäfte ***(genehmigungspflichtige Geschäfte, § 117 IO):***

Veräußerung oder Verpachtung des Unternehmens des Schuldners oder dessen Anteils an einem Unternehmen iSd § 189a Z 2 UGB (§ 117 Abs 1 Z 1 IO); Veräußerung oder Verpachtung des gesamten beweglichen Anlage- und Umlaufvermögens oder eines betriebsnotwendigen Teils davon (§ 117 Abs 1 Z 2 IO); freiwillige Veräußerung oder Verpachtung einer unbeweglichen Sache (§ 117 Abs 1 Z 3 IO).

Bei Geschäften nach § 117 Abs 1 Z 1 und 2 IO ist selbst in Insolvenzverfahren, in denen keiner installiert wurde, dem Insolvenzverwalter jedenfalls ein Gläubigerausschuss zu beizuordnen, der über die Genehmigung dieser Geschäfte zu entscheiden hat. Er bleibt dann allerdings über die Abwicklung des genehmigungspflichtigen Geschäfts hinaus im Amt und nimmt im Verfahren alle weiteren Gläubigerausschussagenden wahr.

Der Insolvenzverwalter hat bei folgenden *Geschäften, deren Wert 100.000 Euro übersteigt,* die Äußerung des Gläubigerausschusses einzuholen und sie mindestens acht Tage im Vorhinein dem Insolvenzgericht mitzuteilen ***(äußerungs- und mitteilungspflichtige Geschäfte, § 116 IO):***

Abschluss von Vergleichen; Anerkenntnis strittiger Aussonderungs-, Absonderungs- und Aufrechnungsansprüche sowie strittiger Masseforderungen; Erhebung von Anfechtungsklagen und Eintritt in Anfechtungsprozesse, die zur Zeit der Eröffnung des Insolvenzverfahrens anhängig waren; Erfüllung oder Aufhebung zweiseitiger Verträge, die vom Schuldner und dem anderen Teil zur Zeit der Eröffnung des Insolvenzverfahrens nicht (vollständig) erfüllt worden sind.

Darüber hinaus hat der Insolvenzverwalter bei allen wichtigen Vorkehrungen die Äußerung des Gläubigerausschusses einzuholen ***(äußerungspflichtige Geschäfte, § 114 IO),*** insbesondere

- die freiwillige Veräußerung beweglicher Sachen, die nicht durch die Fortführung des Unternehmens veranlasst wird;
- die gerichtliche Geltendmachung zweifelhafter Forderungen;
- die Erhebung von Anfechtungsklagen sowie der Eintritt in Anfechtungsprozesse, die zur Zeit der Eröffnung des Insolvenzverfahrens anhängig sind;
- die Aufnahme von Darlehen und Krediten.

Der Insolvenzverwalter muss dem Schuldner Gelegenheit geben, zu all diesen Geschäften Stellung zu nehmen. ***In dringenden Fällen*** kann das Insolvenzgericht dem Insolvenzverwalter die Vornahme äußerungspflichtiger Vorkehrungen ohne weiteres gestatten (§ 114 Abs 2 IO).

C. Beschlussfassung – Sistierungsrecht des Insolvenzgerichts

Der Gläubigerausschuss wird vom Insolvenzgericht oder vom Insolvenzverwalter schriftlich einberufen (§ 89 Abs 3 und 4 IO). Der Insolvenzverwalter hat die Beschlüsse des Gläubigerausschusses unverzüglich dem Insolvenzgericht mitzuteilen (§ 95 Abs 1 IO)

Dieses hat eine Sistierungsbefugnis in zwei Fällen:

- Das Insolvenzgericht ***muss*** solche Beschlüsse von Amts wegen oder auf Antrag des Insolvenzverwalters oder eines Ausschussmitglieds binnen acht Tagen aufheben, wenn sie dem gemeinsamen Interesse der Insolvenzgläubiger widersprechen oder andere gleich wichtige Gründe vorliegen (§ 95 Abs 2 IO).
- Das Insolvenzgericht ***kann in dringenden Fällen*** den Beschluss durch einen anderen ersetzen, um einen offenbaren Nachteil zu unterbinden (§ 95 Abs 3 IO).

Liegt kein Grund zur Sistierung des Ausschussbeschlusses vor und hebt das Insolvenzgericht den Beschluss nicht auf, so hat ihn der Insolvenzverwalter auszuführen.

D. Auslagenersatz und Vergütung

Die Ausschussmitglieder haften allen Beteiligten für Vermögensnachteile, die sie durch pflichtwidriges Verhalten verursachen. Es gilt der Sorgfaltsmaßstab des § 1299 ABGB (siehe *Chalupsky/Duursma-Kepplinger* in Bartsch/Pollak/Buchegger, InsR III, zu § 89 KO Rz 49 ff, 58; vgl. aber *Hierzenberger/Riel* in Konecny, zu § 89 KO Rz 21 ff: Vertragshaftung und § 1313a ABGB). Darüber hinaus können sie vom Insolvenzgericht durch Ordnungsstrafen zur Erfüllung ihrer Pflichten angehalten werden (§ 89 Abs 2 IO).

Die Ausschussmitglieder haben grundsätzlich nur Anspruch auf *Ersatz der notwendigen Auslagen* (§ 89 Abs 5 S 1 IO), ausnahmsweise auch einen Anspruch auf *besondere Vergütung,* wenn ihnen das Insolvenzgericht oder der Gläubigerausschuss besondere Geschäfte übertragen und das Insolvenzgericht die besondere Vergütung genehmigt hat (§ 89 Abs 5 S 2 IO).

Über die Höhe der notwendigen Auslagen und einer besonderen Vergütung (§ 89 Abs 5 IO) entscheidet das Insolvenzgericht nach Vernehmung des Insolvenzverwalters. Ausschussmitglieder, Insolvenzverwalter und Schuldner sind rekurslegitimiert; eine Rekursbeantwortung ist statthaft; das Rekursgericht nach zweiseitigem Rekurs entscheidet endgültig. Honorarvereinbarungen mit dem Schuldner oder den Gläubigern sind ungültig (§§ 126, 125 Abs 2 und 5 IO).

V. Gläubigerschutzverbände

A. Bevorrechtung

Der/die BMfJ hat einen Gläubigerschutzverband auf Antrag mit Bescheid zu bevorrechten, wenn der Verband verlässlich ist, sich österreichweit im Gläubigerschutz wirksam zu betätigen vermag und nicht auf Gewinn ausgerichtet ist (§ 266 IO).

Bevorrechtete Gläubigerschutzverbände sind keine Insolvenzorgane im engeren Sinn.

Die bevorrechteten Gläubigerschutzverbände (§ 266 IO) sind nicht identisch mit den anerkannten Schuldenberatungsstellen (§§ 267, 268 IO), deren Tätigkeit sich auf Privatinsolvenzen beschränkt (§§ 183 Abs 2, 192 IO).

Derzeit gibt es *vier bevorrechtete Gläubigerschutzverbände:*

- den ***Kreditschutzverband von 1870*** in Wien (KSV, BGBl 1925/93),
- den ***Alpenländischen Kreditorenverband*** Graz (AKV, BGBl 1926/291, 1954/119),
- den ***Insolvenzschutzverband für Arbeitnehmer*** (ISA, BGBl II 1998/323) und
- den ***Österreichischen Verband der Vereine Creditreform*** (ÖVC, BGBl II 2006/442).

B. Aufgaben

Die Gläubigerschutzverbände haben ***dreierlei Funktionen:***

1. Außerhalb des Insolvenzverfahrens betreuen sie (auch ohne bevorrechtet zu sein) ihre Mitglieder, indem sie ihnen insbesondere bei Vergleichsverhandlungen beratend zur Seite stehen, aber auch Auskünfte über die Zahlungsfähigkeit und Zahlungsmoral der Geschäftspartner erteilen.

2. Sie vertreten die einzelnen Gläubiger aufgrund ihnen erteilter Vollmacht (§ 253 Abs 3 IO), indem sie insbesondere Insolvenzanträge stellen, Rekurse erheben, Forderungen anmelden, angemeldete Forderungen bestreiten und Prüfungsprozesse führen. Für die vertretenen Gläubiger bedeutet dies eine erhebliche Kostenersparnis (gegenüber einer Vertretung durch Rechtsanwälte).

Die Bevorrechtung bildet hinsichtlich der geschäftsmäßigen Gläubigervertretung in Insolvenzverfahren eine Ausnahme vom allgemeinen Anwaltsmonopol. *Die Berufung auf die erteilte Vollmacht ersetzt den urkundlichen Nachweis* ebenso wie bei anwaltlicher oder notarieller Vertretung (§ 253 Abs 3 S 2 IO). Im Einzelnen siehe 4. Teil I. A. 3.

3. Darüber hinaus nehmen sie im Insolvenzverfahren die Interessen der Gläubigerschaft als ganzes wahr: Sie unterstützen – ohne Insolvenzorgane zu sein – das Gericht, beteiligen sich an der Ermittlung und Sicherung der Insolvenzmasse, an der Vorbereitung des Sanierungsplans und des Zahlungsplans und werden im Insolvenzverfahren häufig als Mitglieder eines Gläubigerausschusses bestellt, im Abschöpfungsverfahren fungieren sie oft als Treuhänder.

C. Belohnungsanspruch

Die bevorrechteten Gläubigerschutzverbände haben für ihre unterstützende Tätigkeit einen ***Anspruch auf Belohnung aus der Insolvenzmasse*** (zuzüglich Umsatzsteuer), jedoch *keinen* Barauslagenersatzanspruch (§ 87a Abs 1 S 1 IO).

Die Regelbelohnung beträgt ***für alle*** am Verfahren teilnehmenden Verbände ***gemeinsam (§ 87a Abs 1 S 2 IO):***

→ 10 % der dem Insolvenzverwalter zugesprochenen Nettoentlohnung, wenn es zu einer Verteilung an die Insolvenzgläubiger oder zu einer Aufhebung des Insolvenzverfahrens mit Einverständnis der Gläubiger kommt (Z 1),

→ 15 % der dem Insolvenzverwalter zugesprochenen Nettoentlohnung bei Annahme eines Sanierungsplans (Z 2).

Das Gericht kann die Regelbelohnung ***erhöhen oder herabsetzen*** (§§ 82b, 82c IO).

Der Belohnungsanspruch ist eine ***Masseforderung*** (§ 46 Abs 1 Z 8 IO).

Die Belohnung ist unter den bevorrechteten Gläubigerschutzverbänden idR wie folgt aufzuteilen (§ 87a Abs 2 IO):

→ 30 % gleichmäßig (Z 1),

→ 70 % nach Anzahl der jeweils vertretenen Gläubiger unter jenen Verbänden, die nicht überwiegend Gläubiger vertreten, deren Forderungen kraft Gesetzes großenteils auf eine Garantieeinrichtung übergegangen sind (mithin nur KSV, AKV und ÖVC, regelmäßig nicht ISA wegen § 11 IESG) (Z 2).

Der ***Belohnungsantrag*** ist bei Beendigung der Tätigkeit zu stellen und muss die maßgeblichen Umstände nachvollziehbar darlegen (*Kodek* in Bartsch/Pollak/Buchegger, InsR, IV zu § 127 KO Rz 5 f). Über die Ansprüche der bevorrechteten Gläubigerschutzverbände entscheidet das Insolvenzgericht nach Vernehmung des Insolvenzverwalters und des Gläubigerausschusses (§ 127 Abs 1 S 1 IO). Die Bestimmungen über die Geltendmachung und Entscheidung der Insolvenzverwalterentlohnung des § 125 Abs 1, 2 und 5 IO sind mit der Maßgabe anzuwenden, dass Regelbelohnung (§ 87a Abs 1 und 2 IO) ohne ziffernmäßig bestimmtes Begehren beantragt werden kann (§ 127 Abs 1 S 2 IO).

Die Entscheidung wird dem bevorrechteten Gläubigerschutzverband, dem Schuldner und allen Ausschussmitgliedern zugestellt. Die Adressaten sind rekurslegitimiert; das Rekursgericht entscheidet endgültig (§ 127 Abs 2 IO).

Vereinbarungen des Verbands mit dem Schuldner oder den Gläubigern über die Anspruchshöhe sind ungültig (§§ 127 Abs 1, 125 Abs 5 IO).

VI. Anerkannte Schuldenberatungsstellen

A. Bevorrechtung

Auch die anerkannten Schuldenberatungsstellen sind – ähnlich den bevorrechteten Gläubigerschutzverbänden – keine Organe des Insolvenzverfahrens im engeren Sinn. Sie werden ausschließlich in Insolvenzverfahren natürlicher Personen tätig (§§ 183 Abs 2, 192 IO).

Die Anerkennung erfolgt mit *Erteilung der Bevorrechtung* auf Antrag.
Einer Schuldenberatungsstelle ist vom Präsidenten/der Präsidenten jenes Oberlandesgerichts *mit Bescheid* (Justizverwaltungsagende) zu bevorrechten, in dessen Sprengel sie ihren Sitz hat. Vor der Entscheidung ist eine Stellungnahme der Dachorganisation der Schuldenberatungsstellen einzuholen; gegen die Erteilung der Bevorrechtung kann die Dachorganisation Rechtsmittel einlegen (§ 267 Abs 1 S 2 und 3 IO).

Die ***Bevorrechtung ist zu erteilen*** (§ 267 Abs 1 S 1 IO), wenn die Beratungsstelle

- nicht auf Gewinn gerichtet ist,
- die Beratung unentgeltlich anbietet,
- verlässlich ist, insbesondere finanziell abgesichert und auf Dauer ausgerichtet,
- eine ausreichende Anzahl an Schuldnern berät, um im Geschäftsjahr durchschnittlich mindestens drei Schuldenberater ganztägig zu beschäftigen,
- über eine an den Erfordernissen eines zeitgemäßen Qualitätsmanagements ausgerichtete Organisation verfügt und
- sich seit mindestens zwei Jahren für Schuldner kostenlos auf dem Gebiet der Schuldenberatung erfolgreich betätigt hat.

Wenn eine Schuldenberatungsstelle als ***anerkannte Schuldenberatungsstelle*** bevorrechtet ist, so ***hat*** sie (§ 267 Abs 2 IO)

- im Rahmen der Überprüfung von Beschwerdefällen der Dachorganisation der Schuldenberatungsstellen mit Zustimmung des Schuldners Einsicht in die zum jeweiligen Fall geführten Unterlagen zu gewähren,
- die Eckdaten ihrer Tätigkeit laufend zu erheben, insbesondere die Anzahl der Erstkontakte und Erstberatungen, die Verteilung nach Geschlecht, die Verschuldungshöhe, die Arbeitssituation, die Anzahl und das Ergebnis außergerichtlicher Ausgleiche sowie beantragter Schuldenregulierungsverfahren, und die Erhebungsergebnisse der Dachorganisation der Schuldenberatungsstellen zur Verfügung zu stellen und
- das Schuldenberatungszeichen (§ 268 IO) zu führen (Anhang zur IO).

Verliert die Schuldenberatungsstelle eine Voraussetzung für die Erteilung der Bevorrechtung nach § 267 Abs 1 IO oder verletzt sie ihre Pflichten nach § 267 Abs 2 IO, so hat ihr der Präsident des OLG mit Bescheid die ***Bevorrechtung zu entziehen.*** Die Dachorganisation hat dem Präsidenten des OLG unverzüglich über das Vorliegen von Entziehungsgründen in Kenntnis zu setzen (§ 267 Abs 3 IO). Die Bevorrechtung *erlischt* bei Auflösung der Schuldenberatungsstelle. Über das Erlöschen ergeht ein Feststellungsbescheid (§ 267 Abs 4 IO).

Erteilung, Entziehung und Erlöschen sind unverzüglich dem/der BMfJ anzuzeigen. Die Bescheide werden jeweils mit Ablauf des Tages der Kundmachung wirksam (§ 267 Abs 5 und 6 IO),

B. Aufgaben

Anerkannte Schuldenberatungsstellen werden ausschließlich im Insolvenzverfahren natürlicher Personen (§§ 181 ff IO) tätig. Zur ihrer Tätigkeit in und im Vorfeld eines solchen Insolvenzverfahrens siehe unten 7. Teil, Sonderbestimmungen für natürliche Personen (§§ 183 Abs 2, 192 IO).

Vierter Teil

Insolvenzverfahren als Konkurs

I. Allgemeine Verfahrensbestimmungen und Begleitregelungen

Lit.: *Konecny,* Die Zulässigkeit des Rekurses gegen Beschlüsse des Insolvenzgerichts, ÖJZ 2012/118, 1035; *Schneider,* Allgemeine Verfahrensbestimmungen und Begleitregelungen, in Konecny (Hrsg.), IRÄG 2010 – Insolvenzrechtsänderungsgesetz 2010 (2010) 181.

A. Allgemeine Verfahrensbestimmungen (§§ 252 bis 263 IO)

1. Zuständigkeit, Anwendung der Prozessgesetze

Zur Zuständigkeit des Insolvenzgerichts vgl. §§ 63 ff, 182 IO. Soweit die IO nichts anderes anordnet, sind auf das Insolvenzverfahren die JN, die ZPO und ihre Einführungsgesetze EGJN und EGZPO sinngemäß anzuwenden (§ 252 IO). Es entscheidet stets ein Einzelrichter (§ 253 Abs 1 IO).

Nicht anzuwenden sind die Bestimmungen der JN und der ZPO über:

Senatsgerichtsbarkeit erster Instanz (§ 7a JN: § 253 Abs 1 IO), Vereinbarungen über die Zuständigkeit der Gerichte (§104 JN: § 253 Abs 2 IO), Prozesskosten (§§ 40 ff ZPO: § 254 Abs 1 Z 1 IO), das Erfordernis der Sicherheitsleistung (§ 56 ff ZPO: § 254 Abs 1 Z 2 IO), das Ruhen des Verfahrens (§ 254 Abs 1 Z 3 IO), die Hemmung von Fristen und die Erstreckung von Tagsatzungen nach § 222 ZPO (§ 254 Abs 1 Z 4 IO), die Direktzustellung zwischen Rechtsanwälten nach § 112 ZPO bei schriftlichen Forderungsanmeldungen und Anträgen auf Abschluss eines Sanierungsplans (§ 254 Abs 1 Z 5 IO), die Vertretung durch Rechtsanwälte soweit § 253 Abs 3 S 4 IO nichts anderes bestimmt (unten B. 3, § 254 Abs 1 Z 6 IO).

2. Anträge

Anträge können durch ***Schriftsatz*** angebracht oder mündlich zu ***Protokoll*** erklärt werden (§ 254 Abs 2 IO).

Bei protokollarischen Anträgen wie überhaupt bei allen Prozesshandlungen rechtsunkundiger Parteien, die nicht durch Rechtsanwälte vertreten sind, hat das Gericht die nötigen Anleitungen und Belehrungen zu geben: § 254 Abs 2 IO verweist auf die Bestimmungen über die ***Manuduktionspflicht*** des Gerichts im bezirksgerichtlichen Zivilprozess (§§ 432, 435 ZPO).

3. Vertretung

Lit.: *Budischowsky,* Bevorrechtung von Gläubigerschutzverbänden durch Bescheid oder Verordnung?, ecolex 2003, 459; *Konecny,* Belohnung der bevorrechteten Gläubigerschutzverbände bei Unternehmensfortführung, ZIK 2000/50, 43, *Pahl,* WebERV in Insolvenzverfahren, ZIK 2009/11,

16; *Reimer*, Die Stellung der Gläubigerschutzverbände in den österreichischen Insolvenzverfahren, FS 100 Jahre Kreditschutzverband von 1870 (1970) 49; *Zotter*, Die Rolle der Gläubigerschutzverbände bei der außergerichtlichen Sanierung, in Feldbauer-Durstmüller/Stiegler, Krisenmanagement (1994) 321.

Im Insolvenzverfahren besteht *Vertretungsfreiheit.* Eine anwaltliche Vertretung ist freilich möglich. Die Gläubiger können sich aber auch ***durch einen bevorrechteten Gläubigerschutzverband*** vertreten lassen (§ 253 Abs 3 S 1 IO).

Dabei sind allerdings vier in § 253 Abs 3 S 2 bis 5 IO geregelte Besonderheiten zu beachten:

- Der bevorrechtete Gläubigerschutzverband muss seine Bevollmächtigung (ebenso wie ein Rechtsanwalt oder Notar) nicht urkundlich nachweisen, die Berufung auf deren Erteilung genügt (§ 253 Abs 3 S 2 IO).
- Ist der Gläubigerschutzverband nicht durch ein satzungsgemäß berufenes Organ vertreten, so kann er Anträge auf Insolvenzeröffnung und im Verfahren erster Instanz nur durch einen seiner Bediensteten oder durch einen gesetzlich befugten Parteienvertreter stellen lassen (§ 253 Abs 3 S 3 IO).
- Der Rekurs eines Gläubigers, der sich dabei durch einen Gläubigerschutzverband vertreten lässt, muss mit der Unterschrift eines Rechtsanwalts versehen sein (§ 253 Abs 3 S 4 IO).
- Den satzungsgemäß berufenen Organen und Bevollmächtigten der Gläubigerschutzverbände ist ohne Nachweis der Gläubigervollmacht und ohne Bescheinigung eines rechtlichen Interesses die Einsicht in die Insolvenzakten nach § 219 Abs 2 ZPO zu gestatten (§ 253 Abs 3 S 5 IO).

Gläubiger, die *Beschäftigte des Schuldners* sind oder waren (§§ 51 Abs 1 und 3, 52 ASGG) und deren Forderungen vor die Arbeitsgerichte gehören (§ 50 ASGG), können sich durch *Bevollmächtigte ihrer gesetzlichen Interessenvertretung* (zB. Arbeiterkammer) *oder Berufsvereinigung* (zB. Gewerkschaftsbund) im gleichen Umfang wie durch einen bevorrechteten Gläubigerschutzverband vertreten lassen (§ 253 Abs 4 IO).

4. Fristen und Fristversäumnis

Die in der Insolvenzordnung bestimmten (mithin gesetzlichen) Fristen sind nicht erstreckbar ***(Notfristen)*** und auch nicht restituierbar (***Fallfristen,*** keine Wiedereinsetzung in den vorigen Stand nach §§ 146 ZPO) - § 259 Abs 1 und 4 IO.

Im Insolvenzverfahren auferlegte ***richterliche Fristen*** sind erstreckbar (arg. § 259 Abs 1 IO) aber gleichfalls nicht restituierbar (keine Wiedereinsetzung in den vorigen Stand; arg. § 259 Abs 4 IO).

Wer daher eine Prozesshandlung versäumt, ist von ihr ausgeschlossen. Es gilt ausnahmslos das ***Präklusionsprinzip*** des § 144 ZPO:

► Anträge, Erklärungen und Einwendungen, für die eine Tagsatzung (gesetzlich) vorgesehen ist, können von den nicht erschienenen aber gehörig geladenen Beteiligten nachträglich nicht mehr vorgebracht werden (§ 259 Abs 2 IO).

► Das Insolvenzgericht kann jeden Beteiligten auffordern, sich in angemessener richterlich bestimmter Frist über einen Antrag zu äußern, und im ***Verschweigungsfall*** annehmen, dass der Beteiligte nichts einzuwenden hat. Die Aufforderung muss einen Hinweis auf diese Rechtsfolge enthalten (§ 259 Abs 3 IO).

5. Mündliche Verhandlungen und Säumnis

Mündliche Verhandlungen (Tagsatzungen, Termine) richten sich primär nach den Bestimmungen des § 59 EO, erst subsidiär nach §§ 130 bis 143 und 171 bis 225 ZPO (§§ 254 Abs 3 iVm 252 IO):

► In der mündlichen Verhandlung im Insolvenzverfahren herrscht ***Parteiöffentlichkeit*** (Ausschluss der Volksöffentlichkeit durch § 59 Abs 1 EO).

► Vom Richter oder Schriftführer ist ein Schlussprotokoll aufzunehmen (§ 59 Abs 2 und 3 EO).

► Ein Schriftführer muss daher nicht beigezogen werden (§ 59 Abs 2 EO).

► Anträge, Erklärungen und Einwendungen, für die eine Tagsatzung (gesetzlich) vorgesehen ist, können von den nicht erschienenen aber gehörig geladenen Beteiligten nachträglich nicht mehr vorgebracht werden (***Präklusionsprinzip,*** § 259 Abs 2 IO).

► Es gibt ***keine Wiedereinsetzung*** in den vorigen Stand (§ 259 Abs 4 IO) wegen Versäumung einer Frist oder Tagsatzung,

6. Stoffsammlung und Entscheidungen

Im Insolvenzverfahren herrscht ***Untersuchungsmaxime*** *mit Freibeweis (formfreiem Beweis ohne taxative Beweismittelliste):* Das Gericht hat alle für seine Beurteilung wesentlichen Tatsachen *von Amts wegen* zu ermitteln; es hat hierzu alle geeigneten Erhebungen (zB. durch Vernehmung von Auskunftspersonen) zu pflegen und Beweise aufzunehmen (§ 254 Abs 5 Satz 1 IO). Die Beteiligten trifft weder eine Behauptungs- noch eine Beweisführungslast.

Auskunftsperson kann auch jedes im Unternehmen errichtete Belegschaftsorgan sein (zB. Betriebsrat); die Vorschriften über die Vertretung solcher Organe in gerichtlichen Verfahren sind anzuwenden (§ 254 Abs 5 Satz 2 IO).

Gerichtliche Entscheidungen können, soweit die IO nichts anderes vorsieht, ohne vorhergehende mündliche Verhandlung ergehen (§ 254 Abs 4 IO). Sie ergehen mit ***Beschluss.***

Die gerichtlichen Verfügungen sind *vollstreckbar* (§ 254 Abs 6 IO iVm § 1 Z 7 EO, siehe dazu unten 7. b.).

7. *Rekurs und Revisionsrekurs*

a) Statthaftigkeit und Frist

Gegen die Entscheidungen des Insolvenzgerichts ist der ***Rekurs*** statthaft, sofern ihn das Gesetz nicht ausdrücklich ausschließt. *Die Rekursfrist beträgt vierzehn Tage* (§ 260 Abs 1 IO). Der Rekurs ist ***mittels Schriftsatz*** einzubringen.

Beachte: *Protokollarisches Anbringen ist unzulässig* (arg § 260 Abs 6 IO idF Art 1 Z 49 IRÄG 2017, der künftig die Zustellung eines die Rekursschrift ersetzenden Protokolls ausschließt und bloß den Änderungen der ZPO durch das BBG 2011 BGBl 2010/111 gerecht wird).

Die Rekursfrist ist unabhängig davon, ob der Rekurs einseitig oder mehrseitig ist (s. unten c.) oder wie viele Rechtsmittellegitimierte es im Verfahren gibt (OGH 8 Ob 38/10m, ZIK 2010/226, 152).

Die Bestimmung des § 260 IO ist als allgemeiner Grundsatz anzusehen. Spezifische Regelungen über die Anfechtbarkeit insolvenzrechtlicher Beschlüsse sind teils aus der IO, subsidiär aus den Prozessgesetzen zu erschließen. Etliches bleibt an Weistum der Judikatur überlassen. Vgl. dazu eingehend *Konecny* ÖJZ 2012/118, 1035 ff.

b) Keine aufschiebende Wirkung

Ebenso wie im Zivilprozess haben auch Rekurse im Insolvenzverfahren ***keine aufschiebende Wirkung:*** Sie entfalten sofort verbindliche Wirkung und können ausgeführt werden.

Eine Zuerkennung der aufschiebenden Wirkung nach § 524 Abs 2 ZPO ist jedoch im Insolvenzverfahren ausgeschlossen. So entfalten ***Feststellungsbeschlüsse*** unmittelbare Wirkung, tritt die Gestaltungswirkung bei ***Rechtsgestaltungsbeschlüssen*** (zB. Verfahrenseröffnungsbeschluss, § 71c IO, Überlassungsbeschluss, § 119 5 IO, Unternehmensschließungs- oder Wiedereröffnungsbeschluss, § 115 IO), ohne Rücksicht auf einen dagegen erhobenen Rekurs.

Bei ***Leistungsbeschlüssen*** verlangt § 1 Z 7 EO allerdings Rechtskraft; erst dann können sie als Vollstreckungstitel herangezogen werden. Das ändert zwar nichts daran, dass der Rekurs keine Suspensivwirkung entfaltet, dennoch ist ein angefochtener Beschluss nicht Exekutionstitel.

Daher wird hier die Vollstreckbarkeit durch den Rekurs bis zum Erlass einer rechtskräftigen Entscheidung aufgeschoben.

Ausgenommen davon sind folgende *Leistungsbeschlüsse, die trotz Rekurserhebung vollstreckt werden können:*

- die Verhängung von Geldstrafen gegen den untätigen Insolvenzverwalter (§ 84 Abs 2 IO),
- die Verhängung von Ordnungsstrafen gegen Mitglieder des Gläubigerausschusses (§ 89 Abs 2 IO),
- Maßregeln in Ansehung der Person des Schuldners (§ 101 IO).

Vgl. dazu *Deixler-Hübner* in Konecny/Schubert, zu § 176 KO Rz 34, § 173 KO Rz 14 ff.

c) Einseitigkeit und Mehrseitigkeit des Rekurses

Die Bestimmungen über die grundsätzliche Zweiseitigkeit der Rekurse *(§ 521a ZPO)* sind, *sofern die IO nichts anderes vorsieht, nicht anzuwenden*, den Rekursgegnern ist die Rekursschrift nicht zuzustellen, sie haben daher keine Möglichkeit eine Rekursbeantwortung einzubringen (§ 260 Abs 4 IO).

Rekurse im Eröffnungsverfahren sind nach der Rsp (OGH JBl 2002, 737 = ZIK 2002/191) ***zweiseitig.*** (Vgl. etwa OGH 20.3.2003 8 Ob 240/02f; 27.5.2004, 9 Ob 91/03w, wo die Zweiseitigkeit nur für den Rekurs gegen den Eröffnungsbeschluss ausgesprochen wird.)

Einen ***mehrseitigen Rekurs*** sieht auch § 125 Abs 2 S 4 IO vor: Ist der Beschluss des Insolvenzgerichts *über die Ansprüche des Insolvenzverwalters* durch Rekurs angefochten worden (rekursbefugt sind der Insolvenzverwalter, der Schuldner und jedes Ausschussmitglied), so ist die Rekursschrift des Rekurswerbers *den anderen Rekursbefugten zuzustellen,* die binnen vierzehn Tagen eine ***Rekursbeantwortung*** einbringen können. Das Rekursgericht entscheidet endgültig.

Merke: Ist das ***Rekursverfahren mehrseitig,*** so ist die Rekursschrift dem Schuldner und dem Insolvenzverwalter durch das Insolvenzgericht zuzustellen. Das Einlangen des Rekurses ist in der Insolvenzdatei öffentlich bekannt zu machen.

Die Rekursgegner können *binnen 14 Tagen ab der Bekanntmachung beim Insolvenzgericht eine Rekursbeantwortung mit Schriftsatz einbringen* (§ 260 Abs 6 IO).

d) Vertretung

Da im Insolvenzverfahren ***keine Vertretung durch Rechtsanwälte*** vorgesehen ist (§ 254 Abs 1 Z 6 IO), kann der Rekurswerber selbst den Rekurs mit Schriftsatz erheben; das gilt auch für Revisionsrekurse an den OGH (vgl. oben A. 1.).

Anwaltspflicht herrscht dagegen, wenn ein Gläubiger sich bei Rekurserhebung durch einen bevorrechteten Gläubigerschutzverband vertreten lässt: Dann muss der Rekurs von einem Rechtsanwalt unterschrieben sein (vgl. oben A. 3, § 253 Abs 3 S 4 IO).

e) *Eingeschränkte Neuerungserlaubnis*

In Rekursen können ***neue Tatsachen,*** soweit sie bereits zur Zeit der Beschlussfassung erster Instanz entstanden waren, und ***neue Beweismittel,*** die sich auf die Entscheidungsgrundlagen erster Instanz beziehen, unabhängig vom Zeitpunkt ihres Entstehens angeführt werden (§ 260 Abs 2 IO).

Das Gesetz ermöglicht nur die Geltendmachung von ***nova reperta,*** nicht aber von nova producta (Tatsachen, die erst nach Beschlussfassung in erster Instanz entstehen).

Beispiel: Der Schuldner kann die Insolvenzeröffnung deshalb anfechten, weil zur Zeit der Entscheidung erster Instanz eine Zahlungsunfähigkeit/Überschuldung nicht vorgelegen sei, nicht aber wegen angeblich nach Verfahrenseröffnung bereinigter Insolvenz. (Im zweiten Fall hätte das Gericht das Verfahren auf Antrag des Schuldners bei Zustimmung der Gläubiger nach § 123b IO aufzuheben.)

Auch das Rekursgericht hat die erforderlichen ***Erhebungen von Amts wegen*** durchzuführen, ohne auf die Prüfung der (neuen) Behauptungen und Beweismittel der Beteiligten beschränkt zu sein.

f) *Remonstrative Erledigung*

Das ***Insolvenzgericht*** kann einem Rekurs nicht nur in den Fällen des § 522 ZPO, sondern auch dann ***selbst stattgeben,*** wenn die Entscheidung ohne Nachteil eines Beteiligten geändert werden kann (§ 260 Abs 3 IO).

Auch das Revisionsrekursgericht kann einem Revisionsrekurs selbst stattgeben, wenn dadurch kein Beteiligter benachteiligt wird.

g) *Revisionsrekurs*

Gegen die Entscheidungen des Rekursgerichts ist der ***Revisionsrekurs*** im Rahmen des § 528 ZPO statthaft. Daher gibt es keinen Revisionsrekurs gegen einen bestätigenden Beschluss des Rekursgerichts ***(duae conformae),*** und zwar auch dann nicht, wenn ein Antrag auf Verfahrenseinleitung aus formellen Gründen zurückgewiesen wurde und der Rekurs erfolglos war (vgl. etwa OGH 8 Ob 115/01x, ZIK 2002/96; OGH 8 Ob 195/01m, ZIK 2002/98, 70 oder OGH 8 Ob 24/15k, ecolex 2015, 668; vgl. RS0044101 sowie RS0112263).

h) *Öffentliche Bekanntmachung der Rechtmittelentscheidung*

Die Rekursentscheidung ist öffentlich bekannt zu machen (§ 260 Abs 5 iVm § 255 IO), wenn schon die Entscheidung des Insolvenzgerichts öffentlich bekannt zu machen war und sein Beschluss nicht zur Gänze bestätigt worden ist (§ 260 Abs 5 IO). Der Grundsatz findet auf die Revisionsrekursentscheidung entsprechende Anwendung.

8. *Öffentliche Bekanntmachung, Verständigungen und Zustellungen*

a) Öffentliche Bekanntmachung

Die ***öffentliche Bekanntmachung*** von Schriftstücken und Beschlüssen geschieht ***durch Aufnahme in die Insolvenzdatei*** (§§ 255, 256 IO). Sie ist Bestandteil der Ediktsdatei.

Einsicht darin steht jedermann unter www.ediktsdatei.justiz.gv.at offen (§ 256 IO, §§ 89j, 89k GOG); der Zugang ist kostenfrei, allerdings nach § 256 Abs 2 bis 4 IO zeitlich begrenzt

► Einsicht in die Insolvenzdatei ist nicht mehr zu gewähren (§ 256 Abs 2 IO), wenn ***ein Jahr verstrichen ist*** seit

- der Aufhebung des Insolvenzverfahrens mangels Vermögens (§ 123a IO), mit Einverständnis der Gläubiger (§ 123b IO) oder bei Nachweis des Vollzugs der Schlussverteilung (§ 139 IO),
- dem Ablauf der im (konkreten) Sanierungsplan vorgesehenen Erfüllungsfrist,
- der Beendigung (§ 157d IO) oder der Einstellung (§§ 157e, 157f IO) der Überwachung der Sanierungsplanerfüllung durch einen Treuhänder, gleich ob dieser bloß die Erfüllung durch den Schuldner überwachte oder ihm Schuldnervermögen zu Sanierungs- oder Liquidierungszwecken übergeben wurde (s. unten 5. Teil VI. B. bis E.),
- dem Ablauf der im Zahlungsplan (§§ 193 bis 198 IO) einer natürlichen Person vorgesehenen Zahlungsfrist (s. unten 7. Teil IV.),
- der vorzeitigen Einstellung oder Beendigung des Abschöpfungsverfahrens, das dem eigentlichen Insolvenzverfahren einer natürlichen Person nachgeschaltet ist (s. unten 7. Teil V.).

► Wurde ein rechtskräftig bestätigter Sanierungsplan (§ 140 ff IO, s. unten 5. Teil) oder Zahlungsplan (§§ 193 bis 198 IO, s. unten 7. Teil IV.) erfüllt, so kann der Schuldner den Antrag stellen, die Einsicht in die Insolvenzdatei nicht mehr zu gewähren. Er hat die Erfüllung urkundlich nachzuweisen.

Das Gericht kann mit der Prüfung der Erfüllung erforderlichenfalls einen Sachverständigen auf Kosten des Schuldners bestellen. Über den Schuldnerantrag entscheidet es mit unanfechtbarem Beschluss (§ 256 Abs 3 IO).

► Die ***Einsicht*** in die ***Eintragungen der mangels Kostendeckung bzw. wegen Vermögenslosigkeit nicht eröffneten Insolvenzverfahren*** ist erst ***nach drei Jahren nicht mehr*** zu gewähren (§ 256 Abs 4 IO, angefügt durch Art 1 Z 46 IRÄG 2017): Der Umstand, dass ein insolventer Schuldner nicht einmal in der Lage war, die Anlaufkosten eines Insolvenzverfahrens (dzt. 4.000 Euro) aufzubringen, soll zum Schutz der Verkehrskreise länger abrufbar bleiben.

b) Verständigungen

Die Verständigung kann erfolgen durch:

- öffentliche Bekanntmachung in der Insolvenzdatei (§§ 255, 256 IO),
- individuelle (besondere) Zustellung (§ 257 Abs 2 IO),
- Umlaufschreiben für einzelne Personen (§ 257 Abs 1 IO).

Sind öffentliche Bekanntmachung und besondere Zustellung nebeneinander vorgeschrieben, so treten die Zustellfolgen schon durch die öffentliche Bekanntmachung ein, selbst wenn die besondere Zustellung unterblieben ist (§ 257 Abs 2 IO, § 126 Abs 2 lit d Geo zur Zustellung ohne Rückschein bei öffentlich bekannt zu machenden Beschlüssen); die Aushändigung des Beschlusses an die Beteiligten ist ohne rechtliche Wirkung. Daher richtet sich der *Beginn der Rekursfristen* nach der öffentlichen Bekanntmachung (Aufnahme in die Ediktsdatei) und nicht nach der individuellen Zustellung.

In Insolvenzverfahren mit einer ***ungewöhnlich großen Anzahl von Gläubigern kann nach Ermessen des Gerichts die besondere Zustellung an die Gläubiger unterbleiben,*** wenn der wesentliche Inhalt des zuzustellenden Schriftstücks öffentlich bekannt gemacht wird. Doch ist auch in diesem Fall, wenn es sich um gerichtliche Entscheidungen handelt, den Gläubigern, die es verlangen, eine Ausfertigung zuzustellen (§ 257 Abs 3 IO idF Art 1 Z 47 IRÄG 2017).

Beachte: Seit dem IRÄG 2017 ist die *Ediktalzustellung nicht mehr an Unternehmerinsolvenzen gebunden.* Die EB zur RV, 1588 BeilNR, XXV. GP S. 18 weisen darauf hin, dass eine große Gläubigeranzahl in der Praxis auch bei juristischen Personen, die kein Unternehmen betreiben, ja sogar in Schuldenregulierungsverfahren (s. dazu unten 7. Teil III.) zu verzeichnen sind.

c) Zustellung bei unbekanntem Aufenthalt

Ist die Feststellung einer Abgabestelle nicht möglich, so kann die Zustellung an einen im Firmenbuch eingetragenen Rechtsträger und dessen Organe ohne Bestellung eines Kurators durch Aufnahme in die Ediktsdatei erfolgen (§ 115 ZPO). Auch alle weiteren Zustellungen können durch Aufnahme in die Ediktsdatei erfolgen. Hierauf ist in der Bekanntmachung hinzuweisen (§ 258 Abs 1 IO).

Ist der Beschluss in der Insolvenzdatei öffentlich bekannt zu machen (§ 255 IO), so kann die zusätzliche Aufnahme in die Ediktsdatei entfallen. In der Ediktsdatei ist dann auf die Bekanntmachung in der Insolvenzdatei hinzuweisen (§ 258 Abs 2 IO).

Werden Daten eines Verfahrens in die Insolvenzdatei aufgenommen, so sind die in die Ediktsdatei aufgenommenen Daten zu löschen, sobald die Einsicht in die Insolvenzdatei nicht mehr zu gewähren ist (§ 256 Abs 2 bis 4 IO), sonst nach einem Jahr nach deren Eintragung (§ 258 Abs 3 IO, s oben a.).

d) Kapitalgesellschaft ohne gesetzlichen Vertreter

Diesem Zustellproblem nimmt sich seit Art 1 Z 48 IRÄG 2017 ein neu eingefügter § 258a IO an, der nach dem Muster des § 115 ZPO konzipiert wurde:

Hat eine Kapitalgesellschaft überhaupt keinen organschaftlichen Vertreter *(„führungslose Gesellschaft“*, vgl. *Trenker,* ZIK 2016/108, 82), so kann – ohne Kuratorbestellung – ***ediktal zugestellt*** werden.

Dieses Edikt hat den Hinweis zu enthalten, dass in der Folge alle Zustellungen an die dem Gericht bekannte Anschrift der Gesellschafter vorgenommen werden. Diese sind über Form und Inhalt der öffentlichen Bekanntmachung zu benachrichtigen. ***Die Zustellung gilt nach Ablauf von vier Wochen ab der Aufnahme in die Ediktsdatei als bewirkt*** (§ 258a Abs 1 S 1, 2, 3 und 5 IO eingefügt durch Art 1 Z 48 IRÄG 2017).

Ein allfälliger Zustellanstand hinsichtlich der Gesellschafterbenachrichtigung hindert das weitere Verfahren *nicht* (§ 258a Abs 1 S 4 IO eingefügt durch Art 1 Z 48 IRÄG 2017).

Bei Aktiengesellschaften erfolgen Benachrichtigungen und Zustellungen an die aktuell eingetragenen oder eingetragen gewesenen Mitglieder des Vorstands und des Aufsichtsrates; ein im Firmenbuch eingetragener allfälliger Alleinaktionär (§ 35 AktG) ist ebenfalls zu verständigen (§ 258a Abs 2 IO eingefügt durch Art 1 Z 48 IRÄG 2017).

9. Strafanzeige

Das Insolvenzgericht hat der Staatsanwaltschaft ***Anzeige zu erstatten*** (§ 261 IO) ***und*** davon die ***IEF-Service-GmbH in Wien zu verständigen*** (§ 14 Abs 7 IESG, s unten Zweites Buch, 3. Teil, Insolvenzentgeltsicherung), wenn

- der Schuldner, die organschaftlicher Vertreter einer juristischen Person oder ein Gesellschafter mit Mehrheitsanteil (§ 72d IO) die Vorlage des Vermögensverzeichnisses (§§ 71, 71b, 72b, 72d 100 IO) oder dessen Unterfertigung vor dem Insolvenzgericht verweigern (§ 261 Z 1 IO idF Art 1 Z 50 IRÄG 2017),
- der Schuldner oder *einer* seiner organschaftlichen Vertreter flüchtig ist (§ 261 Z 2 IO) oder
- sonst der Verdacht einer vom Schuldner oder von *einem* seiner organschaftlichen Vertreter begangenen strafbaren Handlung vorliegt (§ 261 Z 3 IO).

§ 261 IO ist im Kontext zu §§ 141 Abs 2 Z 3 und 194 Abs 2 Z 2 IO zu lesen: Von mehreren organschaftlichen Vertretern muss eine *Weigerung aller* vorliegen. Allerdings ist eine Weigerung zur Abgabe eines Vermögensverzeichnisses im Sinn des § 72b IO (Aufbringung des Kostenvorschusses von organschaftlichen Vertretern für die Verfahrenseröffnung) ebenso tatbestandsmäßig wie die Weigerung, für die Gesellschaft das Vermögensverzeichnis (§§ 100, 100a IO) vorzulegen bzw. jeweils für die Richtigkeit vor Gericht zu unterfertigen.

Daran hat Art 1 Z 50 IRÄG 2017 nichts geändert, wenngleich das Wort „aller" durch „die" ersetzt wurde. Anliegen des Gesetzgebers war es, den Klammerausdruck zu ergänzen „(§§ 71, 71b, 72b, 100 IO)" und so auf die in den zitierten Bestimmungen jeweilige Pflicht zur Abgabe eines Vermögensverzeichnisses iSd § 100a IO hinzuweisen (vgl. EB zur RV 1588 BeilNR XXV. GP S. 19).

Ist dagegen bloß *ein* organschaftlicher Vertreter des Schuldners flüchtig, so ist der Tatbestand des § 261 Z 2 IO bereits erfüllt; vgl. dazu §§ 141 Abs 2 Z 1 und 194 Abs 2 Z 1 IO. (Vgl. dazu *Mohr,* IO[11] zu § 261, S. 1240).

B. Rechtsstreitigkeiten vor dem Insolvenzgericht

1. Insolvenzanhangsachen und insolvenznahe Verfahren – Verfahrensbestimmungen

Rechtsstreitigkeiten, die sich aus dem Insolvenzverfahren ergeben ***(Insolvenzanhangsachen*** und ***insolvenznahe Verfahren iSd § 63a IO)*** werden vom Gesetzgeber tunlichst dem Insolvenzgericht als Prozessgericht zugewiesen.

Die IO *unterscheidet* hierbei Rechtsstreitigkeiten, für die das Insolvenzgericht *ausschließlich zuständig* ist von solchen für die bloße *Wahlzuständigkeit* besteht;

Gemeinsam sind den Rechtsstreitigkeiten, die vor das Insolvenzgericht gehören oder davor gebracht werden können (§§ 262 IO) die Bestimmungen des § 263 IO:

► ***Die §§ 252 bis 261 IO*** (siehe oben A. 1. bis 9.) ***sind nicht anzuwenden*** (§ 263 Z 3 IO), weil sie allgemeine Verfahrensbestimmungen des Insolvenzverfahrens beinhalten, nicht aber eines Zivilprozesses; hier gilt nicht sinngemäß § 253 IO, sondern unmittelbar die ZPO;

► ***funktionell*** ist der ***Einzelrichter*** zuständig; Senatsanträge vor dem LG iSd § 7a JN sind unzulässig (§ 263 Z 1 IO).

► Fiele der Rechtsstreit nach den allgemeinen Zuständigkeitsregeln unter die bezirksgerichtliche Zuständigkeit, so hat das Insolvenzgericht – Unternehmensinsolvenzverfahren stets ein Gerichtshof (LG oder HG Wien) – die Bestimmungen über das Verfahren vor den Bezirksgerichten anzuwenden (§ 263 Z 2 IO). Die landesgerichtlichen Verfahrensbestimmungen sind daher nur anzuwenden, wenn auch sonst die sachliche Landesgerichtszuständigkeit bestünde.

2. Ausschließliche Zuständigkeit des Insolvenzgerichts

Das Insolvenzgericht ist ***ausschließlich zuständig*** für:

- ***Insolvenznahe Verfahren*** iSd Art 6 Abs 1 EuInsVO neu (§ 63a): Klagen, die unmittelbar aus dem Insolvenzverfahren hervorgehen und mit diesem in engem thematischen Zusammenhang stehen sowie Klagen, die mit jenen in Zusammenhang stehen.
- ***Prüfungsprozesse*** (§ 111 Abs 1 S 1 IO);

→ *Ausnahme:* Sind *Arbeitsrechtssachen* (§ 50 ASGG) Gegenstand der Prüfungsklage, so ist diese bei dem nach dem ASGG zuständige Gericht anzubringen (§ 111 Abs 1 S 2 IO);

→ *Ausnahme:* Hat der Inhaber einer Altforderung vor Insolvenzverfahrenseröffnung den Schuldner auf Leistung geklagt, so unterbricht die

Insolvenzverfahrenseröffnung den Prozess bis zum Abschluss der allgemeinen Prüfungstagsatzung. Wird die angemeldete Forderung in der Prüfungstagsatzung bestritten, so ist der unterbrochene Zivilprozess *vor dem Prozessgericht* bloß fortzusetzen, allerdings bei gleichzeitigem Wechsel des Streitgegenstands (statt Leistung Feststellung) und der beklagten Partei (statt des Schuldners alle Bestreitenden als einheitliche Streitpartei iSd § 14 ZPO): § 7 Abs 3 iVm § 110 Abs 1 IO.

- ***Anfechtungsprozesse*** (§ 43 Abs 5 IO), es sei denn der Insolvenzverwalter ist in einen vor Insolvenzverfahrenseröffnung gegen den Schuldner nach der AnfO geführten Prozess gemäß §§ 37 Abs 3 iVm 8 IO eingetreten;
- ***Klagen auf Rückleistung*** von Mitteln, die im Vorfeld der Sanierungsplanbestätigung als unzulässige Sonderbegünstigung ***(§ 150a IO)*** gewährt wurden (§ 162 IO);
- ***Klagen auf Nichtigerklärung des Sanierungsplans*** (§§ 161, 162 IO).

Eine ***Prorogation*** ist – anders als im Insolvenzverfahrens selbst (§ 253 Abs 2 IO) – in diesen Rechtssachen ***zulässig*** (§ 263 Z 3 IO). Die ausschließlichen Zuständigkeiten des Insolvenzgerichts sind *keine Zwangszuständigkeiten.*

3. Wahlzuständigkeit des Insolvenzgerichts

Für die im § 262 IO genannten Streitigkeiten besteht ***Wahlzuständigkeit des Insolvenzgerichts.*** Der Kläger kann in folgenden Rechtssachen zwischen dem nach den allgemeinen Zuständigkeitsregeln der JN zuständigen Gericht und dem Insolvenzgericht wählen:

- Klagen über Aus- und Absonderungsansprüche
- Klagen über Masseforderungen,
- Klagen über Ansprüche aus einem pflichtwidrigem Verhalten des Insolvenzverwalters, eines Mitglieds des Gläubigerausschusses, eines Sachverständigen oder eines Treuhänders (bei überwachter Erfüllung des Sanierungsplans), und zwar während und auch nach Aufhebung des Insolvenzverfahrens
- Klagen aus Ansprüchen aufgrund von Haftungserklärungen Dritter für Schäden durch das Unterbleiben der Unternehmensschließung.

C. Begleitregelungen (§§ 264 bis 269 IO)

1. Vorabentscheidungsersuchen

Von Gerichten der Mitgliedsstaaten nach Art 267 des Vertrags über die Arbeitsweise der Europäischen Union (AEUV) dem EuGH vorgelegte Rechtsfragen entscheidet dieser in Auslegung des Unionsrecht samt Sekundärrecht mit Bindungswirkung für die vorlegende Behörde ***(Vorabentscheidung).***

Von österreichischen Insolvenzgerichten vorgelegte Vorabentscheidungsersuchen haben *keine aufschiebende Wirkung* auf das Verfahren in der Hauptsache (264 IO).

2. *Geschäftsverteilung in Insolvenzsachen*

Der Gesetzgeber trägt dem Umstand Rechnung, dass Insolvenzjudikatur von einer gut ausgebildeten und erfahrenen Wirtschaftsrichterschaft ausgeübt werden muss; er bemüht sich daher schon in erster Instanz um eine möglichst homogene Rechtsprechung in Insolvenzsachen:

Sanierungsverfahren, Konkursverfahren, Anträge auf Eröffnung eines Insolvenzverfahrens (Eröffnungsverfahren) und Reorganisationsverfahren nach dem URG sind zusammen mit den Rechtsstreitigkeiten, die vor das Insolvenzgericht gehören oder vor dieses kraft Wahlzuständigkeit iSd § 262 IO gebracht werden können, jeweils in einer Gerichtsabteilung zu vereinigen (§ 265 Abs 1 IO).

Nur wenn diese Abteilung ausgelastet ist, dann ist die Zuweisung von Insolvenzsachen an eine oder mehrere andere Abteilungen zulässig, wobei allerdings die Verfahren nicht nach Gattung aufgeteilt werden dürfen und die Belastung der jeweils weiteren Abteilung, mit Insolvenzsachen möglichst gering sein soll. Vielmehr ist die Verteilung der Geschäfte nach Schuldnernamen oder örtlich abgegrenzten Gebieten vorzunehmen. Alle insolvenzkonnexen Rechtsstreitigkeiten müssen dann der betreffenden Abteilung zufallen, wobei eine Unterscheidung von konkurskonnexen und sanierungsverfahrenskonnexen Rechtsstreitigkeiten nicht durchgeführt werden darf (§ 265 Abs 2 IO). Die einmal vorgenommenen Verteilungsprinzipien sollen tunlichst beibehalten werden (§ 265 Abs 3 IO). Bei den Gerichten zweiter Instanz hat die Geschäftsverteilung so wie bei den Gerichten erster Instanz zu erfolgen (§ 265 Abs 4 IO).

3. *Bevorrechtete Gläubigerschutzverbände, anerkannte Schuldenberatungsstellen*

Siehe dazu oben, 3. Teil. Gerichtsbarkeit und Organe des Insolvenzverfahrens V. und VI. (§§ 266, 267, 268 IO)

4. *Insolvenzverwalterliste*

Siehe dazu oben, 3. Teil. Gerichtsbarkeit und Organe des Insolvenzverfahrens II. A. 2. (§ 269 IO).

II. Insolvenzanträge – Insolvenzgründe

Lit.: *Birgmayer-Baier/Piringer/Schützinger*, Die Plausibilisierung der „überwiegenden Wahrscheinlichkeit" bei Fortbestehensprognosen durch Monte-Carlo-Simulationen, ZIK 2016/224, 173; *Buchegger*, Zur Dogmatik der Insolvenzauslösetatbestände, in Feldbauer-Durstmüller/Schlager (Hrsg.), Krisenmanagement – Sanierung – Insolvenz (2002) 953; *Bußjäger/Schumacher,* Insolvenz von Gebietskörperschaften, RdW 2015/478, 539; *Derntl,* Konkursverschleppung: Haftung des faktischen Geschäftsführers für den Vertrauensschaden, RdW 2008/339; *Derntl/Reckenzaun*, Verzögerte Konkursanmeldung und Quotenerhöhnung im Zwangsausgleich, ZIK 2006/91, 82; *Fischerlehner*, Der Konkursantrag durch das Finanzamt. Rechtsentscheidung oder Willkür? ÖStZ 2002/976, 587; *Fruhstorfer*, Insolvenzantragspflicht des Mehrheitsgesellschafters - Durchbrechung des Trennungsprinzips, ZIK 2013/301, 212; *Gerhartl,* Schadenersatzanspruch des Arbeitnehmers bei

Konkursverschleppung, ZIK 2009/130, 85; *Grünbichler*, Insolvenzgefahr bei Jungunternehmern durch Abgabennachzahlungen, BÖB 2016, 65; *Hämmerle*, Das Kreditinstitut in der Anfangsphase einer Unternehmenssanierung , ÖBA 2015, 505; *Isola/Seidl/Sprajc*, Zur Zahlungsunfähigkeit – Plädoyer für eine „statische" bzw einheitliche Auslegung, ZIK 2012/299, 214; *Jaufer/Wrann*, Die GmbH light in der Krise, RdW 2013/446, 443; *Jelinek*, Einzelrechtsnachfolge, Nachführung des Anmeldungsverzeichnisses und Exekutionstitel, ZIK 2016/282, 207; *Kalss/Oelkers*, Der Aufsichtsrat in der Insolvenz, Aufsichtsrat aktuell 2007 H1, 11; *Kantner*, Bonitätsauskunft und Haftung, ZIK 2012/122, 89; *Kikinger*, Geschäftsführerhaftung nach § 69 IO - Mängeleinreden und Bindungswirkung, RZ 2014, 262; *Kodek/Ladon*, Rechtstatsachenuntersuchung zum Konkurseröffnungsverfahren, ZIK 2008/129, 89; *Konecny*, „Ewiger Konkurs" bei laufenden Einkünften des Schuldners. Anmerkungen zu OLG Wien 28 R 17/10s, ZIK 2010/62, 42; *Konecny*, Eröffnungsbeschluss: Gläubigerrekurs nur bei Forderungsnachweis, ZIK 2012/241, 162; *Konecny*, Die Zulässigkeit des Rekurses gegen Beschlüsse des Insolvenzgerichts, ÖJZ 2012/118, 1035; *Koppensteiner*, Zur Außenhaftung von Geschäftsführern und Vorständen, GES 2015, 379; *Mohr*, Sind die eingetragenen Personengesellschaften juristische Personen iSd Insolvenzordnung? ZIK 2015/229, 180; *Noverka*, Was sollte vor Antragstellung auf Eröffnung eines Konkursverfahrens beachtet werden? AnwBl 1984, 58; *Pogacar*, Kostentragung im Konkurseröffnungsverfahren, ZIK 2006/240, 187; *Pucher*, Zur Insolvenzantragspflicht des Mehrheitsgesellschafters, GES 2013, 493; *Pucher*, Aus § 69 Abs 3a IO ergibt sich keine Vertretungsbefugnis des Mehrheitsgesellschafters nach Insolvenzantragstellung, ZIK 2014/113, 82; *Roehlich*, Zahlung zur Insolvenzabwehr und nachträgliche Anfechtung, ZIK 2016/168, 131; *K. Schmidt*, Anlegerschutz durch Konkursverschleppungshaftung?, GesRZ 2009, 317; *K. Schmidt*, Insolvenzverschleppungshaftung – Haftungsrechtsprechung zwischen Gesellschafts-, Insolvenz- und Zivilrecht, JBl 2000, 477; *Schneider*, Recht auf ein faires Verfahren und öffentliche Bekanntmachung im Insolvenzverfahren, ZIK 2015/53, 44; *Schopper*, Zur Konkursverschleppungshaftung des ausgeschiedenen Geschäftsführers, GeS 2008, 4; *Schumacher*, Konkursverschleppung und Gesellschafterhaftung, RdW 1987, 394; *Schumacher*, Außergerichtliche Sanierung, Fortbestehensprognose und Anfechtungsgefahr, RdW 2007/616; *Schumacher*, Ausfallsbürge und materielle Insolvenz, RdW 2016/236, 307; *Seicht*, Der Insolvenzverschleppungsschaden, seine Komponenten und deren Quantifizierung, GesRZ 2004, 343 und 2005, 17; *Tauscher*, Fortbestehensprognose – Teil I: Checkliste Unternehmensplanung, ZIK 2008/189, 120, Teil II: Checkliste Liquiditätsplanung, ZIK 2008/249, 155; *Tauscher*, Die Bestimmung des Eintritts der objektiven Zahlungsunfähigkeit mithilfe einer Kapitalflussrechnung, SV 2015, 211; *Trenker*, Die „führungslose GmbH" im Insolvenz(eröffnungs)verfahren, ZIK 2016/108, 82; ZIK 2015/53, 44; *Trummer*, Gesellschaftsrechts-Änderungsgesetz 2013 – Insolvenzantragspflicht des „Mehrheitsgesellschafters", ZIK 2013/182, 126; *Übertsroider*, Neuerungen bei der Eröffnung von Insolvenzverfahren, in Konecny (Hrsg.), IRÄG 2010 - Insolvenzrechtsänderungsgesetz 2010, ZIK Spezial (2010) 105; *Widhalm-Budak*, Nachforschungspflichten der GKK und Abgrenzung von Zahlungsstockung und Zahlungsunfähigkeit, ZIK 2011/124, 85; *Widhalm-Budak*, Erkennbarkeit der Zahlungsunfähigkeit bei vorangegangener Veröffentlichung der Konkursabweisung mangels kostendeckenden Vermögens, ZIK 2012/179, 122; *Winter*, Zum Verhältnis von Insolvenzeröffnungs- und Entschuldungsanträgen zueinander, ZIK 2013/300, 210; *Zeitler*, Die Prognose als Instrument zur Beurteilung der Zahlungsfähigkeit des Schuldners, ZIK 2013/128, 92; *Zotter*, Abweisungen: das ungelöste Problem, ZIK 2012/123, 92.

Das Insolvenzverfahren wird auf *Antrag des Schuldners*, *eines Insolvenzgläubigers oder* eines *nachrangigen Gläubigers* eröffnet (***Antragsprinzip,*** §§ 69, 70 IO).

A. Insolvenzantrag des Schuldners (§ 69 IO)

Der Schuldner ***muss*** den Insolvenzantrag stellen, sobald die Voraussetzungen für die Insolvenzeröffnung vorliegen, und zwar ohne schuldhaftes Zögern, ***spätestens sechzig Tage nach Eintritt der Zahlungsunfähigkeit.***

Schuldhaft verzögert ist der Antrag nicht, wenn die Eröffnung eines Sanierungsverfahrens mit Eigenverwaltung sorgfältig betrieben wurde (§ 69 Abs 2 IO).

Anderseits ist die sechzigtägige Vorbereitungs- und Sanierungsfrist eine absolute Grenze für außergerichtliche Sanierungsverhandlungen: Wenn sie fruchtlos verstreicht, ist der Insolvenzantrag zu stellen.

Hat eine Verletzung dieser Vorbereitungs- oder Sanierungsfrist die Verschlechterung der Insolvenzquote zur Folge, so können die Insolvenzgläubiger Schadenersatzansprüche erst ab Rechtskraft der Insolvenzaufhebung geltend machen (§ 69 Abs 5 IO).

Ist die Zahlungsunfähigkeit durch eine ***Naturkatastrophe*** eingetreten (Hochwasser, Lawine, Schneedruck, Erdrutsch, Bergsturz, Orkan, Erdbeben oder ähnliche Katastrophen vergleichbarer Tragweite), so verlängert sich die Vorbereitungs- oder Sanierungsfrist auf ***120 Tage*** (§ 69 Abs 2a IO).

An Stelle eines förmlichen Antrags auf Insolvenzverfahrenseröffnung zeigen Unternehmer mitunter bloß dem Gericht die Zahlungseinstellung an: Eine solche ***Anzeige der Zahlungseinstellung*** gilt als ***Eröffnungsantrag*** (§ 69 Abs 1 S 2 IO).

Die ***Antragspflicht*** trifft natürliche Personen, die unbeschränkt haftenden Gesellschafter und Liquidatoren einer eingetragenen Personengesellschaft und die organschaftlichen Vertreter juristischer Personen. Ist eine solche Person nicht voll handlungsfähig, so trifft diese Verpflichtung ihre gesetzlichen Vertreter (§ 69 Abs 3 IO).

Hat eine inländische oder ausländische Kapitalgesellschaft ***keine organschaftlichen Vertreter,*** so trifft die ***Antragspflicht*** den ***Gesellschafter,*** der mit einem ***Anteil von mehr als 50 %*** am Stammkapital beteiligt ist; in Ermangelung voller Geschäftsfähigkeit hat auch hier der gesetzliche Vertreter tätig zu werden (§ 69 Abs 3a IO). Aus dieser Bestimmung kann aber keine generelle, gesellschaftsrechtliche Vertretungsbefugnis geschlossen werden.

Die ***Antragspflicht der organschaftlichen Vertreter juristischer Personen sowie der Gesellschafter eingetragener Personengesellschaften*** hat besondere Tragweite:

Die Pflichtverletzung bewirkt einerseits zivilrechtliche Ersatzansprüche der geschädigten Gläubiger, anderseits auch eine strafgerichtliche Verfolgung (§ 159 Abs 1 Z 2 StGB). Abgesehen davon trifft den Vertreter die Pflicht zum Erlag eines Kostenvorschusses für die vertretene juristische Person sowie die Ersatzpflicht gegenüber einem anderen Erleger des Kostenvorschusses (nach § 71d Abs 1 *und* – unabhängig von Abs 1 – nach Abs 2 IO). Aus all dem versteht sich, dass sich etwa der organschaftliche Vertreter nicht aus seiner Verantwortung dadurch stehlen kann, dass er von der juristischen Person (zB. von einer Generalversammlung) ein Insolvenzantragsverbot einholt.

Auf Antrag des Schuldners ist das Insolvenzverfahren ***sofort*** zu eröffnen (§ 69 Abs 1 IO). Amtliche Erhebungen über die Insolvenzgründe erübrigen sich, weil kein Schuldner grundlos das Insolvenzverfahren über sein Vermögen beantragen wird. Dennoch verlangt das ***Richterrecht*** eine zweifache Prüfung:

- stets, ob ein kostendeckendes Vermögen vorliegt, weil mangelnde Kostendeckung ein Insolvenzaufhebungsgrund ist (§ 123a IO);
- bei Bedenken, ob Zahlungsunfähigkeit oder Überschuldung vorliegt.

Ausnahmsweise ist die Zahlungsunfähigkeit oder Überschuldung zu bescheinigen (§ 69 Abs 4 IO), wenn als Antragsteller auftreten:

- nicht alle unbeschränkt haftenden Gesellschafter oder Liquidatoren einer eingetragenen Personengesellschaft;
- nicht alle organschaftlichen Vertreter einer juristischen Person;
- nicht alle Erben einer Verlassenschaft.

In diesen Fällen sind die übrigen in einer *Vernehmungstagsatzung* über den Antrag einzuvernehmen. Ist ihr Einverständnis nicht zu erzielen oder die rechtzeitige Einvernehmung nicht möglich, so müssen die Antragsteller die Zahlungsunfähigkeit oder Überschuldung bescheinigen. Unterbleibt eine solche Vernehmung, so liegt ein Nichtigkeitsgrund vor, der mit Aufhebung des eröffneten Insolvenzverfahrens heilt. Einen der Nichtigkeitsklage vergleichbaren Nichtigkeitsantrag gibt es nach Rechtskraft nicht (vgl. 8 Ob 328/99i, 8 Ob 280/01m, ZIK 2014/41, 29).

B. Insolvenzantrag eines Gläubigers (§ 70 IO)

Es müssen drei materielle Insolvenzvoraussetzungen = Insolvenzgründe erfüllt sein: Kostendeckung (1), Insolvenzforderung des Antragstellers (2) und Zahlungsunfähigkeit bzw. Überschuldung (3). Der Gläubigerantrag ist womöglich in einer Vernehmungstagsatzung zu prüfen (4).

1. Kostendeckendes Insolvenzvermögen (§§ 71 bis 71d IO)

a) Allgemeines

Kostendeckung ist eine Verfahrensvoraussetzung (§ 71 Abs 1 IO). Das Insolvenzgericht hat von Amts wegen zu prüfen, ob das Schuldnervermögen hinreicht, die Kosten des Insolvenzverfahrens zu decken (vgl. § 123a IO); es bedarf keiner Bescheinigung des Antragstellers.

Kostendeckung liegt vor, wenn das Schuldnervermögen zumindest ausreicht, um die *Anlaufkosten des Insolvenzverfahrens* zu decken. Dass das Vermögen sofort und ohne Aufwand verwertbar ist, wird nicht vorausgesetzt (§ 71 Abs 2 IO).

Anlaufkosten sind die bis zur Prüfungstagsatzung voraussichtlich anfallenden Verfahrenskosten einschließlich der Kosten des Insolvenzverwalters (Richtmaß des § 72a Abs 1 IO: 4.000 Euro). In Anschlag zu bringen sind auch Sachwerte (Waren nach ihrem Verkaufswert), einbringliche Forderungen des Schuldners und Anfechtungsansprüche.

Bei der ***amtswegigen Prüfung der Kostendeckung*** kann das Gericht auch Stellungnahmen der bevorrechteten Gläubigerschutzverbände einholen oder Vollstreckungsorgane mit Ermittlungen betrauen (§ 71 Abs 3 IO). Der Schuldner hat bei seiner Einvernahme ein Vermögensverzeichnis vorzulegen und vor Gericht zu unterfertigen (§§ 100, 100a, 101 IO); darin hat er auch Auskunft über Anfechtungsansprüche zu geben (§ 71 Abs 4 S 2 IO).

Fehlt es an einem zur Kostendeckung voraussichtlich hinreichenden Vermögen, so hat das Gericht dem Antragsteller (Gläubiger, auch Schuldner) den ***Erlag eines Kostenvorschusses*** binnen bestimmter Frist aufzuerlegen (Richtmaß: 4.000 Euro binnen vierzehn Tagen).

Das gilt selbst dann, wenn das Vermögen in einem Anfechtungsanspruch oder sonstigen Ansprüchen und Forderungen besteht, zumal auch die *Anlaufkosten einer Rechtsverfolgung* gesichert sein müssen (§ 71a Abs 1 IO). Der Antragsteller ist in der Anordnung darauf hinzuweisen, dass der Insolvenzantrag abgewiesen wird, wenn der Erlag des Kostenvorschusses unterbleibt (§ 71a Abs 2 IO).

Die Anordnung des Kostenvorschusses erfolgt durch *Beschluss,* der auch jedem bevorrechteten Gläubigerschutzverband zugestellt werden muss. Er ist nicht abgesondert anfechtbar und nicht vollstreckbar (§ 71a Abs 1 IO).

Wenn der Vorschuss nicht rechtzeitig erlegt wird, ist der Insolvenzantrag mangels kostendeckenden Vermögens abzuweisen; darauf ***und*** auf die Zahlungsunfähigkeit/Überschuldung des Schuldners ist im Spruch hinzuweisen (§ 71b Abs 1 S 1 IO).

Der abweisende Beschluss und der Eintritt der Rechtskraft dieses Beschlusses sind öffentlich bekannt zu machen (§ 71b Abs 1 S 2 IO).

- Wird binnen sechs Monaten nach öffentlicher Bekanntmachung des Eintritts der Rechtskraft des Beschlusses neuerlich ein Insolvenzantrag eingebracht, so muss der Antragsteller bescheinigen, dass nunmehr Vermögen vorhanden ist, oder sich bereit erklären, einen Kostenvorschuss nach § 71a IO zu erlegen (§ 71b Abs 1 S 3 IO).

- Jeder Gläubiger kann beantragen, dass der Schuldner ein Vermögensverzeichnis (§ 100a IO) vorlegt und vor Gericht unterfertigt (gem §§ 100, 101 IO). Kommt hierbei Vermögen zum Vorschein, so kann die Insolvenzeröffnung neuerlich beantragt werden, und zwar ohne Rücksicht auf die sechsmonatigen Sperrfristen der §§ 70 Abs 3 und 71b Abs 1 S 3 IO (§ 71b Abs 2 IO).

Der Antragsteller macht den rechtzeitig geleisteten Kostenvorschuss als ***Masseforderung*** geltend (§ 71a Abs 3 IO, nachrangig § 47 Abs 2 IO).

Reicht die Masse nicht aus, um seinen Anspruch zu decken, so kann der Erleger des Kostenvorschusses diesen Betrag von jeder Person verlangen, die nach § 69 IO verpflichtet war, die Insolvenzeröffnung zu beantragen, aber den Antrag schuldhaft nicht gestellt hat; der Anspruch verjährt in drei Jahren nach Insolvenzaufhebung (***Rückgriffsrecht,*** § 71d Abs 1 IO).

b) Sonderbestimmungen für juristische Personen

Über juristische Personen ist trotz fehlender Kostendeckung das Insolvenzverfahren zu eröffnen, wenn ihre organschaftlichen Vertreter oder Gesellschafter mit einem Anteil von mehr als 50% einen Betrag zur Kostendeckung vorschussweise erlegen *oder* wenn feststeht, dass sie über Vermögen verfügen, das zur Kostendeckung ausreicht (§§ 72 Abs 1, 72d IO), andernfalls mangels Masse abzuweisen (§ 72 Abs 2 IO). Freilich ist zuvor noch der antragstellende Gläubiger zum Erlag eines Kostenvorschusses aufzufordern.

Die organschaftlichen Vertreter einer juristischen Person oder Gesellschafter mit einer Beteiligung von mehr als 50% sind zur ***Leistung eines Kostenvorschusses*** für die Anlaufkosten zur ungeteilten Hand verpflichtet, und zwar bis zu 4.000 Euro (§§ 72a Abs 1 und 72d IO).

Zur Leistung dieses Kostenvorschusses sind auch sämtliche Personen verpflichtet, die innerhalb der letzten drei Monate vor Einbringung des Insolvenzantrags organschaftliche Vertreter oder Mehrheitsgesellschafter des Schuldners waren, nicht jedoch Notgeschäftsführer (§§ 72a Abs 2, 72d IO).

Das Gericht hat die *organschaftlichen Vertreter* (§§ 72 bis 72b IO) und die *Gesellschafter mit Mehrheitsbeteiligung* (§ 72d iVm §§ 72 bis 72b IO) aufzufordern, binnen vierzehn Tagen den festgesetzten Betrag zu zahlen und ein persönliches Vermögensverzeichnis vorzulegen und vor Gericht zu unterfertigen, sowie darauf hinzuweisen, dass die Vorschussleistung das Vermögensverzeichnis erübrigt.

Der Beschluss über die Leistung des Vorschusses ist in das Vermögen der organschaftlichen Vertreter bzw. Mehrheitsgesellschafter sofort ***vollstreckbar,*** der Betrag durch den Insolvenzverwalter exekutiv einzutreiben, allenfalls durch einstweilige Vorkehrungen nach § 73 IO zu sichern (§§ 72b Abs 1 bis 3, 72d IO).

Rekurse der organschaftlichen Vertreter oder der Mehrheitsgesellschafter gegen den Auftrag zum Erlag des Kostenvorschusses haben keine aufschiebende Wirkung (§§ 72b Abs 5, 72d IO). Sie sind überdies nur statthaft, soweit die sich aus der Organstellung bzw. aus der Mehrheitsgesellschaftereigenschaft ergebende Verpflichtung bestritten wird, mithin nur dem Grund und nicht der Höhe nach (§§ 72b Abs 4, 72d IO).

Der organschaftliche Vertreter wie der Mehrheitsgesellschafter kann den erlegten Kostenvorschuss als ***Masseforderung*** geltend machen (§§ 72c, 72d IO), im Masseinsuffizienzfall freilich erst nach Berichtigung noch ungedeckter Verfahrenskosten (§ 47 Abs 2 Z 2 und 3 IO).

Erlegt letztlich der antragstellende Gläubiger den Kostenvorschuss (§ 71a IO), so hat dieser – neben dem Rückgriffsrecht nach § 71d Abs 1 IO (s. oben a.) – ein ***erweitertes Rückgriffsrecht*** gegenüber dem organschaftlichen Vertreter oder dem Mehrheitsgesellschafter aufgrund ihrer bestehenden Kostenvorschusspflicht gemäß §§ 72a und 72d IO.

Das Insolvenzgericht entscheidet über den Regress auf Antrag mit Beschluss (§ 71d Abs 2 S 2 IO), der nur wegen Bestreitung der organschaftlichen Vertretereigenschaft oder der Eigenschaft als Mehrheitsgesellschafter (mithin nur dem Grund nach) mit Rekurs bekämpft werden kann (§§ 71d Abs 2 S 3, 72b Abs 4, 72d IO); das Rechtsmittel hat keine aufschiebende Wirkung (§§ 71d Abs 2 S 4, 72b Abs 5, 72d IO).

c) Das ungelöste Problem hoher Antragsabweisungszahlen

Trotz der oben dargestellten Verpflichtungen zum Kostenvorschuss ist die *Anzahl von Antragsabweisungen* bei Unternehmensinsolvenzen leider notorisch hoch; sie war mit 45% gegenüber 55% an Eröffnungen (Stand 2012) etwas geringer als in den Vorjahren (insbesondere im Verhältnis zu den „abweisungsreichen" Jahren 2009 und 2011).

Betrachtet man eröffnete/nicht eröffnete Unternehmensinsolvenzen, so ergibt sich für 2013: 3.266/2.193, für 2014: 3.275/2.148, für 2015: 3.115/2.035, für 2016: 3.163/2.063 und für das erste Quartal 2017: 787/511. Bezeichnend ist die im Vergleich zu den Vorjahren deutlich niedrigere Abweisungszahl in den Jahren 2015 und 2016.

Fast alle Insolvenzrechtsnovellen der letzten Zeit wollten die Zahl der Abweisungen eindämmen helfen, aber auch das IRÄG 2010 schien anfangs nur geringe Wirkung zu zeigen (vgl. dazu *Zotter* ZIK 2012/123, 92). Siehe zu den oben genannten Zahlen die jährlichen Insolvenzstatistiken von *Kantner* auf www.ksv.at.

Das hat zwei Auswirkungen: Zum einen erleiden die Gläubiger durch diese nicht abgewickelten Insolvenzen einen hohen Schaden, zum anderen existieren diese Unternehmen, und – selbst nach Streichung aus dem Firmenbuch wegen Vermögenslosigkeit – verursachen sie für die Verkehrskreise bei Geschäften mit dem vermögenslosen „Scheinunternehmer" weitere Schäden. Das IRÄG 2017 sucht diesem Umstand durch die Kundmachung einer Abweisung wegen bereits vollzogener Vermögensaufteilung bei Personengesellschaften und juristischen Personen zumindest teilweise abzuhelfen (§ 68 Abs 2, angefügt mit Art 1 Z 7 IRÄG 2017). Diese Kundmachungen der Abweisungen wegen Vermögenslosigkeit bleiben ebenso wie solche mangels Kostendeckung für eine Frist von drei Jahren in der Insolvenzdatei ersichtlich (s. oben I. A. 8. A. am Ende).

2. Insolvenzforderung oder nachrangige Forderung des Antragstellers

Der Antragsteller muss behaupten und bescheinigen, dass er gegen den Schuldner eine ***Insolvenzforderung*** (§ 51 IO) oder eine Forderung aus einer eigenkapitalersetzenden Leistung (***nachrangige Forderung,*** § 57a IO) hat (§ 70 Abs 1 IO).

Die bescheinigte Insolvenzforderung oder nachrangige Forderung muss nicht fällig und kann auch vom Schuldner bestritten sein (zB. bei Eröffnung des Insolvenzverfahrens behängender Leistungsprozess, der gemäß § 7 Abs 3 IO unterbrochen wird).

Auch ein bloßer Klageverzicht hindert nicht die Insolvenzeröffnung und die Anmeldung der Forderung zum Insolvenzverfahren. Nur ein genereller Rechtsschutzverzicht würde eine Inanspruchnahme der Gerichte insgesamt unzulässig machen.

Das Insolvenzgericht pflegt auch zu prüfen, ob der Gläubiger den Insolvenzantrag missbräuchlich gestellt hat, und gegebenenfalls den Antrag mangels Insolvenzinteresses abzuweisen.

Die IO bietet hierfür keine Stütze. Insbesondere kommt es weder auf die Geringfügigkeit der Forderung noch auf deren Sicherung durch einen Absonderungsanspruch an, solange der Absonderungsgläubiger einen Ausfall und mit diesem die Stellung eines Insolvenzgläubigers hat. Die Antragszurücknahme durch den Gläubiger, seine nachgewiesene Befriedigung, der Nachweis einer getroffenen Stundungsvereinbarung reicht nicht hin, das Vorliegen der Zahlungsunfähigkeit zu entkräften:

Ob Zahlungsunfähigkeit oder Überschuldung vorliegt (gleich unten), gibt den Ausschlag. Kommt es dennoch zur Antragsabweisung, so ist der Beschluss auch den bevorrechteten Gläubigerschutzverbänden zuzustellen. Vgl. § 70 Abs 4 IO.

3. Zahlungsunfähigkeit oder Überschuldung

a) Zahlungsunfähigkeit

Die Insolvenzeröffnung setzt Zahlungsunfähigkeit des Schuldners voraus (§ 66 Abs 1 IO). Diese ist insbesondere anzunehmen, wenn der Schuldner seine Zahlungen einstellt (§ 66 Abs 2 IO, zB. Rundschreiben mit der Bitte um Stundung), aber auch wenn er fällige Forderungen in angemessener Frist nicht erfüllen kann. Dass Zahlungsunfähigkeit droht, reicht allerdings nicht hin.

Der Antragsteller hat die Zahlungsunfähigkeit zu *bescheinigen,* es sei denn der Schuldner hat seinen Gläubigern gegenüber erklärt, seine Zahlungen einzustellen. In diesem Fall vermutet das Gesetz die Zahlungsunfähigkeit (§ 66 Abs 2 IO).

Die Zahlungsunfähigkeit muss ***von Dauer*** sein. Das trifft nicht zu bei vorübergehender *Zahlungsstockung,* wenn sofort flüssiges Bargeld fehlt, aber Aussicht auf baldige Deckung der fälligen Forderungen besteht. Die Rechtsprechung orientiert sich stets an den besonderen Umständen des Einzelfalls und duldet bisweilen Zahlungsstockungen bis zu drei Monaten.

Zahlungsunfähigkeit setzt nicht voraus, dass Gläubiger andrängen. Der Umstand, dass der Schuldner Forderungen einzelner Gläubiger ganz oder teilweise befriedigt hat oder noch befriedigen kann, begründet für sich allein nicht die Annahme, dass er zahlungsfähig ist (§ 66 Abs 3, vgl. § 70 Abs 4 IO).

Damit ist klargestellt, dass bei Ermittlung der Zahlungsunfähigkeit nicht zwischen andrängenden und abwartenden Gläubigern unterschieden werden darf, vielmehr die *anhaltende Nichtbefriedigung fälliger Forderungen* das Maß gibt.

Bisweilen versucht der Antragsteller die Zahlungsunfähigkeit des Schuldners mithilfe von ***Indizien*** zu bescheinigen. Die Rechtsprechung hält sich zurück. Wenn gegen den Schuldner *mehrere Exekutionen* laufen, lässt dies zunächst nur einen Schluss auf seine schlechte Zahlungsmoral zu; erst wenn mehrere Exekutionen scheitern, ist dies ein Indiz für seine Zahlungsunfähigkeit. Auch die *Überschuldung* allein reicht nicht aus, denn viele Schuldner halten sich mit Bankkrediten über Wasser, sind also trotz Überwiegen der Passiven liquid.

b) Kridamäßige Überschuldung

Die Überschuldung genügt als Insolvenzgrund gegen

- eingetragene Personengesellschaften, bei denen kein unbeschränkt haftender Gesellschafter eine natürliche Person ist (zB. GmbH & Co KG),
- Vermögen juristischer Personen und
- Verlassenschaften (§ 67 Abs 1 IO).

Statisch betrachtet, ist Überschuldung das Überwiegen der Passiven über die Aktiven. Einerseits braucht trotz Überschuldung keine Zahlungsunfähigkeit vorzuliegen (zB. wenn der Schuldner mit Kredit arbeitet und die Tilgungsraten aus seinen Erträgnissen decken kann).

Anderseits kann Zahlungsunfähigkeit auch ohne Überschuldung eintreten (zB. wenn der Schuldner seine Aktiven nicht in absehbarer Zeit flüssig machen kann).

Wie die Zahlungsunfähigkeit muss auch die Überschuldung ***von Dauer*** sein. Dieses dynamische Merkmal liegt nur vor, wenn zum rechnerischen Überwiegen der Passiven noch die Existenzkrise der Gesellschaft hinzutritt. Daher hat das Gericht die Überschuldungsprüfung durch eine ***Fortbestehensprognose (Sanierungsprognose)*** zu ergänzen.

Nur wenn diese ungünstig, mithin die Zahlungsunfähigkeit oder Liquidation der Gesellschaft trotz Sanierungsversuchen wahrscheinlich ist, verwirklicht sich der Tatbestand der Überschuldung nach § 67 IO = ***kridamäßige Überschuldung.***

Beispiel: Eine ***negative Fortbestehensprognose*** ergibt sich, wenn in den letzten zwei Jahren fortlaufend hohe Verluste erwirtschaftet wurden, Verbindlichkeiten nicht zeitgerecht erfüllt werden konnten und im Liquidationsfall mit einer vollständigen Befriedigung der Gläubiger nicht mehr zu rechnen ist.

Der antragstellende Gläubiger braucht nur zu behaupten und zu bescheinigen, dass der Schuldner in den letzten Jahren negativ bilanziert hat. Es ist Sache des Schuldners, durch ***Gegenbescheinigung*** die Lebensfähigkeit des überschuldeten Unternehmens offenzulegen.

Diese ***richterrechtliche Verteilung der Bescheinigungslast*** zwischen Antragsteller und Schuldner versteht sich daher, dass die Offenlegung der für das Insolvenzverfahren relevanten Tatsachen jeweils von jenem Teil vertreten werden soll, in dessen Kontrollbereich sie liegen, mithin vermögens- und unternehmensinterne Umstände, die meist dem Einblick Außenstehender verschlossen sind, dem Schuldner.

Bei der Prüfung, ob rechnerische Überschuldung vorliegt, sind Verbindlichkeiten - auch solche aus eigenkapitalersetzenden Leistungen - dann nicht zu berücksichtigen, wenn der Gläubiger erklärt, dass er Befriedigung erst nach Beseitigung eines negativen Eigenkapitals (§ 225 Abs 1 UGB) oder im Fall der Liquidation nach Befriedigung aller Gläubiger begehrt und dass wegen dieser Verbindlichkeiten kein Insolvenzverfahren eröffnet zu werden braucht (§ 67 Abs 3 IO).

4. Vernehmungstagsatzung

Der Insolvenzantrag des Gläubigers ist dem Schuldner zuzustellen (§ 70 Abs 2 S 1 IO) und eine Belehrung über die Eröffnung eines Sanierungsverfahrens bei rechtzeitiger Vorlage eines Sanierungsplans anzuschließen (§ 70 Abs 2 S 2 IO). Eine Ersatzzustellung (§ 16 ZustG) ist möglich.

Das Insolvenzgericht hat den Schuldner und sonstige Auskunftspersonen (zB. Betriebsrat gemäß § 254 Abs 5 IO) in einer *Vernehmungstagsatzung* einzuvernehmen, wenn es rechtzeitig möglich ist. Die Tagsatzung darf nur von Amts wegen und *nicht zum Abschluss von Ratenvereinbarungen* wegen erstreckt werden (§ 70 Abs 2 Satz 3 u 4 IO).

Durch die Vernehmungstagsatzung wird dem Schuldner *rechtliches Gehör* gewährt. Dessen Verletzung bewirkt Nichtigkeit (§ 477 Abs 1 Z 4 ZPO, 252 IO), die mit Rekurs gegen den Eröffnungsbeschluss geltend gemacht werden kann. Anderseits darf die Eröffnung des Insolvenzverfahrens nicht durch den Schuldner verschleppt werden. Daher ist sie *unverzüglich* zu verfügen, wenn die Insolvenzgründe vorliegen (§ 70 Abs 1 IO).

Bei der Entscheidung über den Insolvenzantrag ist nicht zu berücksichtigen, dass der Gläubiger den Insolvenzantrag zurückgezogen hat oder dass die Forderung des Gläubigers nach dem Insolvenzantrag befriedigt worden ist (§ 70 Abs 4 Satz 1 IO). Wenn der Schuldner eine solche Befriedigung oder das Vorliegen einer Stundungsvereinbarung mit dem Gläubiger gegenbescheinigt, so reicht dies allein nicht aus, um das Vorliegen der Zahlungsunfähigkeit zu entkräften (§ 70 Abs 4 Satz 2 IO).

Die Gegenbescheinigung des Schuldners muss also grundsätzlich weitere Umstände einbeziehen, die seine Zahlungsfähigkeit erhärten. Wenn ihm dies gelingt, kann ein vom Gläubiger zurückgezogener Insolvenzantrag unter Berufung auf dieselbe Forderung nicht vor Ablauf von sechs Monaten erneuert werden (***Antragssperre,*** § 70 Abs 3 IO), es sei denn, dass bei der Offenlegung Vermögen zum Vorschein kommt (§ 71b Abs 1 S 2 und Abs 2 IO).

C. Einstweilige Vorkehrungen im Eröffnungsverfahren

Unterscheide: Im ***Insolvenzeröffnungsverfahren*** ermittelt das Insolvenzgericht, ob die Erfordernisse für die Insolvenzeröffnung vorliegen. Der stattgebende Beschluss ist die Eröffnung des Insolvenzverfahrens, er leitet das eigentliche ***Insolvenzverfahren*** ein.

Wenn der Insolvenzantrag nicht offenbar unbegründet ist, aber das Insolvenzverfahren nicht sofort eröffnet werden kann, muss das Insolvenzgericht einstweilige Vorkehrungen treffen. Sie sollen die Masse sichern, insbesondere anfechtbare Rechtshandlungen unterbinden sowie der Unternehmensfortführung dienen. Amtswegige Erhebungen haben vorauszugehen (§ 73 Abs 1 IO).

Dem Schuldner können vor allem ***verboten*** werden: Rechtshandlungen, die nicht zum gewöhnlichen Unternehmensbetrieb gehören, das Veräußern oder Belasten von Liegenschaften, das Bestellen von Absonderungsrechten (zB. Verpfändung des Arbeitseinkommens), das Eingehen von Bürgschaften und unentgeltliche Verfügungen.

Diese Rechtsgeschäfte können dem Schuldner überhaupt verboten oder an die Zustimmung des Gerichts oder eines gerichtlich bestellten einstweiligen Verwalters gebunden werden (§ 73 Abs 2 S 1 IO).

Die Bestellung eines einstweiligen Verwalters ist samt seinen Befugnissen und den Angaben zur Person iSd § 74 Abs 2 Z 6 IO in die Insolvenzdatei einzutragen. Eine Löschung hat zu erfolgen, wenn der Antrag auf Verfahrenseröffnung rechtskräftig abgewiesen wurde (§ 73 Abs 2 S 2 und 3 IO).

Die einstweiligen Vorkehrungen sind in den öffentlichen Büchern und Registern anzumerken (§ 73 Abs 3 S 1 IO). Rechtshandlungen entgegen den angemerkten einstweiligen Vorkehrungen sind den Gläubigern gegenüber unwirksam, wenn der Dritte das Verbot kannte oder kennen musste oder wenn er selbst die Eröffnung des Insolvenzverfahrens beantragt hat (§ 73 Abs 3 S 2 IO).

D. Entscheidung über den Antrag auf Eröffnung des Insolvenzverfahrens

Das Insolvenzgericht entscheidet über den Antrag auf Eröffnung des Insolvenzverfahrens mit ***Beschluss,*** der stets zu begründen ist: *stattgebend,* wenn alle formellen und materiellen Insolvenzvoraussetzungen vorliegen; *abweisend* als unbegründet, wenn ein Insolvenzgrund fehlt; *zurückweisend* als unzulässig, wenn eine formelle Insolvenzvoraussetzung fehlt (zB. die Prozessfähigkeit des Antragstellers).

Wird der Antrag auf Eröffnung des Insolvenzverfahrens mangels Kostendeckung abgewiesen, so ist im Spruch darauf und auf die Zahlungsunfähigkeit/Überschuldung des Schuldners hinzuweisen. Beschluss und Rechtskraft sind öffentlich bekannt zu machen.

Wird binnen sechs Monaten nach öffentlicher Bekanntmachung der Rechtskraft des Beschlusses ein Antrag auf Eröffnung des Insolvenzverfahrens eingebracht, so hat der Antragsteller zu bescheinigen, dass nunmehr Vermögen vorhanden ist, oder sich zum Erlag eines Kostenvorschusses nach § 71a IO bereit erklären (§ 71b Abs 1 IO).

Der Schuldner hat auf Antrag eines Gläubigers ein Vermögensverzeichnis vorzulegen und vor Gericht zu unterfertigen (§§ 100, 100a, 101 IO). Kommt hierbei Vermögen hervor, so kann ungeachtet der Sechsmonatssperre des § 70 Abs 3 IO die Eröffnung des Insolvenzverfahrens neuerlich beantragt werden (§ 71b Abs 2 IO).

Beschlüsse, womit das Insolvenzverfahren eröffnet oder der Antrag auf Eröffnung des Insolvenzverfahrens abgewiesen wird, können von allen Personen, deren Rechte dadurch berührt werden, sowie von den bevorrechteten Gläubigerschutzverbänden mit ***Rekurs*** (und Revisionsrekurs, § 528 ZPO) angefochten werden (§ 71c Abs 1 IO).

Rekurslegitimiert sind alle in ihren Rechten Berührten. Der rekurswerbende Insolvenzgläubiger hat seine Forderung nicht bloß zu behaupten, sondern nachzuweisen (§ 71c Abs 1 IO); die Judikatur verlangt dabei Bescheinigung und nicht Beweis (vgl. RS0059461; vgl. dazu *Hierzenberger/Riel* in Konecny/Schubert, Insolvenzgesetze, zu § 80 KO Rz 8; *Chalupsky/Duursma-Kepplinger* in Bartsch/Pollak/Buchegger, InsR⁴ III, zu § 80 KO Rz 47). Vereinzelt geblieben ist die abweichende, unbefriedigende Entscheidung des OGH 8 Ob 78/11w, ZIK 2012/268, 189, die vom rekurswerbenden Gläubiger nicht den Nachweis einer Forderung (§ 71c Abs 1 IO), sondern bloß einer Forderungsanmeldung für das Rekursrecht als ausreichend angesehen hat, und zwar auch im Fall vollständiger Forderungsbestreitung durch den Insolvenzverwalter. Vgl. dazu kritisch auch *Konecny* ZIK 2012/241, 162.

Der Rekurs gegen den Beschluss auf Eröffnung des Insolvenzverfahrens hat *keine aufschiebende Wirkung* (§ 71c Abs 2 IO). Die Rekursfrist beginnt hier mit der öffentlichen Bekanntmachung des Insolvenzedikts zu laufen. Rekurse im Eröffnungsverfahren sind *zweiseitig* (Ausnahme vom Grundsatz des § 260 Abs 4 IO; s. oben I.A.7.), es ist mithin Gelegenheit zur *Rekursbeantwortung* zu geben.

III. Eröffnung des Insolvenzverfahrens

Lit.: *Achatz,* Zur konkursrechtlichen Einordnung der Umsatzsteuer als Masse- oder Konkursforderung, taxlex 2006, 442; *Engelhart*, Kennenmüssen der Konkurseröffnung und Sorgfaltspflichten im Sinne des § 3 Abs 2 KO bei Zahlung an den Gemeinschuldner – Anmerkung zur E OLG Wien 16.4.2007, 3 R 7/07g, ZIK 2007/196, 110; *Gerhartl,* Anspruch auf Insolvenz-Entgelt von Alleingesellschaften nach Betriebsübergang, GesRZ 2009, 89; *Jud,* Konkurs des Notars und Treuhandschaft: Zur Stellung des Notariatssubstituten, NZ 2008/95; *Karollus*, Pflichten und Haftung der Organe von Kapitalgesellschaften in der Krise und bei der Sanierung, in Feldbauer-Durstmüller/Schlager (Hrsg.), Krisenmanagement – Sanierung – Insolvenz (2002) 1145; *Kletečka,* Aufgriffsrechte, Optionsrechte und Anbote im Konkurs, GesRZ 2009, 82; *Kloiber*, Die Konkurseröffnung nach dem IRÄG 1997, ZIK 1997, 154; *G. Kodek*, Zur Berücksichtigung von Ratenvereinbarungen im Konkurseröffnungsverfahren, ZIK 2006/184, 146; *G. Kodek/Ladon*, Rechtstatsachenuntersuchung zum Konkurseröffnungsverfahren, ZIK 2008/129, 89; *König,* Aktivlegitimation bei Bestreitung einer titulierten Forderung (§ 110 Abs 2 IO), ZIK 2016/111, 94; *Kossak*, Das neue Konkurseröffnungsverfahren aufgrund des IRÄG 1997 im Spiegel der Rechtsprechung des OLG Linz, ZIK 1998, 181, ZIK 1999, 6; *Marko,* Austrittsrecht des Arbeitnehmers wegen Entgeltrückständen aus der Zeit vor Konkurseröffnung, JAP 2007/2008/14; *Mohr*, Das Konkurseröffnungsverfahren bei juristischen Personen, ZIK 1997, 157; *Mohr*, Das Konkurseröffnungsverfahren in der jüngsten Rechtsprechung der Oberlandesgerichte, RdW 1993, 234; *Pogacar,* Kostentragung im Konkurseröffnungsverfahren, ZIK 2006/240, 187; *Reckenzaun,* Eröffnung eines Insolvenzverfahrens und Erlöschen der Berechtigung zur Ausübung der Rechtsanwaltschaft, AnwBl 2008, 351; *Rüffler,* Zweifelsfragen zu gesellschaftsvertraglichen Aufgriffsrechten für den Fall des Konkurses eines GmbH-Gesellschafters, wbl 2008, 353; *Seidl/Weileder,* Exekution in ein Absonderungsgut vermittels Auszug aus dem Anmeldeverzeichnis nach bestätigtem Sanierungsplan, ZIK 2016/284, 216; *Sundl,* Insolvenzrechtliche Qualifikation von Sonderzahlungen – Kritische Anmerkungen zu OGH 28.2.2008, 8 Ob A 11/08p, ASoK 2008, 429; *Trenker*, Die „führungslose GmbH" im Insolvenz(eröffnungs-)verfahren, ZIK 2016/108, 82.

A. Insolvenzedikt

Der Beschluss auf Eröffnung des Insolvenzverfahrens ist durch Edikt öffentlich bekanntzumachen (§ 74 Abs 1 IO). Das geschieht durch Aufnahme in die Insolvenzdatei (§§ 255, 256 IO, 89j, 89k GOG).

Das Insolvenzedikt hat zu enthalten (§ 74 Abs 2 Z 1 bis 11 iVm § 220 IO, idF Art 1 Z 9 und 35 IRÄG 2017):

- Datum der Verfahrenseröffnung;
- Bezeichnung des Gerichts und des Aktenzeichens;
- Art des eröffneten Insolvenzverfahrens;
- bei eingetragenen Personengesellschaften und juristischen Personen: Firma, gegebenenfalls frühere Firmen, die Firmenbuchnummer, die ZVR-Zahl, den Sitz und, sofern davon abweichend, die Geschäftsanschrift des Schuldners sowie die Anschriften der Niederlassungen;
- bei natürlichen Personen: Namen, Wohn- und Geschäftsanschrift und das Geburtsdatum des Schuldners, gegebenenfalls Firma und Firmenbuchnummer sowie frühere Namen; falls die Anschrift geschützt ist: der Geburtsort;
- Namen, Anschrift, Telefonnummer sowie E-Mail-Adresse des Insolvenzverwalters und, wenn eine juristische Person bestellt wurde, jener Person, die sie bei Ausübung der Insolvenzverwaltung vertritt; allenfalls ob dem Schuldner die Eigenverwaltung zusteht (im Sanierungsverfahren nach §§ 169 bis 179 IO und im Insolvenzverfahren über das Vermögen einer natürlichen Person gemäß §§ 181 ff IO);
- Ort, Zeit und Zweck der ersten Gläubigerversammlung mit der Aufforderung an die Gläubiger, die Belege für die Glaubhaftmachung ihrer Forderungen mitzubringen;
- die Frist für die Forderungsanmeldung (Anmeldefrist) und die Aufforderung an die Insolvenzgläubiger, ihre Forderungen innerhalb dieser Frist anzumelden;
- die Aufforderung an die Aussonderungsberechtigten und Absonderungsgläubiger an einer Forderung auf Einkünfte aus einem Arbeitsverhältnis oder auf sonstige wiederkehrende Leistungen mit Einkommensersatzfunktion, ihre Aussonderungs- oder Absonderungsrechte innerhalb der Anmeldungsfrist geltend zu machen;
- eine kurze Belehrung über die Folgen einer Versäumung der Anmeldungsfrist;
- Ort und Zeit der allgemeinen Prüfungstagsatzung;
- im Anwendungsbereich der EuInsVO neu den Ausspruch, ob es sich um ein Haupt-, Partikulär- oder Sekundärverfahren im Sinn der EuInsVO handelt (§ 220 IO).

Die erste Gläubigerversammlung ist in der Regel nicht über vierzehn Tage, die allgemeine Prüfungstagsatzung in der Regel auf sechzig bis neunzig Tage nach der Eröffnung des Insolvenzverfahrens und die Anmeldungsfrist in der Regel auf vierzehn Tage vor der allgemeinen Prüfungstagsatzung anzuordnen (§ 74 Abs 3 IO). Die Praxis pflegt die erste Gläubigerversammlung, die Prüfungstagsatzung und die Berichtstagsatzung zusammen zu legen.

Ausfertigungen des Insolvenzedikts sind etlichen Adressaten zuzustellen (§ 75 Abs 1 IO):

Jedem schriftlich bekannten Insolvenzgläubiger, jedem im Unternehmen errichteten Belegschaftsorgan, auf die nach den zur Verfügung stehenden technischen Mitteln schnellstmögliche Weise der Österreichischen Nationalbank (wenn das Insolvenzverfahren vom Gerichtshof eröffnet wurde).

Ist der Schuldner Unternehmer, so sind Ediktsausfertigungen den für ihn und seine Arbeitnehmer zuständigen gesetzlichen Interessenvertretungen (unter Anschluss schon gelegter Vermögensverzeichnisse und Bilanzen) zuzustellen, nicht aber den einzelnen Arbeitnehmern, wenn im Unternehmen ein Belegschaftsorgan fehlt (§ 75 Abs 2 IO).

B. Sicherungsmaßnahmen und Benachrichtigungen

Zugleich mit der Eröffnung des Insolvenzverfahrens hat das Insolvenzgericht alle Maßnahmen zu treffen, die zur Sicherung der Masse und zur Fortführung eines Unternehmens dienlich sind (§ 78 Abs 1 Satz 1 IO).

Sicherung der Masse und Fortführung des Unternehmens sind gleichwertige Ziele. Nur wenn die Ermittlungen ergeben, dass das Unternehmen nicht lebensfähig ist, muss nach Vernehmung des Insolvenzverwalters, des Gläubigerausschusses, sowie (wenn rechtzeitig möglich des Schuldners und anderer Auskunftspersonen iSd § 254 Abs 5 IO seine Schließung verfügt werden (§ 78 Abs 1 Satz 2 IO).

Sonst führt der Insolvenzverwalter das Unternehmen weiter, ohne dass er hierzu einer gerichtlichen Anordnung bedarf.

Der Insolvenzverwalter muss die Massebestandteile sofort in Besitz nehmen und, falls sie der Schuldner nicht aus freien Stücken ausfolgt, durch den Vollstrecker wegnehmen lassen; Exekutionstitel ist eine vollstreckbare Ausfertigung des Eröffnungsbeschlusses.

Der Insolvenzverwalter kann auch die Wohnung des Schuldners betreten und durchsuchen; wenn ihm der Schuldner den Zutritt verwehrt, muss er einen gerichtlichen Durchsuchungsbefehl einholen.

Das Insolvenzgericht hat unverzüglich folgende Stellen von der Eröffnung des Insolvenzverfahrens zu benachrichtigen:

- die Post- und Telegrafendienststellen, die Flugplätze, Bahnhöfe und Schiffsstationen, in deren Sprengel die Wohnung und die Betriebsstätte des Schuldners liegen (***Postsperre,*** § 78 Abs 2 IO).

Diese Stellen müssen alle Sendungen, die sonst dem Schuldner auszufolgen wären, nunmehr dem Insolvenzverwalter aushändigen. Gerichtliche oder sonstige amtliche Briefsendungen sind dem Schuldner nur auszufolgen, wenn sie einen entsprechenden amtlichen Vermerk tragen. Der Insolvenzverwalter darf die ihm ausgehändigten Sendungen öffnen. Falls sie die Masse nicht berühren, muss er sie unverzüglich dem Schuldner ausfolgen. Im Übrigen ist diesem nur Einsicht zu gewähren (§ 78 Abs 3 IO).

Im Sanierungsverfahren mit Eigenverwaltung gibt es keine Postsperre (§ 176 Z 1 IO).

- Banken und Verwahrungsanstalten, bei denen der Schuldner allein oder gemeinsam mit anderen ein Depot, ein Guthaben, ein Konto oder ein Schrankfach hat (***Banksperre,*** § 78 Abs 4 IO).

Diesen Unternehmen wird der Auftrag erteilt, Verfügungen über das Depot, Guthaben, Konto oder Schrankfach nur mit gerichtlicher Zustimmung zu vollziehen.

Die Banksperre *gilt nicht im Sanierungsverfahren mit Eigenverwaltung* (§ 176 Z 1 IO).

• die vorgesetzte Behörde des im öffentlichen Dienst stehenden Schuldners (§ 78 Abs 5 IO).

• die Arbeitnehmer des Schuldners (§ 78a IO: „wenn sie nicht bereits vom Insolvenzgericht verständigt worden sind oder die Eröffnung des Insolvenzverfahrens nicht allgemein bekannt ist").

Öffentliche Bücher und Register:

Das Insolvenzgericht hat zu veranlassen, dass die Eröffnung des Insolvenzverfahrens im ***Grundbuch*** bei den Liegenschaften und Forderungen des Schuldners, in den *Schiffs- und Patentregistern* sowie in den gegen den Schuldner aufgenommenen *Pfändungsprotokollen* angemerkt wird (§ 77 IO).

Ist die Firma des Schuldners im Firmenbuch eingetragen, so hat das Insolvenzgericht die im § 77a Abs 1 IO aufgezählten ***Eintragungen im Firmenbuch*** zu veranlassen:

1. die Eröffnung des Insolvenzverfahrens (Konkurs- oder Sanierungsverfahren, §§ 180 bzw. 166 ff IO) unter Angabe, ob dem Schuldner die Eigenverwaltung zusteht (§§ 169 ff IO), sowie die Änderung der Bezeichnung von Sanierungs- auf Konkursverfahren (§§ 169 Abs 5, 180 IO) und die Entziehung der Eigenverwaltung (§ 169 Abs 5 IO), jeweils unter Angabe ihres Tages;
2. die Aufhebung des Insolvenzverfahrens, sofern es sich nicht um einen Fall des § 79 IO (Abänderung der Eröffnung des Insolvenzverfahrens durch eine höhere Instanz nach Rekurs) handelt;
3. die Art der Überwachung der Erfüllung des Sanierungsplans;
4. einstweilige Vorkehrungen nach § 73 IO;
5. den Namen des Insolvenzverwalters (Sanierungs- oder Masseverwalters), des besonderen Verwalters nach § 86 IO und des Treuhänders nach § 157 IO;
6. die Nichteröffnung des Insolvenzverfahrens mangels hinreichenden Vermögens;
7. die Zurückweisung des Antrags auf Eröffnung des Insolvenzverfahrens gemäß § 63 IO wegen Unzuständigkeit des angerufenen Gerichts.

Ändern sich die Angaben nach Z 3 bis 5 oder wird das Insolvenzverfahren nach § 79 IO aufgehoben, so hat das Insolvenzgericht diese Eintragungen im Firmenbuch löschen zu lassen.

Nach Ablauf von fünf Jahren ab Verfahrensaufhebung oder unmittelbar mit Beschluss auf Ausschluss der Einsicht in die Insolvenzdatei wegen Erfüllung eines Sanierungs- oder Zahlungsplans hat das Firmenbuchgericht alle Eintragungen nach Z 1 bis Z 5 auf Schuldnerantrag zu löschen (§ 77a Abs 2 IO).

C. Aufhebung des Insolvenzverfahrens

Wird der Beschluss auf Eröffnung des Insolvenzverfahrens aufgrund eines Rekurses rechtskräftig abgeändert, so ist dies in derselben Weise öffentlich bekannt zu machen wie die Eröffnung des Insolvenzverfahrens

(§ 97 Abs 1 IO). Ein separater Beschluss auf Aufhebung des Insolvenzverfahrens durch das Insolvenzgericht ist nicht abzuwarten.

Die öffentliche Bekanntmachung des rechtskräftigen Abänderungsbeschlusses macht alle mit der Eröffnung des Insolvenzverfahrens verbundenen Rechtsfolgen rückgängig: Die Insolvenzmasse wird wieder freies Vermögen. Die Unterbrechung eines Zivilprozesses endet selbsttätig; die Aufnahme des Verfahrens braucht nicht eigens beantragt zu werden.

Das Insolvenzgericht hat die Beendigung der Wirkungen des Insolvenzverfahrens jenen Behörden und Stellen mitzuteilen, die gemäß §§ 75, 78 IO von der Eröffnung des Insolvenzverfahrens benachrichtigt worden waren (§ 79 Abs 2 IO), und gleichzeitig zu veranlassen, dass die bezüglichen Anmerkungen sowie die Eintragung in die Insolvenzdatei gelöscht und alle Maßnahmen aufgehoben werden, welche die Verfügungsgewalt des Schuldners beschränken (§ 79 Abs 3 IO).

Aufrecht bleiben die vom Insolvenzverwalter während des Insolvenzverfahrens an der Masse vorgenommenen Rechtshandlungen. Sie binden den Schuldner nach außen. Ihre Aufhebung ist nur nach privatrechtlichen Regeln möglich.

IV. Feststellung der Insolvenzmasse

A. Feststellung der Aktiven (§§ 96 bis 100 IO)

Lit.: *Bresich,* Checklisten: Datenträgerauswertung im Konkursverfahren, ZIK 2006/242, 194; *Fraberger,* Handels- und steuerrechtliche Buchführungspflichten im Konkurs im Wandel der Rechtsprechung, taxlex 2006, 427; *Isola/Aydinonat,* Die zwangsweise Durchsetzung der Auskunftspflicht des Gemeinschuldners, ZIK 2007/7, 4; *Mohr,* Die Vollzugsgebühr im Exekutionsverfahren, ZIK 2004/45, 46; *Rabl,* Das Nachlaßinventar – Inhalt und Zweck, NZ 1999, 129; *Reindl-Krauskopf,* Aussageverweigerung des Gemeinschuldners und Haft zur Durchsetzung seiner Auskunftspflicht. Anmerkungen zu OLG Wien 28 R 280/09, ZIK 2010/64, 47; *Riel,* Neuerungen bei der Unternehmensveräußerung durch die InsNov 2002, ZIK 2002/259, 188; *Riel,* Die Schätzung unbeweglicher Sachen im Insolvenzverfahren, ZIK 2012/124, 96.

Die Feststellung der *Aktivmasse (Teilungsmasse)* ist vorwiegend Sache des Insolvenzverwalters. Über die Sicherungsmaßnahmen siehe oben III B.

1. Inventar und Schätzung

Der Insolvenzverwalter hat, womöglich mithilfe des Schuldners, über die Masse ein ***Inventar*** zu errichten. Doch kann das Insolvenzgericht von Amts wegen oder auf Antrag des Insolvenzverwalters das Inventar auch von einem Vollstreckungsorgan errichten lassen, sofern voraussichtlich Gegenstände zur Masse gehören, die von diesem geschätzt werden können (§ 96 Abs 1 IO).

Mit der Inventarserrichtung ist in der Regel eine ***Schätzung*** zu verbinden, sie kann jedoch, soweit zweckmäßig, aufgeschoben werden.

Das geschätzte Inventar besteht aus einem ***Verzeichnis aller dem Insolvenzverfahren unterliegenden Sachen mit Wertangabe.*** Diese erfolgt durch einen Sachverständigen oder durch Ausschussmitglieder mit Genehmigung des Insolvenzgerichts.

Unbewegliche Sachen werden nach den Vorschriften der EO und des LBG geschätzt. Wohnungseinrichtungen und sonstige Gegenstände minderen oder allgemein bekannten Werts können auch von dem mit der Inventarisierung betrauten Vollstreckungsorgan geschätzt werden (§ 96 Abs 2 IO).

Kein Inventar ist zu errichten im Sanierungsverfahren mit Eigenverwaltung des Schuldners unter Beaufsichtigung durch einen Sanierungsverwalter (§ 176 Z 2 IO).

2. Vermögensverzeichnis und Bilanz

Der Schuldner muss dem Insolvenzverwalter alle zur Geschäftsführung erforderlichen Aufklärungen erteilen (***Auskunftspflicht,*** § 99 IO), insbesondere aber ein ***Vermögensverzeichnis*** und eine ***Bilanz*** vorlegen (§ 100 IO).

Hat der Schuldner das ***Vermögensverzeichnis*** nicht schon vor Eröffnung des Insolvenzverfahrens überreicht (bei fehlender Kostendeckung ist es auf Gläubigerantrag vorzulegen, § 71b Abs 2 IO), so ist er vom Gericht anzuhalten, es sofort mit der erforderlichen Anzahl von Ablichtungen vorzulegen, um die Zustellung an alle Personen und Einrichtungen gemäß § 75 IO durchzuführen, ein Exemplar ist für den Insolvenzverwalter, ein weiteres für den Gerichtsakt bestimmt (§ 100 Abs 1 IO).

§ 100a IO regelt die ***Inhaltserfordernisse des Vermögensverzeichnisses:*** Der Schuldner hat die einzelnen Vermögensteile (Aktiva) und Verbindlichkeiten (Passiva) unter Angabe des Betrags oder Werts anzuführen. Bei *Forderungen* sind die Person des Schuldners (mit Anschrift), ihre Einbringlichkeit, eine etwaige Strittigkeit, weiters Schuldgrund, Fälligkeitszeitpunkt und etwa bestehender Sicherheiten anzugeben.

Verbindlichkeiten sind mit Benennung des Gläubigers (mit Anschrift) und etwa bestehender Sicherheiten sowie ebenfalls mit Schuldgrund, Fälligkeitszeitpunkt anzugeben, bei Absonderungsrechten der mutmaßliche Ausfall des Gläubigers. Bei *Forderungen wie Verbindlichkeiten* ist auf ein etwa bestehendes Angehörigen- (§ 32 IO) oder Angestelltenverhältnis zum Schuldner hinzuweisen; Gleiches gilt für genau zu bezeichnende Gesellschafts- oder anderen Gemeinschaftsverhältnisse (§ 100a Abs 1 IO).

Hat zwischen dem Schuldner und seinen nahen Angehörigen (§ 32 IO) in den letzten zwei Jahren vor dem Antrag auf Eröffnung des Insolvenzverfahrens eine Vermögensauseinandersetzung stattgefunden oder hat er in diesem Zeitraum zu ihren Gunsten vorgenommen, so ist dies anzugeben; es ist zu bezeichnen, welche Verfügungen getroffen wurden. Unentgeltliche Verfügungen, die nach § 29 Z 1 IO der Anfechtung entzogen sind (Erfüllung einer gesetzlichen Verpflichtung, gebräuchliche Gelegenheitsgeschenke, unentgeltliche Verfügungen in angemessener Höhe zu gemeinnützigen Zwecken oder in Entsprechung sittlicher Pflichten oder Rücksichten des Anstands), bleiben dabei außer Betracht.

Der Insolvenzverwalter hat das Vermögensverzeichnis durch das Inventar richtig zu stellen (§ 100 Abs 5 IO), ferner die vom Schuldner vorgelegte ***Bilanz*** zu prüfen und zu berichtigen, allenfalls selbst eine Bilanz aufzustellen, aus der das Verhältnis der Aktiven zu den Passiven hervorgeht (§ 100 Abs 3 IO).

Der Schuldner muss Vermögensverzeichnis und Bilanz eigenhändig unterschreiben und sich zugleich bereit erklären, in einer ***Offenlegungstagsatzung*** vor dem Insolvenzgericht zu unterfertigen, dass seine Angaben richtig und vollständig seien und dass er von seinem Vermögen nichts verschwiegen habe (§ 100 Abs 4 bis 6 IO). Unrichtige und/oder unvollständige Angaben sind gerichtlich strafbar (§ 292a StGB).

Zur Offenlegungstagsatzung sind der Insolvenzverwalter, die Mitglieder des Gläubigerausschusses und der Antragsteller zu laden.

Ist der Schuldner eine eingetragene Personengesellschaft, eine juristische Person oder eine Verlassenschaft, so entscheidet das Insolvenzgericht, ob alle oder welche der vertretungsbefugten Personen, Liquidatoren, unbeschränkt haftenden Gesellschaftern oder Erben das Vermögensverzeichnis vor Gericht zu unterfertigen haben (§ 100 Abs 6 IO).

Das Insolvenzgericht kann ***Maßregeln gegen den Schuldner*** anordnen:

- die ***zwangsweise Vorführung,*** wenn er Ladungen nicht Folge leistet;

- die ***Verhaftung,*** wenn er seine Auskunftspflicht (§ 99 IO) beharrlich und ohne hinreichenden Grund nicht erfüllt, wenn er trotz Auftrag das Vermögensverzeichnis nicht vorlegt oder nicht in der Offenlegungstagsatzung unterfertigt oder wenn es zur Sicherung der Masse oder zur Vermeidung gläubigerschädigender Umtriebe notwendig ist (§ 101 IO). Es gelten die Bestimmungen der §§ 360 bis 366 EO. Die Höchstdauer der Haft beträgt sechs Monate, die Haftkosten sind Verfahrenskosten (§ 101 Abs 2 IO).

Vor einem Haftbeschluss oder einem Beschluss auf Aufhebung der Haft ist, soweit tunlich, der Gläubigerausschuss zu vernehmen (§ 101 Abs 3 IO).

3. Anzeigepflicht Dritter

Wer Massegegenstände in seiner Gewahrsame hat, muss dies unverzüglich nach Kenntnisnahme der Eröffnung des Insolvenzverfahrens dem Insolvenzverwalter anzeigen und die Inventarisierung mit Schätzung gestatten, bei sonstiger Haftung für den durch sein Verschulden verursachten Schaden (§ 97 Abs 2 IO).

Wer im letzten Jahr vor Eröffnung des Insolvenzverfahrens Buchforderungen des Schuldners erworben hat, muss auf Verlangen des Insolvenzverwalters ein Verzeichnis dieser Forderungen sowie eine Abrechnung der eingegangenen Zahlungen vorlegen (§ 97 Abs 3 IO).

B. Anmeldung der Forderungen (§§ 102 bis 104, 107 IO)

Lit.: Bachmann, Abgabenforderungen im konkursrechtlichen Feststellungsverfahren, RZ 1997, 230; *Frauenberger/Pfeiler*, Neuerungen im Zustellrecht, ecolex 2009, 569; *Kolland*, Wann entspricht eine Forderungsanmeldung dem § 103 Abs 1 IO? ZIK 2011/66, 42; *Kolland*, Die Forderungsanmeldung im Insolvenzverfahren und ihre Bedeutung im Prüfungsprozess, JBl 2014, 277; *Noverka*, Die Anmeldung von Gläubigerforderungen und die nachfolgenden Feststellungsprozesse, AnwBl 1984, 57; *Pahl*, WebERV in Insolvenzverfahren, ZIK 2009/11, 16; *Rothner*, Konkursbeteiligung ohne Forderungsanmeldung? ZIK 1996, 156; Salzburger Steuerdialog – Insolvenzen und Verfahrensrecht (Teil I), FJ 2015, 122.

Die ***Insolvenzgläubiger*** haben ihre Forderungen, auch wenn darüber ein Rechtsstreit anhängig ist oder gar ein Exekutionstitel besteht, im Insolvenzverfahren durch Anmeldung schriftlich (vorzugsweise mit dem Formblatt Forderungsanmeldung, abrufbar unter www.justiz.gv.at, s. sogl.) oder protokollarisch geltend zu machen (§§ 102 Abs 1, 103 IO idF Art 1 Z 15 und 16 IRÄG 2017, 104 Abs 1 IO, Art 55 EuInsVO neu).

- In der gebührenpflichtigen Anmeldung sind (zumindest) die ***Forderung nach Höhe, Grund und Rang*** sowie die bezüglichen ***Beweismittel*** anzugeben (§ 103 Abs 1 S 1 IO), denn: Der Gläubiger soll das auf der Homepage des Justizministeriums unter https://webportal.justiz.gv.at/at.gv.justiz.formulare/Justiz/Insolvenz.aspx abrufbare ***Formblatt verwenden***. Wird das Formblatt nicht benützt, so hat die Forderungsanmeldung die dort abverlangten Angaben zu enthalten (§ 103 Abs 1 S 2 und 3 IO).

- Bei der Geltendmachung des Betrags sind ***Zinsen*** und – vor Verfahrenseröffnung zur Geltendmachung der Forderung aufgelaufene – ***Kosten*** aufzuschlüsseln (OGH RdW 1982, 292). Kosten zur Geltendmachung im Verfahren sind ausgeschlossen (§ 58 Z 1 IO). ***Entstehungszeitpunkt, Fälligkeitsdatum und Forderungsart*** müssen klar erkennbar sein (OGH 8 Ob 103/10w). Vgl. dazu auch die Anforderungen des Art 55 Abs 2 EuInsVO neu).

- Behängt über die Forderung ein ***Rechtsstreit,*** so sind in der Anmeldung das Prozessgericht und das Aktenzeichen anzuführen (§ 103 Abs 2 IO).

- ***Absonderungsgläubiger,*** die ihre Forderungen auch als Insolvenzgläubiger anmelden, sind zur genauen Sachverhaltsschilderung verpflichtet: Sie haben den Absonderungsgegenstand und die voraussichtliche Deckung aus dem Realisat des haftenden Gegenstands anzugeben (§ 103 Abs 3 IO).

- Besteht für die Forderung ein ***Vorbehaltseigentum,*** so ist dies samt Gegenstand anzugeben (§ 103 Abs 4 Z 1 IO).

- Des Weiteren ist anzugeben, ob eine ***Aufrechnung*** (§§ 19, 20 IO) beansprucht wird und bejahendenfalls die zum Zeitpunkt der Insolvenzverfahrenseröffnung bestehenden gegenseitigen Forderung3en (§ 103 Abs 4 Z 2 IO).

- Schließlich soll der Gläubiger seine ***E-Mail-Adresse und Bankverbindung*** bekannt geben (§ 103 Abs 5 IO).

Schriftliche Anmeldungen, die nicht elektronisch eingebracht werden, sind in *doppelter Ausfertigung* zu überreichen; von den in Urschrift vorgelegten Beilagen ist eine Abschrift anzuschließen (§ 104 Abs 3 IO). Die Zweitschriften, Abschriften und Ausdrucke stellt das Gericht dem Insolvenzverwalter zu (§ 104 Abs 4 IO). Beweismittel können auch unmittelbar dem Insolvenzverwalter übermittelt werden.

Der schriftlichen Anmeldung kann der ***Antrag auf Insolvenz-Entgelt*** beigelegt werden. Diesen hat das Gericht ohne weitere Prüfung unverzüglich der Geschäftsstelle der Insolvenz-Entgelt-Fonds-Service-GmbH zu übersenden; eine Ausfertigung der Forderungsanmeldung ist beizuschließen (§ 104 Abs 1 S 2 u 3 IO).

1. Anmeldungsfrist

Das Insolvenzedikt bestimmt die Anmeldungsfrist gewöhnlich auf vierzehn Tage vor der *allgemeinen Prüfungstagsatzung,* die ihrerseits gewöhnlich auf sechzig bis neunzig Tage nach der Eröffnung des Insolvenzverfahrens angeordnet wird (§ 74 Abs 3 IO).

Die Anmeldungsfrist ist eine prozessuale Frist: Die Tage des Postlaufs werden nicht eingerechnet. Bei unrichtiger Adressierung kommt es freilich darauf an, wann der Schriftsatz bei Gericht eingelangt ist.

2. Nachträgliche Anmeldungen

Auch nachträgliche Anmeldungen sind zulässig.

Doch sind Forderungen nicht mehr zu beachten, die später als vierzehn Tage vor der Tagsatzung zur Prüfung der Schlussrechnung angemeldet werden (§ 107 Abs 1 IO).

Das Insolvenzgericht muss für Nachzügler *eine besondere Prüfungstagsatzung* anordnen und hierzu die Gläubiger durch öffentliche Bekanntmachung oder besonders laden (§ 107 Abs 2 S 1 IO). Der Insolvenzverwalter hat sich zu der nachträglich angemeldeten Forderung zu äußern.

Für die mit den Ladungen und der Erklärung des Insolvenzverwalters verbundenen *Kosten* hat jeder Nachzügler dem Insolvenzverwalter 50 Euro zuzüglich Umsatzsteuer zu ersetzen, es sei denn, eine frühere Anmeldung war ihm nicht möglich; dies hat er in der Anmeldung zu behaupten und spätestens in der nachträglichen Prüfungstagsatzung zu bescheinigen (§ 107 Abs 2 IO).

Gläubiger, über deren Forderungen erst bei einer besonderen Prüfungstagsatzung verhandelt wird, können früher geprüfte Forderungen nicht bestreiten (§ 107 Abs 3 IO).

Was einem Gläubiger durch eine versäumte Verteilung entgangen ist, kann er bei der nächsten Verteilung im Voraus verlangen (§ 134 Abs 1 IO).

3. Anmeldungsverzeichnis

Der Insolvenzverwalter muss die angemeldeten Forderungen in der zeitlichen Reihenfolge der Anmeldung in ein Verzeichnis eintragen und dieses dem Insolvenzgericht vorlegen (§ 104 Abs 6 IO).

C. Prüfungstagsatzung (§§ 105 bis 109 IO)

Lit.: Dobner, Das Bestandgeberpfandrecht in der Insolvenz des Bestandnehmers, immolex 2015, 202; *Engelhart,* Zur Behandlung von Masseforderungen in der Rechnungslegungstagsatzung, ZIK 2013/238, 162; *Oberhammer*, Zur Abtretung von Ansprüchen der Insolvenzmasse nach § 275 UGB, ecolex 2016, 580

Die Feststellung der angemeldeten Forderungen geschieht in einer Prüfungstagsatzung. Diese wird im Insolvenzedikt gewöhnlich auf sechzig bis neunzig Tage nach der Eröffnung des Insolvenzverfahrens angeordnet (§ 74 Abs 3 IO). Der Insolvenzverwalter und der Schuldner müssen, die Insolvenzgläubiger können erscheinen. Geschäftsbücher und Aufzeichnungen des Schuldners sind mitzubringen (§ 105 Abs 1 IO).

In der Prüfungstagsatzung verliest der Richter die angemeldeten Forderungen anhand des Anmeldungsverzeichnisses nach der Reihenfolge der Anmeldungen. Er nimmt zu jeder Forderung die Erklärungen über den Bestand und die Höhe entgegen (§ 105 Abs 3 IO):

- Der ***Insolvenzverwalter*** muss bei jeder angemeldeten Forderung eine bestimmte und vorbehaltslose Erklärung über die Richtigkeit (Bestand und Höhe) abgeben; er muss also die Forderung entweder bestreiten oder anerkennen (§ 105 Abs 3 IO).

- Die ***Insolvenzgläubiger*** können die Richtigkeit (Bestand und Höhe) bestreiten, sofern sie bestreitungsberechtigt sind (§ 105 Abs 5 IO).

Bestreitungsberechtigt ist jeder Gläubiger, dessen Forderung festgestellt wurde (gleich unten), sowie der Gläubiger einer bestrittenen Forderung, dem nach vorläufiger Prüfung und Parteienvernehmung vom Insolvenzgericht das Stimmrecht zuerkannt wurde (§ 93 Abs 2 IO).

- Auch der ***Schuldner*** kann die Richtigkeit bestreiten (§ 105 Abs 4 IO). Das hat aber für das Insolvenzverfahren selbst keine rechtliche Bedeutung, wohl aber für die Wirkungen nach §§ 60, 61 IO.

Das Insolvenzgericht trägt das Ergebnis der Prüfungsverhandlung in das ***Anmeldungsverzeichnis*** ein (§ 108 Abs 1 IO): Es merkt bei jeder Forderung an, ob und gegebenenfalls von wem ihre Richtigkeit bestritten wurde.

Eine Forderung gilt im Insolvenzverfahren als festgestellt, wenn sie vom Insolvenzverwalter anerkannt und von keinem bestreitungsberechtigten Insolvenzgläubiger bestritten worden ist (§ 109 Abs 1 IO).

Dies hat zwei Wirkungen:

- Die Feststellung der Forderung im Insolvenzverfahren erspart dem Gläubiger einen Zivilprozess; sie gewährt ihm einen Anspruch auf Verwertung der Masse und auf insolvenzmäßigen Befriedigung aus der verwerteten Masse ***(Verwertungs- und Befriedigungsanspruch).***

§ 60 IO eröffnet den Altgläubigern und im Sanierungsplan auch den Massegläubigern ein Klagerecht: *Altgläubiger, die ihre Forderungen im Insolvenzverfahren nicht angemeldet haben,* können sie nur gegen den Schuldner geltend machen, und zwar durch Klage und Exekution *auf das dem Schuldner verbleibende und nach Aufhebung des Insolvenzverfahrens neuerworbene Vermögen.*

Dieser Weg steht den *Anmeldungsgläubigern* (Insolvenzgläubigern) *zusätzlich* offen (§ 60 Abs 1 IO).

Ist das Insolvenzverfahren infolge rechtskräftiger Bestätigung eines Sanierungsplans ex lege aufgehoben (§ 152b Abs 2 IO), so steht dieses Klagerecht auch *Massegläubigern* für ihre allenfalls unberücksichtigt gebliebenen Forderungen offen (§ 60 Abs 1 aE IO).

- Ist die insolvenzmäßig festgestellte Forderung vom Schuldner nicht ausdrücklich bestritten worden, so kann ihretwegen ***nach Aufhebung des Insolvenzverfahrens*** (vgl. *Jelinek/Nunner-Krautgasser* in Konecny/Schubert zu §§ 60, 61 KO Rz 60 mwN; siehe RS0108263) auch aufgrund der Eintragung in das Anmeldungsverzeichnis auf das dem Schuldner verbleibende und nach der Aufhebung des Insolvenzverfahrens erworbene Vermögen des Schuldners ***Exekution geführt werden*** (§ 61 Satz 1 IO).

Der Gläubiger hat Anspruch auf einen ***Auszug aus dem Anmeldungsverzeichnis,*** der einen *Exekutionstitel* darstellt (***Insolvenztitel,*** § 1 Z 7 EO). Sein Exekutionsrecht entsteht erst mit Rechtskraft der Aufhebung des Insolvenzverfahrens.

Es gilt das ***Verbot der Simultanhaftung:*** Dem teilnehmenden Insolvenzgläubiger haften während des Insolvenzverfahrens nicht die Insolvenzmasse *und* das insolvenzfreie Schuldnervermögen. Hat der Inhaber eines Insolvenztitels aber einen ***Insolvenzteilnahmeverzicht*** abgegeben, so haften ihm nur mehr das insolvenzfreie Schuldnervermögen und das nach Verfahrensaufhebung neu Erworbene (vgl. *Jelinek/Nunner-Krautgasser* in Konecny/Schubert zu §§ 60, 61 KO Rz 60).

Der Gesetzestext führt den Leser allerdings zu einem anderen Ergebnis. Dort ist die Rede von „auf das zur freien Verfügung bleibende oder nach der Aufhebung des Insolvenzverfahrens erworbene Vermögen des Schuldners", was ein Exekutionsrecht während des Verfahrens auf das insolvenzfreie Vermögen insinuiert. Wie ausgeführt entspricht diese Lesart indes nicht der oben dargestellten hM.

Durch seine ***Bestreitung*** kann der Schuldner zwar nicht verhindern, dass der Gläubiger einer festgestellten Forderung an der insolvenzmäßigen Befriedigung aus der verwerteten Masse teilnimmt, wohl aber, dass der Gläubiger gegen ihn aufgrund der Eintragung im Anmeldungsverzeichnis Exekution führt.

Eine *teilweise Bestreitung* des Schuldners schafft für den Gläubiger der (insolvenzmäßig festgestellten) Forderung bloß einen Insolvenztitel für den unbestrittenen Forderungsteil (OLG Wien 16.5.2012, 28 R 92/12y, ZIK 2012/337, 234).

Ein ***früher erworbener Exekutionstitel*** wird durch die titelerzeugende Eintragung im Anmeldungsverzeichnis nicht vernichtet:

Der Gläubiger kann zwischen den mehreren Exekutionstiteln wählen (§ 61 Satz 1 IO).

§ 61 IO schafft ein ***Urteilssurrogat mit inländischer Vollstreckungswirkung,*** aber ohne vollständige Rechtskraftwirkung. Der Insolvenztitel des § 61 hat folgende Eigenschaften:

- Er ist durch 60 Abs 2 Satz 1 IO ***mit Bindungswirkung*** gegenüber Gerichten und (mangels anderer Bestimmungen durch besondere Gesetze) auch gegenüber Verwaltungsbehörden ausgestattet.
- Er hat ***keine Einmaligkeitswirkung:*** § 60 Abs 2 Satz 2 IO erklärt Leistungsklagen über insolvenzmäßig festgestellte Forderungen für weiterhin zulässig. Der Insolvenzgläubiger muss sich also nicht mit dem Urteilssurrogat begnügen, sondern kann sich seine unbestrittene Insolvenzforderung immer noch im Prozessweg durch ein Leistungsurteil absichern lassen, was ihm wegen der Bindungswirkung leichtfallen wird. Er muss allerdings dem Beklagten, der sich nicht in den Streit einlässt, die Prozesskosten ersetzen, es sei denn, er benötigt das Urteil zur Zwangsvollstreckung in einem Staat, der Auszüge aus dem Anmeldungsverzeichnis eines österreichischen Insolvenzgerichts nicht als Exekutionstitel anerkennt.
- Er ist kein Europäischer Vollstreckungstitel nach der EuVTVO (OLG Wien, 23.7.2012, 28 R 101/12x, ZIK 2012/338, 235).

D. Prüfungsprozesse (§§ 110 bis 113 IO)

Die insolvenzmäßige Feststellung einer angemeldeten Forderung ist nicht möglich, wenn Richtigkeit oder Rangordnung vom Insolvenzverwalter oder von einem Gläubiger in der Prüfungstagsatzung bestritten wird. Soll sie dennoch an der Verteilung der versilberten Insolvenzmasse teilnehmen, so muss ihre Teilnahmeberechtigung, sofern der streitige Rechtsweg zulässig ist, in einem eigenen ***Prüfungsprozess (Liquidierungsprozess)*** festgestellt werden.

In jedem Bestreitungsfall hat das Insolvenzgericht eine ***Klagefrist von mindestens einem Monat*** zu setzen und die Beteiligten auf die Säumnisfolgen aufmerksam zu machen (§ 110 Abs 4 IO).

Die ***Prüfungsklage (Liquidierungsklage)*** ist eine *materiellrechtliche Feststellungsklage,* mithin ohne Nachweis eines Feststellungsinteresses zulässig (§ 228 ZPO gilt hier nicht). Das stattgebende Urteil stellt die Insolvenzforderung dem Grund und/oder der Höhe nach fest und damit auch den *Insolvenzteilnahmeanspruch (Verwertungs- und Befriedigungsanspruch)* des Gläubigers.

Die ***Parteirollen*** sind allerdings unterschiedlich verteilt, je nachdem ob die bestrittene Forderung durch einen Exekutionstitel gedeckt ist:

- Wird eine ***nicht vollstreckbare Forderung*** bestritten, so muss der Gläubiger alle Bestreitenden als gebundene Streitgenossen (§ 14 ZPO) auf Feststellung der Richtigkeit klagen, wenn der streitige Rechtsweg zulässig ist *(positive Feststellungsklage).*

Das Klagebegehren ist auf den Grund und Betrag beschränkt, wie sie bei der Anmeldung und Prüfungstagsatzung angegeben worden waren (§ 110 Abs 1 IO).

Versäumt der Gläubiger die ihm gesetzte Klagefrist und hat er die Klage auch nicht spätestens an dem Tag eingebracht, an dem der Insolvenzverwalter den Verteilungsantrag stellt, so wird er bei der Verteilung nicht berücksichtigt (§ 131 Abs 3 IO) und erhält auch bei einer späteren Verteilung keine Nachzahlung (§ 134 Abs 2 IO).

- Wird eine ***vollstreckbare Forderung*** bestritten, so muss der bestreitende Insolvenzverwalter oder Gläubiger seinen Widerspruch, wenn der streitige Rechtsweg zulässig ist, durch eine *negative Feststellungsklage (Widerspruchsklage)* geltend machen (§ 110 Abs 2 IO). Für fakultative Gemeinschaftsklagen gilt gleichfalls § 14 ZPO.

Versäumt der Bestreitende die ihm gesetzte Klagefrist, so gilt die Forderung als unbestritten und wird bei der Verteilung berücksichtigt (§ 131 Abs 4 IO).

Ist der streitige Rechtsweg für die bestrittene Forderung zulässig, so verhandelt und entscheidet ausschließlich das ***Insolvenzgericht*** als Prozessgericht *(individuelle Zuständigkeit),* selbst wenn jene sonst vor ein Sondergericht gehörten (dies gilt nicht für Arbeitsrechtssachen nach § 50 ASGG; § 111 Abs 1 IO). Verfahrensbesonderheiten: § 263 IO; Kosten des Prüfungsprozesses: § 112 Abs 2 und 3 IO.

Ist der streitige ***Rechtsweg für die bestrittene Forderung nicht zulässig,*** so entscheidet über die ***Richtigkeit*** der Forderung das zuständige Gericht (zB. Außerstreitgericht) bzw. die zuständige Behörde (zB. Verwaltungsbehörde), über die ***Rangordnung*** entscheidet das *Insolvenzgericht* (§ 110 Abs 3 IO).

Die Eröffnung des Insolvenzverfahrens unterbricht gegen den Schuldner anhängige Prozesse selbsttätig, auch in höherer Instanz (§ 7 Abs 1 IO). Meldet der Kläger die eingeklagte Forderung als Insolvenzforderung an und wird diese in der Prüfungstagsatzung bestritten, so ist das ***unterbrochene Verfahren als Prüfungsprozess beim Prozessgericht*** fortzusetzen innerhalb der vom Insolvenzgericht nach § 110 Abs 4 IO gesetzten Frist (§ 113 iVm § 7 Abs 3 IO).

Der neuen Rechtslage ist durch Klagänderung (Feststellungs- statt Leistungsklage) und Parteiwechsel (Insolvenzverwalter statt Schuldner) von Amts wegen Rechnung zu tragen.

V. Berichtstagsatzung (§§ 114a, 114b, 114c, 115 IO)

Die Berichtstagsatzung ist jene Gläubigerversammlung, in der die Entscheidung über die weitere Vorgangsweise im Insolvenzverfahren, namentlich über die Fortführung oder Schließung eines noch betriebenen Unternehmens sowie über einen Sanierungsplan, getroffen werden soll (§ 91a Satz 1 IO).

Die Berichtstagsatzung hat spätestens neunzig Tage nach Eröffnung des Insolvenzverfahrens stattzufinden und kann mit der allgemeinen Prüfungstagsatzung verbunden werden. Sie kann auch den Zweck der Ersten Gläubigerversammlung erfüllen, die in diesem Fall entfällt. Sie wird entweder schon im Insolvenzedikt, sonst gesondert öffentlich bekanntgemacht (§ 91a Satz 2-5 IO).

A. Unternehmenslage bis zur Berichtstagsatzung

Zu den erklärten Zielen der Insolvenzordnung gehört die Fortführung und Sanierung des Schuldnerunternehmens. Daher hat der Insolvenzverwalter ein bei Eröffnung des Insolvenzverfahrens (noch) betriebenes Unternehmen grundsätzlich bis zur Berichtstagsatzung fortzuführen, ohne dass es hierzu eines Gerichtsbeschlusses bedarf.

Die Eröffnung des Insolvenzverfahrens begründet ein ***gewerbliches Fortbetriebsrecht des Insolvenzverwalters für die Insolvenzmasse,*** das bis zur Aufhebung des Insolvenzverfahrens währt (§ 44 GewO), selbst wenn der Schuldner seine Gewerbeberechtigung zurücklegt (§ 86 Abs 3 GewO).

Der Insolvenzverwalter hat zu prüfen (§ 81a Abs 3 IO):

- ***unverzüglich,*** ob das Unternehmen fortgeführt oder wieder eröffnet werden kann,
- ***spätestens bis zur Berichtstagsatzung,*** ob eine Fortführung auf bestimmte oder auf einstweilen unbestimmte Zeit möglich ist und ob ein voraussichtlich erfüllbarer Sanierungsplan dem gemeinsamen Interesse der Insolvenzgläubiger entspricht.

Solange das Unternehmen fortgeführt wird, kann es nur als Ganzes und nur dann veräußert werden, wenn der Verkauf offenkundig dem gemeinsamen Interesse der Insolvenzgläubiger entspricht (§ 114a Abs 1 Satz 2 IO).

Nur wenn offenkundig ist, dass die Fortführung des Unternehmens den Ausfall erhöhen würde, den die Gläubiger erleiden, ist das Unternehmen durch Gerichtsbeschluss zu schließen (§ 114a Abs 1 Satz 1 IO).

Dem Schließungsbeschluss hat eine *Vernehmungstagsatzung* vorauszugehen. Wird dort glaubhaft gemacht, dass innerhalb von vierzehn Tagen die Voraussetzungen zur Abwendung des Gläubigernachteils geschaffen sein werden (insbesondere durch eine Fortführungsgarantie), so ist die Beschlussfassung bis zum Ablauf dieser Frist auszusetzen (§ 115 Abs 1 IO).

Die Fortführungsgarantie ist eine Haftungserklärung Dritter für den Fall, dass die geplante Unternehmensfortführung fehlschlägt (vergleichbar einer Bürgschaft für die Erfüllung eines Sanierungsplans):

§ 115 Abs 2 IO verlangt eine *unbedenkliche schriftliche Erklärung* an das Insolvenzgericht, den Insolvenzgläubigern in ausreichendem Umfang für den Ausfall zu haften, den diese aufgrund der Unternehmensfortführung erleiden könnten.

Ist das Unternehmen bei Eröffnung des Insolvenzverfahrens schon geschlossen, so kann es durch Gerichtsbeschluss wieder eröffnet werden, wenn sich dadurch voraussichtlich eine Erhöhung des Ausfalls vermeiden lässt (§ 115 Abs 3 IO). Die Vorschriften über die Vernehmungstagsatzung, Fortführungsgarantie und Beschlussfassung sind entsprechend anzuwenden.

Andernfalls muss das Gericht durch Beschluss feststellen, dass es zu keiner Wiedereröffnung kommt, um die privilegierte Kündigung noch aufrechter Arbeitsverhältnisse (§ 25 IO) zu ermöglichen (§ 114a Abs 2 S 3 IO).

Schließungs-, Wiedereröffnungs- und Feststellungsbeschlüsse sind, wenn sie zugleich mit der Eröffnung des Insolvenzverfahrens gefasst werden, im Insolvenzedikt, sonst gesondert öffentlich bekanntzumachen (§ 114a Abs 3 IO).

Können ein Unternehmen oder einzelne Unternehmensbereiche nicht fortgeführt werden, so hat der Gläubigerausschuss auf Vorschlag des Insolvenzverwalters und mit Genehmigung des Gerichts die für die Beteiligten günstigste Art der Verwertung zu bestimmen.

Hierbei ist stets zu prüfen, ob statt der Abwicklung eine andere Art der Verwertung, insbesondere die Gesamtveräußerung des Unternehmens oder einzelner Unternehmensbereiche, vorteilhafter ist (§ 114a Abs 4 IO).

B. Berichtstagsatzung (§ 114b IO)

Der Insolvenzverwalter hat in der Berichtstagsatzung zu berichten:

- ob die Voraussetzungen für eine sofortige Schließung des gesamten Unternehmens oder einzelner Unternehmensbereiche oder für eine Fortführung auf bestimmte oder einstweilen unbestimmte Zeit gegeben sind,
- ob ein Sanierungsplan dem gemeinsamen Interesse der Insolvenzgläubiger entspricht und ob dessen Erfüllung voraussichtlich möglich sein wird (§ 114b Abs 1 IO).

Sind die Voraussetzungen für eine Fortführung gegeben, so hat das Insolvenzgericht nach Anhörung der Insolvenzgläubiger mit Beschluss die Fortführung auszusprechen; entspricht überdies ein voraussichtlich erfüllbarer Sanierungsplan dem gemeinsamen Interesse der Insolvenzgläubiger, und dem Schuldner auf dessen Antrag mit unanfechtbarem Beschluss eine Frist zur Vorlage eines Sanierungsplanvorschlags einzuräumen (§ 114b Abs 2 Satz 1 IO).

Der Fortführungsbeschluss ist öffentlich bekannt zu machen. Er ist unanfechtbar. Die dem Schuldner eingeräumte Antragsfrist darf vierzehn Tage nicht übersteigen. Währenddessen darf das Unternehmen nicht verwertet werden (§ 114 Abs 2 S 2 bis 5 IO).

C. Unternehmenslage nach der Berichtstagsatzung

Ist der Sanierungsplanvorschlag fristgerecht und zulässig, so hat das Gericht eine ***Sanierungsplantagsatzung*** auf längstens sechs Wochen anzuordnen (§ 114c Abs 1 Satz 1 IO).

Wird der Sanierungsplanvorschlag nicht innerhalb von neunzig Tagen angenommen oder entspricht er nicht mehr dem gemeinsamen Gläubigerinteresse oder sind die Voraussetzungen für eine Unternehmensfortführung nicht mehr gegeben, dann ist das Unternehmen zu verwerten (§ 114c Abs 1 Satz 2 IO).

Jedoch ist auch dann noch mit der Verwertung innezuhalten, wenn der Sanierungsplanvorschlag auch mit den wirtschaftlichen Verhältnissen des Schuldners nicht in Widerspruch steht und im Hinblick auf das bisherige Verfahrensergebnis, insbesondere die Abstimmung über den zuletzt vorgelegten Sanierungsplanvorschlag eine Annahme noch erwarten lässt (§ 114c Abs 2 IO).

Das Insolvenzgericht hat die Schließung eines Unternehmens jedenfalls ein Jahr nach Eröffnung des Insolvenzverfahrens zu beschließen, wenn nicht mittlerweile ein Sanierungsplanvorschlag angenommen wurde (§ 115 Abs 4 Satz 1 IO).

Die Frist ist auf Antrag des Insolvenzverwalters zu erstrecken, wenn die Schließung dem gemeinsamen Interesse der Gläubiger widerspricht oder andere gleich wichtige Gründe vorliegen. Die Frist kann auch mehrmals, jedoch höchstens insgesamt um zwei Jahre erstreckt werden (§ 115 Abs 4 Satz 2 u 3 IO).

VI. Verwertung der Insolvenzmasse

Lit.: *Fraberger,* Unmöglichkeit, Unwirtschaftlichkeit und Untunlichkeit – die Konvergenz der Extreme bei der unternehmens- und steuerrechtlichen Bilanzierung im Konkurs, ZIK 2008/70, 41; *Gollob-Palten,* Quod erat exspectandum: Änderung der Judikatur zur Wirkung der Vinkulierung im Konkurs des Versicherungsnehmers (OGH 7 Ob 228/07s), ZUVO, 2008/106, 151; *Kanduth-Kristen,* Umsatzsteuerrückforderung bei Uneinbringlichkeit von Forderungen des Gemeinschuldners – Konkursgegenforderung oder Masseanspruch?, ZIK 2007/64, 40; *Karner,* Die Verwertung von Mobilien, Immobilien und Unternehmen in der Insolvenz, in Konecny, Insolvenzforum 2003 (2004) 13; *Klicka,* Zur Stellung des Freihandverkäufers im konkursgerichtlichen Genehmigungsverfahren, FS Jelinek (2002) 93; *Konecny,* Eigenverwaltung im Konkurs privater Schuldner, BeitrZPR V (1995); *Konecny/Rathauscher,* Verwertung von Superädifikaten im Konkurs, ZIK 2003/205, 151; *Mini,* Die neue Zwangsversteigerung von Liegenschaften (2000); *Mohr,* Änderungen beim Zwangsausgleich durch die GIN 2006, ZIK 2006/2, 2; *Mohr,* Verwertung im Konkurs durch freiwillige Feilbietung, ZIK 2009/65, 49; *Resch,* Rückforderung von Abfertigung neu durch die BV-Kasse, ZUVO 2008/5, 7; *Riel,* Die kridamäßige Veräußerung nach der EO-Novelle 2000, ZIK 2000/185, 146; *Riel,* Neuerungen bei der Unternehmensveräußerung durch die InsNov 2002, ZIK 2002/259, 188; *Riel,* Neuerungen bei der Unternehmensveräußerung durch die InsNov 2002, in Konecny (Hrsg.), Insolvenzforum 2002 (2003) 146; *Steiner,* Konkurs und Steuern – Ausgewählte Rechtsfragen, RdW 2006/182, 186; *Steiner,* Die Verwertung von belastetem gemeinschuldnerischen Grundvermögen in Deutschland – Ausscheidung aus der Masse?, ZIK 2006/241, 192.

A. Geschäftsführung durch den Insolvenzverwalter

Der Insolvenzverwalter hat die Insolvenzmasse zu verwalten und zu verwerten sowie vorhandenes Bargeld, das nicht zur Berichtigung der Masseforderungen benötigt wird, bis zur Verteilung sofort bestmöglich fruchtbringend anzulegen (§ 114 Abs 1 IO).

Wichtige Geschäfte kann der Insolvenzverwalter nicht ohne weiteres besorgen. Er bedarf teils der Genehmigung durch den Gläubigerausschuss und das Insolvenzgericht (§ 117 IO), teils einer internen Deckung, indem er die § 116-Geschäfte mit einer Äußerung des Gläubigerausschusses dem Insolvenzgericht mitteilen und überhaupt bei allen wichtigen Vorkehrungen die Äußerung des Gläubigerausschusses einholen muss (§ 114 IO).

B. Veräußerung der Insolvenzmasse

1. Allgemeine Masse

Nachdem der Insolvenzverwalter die erforderlichen Genehmigungen oder Äußerungen zur Versilberung von Massegegenständen eingeholt hat, obliegt ihm die Wahl zwischen freihändiger und gerichtlicher Veräußerung.

Zum Freihandverkauf bedarf der Insolvenzverwalter nicht der gerichtlichen Zustimmung. Da der Freihandverkauf Vorrang genießt, kann ihn der Insolvenzverwalter auch noch bis zum exekutiven Versteigerungstermin, bei unbeweglichen Sachen jedenfalls bis zur Rechtskraft des Versteigerungsedikts vornehmen.

Die zur Insolvenzmasse gehörenden Sachen sind nur dann gerichtlich zu veräußern, wenn dies auf Antrag des Insolvenzverwalters vom Insolvenzgericht beschlossen wird (***subsidiäre kridamäßige Veräußerung,*** § 119 Abs 1 IO).

Die gerichtliche Veräußerung von Massesachen wird auf Ersuchen des Insolvenzgerichts vom Exekutionsgericht vollzogen. Auf dieses ***exekutive Verwertungsverfahren*** sind die Vorschriften der Exekutionsordnung mit nachstehenden Abweichungen sinngemäß anzuwenden (§ 119 Abs 2 IO):

- Der Insolvenzverwalter hat die Stellung eines betreibenden Gläubigers.
- Die halbjährige Sperrfrist für einen neuerlichen Versteigerungsantrag nach Fortsetzungsverzicht (§ 200 Z 3 EO), die Frist zum Antrag auf Änderung der gesetzlichen Versteigerungsbedingungen (§ 146 Abs 2 EO) sowie die Zweijahresfrist für einen neuerlichen Versteigerungsantrag nach ergebnislosem Versteigerungsversuch (§ 151 Abs 3 EO) entfallen.
- Die Zwischenfristen für die Vornahme der Schätzung und der Versteigerung (§§ 140 Abs 1, 169 Abs 2 EO) brauchen nicht eingehalten zu werden.
- Der Kostenersatz des Insolvenzverwalters für die Veräußerung einer Sondermasse richtet sich nach § 82d IO.

2. *Sondermasse*

Anders als die allgemeine Masse wird Absonderungsgut ***grundsätzlich gerichtlich veräußert***. Nur Waren mit einem Börsenpreis werden primär freihändig zum laufenden Preis verkauft.

Will der Insolvenzverwalter das Absonderungsgut freihändig verkaufen, so muss er die Einwilligung des Absonderungsgläubigers, hilfsweise die Genehmigung des Insolvenzgerichts einholen (§ 120 Abs 2 IO).

Er kann sogar einmalig die Aufschiebung eines bereits anhängigen Exekutionsverfahrens erwirken, wenn nicht schwerwiegende Gläubigerinteressen dagegen stehen. Nach einem vom Insolvenzgericht gebilligten Widerspruch des Absonderungsgläubigers oder nach ergebnislosem Ablauf einer Wartefrist von neunzig Tagen ab Einlangen des Aufschiebungsersuchens ist das Exekutionsverfahren auf Antrag des Absonderungsgläubigers fortzusetzen (§ 120a IO; siehe zu §§ 120, 120a IO auch 4. Teil V. D. bis F.).

Das Exekutionsgericht ist nicht nur für das exekutive Verkaufsverfahren, sondern auch für die Verteilung des Erlöses unter die Absonderungsgläubiger funktionell zuständig (§ 119 Abs 3 IO); insoweit muss es auch einen Verteilungsbeschluss fällen. Der verbleibende Erlös fließt in die Insolvenzmasse und wird nach den Vorschriften der IO verteilt (s. dazu unten VII.).

Da der Insolvenzverwalter im exekutiven Verkaufsverfahren die Stellung eines betreibenden Gläubigers hat, kann er auch die Rechte der Masse gegenüber den Absonderungsgläubigern wahrnehmen.

Darüber hinaus kann der Insolvenzverwalter auch in jedes gegen den Schuldner schon laufende Exekutionsverfahren gleichfalls als betreibender Gläubiger eintreten, muss dies aber ausdrücklich erklären (§ 119 Abs 4 IO).

C. Überlassung zur freien Verfügung (§ 119 Abs 5 IO)

Betrifft das Insolvenzverfahren eine natürliche Person, so können Forderungen, deren Eintreibung keinen ausreichenden Erfolg verspricht, und Sachen unbedeutenden Werts auch ohne Verkaufsversuch aus der Masse ausgeschieden und dem Schuldner zur freien Verfügung überlassen werden.

Zu den Sachen unbedeutenden Werts gehören nicht nur wertlose Sachen, sondern auch solche, die mit Absonderungsrechten offensichtlich überlastet sind und daher von vornherein keinen Überschuss für die Masse erwarten lassen.

Diese ***Überlassung (Ausscheidung, Freigabe)*** wird vom Gläubigerausschuss beschlossen und vom Insolvenzgericht genehmigt. Die Insolvenzgläubiger sind rekursberechtigt.

Rechtskräftige Ausscheidung bedeutet ***Teilaufhebung des Insolvenzverfahrens:*** Ausgeschiedenes fällt ins insolvenzfreie Vermögen mit voller Verwaltungs- und Verfügungsmacht des Schuldners. Es ist auch wieder der Exekution zugänglich, kann aber nicht mehr in die Insolvenzmasse einbezogen werden: ***einmal frei, immer frei.***

D. Rechnungslegung (§§ 121 bis 122 IO)

Der Insolvenzverwalter hat dem Insolvenzgericht auf jeweilige Anordnung, spätestens aber bei Beendigung seiner Tätigkeit *Rechnung* zu legen und allenfalls einen erläuternden *Rechnungsbericht* zu erstatten (§ 121 Abs 1 IO). Darüber ist in einer ***Rechnungstagsatzung*** zu verhandeln (§ 121 Abs 3 IO).

Zunächst prüft das Gericht die Rechnung und lässt sie erforderlichenfalls vom Insolvenzverwalter ergänzen oder richtigstellen. Es kann bei der Prüfung Sachverständige oder einzelne Mitglieder des Gläubigerausschusses beiziehen (§ 121 Abs 2 IO). Dann können die Ladungsadressaten in die Rechnung Einsicht nehmen und ***Bemängelungen*** in der Tagsatzung oder vorher durch Schriftsatz vorbringen. Zu laden sind neben dem Insolvenzverwalter bzw. dessen Nachfolger der Schuldner, die Mitglieder des Gläubigerausschusses und sämtliche Insolvenzgläubiger.

Das Insolvenzgericht genehmigt die mängelfreie oder verhandelte Rechnung. Sonst entscheidet es nach den erforderlichen Erhebungen (§ 254 Abs 5 IO) unter Ausschluss des Rechtswegs mit vollstreckbarem Beschluss (§ 122 Abs 1 und 2 IO).

Die Entscheidung ist öffentlich bekannt zu machen und dem Insolvenzverwalter sowie dem Schuldner zuzustellen. Eine Verständigung der Gläubiger findet nur statt, wenn Bemängelungen Folge gegeben worden ist. Sonst sind nur die Gläubiger zu verständigen, deren Bemängelungen verworfen worden sind (§ 122 Abs 3 IO).

VII. Verteilung des Erlöses (§§ 124 bis 127 und 128 bis 138 IO)

Lit.: *Bresich/Klingenbrunner,* Die prämienbegünstigte Zukunftsvorsorge des Gemeinschuldners im Konkursverfahren, ZIK 2008/187, 114; *Duursma-Kepplinger,* Gänzliche Gleichstellung von Sicherungseigentümern und Absonderungsberechtigten im Konkurs?, ZIK 2003/56, 43; *Hackl,* Berechnung der Schlussverteilungsquote, ZIK 2012/69, 60; *Havas/Neumayr,* Die Verfahrenskosten bei der Nachtragsverteilung nach § 138 IO, ZIK 2016/60, 56; *Holzapfel,* Zum Teilnahmeanspruch des Absonderungsgläubigers, ecolex 1992, 153; *G. Kodek,* Zur Zweiseitigkeit des Rekursverfahrens, ÖJZ 2004, 534 und 589; *G. Kodek,* Zur Quote beim Zahlungsplan, ZIK 2004/95, 78; *G. Kodek,* Nachträgliches Hervorkommen von Schuldnervermögen beim Zahlungsplan. Zugleich eine Besprechung von 8 Ob 232/00a, RdW 2001/363, 329; *Konecny,* Aktuelles zur Bemessung der Regelentlohnung von Masseverwaltern, ZIK 2007/298, 190; *Konecny,* Masseunzulänglichkeit und fehlende Liquidität, ZIK 2003/4, 8; *Lehner,* Nachtragsverteilung: Die Verwertung früher nicht verwertbarer Vermögensmassen im eigentlichen Insolvenzverfahren (am Beispiel der Zukunftsvorsorge), ZIK 2017/10, 16; *Lentsch,* Geltendmachung und Umfang der Haftung des Masseverwalters bei gescheiterter Unternehmensfortführung, ZIK 2000/49, 38; *Mayr,* Formlose Verteilung als

Schlußverteilung im Konkursverfahren? RZ 1969, 144; *Nunner-Krautgasser*, Zur Berücksichtigung von Bagatellforderungen im Verteilungsverfahren, ZIK 2014/116, 91; *Nunner-Krautgasser*, Zur Berücksichtigung von Bagatellforderungen im Verteilungsverfahren, ZIK 2014/116, 91; *Riel,* Ist die Zwischenverteilungsquote anzurechnen?, ZIK 2005/220, 189; *Riel,* Zahlung und Sicherstellung von Masseforderungen im Zwangsausgleich nach der GIN 2006, ZIK 2006/3, 8; *Nunner-Krautgasser*, Zur Berücksichtigung von Bagatellforderungen im Verteilungsverfahren, ZIK 2014/116, 91; *Nunner-Krautgasser*, Sicherungsrechte an freigegebenem Vermögen und Berücksichtigung bei Verteilungen, ZIK 2016/4, 2; *Reckenzaun*, Teilaufhebung des Konkursverfahrens, ZIK 2013/239, 165; *Roehlich,* Auch eine brutto angemeldete, titulierte Dienstnehmer-Konkursforderung nimmt am Konkurs nur mit dem Nettobetrag teil – Zugleich Anmerkung zu OGH 9 Ob A 100/03a und 8 Ob A 100/03v, ZIK 2004/43, 41; *Zeitler*, Absonderungsgläubiger und Sicherungseigentümer bei der Verteilung, ZIK 2002/261, 196.

A. Massegläubiger – Insolvenzgläubiger

Während die Absonderungsgläubiger auf die *Sondermasse* (den Erlös des Haftungsobjekts) greifen können (s. oben 2. Teil, Materielles Insolvenzrecht, V. E.), sind die Massegläubiger (mit ihren Forderungen meist gegenüber der allgemeinen Masse) und die Insolvenzgläubiger aus der *allgemeinen Masse* zu befriedigen. Dabei genießen die ***Massegläubiger*** absoluten Vorrang (§§ 124 bis 127 IO).

Merke: Masseforderungen sind aus der Masse, auf die sie sich beziehen, zu befriedigen. Daher sind Massegläubiger, deren Forderungen sich auf die Sondermasse beziehen, sind dagegen aus dieser zu befriedigen (Sondermasseforderungen, § 47 Abs 1 IO; siehe dazu oben 2. Teil, Materielles Insolvenzrecht, VIII. A.).

Beachte: Die Masseforderungen (inklusive der Entlohnungsanspruch des Insolvenzverwalters und der Belohnungsanspruch der Gläubigerschutzverbände) sind seit dem IRÄG 2010 im Siebenten Abschnitt der IO, (Aufhebung des Insolvenzverfahrens) dogmatisch fehlplaziert.

Zwar lässt sich argumentieren, dass es sich hier um eine Gläubigerbefriedigung und nicht um eine Verteilung im engeren Sinn handelt (Zweites Hauptstück, Verteilung, § 128 ff IO), doch ist der Befriedigungsfonds für die Massegläubiger wie für die Insolvenzgläubiger derselbe: die Insolvenzmasse bzw. ihr Realisat.

Zur Durchsetzung und Befriedigung der Masseforderungen s. oben 2. Teil, Materielles Insolvenzrecht, VIII. D.

B. Abschlagsverteilungen

Mit der ***Befriedigung der Insolvenzgläubiger*** kann erst nach der allgemeinen Prüfungstagsatzung begonnen werden (§ 128 Abs 1 IO). Sie geschieht durch den Insolvenzverwalter nach Einvernehmung des Gläubigerausschusses und mit Zustimmung des Insolvenzgerichts (§ 128 Abs 3 IO), jeweils *quotenmäßig* (nach dem Verhältnis des Masseerlöses zur Gesamtsumme der Insolvenzforderungen). Insolvenzgläubiger, die weniger als 10 Euro erhalten würden, werden nicht berücksichtigt (§ 138 Abs 4 IO).

Hat ein Insolvenzgläubiger in einem ausländischen Insolvenzverfahren eine Quote seiner Insolvenzforderung erlangt, so nimmt er an der Verteilung erst teil, sobald die anderen Insolvenzgläubiger die gleiche Quote erlangt haben (§ 128 Abs 2a IO).

Verteilungen an die Insolvenzgläubiger haben sooft stattzufinden, als die Masse hierfür ausreicht (***Abschlagsverteilungen,*** § 128 Abs 2 IO), und zwar aufgrund eines ***formfreien Verteilungsvorschlags:***

► Die vorgeschlagene Verteilung erfolgt mit Zustimmung des Gläubigerausschusses und Genehmigung des Insolvenzgerichts; die Insolvenzgläubiger werden vorher nicht verständigt (§ 129 Abs 1 IO).

► Trägt das Insolvenzgericht Bedenken gegen eine einfache Genehmigung oder handelt es sich um schwierige Verteilungen, insbesondere, wenn der Ausfall von Absonderungsgläubigern zu berücksichtigen ist, so hat der Insolvenzverwalter einen *formellen Verteilungsentwurf* mit den inhaltlichen Erfordernissen des § 129 Abs 3 IO vorzulegen (siehe zum formellen Verteilungsentwurf auch unten C. bei der Schlussverteilung).

Der Insolvenzverwalter hat dem Insolvenzgericht den Vollzug einer jeden Abschlagsverteilung nachzuweisen (§ 135 IO).

Verspätet anmeldende Gläubiger, die bei einer Abschlagsverteilung nicht berücksichtigt werden konnten, können verlangen, dass sie bei der folgenden Abschlagsverteilung einen Betrag voraus erhalten, der sie der Befriedigung der übrigen Gläubiger gleichstellt (§ 134 Abs 1 IO).

Bei Forderungen, die in der Prüfungstagsatzung bestritten wurden, steht dieses Recht nur zu, wenn an dem Tag, an dem der Insolvenzverwalter den Antrag auf Verteilung gestellt hat, die Prüfungsklagefrist noch offen steht oder dies der letzte Tag der Frist ist (§ 134 Abs 2 iVm § 131 Abs 3 IO). Vollstreckbare Forderungen sind dann als bestritten anzusehen, wenn der Bestreitende innerhalb der Klagefrist die Liquidierungsklage erhoben hat (§§ 110 Abs 2 iVm 131 Abs 4 IO).

Absonderungsgläubiger (vgl. dazu *G. Kodek* in Bartsch/Pollak/Buchegger, InsR IV, zu § 132 Rz 1 ff) sind *vor der Sondermasseverwertung* mit dem *gesamten* Forderungsbetrag bei der Verteilung zu berücksichtigen, haben daher ihre gesamte (wenn auch zum Teil durch Absonderungsrecht gedeckte) Forderung im Insolvenzverfahren anzumelden. Erst wenn sich bei der nachfolgenden Sondermasseverwertung und -verteilung herausstellt, dass der Absonderungsgläubiger bei den bisherigen Abschlagsverteilungen mehr erhalten hat als sein Ausfall beträgt, so ist ihm das aus der Sondermasse Erhaltene bei künftigen Verteilungen in Abzug zu bringen und er so zu stellen, als hätte er von allem Anfang an nur Befriedigung aufgrund seines Ausfalls erhalten (§ 132 Abs 1 und 2 IO; vgl. dazu *Kodek* in Bartsch/Pollak/Buchegger, InsR IV, zu § 132 Rz 4). Ein Mehrbetrag fällt von der Sondermasse unmittelbar in die allgemeine Masse. Der Absonderungsgläubiger ist letztlich nur mit seinem Ausfall als Insolvenzgläubiger zu berücksichtigen.

Die Ausfallsberechnung nach Befriedigung aus der Sondermasse wird strukturell auch für ***Gesellschaftsgläubiger*** im Insolvenzverfahren eines Gesellschafters herangezogen (§ 132 Abs 3 IO): Das im Gesellschaftsinsolvenzverfahren Erlangte tritt hier an die Stelle des aus einer Sondermasse Erlangten.

Dem ***Absonderungsgläubiger*** ist verboten, bei der Ausfallsberechnung ***Zinsen und Kosten,*** die nach der Eröffnung des Insolvenzverfahrens angefallen sind, in Rechnung zu bringen. Diese müssen vielmehr im Absonderungsgut gedeckt sein (§ 132 Abs 6 IO).

C. Schlussverteilung – Schlussverteilungstagsatzung

Die ***Schlussverteilung*** findet stets aufgrund eines *formellen Verteilungsentwurfs* (§ 136 Abs 2 IO iVm § 129 Abs 2 und 3 IO) statt und setzt voraus (§ 136 IO):

- vollständige Verwertung der Masse; das inkludiert auch die rechtskräftige Entscheidung über alle Aktivprozesse inklusive Anfechtungsverfahren (vgl. *G. Kodek* in Bartsch/Pollak/Buchegger IV zu § 136 KO Rz 4).

Um das Insolvenzverfahren zu einem Abschluss zu bringen, kann aber der Insolvenzverwalter mit der Fortführung von Anfechtungsverfahren nach Insolvenzverfahrensaufhebung betraut und so eine richterliche Ausnahme vom Erfordernis der rechtskräftigen Entscheidung des Anfechtungsprozesses gemacht werden (vgl. *Kodek* aaO Rz 7 sowie *König,* Anfechtung Rz 18/16).

- gelegte *Schlussrechnung,*
- *Genehmigung der Schlussrechnung* des Insolvenzverwalters in der Rechnungstagsatzung nach § 121 ff IO,
- *Feststellung der Ansprüche des Insolvenzverwalters,*
- *Feststellung der Ansprüche des Gläubigerausschusses,*
- *Feststellung der Belohnung der bevorrechteten Gläubigerschutzverbände,*
- endgültige Entscheidung über sämtliche bestrittenen Forderungen, mithin die *rechtskräftige Entscheidung aller Prüfungsprozesse.*

Die Schlussverteilung erfolgt stets aufgrund eines ***formellen Verteilungsentwurfs*** (§ 136 Abs 2 iVm § 129 Abs 2 und 3 IO):

► Bei schwierigen Verteilungen, vor allem wenn Absonderungsgläubiger mit Ausfallsforderungen zu berücksichtigen sind, muss der Insolvenzverwalter dem Insolvenzgericht einen vom Gläubigerausschuss genehmigten *Verteilungsentwurf* vorlegen (§ 129 Abs 2 IO).

► Der Verteilungsentwurf hat alle Forderungen mit ihrer Rangordnung, das zur Verteilung (noch) verfügbare Massevermögen und die Beträge anzuführen, die auf jede einzelne Forderung entfallen (§ 129 Abs 3 IO).

Das Insolvenzgericht hat den vom Insolvenzverwalter vorgelegten Verteilungsentwurf zu prüfen, gegebenenfalls zu berichtigen und samt der darin vorgesehenen Verteilungsquote öffentlich bekannt zu machen. Schuldner und Gläubiger werden davon mit dem Zusatz verständigt, dass es ihnen freisteht, Einsicht zu nehmen und binnen vierzehn Tagen ihre ***Erinnerungen*** anzubringen. Das Erinnerungsrecht steht nicht nur Insolvenzgläubigern, sondern auch Massegläubigern zu (vgl. *Kodek* in Bartsch/Pollak/Buchegger IV zu §§ 129, 130 KO Rz 34). Zugleich wird ihnen sowie dem Insolvenzverwalter und den Mitgliedern des Gläubigerausschusses die ***Verteilungstagsatzung*** bekanntgegeben (§ 130 Abs 1 IO).

Absonderungsgläubiger, die zur Besicherung Vermögensstücke des Schuldners, insbesondere Buchforderungen oder aber Hypotheken an im Ausland gelegenen Immobilien des Schuldners erworben haben, müssen ihren *Ausfall spätestens bis zum Ablauf der Erinnerungsfrist gegen den Schlussverteilungsentwurf dem Insolvenzverwalter gegenüber glaubhaft machen;* die Ausfallshöhe ist vom Insolvenzgericht zu genehmigen (§ 132 Abs 4 IO).

In der ***Verteilungstagsatzung*** verhandelt das Insolvenzgericht über allfällige Erinnerungen der Gläubiger und des Schuldners. Es genehmigt einen unbedenklichen Verteilungsentwurf oder entscheidet nach den erforderlichen Erhebungen über angebrachte Erinnerungen mit anfechtbarem ***Verteilungsbeschluss*** unter Ausschluss des Rechtswegs (§ 130 Abs 2 und 3 IO). Das Gericht ist nicht auf die Entscheidungen über die Erinnerungen beschränkt, es hat den Verteilungsentwurf von Amts wegen zu prüfen.

Ist der Vollzug der Schlussverteilung nachgewiesen, so hat das Insolvenzgericht das Insolvenzverfahren aufzuheben (§ 139 IO).

D. Nachtragsverteilung

Nach der Schlussverteilung, selbst wenn das Insolvenzverfahren schon aufgehoben ist, findet noch eine ***Nachtragsverteilung*** statt (§ 138 IO), ohne dass darum das Insolvenzverfahren wiedereröffnet wird: wenn Sicherstellungsbeträge für die Masse frei werden, wenn sonst bezahlte Beträge an die Masse zurückfließen, wenn Vermögen ermittelt wird, das zur Insolvenzmasse gehört.

Die Nachtragsverteilung erfolgt gemäß dem Schlussverteilungsentwurf mit Genehmigung des Insolvenzgerichts. Sind die Nachtragsverteilungskosten höher als der Nachtragserlös, so ist dieser dem Schuldner auszufolgen (§ 138 Abs 3 IO).

VIII. Aufhebung des Insolvenzverfahrens

Lit.: *Bachmann/Mitteregger*, Die Stellung der Massegläubiger bei Insolvenzaufhebung, ZIK 2016/59, 52; *Brauneis*, Konkursaufhebung aufgrund Stattgebung des Rekurses wider die Konkurseröffnung, ZIK 1995, 174; *Havas/Neumayr*, Die Kostenfolgen der Aufhebung des Insolvenzverfahrens nach § 123b IO, ZIK 2016/169, 133; *G. Kodek*, Ausgewählte Fragen des Zwangsausgleichs, in Konecny, Insolvenz-Forum 2004 (2005) 91; *G. Kodek*, Verfahrensrechtliche Fragen beim Zahlungsplan, ZIK 2004/142, 113; *Nunner*, Rechtsfragen der Nachhaltigkeit konkursbedingter Forderungsveränderung, ÖJZ 1998, 726; *Senoner*, Mitwirkungsrechte nachrangiger Gläubiger bei einer Insolvenzaufhebung gem § 123b IO, ZIK 2014/60, 46; *Tremel*, Insolvenzaufhebung während anhängigem Prüfungsprozess, ZIK 2017/9, 11; *Winter*, Zur Aufhebung nach § 123b IO, ZIK 2015/160, 129.

A. Aufhebung des Insolvenzverfahrens mit konstitutivem Beschluss

Die Aufhebung des Insolvenzverfahrens erklärt das Insolvenzverfahren für beendet. Sie geschieht wie die Eröffnung des Insolvenzverfahrens durch gerichtlichen Beschluss, grundsätzlich von Amts wegen, wenn ein Aufhebungsgrund vorliegt.

Der Aufhebungsbeschluss ist öffentlich bekannt zu machen, der Eintritt seiner Rechtskraft in der Insolvenzdatei anzumerken (§ 123 Abs 1 IO).

Die mit der Aufhebung verbundene Beendigung der Wirkungen des Insolvenzverfahrens ist den Behörden und Stellen mitzuteilen, die nach §§ 75 und 78 IO auch von der Verfahrenseröffnung zu benachrichtigen waren.

Gleichzeitig ist zu veranlassen, dass alle in öffentlichen Büchern getroffenen Anmerkungen der Insolvenzeröffnung aufgehoben werden und dass die Eintragung des Insolvenzverfahrens in das Firmenbuch und in die Insolvenzdatei gelöscht wird. Alle, die freie Verfügung des Schuldners beschränkenden Maßnahmen sind aufzuheben (§ 123 Abs 2 iVm 79 Abs 2 und 3 IO).

Gründe für die Aufhebung des Insolvenzverfahrens mit konstitutivem Beschluss des Insolvenzgerichts sind:

- ***Abänderung des Beschlusses auf Eröffnung*** des Insolvenzverfahrens aufgrund eines Rekurses (§ 79 IO),
- nachgewiesenem ***Vollzug der Schlussverteilung*** im Konkurs mit Liquidation (§ 139 IO),
- ***Verfahrensverzicht:*** Einverständnis aller Masse- und Insolvenzgläubiger (das Einverständnis vollständig befriedigter bzw. sichergestellter Gläubiger oder Inhaber bestrittener Forderung bei Klagefristablauf für die Prüfungsklage ist entbehrlich § 123b Abs 1 und 2 IO),
- ***Mangel der Kostendeckung*** (§ 123a IO).

B. Aufhebung des Insolvenzverfahrens ex lege

Mitunter knüpft das Gesetz an die Rechtskraft eines anderen Beschlusses ex lege die Wirkung der Aufhebung des Insolvenzverfahrens; diese tritt dann selbsttätig ein, ohne dass es eines konstitutiven Aufhebungsbeschlusses bedürfte.

Fälle der Aufhebung des Insolvenzverfahrens ex lege sind:

- die rechtskräftige ***Bestätigung des Sanierungsplans*** (§ 152b Abs 2 S 1 IO),
- die rechtskräftige ***Bestätigung des Zahlungsplans*** im Insolvenzverfahren natürlicher Personen (§ 196 Abs 1 IO),

- die rechtskräftige ***Einleitung des Abschöpfungsverfahrens*** nach gescheitertem Sanierungsplan oder Zahlungsplan im Insolvenzverfahren natürlicher Personen (§ 200 Abs 4 IO).

Merke! Das Abschöpfungsverfahren ist kein Teil des Insolvenzverfahrens natürlicher Personen, sondern wird diesem nach gescheitertem Zahlungs- oder Sanierungsplan nachgeschaltet.

C. Voraussetzungen und Wirkungen

Wenn alle Voraussetzungen für die Aufhebung des Insolvenzverfahrens oder die rechtskräftige Bestätigung des Sanierungsplans erfüllt sind, hat das Insolvenzgericht mit Beschluss die ***Pauschalgebühr*** (nach Tarifpost 6 GGG) zu bestimmen und den Insolvenzverwalter zur Zahlung aus der Insolvenzmasse aufzufordern (§ 4 Abs 1 GEG). Die Pauschalgebühr beträgt 10 % der Belohnung des Insolvenzverwalters. Bei Eigenverwaltung des Schuldners (§ 22 Abs 1 S 2 und Abs 2 GGG) ist keine Pauschalgebühr zu entrichten.

Durch die Aufhebung des Insolvenzverfahrens erlangt der Schuldner wieder das volle Verwaltungs- und Verfügungsrecht über sein Vermögen (§§ 59, 152b Abs 3 IO). Was von der Insolvenzmasse noch übrig ist, wird insolvenzfreies Vermögen. Doch bleiben für den Schuldner jene Rechtshandlungen verbindlich, die der Insolvenzverwalter während des Insolvenzverfahrens vorgenommen hat (zB. Rücktritt von zweiseitig verbindlichen Rechtsgeschäften, Kündigung von Miet- und Arbeitsverhältnissen, Erteilung einer Prozessvollmacht).

Die durch Eröffnung des Insolvenzverfahrens unterbrochenen Verjährungsfristen beginnen neu zu laufen; gehemmte Fristen laufen weiter (§ 9 IO). Zinsen können wieder geltend gemacht werden, auch rückwirkend für die Zeit des Insolvenzverfahrens. Die Sondervorschriften für die Aufrechnung, für unbestimmte, betagte, bedingte und wiederkehrende Forderungen sind nicht mehr anwendbar. Erloschene Anträge und Aufträge leben nicht wieder auf.

Bestimmt ein Sanierungsplan, dass sich der Schuldner der Überwachung durch einen Treuhänder der Gläubiger unterwirft oder dass diesem Vermögen zum Zweck der Erfüllung übergeben wird (§ 157 IO), besteht von der Wiedererlangung der vollen Verfügungsbefugnis über das Schuldnervermögen ebenso eine Ausnahme wie beim Abschöpfungsverfahren im Insolvenzverfahren natürlicher Personen (§ 199 ff IO).

Soll ein Sanierungsplan ohne Überwachung erfüllt werden oder hat eine natürliche Person einen Zahlungsplan (§§ 193 ff IO) zu erfüllen, so ist die Verfügungsbefugnis des Schuldners zwar gegeben, aber durch die Zweckwidmung ordnungsgemäßer Erfüllung obligationenrechtlich eingeschränkt.

Ist eine ***Forderung im Insolvenzverfahren festgestellt worden und hat sie der Gemeinschuldner nicht bestritten,*** so

- entfaltet ihre insolvenzmäßige Feststellung ***Bindungswirkung*** gegenüber Gerichten und – in Ermangelung anderer Vorschriften – auch gegenüber Verwaltungsbehörden; das Klagerecht auf den Ausfall bleibt erhalten; nach Bestätigung eines Sanierungsplans steht das Klagerecht auch Massegläubigern zu (§ 60 IO); Leistungsklagen bleiben allerdings zulässig;

- bildet der Auszug aus dem Anmeldungsverzeichnis einen ***Exekutionstitel*** (§ 61 IO), der dem Gläubiger ein Wahlrecht verschafft zwischen einem bereits bestehenden oder nachträglich erstrittenen Titel und diesem Insolvenztitel; zwei Titel konsumieren einander im Umfang erlangter Befriedigung. Im Sanierungsplan umfasst der Insolvenztitel des § 61 IO auch die kraft qualifizierten Verzugs (§ 156a IO) wiederauflebenden Beträge.

Zu den ***Bestimmungen der §§ 59 bis 62 IO*** siehe auch bereits oben, IV. C.

IX. Geringfügiger Konkurs

Als geringfügig ist ein Konkurs anzusehen, wenn das zur Konkursmasse gehörige Vermögen voraussichtlich nicht mehr als 50.000 Euro beträgt (§ 180a IO: ***geringfügiger Konkurs,*** früher auch ***Bagatellkonkurs***).

Es gelten folgende ***Verfahrensbesonderheiten*** (§ 180a IO):

Bei der allgemeinen Prüfungstagsatzung kann gleichzeitig über alle der Beschlussfassung der Gläubigerversammlung unterliegenden Fragen und, soweit dies zweckmäßig ist, auch über die Verteilung der Konkursmasse verhandelt werden.

Die Beiordnung eines Gläubigerausschusses wird gewöhnlich unterbleiben, da sie § 88 Abs 1 IO nur vorschreibt, „wenn die Eigenart oder der besondere Umfang des Unternehmens des Schuldners dies geboten erscheinen lässt". Ausnahme: Genehmigungspflichtige Geschäfte gemäß§ 117 Abs 1 Z 1 und Z 2 IO, wo stets ein Gläubigerausschuss erforderlich ist.

X. Gruppenverfahren

A. Die Konzerninsolvenz

Hatte die „alte" EuInsVO 2000 den Begriff der Konzerninsolvenz vermieden und das Begriffsgebäude am grenzüberschreitend tätigen Schuldner aufgebaut, so regelt ihre Nachfolgerin, die EuInsVO neu (2015), in ihrem Kapitel V (Art 56 bis 77) ***Gruppenverfahren*** und bestimmt so erstmals die Vorgehensweise bei Konzerninsolvenzen.

Siehe dazu und zum Folgenden (sogl. B. und C.) unten Drittes Buch, Internationales Insolvenzrecht, III. K.

Innerstaatlich hat der Gesetzgeber des IRÄG 2017 (Art 1 Z 21 IRÄG 2017) durch Einfügung eines Sechsten Teils, Konzern (§§ 180b, 180c IO).

B. Zusammenarbeit und Koordination

Die Regelungen der EuInsVO neu über die Konzerninsolvenz greifen gemäß § 180b IO dann, wenn über ***Mitglieder einer Unternehmensgruppe*** Insolvenzverfahren eröffnet werden.

Es sind dies die Bestimmungen über:

■ Zusammenarbeit und Kommunikation (Art 56 bis 60 EuInsVO neu [2015]) sowie

■ Koordinierung (Art 61 bis 77 EuInsVO neu [2015]) zur Vermeidung von Effizienzverlusten, wenn über zwei oder mehrere Mitglieder eines Konzerns jeweils nationale Insolvenzverfahren eröffnet werden.

Damit hat der Gesetzgeber die jeweiligen Bestimmungen der EuInsVO auf innerstaatliche Fälle ausgedehnt (EB zur RV IRÄG 2017 1588 BeilNR XXV. GP S. 9 f).

C. Genehmigungspflichtige Anträge und Handlungen

■ Der Genehmigung des Gläubigerausschusses und des Insolvenzgerichts bedürfen (§ 180c Abs 1 Z 1 bis 4 IO):

• Vereinbarungen nach Art 56 Abs 2 EuInsVO neu:

Informationsaustausch, Möglichkeiten einer Verfahrenskoordinierung, Möglichkeiten eines koordinierten Sanierungsplans (im Sinn der EuInsVO: Sanierungskonzepts),

• ein Antrag des Insolvenzverwalters auf Eröffnung eines Gruppen-Koordinationsverfahrens und Bestellung eines Gruppenkoordinators, der namentlich vorzuschlagen, zur Insolvenzverwaltung geeignet aber in keinem der behängenden Insolvenzverfahren Verwalter sein darf (Art 61 EuInsVO neu),

• Teilnahme oder Nichtteilnahme an einem laufenden Gruppenkoordinationsverfahren und auch ein Antrag auf späteren Beitritt (Art 64 Abs 1 lit a sowie 69 Abs 1 EuInsVO neu),

• die Abstimmung bei der Wahl des Gerichts für die Eröffnung eines Gruppen-Koordinationsverfahrens (2/3-Mehrheit der Verwalter erforderlich, Art 66 EuInsVO neu).

■ Ein bestellter Koordinator ist vom Insolvenzgericht von den Gläubigerversammlungen zu verständigen (§ 180c Abs 2 IO).

■ Den Koordinator trifft eine Berichtspflicht nach Art 72 Abs 1 EuInsVO neu, den Insolvenzverwalter eine nach Art 70 Abs 2 EuInsVO neu (§ 180c Abs 3 IO).

■ Die dem Koordinator zustehende anteilige Vergütung ist eine Masseforderung iSd § 46 IO (§ 180c Abs 4 IO).

XI. Internationales Insolvenzrecht

Der Gesetzgeber hat mit Art 1 Z 35 IRÄG 2017 den bisherigen Siebenten Teil (§§ 217 bis 251 IO) zum Achten Teil des Gesetzes gemacht und in vier Hauptstücke unterteilt. §§ 217 bis 220i IO wurden in einem Stück neu gefasst. Die vier Hauptstücke betreffen:

1. Allgemeine Bestimmungen (§§ 217, 218 IO),
2. Ergänzende Bestimmungen zur EuInsVO (neu) (§§ 219 bis 220i IO),
3. Nicht von der EuInsVO erfasste Verfahren (§§ 221 bis 242 IO),
4. Sonderbestimmungen für Kreditinstitute und Versicherungsunternehmen (§§ 243 bis 251 IO).

Siehe dazu unten, ***Drittes Buch, Internationales Insolvenzrecht.***

Fünfter Teil

Sanierungsplan

§§ 140 bis 165 IO

Lit.: *Abel,* Sanierungsplan: Keine Rekurslegitimation ohne Forderungsanmeldung - Interessenabwägung und Versagung der Bestätigung, ZIK 2011/5, 2; *Abel,* Kopfstimme(n) des Teilschuldverschreibungskurators im Insolvenzverfahren, ZIK 2011/178, 133; *Brenn/Schneider*, Schriftlich heißt unterschriftlich, EvBl 2015/31, 224; *Derntl/Reckenzaun,* Verzögerte Konkursanmeldung und Quotenerhöhung im Zwangsausgleich, ZIK 2006/91, 82; *Feil,* Gerichtsgebühren- und Insolvenzrechts-Novelle 2006 (GIN 2006), GesRZ 2006, XI; *Fichtinger*, Aufrechnung nach Abschluss eines Sanierungsplans, ZIK 2016/56, 42; *Mohr*, Der Treuhändersanierungsplan, ZIK 2014/62, 52; *Fruhstorfer,* Die Erfüllung des Sanierungsplanes, RdW 2011/71, 70; *Geroldinger,* Restschuldbefreiung(stourismus) – Forum shopping natürlicher Personen im Europäischen Insolvenzrecht, JAP 2006/2007/27; *Hofer-Zeni-Rennhofer,* Die Bekämpfung des Abstimmungsergebnisses beim Sanierungsplan, ZIK 2011/ 295, 216; *Höller/Steger,* Das Stimmrecht des Kurators der Anleihegläubiger in der Sanierungsplantagsatzung, ZIK 2011/179, 135; *Kanduth-Kristen,* Steuerliche Neuerungen für das Insolvenzverfahren, ZIK 2006/43, 44; *Katzmayr,* Update zu den insolvenzbezogenen Gebührenvorschriften, in Konecny (Hrsg.), IRÄG 2010 - Insolvenzrechtsänderungsgesetz 2010, ZIK Spezial (2010) 203; *Kodek,* Ausgewählte Fragen des Zwangsausgleichs, in Konecny, Insolvenz-Forum 2004 (2005) 95; *Kodek,* KO-Novelle 2008 – Diskussionsstand und Perspektiven, ÖBA 2008, 91; *Konecny*, GIN 2006 - die kleineren Änderungen, ZIK 2006/42, 41; *Konecny*, Insolvenzrechts-Novelle 2006 tritt in Kraft, ZIK 2006/1a, 1; *Konecny,* Die Sanierung im Lichte des österreichischen IRÄG 2010, ZZP 125 (2012) 285; *Krach/Schmidt,* Passivlegitimation des Treuhänders für die Klage gem § 150 Abs 4 IO bei Liquidationssanierungsplan der Schuldnerin, ZIK 2013/300, 219; *Lichtkoppler/Reisch* (Hrsg.), Unternehmenssanierung (2010); *Mohr*, Der Ministerialentwurf der Insolvenzrechts-Novelle 2002, ZIK 2001, 114; *Mohr,* Zwangsausgleich, in Konecny, Insolvenz-Forum 2004 (2005) 141; *Mohr*, Änderungen beim Zwangsausgleich durch die GIN 2006, ZIK 2006/2, 2; *Mohr*, Neues zum Zahlungsplan, ecolex 2007, 88; *Mohr,* Der Sanierungsplan, in Konecny (Hrsg.), IRÄG 2010 - Insolvenzrechtsänderungsgesetz 2010, ZIK Spezial (2010) 117; *Mohr,* Sanierungsplan und Sanierungsverfahren (2010); *Nunner-Krautgasser,* Das Ausmaß des Stimmrechts der Zessionare im Zwangsausgleich, ZIK 2003/259, 192; *Nunner-Krautgasser,* Verstärkter Senat: Beschränkung der Aufrechnungsbefugnis durch Sanierungsplan, Zak 2016/279, 144; *Oberhammer*, Der (Zwangs-)Ausgleich nach dem IRÄG 1994, ecolex 1994, 308; *Reisch/Winkler*, Chancen für den Neuanfang - Unternehmenssanierung in Österreich, persaldo 2006 H 2, 10; *Riel*, Der zusammengebrochene Zwangsausgleich, ZIK 2003/107, 87; *Riel,* Ist die Zwischenverteilungsquote auf die Zwangsausgleichsquote anzurechnen?, ZIK 2005/220, 189; *Riel*, Zahlung und Sicherstellung von Masseforderungen im Zwangsausgleich nach der GIN 2006, ZIK 2006/3, 8; *Riel*, Die Sicherstellung bestrittener Konkursforderungen im Zwangsausgleichsverfahren, ecolex 2008, 27; *Riel*, Verfahrensrechtliche Fragen beim Treuhandsanierungsplan, ÖBA 2015, 880; *Rossdorfer,* Gerichtliche Unternehmenssanierung (2009); *Schneider,* Wiederaufleben und Exekution einer nicht angemeldeten Forderung, ZIK 2011/227, 165; *Schumacher*, Der Liquidationssanierungsplan, ZIK 2014/63, 57; *Trettnak*, Die „qualifizierte Mahnung“ im Sanierungsverfahren: Unterschriftlichkeit statt (bloßer) Schriftlichkeit? ZIK 2015/102, 99; *Tunkel*, Gerichtsgebühren- und Insolvenzrechts-Novelle 2006, JAP 2006/2007/36; *Walch*, Die Aufbringung des Stammkapitals in der Insolvenz eines GmbH-Gesellschafters, GES 2014, 155; *Widhalm-Budak/Riel*, Aus der Sache volle Haftung? ZIK 2016/57, 46; *Zotter,* Sanierungsplan: Der „neue Zwangsausgleich“ in der Praxis – Wie sich das Sanierungsverfahren ohne Eigenverwaltung und der Sanierungsplan im Konkurs in den ersten beiden Jahren bewährt haben, ZIK 2012/246, 180.

I. Grundlagen

A. Wesen

Der Sanierungsplan ist eine gerichtliche Insolvenzbereinigung, die der Schuldner mit seinen Gläubigern im ***Konkursverfahren*** schließt oder die Gegenstand eines vom Schuldner zu beantragenden ***Sanierungsverfahrens*** ist. Er ist in §§ 140 bis 165 IO geregelt.

Der Sanierungsplanvorschlag

- ***kann im Konkurs nach dessen Eröffnung bis zu dessen Aufhebung,***
- ***muss im Sanierungsverfahren schon zusammen mit dem Eröffnungsantrag des Schuldners***

vorgelegt werden (§ 140 Abs 1 IO).

Der ***Sanierungsplan*** soll

- das ***Konkursverfahren kostensparend beenden*** und dem Schuldner Vermögen und ***Unternehmen sanierend erhalten,*** indem er einerseits Stundung und teilweisen Schuldnachlass gewährt, anderseits den Gläubigern höhere Quoten (mindestens 20 %) verschafft, als im Konkurs erzielbar wären.;
- eine ***Sanierung des Unternehmens außerhalb des Konkurses in einem Sanierungsverfahren*** ermöglichen.

Bietet der Schuldner dort

► eine Mindestquote von 20%, so unterliegt er der *Fremdverwaltung* durch einen *Insolvenzverwalter* wie im Konkurs,

► eine Mindestquote von 30%, so steht ihm – bei Erfüllung der übrigen Einleitungsvoraussetzungen des § 169 IO – die *Eigenverwaltung* der Insolvenzmasse unter der Aufsicht eines *Sanierungsverwalters* zu.

Endet ein Insolvenzverfahren (Konkurs) ohne Sanierungsplan, sondern mit der Liquidierung des Schuldnervermögens, so bleibt den gewöhnlich nur geringfügig befriedigten Gläubigern zwar die volle Restforderung erhalten (§ 60 IO), doch lässt sich diese nur mehr eintreiben (§ 61 IO), wenn der Schuldner wieder zu Vermögen gekommen ist. Bei Liquidation im Gesellschaftskonkurs oder nach Umsetzung eines ***Liquidationsplans*** im Insolvenzverfahren der Gesellschaft (§§ 157i bis 157m IO) entfällt sogar diese Möglichkeit, da die Liquidierung des Gesellschaftsvermögens auch die Schuldnerexistenz beendet (eine Gesellschafter- oder Organhaftung bleibt davon freilich unberührt).

Der Sanierungsplan stellt mit einer Mindestquote von 20% für alle Insolvenzgläubiger den ***Nachfolger des ehemaligen Zwangsausgleichs*** dar; es ist zu erwarten, dass er, ebenso wie sein Vorgänger, das übliche – und im internationalen Vergleich durchaus erfolgreiche – Sanierungsmittel ist und bleibt. ***Das Sanierungsverfahren (§§ 166 ff IO) baut auf dem Vorliegen eines Sanierungsplans von Schuldnerseite beim Eigenantrag auf.***

In den ersten beiden Jahren nach dem IRÄG 2010 ergaben sich für den Sanierungsplan folgende Zahlen: Vom 1.7.2010 bis 30.6.2012 wurden 6.874 Unternehmensinsolvenzverfahren eröffnet: 5.382 davon als Konkurse. In diesen Konkursverfahren kam es zu 1.462 Sanierungsplananträgen. Dabei scheiterten oder wurden nicht erfüllt 27,5%, in Erfüllung oder nach abgeschlossener Erfüllung befanden sich zum Erfassungszeitpunkt 72,5%. Bemerkenswert ist die im Verhältnis zum alten Zwangsausgleich hohe durchschnittliche Quote von etwa 30% – übrigens auch wesentlich höher als die etwa 23% übersteigende Quote bei Sanierungsverfahren ohne Eigenverwaltung (Vgl. *Zotter* ZIK 2012/246, 180).

Eine detaillierte Auswertung der Sanierungspläne im Konkurs neben deren Bedeutung im Sanierungsverfahren mit und ohne Eigenverwaltung wäre wünschenswerter Gegenstand neuerer Statistiken. Ohne Zahlenmaterial muss angenommen werden, dass der ehemalig beliebte Weg des „Zwangsausgleichs" im Konkurs angesichts der Sanierungsverfahren drastisch an Bedeutung verloren hat.

Während es sich bei einer außergerichtlichen Insolvenzbereinigung um einen rein privatrechtlichen Vertrag handelt, beruht der gerichtliche Sanierungsplan auf einer Prozesshandlung, die erst aufgrund eines gerichtlichen Beschlusses wirksam wird.

Allein dieser bindet die überstimmten oder überhaupt nicht am Verfahren beteiligten Gläubiger an das Abstimmungsergebnis; darüber hinaus bildet die rechtskräftige Bestätigung in Verbindung mit dem Auszug aus dem Anmeldungsverzeichnis einen Exekutionstitel gegen den in Erfüllungsverzug geratenen Schuldner (***Entscheidungstheorie*** gegen Vertragstheorie).

Da der Sanierungsplan kein privates Rechtsgeschäft, sondern eine Prozesshandlung ist, unterliegt er auch nicht der privatrechtlichen Irrtumsanfechtung. Die gerichtliche Bestätigung hat Normcharakter, daher geschieht die Auslegung zweifelhafter Bestimmungen nicht nach § 914 ABGB (Verträge), sondern nach § 6 ABGB (Gesetze).

B. Nomenklatur

Wenn im Folgenden – der Diktion des Gesetzes (§§ 140 ff IO) folgend – von Insolvenzverfahren, Insolvenzverwalter, Insolvenzmasse, Insolvenzforderung, Insolvenzgläubiger usw. gesprochen wird, so ist ein ***Konkursverfahren*** gemeint.

Dies hat folgenden Grund: Jedes Insolvenzverfahren, in dem die Voraussetzungen des § 167 Abs 1 IO (Eigenantrag eines Schuldners iSd § 166 IO bei gleichzeitiger Vorlage eines Sanierungsplanvorschlags, der vom Gericht nicht zurückgewiesen wird) nicht erfüllt sind, heißt *Konkursverfahren* (§ 180 IO).

Dort sind auch die Bezeichnungen „Konkursverfahren", „Masseverwalter", „Konkursmasse" „Konkursforderung", „Konkursgläubiger" usw. möglich; das Gesetz verwendet in §§ 77a Abs 1 Z 5, 170 und 180 Abs 2 IO wenig systemkonform (arg § 275 Abs 1 IO) den Begriff „Masseverwalter", in § 180 Abs 2 und in § 180a den Begriff „Konkursmasse".

Werden die Voraussetzungen des § 167 Abs 1 IO dagegen erfüllt, so ist das Insolvenzverfahren ein ***Sanierungsverfahren*** entweder ***mit Insolvenzverwalter*** (der hier nicht die umfassenden Befugnisse des Insolvenzverwalters im Konkurs hat) ***oder,*** bei Erfüllung der Voraussetzungen der § 167 Abs 1 IO *und* § 169 IO, ***mit Sanierungsverwalter,*** der die Eigenverwaltung durch den Schuldner überwacht.

Das Insolvenzverfahren als ***Sanierungsverfahren*** wird in der Folge auch stets als solches bezeichnet.

II. Sanierungsplanvorschlag

A. Schuldnerantrag

Den Sanierungsplanvorschlag kann nur der Schuldner vorlegen, gleich ob das Insolvenzverfahren auf Gläubiger- oder Schuldnerantrag eröffnet wurde. Er muss angeben, in welcher Weise die Gläubiger befriedigt oder sichergestellt werden sollen (§ 140 Abs 1 S 2 IO).

Der Sanierungsplanvorschlag ist zulässig

- zugleich mit dem Antrag auf Eröffnung des Insolvenzverfahrens (→ Sanierungsverfahren; §§ 140 Abs 1, 166 ff IO)
- in Beantwortung eines Gläubigerantrags auf Eröffnung des Insolvenzverfahrens (→ Konkurs; §§ 70, 140 IO)
- bis zur Aufhebung des Insolvenzverfahrens, also auch erst nach teilweiser oder gar gänzlicher Verwertung der Masse (§ 140 Abs 1 IO; → im Konkurs). Maßgebender Zeitpunkt ist die Beschlussfassung und nicht die Rechtskraft der Aufhebung. Ein nach Abgabe des Aufhebungsbeschlusses in der Geschäftsstelle eingebrachter Sanierungsplanantrag ist verspätet (OLG Wien 28 R 393/03z, ZIK 2014/41, 29).

Wird der Antrag nicht als unzulässig zurückgewiesen, so kann das Insolvenzgericht nach Einvernehmung des Insolvenzverwalters und des Gläubigerausschusses anordnen, dass mit der Verwertung der Insolvenzmasse bis zur Entscheidung der Gläubigerversammlung über den Antrag innegehalten wird (§ 140 Abs 2 IO).

Die Weichen für einen ***frühzeitigen Sanierungsplan im Unternehmerinsolvenzverfahrens*** werden allerdings schon in der *Berichtstagsatzung* gestellt (§ 114b IO), die spätestens neunzig Tage nach der Eröffnung des Insolvenzverfahrens stattfinden muss (§ 91a IO); siehe unten D.

B. Zurückweisung des Sanierungsplanantrags

Um Missbräuchen von allem Anfang an zu steuern, nennt die IO etliche Gründe, aus denen das Insolvenzgericht den Sanierungsplansantrag ***als unzulässig*** zurückweisen ***muss*** (*a limine,* § 141 IO) oder nach Einvernehmung des Insolvenzverwalters und des Gläubigerausschusses ***kann*** (*nach Vorprüfung,* § 142 IO).

Zurückweisung a limine: Der Schuldner ist flüchtig, nach Eintritt der Zahlungsunfähigkeit wegen betrügerischer Krida rechtskräftig verurteilt worden, hat trotz Auftrag das Vermögensverzeichnis und die Bilanz nicht vorgelegt oder nicht vor dem Insolvenzgericht unterfertigt; der Sanierungsplanvorschlag erfüllt nicht die materiellen Mindesterfordernisse oder verstößt gegen zwingende Rechtsvorschriften (§§ 141 Abs 1, 149 bis 151 IO; unten C); der Schuldner schlägt den Sanierungsplan missbräuchlich vor, etwa zu Verschleppungszwecken; die Erfüllung des Sanierungsplans wird voraussichtlich nicht möglich sein wobei Forderungen aus eigenkapitalersetzenden Leistungen nicht zu berücksichtigen sind (§ 141 Abs 2 IO).

Ist der Schuldner eine juristische Person, so ist der Sanierungsplan unzulässig, wenn von mehreren organschaftlichen Vertretern alle flüchtig ist, kein einziger Vertreter das Vermögensverzeichnis vorgelegt und vor dem Insolvenzgericht unterfertigt hat (§ 141 Abs 3 Z 1 IO). Dagegen macht schon die Verurteilung bloß eines von mehreren organschaftlichen Vertreters der juristischen Person den Sanierungsplan unzulässig (§ 141 Abs 3 Z 2 IO).

Zurückweisung nach Vorprüfung: In den letzten fünf Jahren war über das Vermögen des Schuldners ein Insolvenzverfahren eröffnet oder nur mangels kostendeckenden Vermögens nicht eröffnet worden; es ist infolge der Beschaffenheit oder des Mangels geschäftlicher Aufzeichnungen des Schuldners nicht möglich, einen hinreichenden Überblick über seine Vermögenslage zu gewinnen; ein Sanierungsplan wird von den Gläubigern abgelehnt, der Vorschlag vom Schuldner vor der Sanierungsplantagsatzung zurückgezogen, dem angenommenen Sanierungsplan die notwendige gerichtliche Bestätigung versagt (§ 142 IO).
Zur Zurückweisung bei eindeutiger Aussichtslosigkeit des Sanierungsplans vgl. OLG Graz 3 R 5/14a, ZIK 2015/207, 151.

C. Notwendiger Inhalt

Der Antrag muss einen ***Sanierungsplanvorschlag*** mit materiellen Mindesterfordernissen enthalten; sonst ist er a limine zurückzuweisen:

1. Aussonderungsansprüche und Absonderungsansprüche dürfen durch den Sanierungsplan nicht berührt werden (§ 149 Abs 1 IO).

2. Massegläubiger müssen voll befriedigt werden (§ 150 Abs 1 IO).

3. Insolvenzgläubiger müssen im Sanierungsplan erhalten

- im ***Konkurs*** sowie im ***Sanierungsverfahren ohne Eigenverwaltung*** (§§ 166 bis 168 IO) mindestens 20 % ihrer Forderungen zahlbar binnen zwei Jahren ab Annahme des Sanierungsplans (§ 141 Abs 1 S 1 iVm §§ 166 bis 168 IO);

Beachte: Gewähren die Gläubiger ein *Respiro,* so widerspricht das nicht dem Erfordernis der – nicht erstreckbaren –Zweijahresfrist: Das Respiro schiebt schließlich nicht die Fälligkeit, sondern nur den Eintritt der Verzugsfolgen (§ 156a IO) hinaus (vgl. OLG Linz 2 R 111/16f, dazu *Konecny* ZIK 2017/93, 69).

- im ***Sanierungsverfahren mit Eigenverwaltung*** mindestens 30 % ihrer Forderungen zahlbar binnen zwei Jahren ab Annahme des Sanierungsplans (§ 141 Abs 1 S 1 iVm § 169 Abs 1 Z 1 lit a und §§ 166 bis 168, 169 bis 179 IO);

- im ***Konkurs natürlicher Personen, die kein Unternehmen betreiben,*** mindestens 20%, es kann aber zur Erfüllung auch eine zwei Jahre übersteigende Frist in Anspruch genommen werden, die Höchstfrist ist allerdings fünf Jahre (§ 141 Abs 1 S 2 IO).

4. Insolvenzgläubiger müssen grundsätzlich gleich behandelt werden (§ 150 Abs 2 S 1 IO).

§ 56 IO über Forderungen von Unternehmensgläubigern, die gegenüber den Rechten des Ehegatten aus Ehepakten nach Maßgabe des § 36 UGB Vorrang genießen, bleibt unbeschadet (§ 150 Abs 2 S 1 IO).

Eine ***Ungleichbehandlung der Insolvenzgläubiger*** ist nur zulässig, wenn ihr die Mehrheit der zurückgesetzten, bei der Tagsatzung anwesenden stimmberechtigten Gläubiger zustimmt und die Gesamtsumme ihrer Forderungen mindestens drei Viertel der Gesamtsumme der Forderungen der bei der Tagsatzung anwesenden zurückgesetzten Insolvenzgläubiger beträgt (§ 150 Abs 2 S 2 IO).

Beträge, die auf ***bestrittene Forderungen*** entfallen, sind in demselben Ausmaß und unter den gleichen Bedingungen, die für die Bezahlung unbestrittener Forderungen im Sanierungsplan festgesetzt worden sind, sicherzustellen, wenn die Frist zur Anbringung der Klage noch offen ist oder wenn die Klage bis zur Sanierungsplantagsatzung angebracht worden ist (§ 150 Abs 3 IO).

Eine gleiche Sicherstellung hat auch dann zu erfolgen, wenn die Forderung ***nur vom Schuldner bestritten*** wurde. Der sichergestellte Betrag wird frei, wenn der Gläubiger nicht innerhalb der vom Insolvenzgericht bestimmten Frist des § 110 Abs 4 IO die Prüfungsklage angebracht oder das vor der Eröffnung des Insolvenzverfahrens bereits anhängige Verfahren (§ 7 Abs 3 IO) wieder aufgenommen hat (§ 150 Abs 4 IO).

Ungültig sind vor Abschluss des Sanierungsplans oder zwischen Abschluss und rechtskräftiger Bestätigung des Sanierungsplans getroffene außergerichtliche Sonderabkommen, die einem Gläubiger besondere Vorteile einräumen (zB. das Versprechen einer Superquote) und ihn so vor den anderen begünstigen.

Aufgrund solcher Vereinbarungen oder aufgrund von dafür eingegangenen Verdeckungsgeschäften erbrachte Sonderleistungen können binnen drei Jahren vom Schuldner (oder bei neuerlichem Insolvenzverfahren vom Insolvenzverwalter) im Klageweg zurückgefordert werden (§ 150a S 1 und 2 IO); das Insolvenzgericht ist ausschließlich zuständig; § 162 IO).

Ein besonderer Vorteil liegt allerdings nicht vor, wenn einem Gläubiger für die Zession seiner Forderung ein solches Entgelt geleistet wird, das der wirtschaftlichen Lage des Schuldners unmittelbar vor Eröffnung des Insolvenzverfahrens, oder, bei früherer Abtretung, seiner wirtschaftlichen Lage zu diesem Zeitpunkt entspricht (§ 150a S 3 IO; vgl. dazu *Riel* in Konecny/Schubert, zu § 150 KO Rz 45 mwN).

Die Rechte der Insolvenzgläubiger gegen Bürgen oder Mitschuldner des Schuldners sowie gegen Regressverpflichtete können ohne ausdrückliche Zustimmung des Berechtigten durch den Sanierungsplan nicht beschränkt werden (§ 151 IO).

D. Berichtstagsatzung

Das Insolvenzgericht hat spätestens 90 Tage nach Eröffnung des Insolvenzverfahrens eine Berichtstagsatzung anzuberaumen, in der über das weitere Unternehmensschicksal entschieden wird (§ 91a IO).

Der Insolvenzverwalter hat das Unternehmen bis dahin fortzuführen, es sei denn die Fortführung erhöht den Ausfall der Insolvenzgläubiger (§ 114a Abs 1 S 1 IO). Er muss ***bis zur Berichtstagsatzung*** prüfen (§ 81a Abs 3 S 2 Z 1 und 2 IO),

1. ob eine (weitere) Fortführung des Unternehmens möglich ist und

2. ob ein Sanierungsplan dem gemeinsamen Interesse der Insolvenzgläubiger entspricht und seine Erfüllung voraussichtlich möglich ist.

In der ***Berichtstagsatzung*** (§ 91a IO) berichtet der Insolvenzverwalter über das Ergebnis seiner Prüfung. Wenn die Voraussetzungen vorliegen, beschließt das Insolvenzgericht nach Anhörung der Insolvenzgläubiger die Fortführung des Unternehmens (oder zumindest einzelner Unternehmensbereiche)

Entspricht darüber hinaus ein Sanierungsplan dem gemeinsamen Gläubigerinteresse so räumt es dem Schuldner „auf dessen Antrag" (*Antragsprinzip*) eine Höchstfrist von *vierzehn Tagen* zur Stellung eines Sanierungsplanantrags ein (§ 114b Abs 2 IO).

Nach rechtzeitigem Einlangen des Sanierungsplanantrags hat das Gericht eine Sanierungsplantagsatzung anzuordnen (§ 145 IO). Die in der Berichtstagsatzung gefassten Beschlüsse sind öffentlich bekannt zu machen (§ 114b Abs 2 S 5 IO).

Eine Schließung darf nur ausgesprochen werden, wenn anders eine Erhöhung des Ausfalls, den die Insolvenzgläubiger erleiden, nicht vermeidbar ist (§ 115 Abs 1 IO).

Lässt sich eine Ausfallserhöhung bei Fortführung für die Insolvenzgläubiger nicht ausschließen, so muss das Insolvenzgericht in seinem Beschluss die Fortführung des Unternehmens davon abhängig machen, dass entweder der Schuldner eine Fortführungskaution erlegt oder zahlungsfähige und -willige Personen sich den Insolvenzgläubigern schriftlich zu einer Haftung für das Fortführungsrisiko verpflichten (§ 115 Abs 2 IO, ***Fortführungsgarantie;*** vgl. dazu die Nachweise bei *Mohr,* KO, 11. Aufl., zu § 115 IO E 32 bis 41; *Riel* in Konecny/Schubert, zu § 115 KO Rz 21 ff; *Lovrek* in Bartsch/Pollak/Buchegger, InsR, IV, zu § 115 KO Rz 26 ff).

Mit der Antragsfrist setzt eine ***Verwertungssperre*** ein (§ 114b Abs 2 S 4 IO).

Sie entfällt nach Einbringen des Sanierungsplanantrags nur dann, wenn der Sanierungsplanvorschlag nicht binnen neunzig Tagen angenommen wird, der Sanierungsplanvorschlag nicht mehr dem gemeinsamen Interesse der Insolvenzgläubiger entspricht oder die Voraussetzungen für eine Unternehmensfortführung nicht mehr gegeben sind (§§ 114b Abs 2 und 114c Abs 1 IO).

§ 114c Abs 2 IO ermöglicht aber trotz Entfall der Verwertungssperre noch eine ***Innehaltung der Verwertung***, wenn der Sanierungsplan mit den wirtschaftlichen Verhältnissen des Schuldners nicht in Widerspruch steht und aufgrund der bisherigen Verfahrensergebnisse (insbesondere der Abstimmung über den zuletzt vorgelegten Vorschlag) eine Annahme noch zu erwarten ist.

III. Sanierungsplantagsatzung und Rechnungstagsatzung

A. Sanierungsplantagsatzung und Sanierungsplanannahme

1. Sanierungsplantagsatzung

Über den *Sanierungsplanvorschlag* wird in einer Tagsatzung verhandelt und abgestimmt, die nicht vor der allgemeinen Prüfungstagsatzung stattfinden darf (§ 145 Abs 1 S 1 IO).

Mit dieser ***Sanierungsplantagsatzung*** ist die ***Rechnungstagsatzung*** (§ 121 Abs 3 IO) zu verbinden (§ 145 Abs 1 S 2 IO).

Eine Verbindung von Prüfungs- und Sanierungsplantagsatzung zusammen mit Berichts- und Rechnungstagsatzung ist somit zulässig; dies setzt freilich voraus, dass zum Zeitpunkt der Anberaumung der Sanierungsplanvorschlag dem Insolvenzgericht bereits vorliegt.

Die Sanierungsplantagsatzung wird öffentlich bekanntgemacht. Zu laden sind der Schuldner und seine Planerfüllungsgaranten, der Insolvenzverwalter, die Mitglieder des Gläubigerausschusses und die übrigen stimmberechtigten Insolvenzgläubiger unter Mitteilung des Sanierungsplanvorschlags.

Eine Abschrift des Sanierungsplanantrags ist den Insolvenzgläubigern zuzustellen, sein wesentlicher Inhalt überdies öffentlich bekannt zu machen (§ 145 Abs 2 IO).

Der Schuldner muss persönlich erscheinen, seine Vertretung durch einen Bevollmächtigten ist nur zulässig, wenn er selbst aus wichtigen Gründen verhindert ist und das Insolvenzgericht sein Ausbleiben für gerechtfertigt erklärt; andernfalls gilt der Sanierungsplanantrag als zurückgezogen (§ 145 Abs 3 IO).

Der Schuldner kann den Sanierungsplanantrag nach Beginn der Tagsatzung ändern oder nach Ablehnung einen neuen Vorschlag unterbreiten (§ 145a Hs 1 IO).

Sofern nicht alle stimmberechtigten Insolvenzgläubiger anwesend sind, darf das Insolvenzgericht einen geänderten oder neuen Sanierungsplanvorschlag zur Abstimmung in derselben Tagsatzung nur zulassen, wenn er für die Insolvenzgläubiger nicht ungünstiger ist (***Verschlechterungsverbot,*** § 145a Hs 2 IO).

Ein Vorschlag des Schuldners, sein *gesamtes Vermögen* innerhalb einer im Sanierungsplan zu bestimmenden Frist einem Treuhänder der Gläubiger zur Erfüllung des Sanierungsplans (insbes. durch Verwertung) zu übergeben ***(Treuhandvorschlag),*** ist nicht ungünstiger, wenn dadurch voraussichtlich die zuletzt angebotene Quote erreicht werden wird und der Ausfall nicht einen bei Beendigung der Treuhand noch offenen Quotenrest berührt, der Schuldner mithin die Haftung für die Differenz zwischen zuletzt gebotener und der vom Treuhänder eventuell erwirtschafteten niedrigeren Quote übernimmt (§ 157j IO).

Beachte: § 157j IO gilt nicht, wenn der Schuldner anbietet, nur einen Teil seines Vermögens (wenngleich den wesentlichen) zu übergeben: Die Abstimmung in derselben Tagsatzung wäre dann nicht zuzulassen (vgl. *Mohr*, Der Sanierungsplan, in Konecny, IRÄG 2010, ZIK Spezial, 130). Siehe V. C. 4.

Zieht der Schuldner seinen Sanierungsplanvorschlag nach Tagsatzungsbeginn zurück, so ist das Insolvenzverfahren als Liquidationsverfahren weiter zu führen.

Vor der Abstimmung berichtet der Insolvenzverwalter über die wirtschaftliche Lage und bisherige Geschäftsführung des Schuldners sowie über die Ursachen des Vermögensverfalls und über die voraussichtlichen Ergebnisse einer Durchführung des Insolvenzverfahrens, mithin auch über die zu erwartende Höhe eines Verwertungserlöses in der Liquidation (§ 146 IO).

Da es kein Anwesenheitsquorum gibt, genügt zur ***Beschlussfähigkeit*** das Erscheinen eines einzigen Gläubigers (§ 92 Abs 1 IO).

2. Stimmrecht

Es gelten die Stimmrechtsvorschriften des § 143 IO iVm § 93 IO (§ 143 Abs 2 IO):

Kein Stimmrecht haben Gläubiger, deren Rechte durch den Sanierungsplan keinen Abbruch erleiden (§ 143 Abs 1 IO).

Stimmberechtigt sind nur die Insolvenzgläubiger, deren angemeldete Forderungen festgestellt sind (§ 93 Abs 1 IO; siehe 3. Teil III. B.).

Gläubiger noch nicht festgestellter, bedingter, bestrittener Forderungen nehmen zunächst an der Abstimmung teil (§ 93 Abs 3 IO).

Absonderungsgläubigern und Gesellschaftsinsolvenzgläubigern im Gesellschafterinsolvenzverfahren wird *auf Antrag* ein Stimmrecht *für die Höhe des voraussichtlichen Ausfalls* zuerkannt (§ 93 Abs 2 IO).
Sie nehmen dann ebenfalls zunächst an der Abstimmung teil (§ 93 Abs 3 IO).

Eine ***unanfechtbare Stimmrechtsentscheidung*** nach vorläufiger Prüfung und Einvernahme der Parteien ergeht nur, wenn die Stimme eines vorläufig mitstimmenden Gläubigers iSd § 93 Abs 3 IO das Abstimmungsergebnis beeinflusst, sonst nicht (*Zünglein an der Waage Regel;* § 93 Abs 4 IO; vgl. dazu § 44 Abs 2 AO).

Die Stimmrechtsentscheidung kann allerdings anlässlich einer neuen Abstimmung – mithin bei geänderten Umständen – auf Antrag revidiert werden.

Insolvenzgläubigern, die ihre Forderung erst nach Eröffnung des Insolvenzverfahrens durch ***rechtsgeschäftliche Abtretung*** erworben haben, gebührt kein Stimmrecht, es sei denn sie haben die Forderung aufgrund eines vor Eröffnung des Insolvenzverfahrens begründeten Verpflichtungsverhältnisses erworben haben (§ 94 IO).

Insolvenzgläubiger, die ihre Forderungen aus einer nach § 150a IO ***unzulässigen Vereinbarung*** erworben haben, gebührt kein Stimmrecht.

Nur eine Stimme haben die Gläubiger einer ***gemeinschaftlichen Forderung;*** sie müssen sich über die Ausübung des Stimmrechts einigen (§ 144 Abs 1 S 1 und Abs 2 IO). Diese Regelung gilt auch für den Fall, dass ***an der Insolvenzforderung ein Pfandrecht*** besteht (§ 144 Abs 1 S 2 IO). Ebenso nur eine Stimme hat der ***Gläubiger mehrerer Forderungen*** (§ 144 Abs 3 S 1 IO).

Für eine durch ***Zession*** nach der Eröffnung des Insolvenzverfahrens erworbene Forderung gebührt dem Gläubiger neben dem eigenen Stimmrecht, soweit es nach § 94 IO überhaupt besteht, auch das Stimmrecht des Zedenten (§ 144 Abs 3 IO).

Mehrfaches Stimmrecht hat der ***Insolvenz-Entgelt-Fonds*** für die Forderungen, die auf ihn durch Legalzession (§ 11 IESG) übergegangen sind.

3. *Annahmeerfordernisse*

Der Sanierungsplanantrag ist angenommen, wenn er zwei Mehrheiten erreicht (§ 147 Abs 1 IO):

1. wenn die Mehrheit der bei der Tagsatzung anwesenden stimmberechtigten Insolvenzgläubiger zustimmt ***(absolute Kopfmehrheit)*** *und*

2. wenn die Gesamtsumme der Forderungen der zustimmenden Insolvenzgläubiger mehr als 50% der Gesamtsumme der Forderungen der bei der Tagsatzung anwesenden stimmberechtigten Insolvenzgläubiger beträgt ***(absolute Summenmehrheit).***

Nahe Angehörige des Schuldners (§ 32 IO) sowie deren Rechtsnachfolger, die deren Forderungen in den letzten sechs Monaten vor der Eröffnung des Insolvenzverfahrens erworben haben, werden bei der Berechnung der beiden Mehrheiten nur mitgezählt, wenn sie gegen den Antrag stimmen. Das gilt nicht für Forderungen, die nach Eintritt der Zahlungsunfähigkeit von jemandem erworben wurden, der kein naher Angehöriger des Schuldners ist (§ 148 IO).

Der ***Mehrheitsbeschluss bindet die Minderheit,*** die gegen den Antrag gestimmt hat, aber auch die Gläubiger, die sich am Verfahren gar nicht beteiligt haben (§ 156 Abs 1 IO). Ausgenommen sind Gläubiger, deren

Forderungen nur aus Verschulden des Schuldners unberücksichtigt geblieben sind (§ 156 Abs 4 IO).

Beispiel zu § 156 Abs 4 IO: Die Pensionsversicherung erfährt erst nach Abschluss eines Sanierungsplans im Schuldenregulierungsverfahren über das Vermögen eines Pensionisten, dass dieser einer Beschäftigung nachgegangen ist und dies nicht gemeldet hat; sie hat daher keine Forderung im Insolvenzverfahren geltend gemacht. Die Pensionsversicherung kann ihr Rückforderungsrecht in voller Höhe geltend machen und ist nicht auf die im Sanierungsplan gebotene Quote beschränkt.

Die Annahme des Sanierungsplans ist öffentlich bekannt zu machen (§ 147 Abs 1 Satz 2 IO), insbesondere um den Gläubigern rasch Kenntnis über Sonderbedingungen zu verschaffen (zB. über den Gerichtserlag eines Quotenteils).

4. Erstreckung der Sanierungsplantagsatzung

Die Sanierungsplantagsatzung kann erstreckt werden (§ 148a Abs 1 IO):

1. wenn bei der Abstimmung nur eine der beiden erforderlichen Mehrheiten erreicht wird; hier kann der Schuldner bis zum Schluss der Tagsatzung begehren, dass bei einer neuerlichen Tagsatzung abermals abgestimmt wird (§§ 147 Abs 2, 148a Abs 1 Z 1 IO);

2. wenn das Gericht die Abstimmung über den bei der Tagsatzung geänderten oder neuen zulässigen Sanierungsplanvorschlag nicht zugelassen hat (§§ 148a Abs 1 Z 2 IO);

3. wenn zu erwarten ist, dass die Erstreckung der Tagsatzung zur Annahme des Sanierungsplanvorschlags führen wird (§§ 148a Abs 1 Z 3 IO).

Die neuerliche Tagsatzung ist vom Insolvenzgericht sofort festzusetzen, mündlich bekanntzugeben und öffentlich bekanntzumachen. Wird in der erstreckten Tagsatzung über einen geänderten oder neuen Vorschlag abgestimmt, so ist bei der öffentlichen Bekanntmachung darauf hinzuweisen und dessen wesentlicher Inhalt anzugeben (§ 148a Abs 2 IO). Die Gläubiger sind an ihre Erklärungen bei der ersten Tagsatzung nicht gebunden (§ 147 Abs 3 IO).

Zur ***Verwertungssperre*** oben II D Ende. Wird binnen einem Jahr ab Eröffnung des Insolvenzverfahrens der Sanierungsplanvorschlag nicht angenommen, so ist die Schließung des Unternehmens anzuordnen. Diese Frist ist auf Antrag des Insolvenzverwalters zu erstrecken, wenn die Schließung dem gemeinsamen Gläubigerinteresse widerspricht oder andere gleich wichtige Gründe vorliegen; eine Erstreckung ist auch mehrmals, jedoch höchstens insgesamt um zwei Jahre möglich (§ 115 Abs 4 IO).

B. Besonderheiten der Rechnungslegung und Rechnungstagsatzung

Zweck der Verbindung von Sanierungsplantagsatzung und Rechnungslegungstagsatzung (§ 145 Abs 1 S 2 IO) ist eine möglichst frühe Entlastung des Insolvenzverwalters und die Ermöglichung der Entscheidung über die Bestätigung des Sanierungsplans (siehe unten IV.) womöglich noch in der Tagsatzung.

Es gelten die Bestimmungen über die Rechnungstagsatzung (§ 121 Abs 3 IO), der Entscheidung über die Rechnungslegung (§ 122 IO) zusammen mit den Sonderbestimmungen des § 145b IO:

Der Insolvenzverwalter hat

- dem Insolvenzgericht spätestens 14 Tage vor der Sanierungsplantagsatzung Rechnung zu legen und
- diese in der Sanierungsplantagsatzung zu ergänzen (§ 145b Abs 1 IO).

Wird der Sanierungsplan bestätigt (unten IV.), ***so ist zugleich über die vom Insolvenzverwalter gelegte Rechnung abzusprechen*** (§ 152b Abs 1 iVm § 122 IO).

Für den Zeitraum zwischen Annahme des Sanierungsplans und Rechtskraft der Planbestätigung muss der Insolvenzverwalter nur dann eine ergänzende Rechnung legen, wenn

- der Schuldner dies in der Sanierungsplantagsatzung beantragt oder
- das Insolvenzgericht binnen vier Wochen ab Eintritt der Rechtskraft der Bestätigung des Sanierungsplans verlangt (§ 145b Abs 2 S 1 IO).

Über eine solche ergänzende Rechnungslegung hat das Gericht nur dann zu entscheiden, wenn der Schuldner binnen 14 Tagen Bemängelungen erhebt. Eine Verhandlung über die ergänzende Rechnung kann unterbleiben (§ 145b Abs 2 S 2 und 3 IO).

IV. Gerichtliche Bestätigung

Der angenommene Sanierungsplan bedarf der Bestätigung durch das Insolvenzgericht (§ 152 Abs 1 IO).

Soweit ***Sicherheitsleistungen*** für Aussonderungs- und Absonderungsansprüche (§ 149 Abs 1 IO), für Masseforderungen (§ 150 Abs 1 IO) oder sonst noch nach den Bestimmungen des Sanierungsplans erforderlich sind, müssen sie dem Insolvenzgericht nachgewiesen werden.

A. Bestätigungsvoraussetzungen

§ 152a IO normiert Schutzbestimmungen für Masseforderungen. Deren Erfüllung ist Bestätigungsvoraussetzung.

Demnach darf eine Bestätigung erst erteilt werden, wenn (§ 152a Abs 1 IO)

- die Entlohnung des Insolvenzverwalters und die Belohnungen der bevorrechteten Gläubigerschutzverbände vom Gericht bestimmt sowie gezahlt oder beim Insolvenzverwalter sichergestellt sind (Z 1);

- alle fälligen und feststehenden sonstigen Masseforderungen gezahlt sind sowie die bei Gericht oder einer Verwaltungsbehörde geltend gemachten Masseforderungen, von deren Geltendmachung der Insolvenzverwalter in Kenntnis gesetzt wurde, sichergestellt sind (Z 2), vgl. OLG Linz 2 R 2/16a, ZIK 2016/149, 113);
- im Sanierungsplan vorgesehene Bedingungen für die Bestätigung erfüllt sind (Z 3).

Über das Vorliegen dieser Voraussetzungen hat der Insolvenzverwalter über Aufforderung des Insolvenzgerichts zu berichten, hinsichtlich jener in Abs 1 Z 1 und Z 2 jedenfalls in der Sanierungsplantagsatzung (§ 152a Abs 2 IO).

Eine Fristerstreckung zur Erbringung der im Sanierungsplan vereinbarten Bestätigungsvoraussetzungen (§ 152a Abs 1 Z 3 IO) ist unzulässig (OLG Wien 28 R 78/13s, 28 R 312/13b, ZIK 2013/340, 227) wie eine Berichterstattung über die Erfordernisse nach § 152a Abs 1 Z 1 und 2 IO außerhalb der Sanierungsplantagsatzung.

§ 152a IO ist – anders als nach dem Recht vor dem IRÄG 2010 – auch dann anzuwenden, wenn die – außerhalb des Insolvenzverfahrens stattfindende – Sanierungsplanerfüllung mit Überwachung durch (§§ 157 bis 157f IO) oder Vermögensübergabe an (§§ 157 bis 157f sowie 157g bis 157m IO) eine Vertrauensperson der Gläubiger als Treuhänder erfolgt (EB zur RV des IRÄG 2010, 612 BeilNR XXIV GP Seite 25).

B. Versagungsgründe

Die IO normiert verschiedene Gründe, aus denen das Insolvenzgericht die ***Bestätigung des Sanierungsplans*** versagen muss oder nach dem Ermessen des Insolvenzgerichts versagt werden kann. Diese ***Versagungsgründe*** sind erschöpfend aufgezählt. Das Gesetz bildet zwei Gruppen von Versagungsgründen: solche, bei deren Vorliegen, das Gericht die Bestätigung versagen muss (§ 153 IO), und solche, die dem Gericht ein ***Entscheidungsermessen*** einräumen (§ 154 IO):

Die Bestätigung muss versagt werden (zwingende Versagung, § 153 IO):

- wenn der Sanierungsplan unzulässig ist (§ 141 IO) (Z 1),
- wenn ein wesentlicher unbehebbarer Verfahrens- oder Abschlussmangel vorliegt (zB. das Fehlen einer Sicherstellung bestrittener Forderungen, § 150 Abs 3 IO) (Z 2) oder
- wenn der Sanierungsplan durch eine unzulässige Gläubigerbegünstigung zustande gebracht wurde (§ 150a IO) (Z 3).

Beachte: Gewähren die Gläubiger ein *Respiro,* so widerspricht das nicht dem Erfordernis der – nicht erstreckbaren –Zweijahresfrist, weil nicht die Fälligkeit, sondern die Verzugsfolgen hinausgeschoben werden Es liegt kein Verfahrensfehler vor, der gemäß § 153 Z 2 IO zur Bestätigungsversagung führen müsste (vgl. OLG Linz 2 R 111/16f, dazu *Konecny* ZIK 2017/93, 69).

Die Bestätigung kann versagt werden (Versagung nach Ermessen, § 154 IO):

• wenn die dem Schuldner im Sanierungsplan gewährten Begünstigungen im Widerspruch mit seinen Verhältnissen stehen (Z 1),

• wenn der Sanierungsplan dem gemeinsamen Interesse der Insolvenzgläubiger widerspricht (wobei Forderungen aus eigenkapitalersetzenden Leistungen nicht zu berücksichtigen sind) (Z 2) oder

Beachte: Dem gemeinsamen Gläubigerinteresse entspricht die Beauftragung eines Treuhänders im Erfüllungsstadium, noch nicht rechtskräftig abgeschlossene Insolvenzanfechtungsverfahren fortzuführen, wenn diese aussichtsreich sind (§ 157i IO). Den Vorschlag dazu hat der Schuldner zu machen, er wird durch die mögliche Bestätigungsversagung gemäß § 154 Z 2 IO bei Unterlassung dazu genötigt (vgl. *König,* Anfechtung[5] Rz 19/5 sowie *Riel* zu OLG Graz 3 R 166/14b, ZIK 2015/138, 113). Der Anfechtungsgegner kann dem nach § 157i IO beauftragten Treuhänder mangelnde Aktivlegitimation nicht einwenden (OGH 3 Ob 30/14d ZIK 2014/271, 186).

• wenn die Insolvenzgläubiger weniger als 30 % ihrer Forderungen erhalten und dies darauf zurückzuführen ist, dass der Schuldner seinen Vermögensverfall fahrlässig herbeigeführt oder beschleunigt oder den Antrag auf Eröffnung des Insolvenzverfahrens verzögert hat (*Sanierungsplanunwürdigkeit*) (Z 3).

C. Entscheidung und Rekurs

Die ***Bestätigung*** des Sanierungsplans oder die ***Versagung*** der Bestätigung ist allen Insolvenzgläubigern und den übrigen Beteiligten zuzustellen (§ 152 Abs 3 S 1 IO). Die Bestätigung des Sanierungsplans hat alle wesentlichen Punkte des Sanierungsplans anzugeben und ist öffentlich bekannt zu machen (§ 152 Abs 2 und 3 IO). Auch der Beschluss über die Versagung ist öffentlich bekannt zu machen (vgl. *Mohr*, IO, 11. Aufl. S. 971). Eine Nichtigkeits- oder Wiederaufnahmeklage ist unzulässig (§ 152 Abs 3 S 2 IO).

Schließt sich im Erfüllungsstadium eine treuhänderische Überwachung oder Vermögensübergabe (siehe unten VI. B. bis E.) an, so ist darauf in der Bekanntmachung der Bestätigung hinzuweisen (§ 152 Abs 2 IO). Das Insolvenzgericht hat zu veranlassen, dass die Art der Überwachung in den öffentlichen Büchern und Registern (§ 77 IO) angemerkt (§ 157 Abs 2 IO) und ins Firmenbuch eingetragen wird (§ 77a Abs 1 Z 3 IO).

Der bestätigende oder versagende Beschluss des Insolvenzgerichts ist mit ***Rekurs*** anfechtbar (§ 155 IO).

Gegen die ***Bestätigung*** des Sanierungsplans sind rekursberechtigt (§ 155 Abs 1 IO):
- alle Beteiligten, die dem Sanierungsplan nicht ausdrücklich zugestimmt haben
- jeder Mitschuldner und Bürge des Schuldners
- Massegläubiger bei Nichtvorliegen der Bestätigungsvoraussetzungen gemäß § 152a Abs 1 Z 1 und 2 IO (siehe oben A.).

Gegen die ***Versagung*** der Bestätigung sind rekursberechtigt (§ 155 Abs 2 IO):
- der Schuldner
- jeder Insolvenzgläubiger, der dem Sanierungsplan nicht widersprochen hat.

Der Revisionsrekurs gegen den rekursgerichtlichen Beschluss ist ***nicht*** ausgeschlossen (§ 252 IO iVm § 528 ZPO).

D. Aufhebung des Insolvenzverfahrens ex lege

Das ***Insolvenzverfahren ist mit Eintritt der Rechtskraft der Bestätigung des Sanierungsplans ex lege aufgehoben*** (§ 152b Abs 2 S 1 IO). Eines gesonderten Verfahrensaufhebungsbeschlusses bedarf es nicht.

Der Eintritt der Rechtskraft der Bestätigung und die Rechtsfolge der Aufhebung des Insolvenzverfahrens sind in der Insolvenzdatei anzumerken (§ 152b Abs 2 S 2 IO.

Die Bestimmungen über die erforderlichen Verständigungen und über die Löschung der gemäß § 77 IO vollzogenen Anmerkungen in öffentlichen Büchern sowie der Eintragung aus der Insolvenzdatei gelten sinngemäß (§ 152b Abs 4 IO verweist auf § 79 Abs 2 und 3 IO).

Die Löschung der Eintragung der Insolvenzverfahrenseröffnung ins Firmenbuch ist von Amts wegen zu veranlassen (§ 77a Abs 1 Z 2 IO).

V. Rechtswirkungen des Sanierungsplans

A. Teilweise Schuldbefreiung – teilweise Haftungsentkleidung?

1. Die vorherrschende Naturalobligationstheorie

Der rechtskräftig bestätigte Sanierungsplan befreit den Schuldner von der *Verbindlichkeit,* seinen Gläubigern sowie Bürgen und anderen Regressberechtigten den Ausfall, den sie erleiden, nachträglich zu ersetzen oder für die sonst gewährte Begünstigung nachträglich aufzukommen, gleich ob sie am Insolvenzverfahren oder an der Abstimmung über den Sanierungsplan teilgenommen oder gegen ihn gestimmt haben oder ob ihnen ein Stimmrecht überhaupt nicht gewährt worden ist (*Universalitätsprinzip,* § 156 Abs 1 und 2 IO; vgl. zum Begriff schon *Holzhammer,* InsR, 5. Aufl. S. 287).

Ausnahme: Gläubiger, deren Forderungen nur aus Verschulden des Schuldners im Sanierungsplan unberücksichtigt geblieben sind, können nach Aufhebung des Insolvenzverfahrens vom Schuldner die Bezahlung ihrer vollen Forderungen verlangen (§ 156 Abs 4 IO).

Die Nichtberücksichtigung muss ausschließlich auf die Absicht oder Fahrlässigkeit des Schuldners zurückzuführen sein. Ein auch nur geringfügiges Mitverschulden des Gläubigers schließt die Anwendung des § 156 Abs 4 IO aus (zu § 156 Abs 6 KO: SZ 44/52; OGH 6 Ob 209/97x).

Beispiel: Ein Pensionist geht einer Erwerbstätigkeit nach, ohne dies der Pensionsversicherungsanstalt zu melden. Über sein Vermögen wird in der Folge das Schuldenregulierungsverfahren eröffnet, in dessen Verlauf er einen Sanierungsplan anbietet. Die Pensionsversicherungsanstalt, die von ihrem Rückforderungsrecht keine Kenntnis hat, meldet daher auch keine Insolvenzforderung an.

Der rechtskräftig bestätigte Sanierungsplan befreit den Pensionisten nicht von der Verpflichtung, die Forderung der Pensionsversicherungsanstalt nach Aufhebung des Insolvenzverfahrens in voller Höhe zu erfüllen, da sie nur aus seinem Verschulden im Verfahren unberücksichtigt geblieben ist.

Die ***herrschende Meinung*** versteht § 156 IO (bzw. seinen Vorgänger § 156 KO) dahin, dass es nicht zu einer Befreiung von der Verbindlichkeit, mithin der Schuld, komme, sondern *der Ausfall zu einer Naturalobligation herabsinke **(Naturalobligationstheorie)***; argumentiert wird mit dem quotenmäßigen Wiederaufleben bei qualifiziertem Verzug (§ 156a, siehe unten C.), der mangelnden Einstimmigkeit, die allein bei der außergerichtlichen Insolvenzbereinigung auch einen Forderungserlass erlaube (OGH) und mit der Akzessorietät von Sicherheiten (vgl. dazu die Darstellung des Meinungsstands von *Lovrek* in Konecny/Schubert, zu § 156 KO Rz 49 ff mwN, die sich in Rz 51 bis 53 der hM anschließt).

Dagegen wendet sich die ***Erlasstheorie:*** Es ist selbst bei Einhaltung des § 150a IO möglich, im Nachhinein, etwa erst nach vollzogener Erfüllung, Gläubigersonderbegünstigungen vorzunehmen, indem etwa der Schuldner wichtigen Geschäftspartnern eine Superquote bezahlt.

Überdies überzeugt die Argumentation, die überstimmte Minderheit vor Gericht dürfe nicht gezwungen werden, einen teilweisen Forderungserlass hinzunehmen, deshalb nicht, da die zustimmenden Gläubiger aus dieser Betrachtung ausgeblendet bleiben. Überdies muss selbst bei bloßer Mehrheitsentscheidung *vor Gericht* möglich sein, was *außergerichtlich* einstimmig durchaus vereinbart werden kann. Das Argument, die Restschuld sei als Basis für ein allfälliges quotenmäßiges Wiederaufleben bei Erfüllungsverzug (§ 156a IO) unverzichtbar, vermag angesichts der gesetzgeberischen Gestaltungsmöglichkeiten ebenfalls nicht recht zu überzeugen: Auch eine vernichtete Schuld kann durch das Dictum des Gesetzgebers wiederaufleben.

Im österreichischen Insolvenzrecht erlangt die natürliche Person ohne zu erreichende Mindestquote im Abschöpfungsverfahren eine „Rest*schuld*befreiung“, während sich bei Unternehmen, die einen Sanierungsplan anbieten, der Gesetzgeber nicht einmal zu diesem Rechtsinstitut durchringen kann. Es sei aber angemerkt, dass auch diese Restschuldbefreiung trotz ihrer Bezeichnung in Wahrheit keine solche darstellt: § 214 Abs 3 IO verbietet dem Schuldner die Rückforderung von trotz Restschuldbefreiung Geleistetem. Kurzum: Wenn das österreichische Insolvenzrecht davon spricht, der Schuldner werde von der „Verbindlichkeit“ befreit, seinen Gläubigern den Ausfall zu ersetzen, so sollte man ihn auch beim Wort nehmen, namentlich, wenn er beim Rechtsinstitut der Rest*schuld*befreiung für die Regelung der Befreiung des Schuldners gegenüber Bürgen und anderen Rückgriffsberechtigten *dieselbe Formulierung verwendet wie im Sanierungsplanrecht:* §§ 156 Abs 2, § 214 Abs 2 S 2 IO (siehe unten 7. Teil VI. E.).

2. Aufrechnung nach Rechtskraft der Sanierungsplanbestätigung

Aufrechnungsberechtigte iSd §§ 19, 20 IO müssen ihre Forderungen im Insolvenzverfahren nicht geltend machen. Sie genießen gegenüber Insolvenzgläubigern eine Sonderstellung, sodass sie auch eine während des Insolvenzverfahrens nicht erklärte Aufrechnung nach dessen Aufhebung (infolge Rechtskraft der Sanierungsplanbestätigung) nach den Bestimmungen der §§ 19, 20 IO nachholen können.

In Lehre und Judikatur strittig war allerdings die Frage, ob sie bei der verspäteten Aufrechnung auf die Quote beschränkt sind (mit SZ 31/149 begründete Judikatur RIS-Justiz RS0051601; vgl. so insbesondere OGH 3 Ob 82/08t, ecolex 2008/399, 1120 *Friedl* = ZIK 2009/41, 27 *Nunner-Krautgasser;*) oder nicht (so etwa OGH 7 Ob 118/08s, EvBl 2009/46 abl. *Konecny* = ZIK 2009/42, 29 *Nunner-Krautgasser*). *Riel* in Konecny/Schubert, zu § 149 KO Rz 10 lehnte die Einschränkung auf die Quote ab.

Die Aufrechnungserklärung wirke zurück auf den Zeitpunkt erstmals eingetretener Aufrechnungslage. Wolle man den Aufrechnungsgläubiger mit seiner späten Erklärung auf die Quote beschränken, so hieße das, den Umfang des Rechts vom Zeitpunkt der Rechtsausübung abhängig zu machen und so das Aufrechnungsrecht drastisch entwerten *(Rückwirkungstheorie).*

Der OGH verst. Senat 6 Ob 179/14p (JBl 2016, 193) hat schließlich dem Theorienstreit um den Umfang der ***Aufrechnungsbefugnis*** ein Ende gesetzt und ausgesprochen, dass, wenn der *Insolvenzgläubiger* von seinem Aufrechnungsrecht nach § 19 Abs 1 IO während des Insolvenzverfahrens keinen Gebrauch mache, er ***nach rechtskräftiger Bestätigung des Sanierungsplans*** *und der damit verbundenen ex-lege-Aufhebung des Insolvenzverfahrens* ***regelmäßig nur mehr mit der Sanierungsplanquote*** aufrechnen kann.

Bloß Gläubiger, deren Forderungen allein aus dem Verschulden des Schuldners unberücksichtigt blieben, könnten, weil zu voller Befriedigung berechtigt, mit der ungekürzten Forderung aufrechnen.

Vgl. zum Erkenntnis des verst. Senats *Bollenberger/Kellner,* ÖBA 2016/2202, 286, sowie *Nunner-Krautgasser,* Zak 2016/279, 144, jeweils mwN zum Meinungsstand in Lehre und Rsp vor dem Judikat 6 Ob 179/14p; vgl. *Fichtinger,* ZIK 2016/56, 42 sowie *Fruhstorfer,* Ungeklärte Fragen der Aufrechnung im Sanierungsverfahren, ZIK 2016/223, 169.

B. Volle Befriedigung

► ***Aussonderungsberechtigte*** werden durch den Sanierungsplan nicht berührt, sie sind voll zu befriedigen (§ 149 Abs 1 S 1 IO).

► Gleiches gilt auch für ***Absonderungsgläubiger,*** soweit sie durch das Absonderungsgut gedeckt sind (§ 149 Abs 1 S 1 IO). Mit einem etwaigen Ausfall gehören sie zu den Insolvenzgläubigern. Hat die Sondermasseverwertung noch nicht stattgefunden, so wird die Ausfallshöhe geschätzt und sie sind bei der Erfüllung vorerst mit dem mutmaßlichen Ausfall als Insolvenzgläubiger zu berücksichtigen (§ 149 Abs 1 aE IO). Die gesicherten Forderungen sind allerdings mit dem Wert des Absonderungsguts zum Zeitpunkt der Sanierungsplanbestätigung begrenzt.

Wird die gesicherte Forderung bis zur Höhe des Werts des Absonderungsguts beglichen, so hat der Absonderungsgläubiger das Absonderungsgut frei zu geben.

► ***Massegläubiger*** (§§ 46, 174 IO) müssen voll befriedigt werden (§ 150 Abs 1 IO). Bei Aufhebung des Insolvenzverfahrens durch rechtskräftige Bestätigung des Sanierungsplans (§ 152b Abs 2 S 1 IO) räumt § 60 IO den Massegläubigern ausdrücklich ein Klagerecht ein. Auf diese Weise können noch offene, nach Verfahrensaufhebung vom Schuldner bestrittene Masseforderungen auf dem Klageweg geltend gemacht werden. Der Schuldner haftet für ihre Erfüllung mit seinem gesamten pfändungsunterworfenen Vermögen.

C. Paritätsprinzip

Gläubiger, deren Forderungen kein Vorrecht genießen – mithin die ***Insolvenzgläubiger*** – werden im Sanierungsplan grundsätzlich gleich behandelt (§§ 156 Abs 3 iVm 150 Abs 2 IO): Sie erhalten die gleiche Quote zur gleichen Zeit bei gleicher Sicherstellung.

Eine ***ungleiche Behandlung im Sanierungsplan*** ist nur ***zulässig,*** wenn die bei der Tagsatzung erschienenen stimmberechtigten zurückgesetzten Insolvenzgläubiger mit einfacher Kopfmehrheit und 75%-Summenmehrheit (berechnet von der Summe der anwesenden zurückgesetzten Insolvenzgläubiger) zustimmen (§ 150 Abs S 2 IO).

Wird ein einzelner Gläubiger benachteiligt, so muss er damit ausdrücklich einverstanden sein. Er kann seine Zustimmung formfrei dem Insolvenzverwalter oder dem Insolvenzgericht erklären. Andernfalls ist dem Sanierungsplan die Bestätigung zu versagen.

Ungültig sind Sonderbegünstigungen, die der Schuldner oder ein Dritter einem Gläubiger *außerhalb des Verfahrens* vor Abschluss des Sanierungsplans oder zwischen Abschluss und Rechtskraft der Sanierungsplanbestätigung einräumt (zB. *Überquotenvereinbarung,* § 150a IO).

Eine Klage des Begünstigten auf Überquotenzahlung ist als unbegründet abzuweisen. Mit umfasst sind Verdeckungsgeschäfte zur Verschleierung solcher ungültiger Vereinbarungen (§ 150a S 2 IO).

Folgen unerlaubter Sonderbegünstigungen:

• Wird die Sonderbegünstigung dem Gericht vor der Bestätigung des Sanierungsplans bekannt, so ist diese zu versagen, wenn der Sanierungsplan durch die Sonderbegünstigung zustande gebracht wurde (§ 153 Z 3 IO).

• Was aufgrund einer ungültigen Sonderbegünstigung oder aufgrund eines zur Verdeckung einer solchen Vereinbarung eingegangenen Verpflichtungsverhältnisses geleistet wurde, kann der Leistende (Schuldner oder Dritter) binnen drei Jahren ab Zahlung zurückfordern (§ 150a Satz 2 IO, Ausnahme von § 1174 ABGB).
Für die Rückforderungsklage ist das Insolvenzgericht ausschließlich zuständig (§ 162 IO).

• Darüber hinaus kann jeder benachteiligte Gläubiger binnen drei Jahren ab Rechtskraft der Sanierungsplanbestätigung den Schuldner auf Bezahlung des Ausfalls oder auf Unwirksamerklärung der sonst gewährten Begünstigungen (zB. einer Stundung) klagen (§ 161 IO). Zuständig ist das Insolvenzgericht (§ 162 IO).

• Das Einräumen unerlaubter Sonderbegünstigungen erfüllt einen Straftatbestand (§§ 158, 160 Abs 1 Z 3 StGB).

Keine unerlaubte Sonderbegünstigung liegt vor, wenn einem Gläubiger für die Abtretung seiner Forderung ein Entgelt gewährt wird, das der wirtschaftlichen Lage des Schuldners unmittelbar vor Eröffnung des Insolvenzverfahrens, oder bei einer früheren Abtretung, der wirtschaftlichen Lage des Schuldners zu diesem Zeitpunkt entsprochen hat (§ 150a S 3 IO).

Bestrittene Insolvenzforderungen sind in dem Ausmaß und unter denselben Bedingungen ***sicherzustellen,*** wie dies für die Bezahlung unbestrittener Insolvenzforderungen vorgesehen ist. ***Erfasst sind***

► ***in der Prüfungstagsatzung bestrittene Forderungen,*** wenn die Frist für die Prüfungsklage noch offen ist (§ 110 Abs 4 IO) oder die Klage bis zur Sanierungsplantagsatzung eingebracht wurde (§ 150 Abs 3 IO),

► ***in der Prüfungstagsatzung bloß vom Schuldner bestrittene Insolvenzforderungen*** (§ 150 Abs 4 IO). Diese Bestreitung hindert zwar nicht die insolvenzrechtliche Feststellung der Forderung (§ 109 Abs 1 IO); für die Erfüllung des Sanierungsplans sollen aber Streitigkeiten zwischen Gläubiger und Schuldner geklärt werden; das ist freilich Sache der beiden Beteiligten.

Der sichergestellte Betrag wird frei, wenn der Gläubiger nicht binnen richterlicher Frist Klage erhoben oder ein bereits anhängiges Verfahren wieder aufgenommen hat.

D. Erfüllungsverzug und quotenmäßiges Wiederaufleben (§ 156a IO)

1. Qualifizierter Verzug

Verzug in der Erfüllung des Sanierungsplans tritt erst durch *qualifizierte Mahnung* ein (§ 156a Abs 2 IO):

► wenn eine Sanierungsplanverbindlichkeit (zB. eine Sanierungsplanrate) fällig geworden ist, (aber zu diesem Zeitpunkt nicht beglichen wurde), und

► wenn der Gläubiger den Schuldner unter Einräumung einer mindestens vierzehntägigen Nachfrist schriftlich *und mit Unterschrift* (etwa 3 Ob 104/14m, *Konecny,* ZIK 2015/41, 33) gemahnt hat, und

► wenn der Schuldner die Verbindlichkeit nicht innerhalb der ihm gesetzten Nachfrist beglichen hat. Die Nachfrist beginnt mit der Zustellung des Mahnschreibens an den Schuldner zu laufen (für viele SZ 25/239, noch zur AO).

Ist der Schuldner eine natürliche Person, die kein Unternehmen betreibt, und ist die Sanierungsplanquote in Raten zu zahlen, deren Laufzeit ein Jahr übersteigt, so ist ein Verzug erst dann anzunehmen, wenn der Schuldner eine seit mindestens sechs Wochen fällige Verbindlichkeit trotz einer vom Gläubiger unter Einräumung einer mindestens vierzehntägigen Nachfrist an ihn gerichteten schriftlichen Mahnung nicht gezahlt hat (§ 156a Abs 2 Satz 2 IO).

2. Verzugswirkungen

Gerät der Schuldner mit der Erfüllung des Sanierungsplans in Verzug und ist im Sanierungsplan nichts anderes vereinbart, so werden der darin gewährte Nachlass sowie die sonstigen Begünstigungen für jene Gläubiger hinfällig, denen gegenüber der Schuldner in Verzug geraten ist (§ 156a Abs 1 IO). Das bedeutet zweierlei:

Mangels anderer Vereinbarung im Sanierungsplan treten also ***relatives Wiederaufleben und Terminsverlust*** ein: Es leben die Forderungen des betroffenen Gläubigers wieder auf und werden sofort fällig. Zur Vereinbarung ***absoluten Wiederauflebens*** siehe unten 3.

a. Quotenmäßiges Wiederaufleben

Forderungen, die zur Zeit des Säumniseintritts mit dem im Sanierungsplan festgesetzten Betrag *voll befriedigt* sind, leben nicht wieder auf (§ 156a Abs 3 S 1 Hs 1 IO).

Teilbefriedigte Forderungen leben quotenmäßig wieder auf: Sie sind mit dem Bruchteil als getilgt anzusehen, der dem Verhältnis des bezahlten

Betrags zur Sanierungsplanquote entspricht ***(Bruchteilsregelung, § 156a Abs 3 S 1 Hs 2 IO).***

Beispiel: Die Insolvenzforderung beträgt 120.000 Euro; im Sanierungsplan werden 20 % in 24 Monatsraten geboten. Damit hätte der Schuldner diesem Gläubiger 24.000 Euro, zahlbar in 24 Monatsraten je 1.000 Euro zu bezahlen.

Nach Zahlung von vier Raten gerät der Schuldner in Verzug. Zu zahlen waren 24 x 1.000 = 24.000 Euro. Gezahlt wurden 4 x 1.000 = 4.000 Euro, mithin ein Sechstel von 24.000 Euro. Die Insolvenzforderung von 120.000 Euro lebt zu fünf Sechstel wieder auf, das sind 100.000 Euro.

Nach der Bruchteilsregelung gelten nicht bloß 4.000 Euro, sondern 20.000 Euro als getilgt, weil jede Zahlung von 1.000 Euro aufgrund der Quote von 20% als Tilgung von 5.000 Euro der Insolvenzforderung zu rechnen ist, solange der Schuldner dem Sanierungsplan gemäß leistet.

b. Terminsverlust

Da nicht nur der Forderungserlass, sondern auch die dem Schuldner eingeräumten „sonstigen Begünstigungen" entfallen (§ 156a Abs 1 IO), tritt ***Terminsverlust*** ein, im Sanierungsplan vorgesehene Stundungen entfallen, alle Raten werden sofort fällig, allerdings nicht in der laut Sanierungsplan zu leistenden Höhe, sondern ***nach Maßgabe des quotenmäßigen Wiederauflebens.***

Beispiel: Im oben genannten Beispiel waren für die Forderung von 120.000 Euro bei einer Quote von 20% nach dem Sanierungsplan 24.000 Euro zu bezahlen. 4.000 Euro wurden bezahlt, 20.000 Euro haften bei Eintritt des Verzugs aus.

Der Terminsverlust führt zur sofortigen Fälligkeit der restlichen Raten: 20.000 Euro, das quotenmäßige Wiederaufleben zum Entfall der Quote 20.000 Euro mal 5 (5 x 20% = 100%), die wiederaufgelebte Forderung beträgt daher wie erwähnt 100.000 Euro und ist sofort fällig.

3. Andere Abreden

Im Sanierungsplan kann anderes bestimmt, doch *grundsätzlich nicht von diesen Vorschriften (§ 156a Abs 1 bis 3 IO) zum Nachteil des Schuldners abgewichen werden (§ 156a Abs 4 Hs 1 IO).*

Wenn aber in den letzten fünf Jahren vor Eröffnung des Insolvenzverfahrens schon einmal ein Sanierungsplan abgeschlossen worden ist, so kann von der quotenweisen Wiederauflebensregel des § 156a Abs 3 S 1 IO (oben a.) *auch zum Nachteil des Schuldners* abgewichen werden (***absolutes Wiederaufleben,*** § 156a Abs 4 S Hs 2 IO; vgl. *Mohr,* Der Sanierungsplan, in Konecny, IRÄG 2010, ZIK Spezial, 127 f; *Mohr,* Sanierungsplan und Sanierungsverfahren Rz 284), um binnen der Sperrfrist eine neuerliche Forderungskürzung nach der Bruchteilsregel abwenden zu können.

4. Keine Anwendung des § 156a IO beim Treuhandplan mit vollständiger Vermögensübergabe

Beim Treuhandplan mit Vermögensübergabe (siehe unten VI. D.) ist zu unterscheiden (vgl. zum Folgenden *Mohr,* Der Sanierungsplan, in Konecny, IRÄG 2010, ZIK Spezial, 129 f, sowie *Mohr,* Sanierungsplan und Sanierungsverfahren Rz 316 f):

- Hat der Schuldner innerhalb einer im Sanierungsplan festgesetzten Frist sein *gesamtes oder zumindest den wesentlichen Teil seines Vermögens* einem Treuhänder zur Erfüllung des Sanierungsplans (insbesondere durch Vermögensverwertung) übergeben hat, gilt § 156a IO selbst dann nicht, wenn der Schuldner mit der Erfüllung seiner Verpflichtungen aus der Differenzhaftung (§ 157j IO) wegen Nichterreichung der zuletzt angebotenen Quote durch den Treuhänder weiter haftet (§ 157m IO).

- § 156a IO gilt indes, wenn der Schuldner nicht das gesamte (wenngleich den wesentlichen Teil) seines Vermögens übergeben hat

5. Beweislast

Macht der Gläubiger die Rechte geltend, die ihm bei Verzug des Schuldners zustehen (s. oben D. 1. und 2.), so bedarf es zur Exekutionsbewilligung nicht des Nachweises, dass sich der Schuldner im Verzug befindet (§ 156c Abs 2 IO; vgl. *Lovrek* in Konecny/Schubert, zu § 156a KO Rz 17 bis 19; *Mohr,* Sanierungsplan und Sanierungsverfahren Rz 288 f, jeweils mwN).

Mithin erspart sich der Gläubiger den oft schwierigen Nachweis, dass der Schuldner das Mahnschreiben erhalten habe. Vielmehr muss der Verpflichtete die Behauptung, er sei nicht vorschriftsmäßig gemahnt worden, durch Impugnationsklage geltend machen (§ 36 Abs 1 Z 1 EO), wo er die Beweislast für seine Einwendungen gegen die Vollstreckbarkeit des Anspruchs trägt.

E. Vorläufige Forderungs- und Ausfallsfeststellung

- Ist das Bestehen oder die Höhe einer Insolvenzforderung streitig oder bei einer teilweise (insbesondere durch Absonderungsrecht) gedeckten Forderung der bis dahin geschätzte Ausfall streitig und

- liegt keine Stimmrechtsentscheidung nach § 93 IO vor,

so besteht für den Schuldner im Erfüllungsstadium die Gefahr des Wiederauflebens nach § 156a IO bei Irrtum über die Forderungs- oder Ausfallshöhe. § 156b IO beugt dem mit dem Antrag auf vorläufige Feststellung der Forderungs- oder Ausfallshöhe vor (vgl. *Mohr,* Der Sanierungsplan, in Konecny, IRÄG 2010, ZIK Spezial, 128 f).

Auf Antrag des Schuldners oder des Gläubigers hat daher das Insolvenzgericht die mutmaßliche Forderungs- oder Ausfallshöhe mit unanfechtbarem Beschluss vorläufig festzustellen (§ 156b Abs 1 IO; vgl. § 66 AO).

Der Antrag ist unzulässig:

- wenn dem Gläubiger gegenüber bereits Wiederaufleben iSd § 156a IO eingetreten ist;
- wenn schon eine Verpflichtung zur Sicherstellung nach § 150 Abs 3 und 4 IO besteht; die Festsetzung ihrer Höhe erspart den Beschluss iSd § 156b IO;
- wenn über die Forderung des Gläubigers eine Stimmrechtsentscheidung nach § 93 Abs 4 IO ergangen ist und sich seither die Umstände nicht geändert haben.

Die Stimmrechtsentscheidung nach § 93 Abs 4 IO ist zwar unanfechtbar, kann aber auf Antrag bei geänderten Umständen revidiert werden; bei einer Antragstellung iSd § 156b IO trotz ergangener Stimmrechtsentscheidung muss der Antragsteller daher die Änderung der Umstände bescheinigen.

Der Beschluss des Insolvenzgerichts ist deshalb vorläufig, weil der – im streitigen Rechtsweg ergehenden – Entscheidung nicht vorgegriffen werden soll und kann.

Die ***Verzugsfolgen des § 156a IO treffen den Schuldner dann nicht*** (§ 156b Abs 2 IO), wenn er

- bis zur endgültigen Entscheidung über Bestand und/oder Höhe einer bestrittenen Forderung (insbesondere in einem Prüfungsprozess) für diese nach Maßgabe einer Stimmrechtsentscheidung (§ 93 IO) oder einer vorläufigen Feststellung (§ 156b Abs 1 IO) Sicherstellung geleistet hat,
- teilweise (insbesondere durch Absonderungsrecht) gedeckte Forderungen mit dem nach Maßgabe einer Stimmrechtsentscheidung (§ 93 IO) oder einer vorläufigen Feststellung (§ 156b Abs 1 IO) festgesetzten Ausfall bezahlt hat.

Stellt sich nach endgültiger Forderungs- oder Ausfallsfeststellung heraus, dass der Schuldner einen höheren Betrag als bisher festgesetzt schuldet, so hat er das Fehlende nachzuzahlen (§ 156b Abs 3 IO). Er gerät indes dann nach § 156a IO in Verzug, wenn er den Fehlbetrag nach Maßgabe der Verzugsregel des § 156a Abs 2 S 1 IO (fruchtloses Verstreichen einer schriftlich gesetzten mindestens 14-tägigen Nachfrist) nicht bezahlt hat.

Ergibt die endgültige Forderungs- oder Ausfallsfeststellung dagegen, dass der Schuldner zu viel bezahlt hat, so hat er nur insofern Anspruch auf das zu viel Geleistete, als der Gläubiger mehr als die gesamte ihm nach dem Sanierungsplan zustehende – wenngleich noch nicht fällige – Forderung erhalten hat (§ 156b Abs 4 IO).

F. Exekutionstitel

1. gegen den Schuldner

Wegen einer im Insolvenzverfahren festgestellten und vom Schuldner nicht ausdrücklich bestrittenen Forderung kann nach rechtskräftiger Bestätigung des Sanierungsplans auch aufgrund der Eintragung in das Anmeldungsverzeichnis Exekution gegen den Schuldner geführt werden (§ 61 IO).

Die amtliche Eintragung in das Anmeldungsverzeichnis bildet nach rechtskräftiger Bestätigung des Sanierungsplans einen Exekutionstitel ***(Sanierungsplantitel)*** sowohl für die fällige Sanierungsplanquote als auch für den wiederauflebenden Forderungsteil (oben D.); dieser muss nicht neu eingeklagt werden (§ 156c Abs 3 IO).

Ein früher erworbener Exekutionstitel wird durch die titelerzeugende Eintragung ins Anmeldungsverzeichnis nicht vernichtet. Vielmehr kann der Gläubiger zwischen den mehreren Exekutionstiteln wählen. Er muss aber die durch den Sanierungsplan bewirkte Forderungsbeschränkung beachten, wenn er den früheren Titel benützt.

Wird die Exekution bewilligt, so ist während des Exekutionsverfahrens eine Exekutionsbewilligung aufgrund eines anderen Exekutionstitels unzulässig; eine dennoch bewilligte Exekution ist von Amts wegen oder auf Antrag ohne Parteienvernehmung mangels Vollstreckungsinteresses einzustellen (§ 61 S 2 IO).

2. gegen Sanierungsplangaranten

Die Eintragung einer im Insolvenzverfahren festgestellten und vom Schuldner nicht bestrittenen Forderung in das Anmeldungsverzeichnis bildet auch einen Exekutionstitel gegen Sanierungsplangaranten, die sich als Mitschuldner oder als Zahlungsbürgen zur Erfüllung des Sanierungsplans verpflichtet haben.

Die Verpflichtungserklärung muss gegenüber dem Insolvenzgericht schriftlich abgegeben worden sein und eine ***Unterwerfungsklausel*** enthalten, wonach bei Nichterfüllung der übernommenen Verbindlichkeiten unmittelbar Exekution geführt werden kann (§ 156c Abs 1 IO).

Die Übernahme einer Sanierungsplanbürgschaft ist eine Prozesshandlung, daher nicht wegen Willensmängeln anfechtbar. Sie gilt für alle Gläubiger, auch wenn sie ihre Forderungen nicht angemeldet haben und dem Sanierungsplanbürgen nicht bekannt waren.

Sie erstreckt sich im Zweifel auch auf die durch Erfüllungsverzug wiederauflebenden Restbeträge. Doch kann der Sanierungsplanbürge seine Haftung ausdrücklich auf die Quote oder auch auf einen Teil der Quote beschränken, wenn er dabei nicht den Grundsatz der Gläubigergleichbehandlung verletzt (Paritätsprinzip).

§ 156c Abs 1 IO schafft ein ***Urteilssurrogat mit Vollstreckungswirkung,*** was Einwendungen nach §§ 35, 36 EO ermöglicht, aber *ohne vollständige Rechtskraftwirkung:*

- Einerseits ist es durch §§ 156c Abs 3 iVm 60 Abs 2 S 1 Hs 1 IO ***mit Bindungswirkung*** gegenüber den Gerichten und, sofern Sondergesetze nichts anderes bestimmen, auch gegenüber den Verwaltungsbehörden ausgestattet.

- Anderseits erklären §§ 156c Abs 3 iVm 60 Abs 2 S 2 IO Leistungsklagen über solche Forderungen für weiterhin zulässig ***(keine Einmaligkeitswirkung).*** Mithin braucht sich der Quotengläubiger nicht mit dem Urteilssurrogat zu begnügen, sondern kann sich seine unbestrittene Insolvenzforderung immer noch im Prozessweg durch ein Leistungsurteil absichern lassen, was ihm wegen der Bindungswirkung besonders leicht fallen wird.

Der Leistungskläger muss allerdings dem Beklagten, der sich nicht in den Streit einlässt, die Prozesskosten ersetzen (§ 45 ZPO), es sei denn, er benötigt das Urteil zur Zwangsvollstreckung in einem Staat, der Auszüge aus dem Anmeldungsverzeichnis eines österreichischen Gerichts nicht als Exekutionstitel anerkennt (§ 60 Abs 2 IO).

Beachte: Den Erfüllungsverzug (oben C. 1.) braucht der betreibende Gläubiger zur Exekutionsbewilligung weder gegen den Schuldner noch gegen den Sanierungsplangaranten nachzuweisen (oben D. 5., § 156c Abs 2 IO).

VI. Erfüllung des Sanierungsplans

Lit.: Buchegger, Die Ausgleichserfüllung (1988); *Gruber,* Die Treuhand in der Zwangsvollstreckung Überlegungen zu den Grundlagen der Treugeber-Interventionsrechte, JBl 2001, 207; *Jelinek,* Der Liquidationsausgleich. Anerkennung und Fortentwicklung, in Reimer-FS (1976) 185; *Klein,* Das ungewollte Ende der Überwachung durch einen Treuhänder im Sanierungsplan, ZIK 2013/240, 168; *Konecny,* Zur Prozessführung durch den Ausgleichsschuldner. Insbesondere im Fall der Sicherungsmaßnahmen nach § 3 Abs. 2 Satz 3 AO und bei Überwachung durch Sachwalter der Gläubiger, JBl 1986, 353; *Krach/Schmidt,* Passivlegitimation des Treuhänders für die Klage gem § 150 Abs 4 IO bei Liquidationssanierungsplan der Schuldnerin, ZIK 2013/300, 219; *Mohr,* Der Sanierungsplan, in Konecny (Hrsg.), IRÄG 2010 - Insolvenzrechtsänderungsgesetz 2010, ZIK Spezial (2010) 117; *Mohr,* Sanierungsplan und Sanierungsverfahren (2010); *Mohr,* Der Treuhändersanierungsplan, ZIK 2014/62, 52; *Riel,* Zulässigkeit und Bekämpfbarkeit der Übertragung lediglich von Anfechtungsansprüchen gem § 157i IO an einen Treuhänder, ZIK 2014/242, 162; *Riel,* Verfahrensrechtliche Fragen beim Treuhandsanierungsplan, ÖBA 2015, 880; *Schumacher,* Der Liquidationsausgleich in der Praxis, JBl 1990, 5; *Trenker,* Treuhänderüberwachung der Sanierungsplanerfüllung (2017); *Trettnak,* Die „qualifizierte Mahnung" im Sanierungsverfahren: Unterschriftlichkeit statt (bloßer) Schriftlichkeit? ZIK 2015/102, 99.

Mit der ***rechtskräftigen Bestätigung des Sanierungsplans*** ist das ***Insolvenzverfahren*** *(Konkursverfahren oder Sanierungsverfahren)* ***ex lege aufgehoben*** (§ 152b Abs 2 S 1 IO), die Entrichtung der Pauschalgebühr vorausgesetzt. Siehe 4. Teil VIII.

Die Konkursaufhebung bzw. Aufhebung des Sanierungsverfahrens verschafft dem Schuldner wieder die volle Verwaltungs- und Verfügungsmacht über sein Vermögen, nach Maßgabe der Art der Sanierungsplanerfüllung gelten allerdings Einschränkungen:

- Soweit der Sanierungsplan nichts anderes bestimmt, tritt der Schuldner wieder in das Recht, über sein Vermögen frei zu verfügen (§ 152b Abs 3 IO; vgl. § 59 IO). Dann erfüllt er den Sanierungsplan selbständig, ohne jegliche Überwachung ***(autonome Sanierungsplanerfüllung).***

- Der Schuldner unterwirft sich im Sanierungsplan der Überwachung oder der Erfüllungstätigkeit durch eine im Sanierungsplan bezeichnete Vertrauensperson der Gläubiger als Treuhänder (***Treuhandvorschlag,*** § 157 Abs 1 IO). Es gibt zwei Ausformungen:

Treuhänderische Überwachung: Der Treuhänder überwacht die Erfüllung des Sanierungsplans. Es gelten die §§ 157a bis 157f IO. Der Schuldner unterliegt in einem Nachverfahren Verfügungsbeschränkungen, deren Einhaltung der Treuhänder zu gewährleisten hat.

Treuhänderische Erfüllung: Der Schuldner übergibt sein Unternehmen (Vermögen) binnen bestimmter Frist einem Treuhänder zum Zweck der Erfüllung des Sanierungsplans. Es gelten §§ 157a bis 157f sowie §§ 157g bis 157m IO. Das übergebene Treugut ist der Verfügungsbefugnis des Schuldners entzogen.

Von den Bestimmungen insbesondere über die *Rechnungslegung des Treuhänders* (§ 157g Abs 4 IO) kann zum Nachteil des Schuldners oder der Gläubiger nicht abgewichen werden (§ 157 Abs 1 S 2 IO).

Vorzeitige Löschung aus der Insolvenzdatei nach Erfüllung: Die Daten eines Insolvenzverfahrens scheinen grundsätzlich noch ein Jahr nach den in § 256 Abs 2 Z 1 bis 5 genannten Zeitpunkten in der Insolvenzdatei auf. Hat der Schuldner indes einen *Sanierungsplan vollständig erfüllt,* so kann er den *Antrag* stellen, dass *ab diesem Zeitpunkt Einsicht in die Insolvenzdatei nicht mehr gewährt wird.* Die vollständige Erfüllung hat er dabei urkundlich nachzuweisen.

Das Gericht kann einen Sachverständigen mit der Prüfung der Erfüllung beauftragen, die Kosten dafür trägt der Schuldner. Die Entscheidung ergeht mit unanfechtbarem Beschluss (§ 256 Abs 3 IO). Die Eintragungen im Firmenbuch sind auf Schuldnerantrag bei Vorlage der Entscheidung iSd § 256 Abs 3 IO gemäß § 77a Abs 2 IO zu löschen. Gleiches gilt im Insolvenzverfahren natürlicher Personen nach Erfüllung eines Zahlungsplans.

A. Autonome Sanierungsplanerfüllung

Mit der rechtskräftigen (§ 152b Abs 2 iVm § 123 Abs 1 IO), öffentlich kundgemachten (§ 123 Abs 1 IO iVm § 255 IO) Verfahrensaufhebung erlischt das Amt des Insolvenzverwalters (§§ 80 ff IO) und eines Gläubigerausschusses (§ 88 IO).

Es entfallen alle Verfügungsbeschränkungen des Insolvenzverfahrens (§§ 3, 167, 171, 172, 175 IO, § 78 IO). Der Schuldner erlangt wieder seine volle Verwaltungs- und Verfügungsfreiheit (§§ 59, 152b Abs 3 IO) und erfüllt selbständig.

Bei Verzug drohen das quotenmäßige Wiederaufleben der Insolvenzforderungen (§ 156a IO), das Exekutionsrecht der Gläubiger (§ 61, 156c IO) und ein allfälliger neuerlicher Insolvenzverfahrensantrag (Konkursantrag, § 70 IO).

B. Treuhandplan (Nachverfahren)

1. Allgemeine Bestimmungen

Der Schuldner unterwirft sich im Sanierungsplan der Überwachung durch eine darin bezeichnete Person als Treuhänder der Gläubiger entweder bis zur vollständigen Erfüllung des Sanierungsplans oder bis zum Eintritt einer darin festgesetzten Bedingung ***(Treuhandplan).*** Vgl. zum Folgenden *Trenker,* Treuhänderüberwachung 23 ff, 65 ff.

Das Insolvenzgericht hat in der Bekanntmachung des Bestätigungsbeschlusses auf die Überwachung hinzuweisen und zu veranlassen, dass die Art der Überwachung (Überwachung durch oder Vermögensübergabe an den Treuhänder) in öffentlichen Büchern und Registern angemerkt wird (§ 157 Abs 2 iVm 77 IO).

2. Formen des Treuhandplans

Das Gesetz regelt die Überwachung durch einen Treuhänder als Grundform und die Übergabe von Vermögen an den Treuhänder als Sonderform.

Für die Überwachung gelten die §§ 157a bis 157f IO, für die Vermögensübergabe zusätzlich die §§ 157g und 157m IO. Im Sanierungsplan kann auch anderes über die Geschäftsführung der Treuhänder bestimmt, doch von den Vorschriften über die Rechnungslegung (§ 157g Abs 4 IO) nicht zum Nachteil des Schuldners oder der Gläubiger abgewichen werden (§ 157 Abs 1 S 2 IO).

Beachte: Das Gesetz spricht wiederholt von „Überwachung durch Treuhänder", meint aber damit gelegentlich (§§ 157 Abs 2 IO, 157d IO) sowohl die bloße Überwachung als auch die Übergabe von Vermögen.

C. Überwachung durch einen Treuhänder

1. Rechtsstellung des Schuldners

Der Schuldner unterliegt richterlichen wie gesetzlichen Verfügungsbeschränkungen, wobei über § 157b Abs 1 IO aus §§ 171, 172 IO neben den Bestimmungen der §§ 157a bis 157f IO dem Schuldner die Verfügungsbeschränkungen der §§ 171, 172 IO auferlegt werden, die im Sanierungsverfahren mit Eigenverwaltung für die Aufsicht durch den Sanierungsverwalter gelten.

a. Sicherungsmaßnahmen

Auf Antrag des Treuhänders erlassene gerichtliche Sicherungsmaßnahmen (siehe sogleich unten) können dem Schuldner Rechtshandlungen verbieten oder an die Zustimmung des Sachwalters binden (§ 157a IO).

Beachte: Unter ***Sicherungsmaßnahmen*** im Sinn des § 157a IO sind ***nicht bloß diejenigen nach § 78 IO*** gemeint. Der gerichtliche Entscheidungsspielraum ist hier wesentlich weiter.

Das Gericht kann ***auf Antrag des Treuhänders oder des Schuldners*** Maßnahmen zur Sicherung des Vermögens des Schuldners *erlassen, abändern oder aufheben,* wenn das

- zur Sicherung des Vermögens
- zur Erfüllung des Sanierungsplans
- zur Fortführung des Unternehmens des Schuldners

zweckmäßig ist.

b. Verfügungsbeschränkungen

Der Schuldner ist gesetzlichen wie richterlichen Verfügungsbeschränkungen unterworfen:

- Der ***Zustimmung des Treuhänders*** bedürfen (§§ 157b Abs 1, 171, 172 IO):

  - Rechtshandlungen, die nicht zum gewöhnlichen Unternehmensbetrieb des Schuldners gehören (§ 171 Abs 1 S 1 IO),
  - Rücktritt, Kündigung oder Auflösung von Verträgen nach § 21 IO (nicht erfüllte gegenseitige Rechtsgeschäfte), § 23 IO (Beendigung des Bestandnehmerverhältnisses), § 25 IO (Beendigung des Arbeitgeberverhältnisses) (§ 171 Abs 1 S 1 IO),
  - diejenigen Rechtsgeschäfte, die das Gericht auf dem Weg der Sicherungsmaßnahme nach § 157a IO oder nach § 172 Abs 2 S 1 und 2 IO an die Zustimmung des Treuhänders gebunden hat; in dringenden Fällen kann der Treuhänder selbst eine derartige Anordnung treffen (§ 172 Abs 2 S 3 IO).

- Der Schuldner hat aber auch Rechtshandlungen, die zum gewöhnlichen Unternehmensbetrieb gehören, zu unterlassen, wenn der Treuhänder dagegen ***Einspruch*** erhebt (§§ 157b Abs 1, 171 Abs 1 S 2 IO).

Der Einspruch ist keine Reaktion auf ein bereits vom Schuldner getätigtes Geschäft; vielmehr muss der Schuldner auch bloß einspruchsgefährdete und nicht allein zustimmungspflichtige Rechtsgeschäfte und Rechtshandlungen dem Treuhänder bereits im Vorhinein mitteilen.

c. Rechtsfolgen bei verbotswidrigen Geschäften

Verbotswidrige Rechtshandlungen sind den Insolvenzgläubigern gegenüber relativ unwirksam wenn der Dritte wusste oder wissen musste (§ 157b Abs 1 iVm 171 Abs 3 IO)

- dass das Geschäft zustimmungspflichtig war (insbesondere weil es über den gewöhnlichen Unternehmensbetrieb hinausging) und eine Zustimmung nicht vorlag
- dass das Geschäft einspruchsgefährdet war und ein Einspruch vorlag.

2. *Rechte und Pflichten des Treuhänders*

Die *Rechtstellung des Treuhänders richtet sich nach den Bestimmungen der §§ 171, 172 IO* über die Eigenverwaltung des Schuldners sowie ihrer Überwachung durch den Sanierungsverwalter im Sanierungsverfahren mit Eigenverwaltung.

Der Treuhänder hat die Einhaltung der dort vorgesehenen Verfügungsbeschränkungen des Schuldners zu überwachen. Auf seinen Antrag kann das Insolvenzgericht – ebenso wie im Insolvenzverfahren – Sicherungsmaßnahmen iSd § 157a IO erlassen, abändern oder aufheben (s. oben 1.a.).

Über § 157a IO kann der Treuhänder auch die Geldgebarung an sich ziehen.

Der Treuhänder darf die Geschäftsräume des Schuldners betreten und dort Nachforschungen anstellen. Der Schuldner hat dem Treuhänder Einsicht in seine Bücher und Schriften zu gestatten sowie alle erforderlichen Auskünfte zu geben und durch seine Bediensteten und Beauftragten geben zu lassen (§ 157b Abs 3 IO).

Dritten gegenüber ist der Treuhänder zu allen Rechtshandlungen befugt, welche die Erfüllung seiner Obliegenheiten mit sich bringt. Im Einzelfall kann das Insolvenzgericht die Befugnisse beschränken, muss dies aber dem Dritten bekanntgeben (§ 157b Abs 2 IO).

Der Treuhänder hat die durch den Gegenstand seiner Geschäftsführung gebotene Sorgfalt anzuwenden. Es gilt der Sorgfaltsmaßstab des § 1299 ABGB. Wie der Insolvenzverwalter hat er gegenüber den Sonderinteressen Einzelner die gemeinsamen Interessen zu wahren und ist allen Beteiligten für die Vermögensnachteile verantwortlich, die er ihnen durch pflichtwidrige Amtsführung verursacht (§ 157b Abs 4 iVm § 81 Abs 2 und 3 IO).

3. *Ansprüche des Treuhänders*

Der Treuhänder hat Anspruch auf eine *Entlohnung* zuzüglich Umsatzsteuer sowie auf *Ersatz der Barauslagen* (§ 157c Abs 1 IO).

Obliegt es dem Treuhänder nicht, Vermögen des Schuldners zu verwerten, so beträgt seine Entlohnung in der Regel 10% der dem Insolvenzverwalter zugesprochenen Entlohnung (§ 157c Abs 2 IO), sonst ist die Entlohnung nach § 82 Abs 1 IO (Leistungsstaffelung) zu bemessen (§ 157k Abs 1 IO; vgl. dazu OLG Wien 28 R 80/14m, ZIK 2015/199, 146). §§ 82b, 82c (Erhöhung und Verminderung der Entlohnung) sowie § 125 Abs 1, 2,

3 und 5 IO (Geltendmachung des Entlohnungsanspruchs des Insolvenzverwalters) sind entsprechend anzuwenden, wobei insbesondere auch zu berücksichtigen ist, ob der Sanierungsplan erfüllt worden ist.

Der Treuhänder hat am Ende seiner Tätigkeit seine Ansprüche bei sonstigem Verlust nachvollziehbar bekannt zu geben (§ 125 Abs 1 IO). Die Entscheidung wird dem Treuhänder und dem Schuldner als Rekursberechtigten zugestellt. Der Rekurs ist zweiseitig. Das Gericht zweiter Instanz entscheidet endgültig. (§ 125 Abs 2 IO). Eine Vorschussbewilligung ist möglich (§ 125 Abs 3 IO). Vereinbarungen des Sachwalters mit dem Schuldner oder den Gläubigern über Barauslagenersatz und Belohnung sind ungültig (§ 125 Abs 5 IO).

4. Überwachung und Enthebung des Treuhänders

Das Insolvenzgericht hat den Treuhänder zu überwachen, § 84 IO über die Überwachung des Insolvenzverwalters ist entsprechend anzuwenden (§ 157b Abs 5 IO)

Der Treuhänder kann vom Gericht aus wichtigen Gründen von Amts wegen oder auf Antrag enthoben werden (§ 157b Abs 5 IO).

Der Verweis des § 157b Abs 5 IO auf die Enthebungsbestimmungen für den Insolvenzverwalter (§ 87 IO) ist jedoch wegen der mit der rechtskräftigen Bestätigung des Sanierungsplans verbundenen Aufhebung des Insolvenzverfahrens nur eingeschränkt zu verstehen: Die Bestimmungen über das Antragsrecht der Gläubigerausschussmitglieder und der Gläubigerversammlung kommen nicht zur Anwendung. *Jeder Gläubiger* (§ 157b Abs 5 S 1 Hs 2 IO) und der Schuldner kann die Enthebung des Treuhänders beantragen, der Antrag ist zu begründen; vor der Entscheidung hat das Gericht, wenn tunlich den Treuhänder zu vernehmen.

Lehnt der Treuhänder die Übernahme der Tätigkeit ab, wird er enthoben oder fällt er sonst weg, so hat das Insolvenzgericht von Amts wegen eine andere Person zum Treuhänder zu bestellen. Dabei sind die Bestellungsbestimmungen des § 80 Abs 2, 3 und 5 IO sowie die Bestimmung über die Unabhängigkeit des Insolvenzverwalters (§ 80b IO) sinngemäß anzuwenden (§ 157b Abs 5 letzter Satz IO).

D. Übergabe von Vermögen

1. Voraussetzungen und Wirkungen

▪ Macht der Schuldner erst in der Sanierungsplantagsatzung einen neuen Sanierungsplanvorschlag, in dem er anbietet, einen *sein Vermögen zum Teil oder zur Gänze innerhalb einer im Sanierungsplan zu bestimmenden Frist einem Treuhänder der Gläubiger zur Erfüllung des Sanierungsplans zu übergeben* ***(Treuhandvorschlag)*** und sind bei dieser Tagsatzung nicht alle Gläubiger anwesend bzw. vertreten, so darf dieser Vorschlag für die

Gläubiger nicht ungünstiger sein als der vorangegangene Quotenvorschlag (§§ 145a, 157j, 157m IO). Daher haftet der Schuldner jedenfalls in der Höhe der *zuletzt angebotenen Quote,* auch wenn der Treuhänder eine geringere Quote erwirtschaftet ***(Differenzhaftung).*** Vgl. aber § 157m IO!

Der Schuldner kann die Vermögensübergabe zum Zweck der ***Sanierung*** (§§ 157g, 157h IO) oder aber zur ***Liquidation des Vermögens*** (§§ 157g bis 157m IO) vorschlagen. Im einen Fall soll das Unternehmen wieder leistungsfähig gemacht und das Erfordernis zur Erfüllung des Sanierungsplans aus dem Erwirtschafteten aufgebracht, im anderen Fall das Schuldnervermögen verwertet und aus dem Erlös der nunmehr wahrlich nicht mehr sanierende „Sanierungsplan" erfüllt werden.

Der gesetzlichen Regelung liegt die im Wirtschaftsrecht übliche *Ermächtigungstreuhand* zugrunde (§ 157g Abs 1 IO: „dem Treuhänder erteilte Ermächtigungen") und nicht die Vollmachtstreuhand: Der Treuhänder ist Inhaber des Treuguts und verfügt darüber wirksam im eigenen Namen; dem Treugeber haftet er für treuwidriges Verhalten. Die gesetzliche Regelung schließt jedoch weder die Vollmachtstreuhand noch andere in der Praxis verwendete Überwachungsformen aus.

▪ Der Treuhandvorschlag zur Liquidation (§§ 157g, 157h iVm 157i bis 157m IO) kann – anders als nach dem Recht vor dem IRÄG 2010 – ***auch Erstvorschlag des Schuldners sein*** und nicht erst ein zweiter, verbesserter Vorschlag nach Ablehnung eines ersten (§ 157j IO; vgl. dazu *Mohr,* Sanierungsplan und Sanierungsverfahren Rz 315 ff).

▪ Bei der *Ermächtigungstreuhand* überträgt der Schuldner dem Treuhänder die Verwaltungs- und Vertretungsbefugnis unwiderruflich bis zur Beendigung der Treuhandschaft (§ 157g Abs 1 IO). Er bleibt zwar Eigentümer, Besitzer, Gläubiger, kann aber keine wirksamen Rechtshandlungen über das Treugut vornehmen, soweit ihn der Treuhänder hierzu nicht (rück)ermächtigt hat (§ 157g Abs 3 IO).

▪ Ebenso wenig kann er – das Gesetz regelt dies allerdings nur beim liquidierenden Treuhandplan – qualifiziert in *Verzug* geraten und ein qualifiziertes Wiederaufleben auslösen, *selbst nicht für die Entrichtung der Zahlungen aus der Differenzhaftung* (§ 157m IO).

Der Schuldner hat keinen Einfluss auf die Maßnahmen des Treuhänders. Er muss sie hinnehmen, wie wenn sie seine eigenen wären.

Der Treuhänder kann – ebenso wie ein Insolvenzverwalter in der Liquidation neben dem Freihandverkauf den Weg der *kridamäßigen Versteigerung* (§ 119 IO) beschreiten (OGH 8 Ob 109/13g, ZIK 2014/98, 70 = ecolex 2014/207, 529).

2. *Rechtsstellung in Treugutprozessen*

Der Treuhänder führt die Geschäfte zwar im eigenen Namen, aber im Schuldnerinteresse, was er auch Dritten zu erkennen gibt *(offene Treuhand).* Im Prozess hat er die Prozesslegitimation; von ihm erwirkte Entscheidungen erwachsen auch für und gegen den Schuldner in Rechtskraft (§ 157h Abs 1 IO).

3. Haftung

Die zivil- und handelsrechtlichen Vorschriften über die Haftung des Vermögensübernehmers für die Geschäftsschulden (§§ 1409 ABGB, §§ 38 ff UGB) sind auf den übernehmenden Treuhänder nicht anzuwenden (§ 157g Abs 2 IO). Darüber hinaus haftet der vom Treuhänder Erwerbende nicht nach den Normen über die Vermögens- oder Unternehmensübernehmerhaftung (§§ 1409a ABGB, 38 Abs 5 UGB).

4. Zahlungsfrist

§ 157i Abs 2 IO bestimmt: Bei der ***Treuhand mit Vermögensübergabe zur Liquidation (Liquidationstreuhand)*** beträgt die *Erfüllungsfrist zwei Jahre* vom Tag der Annahme des Sanierungsplans (§ 157i Abs 2 IO) mit Verlängerungsmöglichkeit um insgesamt drei Jahre.

Da diese Bestimmung im Kontext mit § 157 Abs 1 S 2 IO zu lesen ist, der für alle Fälle des Treuhandplans die Geltung der §§ 157g bis 157m IO anordnet, gilt nichts anderes für den Treuhandplan mit Vermögensübergabe *zu Sanierungszwecken.* Auch hier ist eine Erfüllungsfristerstreckung möglich.

Das Insolvenzgericht hat die Erfüllungsfrist mit Beschluss zu erstrecken, wenn dies dem überwiegenden Interesse der Beteiligten entspricht; der Schuldner ist zu vernehmen. Die Frist kann auch mehrmals, insgesamt höchstens um drei Jahre erstreckt werden, wenn dies dem überwiegenden Interesse der Beteiligten entspricht. Jeder Erstreckungsantrag ist vor Fristablauf anzubringen; die bisher laufende Frist läuft nicht vor Rechtskraft der Entscheidung über den Erstreckungsantrag ab (§ 157i Abs 2 IO).

Endet die Überwachung durch Treuhänder vor Quotendeckung und gerät der Schuldner mit der Erfüllung des Quotenrests in Verzug *(Differenzhaftung),* so gelten die Regeln über die autonome Erfüllung: Dem säumigen Schuldner drohen quotenmäßiges Wiederaufleben, Exekution und neuerlicher Antrag auf Eröffnung eines Insolvenzverfahrens (Konkursantrag, §§ 163, 180 IO, siehe unten IX.).

Die *Bestimmungen über das quotenmäßige Wiederaufleben und die Differenzhaftung gelten indes nicht bei Übergabe des gesamten Vermögens* (§ 157m IO).

Bei der – selteneren – ***Treuhand mit Vermögensübergabe zu Sanierungszwecken (Sanierungstreuhand)*** bestimmt sich die Erfüllungsfrist nach § 141 Abs 1 IO: Der Sanierungsplan ist hier binnen zwei Jahren ab Annahme des Sanierungsplanvorschlags zu erfüllen.

5. *Rechnungslegung*

Der Treuhänder hat dem Gericht auf jeweilige Anordnung, sonst jährlich zu der im Sanierungsplan bezeichneten Zeit (Wirtschaftsjahr, nicht Kalenderjahr) und überdies nach Beendigung seiner Tätigkeit *Rechnung* zu legen und erforderlichenfalls einen die Rechnung erläuternden *Bericht* zu erstatten (§ 157g Abs 4 IO).

Im Sanierungsplan darf von den gesetzlichen Bestimmungen über die Rechnungslegung nicht zum Nachteil des Schuldners abgewichen werden (§ 157 Abs 1 S 2 IO).

Enthält der Sanierungsplan für die Rechnungslegung keine Regelung, so hat der Treuhänder binnen 14 Tagen nach Abschluss eines jeden Rechnungsjahrs Rechnung zu legen. Das Rechnungsjahr endet nicht mit dem Kalenderjahr, es endet vielmehr mit Ablauf des der Bestellung korrespondierenden Monats des nächsten Jahres; zB.: Bestellung des Treuhänders am 14.3., Ende des Rechnungsjahrs am 31.3. des Folgejahrs (§ 157g Abs 4 S 3 und 4 IO).

Das Gericht hat die Rechnung, nötigenfalls mithilfe von Sachverständigen, zu prüfen und etwaige Richtigstellungen und Ergänzungen durch den Treuhänder zu veranlassen.

Über die Rechnung wird in einer gesonderten ***Rechnungstagsatzung*** verhandelt.

Der Treuhänder, der Schuldner und sämtliche Insolvenzgläubiger sind mit dem Hinweis zu laden, dass sie in die Rechnung Einsicht nehmen und allfällige Bemängelungen schriftsatzweise oder mündlich in der Tagsatzung vorbringen können (§ 157g Abs 4 IO verweist auf § 121 Abs 2 und 3 IO sowie auf § 122 IO).

Das Insolvenzgericht genehmigt die Rechnung, wenn keine Bedenken obwalten und keine Bemängelungen vorgebracht wurden. Sonst *entscheidet* es über die erhobenen Bemängelungen nach den erforderlichen Erhebungen unter Ausschluss des Rechtswegs (§ 122 IO iVm § 157g Abs 4 IO).

6. *Gläubigeranonyme Kollektivhypothek*

Zur Sicherung der Erfüllung des Sanierungsplans kann dieser auch die Bestellung einer *gläubigeranonymen Kollektivhypothek (Treuhandhypothek)* vorsehen: Im Grundbuch werden die Gläubiger ohne nähere Angabe als Berechtigte bezeichnet und die Alleinberechtigung des jeweiligen Sachwalters angemerkt, über die Hypothek mit Wirkung für und gegen die Gläubiger zu verfügen (§ 157h Abs 3 IO).

Zugunsten des Treuhänders kann die Kollektivhypothek nicht einverleibt werden.

Der Treuhänder wird auf seinen Antrag vom Insolvenzgericht, nach Vernehmung des Schuldners, zur gerichtlichen Verwertung der Liegenschaft beschlussmäßig ermächtigt. Dann kommt ihm die Stellung eines betreibenden Gläubigers zu; § 119 Abs 2 bis 4 IO über die kridamäßige Veräußerung sind entsprechend anzuwenden (§ 157h Abs 3 aE IO).

Vgl. dazu OGH 8 Ob 109/13g, ZIK 2014/98, 70 = ecolex 2014/207, 529. S. *Trenker,* Treuhänderüberwachung 114 ff.

7. Eröffnung des Insolvenzverfahrens während der Treuhand mit Vermögensübergabe

Ein während der Treuhandschaft eröffnetes *neuerliches Insolvenzverfahren* erfasst nicht das Treugut, es sei denn die Überwachung wird eingestellt.

Eine Zwangsvollstreckung ist auch gegen das Treugut zulässig, sofern es von ihr auch dann getroffen würde, wenn ein Insolvenzverfahren anhängig wäre; doch beginnt mit dem Eintritt der Rechtskraft der Bestätigung des Sanierungsplans *neuerlich die Zwangsstundungsfrist von sechs Monaten für Aus- und Absonderungsgläubiger* gemäß § 11 Abs 2 IO zu laufen (§ 157h Abs 2 IO).

E. Beendigung und Einstellung der Treuhand

1. Beendigung

Das Insolvenzgericht erklärt auf Antrag des Schuldners oder des Treuhänders die Überwachung auf Kosten des Schuldners für beendet, wenn der Schuldner oder der Treuhänder bescheinigt, dass der Sanierungsplan erfüllt oder die festgesetzte Bedingung (zB. Abschluss von bestimmten Sanierungsmaßnahmen, Erfüllung eines bestimmten Teils des Sanierungsplanerfordernisses, Durchführung von Restrukturierungsmaßnahmen) eingetreten ist (§ 157d Abs 1 IO).

Der Beendigungsbeschluss ist anfechtbar; ***die zweite Instanz entscheidet endgültig*** (§ 157d Abs 3 IO).

Der rechtskräftige Beendigungsbeschluss wird öffentlich bekannt gemacht (§ 157d Abs 2 S 1 IO), Rekursfristen laufen ab diesem Zeitpunkt.

Das Gericht hat die auch von der Eröffnung des Insolvenzverfahrens zu verständigenden Behörden und Stellen von der Beendigung der Treuhand Mitteilung zu machen und zu veranlassen, dass vollzogene Anmerkungen in öffentlichen Büchern bzw. Registern gelöscht und die freie Verfügungsbefugnis des Schuldners über sein Vermögen wieder hergestellt wird (§ 157d Abs 2 Hs 2 IO verweist auf § 79 Abs 2 und 3 IO).

Der Eintritt der Rechtskraft des Beendigungsbeschlusses ist in der Insolvenzdatei anzumerken (§ 157d Abs 2 S 2 IO).

2. *Einstellung*

Die Überwachung *ist mit Beschluss einzustellen* (§ 157e Abs 1 IO):

- wenn innerhalb von vierzehn Tagen nach Ablauf der letzten im Sanierungsplan bestimmten Zahlungsfrist ein Beendigungsantrag (oben 1.) nicht vorliegt oder abgelehnt wird (§ 157e Abs 1 Z 1 IO);

- wenn der Schuldner den Verfügungsbeschränkungen (§ 157a IO) so zuwiderhandelt, dass das Überwachungsziel gefährdet wird (§ 157e Abs 1 Z 2 IO);

- wenn die Überwachung offenbar nicht zu einer Beendigung führen wird; der Treuhänder muss diesen Einstellungsgrund unverzüglich dem Gericht anzeigen (§ 157e Abs 2 IO).

Die Anzeigepflicht besteht nicht bei der Treuhand mit Vermögensübergabe, weil dort die Erfüllung in den Händen des Sachwalters liegt und dieser einen Antrag auf Verlängerung der Erfüllungsfrist stellen kann und der Einstellungsgrund des § 157e Abs 2 IO nicht gilt (§ 157l IO).

Beruht die Einstellung auf ***§ 157e Abs 2 IO,*** so hat das Insolvenzgericht von ***Amts wegen über die Eröffnung eines neuerlichen Insolvenzverfahrens*** (§ 163 IO) zu entscheiden.

§ 157e Abs 2 IO ist beim Liquidationsplan nicht anzuwenden, daher gibt es in diesen Fällen auch keine amtswegige Eröffnung eines neuerlichen Insolvenzverfahrens (§ 157l IO): Allerdings hält diese Regelung den Fährnissen der Praxis nur dann Stand, wenn das gesamte Vermögen oder wesentliche Teile davon übergeben wurden; erst dann ist ein schuldnerische Erfüllungstätigkeit ebenso ausgeschlossen wie ein Verzug nach § 156a IO (§ 157m IO). Vgl. dazu *Klein,* ZIK 2013/240, 168 zu OLG Wien 28 R 128/13v.

In allen anderen Einstellungsfällen ist der Einstellungsbeschluss unmittelbar nach Eintritt der Rechtskraft bloß öffentlich bekannt zu machen (§ 157f Abs 2 aE IO), § 79 Abs 2 und 3 IO ist entsprechend anzuwenden (§ 157f Abs 1 IO).

Nur dann tritt der Schuldner wieder in sein Recht, über sein Vermögen frei zu verfügen.

Ein neuerliches Insolvenzverfahren (§ 163 IO) wird nur auf Antrag eröffnet (s. unten IX.).

Der Einstellungsbeschluss ist mit Rekurs anfechtbar; in Ermangelung einer ausdrücklichen gesetzlichen Regelung ist § 157d Abs 3 IO sinngemäß heranzuziehen: ***Die zweite Instanz entscheidet final.***

(Im Verhältnis zur Rechtslage vor dem IRÄG 2010, wo § 157g Abs 6 KO sowohl für den Beendigungs- wie auch den Einstellungsbeschluss den Revisionsrekurs ausgeschlossen hatte, hat sich nichts geändert. Es liegt schlicht ein Redaktionsversehen des Novellengesetzgebers vor.)

VII. Nichtigkeit des Sanierungsplans und Wiederaufnahme des Insolvenzverfahrens

A. Nichtigkeit des Sanierungsplans

Wird der Schuldner wegen ***betrügerischer Krida*** binnen zwei Jahren nach der Bestätigung des Sanierungsplans rechtskräftig verurteilt, so bewirkt das

- die *ipso-iure-Aufhebung* des gewährten Nachlasses und der sonstigen im Sanierungsplan gewährten Vergünstigungen (zB. Stundungen) für alle Gläubiger
- ohne dass die Gläubiger die im Sanierungsplan eingeräumten Rechte gegenüber dem Schuldner und anderen Personen verlieren (§ 158 Abs 1 IO).

Besteht ein Verdacht einer strafbaren Handlung des Schuldners, so hat das Insolvenzgericht dem Staatsanwalt Anzeige zu erstatten (§ 261 Z 3 IO). Ein ***Feststellungsbeschluss*** über die Nichtigkeit des Sanierungsplans ergeht auf Antrag eines Gläubigers oder von Amts wegen und ist in die Insolvenzdatei einzuschalten (§ 158 Abs 2 S 1 und 2 IO).

B. Wiederaufnahme des Insolvenzverfahrens

1. Voraussetzungen und Antrag

Ist Nichtigkeit des Sanierungsplans eingetreten, so wird das Insolvenzverfahren dann *auf Antrag* wieder aufgenommen, wenn hinreichendes Vermögen vorliegt oder der Antragsteller einen Kostenvorschuss leistet (§ 158 Abs 2 S 3 iVm § 71a Abs 1 IO).

2. Teilnehmende Gläubiger

Am wieder aufgenommenen Insolvenzverfahren nehmen teil:

- Insolvenzgläubiger, deren Forderungen zwischen der Aufhebung des Sanierungsplans ex lege und der Wiederaufnahme des Insolvenzverfahrens entstanden sind (§ 159 Abs 1 IO),
- Alt-Insolvenzgläubiger (für die der Sanierungsplan wirksam war) mit dem noch nicht getilgten Betrag ihrer *ursprünglichen* Forderung (Wiederauflebensregel; § 156a IO, § 159 Abs 2 IO).

3. Verfahrenswiederholung, Forderungsprüfung

Das Insolvenzverfahren ist nur insoweit zu wiederholen als erforderlich. Bereits geprüfte Forderungen, gleich ob sie im früheren Insolvenzverfahren festgestellt oder in der Prüfungstagsatzung bestritten wurden, werden nicht neuerlich geprüft (§ 159 Abs 3 IO).

4. Insolvenzanfechtung und Aufrechnung

Anfechtungstatbestände und Aufrechnungsregeln knüpfen mitunter an den Eintritt der Zahlungsunfähigkeit/der Überschuldung an (§§ 20, 30, 31 IO).

Für das wieder aufgenommene Insolvenzverfahren gilt als Zeitpunkt des Insolvenzeintritts der Zeitpunkt der ersten strafgerichtlichen Verurteilung des Schuldners iSd § 158 Abs 1 IO (§ 160 Abs 1 IO).

Nach dieser Maßgabe können zwischenzeitlich getätigte schuldnerische Rechtshandlungen gemäß §§ 27 bis 43 IO angefochten, zwischenzeitlich entstandene Ansprüche nach Maßgabe der §§ 19, 20 IO im wieder aufgenommenen Insolvenzverfahren zur Aufrechnung gebracht werden (§ 160 Abs 1 IO).

Die Frist für die Geltendmachung des Anfechtungsrechts ist zwischen Bestätigung des Sanierungsplans und Wiederaufnahme des Insolvenzverfahrens gehemmt (§ 160 Abs 2 IO).

VIII. Unwirksamerklärung des Sanierungsplans

Wird der Schuldner nicht wegen betrügerischer Krida verurteilt (ein Nichtigkeitsgrund iSd § 158 IO liegt nicht vor), aber hat er den Sanierungsplan

- durch betrügerische Handlungen oder
- durch unzulässige Einräumung besonderer Vorteile an einzelne Gläubiger (§ 150a IO)

zustande gebracht,

so kann

- ***jeder Insolvenzgläubiger binnen drei Jahren ab Rechtskraft der Bestätigung des Sanierungsplans mit Klage beim Insolvenzgericht*** (ausschließliche Zuständigkeit, §§ 161, 162 IO)
  - die ***Bezahlung*** seines Ausfalls fordern *oder*
  - die ***Unwirksamerklärung*** der im Sanierungsplan gewährten Begünstigungen begehren
- ohne dass der klagende Insolvenzgläubiger die Rechte verliert, die ihm der Sanierungsplan gegenüber dem Schuldner oder dritten Personen einräumt (§ 161 Abs 1 IO).

Von dieser Klagelegitimation ausgeschlossen sind solche Insolvenzgläubiger, die selbst an betrügerischen Handlungen oder unzulässigen Abmachungen teilgenommen haben oder die aus Verschulden (Fahrlässigkeitsmaßstab) die zur Klage berechtigenden Tatsachen im Bestätigungsverfahren (etwa in der Sanierungsplantagsatzung oder durch Rekurs) nicht geltend gemacht haben (§ 161 Abs 2 IO)

Beachte: Die Nichtigkeit des Sanierungsplans tritt ex lege ein, die Unwirksamkeit muss mit ***Gestaltungsklage*** erstritten werden.

IX. Neuerliches Insolvenzverfahren

Wird vor vollständiger Erfüllung des Sanierungsplans ein ***neuerliches Insolvenzverfahren*** beantragt und eröffnet, ohne dass die Voraussetzungen für die Nichtigkeit des Sanierungsplans (§ 158 Abs 1 IO) vorliegen, so gilt (§ 163 IO):

- Forderungen von Insolvenzgläubigern, die nach dem Sanierungsplan vollständig befriedigt wurden, gelten als getilgt (§ 163 Abs 2 Hs 1 IO); die Gläubiger nehmen am neuerlichen Insolvenzverfahren nicht mehr teil.
- Bei teilweise befriedigten Forderungen kommt die quotenmäßige Wiederauflebensregel des § 156a IO zur Anwendung (§ 163 Abs 2 Hs 2 IO). Der Gläubiger nimmt mit der teilweise wieder aufgelebten Forderung am Verfahren teil.

X. Sanierungsplan einer eingetragenen Personengesellschaft, einer Verlassenschaft oder eines unbeschränkt haftenden Gesellschafters

A. Sanierungsplan einer eingetragenen Personengesellschaft oder Verlassenschaft

Ist der Schuldner eine eingetragene Personengesellschaft oder eine Verlassenschaft, so kann der Sanierungsplan nur mit Zustimmung sämtlicher unbeschränkt haftender Gesellschafter oder sämtlicher Erben geschlossen werden (§ 164 Abs 1 IO).

Meist bringen die Gesellschafter oder Erben gemeinschaftlich den Sanierungsplanvorschlag ein.

Wird von Schuldnerseite die Eröffnung des Insolvenzverfahrens unter Vorlage eines Sanierungsplans begehrt, so liegt ein Antrag auf Eröffnung eines Sanierungsverfahrens

(§§ 166 ff IO) vor. Geht dieser Antrag nicht von allen persönlich haftenden Gesellschaftern oder nicht von allen Erben aus, so müssen die Antragsteller die Zahlungsunfähigkeit glaubhaft machen (§ 69 Abs 4 IO).

Die Rechtswirkungen des Sanierungsplans kommen, soweit dieser nichts anderes bestimmt, einem jeden unbeschränkt haftenden Gesellschafter oder Erben gegenüber den Gesellschafts- oder Erbschaftsgläubigern zugute (§ 164 Abs 2 IO). Mithin haftet der Gesellschafter oder Erbe nur für die Sanierungsplanquote. Die Haftung erstreckt sich freilich auf wiederauflebende Forderungen oder Forderungsbeträge (§ 156a IO).

B. Haftung eines ausgeschiedenen unbeschränkt haftenden Gesellschafters

Der Sanierungsplan einer eingetragenen Personengesellschaft oder eines Schuldners, der das Unternehmen einer solchen ohne Liquidation mit Aktiven und Passiven übernommen hat, begrenzt auch den Umfang der gesetzlichen Haftung eines aus der Handelsgesellschaft bereits ausgeschiedenen unbeschränkt haftenden Gesellschafters. Zu dessen Nachteil kann hiervon im Sanierungsplan nicht abgewichen werden (§ 164a IO).

Der Grundsatz, dass die unbeschränkt haftenden Gesellschafter im gleichen Umfang von den Verbindlichkeiten entlastet werden wie die Gesellschaft selbst, gilt auch für die bereits ausgeschiedenen Gesellschafter. Weil aber der ausgeschiedene Gesellschafter, anders als der verbliebene, beim Sanierungsplan der Gesellschaft nicht mitwirken darf, kann dort keine ihm nachteilige Abweichung von der Gesellschafterhaftung vereinbart werden, wie sie gegenüber den verbliebenen Gesellschaftern zulässig ist. Allerdings begrenzt § 164a IO die Haftung nur, wenn sie *auf dem Gesetz* (zB. § 128 UGB), nicht aber, wenn sie auf einem anderen Rechtsgrund (zB. Schuldbeitritt) beruht; in diesem Fall entlastet der Sanierungsplan den ausgeschiedenen Gesellschafter nicht.

C. Sanierungsplan eines unbeschränkt haftenden Gesellschafters

Ist nur über das Privatvermögen eines unbeschränkt haftenden Gesellschafters einer eingetragenen Personengesellschaft ein Insolvenzverfahren eröffnet worden und dort ein Sanierungsplan angenommen und rechtskräftig bestätigt worden, so wird hierdurch der Gesellschafter von einer weitergehenden Haftung für die Gesellschaftsschulden frei (§ 165 Abs 1 IO).

Gesellschaftsgläubiger wie Privatgläubiger machen ihre vollen Forderungen in den einzelnen Verfahren über das Gesellschaftervermögen geltend und erhalten auch die Quote vom ganzen Betrag. Der einzelne Gesellschafter wird entsprechend seinem Sanierungsplan von den Gesellschaftsschulden und seinen Privatschulden befreit.

Ist *gleichzeitig* ein Insolvenzverfahren über das Gesellschaftsvermögen *und* über das Privatvermögen eines unbeschränkt haftenden Gesellschafters anhängig, so werden durch den Sanierungsplan des Gesellschafters die Forderungen der Gesellschaftsgläubiger so weit getroffen, als sie in diesem Insolvenzverfahren (nach § 57 IO) überhaupt zu berücksichtigen sind (§ 165 Abs 2 IO).

Was den Gesellschaftsgläubigern im Sanierungsplan der Gesellschaft aufgrund der Kürzung ihrer Forderungen auf die Quote entgeht, das ist auch im Sanierungsplan des Gesellschafters nicht zu berücksichtigen. Erfüllt also die Gesellschaft ihren Sanierungsplan, so braucht der Gesellschafter den Gesellschaftsgläubigern überhaupt nichts zu zahlen. Diese sind im Insolvenzverfahren des Gesellschafters nur mit dem Betrag zu berücksichtigen, der durch die anderweitige Geltendmachung nicht befriedigt ist (§ 57 IO).

Sechster Teil

Sanierungsverfahren

Lit.: *Abel,* Kopfstimme(n) des Teilschuldverschreibungskurators im Insolvenzverfahren, ZIK 2011/178, 133; *Adam,* Außergerichtliche Sanierungs- bzw. Liquidationsverfahren, IKS 1984, 31; *Bauer,* Insolvenzrechtsänderungsgesetz 2009, VWT 2009, 226; *Bachl,* Die Feststellung der (objektiven) Zahlungsunfähigkeit, Sachverständige 2015, 18; *Baumgartner,* Unternehmensschließung oder –fortführung (2003); *Böck,* Der gerichtliche Ausgleich – ein Mittel der Sanierung? WT 1970, 13; *Buchegger,* Die Ausgleichserfüllung (1988); *Buchegger,* Zur Beendigung des Synallagmas in der Insolvenz, FS Matscher (1993) 49; *Clavora/Kapp,* Zur Verwertungssperre im Sanierungsverfahren unter Berücksichtigung von bloßen Vorbereitungshandlungen zur Verwertung, ZIK 2013/183, 130; *Ercher,* Insolvenzrechtsänderungsgesetz 2010 – (IRÄG 2010), ASoK 2010, 151; *Fasching,* Konkurs, Ausgleich und Zwangsvollstreckung bei Gemeinden (1983); *Feldbauer/Stiegler* (Hrsg.), Krisenmanagement – Früherkennung – Sanierung – Insolvenzrecht (1994); *Feldbauer-Durstmüller/Mayr* (Hrsg.), Unternehmenssanierung in der Praxis (2009); *Feldbauer-Durstmüller/Schlager* (Hrsg.), Krisenmanagement – Sanierung – Insolvenz, 2. Auflage (2002); *Fraberger,* Die stille Gesellschaft im Ausgleich des Geschäftsherrn, ZIK 1996, 42; *Fruhstorfer,* Ungeklärte Fragen der Aufrechnung im Sanierungsverfahren, ZIK 2016/223, 169; *Gassner,* Die geplante Reform des Unternehmensinsolvenzrechts – ein Überblick zum IRÄG 2009, GeS 2009, 261; *Gessler,* Steuern bei Konkurs und Ausgleich, 3. Auflage (1990); *Hadl,* Unternehmenssanierung durch das Ausgleichsverfahren, JfB 1991, 208; *Hajek,* Ausgleichsordnung (2000); *Held/Wresounig,* Die Entlohnung der Masse- und Ausgleichsverwalter, ÖJZ 1972, 85; *Hellbling,* Insolvenz- und Verwaltungsverfahren, ÖVA 1964, 65; *Hochegger,* Vorschläge zur Reform des Ausgleichsverfahrens, ZIK 2005/33, 49; *Hochegger,* Ist der Ausgleich als Sanierungsverfahren geeignet? Aufsichtsrataktuell 2009 H 2, 6; *Hochegger,* Ist die Insolvenzrechtsreform gescheitert? Aufsichtsrataktuell 2009 H 6, 4; *Holzapfel,* Die Eignung gerichtlicher Insolvenzverfahren zur Unternehmenssanierung, in Feldbauer-Durstmüller/Stiegler (Hrsg.), Krisenmanagement (1994) 221; *Höller/Steger,* Das Stimmrecht des Kurators der Anleihegläubiger in der Sanierungsplantagsatzung, ZIK 2011/179, 135; *Hüppe,* Sanierungsverfahren mit Eigenverwaltung: Finanzplan allein zeigt Ausfallrisiko nicht, ZIK 2011/9, 12; *Isola,* Insolvenzstrategien aus rechtlicher Sicht, in Bertl/D. Mandl/G. Mandl/Ruppe (Hrsg.), Insolvenz – Sanierung – Liquidation (1998) 25; *Isola/Weileder,* Reform des Unternehmensinsolvenzrechts. Diskussionsstand und Ausblick. Sanierungsverfahren, SWK 2009, W 59; *Jelinek,* Gerichtliche Sanierungshilfen – Ausgleichsverfahren und Vorverfahren, in Ruppe (Hrsg.), Rechtsprobleme der Unternehmenssanierung (1983) 47; *Kantner,* Die nationale und internationale Insolvenzentwicklung, in Feldbauer-Durstmüller/Schlager (Hrsg.), Krisenmanagement – Sanierung – Insolvenz, 2. Auflage (2002) 1289; *Kepplinger,* Das Synallagma in der Insolvenz (2000); *Kodek,* KO-Novelle 2008 – Diskussionsstand und Perspektiven, ÖBA 2008, 91; *Konecny,* Insolvenz und Sanierung in Österreich, DZWir 1994, 227; *Konecny,* Zur Prozeßführung durch den Ausgleichsschuldner, JBl 1986, 353; *Konecny/Riel,* Entlohnung im Insolvenzverfahren (1999); *Konecny,* Insolvenzrechts-Novelle 2006 tritt in Kraft, ZIK 2006/1a, 1; *Konecny,* Insolvenzdatei: Neue/auffallende Rechtsprobleme, ÖJZ 2002, 492; *Konecny* (Hrsg.), IRÄG 2010 – Insolvenzrechtsänderungsgesetz 2010, ZIK Spezial (Sammelwerk 2010); *Konecny,* Die Sanierung im Lichte des österreichischen IRÄG 2010, ZZP 125 (2012) 285; *König,* Insolvenzanfechtung im Sanierungsverfahren, ZIK 2012/7, 11; *Krenn,* Was leistet die Insolvenzdatei? ZIK 2000/54, 53; *Konecny,* Praktische Erfahrungen mit den Sanierungsverfahren aus dem ersten halben Jahr des neuen Insolvenzrechts, ZIK 2011/129, 97; *Lichtkoppler/Reisch* (Hrsg.), Unternehmenssanierung (2010); *Lihl,* Zur Praxis der Ausgleichsnovelle 1934, RZ 1935, 150; *Loizenbauer/Feldbauer-Dustmüller,* Wenig Sanierungserfolge nach einem Ausgleich, SWK C 8; *Mettam,* IO-Novelle: „Freischalten" des Sanierungsverwalters für Bekanntmachungen in der Insolvenzdatei, ZIK 2012/ 10, 20; *Oberhammer*, Der (Zwangs-)Ausgleich nach dem IRÄG 1994, ecolex 1994, 308; *Mohr*, Reform des Unternehmensinsolvenzrechts. Der Ministerialentwurf des Insolvenzrechtsänderungsgesetzes 2009, ecolex 2009, 848; *Mohr*, Sanierungsplan und Sanierungsverfahren (2010); *Nunner-Krautgasser/Reckenzaun*, Eigenverwaltung in Österreich – ein Erfahrungsbericht von 2010 bis heute, ZinsO 2016, 413; *Puchinger*, Der Ministerialentwurf zum Abgabenänderungsgesetz 2005 – Ein erster Überblick, FJ 2005, 318; *Reimer*, Der Präventivakkord (gerichtlicher Ausgleich) und seine gesetzliche Regelung. Eine rechtsvergleichende Betrachtung, BW 1961, 10; *Riel*, Die Eigenverwaltung gem §§ 169 ff IO, in Konecny (Hrsg.), IRÄG 2010 - Insolvenzrechtsänderungsgesetz 2010, ZIK Spezial (2010) 131; *Riel*, Wer ist der Insolvenzverwalter? ZIK 2012/66, 47 *Rossdorfer*, Gerichtliche Unternehmenssanierung (2009); *Schalek*, Die Ausgleichsnovelle 1934, JBl 1934, 389; *Thiele*, Internet Domains in der Insolvenz, ZIK 2003/152, 110; *Schumacher*, Insolvenzrechtsnovelle 2009 – Ein Schlag ins Wasser? ÖBA 2009, 761; *Tremel*, Die Prozessführungsbefugnis im Sanierungsverfahren mit Eigenverwaltung, ZIK 2015/101, 94; *Trettnak*, Die „qualifizierte Mahnung“ im Sanierungsverfahren: Unterschriftlichkeit statt (bloßer) Schriftlichkeit? ZIK 2015/102, 99; *Weber*, Arbeitsverhältnisse in Insolvenzverfahren (1998); *Weiler*, Wer ist schuld an der Insolvenz? Überlegungen zur Vermeidung von Insolvenzen, SWK 1994, C 17; *Widhalm*, Die Rechte des Urhebers, Masseverwalters und Dritten im Konkurs und Ausgleich des Werknutzungsberechtigten, ÖBl 2001, 205; *Zeitler*, Der Finanzplan in der Insolvenzordnung, in Konecny (Hrsg.), IRÄG 2010 - Insolvenzrechtsänderungsgesetz 2010, ZIK Spezial (2010) 155; *Zotter*, Sanierungsplan: Der „neue Zwangsausgleich“ in der Praxis – Wie sich das Sanierungsverfahren ohne Eigenverwaltung und der Sanierungsplan im Konkurs in den ersten beiden Jahren bewährt haben, ZIK 2012/246, 180.

I. Wesen

Das ***Insolvenzverfahren in der Form des Konkurses*** (siehe oben 4. Teil) ist als *offenes Verfahren* konzipiert. An eine Frist von 90 Tagen bis zur Berichtstagsatzung ***(Eingangsphase)*** schließt sich die *Entscheidung über das Unternehmensschicksal* an, eine weitere 90-Tages-Frist zur Annahme eines Sanierungsplanvorschlags folgt, wenn ein solcher in der Berichtstagsatzung oder binnen 14 Tagen darauf vorgelegt wird.

Nach dem Ergebnis der Berichtstagsatzung kann es aber auch zur Schließung des Unternehmens und zur Liquidation kommen.

Das ***Sanierungsverfahren*** dagegen soll dem Schuldner eine ***rasche Entschuldung binnen neunzig Tagen*** ermöglichen, weil hier der Antrag auf Verfahrenseröffnung vom Schuldner zusammen mit einem Sanierungsplanantrag gestellt werden muss.

Die Eingangsphase (Verfahrenseröffnung als Konkurs bis zur Berichtstagsatzung) wird im Sanierungsverfahren daher weggelassen, das Verfahren bis zur Annahme des Vorschlags bloß 90 Tage dauern. Das setzt indes voraus, dass möglichst früh und möglichst genau über die Erfolgsaussichten und die Erfüllbarkeit des vorgelegten Sanierungsplans befunden und entschieden wird.

Das *Sanierungsverfahren hat sehr gute Aufnahme gefunden:* Betrachtet man die Statistik des KSV (www.ksv.at, mit jeweiligen Analysen von *Kantner;* vgl. auch die Belegstellen bei *Zotter,* siehe oben Erster Teil, Die Insolvenzverfahren nach der IO, I. C. aE), so ergibt sich, dass etwa ein Drittel aller jährlich eröffneten Unternehmensinsolvenzverfahren als Sanierungsverfahren eröffnet werden. Sanierungsverfahren ohne Eigenverwaltung (unten IV.) verhalten sich zu solchen mit Eigenverwaltung (unten V.) etwa im Verhältnis zwei zu eins.

II. Dogmatisches Konzept

Das Sanierungsverfahren baut auf den ***Bestimmungen über den Sanierungsplan*** auf. Es gelten die §§ 140 ff IO. Siehe oben 5. Teil. Sanierungsplan.

Das ***materielle Insolvenzrecht*** (§§ 1 bis 62 IO), die ***allgemeinen Verfahrensbestimmungen*** (§§ 252 bis 263 IO) und die ***Begleitregelungen*** (§§ 264 bis 269 IO) gelten auch im Sanierungsverfahren (siehe dazu oben 2. Teil. Materielles Insolvenzrecht sowie 4. Teil. Insolvenzverfahren als Konkurs).

Die ***verfahrensrechtlichen Bestimmungen des Konkurses*** (§§ 180 iVm 63 ff IO) werden durch die des Sanierungsverfahrens (§§ 166 ff IO) insoweit ergänzt bzw. abgelöst, als sie mit diesem unvereinbar weil konkursspezifisch sind (Verwertungs- und Verteilungsvorschriften der Liquidation).

Übrige beim Insolvenzverfahren als Konkurs (4. Teil) dargestellte verfahrensrechtliche Normen (zB. zur Prüfungs-, Berichts- und Rechnungslegungstagsatzung) sowie die Bestimmungen über das Insolvenzgericht und die ***Organe des Insolvenzverfahrens*** (oben 3. Teil.: Insolvenzverwalter, Gläubigerausschuss, Gläubigerversammlung sowie bevorrechtete Gläubigerschutzverbände) gelten für beide Insolvenzverfahren gleichermaßen. Zum Sanierungsverwalter im Sanierungsverfahren mit Eigenverwaltung des Schuldners siehe unten V. C.

Hauptanliegen des IRÄG 2010, mit dem die IO geschaffen wurde, war die ***Erleichterung von Unternehmenssanierungen.*** Daher wurde das bewährte Rechtsinstitut des Zwangsausgleichs der KO als Sanierungsplan in leicht novellierter Form beibehalten und das Sanierungsverfahren in die IO eingefügt, das in seiner Ausformung als Sanierungsverfahren mit Eigenverwaltung das grundsätzliche Konzept der aufgehobenen AO teilweise übernimmt.

Das Sanierungsverfahren ist als – stellenweise ***lakonisch geratenes – Konvolut von Spezialnormen*** zum Insolvenzverfahren in seiner Ausformung als Konkurs konzipiert ist, befremdet den Leser, der sich mitunter weniger oft die stillschweigende Subsidiarität der allgemeinen Vorschriften über das Insolvenzverfahren (§§ 63 ff IO) sondern eine abgerundetere Regelung erwartet hätte.

Die zeitliche Positionierung der Tagsatzungen bleibt teilweise offen („Wie das geschieht, liegt bei den Insolvenzgerichten.“, so *Konecny,* Das Verfahrensgebäude der Insolvenzordnung, in Konecny, IRÄG 2010, ZIK Spezial [2010] 10); die offensichtliche Geltung des § 152b Abs 2 S 1 IO für den nicht speziell geregelten Endigungszeitpunkt der Verfahrenswirkungen, die Frage der Zulässigkeit eines Sanierungsplans in einem Konkurs, der sich an ein gescheitertes Sanierungsverfahren anschließt usw.

Nochmals muss an die ***Nomenklatur*** des IRÄG 2010 angeknüpft werden, die einerseits um einheitliche Bezeichnungen bemüht ist, aufgrund der bestehenden dichotomischen Wesensunterschiede zwischen Konkurs- und Sanierungsverfahren innerhalb der Einheitlichkeit des Insolvenzverfahrens aber zu Inkonsequenzen geführt hat.

Der Begriff des Insolvenzverwalters wird nicht als logischer Überbegriff für Masseverwalter und Sanierungsverwalter verwendet. Der Verwalter tritt uns manchmal als Insolvenzverwalter entgegen, wo er nur ein Masseverwalter sein kann, eine Bezeichnung die der Gesetzgeber trotz ihrer verordneten Abschaffung (§ 275 Abs 2 IO) mitunter aber selbst noch verwendet. (Vgl. dazu *Riel,* Wer ist der Insolvenzverwalter? ZIK 2012/66, 47).

Es ist eine Frage der Auslegung, welche Regelungen für den „Insolvenzverwalter" auch für den Sanierungsverwalter gelten (so etwa die Bestellung) und welche nicht, welche Regelungen über das Insolvenzverfahren nur auf einen Konkurs Anwendung finden können (zB. Verwertung und Verteilung der Insolvenzmasse) und welche nicht, der Rückzug auf den Verweis des § 180 IO löst nur die Frage der Verfahrensbezeichnung (bei gleichzeitiger Verwendung der Begriffe „Masseverwalter" und „Konkursmasse" in § 180 Abs 2 IO) und nicht die inhaltliche Reichweite der Verwertungsregeln in einem Liquidationsplan im Sanierungsverfahren usw.

An anderen Stellen hat der Gesetzgeber terminologische Inkonsequenzen zusehends eliminiert. Die in §§ 143 Abs 1 und 240 Abs 2 und 3 IO verwendeten Begriffe „Ausgleich" bzw. „Ausgleichsverfahren" wurden mit dem IRÄG 2017 entfernt und an die neue Nomenklatur angepasst. § 221 Abs 2 Z 10 IO wurde bereits mit BGBl I 2014/98 saniert und der Begriff „Ausgleich" durch „Sanierungsplan" ersetzt.

III. Antragsteller, Verfahrensauslöser und Zuständigkeit

A. Schuldnergruppen des § 166 IO

Ein Sanierungsverfahren kann nur beantragt werden von (§ 166 IO):

- einer natürlichen Person, die ein Unternehmen betreibt,
- einer eingetragenen Personengesellschaft,
- einer juristischen Person,
- einer Verlassenschaft.

Der Unternehmensbegriff des § 1 Abs 2 UGB (Antrag der natürlichen Person) ist bei der Zuständigkeitsprüfung heranzuziehen. Somit ist jede auf Dauer angelegte Organisation selbständiger wirtschaftlicher Tätigkeit, mag sie auch nicht auf Gewinn gerichtet sein, als unternehmerische Tätigkeit im Sinn des § 166 IO anzusehen.

Für die Schuldner nach § 166 IO gelten die Bestimmungen des Dritten (§§ 166 bis 168 IO) ***und*** des Vierten Teils (§§ 169 bis 179 IO).

Der natürlichen Person, die kein Unternehmen betreibt, ist das Sanierungsverfahren verschlossen. Für sie steht das Schuldenregulierungsverfahren (§§ 182 ff IO) zur Verfügung (siehe unten 7. Teil. Sonderbestimmungen für natürliche Personen).

Zu beachten ist, dass die Antragsberechtigung nur bei der natürlichen Person an die Unternehmereigenschaft geknüpft ist, bei den anderen Schuldnergruppen schweigt das Gesetz.

Und das aus gutem Grund: Das Sanierungsverfahren soll der Sanierung des schuldnerischen Unternehmens dienen, sei es nun auf Gewinn gerichtet sein oder nicht.

Wenn also schon § 166 IO dies nicht ausspricht, so erhellt dies die ganze Zielrichtung des Verfahrens. Der Hauptanwendungsbereich ist die ***Sanierung des schuldnerischen Unternehmens.***

Freilich bleibt auch ein Treuhandplan mit Vermögensverwertung zulässig (§ 172 Abs 3 S 2 IO).

Beachte: Die Bestimmungen der §§ 182 bis 216 gelten für ***jede*** natürliche Personen, gleich ob sie ein Unternehmen betreibt oder nicht. Der natürlichen Person, die ein Unternehmen betreibt, steht zusätzlich das Sanierungsverfahren offen.

B. Verfahrensauslöser

Der Schuldner hat den Antrag zu stellen, wenn ***Zahlungsunfähigkeit*** (§ 66 IO) oder ***Überschuldung*** (§ 67 IO) vorliegt (§ 1 IO). Es gelten die Bestimmungen des § 69 IO über den Schuldnerantrag, mithin auch die 60-Tages- bzw. 120-Tages-Frist des § 69 Abs 2 und 2a IO.

Der Schuldner *kann* den Verfahrenseröffnungsantrag aber auch bei bloß ***drohender Zahlungsunfähigkeit*** stellen, damit eine vorsorgliche Verfahrenseröffnung erwirken und so die Chancen einer Unternehmenssanierung verbessern (§ 167 Abs 2 IO).

Die deutsche Insolvenzordnung enthält eine *Legaldefinition* der drohenden Zahlungsunfähigkeit (§ 18 Abs 2 InsO): Wenn ein Schuldner oder ein Schuldnerunternehmen voraussichtlich nicht in der Lage sein wird, die bestehenden Zahlungspflichten im Zeitpunkt der Fälligkeit zu erfüllen. Eine derartige Definition kannte weder § 1 AO, sie fehlt auch in der IO. Der Begriff bleibt daher auch künftig der Auslegung durch die Gerichte vorbehalten.

Auf einen Konkursantrag eines Gläubigers kann der Schuldner mit einem Antrag auf Eröffnung eines Sanierungsverfahrens kontern. Strebt er eine Entschuldung mit einem Sanierungsplan an, so hat er gleichzeitig einen entsprechenden Vorschlag im Eröffnungsverfahren zu erstatten.

Bei Vorliegen der Voraussetzungen für das Sanierungsverfahren ist aufgrund § 180 IO das Insolvenzverfahren nicht als Konkurs zu eröffnen.

C. Zuständigkeit

Es gelten die Bestimmungen der §§ 63 bis 65 IO über die sachliche und örtliche Zuständigkeit. Sanierungsverfahren sind stets ***Landesgerichtssache,*** für den Sprengel des LGZ Wien gehören sie vor das ***Handelsgericht Wien.***

Das Sanierungsverfahren ist funktionell Richtersache, da der Wirkungskreis des Rechtspflegers nur Konkurse natürlicher Personen ohne Unternehmen vor dem Bezirksgericht umfasst (§ 17a Abs 1 RPflG). Allerdings sind die in § 17a Abs 2 RPflG genannten Agenden auch hier der funktionellen Zuständigkeit des Richters vorbehalten.

IV. Sanierungsverfahren ohne Eigenverwaltung

A. Verfahrensvoraussetzungen des § 167 IO

Das ***Sanierungsverfahren verlangt vom Schuldner (§ 167 Abs 1 IO),***

- dass *er selbst den Antrag auf Verfahrenseröffnung* stellt (Z 1),
- dass er *zugleich einen zulässigen* Sanierungsplan (mit der Mindestquote des § 141 Abs 1 IO) *vorlegt* (Z 2) und
- *dessen Annahme beantragt* (Z 2).

Vgl. dazu OLG Graz 3 R 194/14w ZIK 2015/132, 109.

Der Sanierungsplanantrag darf nicht bei Eröffnung des Insolvenzverfahrens zurückgewiesen worden sein (§§ 167 Abs 1 Z 2 aE iVm 141, 142, 149 bis 152 IO).

In diesem Fall läge ein auf Schuldnerantrag eröffnetes Insolvenzverfahren vor, das seinem Wesen nach ein ***Konkurs*** ist, denn:

Immer dann, wenn die Voraussetzungen des § 167 Abs 1 IO nicht erfüllt sind, heißt das Insolvenzverfahren Konkursverfahren (§ 180 IO). Siehe dazu oben 4. Teil.

Das ***Insolvenzgericht*** prüft den Antrag auf Eröffnung des Sanierungsverfahrens in einem vorbereitenden Verfahren.

Es gelten die Bestimmungen über das Eröffnungsverfahren beim Schuldnerantrag (§ 69 IO; 71 ff IO).

Das Gericht trifft seine Entscheidung durch stattgebenden oder ablehnenden *Beschluss.* Der zweiseitige Rekurs ist zulässig (§§ 71c, 79 IO).

B. Wesen

Das Sanierungsverfahren ohne Eigenverwaltung ergibt sich aus den Fällen, wo zwar

- die Voraussetzungen des § 167 Abs 1 IO erfüllt sind
- nicht aber die Voraussetzungen des § 169 Abs 1 bis 4 IO, die dem Schuldner das Sanierungsverfahren mit Eigenverwaltung unter Aufsicht eines Sanierungsverwalters eröffnen (siehe unten V.).

Daher gilt: Bei Vorliegen bloß der Voraussetzungen des § 167 Abs 1 IO hat das Insolvenzverfahren bloß einen anderen Namen, die Bezeichnung „Konkurs" wird vermieden, es wird aber wie im Konkurs, ein ***Insolvenzverwalter*** bestellt, es gilt § 3 IO, der das *Verfügungsmonopol* des Insolvenzverwalters über die Insolvenzmasse (§ 2 Abs 2 IO) vorsieht, es gelten §§ 63 ff iVm den Spezialnormen der §§ 166 bis 168 IO.

Im Gegensatz zum Insolvenzverfahren als Konkurs nach § 180 iVm §§ 63 ff IO besteht aber die Möglichkeit einer raschen Insolvenzbereinigung, ganz, weil der Sanierungsplanvorschlag schon mit dem Antrag auf Eröffnung des Verfahrens vorliegt. Zum Verfahrensablauf siehe unten D.

Schon nach früherer Praxis wurden Zwangsausgleichsvorschläge auch am Anfang des Verfahrens akzeptiert (s. oben I.). Dem tragen §§ 167 und 168 IO Rechnung.

C. Organe

Es gelten die Bestimmungen über die Organe des Insolvenzverfahrens, gleich wie im Konkurs. Siehe dazu oben 3. Teil. Insolvenzgericht und Organe des Insolvenzverfahrens.

Anerkannte Schuldenberatungsstellen werden im Sanierungsverfahren nicht tätig, sondern nur im Schuldenregulierungsverfahren.

Der ***Insolvenzverwalter*** hat die gleichen Aufgaben zu erfüllen wie im Konkurs, allerdings mit einer gewichtigen Einschränkung:

Erst wenn der vorgelegte Sanierungsplan nicht innerhalb von 90 Tagen ab Verfahrenseröffnung angenommen wird, darf das Unternehmen verwertet werden. Es gilt in diesem Zeitraum mithin eine ***Verwertungssperre*** (§ 168 Abs 2 IO; vgl. dazu § 114c Abs 1 S 2 IO).

Verwertungs- und Verteilungsbefugnisse hat der Insolvenzverwalter daher zunächst nicht. Diese wachsen ihm erst an, wenn die Verfahrensbezeichnung in einem Fall des § 167 Abs 3 Z 1 bis 4 IO auf „Konkursverfahren" abgeändert wird *(Scheitern des Sanierungsverfahrens).*

D. Verfahrensablauf

1. Eröffnungsedikt – Tagsatzungen

Der Inhalt des Eröffnungsedikts folgt § 74 Abs 2 IO.

Das Gericht bestellt im Eröffnungsedikt den Insolvenzverwalter, fordert die Insolvenzgläubiger zur Forderungsanmeldung binnen richterlicher Frist auf und hat ***alle Tagsatzungen*** schon zu diesem Zeitpunkt anzuberaumen.

Dabei ist folgende Ordnung vorgegeben

- längstens nach 14 Tagen ab Verfahrenseröffnung soll eine erste Gläubigerversammlung (§ 74 Abs 3 IO), sie kann aber durch die Berichtstagsatzung ersetzt werden
- 60 bis 90 Tagen nach Verfahrenseröffnung die allgemeine Prüfungstagsatzung (§§ 105 ff IO) sowie die Berichtstagsatzung (§§ 91a, 114a bis 114c IO)
- 60 bis 90 Tage nach Verfahrenseröffnung die Sanierungsplantagsatzung (§ 168 Abs 1 S 1 IO iVm §§ 145 ff IO), die mit der Rechnungslegungstagsatzung (§ 121 Abs 3 IO) zu verbinden ist (§ 145 Abs 1 S 2 IO).

Die Sanierungsplantagsatzung darf zwar nicht vor der allgemeinen Prüfungstagsatzung stattfinden (§ 145 Abs 1 S 1 IO), kann aber im Sanierungsverfahren mit dieser verbunden werden (§ 168 Abs 1 S 2 IO).

Zu den angeführten Tagsatzungen siehe im Einzelnen oben 4. Teil. Insolvenzverfahren als Konkurs und 5. Teil. Sanierungsplan.

Die Verbindung von Prüfungs- und Sanierungsplantagsatzung ist nicht unproblematisch: Das Insolvenzgericht wird auf die mindestens einmonatige Prüfungsklagefrist (§ 110 Abs 4 IO) für bestrittene Forderungen Rücksicht zu nehmen haben. Erst wenn feststeht, welche Forderungen bestritten sind und wie hoch dafür das Sicherstellungserfordernis ist, kann auch das Sanierungsplanerfordernis genau beziffert werden (vgl. dazu *Übertsroider,* Neuerungen bei der Eröffnung von Insolvenzverfahren, in Konecny (Hrsg.), IRÄG 2010 – Insolvenzrechtsänderungsgesetz 2010, ZIK Spezial [2010] 113 ff).

Manche Insolvenzgerichte beraumen daher die 1. Gläubigerversammlung zusammen mit der Prüfungs- und Berichtstagsatzung (ggf. zusammen mit einer Vermögensverzeichnistagsatzung iSd § 100 IO) 60 Tage nach Verfahrenseröffnung an, Sanierungs- und Rechnungslegungstagsatzung längstens nach 90 Tagen. Andere beraumen alle Tagsatzungen zu einem Termin spätestens 90 Tage nach Verfahrenseröffnung an.

Die Praxis wird zeigen, ob § 156b IO ein geeignetes Hilfsmittel darstellt, zwei getrennte Tagsatzungsblöcke vermeiden zu helfen.
Das Gericht hat bei der Anberaumung der Tagsatzungen allerdings zu beachten, dass die Verwertungssperre nach Ablauf von 90 Tagen dann endet, wenn der Sanierungsplan nicht vorher angenommen wurde. Von einer ersten Sanierungsplantagsatzung *nach* Ablauf dieser Frist ist daher dringend abzuraten; Erstreckungsbeschlüsse nach § 148a IO ermöglichen freilich eine erstreckte Tagsatzung auch nach Ablauf der 90-Tage-Frist.

Will das Gericht aber sicher gehen, dass bis zur endgültigen Entscheidung über die Annahme oder Nichtannahme des Sanierungsplans nicht verwertet wird, so hat es einen Beschluss auf Innehaltung nach § 114c Abs 2 IO zu fassen, wenn dafür die gesetzlichen Voraussetzungen gegeben sind.

2. *Vorschlagsprüfung, Annahme und Bestätigung*

Der Insolvenzverwalter hat zu einem frühestmöglichen Zeitpunkt, nämlich in der 1. Gläubigerversammlung oder in der Berichtstagsatzung über die Erfüllbarkeit des Sanierungsplans zu berichten; in der Berichtstagsatzung auch über die Fortführungsmöglichkeiten.

Nur bei einem positiven Bericht ist die Annahme des Sanierungsplans durch die Gläubiger zu erwarten.

Für den Ablauf der Sanierungsplantagsatzung gelten die §§ 145 ff IO; der Vorschlag bedarf der ***Annahme*** durch die einfache Kopf- und Forderungssummenmehrheit der Insolvenzgläubiger, jeweils berechnet vom Präsensquorum (§ 147 Abs 1 IO).

Die ***gerichtliche Bestätigung*** folgt den Bestimmungen der §§ 152 bis 154; es gilt das Rekursrecht des § 155 IO.

Durch die rechtskräftige Bestätigung des Sanierungsplans ist das Sanierungsverfahren ex lege aufgehoben (§ 152b Abs 2 S 1 IO); damit enden die Verfahrenwirkungen.

Der Schuldner tritt wieder in das Recht, frei über sein Vermögen zu verfügen, soweit nicht der Sanierungsplan oder die IO anderes bestimmen (§§ 59, 152b Abs 3 IO).

3. Rechtswirkungen und Erfüllung

Es gelten Bestimmungen über die Rechtswirkungen (§§ 156 ff IO) und über die Erfüllung des Sanierungsplans (§§ 157 ff IO: autonome Erfüllung und Treuhandsanierungsplan).

Gleiches gilt für die Nichtigkeit und die Unwirksamerklärung des Sanierungsplans (§§ 158 bis 163 IO) und die Sonderbestimmungen für den Sanierungsplan eingetragener Personengesellschaften (§§ 164 bis 165 IO). Siehe dazu oben 5. Teil. Sanierungsplan.

E. Konkurs

Die Verfahrensbezeichnung ist mit Beschluss auf „Konkursverfahren“ abzuändern (§ 167 Abs 3 IO), wenn:

- der Insolvenzverwalter angezeigt hat, dass die Insolvenzmasse nicht ausreicht, um die Masseforderungen zu erfüllen (*Masseunzulänglichkeit,* § 124a IO),
- der Schuldner den Sanierungsplanantrag zurückzieht oder das Insolvenzgericht den Antrag zurückweist (§§ 141, 142, 149 bis 152 IO),
- der Sanierungsplan in der Sanierungsplantagsatzung abgelehnt und die Tagsatzung nicht erstreckt wurde
- dem Sanierungsplan die gerichtliche Bestätigung versagt wurde.

Die Änderung der Verfahrensbezeichnung ist öffentlich bekannt zu machen. Gegen die Bezeichnung und deren Änderung ist kein Rekurs zulässig, wohl aber ist eine Berichtigung durch das Insolvenzgericht auf Antrag oder von Amts wegen möglich.

Mit der ***Änderung der Verfahrensbezeichnung*** erlangt der Insolvenzverwalter alle Befugnisse eines Masseverwalters: Er verwaltet und verwertet die Insolvenzmasse und führt die Verteilung durch.

Allerdings ist die Vorlage eines neuerlichen Sanierungsverfahrens im nunmehrigen Konkurs nach den Bestimmungen der §§ 140 ff IO möglich (vgl. *Konecny,* Das Verfahrensgebäude der Insolvenzordnung, in Konecny (Hrsg.), IRÄG 2010 – Insolvenzrechtsänderungsgesetz 2010, ZIK Spezial [2010] 10), sofern die Voraussetzungen des § 114b Abs 2 IO in der abgeführten Berichtstagsatzung als gegeben erachtet wurden und sich die Verhältnisse für die gemeinsamen Gläubigerinteressen nicht geändert haben.

V. Sanierungsverfahren mit Eigenverwaltung

A. Wesen

Dieses Verfahren ist der Nachfolger des Ausgleichs nach der AO, der ebenfalls von der schuldnerischen Eigenverwaltung unter Aufsicht eines Verwalters zur Beobachtung und Einhaltung von Verfügungsbeschränkungen (§§ 3 Abs 2, 8 AO) ausging.

Der Schuldner beantragt hier ein Verfahren, in dem er die ***Insolvenzmasse selbst verwaltet,*** allerdings unter der Aufsicht eines ***Sanierungsverwalters*** (§ 169 Abs 1 am Anfang IO).

Beachte: Trotz Eigenverwaltung geht das Gesetz (§ 169 Abs 1 am Eingang IO) auch hier von einer ***Massebildung*** iSd § 2 Abs 2 IO aus, obwohl dies bei Fortführung des Unternehmens durch den Schuldner unter gesetzlichen oder richterlichen Verfügungsbeschränkungen entbehrlich gewesen wäre; im überwachten Treuhandsanierungsplan (§§ 157, 157a bis 157f IO), der über weite Strecken die Beaufsichtigungskonstruktion durch den Sanierungsverwalter dogmatisch übernimmt (§ 157b Abs 1 IO), kommt es auch nicht zu einer Massebildung.

Der bloße Umstand, dass der Schuldner hier in einem Insolvenzverfahren steht und bei der überwachten Treuhand außerhalb eines solchen, hätte noch keine Angleichung an das Sanierungsverfahren ohne Eigenverwaltung oder den Konkurs erfordert. Freilich hätte es dazu einer Sonderregelung bedurft, die in §§ 169 ff IO indes fehlt.

Aufgrund der für alle Insolvenzverfahren geltenden gesetzlichen Regelung des § 2 Abs 2 IO ist aber auch das Sanierungsverfahren mit Eigenverwaltung von der Massebildung nicht ausgenommen (§ 169 Abs 1 am Eingang IO).

B. Verfahrensvoraussetzungen

1. Erfüllung der Voraussetzungen des § 167 IO

Das Sanierungsverfahren mit Eigenverwaltung baut auf der Erfüllung der Voraussetzungen des § 167 IO auf und statuiert in § 169 IO zusätzliche, die dem Schuldner die Eigenverwaltung eröffnen.

Daher muss auch hier der *Schuldner*

- *selbst den Antrag auf Verfahrenseröffnung stellen* (§ 167 Abs 1 Z 1 IO),
- *zugleich einen zulässigen Sanierungsplan vorlegen* (§ 167 Abs 1 Z 2 IO) und
- *dessen Annahme beantragen* (Z 2).

Der Sanierungsplanantrag darf bei Eröffnung des Insolvenzverfahrens nicht als unzulässig zurückgewiesen werden (§§ 167 Abs 1 Z 2 aE iVm 141, 142, 149 bis 152 IO).

2. Die Verfahrensvoraussetzungen des § 169 Abs 1 bis 4 IO

Anders als das Sanierungsverfahren ohne Eigenverwaltung, zu dessen Eröffnung „bloß" die Erfordernisse eines zulässigen Zahlungsplans vorgesehen sind, verlangt das Sanierungsverfahren mit Eigenverwaltung vom Schuldner eine *aufwändige Verfahrensvorbereitung.*

Das erleichtert dem Gericht wie den Verfahrensbeteiligten das weitere Procedere; der gut vorbereitete Sanierungsplan mit allen nach § 169 IO vorzulegenden Urkunden macht die Erfolgsaussichten überschaubarer als der – wenngleich einfachere – Sanierungsplanvorschlag im Verfahren nach §§ 166 bis 168 IO.

a) Vorzulegende Urkunden

Der Schuldner hat ***vor Verfahrenseröffnung*** folgende ***Urkunden*** vorzulegen:

- einen ***Sanierungsplanvorschlag***, der den Erfordernissen des § 167 Abs 1 IO entspricht, den Vorschriften der §§ 141, 142, 149 bis 152 IO genügt, aber ein ***Mindestgebot von 30% binnen 2 Jahren ab Annahme*** vorsieht (§ 169 Abs 1 Z 1 lit a IO);

- ein genaues ***Vermögensverzeichnis*** (§ 100a IO) vorzulegen (§ 169 Abs 1 Z 1 lit b IO), das der Schuldner eigenhändig zu unterschreiben hat;

Der Schuldner muss sich zugleich bereit erklären, vor Gericht zu unterfertigen, dass seine Angaben über den Aktiv- und Passivstand richtig und vollständig seien und dass er von seinem Vermögen nichts verschwiegen habe (§ 169 Abs 3 IO).

- einen ***Status,*** mithin eine aktuelle und vollständige Übersicht über den Vermögens- und Schuldenstand, in der die Bestandteile des Vermögens auszuweisen und zu bewerten sind; Verbindlichkeiten sind mit dem Rückzahlungsbetrag anzusetzen (§ 169 Abs 1 Z 1 lit c IO);

- einen ***Finanzplan:*** eine Gegenüberstellung der voraussichtlichen Einnahmen und Ausgaben für die folgenden 90 Tage (Annahmefrist für den Sanierungsplan), aus der sich ergibt, wie die zur Fortführung des Unternehmens und zur Bezahlung der Masseforderungen notwendigen Mittel aufgebracht und verwendet werden sollen (§ 169 Abs 1 lit d IO);

Zeitler, Der Finanzplan in der Insolvenzordnung, in Konecny (Hrsg.), IRÄG 2010 – Insolvenzrechtsänderungsgesetz 2010, ZIK Spezial (2010) 156 ff ist zu folgen, wenn dieser einen *Einnahmen-Ausgaben-Plan und eine Kapitalflussrechnung* fordert; eine Abweichungsanalyse, ein Forecast, ist dagegen von der Legaldefinition des Finanzplans nicht erfasst, sollte aber bei der Prüfung des Finanzplans durch den Sanierungsverwalter herangezogen werden.

- ein ***Verzeichnis der Personen und Stellen,*** die nach § 75 IO von der Insolvenzverfahrenseröffnung und nach § 145 Abs 2 IO vom Sanierungsplanantrag zu verständigen sind bzw. denen zuzustellen ist (§ 169 Abs 1 lit e IO);

- sofern der Schuldner nach Unternehmensrecht verpflichtet ist, Jahresabschlüsse aufzustellen, so sind diese vorzulegen; es genügen die Abschlüsse der letzten drei Jahre (§ 169 Abs 3 IO).

b) Notwendiger Antragsinhalt

Der Sanierungsplanantrag hat folgende Angaben zu enthalten (§ 169 Abs 1 Z 2 IO):

- Angaben, wie die zur Erfüllung des Sanierungsplans erforderlichen Mittel aufgebracht werden sollen (§ 169 Abs 1 Z 2 lit a IO),

- Angaben über die Anzahl der Beschäftigten und deren Belegschaftsorgane (zB. Betriebsräte),

- über die zur Erfüllung des Sanierungsplans nötigen Reorganisationsmaßnahmen (insbesondere Finanzierungsmaßnahmen).

c) Belege

Soweit zumutbar, hat der Schuldner die Angaben nach § 169 Abs 1 IO (oben a. und b.) zu belegen (§ 169 Abs 4 IO).

3. Mangelhaftes Vorbringen und seine Rechtsfolgen

Fehlen notwendige Urkunden (§ 169 Abs 1 Z 1, Abs 2 IO), Belege (§ 169 Abs 4) oder Angaben (§ 169 Abs 1 Z 2, Abs 3 IO), so ist der Schuldnerantrag gemäß § 84 ff ZPO iVm § 252 IO fristwahrend (§ 69 Abs 2 und 2a IO) zur Verbesserung zurückzustellen und dem Schuldner eine Verbesserungsfrist aufzutragen (vgl. OLG Wien 28 R 46/14m ZIK 2014/225, 149).

Kommt er dem Verbesserungsauftrag nicht binnen Frist nach so ist entweder

- das Verfahren als ***Sanierungsverfahren ohne Eigenverwaltung*** (§§ 166 bis 168 IO) fortzusetzen, oder, wenn auch die Voraussetzungen dafür nicht Vorliegen,
- das ***Konkursverfahren*** (§§ 180 iVm 63 ff IO) zu eröffnen (§ 169 Abs 5 IO).

Beachte: Der Gesetzgeber will dem Schuldner, der die Voraussetzungen für das Sanierungsverfahren mit Eigenverwaltung nicht erfüllt, nicht sofort den Weg in die Liquidation des Konkurses weisen.

Werden die Voraussetzungen des § 169 IO nicht erfüllt, so zieht das *nicht* zwingend die Eröffnung des Konkursverfahrens nach sich; das Sanierungsverfahren ist bei Vorliegen der Voraussetzungen des § 167 IO ohne Eigenverwaltung durchzuführen; erst wenn auch diese Verfahrensvoraussetzungen nicht erfüllt sind, muss das Insolvenzgericht das Konkursverfahren eröffnen (§ 180 IO).

C. Organe

1. Grundsatz

Grundsätzlich wird auf die Bestimmungen über die Organe des Insolvenzverfahrens verwiesen (s. oben 3. Teil. Insolvenzgericht und Organe des Insolvenzverfahrens).

2. Sanierungsverwalter

a) Auswahl, Bestellung, Überwachung und Enthebung

Allerdings wird in diesem Verfahren kein Insolvenzverwalter/Masseverwalter sondern ein ***Sanierungsverwalter*** bestellt.

Es gelten die §§ 80 bis 80b IO über die Auswahl und Bestellung (siehe oben 3. Teil. Insolvenzgericht und Organe des Insolvenzverfahrens II. A.), ebenso die §§ 84, 87, 89 über die Überwachung und Enthebung (siehe oben 3. Teil. Insolvenzgericht und Organe des Insolvenzverfahrens II. D.).

b) Aufgaben

Der Sanierungsverwalter überwacht die Eigenverwaltung des Schuldners, er verwaltet nicht die Insolvenzmasse. Er hat folgende Aufgaben:

- unverzügliche Überprüfung der wirtschaftlichen Lage des Schuldners,
- Überwachung der Geschäftsführung des Schuldners,
- Überwachung schuldnerischer Ausgaben für die Lebensführung,

- Berichterstattung spätestens bis zur ersten Gläubigerversammlung (findet eine solche nicht gesondert statt, bis zur Berichtstagsatzung) darüber, ob (§ 178 Abs 2 IO)
  - der Finanzplan eingehalten werden kann,
  - der Sanierungsplan erfüllbar ist
  - Gründe für die Entziehung der Eigenverwaltung vorliegen;
- Ausübung von Zustimmungs- und Einspruchsrechten, die sich aus der Beschränkung des Umfangs der Eigenverwaltung (§ 171 IO) oder aus richterlichen Verfügungsbeschränkungen (§ 172 Abs 2 IO) ergeben;
- Anordnung von Verfügungsbeschränkungen in dringenden Fällen (§ 172 Abs 2 S 3 IO);
- Vertretung des Schuldners bei Rechtshandlungen, die diesem verboten sind (§ 172 Abs 3 IO);
- die Wahrnehmung der nach § 172 Abs 1 IO dem Sanierungsverwalter vorbehaltenen Agenden; siehe unten E. 2.

Abschriften schriftlicher Berichte des Sanierungsverwalters sind den Mitgliedern des Gläubigerausschusses und erforderlichenfalls den Gläubigern zu übersenden (§ 178 Abs 3 IO).

Im Verhältnis zu Dritten ist der Sanierungsverwalter zu allen Rechtsgeschäften und Rechtshandlungen befugt, welche die Erfüllung der mit seinen Aufgaben verbundenen Obliegenheiten mit sich bringt, soweit nicht das Insolvenzgericht im einzelnen Fall eine *Beschränkung der Befugnisse verfügt und dem Dritten bekannt gegeben hat* (§ 177 Abs 1 IO).

Dritte können sich gegenüber dem Sanierungsverwalter auf eine zugunsten des Schuldners bestehende ***Verschwiegenheitspflicht*** nicht berufen,

- soweit der Schuldner zur Einholung von Auskünften durch den Sanierungsverwalter zugestimmt hat oder
- wenn das Insolvenzgericht die fehlende schuldnerische Zustimmung mit Beschluss ersetzt hat.

Ein solcher *unanfechtbarer Ersetzungsbeschluss* ergeht auf Antrag des Sanierungsverwalters bei Bescheinigung eines rechtlichen Interesses an der Auskunft (§ 178 Abs 4 IO).

c) Haftung, Rechnungslegung und Entlohnung

Auch den Sanierungsverwalter trifft die ***Sachverständigenhaftung*** des § 1299 ABGB (§ 177 Abs 2 IO). Da er kein Vermögen übernimmt, stellt sich die Frage nach der Vermögensübernehmerhaftung grundsätzlich nicht.

Die Bestimmungen über die Verantwortlichkeit des Insolvenzverwalters allen Beteiligten gegenüber gelten auch für den Sanierungsverwalter: § 177 Abs 2 verweist auf § 81 Abs 2 und 3 IO.

Die ***Rechnungslegungspflicht*** des Sanierungsverwalters ist ***eingeschränkt:*** Er ist nur soweit zur Rechnungslegung verpflichtet, als er selbst Rechtshandlungen vorgenommen und nicht bloß schuldnerische überwacht hat (§ 176 Z 4 IO). Dann findet auch keine Schlussrechnungstagsatzung statt.

Der Sanierungsverwalter hat Anspruch auf ***Entlohnung*** zuzüglich USt und ***Barauslagenersatz*** (§ 177 Abs 3 S 1 IO). §§ 82, 82a, 82b, 82c, 82d sowie 125 und 125a IO sind sinngemäß anzuwenden (§ 177 Abs 3 S 2 IO). Siehe dazu oben 3. Teil. Insolvenzgericht und Organe des Insolvenzverfahrens, II. F.

Die Fortführungsentlohnung des § 82 Abs 3 IO gebührt auch dem Sanierungsverwalter für die Überwachung der Fortführung (§ 177 Abs 3 Hs 2 IO).

Ist der Sanierungsverwalter nicht zur Rechnungslegung verpflichtet und findet keine Schlussrechnungstagsatzung statt, so hat er seinen Belohnungsanspruch bei sonstigem Verlust spätestens in der Sanierungsplantagsatzung geltend zu machen (§ 177 Abs 3 S 3 IO).

D. Verfahrensablauf

1. Eröffnungsedikt und Tagsatzungen

Es gelten die Bestimmungen, die bereits oben unter IV. D. beim Sanierungsverfahren ohne Eigenverwaltung dargelegt wurden.

Allerdings gibt es folgende Besonderheiten:

▪ Mit Eintritt der Verfahrenswirkungen kommt es zur Massebildung, bei gleichzeitiger Befugnis des Schuldners zur ***Eigenverwaltung*** unter der Aufsicht des Sanierungsverwalters (siehe unten E.). Ein Inventar wird nicht errichtet (§ 176 Z 2 IO).

▪ Die ***erste Gläubigerversammlung oder die Berichtstagsatzung*** hat innerhalb von drei Wochen ab Verfahrenseröffnung stattzufinden (§ 179 Abs 1 IO).

Bis zu dieser bzw. in dieser Tagsatzung hat der Sanierungsverwalter zu berichten (§ 178 Abs 2 IO), ob

- der Finanzplan eingehalten werden kann,
- der Sanierungsplan erfüllbar ist und
- Gründe für die Entziehung der Eigenverwaltung (§ 170 IO) vorliegen.

▪ Eine Verbindung von Prüfungs- und Sanierungsplantagsatzung ist hier weniger problematisch als im Sanierungsverfahren ohne Eigenverwaltung; das Sanierungsverfahren mit Eigenverwaltung verlangt dem Schuldner eine weitgehende Vorbereitung des

Insolvenzverfahrens ab (§ 169 IO), sodass doch noch auftretende Bestreitungen mit einer Stimmrechtsentscheidung nach § 93 Abs 4 IO oder einer vorläufigen Forderungs- oder Ausfallsfeststellung nach § 156b IO hinlänglich gegengesteuert werden kann.

Den Schuldner trifft im Erfüllungsstadium bis zur endgültigen Entscheidung die Pflicht zur Sicherstellung.

- Das Gericht hat daher auf ***spätestens 3 Wochen*** nach Verfahrenseröffnung die erste *Gläubigerversammlung oder die Berichtstagsatzung* anzuberaumen.

Alle weiteren Tagsatzungen (Prüfungstagsatzung, ggf. Berichtstagsatzung, Rechnungslegungstagsatzung und Sanierungsplantagsatzung) sind auf ***längstens 90 Tage*** nach der Verfahrenseröffnung anzuberaumen.

Die Anberaumung einer Schlussrechnungstagsatzung empfiehlt sich trotz § 176 Z 4 IO, weil am Anfang des Verfahrens noch nicht absehbar ist, ob der Sanierungsverwalter Rechtshandlungen für den Schuldner zu übernehmen haben wird und daher insoweit formell Rechnung zu legen hat.

Eine Berichtstagsatzung zu einem späteren Zeitpunkt setzt die Abhaltung einer ersten Gläubigerversammlung binnen der Frist von drei Wochen nach Verfahrenseröffnung voraus.

- Vor Beginn der Sanierungsplantagsatzung hat der Schuldner für die Richtigkeit und Vollständigkeit des von ihm vorgelegten Vermögensverzeichnisses (§§ 100a iVm 169 Abs 1 Z 1 lit b, 169 Abs 3 IO) vor Gericht zu unterfertigen:

Die ***Offenlegungs- oder Vermögensverzeichnistagsatzung*** (§ 100 IO) ist daher mit der Sanierungsplantagsatzung zu verbinden (§ 179 Abs 2 IO).

2. Annahme, Bestätigung, Rechtswirkungen und Erfüllung

Zu Annahme, Bestätigung, Rechtswirkungen und Erfüllung des Sanierungsplans siehe oben IV. D. 2. und 3. und die Ausführungen im 5. Teil. Sanierungsplan.

Wiederum enden die Wirkungen des Verfahrens mit Rechtskraft der Bestätigung des Sanierungsplans ex lege (§ 152b Abs 2 S 1 IO), der Erfüllungsvorgang schließt sich daran an.

E. Eigenverwaltung

1. Umfang der Eigenverwaltung

a) Grundsatz und besondere Verfahrensbestimmungen

Grundsätzlich ist der Schuldner berechtigt, ***alle Rechtshandlungen vorzunehmen*** (§ 171 Abs 1 S 1 IO).

Er wird aber in seinem Tun ***beaufsichtigt*** (§ 171 IO) und seine Befugnisse sind ***beschränkt*** durch Sanierungsverwalteragenden (§ 172).

Es gelten dabei folgende Verfahrensbestimmungen:

- Im Rahmen der Eigenverwaltung (§ 171 IO) ist er auch befugt, Prozesse zu führen; es gibt daher ***keine Prozesssperre*** (§ 173 IO).

Die Bestimmungen des § 8 IO über den Eintritt oder die Ablehnung des Eintritts in einen Prozess gelten nicht (§ 176 Z 3 IO).

- Im Rahmen der Eigenverwaltung (§ 171 IO) kann der Schuldner auch ***Masseforderungen*** begründen (§ 174 IO); § 46 IO bleibt durch diese Regelung unberührt.

- Es gibt ***keine Post- und Banksperre*** (§ 176 Z 1 IO).

- Der Schuldner ist zur ***bescheidenen Lebensführung*** für sich und seine Familie verpflichtet (*Unentbehrlichkeitsgrundsatz, gesetzliche Verfügungsbeschränkung* des § 175 IO).

Vom Grundsatz der umfassenden Eigenverwaltung macht das Gesetz Ausnahmen: Die Eigenverwaltung findet ihre Grenzen in den Bestimmungen des § 171 IO, sie ist beschränkt durch die Agenden des Sanierungsverwalters gemäß § 172 IO.

b) Schließung und Wiedereröffnung des Unternehmens

Zur ***Schließung oder Wiedereröffnung des Unternehmens*** bedarf der Schuldner der Bewilligung des Gerichts. § 115 IO ist anzuwenden (§ 171 Abs 2 IO).

c) Genehmigungsbedürftige und einspruchsgefährdete Rechtshandlungen

Das Gesetz ordnet in § 171 IO noch weitere ***gesetzliche Verfügungsbeschränkungen*** an:

Der ***Genehmigung des Sanierungsverwalters*** bedarf der Schuldner

- zu allen Rechtshandlungen, die nicht zum gewöhnlichen Unternehmensbetrieb gehören,

- zu Rücktritt, Kündigung oder Auflösung von Verträgen nach §§ 21 (noch nicht erfüllte gegenseitige Rechtsgeschäfte), 23 (Bestandverhältnisse, bei denen der Schuldner Bestandnehmer ist), 25 (Arbeitsverträge, bei denen der Schuldner Arbeitgeber ist) IO.

Beachte: Bestandverträge, bei denen der Schuldner Bestandgeber ist (§ 24 IO), fallen nicht unter die dem Schuldner erlaubten aber genehmigungspflichtigen Handlungen.

Die Norm geht zurück auf § 20c AO, wo ebenfalls kein Kündigungsrecht des Schuldners als Bestandgeber vorgesehen war.

Bei ***Einspruch des Sanierungsverwalters*** hat der Schuldner auch Handlungen, die zum gewöhnlichen Unternehmensbetrieb gehören, zu unterlassen (§ 171 Abs 1 S 3 IO).

Handelt der Schuldner ohne Zustimmung oder gegen einen Einspruch des Sanierungsverwalters so ist die *Rechtshandlung den Gläubigern gegenüber unwirksam,* wenn

- der Dritte wusste oder wissen musste, dass die Rechtshandlung über den gewöhnlichen Unternehmensbetrieb hinaus geht und dass eine Zustimmung nicht erteilt wurde

- der Dritte wusste order wissen musste, dass ein Einspruch gegen die Vornahme der Rechtshandlung vorlag (§ 171 Abs 3 IO).

Beachte: Fahrlässige Unkenntnis der Zustimmungsbedürftigkeit ist bei der Beendigung von Verträgen nach §§ 21, 23, 25 IO kein Tatbestandselement; hier genügt die fahrlässige Unkenntnis vom Mangel der Zustimmung allein, um die Rechtsfolge der relativen Unwirksamkeit auszulösen.

Zu den genehmigungspflichtigen und einspruchsgefährdeten Rechtshandlungen kraft Gesetzes können noch ***richterlich verhängte Verfügungsbeschränkungen*** hinzutreten, die den Katalog zustimmungsbedürftiger bzw. einspruchsgefährdeter Rechtshandlungen erweitern (§ 172 Abs 2 IO). Siehe dazu unten 2. b.

2. Beschränkung der Eigenverwaltung

a) Die Sanierungsverwalteragenden des § 172 IO

Dem ***Sanierungsverwalter*** sind vorbehalten (§ 172 Abs 1 IO):

- die ***Ausübung des Insolvenzanfechtungsrechts*** (§§ 27 bis 43 IO), wobei das Klagebegehren auf Leistung an den Sanierungsverwalter zu richten ist und das Erlangte zur Gläubigerbefriedigung verwendet werden muss (§ 172 Abs 1 Z 1 IO);

- die ***Forderungsprüfung*** nach §§ 102 ff IO (§ 172 Abs 1 Z 2 IO);

- die ***Mitteilung von Rechtsgeschäften*** iSd § 116 IO an das Insolvenzgericht (§ 172 Abs 1 Z 3 IO);

- der ***Abschluss genehmigungspflichtiger Rechtsgeschäfte*** iSd § 117 IO (§ 172 Abs 1 Z 4 IO);

- ***gerichtliche Veräußerungen*** nach § 119 IO (§§ 172 Abs 1 Z 5, 172 Abs 3 S 2 IO);

- ***Veräußerung von Sachen, an denen ein Absonderungsrecht besteht*** (§ 120 IO) sowie die Beantragung der Aufschiebung eines Exekutionsverfahrens gemäß § 120a IO (§ 172 Abs 1 Z 6 und 7 IO iVm § 172 Abs 3 S 2 IO);
- die ***Anordnung von Verfügungsbeschränkungen*** in dringenden Fällen (§ 172 Abs 2 S 3 IO); siehe unten b.
- die ***Vertretung des Schuldners*** bei Rechtshandlungen, die diesem verboten sind (§ 172 Abs 3 IO).

Beachte: Zu *Verwertungen* bedarf der Sanierungsverwalter der *Zustimmung des Schuldners* (§ 172 Abs 3 S 2 IO).

b) Richterlich oder vom Sanierungsverwalter verhängte Verfügungsbeschränkungen

Zusätzlich zu den gesetzlichen Verfügungsbeschränkungen der §§ 171 und 175 IO kann das Insolvenzgericht Verfügungsbeschränkungen verhängen, in dringenden Fällen kann selbst der Sanierungsverwalter solche Anordnungen treffen (§ 172 Abs 2 IO).

Soweit dies notwendig ist, um Nachteile für die Gläubiger zu vermeiden, können so dem Schuldner bestimmte Rechtshandlungen überhaupt verboten oder an die Zustimmung des Sanierungsverwalters gebunden werden.

Bei Verletzung solcher Anordnung ist § 171 Abs 3 IO sinngemäß heranzuziehen.

Diese Beschränkungen sind entweder zusammen mit der Verfahrenseröffnung, bei einem späteren Verhängungszeitpunkt gesondert

- öffentlich bekannt zu machen durch Einschaltung in die Insolvenzdatei,
- in öffentlichen Büchern und Registern anzumerken (§ 172 Abs 2 IO).

3. Entziehung der Eigenverwaltung

Die Eigenverwaltung ist mit Beschluss zu entziehen (§ 170 IO), wenn

- Umstände bekannt sind, die erwarten lassen, dass die Eigenverwaltung zu nachteilen für die Gläubiger führen wird, insbesondere wenn der Schuldner
  - der Schuldner Mitwirkungs- und Auskunftspflichten verletzt,
  - der Schuldner Verfügungsbeschränkungen oder überhaupt den Interessen der Gläubiger zuwiderhandelt,
  - die Verfahrensvoraussetzungen des § 169 IO nicht vorliegen,
  - der Finanzplan nicht eingehalten werden kann,

- die Angaben im Status unrichtig sind,
- der Schuldner die Masseforderungen nicht pünktlich erfüllt,

- eine der Voraussetzungen des § 167 Abs 3 IO erfüllt ist, die im Sanierungsverfahren ohne Eigenverwaltung zur Änderung der Verfahrensbezeichnung auf Konkursverfahren führt,
- der Sanierungsplan nicht innerhalb von 90 Tagen ab Verfahrenseröffnung von den Gläubigern angenommen wurde,
- der Schuldner dies selbst beantragt.

Gleichzeitig mit der Entziehung der Eigenverwaltung ist ein Insolvenzverwalter mit den Befugnissen eines Masseverwalters zu bestellen, wobei sich die Person des Sanierungsverwalters freilich anbietet (vgl. OLG Graz 3 R 76/15v, 3 R 77/15s ZIK 2015/256, 191

Sollte nicht die mangelnde Annahme des Sanierungsplans oder ein Fall des § 167 Abs 3 IO Entziehungsgrund gewesen sein, so ist das Sanierungsverfahren ohne Eigenverwaltung fortzusetzen. Wenn aber einem angenommenen Sanierungsplan die Bestätigung versagt wird, bleibt nur noch das Insolvenzverfahren als Konkurs.

Der Entziehungsbeschluss ist durch Eintragung in die Insolvenzdatei öffentlich bekannt zu machen. Die Rechtswirkungen der Entziehung der Eigenverwaltung treten mit Beginn des Tages ein, der der öffentlichen Bekanntmachung folgt (§ 170 Abs 2 IO).

Siebenter Teil

Sonderbestimmungen für natürliche Personen

Lit.: *Ameur-Hauk,* Vorzeitige Beendigung des Abschöpfungsverfahrens und Restschuldbefreiung, ZIK 2014/171, 122; *Buchegger,* Die Insolvenzrechtsreformen 1993 und 1994, in Feldbauer/Stiegler, Krisenmanagement (1994) 156; *Burgstaller,* Sanierung der natürlichen Person im Konkurs? JBl 1991, 490; *Deixler-Hübner,* Privatkonkurs, 2. Auflage (1996); *Fink,* Privatkonkurs – Gesetzestexte, Materialien, Wertung (1994); *Fink,* Zur Aufrechnungsbefugnis des Finanzamtes während des Abschöpfungsverfahrens, RdW 2009/131, 134; *Fink,* Der neue Privatkonkurs, Neue Gesetze, Bd 7 (1994); *Fink,* Der Privatkonkurs nach der Insolvenzrechts-Novelle 2002, ÖJZ 2003/11; *Fucik/Pilnacek,* Verstärkter Senat zur Unterhaltspflicht während des Abschöpfungsverfahrens, RichterInnenwoche 2010 – Reform des Haupt- und Rechtsmittelverfahrens, ÖJZ 2010/54; *Geroldinger,* Restschuldbefreiung(stourismus) – Forum shopping natürlicher Personen im Europäischen Insolvenzrecht, JAP 2006/2007/27; *Grohs/Hauer/Jürgens/Maly,* Das Abschöpfungsverfahren und die Praxis der Billigkeitsentscheidungen nach § 213 KO im „Privatkonkurs“, ZIK 2008/71, 46; *Hergenröder/Alsmann,* Das Privatinsolvenzrecht in Österreich, der Schweiz und Tschechien, ZVI 2012, 1; *Kalss/Eckert/Schörghofer,* Ein Sondergesellschaftsrecht für die GmbH & Co KG?, GesRZ 2009, 65; *G. Kodek,* Verfahrensrechtliche Fragen der Berücksichtigung nicht angemeldeter Forderungen im Zahlungsplan (§ 197 KO), ZIK 2001/7, 8; *G. Kodek,* Handbuch Privatkonkurs (2002); *G. Kodek,* Verfahrensrechtliche Fragen beim Zahlungsplan, ZIK 2004/142, 113; *G. Kodek,* Reform des Privatkonkurses – Das Insolvenzrechtsänderungsgesetz 2017, Zak 2017/260, 147; *Konecny,* Massebezogene Rechtshandlungen von Gemeinschuldnern, JBl 2004, 341; *Konecny,* Restschuldbefreiung bei insolventen natürlichen Personen, ÖBA 1994, 911; *Konecny,* Eigenverwaltung im Konkurs privater Schuldner, in Buchegger (Hrsg.) BeitrZPR V (1995) 45; *Konecny/Weber,* Aufrechnung durch Sozialversicherungsträger im Privatkonkurs, ZIK 1999, 191; *König,* Bedarf die „Privatkonkurs“-Novelle einer Nachbesserung? ecolex 1995, 252; *Mair,* IRÄG 2010 und die damit verbundenen Änderungen im Privatkonkursrecht, in Konecny (Hrsg.), IRÄG 2010 – Insolvenzrechtsänderungsgesetz 2010, ZIK Spezial (2010) 167; *Konecny,* Kein Gläubigerrekurs gegen Freigabebeschlüsse im Schuldenregulierungsverfahren mit Eigenverwaltung, ZIK 2015/225, 164; *Konecny,* Abschöpfungsverfahren: Wirkung der Exekutionssperre, ZIK 2016/252, 187; *Konecny,* InsolvenzrechtsänderungsG 2017, ZIK 2017/61, 41; *Lehofer/Fucik,* Versammlungsrecht: „Lex Erdoğan“, Sozialversicherungs-Zuordnungsgesetz: mehr Rechtssicherheit für (Schein-)Selbstständige, Privatinsolvenzrecht in Ausschussbegutachtung, ÖJZ 2017/55, 389; *Mitrovic,* Der Privatkonkurs und seine Auswirkungen auf den Kindesunterhalt, ÖA 1995, 176; *Mohr,* Außergerichtlicher Ausgleichsversuch und Konkursantragspflicht im Privatkonkurs, ZIK 1995, 65; *Mohr,* Die im Ministerialentwurf der Insolvenzrechts-Novelle 2002 enthaltenen Änderungen des Privatkonkursrechts, ZIK 2001/243, 153; *Mohr,* Insolvenzrecht 2002, 89 ff; *Mohr,* Neuerungen zum Privatkonkurs, ecolex 2002, 802; *Mohr,* Neues zum Zahlungsplan, ecolex 2007, 88; *Mohr,* Privatkonkurs, 2. Auflage (2007); *Mohr,* Privatkonkurs: ein ausgewogener Interessenausgleich? in Gabriel/Kathrein/Mohr/Pirker-Hörmann, Verschuldung – individuelle und sozialstaatliche Verantwortung (2008) 55; *Mohr,* Ergänzungszahlungen zur Erlangung einer Restschuldbefreiung, ZIK 2016/165, 122; *Neuhauser,* Unterhaltserhöhung durch Einleitung des Abschöpfungsverfahrens?, ZaK 2007/144, 83; *Nunner,* Die Freigabe von Konkursvermögen (1998) 215; *Pichler,* Konkurs – Privatkonkurs – Unterhalt, ÖA 1995, 43; *Reckenzaun,* Privatkonkurs und Befriedigung von Massegläubigern, ecolex 1995, 318; *Posani,* Berücksichtigung nicht angemeldeter Insolvenzforderungen nach Erfüllung des Zahlungsplans, ZIK 2011/70, 56; *Posani,* Restschuldbefreiung ohne Gläubigerbeteiligung, ZIK

2012/120, 85; *Posani,* Krankheitsbedingte Erwerbsunfähigkeit als Billigkeitsgrund – zur Unterschreitung der Mindestquote im Abschöpfungsverfahren, ZIK 2014/172, 125; *Posani,* Der Einfluss von Obliegenheitsverletzungen auf Billigkeitsentscheidungen im Abschöpfungsverfahren, ZIK 2016/5, 6; *Reck/Köster,* Neuregelung der Sperrfristen durch das „Gesetz zur Verkürzung des Restschuldbefreiungsverfahrens und zur Stärkung der Gläubigerrechte", ZVI 2014, 325; *Reckenzaun,* Zahlungsplan und fristgerechter Erlag einer Barquote, ZIK 2011/230, 174; *Riel,* Insolvenzrechtsänderungsgesetz 2017, AnwBl 2017, 275; *Rohrer/Posani,* Nichteinleitung des Abschöpfungsverfahrens: Maßgeblichkeit der Strafregisterauskunft, EvBl 2013/87, 604; *Schneider,* Privatinsolvenz (2010); *Schneider,* Bestätigungsvoraussetzung und Zahlungsplan, ZIK 2011/126, 89; *Schneider,* Wiederaufleben und Exekution einer nicht angemeldeten Forderung, ZIK 2011/227, 165; *Schneider,* Zahlungsplan und Exekution einer nicht angemeldeten Forderung, ZIK 2012/65, 44; *Schneider,* Die Verlängerung des Abschöpfungsverfahrens, ZIK 2012/242, 165; *Schneider,* Die angemessene Erwerbstätigkeit als Obliegenheit des Schuldners, ZIK 2013/123, 82; *Schneider,* 100%-Quote und Abschöpfungsverfahren, ZIK 2016/6, 9; *Schneider,* Zahlung nach Ablauf der Verlängerungsfrist im Abschöpfungsverfahren, ZIK 2016/166, 126; *Seiser/Hintringer,* Probleme des Schuldenregulierungsverfahrens bei Grenzgängern, ZIK 1999, 84; *Simma,* Zahlungsplan und Unterhaltsbemessung. Anmerkung zu OGH 9 Ob 74/07h, ZIK 2009/126, 76; *Stefan,* Unrichtiges Vermögensverzeichnis als Einleitungshindernis für das Abschöpfungsverfahren (§ 201 Abs 1 Z 2 IO), ZIK 2016/281, 202; *Welte,* Kriterien für die Annahme eines Zahlungsplans und den Belohnungsanspruch, ZIK 2011/125, 88; *Windisch-Graetz,* Auswirkung von Restschuldbefreiungen für Sozialversicherungsbeiträge auf die Pension, ZIK 2011/7, 6.

I. Zuständigkeit

A. Sachliche Zuständigkeit

Das Landesgericht ist zuständig:

- für alle Unternehmerinsolvenzverfahren (Konkurse und Sanierungsverfahren), gleich ob sie natürliche oder juristische Personen betreffen,
- für Insolvenzverfahren (Konkurse und Sanierungsverfahren) von Nichtunternehmern, die keine natürlichen Personen sind (zB. von ideellen Vereinen, Verlassenschaften).

Bei der Zuständigkeitsprüfung gibt der ***Unternehmensbegriff*** den Ausschlag: „jede auf Dauer angelegte Organisation selbständiger wirtschaftlicher Tätigkeit, mag sie auch nicht auf Gewinn gerichtet sein" (§ 1 Abs 2 UGB). Es ist geplantes, freies Wirtschaftswagnis ohne Rücksicht auf eine bestimmte Betriebsgröße, auf ein Mindestkapital oder auf eine bestimmte Einrichtung. Nicht darunter fallen: Unternehmensbeteiligungen, organschaftliche Unternehmensvertretungen und übernommene Unternehmenshaftungen (Bürgschaften für Unternehmensschulden).

Diese sachliche Zwangszuständigkeit ist in jeder Verfahrenslage von Amts wegen oder auf Antrag durch Überweisungsbeschluss wahrzunehmen (§ 182 Abs 2 IO, eingefügt durch Art 1 Z 22 IRÄG 2017). Maßgeblicher Zeitpunkt für die Unternehmereigenschaft ist der Tag der *Antragstellung*. Für den Unternehmer, der erst während des Insolvenzverfahrens seine Unternehmereigenschaft verliert, bleibt jedenfalls die landesgerichtliche Zuständigkeit aufrecht (perpetuatio fori, § 29 JN; vgl. *Buchegger/Markowetz,* Zivilprozessrecht, 220). Zieht die Unternehmensinsolvenz die Privatinsolvenz der natürlichen Person nach sich, so bleibt mithin der Gerichtshof zuständig.

Nach Aufhebung des Insolvenzverfahrens, weil die natürliche Person als Schuldnerin keinen Antrag auf Zahlungsplan und in eventu auf Einleitung des Abschöpfungsverfahrens gestellt hat und die sonstigen Voraussetzungen für die Verfahrensaufhebung vorliegen, kommt bei Verlust der Unternehmereigenschaft – sei es während oder nach dem Insolvenzverfahren vor dem Gerichtshof – eine Eröffnung des Schuldenregulierungsverfahrens vor dem BG auf Antrag des Schuldners oder eines Gläubigers in Betracht (*Mohr)*.

Das Bezirksgericht ist zuständig:

- für Insolvenzverfahren *natürlicher Personen, die kein Unternehmen betreiben;* diese Verfahren werden als ***Schuldenregulierungsverfahren*** bezeichnet (§ 182 Abs 1 IO).

Beachte: Wird ein Landesgericht (in Wien das HG Wien) angerufen, so hat es seine sachliche Unzuständigkeit auszusprechen und die Sache an das BG zu überweisen (§ 182 Abs 2 IO, eingefügt durch Art 1 Z 22 IRÄG 2017).

B. Örtliche Zuständigkeit

Im Unternehmerinsolvenzverfahren gelten die in den §§ 63 bis 65 IO enthaltenen Bestimmungen über die örtliche Zuständigkeit (siehe oben Dritter Teil, I. A. 2.).

Im Schuldenregulierungsverfahren (Insolvenzverfahren natürlicher Person ohne Unternehmen) ist das Bezirksgericht zuständig, in dessen Sprengel ***zum Zeitpunkt der Antragstellung***

- der Schuldner seinen gewöhnlichen Aufenthalt hat (§ 63 Abs 1 IO)
- sonst, wo sich Vermögen des Schuldners befindet (§ 63 Abs 2 IO).

In Wien ist Insolvenzgericht jenes *Bezirksgericht,* das nach dem Wiener Bezirksgerichts-Organisationsgesetz (BGOG Wien) *für Exekutionssachen* zuständig ist.
Sind mehrere Gerichte zuständig, so entscheidet das Zuvorkommen (§ 63 Abs 3 IO).

C. Funktionelle Zuständigkeit

Der Wirkungskreis der ***Rechtspfleger in Insolvenzsachen*** umfasst die Geschäfte in Insolvenzsachen *vor dem Bezirksgericht* (siehe § 17a Abs 1 RPflG).

Dem Richter bleiben nach der Rechtslage ***bis zum 31.12.2017 vorbehalten*** (§ 17a Abs 2 RPflG):

- Insolvenzverfahren mit Aktiven von voraussichtlich mehr als 50.000 Euro,
- Beschlüsse nach § 213 Abs 2 bis 4 IO (Restschuldbefreiungen nach Billigkeit),
- Entscheidungen, inwieweit für eine Forderung ein Stimmrecht zu gewähren ist.

BGBl I 2016/98 reduzierte die richterlichen *Vorbehaltssachen* ***ab dem 1.1.2018*** auf *Beschlüsse nach § 213 Abs 2 bis 4 IO* (Beendigung und Restschuldbefreiung nach Billigkeit; § 17a Abs 2 nF RPflG). § 213 IO idF IRÄG 2017 tritt aber ohne Änderung des RPflG am 1.11.2017 in Kraft, § 17a Abs 2 nF RPflG geht ab seinem Inkrafttreten ins Leere! ***Es entfallen die richterlichen Vorbehaltssachen des § 17a RPflG.***

II. Schuldnerantrag auch ohne Kostendeckung

Liegt ***keine Kostendeckung*** vor, so kann der Schuldner dennoch die Abweisung oder Aufhebung mangels Masse unter folgenden ***Voraussetzungen*** vermeiden (§ 183 Abs 1 IO):

1. Er muss ein eigenhändig unterschriebenes genaues ***Vermögensverzeichnis*** vorlegen und sich zugleich ***bereit erklären, vor dem Insolvenzgericht zu unterfertigen,*** dass seine Angaben über den Aktiv- und Passivstand wahr und vollständig sind.

2. Er muss einen ***zulässigen Zahlungsplan*** vorlegen, dessen Annahme beantragen und dessen ***Erfüllbarkeit urkundlich*** (§ 183 Abs 2 IO) ***bescheinigen.***

3. Er muss ***urkundlich*** (§ 183 Abs 2 IO) ***bescheinigen, dass seine Einkünfte die Kosten des Verfahrens voraussichtlich decken*** werden.

Das Gericht kann dem Schuldner zur Vorlage von Vermögensverzeichnis und Zahlungsplan eine Frist einräumen (§ 183 Abs 3 IO).

Solange die Voraussetzungen des § 183 Abs 1 IO gegeben sind, findet eine Aufhebung des Verfahrens mangels Kostendeckung (§ 123a IO) nicht statt (§ 183 Abs 4 IO).

Beachte: Das Scheitern eines außergerichtlichen Ausgleichsversuchs ist vom Nichtunternehmer seit dem IRÄG 2017 *nicht mehr* zu bescheinigen! (Entfall des § 183 Abs 2 aF IO durch Art 1 Z 23 IRÄG 2017).

Soweit die feststehenden und fälligen Kosten eines ohne Kostendeckung eröffneten Insolvenzverfahrens nicht aus der Masse bezahlt werden können, sind sie vorläufig *aus Amtsgeldern* zu zahlen (§ 184 Abs 1 S 1 IO).

Gleiches gilt für die Kosten eines Verfahrens, bei dem die Voraussetzungen für ein Insolvenzverfahren ohne Kostendeckung (§ 183 IO) festgestellt wurde (§ 184 Abs 1 S 2 IO).

Die aus Amtsgeldern bezahlten Beträge sind dem Bund unmittelbar aus der Insolvenzmasse und im Abschöpfungsverfahren aus der Treuhandmasse zu ersetzen (§ 184 Abs 2 IO).

Der Schuldner ist mit Beschluss zur Nachzahlung der dem Bund noch nicht ersetzten Beträge zu verpflichten, sobald er ohne Beeinträchtigung des notwendigen Unterhalts dazu imstande ist. Der Nachzahlungsanspruch verjährt in drei Jahren ab Beendigung oder Einstellung des Abschöpfungsverfahrens (§ 184 Abs 3 IO).

III. Schuldenregulierungsverfahren

A. Begriff

Das bezirksgerichtliche Insolvenzverfahren heißt ***Schuldenregulierungsverfahren*** (§ 182 Abs 1 IO). Es beschränkt sich auf Insolvenzverfahren natürlicher Personen, die kein Unternehmen betreiben (mithin auch ehemaliger Unternehmer mit Schulden aus ihrer Unternehmenstätigkeit).

Die §§ 186 bis 192 IO und 268 IO sind nur im Schuldenregulierungsverfahren anzuwenden. Sie betreffen:

- die schuldnerische Eigenverwaltung (§§ 186, 187 IO),
- die insolvenzmäßige Feststellung durch mangelnde Bestreitung des Schuldners bzw. eines bestreitungsbefugten Gläubigers in der Prüfungstagsatzung (§ 188 IO),
- die Legitimation zur Insolvenzanfechtung in Ermangelung eines Insolvenzverwalters (§ 189 IO),
- die Bestellung eines Insolvenzverwalters im Ausnahmefall und dessen Entlohnung (§§ 190, 191 IO),
- die Vertretung des Schuldners durch eine anerkannte Schuldenberatungsstelle (§ 192 IO) und
- das Schuldenberatungszeichen (§ 268 IO)

Beachte: Die Sonderbestimmungen für natürliche Personen (§§ 181 bis 216 IO) gelten für Insolvenzverfahren sowohl vor dem Bezirksgericht als auch vor dem Landesgericht, sofern nicht für ihre Anwendung die Anhängigkeit des Verfahrens vor dem Bezirksgericht vorausgesetzt ist.

Ein ***Sanierungsplan*** (§ 140 ff IO) ist so wie im Konkurs vor dem LG auch im Schuldenregulierungsverfahren ***möglich, nicht aber*** ein ***Sanierungsverfahren anstelle des Schuldenregulierungsverfahrens:*** Das Sanierungsverfahren ist natürlichen Personen, die kein Unternehmen betreiben, verschlossen (§ 166 IO).

B. Besonderheiten

1. Eigenverwaltung des Schuldners

Die Verwaltung der Insolvenzmasse steht dem Schuldner zu, sofern nicht das Insolvenzgericht etwas anderes bestimmt (§ 186 Abs 1 IO).

Beachte: Die Eigenverwaltung des § 186 Abs 1 IO steht in keinem rechtsinstitutionellen Zusammenhang zu §§ 171, 172 IO; es handelt sich um zwei verschiedene Verfahren mit Eigenverwaltung. Zur Auslegung des § 186 IO kann und darf daher nicht auf §§ 171, 172 IO zurückgegriffen werden.

Das Gericht hat dem Schuldner die Eigenverwaltung zu entziehen und einen Insolvenzverwalter zu bestellen (§ 186 Abs 2 IO),

- wenn die Vermögensverhältnisse des Schuldners nicht überschaubar sind, insbesondere wegen der Zahl der Gläubiger und der Höhe der Verbindlichkeiten, oder

• wenn Umstände bekannt sind, die erwarten lassen, dass die Eigenverwaltung zu Nachteilen für die Gläubiger führen wird, oder

• wenn der Schuldner nicht ein genaues Vermögensverzeichnis vorgelegt hat.

Die Obliegenheiten, die sonst dem Insolvenzverwalter zukommen, werden bei der Eigenverwaltung teils vom Schuldner, teils von den Gläubigern (zB. Verfolgung von Anfechtungsansprüchen), teils vom Insolvenzgericht wahrgenommen. Im Zweifelsfall ist die Eigenverwaltung nicht zu entziehen (OGH 8 Ob 114/16x ecolex 2017/99, 217).

§ 187 Abs 1 IO umreißt den Rahmen schuldnerischer Eigenverwaltung, begrenzt diese indes teilweise durch das Erfordernis gerichtlicher Zustimmung, teilweise durch Verbote:

▪ es gibt *keine Postsperre* iSd § 78 Abs 2 IO (Z 1),

▪ die *Erfüllung von Rechtsgeschäften* (inklusive Rücktritts-, Kündigungs- und Vertragsauflösungsrechte iSd §§ 21 ff IO) übt der Schuldner aus (Z 2),

▪ *Verfügungen über die Insolvenzmasse* bedürfen indes der *gerichtlichen Zustimmung* (§ 3 Abs 1 IO) (Z 3);

▪ die *Begründung von Verbindlichkeiten* ist nach Verfahrenseröffnung an die *gerichtliche Zustimmung* gebunden; das gilt auch bei der Erfüllung und Abwicklung gegenseitiger Rechtsgeschäfte iSd §§ 21 ff IO (Z 4);

▪ der Schuldner ist weder berechtigt, *pfändbare Teile seines Arbeitseinkommens* (oder sonstiger wiederkehrender Leistungen mit Einkommensersatzfunktion) in Empfang zu nehmen oder darüber zu verfügen; das sind Massebestandteile (§ 2 Abs 2 IO) (Z 5);

▪ *Zwangsversteigerungen* (und Zwangsverwaltungen, siehe aber § 12d IO!) in unbewegliches Massevermögen zu betreiben ist der Schuldner nicht berechtigt (Z 6).

Bewegliches Vermögen hingegen darf der Schuldner mit gerichtlicher Zustimmung veräußern, er darf dabei auch Masseforderungen begründen, sofern das Insolvenzgericht dies genehmigt. Von einem Verkaufserlös sind dann primär die Massegläubiger mit Zustimmung des Gerichts zu befriedigen, die übrigen Gelder sind *an das Gericht* zu überweisen (vgl. *Mohr* in Konecny/Schubert, zu § 190 KO Rz 7 f).

Zu den Geschäften nach § 187 Abs 1 Z 3 und 4 kann eine gattungsmäßige Zustimmung des Gerichts erteilt werden, etwa zur Aufrechterhaltung üblichen Wirtschaftens, wertmäßige Begrenzungen der gattungsmäßig erteilten Zustimmung sind möglich (§ 187 Abs 2 IO).

Bei Eigenverwaltung obliegt es dem Schuldner, in der Prüfungstagsatzung bei jeder angemeldeten Forderung eine bestimmte vorbehaltslose Erklärung über ihre Richtigkeit abzugeben; Schweigen gilt als Anerkenntnis (§ 188 Abs 1 IO).

Eine Forderung gilt als insolvenzmäßig festgestellt, wenn sie vom Schuldner anerkannt und von keinem bestreitungsberechtigten Insolvenzgläubiger bestritten wurde (§ 188 Abs 2 IO). Bestreitungsbefugt sind Gläubiger, deren eigene Forderung unbestritten geblieben ist.

Das Insolvenzanfechtungsrecht (§§ 27 bis 43 IO) kann ausgeübt werden (§ 189 IO)

- sofern ein *Insolvenzverwalter* nach § 186 Abs 2 IO überhaupt oder nach § 190 Abs 2 IO zu diesem Zweck bestellt ist, nur von diesem (Anfechtungsmonopol des Verwalters, § 37 Abs 1 IO);
- von einem *Insolvenzgläubiger, den die Gläubigerversammlung zur Durchführung von Anfechtungsprozessen beauftragt hat;* dessen Kosten sind ihm, soweit sie nicht aus dem im Prozess Erlangten, gedeckt werden können, aus der Insolvenzmasse zu ersetzen;
- von jedem *Insolvenzgläubiger;* aus dem im Prozess Erlangten sind dem Kläger vorweg seine Kosten zu erstatten, der Rest dient der gleichmäßigen Gläubigerbefriedigung; bei bloß teilweiser Kostendeckung aus dem Erlangten findet kein weiterer Kostenersatz aus der Masse statt.

2. Vertretung des Schuldners

Der Schuldner kann sich auch durch eine ***anerkannte Schuldenberatungsstelle*** vertreten lassen (§ 192 Satz 1 IO. Da der Dachverband der ASB als gemeinnützige GmbH konzipiert ist (Sitz in Linz) und ihre Tätigkeit aus Mitteln der Ministerien für Arbeit, Soziales und Konsumentenschutz sowie für Justiz gefördert werden, ist die Tätigkeit der anerkannten Schuldenberatungsstellen ***kostenlos*** (s. auch oben 3. Teil Insolvenzgericht und Organe des Insolvenzverfahrens VI.).

Beim Antrag auf Eröffnung des Insolvenzverfahrens und im Verfahren erster Instanz kann sich die anerkannte Schuldenberatungsstelle, soweit sie nicht durch ein satzungsgemäß berufenes Organ, vertreten ist, eines ihrer Bediensteten oder eines gesetzlich befugten Parteienvertreters bedienen (§ 192 S 2 IO).

Ein *Rekurs* muss mit der Unterschrift eines Rechtsanwalts versehen sein (§ 192 S 3 IO).

3. Bestellung eines Insolvenzverwalters

Die Insolvenzverwalterbestellung ist die Ausnahme vom Grundsatz der Eigenverwaltung (§§ 186 Abs 2, 190 Abs 1 IO). Neben den Fällen obligatorischer Verwalterbestellung infolge Entziehung der Eigenverwaltung (§ 186 Abs 2 IO, siehe oben 1.) *kann* das Insolvenzgericht auf Antrag des Schuldners oder eines Insolvenzgläubigers für einzelne, mit besonderen Schwierigkeiten verbundene Tätigkeiten einen Insolvenzverwalter bestellen (§ 190 Abs 2 IO); seine Befugnisse beschränken sich dann auf diesen Geschäftskreis (zB. Erhebung von Anfechtungsklagen).

Beachte: Der Insolvenzverwalter, der infolge Entziehung der Eigenverwaltung bestellt werden ***muss,*** hat umfassende Obliegenheiten, derjenige, der nach § 190 Abs 2 IO bestellt werden ***kann,*** einen beschränkten, vom Gericht umrissenen Aufgabenkreis.

Dem ***Insolvenzverwalter*** gebührt eine ***Entlohnung*** von mindestens 1.000 Euro (Basissatz des § 191 Abs 1 IO idF Art 1 Z 26 IRÄG 2017).

Für die ***Belohnung der bevorrechteten Gläubigerschutzverbände*** gilt § 87a IO (§ 191 Abs 2 IO).

4. Obliegenheiten des Insolvenzgerichts

• Das Gericht hat den Schuldner zu überwachen und die in § 187 IO vorgesehenen Zustimmungsrechte auszuüben.

• Obliegenheiten, die nach der IO von einem Insolvenzverwalter auszuüben sind, und die im Rahmen der begrenzten Eigenverwaltung aber auch dem Schuldner anstelle eines Verwalters verboten sind, hat das ***Insolvenzgericht*** selbst auszuüben (§ 190 Abs 3 IO).

Insbesondere sind zu nennen: die *Inventarserrichtung* (tunlichst durch Vollstreckungsorgane, unabhängig von § 96 Abs 1 IO), die Führung des *Anmeldeverzeichnisses, Verwaltung* und Anlage der dem Gericht zufließenden *Gelder, Verteilungsentwurf und Verteilung* (vgl. *Mohr* in Konecny/Schubert, zu § 190 KO Rz 7 mwN).

• Das Gericht kann schließlich ***unbewegliche Massebestandteile*** veräußern oder das zuständige Exekutionsgericht um die gerichtliche Veräußerung ersuchen (§ 190 Abs 3 S 2 IO). Vgl. dazu § 187 Abs 1 Z 6 IO.

IV. Zahlungsplan

A. Begriff und Rechtsquellen

Der ***Zahlungsplan*** ist eine Sonderform des Sanierungsplans, die jeder natürlichen Person offen steht, selbst wenn sie ein Unternehmen betreibt und deshalb unter die landesgerichtlichen Insolvenzverfahren fällt.

Der Zahlungsplan kommt zahlungsschwachen Kleinunternehmern zugute, die mit einer möglichst niedrigen Quote (auch unter 20%) in einer möglichst langen Zahlungsfrist (von höchstens fünf Jahren) aussteigen möchten.

Für den Zahlungsplan gelten die Bestimmungen über den Sanierungsplan (§§ 140 bis 163, 165 IO), sofern die ***§§ 193 bis 198 IO*** nichts anderes anordnen (§ 193 Abs 1 Satz 2 IO).

Insbesondere werden gewöhnliche Aus- und Absonderungsansprüche sowie Masseforderungen durch den Zahlungsplan nicht berührt. Auch der Grundsatz der Gläubigergleichbehandlung bleibt aufrecht. Besonderes gilt allerdings für Aus- und Absonderungsrechte an Einkünften aus einem Arbeitsverhältnis (§ 113a IO, siehe unten B 1).

Der Zahlungsplan setzt einen ***Schuldnerantrag*** voraus, der bereits zugleich mit dem Antrag auf Eröffnung des Insolvenzverfahrens oder danach bis zu dessen Aufhebung gestellt werden *kann* (§ 193 Abs 1 Satz 1 IO). Bei mangelnder Kostendeckung *ist* der Zahlungsplanantrag mit dem Eröffnungsantrag zu koppeln (§ 183 Abs 1 Z 2 IO).

B. Besonderheiten

1. Aus- und Absonderungsrechte an Einkünften aus einem Arbeitsverhältnis

Aus- und Absonderungsgläubiger haben solche Ansprüche der Höhe und dem Grund nach unter Bezeichnung der Beweismittel schriftlich oder protokollarisch beim Insolvenzgericht geltend zu machen (§ 113a Abs 1 IO).

Solche Aus- und Absonderungsansprüche erlöschen, wenn sie nicht bis zur Abstimmung über einen Zahlungsplan geltend gemacht worden sind (§ 113a Abs 2 S 1 IO). Muss die Zahlungsplantagsatzung ob der Geltendmachung eines solchen Anspruchs erstreckt werden, so hat der Spätling dem Insolvenzverwalter 50 Euro zuzüglich Umsatzsteuer ersetzen (§ 113a Abs 2 S 2 IO gemäß § 107 Abs 2 IO).

2. Quote und Erfüllungszeitraum

Der Schuldner muss den Insolvenzgläubigern mindestens eine Quote anbieten, die seiner Einkommens- und Vermögenslage in den folgenden fünf Jahren entspricht. Eine gesetzliche, numerische Mindestquote gibt es hier nicht.

Beachte: Ein Schuldner, der im Prognosezeitraum von fünf Jahren voraussichtlich kein pfändbares oder ein das Existenzminimum nur geringfügig übersteigendes Einkommen bezieht, *muss keine Zahlungen* anbieten (§ 194 Abs 1 S 3 IO, angefügt durch Art 1 Z 28 IRÄG 2017).

Die ***Zahlungsfrist darf sieben Jahre nicht übersteigen*** (§ 194 Abs 1 S 2 IO). Nicht angemeldete Forderungen werden bei der Quotenberechnung nicht berücksichtigt (unten 7.).

Es obliegt den Gläubigern zu entscheiden, ob der Zahlungsplan angemessen ist, den voraussichtlichen wirtschaftlichen Verhältnissen des Schuldners, namentlich der Höhe seines Einkommens in den nächsten fünf Jahren, entspricht.

Beachte: Angesichts der Verkürzung des Abschöpfungsverfahrens (s. unten V.) auf fünf Jahre durch Art 1 Z 31 IRÄG 2017 (§ 199 Abs 2 IO) entspricht die Prognosefrist beim Zahlungsplan der Abtretungsfrist im Abschöpfungsverfahren. Es ist daher zu bezweifeln, dass Zahlungspläne mit einer fünf Jahre übersteigenden Erfüllungsfrist in Zukunft in nennenswerter Zahl vorkommen werden.

3. Verwertung der Insolvenzmasse

Das Gericht hat zunächst für die ***insolvenzmäßige Verwertung*** des Schuldnervermögens zu sorgen, gewöhnlich mithilfe des Exekutionsgerichts (§ 190 Abs 3 S 2 IO). Der Erlös wird unabhängig vom Zahlungsplan unter den Gläubigern verteilt; diese erhalten dadurch keine Vorauszahlung, die in die noch zu beschließende Quote eingerechnet wird, vielmehr eine ***separate Sonderzahlung.*** Daher muss auch eine ***Verteilungstagsatzung*** (§§ 136, 130 bis 135 IO) stattfinden, die allerdings *mit der Tagsatzung über den Zahlungsplan verbunden* werden kann (§ 193 Abs 2 S 3 IO).

4. Tagsatzung über den Zahlungsplan

Über den Zahlungsplan wird in einer Tagsatzung ***(Zahlungsplantagsatzung)*** abgestimmt, jedoch grundsätzlich erst, nachdem die Insolvenzmasse verwertet ist (§ 193 Abs 2 S 1 IO).

Eine ***Ausnahme*** bestimmt § 193 Abs 2 S 2 IO: Nach der Rsp des OGH gehören auch die in § 250 Abs 1 Z 2 EO genannten, zur Erwerbsausübung notwendigen und daher *nicht pfändbaren* Gegenstände Kleingewerbetreibender zur *Insolvenzmasse* (bereits EvBl 1957/341 = SZ 29/82). Allerdings macht das Höchstgericht bei Gefahr der Verwertung zu Schleuderpreisen und damit verbundenem Verlust der Einnahmequelle eine Ausnahme vom Gebot der Verwertung dieser Gegenstände (OGH 8 Ob 55/03a, ZIK 2003/244, 173).

Um zu erreichen, dass die ***Gegenstände nach § 250 Abs 1 Z 2 EO*** dem Kleingewerbetreibenden vorerst erhalten bleiben, um einen Zahlungsplan erwirtschaften zu können, *dürfen solche Gegenstände* ***erst nachdem der Zahlungsplan nicht angenommen oder ihm die Bestätigung versagt wurde, veräußert werden;*** mithin hat die *Zahlungsplantagsatzung* stets *vor ihrer Verwertung* statt zu finden und ist bei Annahme des Zahlungsplans die Verwertung erst nach Versagung der Bestätigung einzuleiten (§ 193 Abs 2 S 2 IO).

Die Mehrheitserfordernisse für die Annahme des Zahlungsplans entsprechen jenen beim Sanierungsplan (§§ 193 Abs 1 S 2 iVm 147 IO). Stimmen die Gläubiger (mit Kopf- und Summenmehrheit) zu, so bedarf es noch der gerichtlichen Bestätigung (§ 152 IO).

Diese ist zu versagen (§ 195 IO), wenn

- ein Unzulässigkeitsgrund für den Zahlungsplan nach § 194 IO vorliegt (Z 1),
- die für das Verfahren und die Annahme des Zahlungsplans geltenden Vorschriften nicht beachtet worden sind, es sei denn, dass diese Mängel nachträglich behoben werden können oder nach der Sachlage nicht erheblich sind (Z 2),
- der Zahlungsplan durch eine gegen § 150a IO verstoßende Begünstigung eines Gläubigers zustande gebracht wurde (Z 3).

Die *zwingenden Versagungsgründe* beim Zahlungsplan entsprechen den zwingenden Gründen für eine Versagung der Bestätigung des Sanierungsplans (§ 153 IO). Die Versagungsgründe nach Ermessen des Gerichts des § 154 IO finden freilich keine Entsprechung beim Zahlungsplan.

Das ***Insolvenzverfahren ist mit Eintritt der Rechtskraft der Bestätigung des Zahlungsplans ex lege aufgehoben.*** Dies ist gemeinsam mit der Rechtskraft der Bestätigung in der Insolvenzdatei anzumerken (§ 196 Abs 1 IO).

5. Änderung des Zahlungsplans

Ändert sich die Einkommens- und Vermögenslage des Schuldners ohne dessen Verschulden, so dass er fällige Verbindlichkeiten des Zahlungsplans nicht erfüllen kann und ist im Zahlungsplan für diesen Fall nichts vorgesehen, so kann er neuerlich die Abstimmung über einen Zahlungsplan und die Einleitung eines Abschöpfungsverfahrens beantragen.

Den Erneuerungsantrag kann der Schuldner binnen vierzehn Tagen nach Mahnung durch den Gläubiger (§ 198 Abs 1 IO), aber auch schon dann stellen, wenn er sieht, dass er seine fälligen Verbindlichkeiten nicht wird erfüllen können. Stellt er den Antrag rechtzeitig, so leben die Forderungen einstweilen nicht auf, sondern erst bei Abweisung des Antrags auf Einleitung des Abschöpfungsverfahrens (§ 198 Abs 2 IO).

Beachte: Das – selten genutzte – Rechtsinstitut der ***Fortsetzung des Insolvenzverfahrens*** nach Ablehnung eines ersten Zahlungsplans und Vorlage eines ***verbesserten Zahlungsplans*** (§ 195a aF IO) wurde mit Art 1 Z 29 IRÄG 2017 abgeschafft.

Der abgeschaffte § 195a IO gab dem Schuldner die Möglichkeit, die 10%-Hürde in Schuldenregulierungs- und Abschöpfungsverfahren eher zu erreichen. Da das IRÄG 2017 diese Mindestquote abgeschafft hat, konnte § 195a aF IO gestrichen werden.

6. Nichtigkeit des Zahlungsplans

Der Zahlungsplan ist nichtig, wenn der Schuldner die *Masseforderungen* nicht binnen einer richterlichen Frist von maximal drei Jahren bezahlt (§ 196 Abs 2 S 1 IO).

Die Nichtigkeit tritt erst ein, wenn der Schuldner trotz gerichtlicher Aufforderung unter Einräumung einer mindestens vierwöchigen Nachfrist nicht gezahlt hat; die Aufforderung hat einen Hinweis auf diese Rechtsfolge zu enthalten (§ 196 Abs 2 S 2 IO).

7. Berücksichtigung nicht angemeldeter Forderungen

Insolvenzgläubiger, die ihre Forderungen nicht angemeldet haben, erhalten die im Zahlungsplan festgelegte Quote nur nach Maßgabe der Einkommens- und Vermögenslage des Schuldners (§ 197 Abs 1 S 1 IO).

Inwieweit dies zutrifft, hat das Insolvenzgericht auf Antrag vorläufig zu entscheiden (§ 197 Abs 2 IO iVm § 156b IO). Gläubiger, die nur aus Verschulden des Schuldners unberücksichtigt geblieben sind, müssen voll befriedigt werden (§ 197 Abs 1 S 2 iVm § 156 Abs 4 IO).

Die vorläufige Feststellung ist dem Exekutionsantrag samt Vollstreckbarkeitsbestätigung beizulegen. Andernfalls ist eine bewilligte Exekution auf Antrag oder von Amts wegen ohne Vernehmung der Parteien einzustellen (§ 197 Abs 3 IO).

V. Abschöpfungsverfahren

A. Einleitung

1. Antrag auf Einleitung des Abschöpfungsverfahrens

Wenn der Zahlungsplan nicht die Zustimmung der Gläubiger findet oder ihm sonst die Bestätigung versagt wird, kann der redliche Schuldner noch das Abschöpfungsverfahren beschreiten, um zu einer Entschuldung (Restschuldbefreiung) zu gelangen.

Er muss hierzu einen ***Antrag auf Einleitung des Abschöpfungsverfahrens*** stellen: im Lauf des Insolvenzverfahrens, doch *spätestens mit dem Antrag auf Annahme des Zahlungsplans* (§ 199 Abs 1 IO).

Über den Abschöpfungsantrag verhandelt und entscheidet das Insolvenzgericht gleich nach Ablehnung des Zahlungsplans in derselben Tagsatzung ohne weitere Abstimmung (Grundsatz der ***Subsidiarität des Abschöpfungsverfahrens***).

Der Antragsteller muss dem Antrag die Erklärung beifügen, dass er den pfändbaren Teil seiner Forderungen auf Einkünfte aus einem Arbeitsverhältnis oder auf sonstige wiederkehrende Leistungen mit Einkommensersatzfunktion ***auf fünf Jahre*** ab Rechtskraft des Beschlusses auf Einleitung des Abschöpfungsverfahrens an einen gerichtlichen Treuhänder abtritt (***Abtretungserklärung,*** § 199 Abs 2 S 1 IO idF Art 1 Z 31 IRÄG 2017).

Falls der Schuldner solche Forderungen bereits vorher an einen Dritten abgetreten oder verpfändet hat, so hat er in seiner Abtretungserklärung darauf hinzuweisen (§ 199 Abs 2 S 2 IO).

Beachte: Der Schuldner hat weder die Erreichung einer bestimmten Quote noch Billigkeitsgründe für eine Restschuldbefreiung zu bescheinigen.

2. Einleitungshindernisse

a) Grundsatz

Die Restschuldbefreiung soll nur einem *redlichen* Schuldner offen stehen. § 201 Abs 1 IO nennt in einer ***taxativen Aufzählung*** verschiedene Verhaltensweisen des Schuldners, die die Einleitung des Abschöpfungsverfahrens hindern und daher eine Restschuldbefreiung nicht rechtfertigen.

b) Geltendmachung

Diese Einleitungshindernisse sind zwar zum Teil vorweg von Amts wegen zu erheben (§ 201 Abs 1 Z 1, 5 und 6 IO), führen aber ***nie zu einer amtswegigen Abweisung*** des Abschöpfungsantrags. Vielmehr bleibt es den einzelnen ***Insolvenzgläubigern*** überlassen, die ***Abweisung zu beantragen;*** der Abweisungsgrund ist jeweils zu bescheinigen (§ 201 Abs 2 IO).

c) Katalog der Einleitungshindernisse des § 201 Abs 1 IO

- *rechtskräftige Verurteilung* des Schuldners wegen einer Straftat nach den §§ 156, 158, 162 oder 292a StGB, wenn diese Verurteilung weder getilgt ist noch der beschränkten Auskunft aus dem Strafregister unterliegt (Z 1),
- vorsätzliche oder grob fahrlässige *Verletzung von Auskunfts- oder Mitwirkungspflichten* durch den Schuldner während des Insolvenzverfahrens (Z 2),
  so etwa unrichtige oder unvollständige Angaben in einem Vermögensverzeichnis, (8 Ob 82/16s),
- *keine Ausübung angemessener Erwerbstätigkeit* während des Insolvenzverfahrens oder bei Beschäftigungslosigkeit *keine Bemühung* um eine angemessene Erwerbstätigkeit oder *Ablehnung zumutbarer Tätigkeit* (Z 2a, eingefügt durch Art 1 Z 32 IRÄG 2017),
- vorsätzliche oder grob fahrlässige *Verletzung von Auskunfts- oder Mitwirkungspflichten durch den Schuldner während des Insolvenzverfahrens einer eingetragenen Personengesellschaft oder juristischen Person,* dessen Vertretungsorgan er damals oder in den letzten fünf Jahren vor Eröffnung des Insolvenzverfahrens angehört hat (Z 2b, eingefügt durch Art 1 Z 32 IRÄG 2017),
- vorsätzlich oder grob fahrlässig herbeigeführte *Vereitelung oder Schmälerung der Befriedigung der Insolvenzgläubiger* durch das Begründen unverhältnismäßiger Verbindlichkeiten oder durch Vermögensverschleuderung innerhalb von drei Jahren vor dem Antrag auf Eröffnung des Insolvenzverfahrens (Z 3),
- vorsätzlich oder grob fahrlässig schriftliche *unrichtige oder unvollständige Angaben des Schuldners über seine wirtschaftlichen Verhältnisse oder die wirtschaftlichen Verhältnisse der von ihm als Organ vertretenen juristischen Person,* um die einer Insolvenzforderung zugrundeliegende Leistung zu erhalten, sofern der Gläubiger daran nicht vorsätzlich mitgewirkt hat (Z 4),
- *Versagung der Bestätigung des Zahlungsplans nach § 195 Z 3 IO,* weil dieser durch eine unzulässige Gläubigerbegünstigung iSd § 150a IO zustande gebracht wurde (s. dazu oben 5. Teil Sanierungsplan IV. B.) (Z 5),
- Einleitung eines *Abschöpfungsverfahrens vor weniger als 20 Jahren vor Eröffnung* des (zweiten) *Insolvenzverfahrens* (Z 6).

Beachte: Das IRÄG 2017 hat mit § 201 Abs 1 Z 2a und 2b IO zwei zusätzliche Einleitungshindernisse geschaffen: Z 2a nimmt nun schon im Insolvenzverfahren die Obliegenheit des Schuldners nach § 210 Abs 1 Z 1 IO im Abschöpfungsverfahren vorweg. Z 2b korreliert mit Z 2 und berücksichtigt nun auch im Gesetz für die persönliche Insolvenz obliegenden Mitwirkungs- und Kooperationspflichten dann, wenn der Schuldner eine Personengesellschaft oder juristische Person zu vertreten hatte.

3. Aufhebung des Insolvenzverfahrens

Liegen keine Einleitungshindernisse vor und sind die Kosten des Abschöpfungsverfahrens durch die Treuhandmasse voraussichtlich gedeckt, so leitet das Gericht das Abschöpfungsverfahren ein (§ 202 Abs 1 IO).

Sobald der stattgebende Beschluss in Rechtskraft erwachsen und damit das Abschöpfungsverfahren eingeleitet ist, ist das ***Insolvenzverfahren ex lege aufgehoben.*** Dies ist gemeinsam mit dem Eintritt der Rechtskraft des Einleitungsbeschlusses in der Insolvenzdatei anzumerken; § 79 IO gilt sinngemäß (§ 200 Abs 4 IO).

Die *Löschung des Insolvenzverfahrens im Firmenbuch* ist zu veranlassen (§ 77a Abs 1 Z 2 IO). Mithin schließt sich das Abschöpfungsverfahren als *eigenständiges Insolvenzverfahren* nahtlos an das Insolvenzverfahren an.

Im Abschöpfungsverfahren gelten eine Exekutionssperre für Insolvenz- und Neugläubiger (OGH 3 Ob 178/13t ZIK 2014/35, 25; OGH 3 Ob 46/16k EvBl-LS 2016/125, 793 = JBl 2016, 541 = RdW 2016/505, 681) sowie eine Insolvenzverfahrenssperre für Neugläubiger (§§ 206 Abs 1, 208 IO): Während aufrechter Treuhand fällt das vom Abschöpfungsverfahren erfasste Vermögen nicht in die Insolvenzmasse. Vermögen, das der Schuldner dem Treuhänder übergibt, ist der Exekution entzogen.

Eine beantragte Exekution ist auf Schuldnerantrag einzustellen, wenn er zustimmt, dass die in Exekution gezogene Sache dem Treuhänder ausgefolgt wird.

B. Treuhänder

Das Gericht bestellt für die fünfjährige Dauer des Abschöpfungsverfahrens einen ***Treuhänder für die Abschöpfungsmasse,*** die durch die Abtretungserklärung des Schuldners entsteht (§ 199 Abs 2 IO idF Art 1 Z 31 IRÄG 2017, s. oben A. 1.).

Als Treuhänder kommen alle Personen in Betracht, die nach § 80 Abs 2 IO zum Insolvenzverwalter bestellt werden können; dazu gehören auch die bevorrechteten Gläubigerschutzverbände (§ 202 Abs 3 IO).

Der Treuhänder hat dem Drittschuldner (Arbeitgeber) die Abtretung mitzuteilen (§ 203 Abs 1 S 1 IO), die Beträge, die er aufgrund der Abtretungserklärung erlangt, und sonstige Leistungen von seinem Vermögen getrennt zu halten, fruchtbringend anzulegen und ***binnen acht Wochen nach Ablauf der Abtretungserklärung*** an die Gläubiger nach den Verteilungsgrundsätzen des Insolvenzverfahrens zu ***verteilen*** (§ 203 Abs 1 S 2 IO idF Art 1 Z 33 IRÄG).

Verteilungen haben dann bereits vorher stattzufinden (§ 203 Abs 1 S 3, angefügt durch Art 1 Z 33 IRÄG),

- wenn hinreichendes zu verteilendes Vermögen vorhanden ist,
- jedenfalls aber, wenn eine Quote von zumindest 10% verteilt werden kann.

Bei der Verteilung sind wie folgt zu befriedigen (§ 203 Abs 1 S 2 IO):

- die Masseforderungen,
- die Kosten des Abschöpfungsverfahrens und schließlich
- die Insolvenzgläubiger nach den Bestimmungen der IO

Der Treuhänder hat dem Gericht und auf Verlangen auch dem Schuldner Rechnung legen, und zwar jährlich, nach Ablauf der Abtretungserklärung und bei Beendigung seiner Tätigkeit (§ 203 Abs 3 IO). Zur Vergütung des Treuhänders → § 204 IO.

Den Treuhänder trifft grundsätzlich keine Überwachungspflicht. Das Gericht kann ihn aber auf Antrag der Gläubigerversammlung beauftragen, durch angemessene Erhebungen zu prüfen, ob der Schuldner seine Obliegenheiten erfüllt ***(besonderer Überwachungsauftrag),*** widrigenfalls die Insolvenzgläubiger unverzüglich zu benachrichtigen (§ 203 Abs 2 IO). Die Kosten für diese besondere Überwachung müssen entweder voraussichtlich gedeckt sein oder bevorschusst werden (§ 203 Abs 2 S 2 IO).

Die Vergütung des Treuhänders richtet sich nach § 204 IO. Die Mindestentlohnung ist 10 Euro monatlich zuzüglich Umsatzsteuer.

§§ 82b und 82c IO sind anzuwenden. Ein besonderer Überwachungsauftrag ist ein Entlohnungserhöhungsgrund. Für die Geltendmachung des Vergütungsanspruchs ist § 125 IO sinngemäß anzuwenden (§ 204 Abs 2 IO).

C. Obliegenheiten des Schuldners

1. Umfang

Die ***Obliegenheiten des Schuldners (§ 210 IO)*** sind das Kernstück der Restschuldbefreiung. Sie sind in § 210 IO ***taxativ aufgezählt*** (RS0119714; vgl. etwa 8Ob 4/05d (ZIK 2005,107 = Jus-Extra OGH-Z 3972 = SZ 2005/19), 8 Ob 136/12a (*Schneider,* ZIK 2013/123, 82, ZIK 2013/166, 111 = Jus-Extra OGH-Z 5366 = RdW 2013/412, 396 = ÖBA 2013, 680/1942). Die ***Wohlverhaltensperiode*** vor dem und im Insolvenzverfahren verstärkt sich noch im Abschöpfungsverfahren wegen des Anspannungsgrundsatzes. Entspricht der Schuldner nicht den ihm auferlegten Obliegenheiten, so muss er mit einem Gläubigerantrag auf vorzeitige Einstellung des Abschöpfungsverfahrens rechnen (§ 211 IO, unten 3).

Der Schuldner muss (§ 210 Abs 1 IO):

- eine ***angemessene Erwerbstätigkeit*** ausüben oder, wenn er beschäftigungslos ist, sich um eine solche bemühen; er darf keine zumutbare Tätigkeit ablehnen (Z 1).
- Vermögen das er ***von Todes wegen,*** mit Rücksicht auf ein künftiges Erbrecht, ***unentgeltlich oder als Gewinn in einem Glücksspiel erwirbt***, *an den Treuhänder* ***herausgeben*** (Z 2 idF Art 1 Z 33a IRÄG 2017);
- jeden ***Wechsel des Wohnsitzes oder des Drittschuldners (Arbeitgebers)*** sowohl dem Gericht wie auch dem Treuhänder anzeigen (Z 3);
- ***keine*** von der Abtretungserklärung erfassten ***Bezüge und kein Vermögen iSd Z 2*** (Erbschaft, Vermächtnis, Schenkung, Schenkung auf den Todesfall) ***verheimlichen*** oder dessen ***Erwerb unterlassen*** (Z 4);

- sowohl dem Gericht wie auch dem Treuhänder auf Verlangen **Auskunft** über seine Erwerbstätigkeit bzw. seine Bemühungen um eine solche sowie über seine Bezüge und sein Vermögen erteilen (Z 5);

- dem Gericht und dem Treuhänder zu den vom Gericht festgelegten Zeitpunkten, ***mindestens aber einmal im Jahr, Auskunft über seine Bemühungen um eine Erwerbstätigkeit zu erteilen,*** wenn er keinen, einen unpfändbaren oder keinen den unpfändbaren Freibetrag übersteigenden Bezug hat; unterbleibt die Auskunft, so hat das Gericht dem Schuldner eine zweiwöchige Nachfrist zur Auskunfterteilung einzuräumen (Z 5a, eingefügt durch Art 1 Z 33a IRÄG 2017);

Beachte: Z 4 unterstützt hierbei Z 2 zur Sicherung der Herausgabe von Neuerwerb; Z 1, 5 und 5a nehmen den Schuldner bezüglich der Erwerbstätigkeit in die Pflicht.

- Zahlungen zur Gläubigerbefriedigung niemals eigenständig, sondern nur an den Treuhänder zu leisten (Z 6);

- keinem Insolvenzgläubiger besondere Vorteile einräumen (Z 5 iVm § 206 Abs 2 IO; vgl. dazu § 150a IO);

- keine neuen Schulden eingehen, die er bei Fälligkeit nicht bezahlen kann (Z 8).

Einerseits muss also der Schuldner während des Abschöpfungsverfahrens nicht regelmäßig Beträge an die Insolvenzgläubiger abliefern, ja er darf es gar nicht (§ 210 Abs 1 Z 6 IO). Zahlungen erfolgen nur über den Treuhänder. Anderseits stellen § 210 Abs 1, 5 und 5a IO höchste Anforderungen an den Schuldner, jeweils die bestmögliche Arbeit zu übernehmen, sogar auswärtige und/oder berufsfremde Arbeit, Aushilfs- oder Gelegenheitsarbeit.

Die obliegende Arbeitssuche ist jedenfalls beim Arbeitsmarktservice zu melden, auch wenn der Schuldner eine selbständige Erwerbstätigkeit plant. Die neu eingefügte Z 5a verordnet dem nicht oder bloß geringfügige pfändbare Bezüge hereinbringenden Schuldner eine Auskunftspflicht mindestens einmal pro Jahr je nach gerichtlicher Anordnung.

Ferner muss der Schuldner Schenkungen, Erbschaften und Glücksspielgewinne herausgeben, jeden Wohnsitz- und Arbeitsplatzwechsel bekannt geben; er darf keinem Insolvenzgläubiger besondere Vorteile einräumen, aber auch keine neuen Verbindlichkeiten eingehen, die er bei Fälligkeit nicht bezahlen kann (§ 210 Abs 1 Z 2 bis 4, 6 bis 8 IO).

Der von der hM im Insolvenzrecht geleugnete ***insolvenzrechtliche Anspannungsgrundsatz*** kommt hier deutlich zur Geltung! So hat der OGH in 8 Ob 136/12a ausgesprochen, dass – außer für den Fall von Zusatzbelastungen Alleinerziehender – die bloße Ausübung einer Teilzeitbeschäftigung bereits als Obliegenheitsverletzung anzusehen ist: RS0128695.

Ist der ***Schuldner selbständig,*** so hat er die Insolvenzgläubiger so zu stellen als übe er eine angemessene unselbständige Tätigkeit aus. Von seinem Gewinn hat ihm nur das unpfändbare Existenzminimum zu verbleiben (§ 210 Abs 2 IO).

2. *Auskunft über die Obliegenheitserfüllung (§ 210a IO)*

Wenn sich die Eingänge in die Treuhandmasse wesentlich vermindern, hat der Treuhänder den Schuldner aufzufordern, über seine Arbeitslage zu berichten. Kommt der Schuldner dieser Aufforderung nicht nach, so hat dies der Treuhänder dem Gericht mitzuteilen. Daraufhin hat das Gericht den Schuldner einzuvernehmen; die Ladung hat den Schuldner auf die Folgen einer Verletzung seiner Auskunftspflicht hinzuweisen. Dem Treuhänder ist die protokollierte Auskunft abschriftlich mitzuteilen.

Bleibt der Schuldner unentschuldigt der Vernehmungstagsatzung fern oder verweigert er dort die Auskunft, so hat das Insolvenzgericht *von Amts wegen* die vorzeitige Einstellung des Abschöpfungsverfahrens zu verfügen (siehe unten 3 Ende).

3. *Obliegenheitsverletzungen*

Obliegenheitsverletzungen des Schuldners werden nicht von Amts wegen beachtet. Vielmehr kann jeder Insolvenzgläubiger die ***vorzeitige Einstellung des Abschöpfungsverfahrens*** beantragen, wenn der Schuldner *schuldhaft* eine seiner Obliegenheiten verletzt und dadurch die Befriedigung der Insolvenzgläubiger beeinträchtigt (§ 211 Abs 1 Z 2 IO).

Der ***Einstellungsantrag*** ist befristet mit einem Jahr ab Kenntnis der Obliegenheitsverletzung; der Einstellungsgrund ist glaubhaft zu machen. In einer *Vernehmungstagsatzung* mit dem Treuhänder und dem Schuldner prüft das Gericht den Einstellungsgrund.

Bleibt der Schuldner der Vernehmungstagsatzung unentschuldigt fern oder verweigert er die Auskunft, so ist das Abschöpfungsverfahren von Amts wegen vorzeitig einzustellen; die Ladung hat auf diese Rechtsfolge aufmerksam zu machen (§ 211 Abs 2 IO).

Die vorzeitige Einstellung des Abschöpfungsverfahrens beendet die Wirksamkeit der Abtretungserklärung und das Amt des Treuhänders und lässt das Nachforderungsrecht der Insolvenzgläubiger wiederaufleben (§ 211 Abs 5 IO).

Ist hinreichend Vermögen vorhanden (das der Schuldner obliegenheitswidrig nicht abgeliefert hat) oder wird ein angemessener Kostenvorschuss geleistet, so ist das Insolvenzverfahren auf Antrag eines Insolvenzgläubigers wiederaufzunehmen (§ 212 IO).

D. Berücksichtigung nicht angemeldeter Forderungen

Insolvenzgläubiger, die ihre Forderungen nicht angemeldet haben, sind bei den Verteilungen nur dann zu berücksichtigen, wenn ihre Forderungen feststehen und sie dies dem Treuhänder angezeigt haben (§ 207 Abs 1 IO, die dem Treuhänder zu erstattende Prüfungsgebühr beträgt 50 Euro zuzüglich USt., § 207 Abs 2 IO).

E. Ausfälle bei Aus- und Absonderungsansprüchen

Solange bei künftig fällig werdenden Forderungen der Ausfall nicht feststeht, hat der betroffene Insolvenzgläubiger dem Treuhänder vierzehn Tage vor Ende des Kalenderjahrs eine Aufstellung über die offene Forderung zu übersenden, widrigenfalls er bei dieser Verteilung nicht berücksichtigt wird (§ 209 Abs 1 IO). Nach dem Erlöschen des Aus- oder Absonderungsanspruchs hat der Treuhänder den Ausfall erst zu berücksichtigen, wenn er hierüber eine Aufstellung erhält (§ 209 Abs 2 S 1 IO). Ein Erlöschen des Aus- oder Absonderungsanspruchs nach § 12a IO hat der Drittschuldner dem Insolvenzgläubiger und dem Treuhänder mitzuteilen (§ 209 Abs 2 S 2 IO).

VI. Restschuldbefreiung

A. Restschuldbefreiung ohne Mindestquote

1. Der Kompromiss des IRÄG 2017

Das IRÄG 2017 hat nach jahrelanger Reformdiskussion über die Insolvenz natürlicher Personen die bisherige ***10%-Quote,*** die die Insolvenzgläubiger in Insolvenz- und Abschöpfungsverfahren möglichst zu erhalten hatten (wobei es in § 213 Abs 2 bis 4 aF IO Billigkeitsregeln gab) ***abgeschafft.***

Gleichzeitig wurde, wie oben ausgeführt (S. oben V.), die bisher ***siebenjährige Abtretungsdauer*** auf eine ***fünfjährige gekürzt.*** Am Ende steht, sofern das Verfahren nicht vorher vorzeitig eingestellt wird (§ 211 IO), ***jedenfalls*** die ***Restschuldbefreiung, unabhängig von der erlangten Quote.***

Damit wurde bei den Insolvenzen von Einzelunternehmern nach Sanierungsplan und Sanierungsverfahren des IRÄG 2010 ein weiterer Schritt zur Umsetzung der politischen Leitlinien des Small Business Act für Europa (SEK [2008] 2101, 2102) gesetzt.

Ob aber die im Rahmen dieser Novelle gefundene Kompromisslösung mangels Verfahrensziels im Abschöpfungsverfahren zu einer Laissez-faire-Haltung der Schuldnerschaft bei gleichzeitiger erschwerter Kreditvergabe führt, bleibt abzuwarten.

2. Die Restschuldbefreiung

Das Insolvenzgericht hat das Abschöpfungsverfahren von Amts wegen für beendet zu erklären, wenn (§ 213 Abs 1 Satz 1 IO idF Art 1 Z 34 IRÄG 2017):

- ***die fünfjährige Laufzeit der Abtretungserklärung verstrichen*** ist,
- sofern das Abschöpfungsverfahren ***nicht vorzeitig eingestellt*** wurde.

Das Gericht hat zugleich auszusprechen, dass der Schuldner von den im Verfahren nicht erfüllten Verbindlichkeiten gegenüber den Insolvenzgläubigern befreit ist ***(Restschuldbefreiung).***

Die Rechtskraft der gerichtlichen Entscheidung beendet das Amt des Treuhänders (§ 213 Abs 1 IO).

Behängt bei Ablauf der Abtretungsfrist ein noch nicht rechtskräftig entschiedener Antrag auf vorzeitige Einstellung (§ 211 IO), so ist die Entscheidung über die Beendigung des Abschöpfungsverfahrens und die Restschuldbefreiung vorerst auszusetzen; darüber ist erst dann zu entscheiden, wenn der Einstellungsantrag rechtskräftig abgewiesen wurde (§ 231 Abs 1 S 2 IO idF Art 1 Z 34 IRÄG 2017).

Der ***Beschluss*** über die Beendigung und Restschuldbefreiung ist öffentlich bekannt zu machen, mithin in der ***Insolvenzdatei*** einzuschalten (§ 213 Abs 2 IO idF idF Art 1 Z 34 IRÄG 2017; entspricht § 213 Abs 6 aF IO). Mit der ediktalen Bekanntmachung beginnt die Rekursfrist zu laufen (RS0065237, RS0110969).

B. Wirkungen der Restschuldbefreiung

Die Restschuldbefreiung wirkt gegen alle Insolvenzgläubiger, auch wenn diese ihre Forderungen nicht angemeldet haben (§ 214 Abs 1 IO). Sie ist – entgegen ihrer Bezeichnung – kein Restschulderlass: Die Restschuld bleibt als Naturalobligation aufrecht, denn trotz erteilter Restschuldbefreiung Geleistetes kann vom Gläubiger nicht zurück gefordert werden (§ 214 Abs 3 IO).

Was an der hA zu den Rechtswirkungen des Sanierungsplans (§ 156 IO) zu kritisieren war (siehe oben 5. Teil, V. A.), gilt mithin auch hier (§ 214 IO, vgl. Abs 2 und § 156 IO): Die Rest***schuld***befreiung nicht als solche zu konzipieren und dem nach der Insolvenz einen Neubeginn Suchenden einen Erlass zu missgönnen ist kleinmütig.

Nicht berührt werden Verbindlichkeiten, die nur aus Verschulden des Schuldners unberücksichtigt geblieben sind, sowie Verbindlichkeiten aus einer vorsätzlich begangenen unerlaubten Handlung oder einer vorsätzlichen strafgesetzwidrigen Unterlassung (§ 215 IO).

C. Widerruf der Restschuldbefreiung

Die ***Restschuldbefreiung*** ist auf Gläubigerantrag unter den Voraussetzungen des § 216 Abs 1 IO zu widerrufen. Der Antragsteller hat glaubhaft zu machen:

dass der Schuldner eine ***vorsätzliche, die Befriedigung der Gläubiger erheblich beeinträchtigende Obliegenheitsverletzung*** (§ 210 IO) begangen hat (§ 216 Abs 1 und 2 IO) und ***dem Gläubiger dieser Umstand erst nach Ende der Laufzeit der Abtretungserklärung bekannt geworden ist*** (§ 216 Abs 2 IO).

War die qualifizierte Obliegenheitsverletzung dem Gläubiger schon vorher bekannt, kann er mithin nicht Unkenntnis während der Dauer der Abtretungserklärung glaubhaft machen, so ist der Antrag ebenso abzuweisen wie bei Mangel der Glaubhaftmachung der Obliegenheitsverletzung oder ihrer Eignung zur erheblichen Beeinträchtigung der Gläubigerbefriedigung. Kenntnis von einer derartigen Obliegenheitsverletzungen während der Dauer der Abtretungserklärung wäre mit einem Einstellungsantrag (§ 211 IO) geltend zu machen gewesen. Verschweigt sich der Gläubiger, so verliert er das Widerrufsantragsrecht.

Vor der Entscheidung über den Widerrufsantrag sind der Treuhänder und der Schuldner zu vernehmen (§ 216 Abs 3 IO). Ein ***Widerrufsbeschluss*** (nicht eine Antragsabweisung) ist in der Insolvenzdatei *öffentlich bekannt zu machen* (§ 216 Abs 4 IO).

Mit dem Widerruf steht es den Gläubigern wieder frei, ihren Ausfall vom Schuldner zu fordern.

Ein Antrag auf Widerruf der Restschuldbefreiung ist ***nur innerhalb von zwei Jahren*** nach Eintritt der Rechtskraft des Restschuldbefreiungsbeschlusses zulässig.

Zweites Buch

Insolvenz-Nebengesetze

Erster Teil

Unternehmensreorganisation

Lit.: *Bartos,* Neuer Diskussionsstoff, persaldo 2013 H 3, 28; *Birnbaumer,* Mitteilung der von den Gesellschaftern einer GmbH wegen Verlustes der Hälfte des Stammkapitals gefassten Beschlüsse an das Firmenbuchgericht, GES 2014, 347; *Dellinger,* Vorstands- und Geschäftsführerhaftung nach dem URG, ZIK 1997, 207; *Funder/Euler/Reber,* Entwicklungstrends der Unternehmensreorganisation (2000); *Hochegger,* Unternehmensreorganisationsgesetz, JBl 1997, 361; *Jenatschek,* Das Unternehmensreorganisationsgesetz – ein taugliches Sanierungsinstrument (2000); *Jenatschek* in Buchegger (Hrsg.), Österreichisches Insolvenzrecht, Kommentar, Erster Zusatzband (2009), zum URG, S. 499 ff; *Koren,* URG 1997, VWT 1997, 12; *König,* Anfechtungsschutz durch Reorganisationsverfahren, RdW 1998, 1; *Mohr,* Unternehmensreorganisationsgesetz – URG (1997); *Mohr,* Der Ministerialentwurf des Insolvenzrechtsänderungsgesetz 1997, ZIK 1996, 194; *Ostheim,* Unternehmensreorganisation und Eigenkapitalersatzrecht, wbl 1998, 233; *Reckenzaun/Hadl,* Erste (positive) Erfahrungen mit dem Unternehmensreorganisationsverfahren, ZIK 2001/130, 90; *Reisch/Winkler,* Chancen für den Neuanfang Unternehmenssanierung in Österreich, persaldo, 2006, H 2, 10; *Rohatschek/Stieglbauer,* Eigenkapitalersatz-Gesetz – Anpassungsbedarf im Unternehmensreorganisationsgesetz (URG). Eine Darstellung der wesentlichen Inhalte mit Fokus auf Abweichungen von der bisherigen Rechtsprechung, RdW 2004, 457; *Schlager,* Die Bedeutung des Unternehmensreorganisationsgesetztes (URG) für die Unternehmenspraxis, in Feldbauer-Durstmüller/Schlager (Hrsg.), Krisenmanagement – Sanierung – Insolvenz (2002), 529; *Schulyok,* Von der Kreditwürdigkeit zur Anknüpfung an die URG-Kriterien, ecolex 2002, 322 (zum Ministerialentwurf); *Schumacher,* Das Unternehmensreorganisa-tionsgesetz, ÖBA 1997, 855; *Tauscher,* Die Bestimmung des Eintritts der objektiven Zahlungsunfähigkeit mithilfe einer Kapitalflussrechnung, Sachverständige 2015, 211; *Wagner,* Geschäftsführerhaftung und URG (1999); *Wolf/Doppel-bauer,* Fortführungsplanung und –kontrolle in der Insolvenz, in Feldbauer-Durstmüller/Schlager (Hrsg.), Krisenmanagement – Sanierung – Insolvenz (2002), 557.

I. Allgemeines

A. Rechtsquelle

Das ***Unternehmensreorganisationsgesetz (URG),*** BGBl I 1997/114, eingeführt durch Art XI IRÄG 1997, ist in Kraft seit 1.10.1997, derzeit idF des APRAG 2016 BGBl I 2016/43.

Das durch das IRÄG 1982 eingeführte und durch das IRÄG 1997 wieder aufgehobene „Insolvenzvorverfahren" (§§ 79 bis 91 alt der ehemaligen AO) hatte sich als Fehlschlag erwiesen. Das URG stellt einen neuen Versuch dar, wirtschaftlich gefährdete Unternehmen mit gerichtlicher Hilfe zu retten. Das geringe Echo in der Praxis hat gezeigt, dass es sich abermals um eine zwar gut gemeinte, aber realitätsfremde Schreibtischarbeit handelt, die indes in mittelfristiger Umsetzung eines Richtlinienentwurfs (s. unten F.) eventuell der Überarbeitung harrt.

B. Anwendungsbereich

Reorganisation ist eine nach betriebswirtschaftlichen Grundsätzen durchgeführte Maßnahme zur Verbesserung der Vermögens-, Finanz- und

Ertragslage eines im Bestand gefährdeten Unternehmens, die dessen nachhaltige Weiterführung ermöglicht (§ 1 Abs 2 URG).

Das Reorganisationsverfahren ist kein Insolvenzverfahren, sondern ein ***Insolvenzvorbeugungsverfahren:*** Bedarf ein Unternehmen der Reorganisation, so *kann* der Unternehmer, sofern er nicht insolvent ist, die Einleitung eines Reorganisationsverfahrens beantragen (§ 1 Abs 1 URG). Es besteht keine Antragspflicht.

Nicht insolvent bedeutet, dass das Unternehmen weder zahlungsunfähig noch insolvenzrechtlich überschuldet sein darf. Liegt Zahlungsunfähigkeit (§ 66 IO) oder insolvenzrechtliche Überschuldung (§ 67 IO) vor, so besteht die Pflicht zur Eröffnung eines Insolvenzverfahrens.

Reorganisationsbedarf ist insbesondere bei einer vorausschauend feststellbaren wesentlichen und nachhaltigen Verschlechterung der Eigenmittelquote anzunehmen (§ 1 Abs 3 URG).

Das Reorganisationsverfahren ist nur Unternehmen zugänglich, doch nicht Kreditinstituten, Pensionskassen, Versicherungs- und Wertpapierunternehmen und Finanzinstitute, wie insbesondere Leasinggesellschaften (§ 2 URG).

C. Zuständigkeit

Für das Reorganisationsverfahren ist der Gerichtshof erster Instanz zuständig, in dessen Sprengel das Unternehmen betrieben wird; im Bereich des Landesgerichts für Zivilrechtssachen Wien das Handelsgericht Wien.

Mithin ist jenes Landesgericht zuständig, das auch als Insolvenzgericht tätig wird (Einzelgerichtsbarkeit; Richtersache, nicht Rechtspflegersache). Die Anträge werden in der Insolvenzabteilung behandelt (§ 10 IEG).

D. Anwendung der IO und der ZPO

Soweit im URG nichts anderes angeordnet ist, sind auf das Verfahren die allgemeinen Verfahrensvorschriften der Insolvenzordnung, ausgenommen § 253 Abs 3 S 5 IO, und der Zivilprozessordnung sinngemäß anzuwenden (§ 17 URG).

Satzungsgemäß berufene Organe der bevorrechteten Gläubigerschutzverbände oder ihre Bevollmächtigten haben, wenn die Bevollmächtigung durch einen Gläubiger nicht ausgewiesen ist und/oder die Bescheinigung eines rechtlichen Interesses fehlt, *keine Akteneinsicht.*

Für die *Akteneinsicht* gilt ausnahmslos § 219 Abs 2 ZPO: Ohne Zustimmung des Unternehmers kann einem Dritten die Einsicht- und Abschriftnahme nur gestattet werden, wenn er ein rechtliches Interesse glaubhaft macht.

II. Einleitung des Verfahrens

A. Antrag

Im Antrag auf Einleitung des Reorganisationsverfahrens muss der Unternehmer erklären (§ 4 Abs 1 URG),

- dass er nicht insolvent ist und
- dass das Unternehmen der Reorganisation bedarf.

Das Fehlen der Zahlungsunfähigkeit oder insolvenzmäßigen Überschuldung ist nur zu behaupten, nicht zu bescheinigen. Offenkundige Insolvenz bildet aber ein Einleitungshindernis (§ 5 Abs 1 Satz 1 URG). Der Abweisungsbeschluss ist anfechtbar.

Der ***Reorganisationsbedarf*** ist hingegen zu bescheinigen: durch Urkunden (namentlich durch die Jahresabschlüsse für die letzten drei Jahre), andere Unterlagen des Rechnungswesens oder das Gutachten eines Wirtschaftsfachmanns (§ 4 Abs 2 URG).

Der Unternehmer kann dem Antrag auch schon einen Reorganisationsplan beilegen (§ 4 Abs 3 URG, siehe unten III).

B. Einleitungsbeschluss

Ist der Unternehmer nicht offenkundig insolvent und hat er den Reorganisationsbedarf glaubhaft gemacht, so muss das Gericht das Reorganisationsverfahren einleiten und zugleich einen Reorganisationsprüfer bestellen. (§ 5 Abs 1 URG).

Der Unternehmer ist zur Person des Reorganisationsprüfers zu hören; er kann auch unverbindliche Vorschläge machen. Das Gericht trägt ihm zur Deckung der Prüferansprüche den ***Erlag eines Kostenvorschusses*** auf (§ 5 Abs 1 URG), der aber nicht abzuwarten ist; der Auftrag ist der Höhe nach anfechtbar, wenn der auferlegte Vorschuss 2.500 Euro nicht übersteigt (§ 332 Abs 2 ZPO).

Hat der Unternehmer nicht schon dem Antrag einen Reorganisationsplan beigelegt, so ist ihm dessen Vorlage binnen sechzig Tagen aufzutragen; die Vorlagefrist kann auf begründeten Antrag um höchstens dreißig Tage verlängert werden (§ 5 Abs 2 URG).

Der Einleitungsbeschluss ist dem Unternehmer und dem Reorganisationsprüfer zuzustellen sowie „nicht öffentlich bekannt zu machen" (§ 5 Abs 3 URG), sohin weder im Firmenbuch noch im Grundbuch anzumerken. Er bewirkt weder eine Prozesssperre noch eine Exekutionssperre noch eine Insolvenzverfahrenssperre.

III. Reorganisationsplan

A. Vorlage

Der Unternehmer hat den Reorganisationsplan fristgerecht dem Gericht und dem Reorganisationsprüfer vorzulegen (§ 7 Satz 1 URG).

Zugleich hat der Antragsteller die Zustimmung der in den Reorganisationsplan einbezogenen Personen zu den sie jeweils betreffenden Maßnahmen nachzuweisen (§ 7 Satz 2 URG). Im Zweifel gilt die Zustimmung unter der Bedingung der Aufhebung, mithin der positiven Erledigung des Verfahrens (§ 12 URG) als erteilt.

B. Inhalt

Im Reorganisationsplan sind anzugeben (§ 6 URG):

- die Ursachen des Reorganisationsbedarfs;
- jene Maßnahmen, die zur Verbesserung der Vermögens-, Finanz- und Ertragslage geplant sind, und deren Erfolgsaussichten;
- der allenfalls erforderliche Reorganisationskredit;
- die Auswirkungen der geplanten Maßnahmen auf die Arbeitnehmer des Unternehmens;
- der Reorganisationszeitraum, der zwei Jahre nicht übersteigen soll.

Die in den Reorganisationsplan einbezogenen Personen (Gläubiger, Kreditgeber, Arbeitnehmer) haben keine Parteistellung, daher weder Antrags- noch Rekursrecht. Geplanten Stundungen und/oder Forderungskürzungen müssen die Gläubiger zustimmen; es gibt hier keine Mehrheitsbeschlüsse.

IV. Reorganisationsprüfer

A. Auswahl und Enthebung

Zum Reorganisationsprüfer ist eine unbescholtene, verlässliche und geschäftskundige Person zu bestellen. Sie muss ausreichende Fachkenntnisse des Wirtschaftsrechts oder der Betriebswirtschaft haben oder eine erfahrene Persönlichkeit des Wirtschaftslebens sein (§ 8 Abs 1 URG).

Der Reorganisationsprüfer darf kein naher Angehöriger (§ 32 IO) des Unternehmers, muss von diesem und von den Gläubigern unabhängig und darf kein Konkurrent des Unternehmers sein (§ 8 Abs 2 URG).

Zum Reorganisationsprüfer kann auch eine *juristische Person* bestellt werden. Sie hat dem Gericht bekannt zu geben, wer sie bei der Besorgung der Aufgaben des Reorganisationsprüfers vertritt (§ 8 Abs 3 URG).

Organisationsprüfer dürfen in einem nachfolgenden Insolvenzverfahren nicht zum Insolvenz- oder Sanierungsverwalter bestellt werden (§ 80 b Abs 1 IO).

Das Gericht kann den Reorganisationsprüfer auf Antrag oder von Amts wegen aus wichtigen Gründen ***entheben*** (§ 9 URG).

Nach Anhören des Antragstellers (§ 5 Abs 1 URG) ist von Amts wegen ein anderer Reorganisationsprüfer zu bestellen, dem die dreißigtägigen Berichts- und Gutachtensfristen neuerlich zur Verfügung stehen (§ 10 Abs 1 und 3 URG).

B. Aufgaben

1. Allgemeine Lageprüfung

Der Reorganisationsprüfer hat sich unverzüglich über die Vermögens-, Finanz- und Ertragslage des Unternehmens sowie über alle sonstigen für die Reorganisation maßgebenden Umstände zu informieren.

Die Prüfungs- und Gutachtenspflicht besteht unabhängig vom Erlag eines Kostenvorschusses.

Pflichtverletzungen mindern die Entlohnung (§ 15 Abs 4 URG) oder führen zur Enthebung (§ 9 URG).

2. Insolvenzprüfung

Der Reorganisationsprüfer hat binnen dreißig Tagen ab seiner Bestellung dem Gericht zu berichten, ob der Unternehmer insolvent ist (§ 10 Abs 1 Satz 2 URG), aber auch in jedem weiteren Stadium des Verfahrens zu beobachten, ob Insolvenz eintritt (§ 10 Abs 2 Satz 1 URG).

In jedem Fall hat er die wahrgenommene Insolvenz dem Gericht, dem Unternehmer und allen in den Reorganisationsplan einbezogenen Personen mitzuteilen (§ 10 Abs 2 Satz 2 URG).

3. Gutachten über den Reorganisationsplan

Der Reorganisationsprüfer hat binnen dreißig Tagen nach Erhalt des Reorganisationsplans ein Gutachten über die Zweckmäßigkeit und die Erfolgsaussichten der geplanten Reorganisationsmaßnahmen vorzulegen.

Er hat Gutachtensausfertigungen dem Unternehmer und allen in den Reorganisationsplan einbezogenen Personen zu übersenden (§ 10 Abs 3 URG).

Der Unternehmer hat dem Reorganisationspüfer alle erforderlichen Auskünfte zu erteilen und Einsicht in die maßgeblichen Unterlagen zu gewähren (§ 11 URG).

Es gibt keine Beugemittel: Weigerung ist ein Einstellungsgrund (§ 13 Abs 1 Z 4 URG).

Das Gutachten wird vom Gericht frei gewürdigt. Ein positives Gutachten führt zur Aufhebung, ein negatives zur Einstellung des Verfahrens.

V. Aufhebung oder Einstellung des Verfahrens

A. Aufhebung des Verfahrens

Das Gericht hat das Reorganisationsverfahren aufzuheben, wenn der Reorganisationsprüfer in seinem Gutachten zum Ergebnis gelangt, dass der

Reorganisationsplan zweckmäßig ist und gute Aussichten auf seine Verwirklichung bestehen (§ 12 Abs 1 URG).

Der Aufhebungsbeschluss ist dem Unternehmer zuzustellen; Ausfertigungen gehen an die in den Plan einbezogenen Beteiligten (§ 12 Abs 2 URG). Die Gerichtsgebühren sind vom Antragsteller zu zahlen (§ 22 Abs 4 GGG); ihre Höhe richtet sich nach TP 6c GGG.

B. Einstellung des Verfahrens

1. Einstellungsgründe (§ 13 Abs 1 URG)

- Der Unternehmer ist insolvent.
- Der Unternehmer legt nicht rechtzeitig den Reorganisationsplan vor.
- Der Unternehmer erlegt nicht rechtzeitig den Kostenvorschuss für die Ansprüche des Reorganisationsprüfers.
- Der Unternehmer verletzt seine Mitwirkungspflichten.
- Der Reorganisationsprüfer gelangt in seinem Gutachten nicht zum Ergebnis, dass der Reorganisationsplan zweckmäßig ist und gute Aussichten auf seine Verwirklichung bestehen.
- Der Unternehmer nimmt seinen Antrag zurück.

2. Einstellungsbeschluss

Der Einstellungsbeschluss ist dem Unternehmer zuzustellen, der ein Rekursrecht hat (§§ 260 IO, 17 URG); Ausfertigungen gehen an die in den Reorganisationsplan einbezogenen Personen (§ 13 Abs 2 URG). Die Gerichtsgebühren sind vom Antragsteller zu zahlen (siehe oben A).

Ist wegen *Insolvenz des Unternehmers* einzustellen, so hat ihn das Gericht vor der Beschlussfassung anzuhören. Es hat ihn überdies im Einstellungsbeschluss zu belehren, dass er ohne schuldhaftes Zögern die Einleitung des Insolvenzverfahrens oder eines Sanierungsverfahrens beantragen muss (§ 69 Abs 2 IO). Beschlussausfertigungen samt dem Bericht des Reorganisationsprüfers sind auch den bevorrechteten Gläubigerschutzverbänden zu übersenden (§ 13 Abs 3 URG).

VI. Durchführung des Reorganisationsplans

A. Berichtspflicht des Unternehmers

Während des Reorganisationszeitraums, der tunlichst zwei Jahre nicht überschreiten soll, hat der Unternehmer zu berichten (§ 14 Abs 1 URG):

- *halbjährlich* über die Lage des Unternehmens und den Stand der Reorganisation sowie
- *unverzüglich,* wenn sich die für die Durchführung des Reorganisationsplans maßgeblichen Umstände ändern.

Berichtsadressaten sind die in den Reorganisationsplan einbezogenen Personen. Insbesondere die Gläubiger sollen sich rechtzeitig darauf einstellen können, wenn die Erfolgsaussichten des Reorganisationsplans schwinden (zB. durch Wegfall eines Absatzmarkts, Zerstörung von Teilen des Anlagevermögens). Eine Verletzung der Berichtspflicht zieht Rechtsfolgen nur dann nach sich, wenn sie im Reorganisationsplan vorgesehen sind.

B. Berichtspflicht des Reorganisationsprüfers

Wenn der Reorganisationsplan vorsieht, dass der Reorganisationsprüfer die Durchführung zu überwachen hat, so trifft diesen die Berichtspflicht (§ 14 Abs 2 URG).

Der überwachende Reorganisationsprüfer hat auch zu beobachten, ob der Unternehmer insolvent wird, und den Insolvenzeintritt dem Unternehmer, den ihm bekannten Vertragspartnern von Überbrückungsmaßnahmen, allen in den Reorganisationplan einbezogenen Personen sowie den bevorrechteten Gläubigerschutzverbänden mitzuteilen.

VII. Ansprüche beteiligter Personen

1. des Reorganisationsprüfers

Der Reorganisationsprüfer hat an den Unternehmer Anspruch auf Ersatz seiner Auslagen und auf Entlohnung für seine Mühewaltung (§ 15 URG).

Diese Ansprüche sind bei Gericht anzumelden mit der Vorlage des Gutachtens, im Überwachungsfall nach jeweils drei Monaten.

Die Ansprüche werden aus dem Kostenvorschuss abgedeckt. Wenn sie diesen voraussichtlich erheblich übersteigen, hat das Gericht auf Hinweis des Prüfers dem Unternehmer die Ergänzung des Kostenvorschusses aufzutragen (§ 15 Abs 2 URG).

Das Gericht entscheidet über die Ansprüche des Reorganisationsprüfers, nachdem es den Unternehmer gehört hat. Soweit die Ansprüche nicht durch den Kostenvorschuss gedeckt sind, hat das Gericht *durch vollstreckbaren Beschluss* dem Unternehmer die Zahlung an den Prüfer aufzutragen (§ 15 Abs 3 Satz 1 und 2 URG).

Vereinbarungen des Prüfers mit dem Unternehmer oder den in den Reorganisationsplan einbezogenen Personen über die Anspruchshöhe sind ungültig (§ 15 Abs 3 Satz 3 URG). Schuldhaftes Verhalten des Prüfers mindert dessen Entlohnungsanspruch (§ 15 Abs 4 URG).

2. der bevorrechteten Gläubigerschutzverbände

Sie haben an den Unternehmer Anspruch auf Ersatz ihrer Auslagen, die sie für die Vorbereitung des Reorganisationsplans zum Vorteil aller Gläubiger aufgewendet haben, wenn sie vom Unternehmer zu diesem Zweck beigezogen worden sind (§ 16 URG).

Der Anspruch ist binnen vier Monaten nach Einleitung des Reorganisationsverfahrens bei Gericht anzumelden. Dieses entscheidet nach Anhörung des Unternehmers, indem es ihm durch vollstreckbaren Beschluss die Zahlung an die bevorrechteten Gläubigerschutzverbände aufträgt.

VIII. Wirkungen des Verfahrens

Das Reorganisationsverfahren hat grundsätzlich keine materiellrechtlichen Wirkungen. Davon schaffen die §§ 18 bis 21 URG Ausnahmen:

A. Anfechtungsfristen

Die Insolvenzanfechtungsfristen werden um die Dauer des Reorganisationsverfahrens verlängert, wenn es während der Anfechtungsfrist eingestellt worden ist (§ 18 URG).

Der Unternehmer könnte mithilfe des Reorganisationsverfahrens die Eröffnung eines Insolvenzverfahrens hinausschieben, was unter Umständen den Ablauf der Anfechtungsfristen für jene Vermögensverschiebungen zur Folge hätte, die vor der Einleitung des Reorganisationsverfahrens vorgenommen wurden.

B. Verträge

Die Vereinbarung eines Rücktrittsrechts, der Vertragsauflösung oder der Fälligkeit eines zugezählten Kredits für den Fall der Einleitung eines Reorganisationsverfahrens ist unzulässig (§ 19 URG).

Zivile Gestaltungsrechte (zB. vereinbarter Rücktritt oder Terminsverlust für den Verzugsfall) bleiben unberührt.

C. Beschränkte Anfechtbarkeit der Überbrückungs- und Reorganisationsmaßnahmen

§ 20 URG soll verhindern, dass eine zur Reorganisation nötige Finanzierung nur wegen der Anfechtungsgefahr scheitert. Darum entschärft er die subjektiven Tatbestandselemente der §§ 28, 30 und 31 IO bei Überbrückungs- und Reorganisationsmaßnahmen.

Überbrückungsmaßnahmen sind Rechtshandlungen während des Verfahrens zur Aufrechterhaltung des gewöhnlichen Geschäftsbetriebs.

Reorganisationsmaßnahmen sind im Reorganisationsplan beschriebene Rechtshandlungen, die vorgenommen werden:

- während des Verfahrens,
- binnen dreißig Tagen nach Aufhebung des Verfahrens,
- solange ein Reorganisationsprüfer bestellt ist.

Überbrückungsmaßnahmen, die der Reorganisationsprüfer gebilligt hat, und Reorganisationsmaßnahmen können angefochten werden:

- nur aus Umständen, die dem Reorganisationsprüfer unbekannt waren,
- und nur wegen gegnerischer Kenntnis der Benachteiligungs- oder Begünstigungsabsicht oder der Zahlungsunfähigkeit.

Gleiches gilt für die Befriedigung und Sicherstellung von Forderungen aus solchen Überbrückungs- und Reorganisationsmaßnahmen, solange ein Reorganisationsprüfer bestellt war (§ 20 Abs 2 URG).

Überbrückungsmaßnahmen, die für die ersten dreißig Tage nach Einleitung des Verfahrens ohne Zustimmung des Reorganisationsprüfers vorgenommen werden, können nicht wegen Kennenmüssen der Zahlungsunfähigkeit angefochten werden.

Gleiches gilt für die Befriedigung und Sicherstellung von Forderungen aus solchen Überbrückungsmaßnahmen, solange ein Reorganisationsprüfer bestellt war (§ 20 Abs 3 URG).

D. Nichtanwendung des Eigenkapitalersatzrechts

Gerät eine GmbH in die Krise, so pflegen ihr die Gesellschafter ein Darlehen zu gewähren oder ein schon gewährtes Darlehen zu verlängern, statt Eigenkapital zuzuführen *(eigenkapitalersetzende Gesellschafterleistungen).* Diese Krisendarlehen werden im Gesellschaftsinsolvenzverfahren als Eigenkapital behandelt: Einerseits können sie dort nicht als Darlehen geltend gemacht werden, anderseits können in der Krise getilgte Darlehen im darauf folgenden Insolvenzverfahren (und auch außerhalb) zurückgefordert werden.

Um den Gesellschaftern einen Anreiz zu bieten, selbst zur Reorganisation durch Gewähren oder Stehenlassen eines Darlehens beizutragen, nimmt § 21 URG solche Reorganisationsmaßnahmen von den Bestimmungen des Eigenkapitalersatzrechts aus.

IX. Haftungsvorschriften

A. Haftung der Mitglieder des vertretungsbefugten Organs

Im Insolvenzverfahren über das Vermögen einer prüfpflichtigen juristischen Person, die ein Unternehmen betreibt (§§ 268 UGB, 22 Abs 5 und 6 GenG), haften die Mitglieder des vertretungsbefugten Organs gegenüber der juristischen Person zur ungeteilten Hand, doch je Person nur bis zu 100.000 Euro, für die durch die Insolvenzmasse nicht gedeckten Verbindlichkeiten (§ 22 Abs 1 URG), wenn sie innerhalb der letzten zwei Jahre vor dem Antrag auf Eröffnung des Insolvenzverfahrens

1. einen Bericht des Abchlussprüfers erhalten haben, wonach die Eigenmittelquote (§ 23 URG) weniger als 8 % und die fiktive Schuldentilgungsdauer (§ 24 URG) nicht mehr als fünfzehn Jahre beträgt ***(Vermutung des Reorganisationsbedarfs),*** und ein Reorganisationsverfahren nicht unverzüglich beantragt oder nicht gehörig fortgeführt haben ***oder***

2. einen Jahresabschluss nicht oder nicht rechtzeitig aufgestellt oder nicht unverzüglich den Abschlussprüfer mit dessen Prüfung beauftragt haben ***(Verschleppung des Jahresabschlusses).***

Gleiches gilt für Personengesellschaften, bei denen kein unbeschränkt haftender Gesellschafter mit Vertretungsbefugnis eine natürliche Person ist. Hier haften die Mitglieder des vertretungsbefugten Organs des unbeschränkt haftenden Gesellschafters mit Vertretungsbefugnis (§ 22 Abs 2 URG).

Bei einem Gesamtvertretungsorgan haften nur jene Mitglieder, welche die Einleitung eines Reorganisationsverfahrens abgelehnt haben (§ 22 Abs 3 URG).

Die ***Eigenmittelquote*** ergibt sich aus dem Verhältnis zwischen Eigenkapital (§ 224 Abs 3A UGB) und den Posten des Gesamtkapitals (§ 224 Abs 3 UGB) abzüglich der nach § 225 Abs 6 UGB von den Vorräten absetzbaren Anzahlungen (§ 23 URG).

Die ***fiktive Schuldentilgungsdauer*** wird wie folgt errechnet:
Die in der Bilanz ausgewiesenen Rückstellungen (§ 224 Abs 3 B UGB) und Verbindlichkeiten (§ 224 Abs 3 C UGB), vermindert um die im Unternehmen verfügbaren Aktiva nach § 224 Abs 2 B III Z 2 und B IV UGB und die nach § 225 Abs 6 UGB von den Vorräten absetzbaren Anzahlungen,
sind durch den Mittelüberschuss zu dividieren.

Der *Mittelüberschuss* wird nach § 24 Abs 2 URG ermittelt:
Vom Jahresüberschuss oder -fehlbetrag sind die Abschreibungen auf das Anlagevermögen und Verluste aus dem Abgang von Anlagevermögen hinzuzuzählen und die Zuschreibungen zum Anlagevermögen und Gewinne aus dem Abgang von Anlagevermögen abzuziehen. Veränderungen der langfristigen Rückstellungen sind dabei zu berücksichtigen.

B. Haftung des Aufsichtsrats und der Gesellschafterversammlung

Ein Mitglied des vertretungsbefugten Organs haftet nicht,

- wenn es die Einleitung eines Reorganisationsverfahrens vorgeschlagen, aber nicht die dafür notwendige Zustimmung des Aufsichtsrats oder der Gesellschafterversammlung erhalten hat;
- wenn ihm wirksam die Weisung erteilt wurde, das Reorganisationsverfahren nicht einzuleiten (§ 25 Satz 1 URG).

In diesem Fall haften die Mitglieder des Organs, die gegen die Einleitung gestimmt oder die Weisung erteilt haben, nach Maßgabe des § 22 Abs 1 URG zur ungeteilten Hand, doch je Person nur bis zu 100.000 Euro (§ 25 Satz 2 URG).

C. Nichteintritt der Haftung

Die Haftung tritt nicht ein,

1. wenn die Mitglieder des vertretungsbefugten Organs unverzüglich nach dem Bericht des Abschlussprüfers über die Vermutung eines Reorganisationsbedarfs (§ 22 Abs 1 Z 1 URG, oben A) das Gutachten eines bilanzprüfungsbefugten Wirtschaftstreuhänders eingeholt haben und dieses einen Reorganisationsbedarf verneint (§ 26 Abs 1 URG);

2. wenn innerhalb der Zweijahresfrist des § 22 Abs 1 URG (oben A) der mit der Prüfung eines weiteren Jahresabschlusses beauftragte Abschlussprüfer keinen weiteren Bericht über die Vermutung eines Reorganisationsbedarfs erstattet (§ 26 Abs 3 URG).

zu 1: Das *Gutachten des Wirtschaftstreuhänders* hat insbesondere darauf einzugehen, ob die Fortbestandsprognose positiv und der Bestand des Unternehmens auch sonst nicht gefährdet ist, warum trotz Vorliegen der Kennzahlen des § 22 Abs 1 URG kein Reorganisationsbedarf besteht, ob stille Reserven vorhanden sind, ob die Gesellschaft einen Kapitalerhöhungsbeschluss gefasst oder einen Verlustabdeckungsvertrag abgeschlossen hat (§ 26 Abs 2 URG).

D. Entfall der Haftung

Die Haftung entfällt, wenn bewiesen wird, dass die Insolvenz aus anderen Gründen als wegen der Unterlassung der Reorganisation eingetreten ist (§ 27 URG).

Zwischen dem Vorliegen der Kennzahlen des § 22 Abs 1 Z 1 URG und dem Eintritt der Insolvenz muss ein schadenersatzrechtlicher Zusammenhang bestehen.

Daher können die haftenden Organmitglieder den ***Entlastungsbeweis*** antreten, dass kein solcher Konnex besteht, vielmehr die Insolvenz auf außergewöhnliche, unvorhersehbare Umstände zurückzuführen ist.

E. Geltendmachung der Haftung

Die Haftung der Organmitglieder setzt ein *Insolvenzverfahren der juristischen Person oder eingetragenen Personengesellschaft* voraus.

Die Haftungsansprüche gegen die Organmitglieder (§§ 22, 25 URG) sind Aktiven der Insolvenzmasse: Sie können nur vom Masse- oder Sanierungsverwalter für die Insolvenzmasse geltend gemacht werden (§ 28 Abs 1 URG).

Die juristische Person kann auf den Anspruch nicht verzichten; gegen den Anspruch kann nicht mit Forderungen an die juristische Person aufgerechnet werden (§ 28 Abs 2 URG).

F. Richtlinienentwurf über präventive Restrukturierungsverfahren

Aufgrund der kaum erfolgten Umsetzung einer vorangegangenen Empfehlung wurde am 22.11.2016 der Entwurf COM (2016) 723 final, 2016/0359 (COD) einer Richtlinie der EU-Kommission über präventive Restrukturierungsrahmen, die zweite Chance und Maßnahmen zur Steigerung der Effizienz von Restrukturierungs-, Insolvenz- und Entschuldungsverfahren vorgelegt.

Das scheme of arrangement, das bei diesem Entwurf ebenso wie bei der vorangegangenen Empfehlung Pate steht, ist bloß ein Gesichtspunkt.

Mit einem Erlass der Richtlinie ist wohl in ein bis zwei Jahren zu rechnen, mit einer innerstaatlichen Umsetzung in etwa drei.

Eine gründliche Überarbeitung des URG in Umsetzung der Richtlinie ist zumindest nach heutiger Einschätzung zu erwarten.

Ob dann ein auf der Basis dieser Richtlinie dem Insolvenzverfahren vorgeschaltetes Restrukturierungsverfahren zur Rettung eventuell gefährdeter Unternehmen mehr zur Insolvenzvermeidung beitragen wird als das URG, bleibt abzuwarten.

Zweiter Teil

Geschäftsaufsicht über Kreditinstitute

Rechtsquellen: ***§§ 81 bis 91 Bankwesengesetz (BWG)***, BGBl 1993/532 idF BGBl I 2016/118; ***Finanzmarktaufsichtsbehördengesetz (FMABG)***, BGBl I 2001/97 idF BGBl I 2016/118.

Lit.: *Dellinger* (Hrsg.), Bankwesengesetz (Loseblatt ab 2007); *Engelhart*, Die Geschäftsaufsicht über Kreditinstitute und ihre Auswirkungen auf das Konkursverfahren (2004); *Fruhstorfer* in Buchegger (Hrsg.), Österreichisches Insolvenzrecht, Kommentar, Erster Zusatzband (2009), zu §§ 81 ff BWG, S. 1 ff; *Herbst*, Organe der Bankaufsicht und Amtshaftung, ÖBA 1998, 278; *Kathrein*, Das Finanzsicherheiten-Gesetz, ÖBA 2004, 172; *Laurer/Borns/Strobl/M. Schütz/O. Schütz*, Kommentar zum BWG (2007 bis 2015); *Laurer/Schütz/Kammel/Ratka*, Kommentar zum BWG, 4. Auflage (seit 2007), *Lejsek*, Die Bankenaufsicht als Insolvenzprophylaxe, Österreichisches Raiffeisenblatt 8/2000, 3; *Knobl*, Konzessionspflichtiges Depotgeschäft ohne Grenzen? ÖBA 2013, 110; *Mohr*, Bundesgesetz über das Internationale Insolvenzrecht, ecolex 2003, 322; *Mohr*, Die Reform des Unternehmensinsolvenzrechts – ein Zwischenbericht, ZIK 1995, 18; *Moos/Wessels*, (Hrsg.), EU Banking and Insurance Insolvency (2006); *Oppitz*, Das Einlagengeschäft - Auffangtatbestand im Bankgeschäftskatalog? ÖBA 2007, 797; *Paulus*, Banken und Insolvenz – eine internationale Betrachtung, ZBB 2002, 492; *Podoschek*, § 131 BaSAG –Klassenkonkurs bei Bankeninsolvenzen, ZIK 2016/225, 179; *Pröbsting*, Die grenzüberschreitende Sanierung und Liquidation von Kreditinstituten – Die Insolvenz von Kreditinstituten und deren Zweigstellen in anderen Mitgliedstaaten, ZfRV 2008/31; *Reimer*, Sonderbestimmungen im Insolvenzverfahren von Geld- und Kreditinstituten, in FS Krasensky (1968) 83; *Schellmann*, Das Bankeninterventions- und -restrukturierungsgesetz, ecolex 2014, 329; *Schima/Vogt-Majarek*, Entwurf für ein Finanzsicherheiten-Gesetz – quo vadis Insolvenzrecht? RdW 2003, 419; *Schumacher*, Bankpleiten, Geschäftsaufsicht und Insolvenzgründe in FS Sprung (2001), 343; *Sonntag*, Neuerungen im Bankwesengesetz, ÖBA 2000/4, 276; *Stanzel*, Das neue Bankwesengesetz in der formellen Begutachtung, ÖBA 1992/6, 501; *Stürner*, Die europäische Sanierungs- und Liquidationsrichtlinie für Banken und die deutschen Hypothekenbanken in FS Kirchhof (2003) 467; *Wimmer*, Die Richtlinien 2001/17 EG und 2001/24 EG über die Sanierung und Liquidation von Versicherungsunternehmen und Kreditinstituten, ZInsO 2002, 897.

I. Bankenaufsicht und Insolvenzprophylaxe – das Regelungsgebäude des BaSAG

A. Bankenaufsicht

Aufgrund der volkswirtschaftlichen Bedeutung des Bankenwesens sind Kreditinstitute seit jeher einer spezifischen Aufsicht und Kontrolle unterworfen (sog. *Bankenaufsicht*). Hauptziel dieser Kontrolle ist neben der Sicherung der Funktionsfähigkeit des Bankenwesens auch der Gläubiger- und Verbraucherschutz.

Durch die Bankenaufsicht werden die in Österreich zugelassenen Kreditinstitute auf die Einhaltung spezifischer ordnungspolitischer Normen sowie anderer gesetzlicher Bestimmungen des Bankwesens hin überwacht und überprüft.

Dazu zählen insbesondere die Risikostreuung sowie die Risikobegrenzung (zB. Kreditrisiko, Zinssatzrisiko oder Wechselkursrisiko).

Die gesetzliche Bankenaufsicht wird von der ***Finanzmarktaufsichtsbehörde (FMA)*** wahrgenommen.

Die FMA wurde mit dem FMABG (BGBl I 2001/97 idF BGBl I 2016/118) ***eingerichtet und ist eine Anstalt öffentlichen Rechts mit Sitz in Wien.*** Der Wirkungsbereich der FMA erstreckt sich auf das gesamte Bundesgebiet (§ 1 Abs 2 FMABG). Die Finanzmarktaufsicht wird in ihren Kontrollagenden von der OeNB unterstützt, insbesondere bei der Durchführung von Vor-Ort-Prüfungen.

Im Rahmen der Europäischen Union übt auf der Rechtsgrundlage der Verordnung (EU) Nr. 1093/2010 die ***Europäische Bankenaufsichtsbehörde*** die Aufsicht über Banken und Kreditinstitute aus.

B. Das Bankensanierungs- und -abwicklungsgesetz (BaSAG)

1. Rechtliche Basis

Im Schoß der EU wurde ein Vorschlag für eine Richtlinie des Europäischen Parlaments und des Rates zur Festlegung eines Rahmens für die Sanierung und Abwicklung von Kreditinstituten und Wertpapierfirmen und zur Änderung der Richtlinien 77/91/EWG und 82/891/EG des Rates, der Richtlinien 2001/24/EG, 2002/47/EG, 2004/25/EG, 2005/56/EG, 2007/36/EG und 2011/35/EG sowie der Verordnung (EU) Nr. 1093/2010 erarbeitet, Dokumentnummer COM/2012/0280 final - 2012/0150 (COD).

Auf Basis dieser Vorarbeiten wurde schließlich die Richtlinie 2014/59/EU des europäischen Parlaments und des Rates vom 15. Mai 2014 zur Festlegung eines Rahmens für die Sanierung und Abwicklung von Kreditinstituten und Wertpapierfirmen, auch „bank recovery and resolution directive“ (BRRD) im ABl der Europäischen Union vom 12. Juni 2014 (L 173/190) erlassen.

Siehe auch unten ***Drittes Buch, Internationales Insolvenzrecht, V.***

Schon auf der Basis des bloßen Richtlinienvorschlags wurde eine innerstaatliche Umsetzung mit dem *Bankeninterventions- und Restrukturierungsgesetz (BIRG)* vorgenommen (RV 2360 BeilNR StenProt. XXIV. GP, AB 2513 BeilNR StenProt. XXIV GP, BGBl I 2013/160). Das BIRG trat mit dem 1. Jänner 2014 in Kraft trat und mit Ende desselben Jahres wurde es durch das BaSAG *(Bankensanierungs- und Abwicklungsgesetz)* ersetzt (RV 361 BeilNR StenProt XXV. GP, AB des FA 437 BeilNR StenProt XXV. GP, BGBl I 2014/98).

Hauptanliegen des Gesetzes (wie auch der Richtlinie) ist die ***Entlastung der öffentlichen Hand,*** die seit der Finanzkrise zur Bankenstützung herangezogen worden war. Der wesentliche Regelungsgehalt des BaSAG sei im Folgenden in gebotener Kürze ein Überblick geboten, wobei die ***Bedeutung der EBA*** hervorzuheben ist.

2. *Vorbereitung auf Krisenfälle*

Das BaSAG folgt dem ***Mehrstufenansatz*** der Richtlinie.

In einem ***ersten Teil*** (§§ 1 bis 3a BaSAG) werden vorab Allgemeine Bestimmungen getroffen.

Der ***zweite Teil*** (§§ 4 bis 43 BaSAG) wird die ***Vorbereitung auf Krisenfälle*** geregelt. Es sind dies

- eine ***Sanierungsplanung*** (§ 8 ff BaSAG) und
- eine ***Abwicklungsplanung*** (§ 19 ff BaSAG).

Gesonderte Regelung erfahren dabei

- die ***Abwicklungsfähigkeit*** (§§ 27 ff BaSAG) und
- die insbesondere für die Sanierungsplanung essentielle ***gruppeninterne finanzielle Unterstützung*** (§§ 32 BaSAG).

Beachte: Die Sanierungsplanung des BaSAG hat nichts mit dem Sanierungsplan der §§ 140 ff IO zu tun! Sanierungsplan und Sanierungsverfahren der IO sind dem insolventen Kreditinstitut verboten (§ 82 Abs 1 BWG; siehe unten C.).

3. *Frühzeitiges Eingreifen*

Stufe zwei des Bankenkrisenmanagements ist das im ***dritten Teil*** (§§ 44 ff BaSAG) geregelte ***frühzeitige Eingreifen*** durch

- Frühinterventionsmaßnahmen,
- Abberufung von Mitgliedern der Geschäftsführung, des Aufsichtsrats und des höheren Managements,
- die Bestellung eines vorläufigen Verwalters und
- gegebenenfalls die Koordinierung sämtlicher Frühinterventionsbefugnisse und die Bestellung eines vorläufigen Verwalters bei Gruppen.

4. *Abwicklung*

Den naturgemäß umfangreichsten Teil der elaboraten Regelungen des BaSAG nehmen die ***Abwicklungsregelungen*** des ***vierten Teils*** (§§ 48 ff BaSAG) ein.

Hierher gehören die Konzepte der Brückeninstitute (bridge bank), etwa einer „bad bank", Veräußerungspläne, Ausgliederungen von Vermögenswerten sowie „bail in" – Maßnahmen zur Kürzung bestimmter Forderungen durch Gläubigerbeteiligung.

Dabei regelt der ***fünfte Teil*** (§§ 123 ff BaSAG) die Einrichtung eines Abwicklungsfinanzierungsmechanismus ebenso wie den nationalen Beitrag zum einheitlichen Abwicklungsfonds, die beide ihre Rechtsgrundlage in den Rechtsinstituten des Einheitlichen Abwicklungsmechanismus und des Einheitlichen Abwicklungsfonds der Abwicklungs-VO (EU) 806/2014 (*single resolution mechanism* – SRM) haben.

5. *Grenzüberschreitende Gruppenabwicklung*

Den volkswirtschaftlich wohl als schmerzvollsten zu bezeichnenden Fall regelt der Gesetzgeber im ***sechsten Teil*** (§§ 133 BaSAG):

Hier werden Regelungsgebäude geschaffen für die ***Abwicklung von grenzüberschreitend tätigen Kreditinstitutsgruppen,*** mithin von der Bank als Konzern als wirtschaftliche Einheit innerhalb der EU mit all den denkbaren Facetten (insolvente Tochter, insolvente Mutter und die Auswirkungen dieser Fälle auf das Abwicklungsregulativ).

6. *Beziehung zu Drittländern*

Der ***siebente Teil*** (§§ 147 ff BaSAG) regelt Abkommen, Zusammenarbeit, Anerkennung und Durchsetzung von Abwicklungsverfahren in Drittländern, ebenso die Verweigerung der Anerkennung und schließlich die Abwicklung von EU-Zweigstellen in Drittländern.

7. *Sonstige Regelungen*

Strafbestimmungen (***achter Teil,*** §§ 152 ff BaSAG) sowie Kosten, Übergangs- und Schlussbestimmungen (***neunter Teil,*** §§ 160 ff BaSAG) beschließen das Gesetz.

C. Geschäftsaufsichtsverfahren

Die §§ 81 bis 91 BWG legen die Rahmenbedingungen für eine erfolgreiche Sanierung insolventer Kreditinstitute fest. Das darin normierte Geschäftsaufsichtsverfahren stellt eine Sanierungsmaßnahme dar und dient primär dazu, einen unmittelbar drohenden Konkurs im Interesse der Einleger und Geschäftsgläubiger abzuwenden.

Es ist als Reaktion auf eine *bereits bestehende Zahlungsunfähigkeit oder Überschuldung* bei gleichzeitiger *Sanierbarkeit des Kreditinstituts* einzuleiten.

Das Geschäftsaufsichtsverfahren stellt neben dem Konkurs somit ein ***besonderes Insolvenzverfahren*** ausschließlich für Kreditinstitute dar.

Es ersetzt das Sanierungsverfahren (§§ 166 IO), das über das Vermögen eines Kreditinstituts nicht eröffnet werden darf, wie den Sanierungsplan (§ 140 ff IO), der dem Kreditinstitut im Rahmen eines Konkursverfahrens ebenfalls verwehrt ist (§ 82 Abs 1 BWG).

Beachte: Daher wird an Stelle des Begriffs „Insolvenzverfahren“ der IO in diesem Kapitel neben der Geschäftsaufsicht nur vom ***Konkurs*** des Kreditinstituts gesprochen.

Ziel des Geschäftsaufsichtsverfahrens ist es, durch eine *dauerhafte Sanierung des Kreditinstituts* möglichst eine *volle Befriedigung aller Gläubiger* anstelle einer bloß quotenmäßigen zu erlangen.

II. Voraussetzungen für die Anordnung der Geschäftsaufsicht

Die Geschäftsaufsicht kann nur angeordnet werden,

- wenn das Kreditinstitut ***im insolvenzrechtlichen Sinn überschuldet*** (negatives Eigenkapital und negative Fortbestehensprognose) ***und/oder zahlungsunfähig ist und***
- wenn ***sich die Überschuldung oder Zahlungsunfähigkeit voraussichtlich wieder beheben lässt.***

Bei der Fortführungsprognose im Rahmen der Überschuldungsprüfung ist darauf abzustellen, ob die vorliegend negative Fortbestehensprognose durch ein Geschäftsaufsichtsverfahren in eine positive gedreht werden kann (vgl. *Fruhstorfer* in Buchegger, InsR, 1. Zusatzband, zu § 83 BWG Rz 13; aA *Laurer* in Laurer/Borns/Strobl/M. Schütz/O. Schütz, BWG zu § 83 BWG Rz 3).

Lässt sich die Überschuldung oder Zahlungsunfähigkeit voraussichtlich nicht (mehr) beheben, so ist ein ***Konkursverfahren*** einzuleiten.

Sofern noch keine Geschäftsaufsicht angeordnet worden ist, kann der Konkurseröffnungsantrag gegen das Kreditinstitut ausschließlich durch die FMA erfolgen; während aufrechter Geschäftsaufsicht nur von der Aufsichtsperson (unten III. D). Ansonsten gilt § 70 IO (§ 82 Abs 3 BWG).

III. Eröffnungsverfahren

A. Zuständigkeit und Antragslegitimation

Die Anordnung der Geschäftsaufsicht ist ***bei dem für die Konkurseröffnung zuständigen Gericht*** zu beantragen (§ 83 Abs 1 BWG).

Das ist gemäß § 63 IO der Gerichtshof erster Instanz des Orts, an dem das Unternehmen betrieben wird (Sitzprinzip); im Bereich des Landesgerichts für Zivilrechtssachen Wien das HG Wien (§ 64 IO).

Antragslegitimiert sind das ***insolvente Kreditinstitut*** sowie die ***FMA*** (§ 83 Abs 1 BWG).

Die FMA kann sich durch die Finanzprokuratur entgeltlich vertreten lassen (§ 21 Abs 5 FMABG).

Dem Aufsichtsantrag sind beizulegen (§ 83 Abs 2 BWG):

- ein geordnetes Verzeichnis der Forderungen und Verbindlichkeiten des Kreditinstituts sowie
- die Jahresabschlüsse (samt Anhängen) und Lageberichte der letzten drei Jahre (§ 83 Abs 2 BWG).

Geht der Antrag von der FMA aus, so hat das Gericht das Kreditinstitut aufzufordern, die Beilagen iSd § 83 Abs 2 BWG binnen richterlicher Frist vorzulegen.

B. Parteien

Verfahrensparteien sind das von der Anordnung *betroffene* ***Kreditinstitut***, die ***FMA*** und die ***Aufsichtsperson***.

Das betroffene Kreditinstitut ist Partei des Eröffnungsverfahrens. Es ist entweder Antragsteller bei einem Eigenantrag oder Antragsgegner bei einem Antrag der FMA.

Die FMA ist Partei im Eröffnungs- sowie im laufenden Geschäftsaufsichtsverfahren.

Den Gläubigern des Kreditinstituts kommt keine Parteistellung zu. Es gibt weder eine Forderungsanmeldung noch eine Gläubigerversammlung.

C. Eröffnungsverfahren und Eröffnungsbeschluss

Im Eröffnungsverfahren sowie im laufenden Geschäftsaufsichtsverfahren gilt die *Untersuchungsmaxime*. Das Gericht kann zur Vorbereitung seiner Entscheidung Auskunftspersonen und Sachverständige einvernehmen und andere Erhebungen durchführen (§ 83 Abs 3 BWG).

Gelangt das Gericht bei seiner Entscheidungsfindung zur Überzeugung, dass das Kreditinstitut weder zahlungsunfähig ist, noch eine Überschuldung vorliegt, so hat es den ***Antrag*** auf Anordnung der Geschäftsaufsicht mit Beschluss ***abzuweisen.***

Gleiches gilt, wenn die Zahlungsunfähigkeit oder Überschuldung voraussichtlich nicht behoben werden kann. Das Kreditinstitut wie auch die FMA kann den abweisenden Beschluss mit ***Rekurs*** anfechten (90 Abs 5 BWG).

Die Geschäftsaufsicht ist mit ***Beschluss*** anzuordnen. Dieser ist durch Aufnahme in die *Insolvenzdatei* öffentlich bekanntzumachen.

§ 91 Abs 1 BWG verweist für die Bekanntmachung auf die Vorschriften der IO. Die Insolvenzdatei ist Teil der Ediktsdatei (vgl. §§ 14 IEG, 89j und 89k GOG); sie ist unter http://www.edikte.justiz.gv.at frei abrufbar. Die Einsicht in die Ediktsdatei ist bis drei Jahre nach Aufhebung der Geschäftsaufsicht zu ermöglichen (§ 91 Abs 2 S 1 BWG).

Von der Anordnung der Geschäftsaufsicht sind die FMA und die OeNB durch Übersendung eines Edikts unverzüglich zu verständigen (§ 82 Abs 6 BWG). Weiters hat das Aufsichtsgericht zu veranlassen, dass die Anordnung der Geschäftsaufsicht und die Aufsichtsperson im Firmenbuch eingetragen werden (§ 84 Abs 5 S 2 BWG). Eine Anmerkung im Grundbuch ist nicht vorgeschrieben, aber als Maßnahme nach § 20 lit a GBG zulässig und auch zweckmäßig.

Sowohl das Kreditinstitut als auch die FMA können die Abweisung des Antrags auf Anordnung der Geschäftsaufsicht sowie die Aufhebung der Geschäftsaufsicht mittels Rekurs beim OLG anfechten.

Das OLG entscheidet endgültig (§ 90 Abs 5 BWG). Der Rekurs ist grundsätzlich einseitig, die Rechtsmittelfrist beträgt vierzehn Tage (§ 260 IO analog).

Rekurse gegen Kostenbestimmungsbeschlüsse können nur vom Kreditinstitut erhoben werden, sind aber zweiseitig (vgl. *Fruhstorfer* in Buchegger, Österreichisches Insolvenzrecht, Zusatzband, zu § 90 BWG Rz 16 bis 18).

D. Bestellung einer Aufsichtsperson

Im Beschluss über die Anordnung der Geschäftsaufsicht hat das Gericht eine *physische* oder *juristische* Person (GmbH oder AG, nicht OG, KG, GesBR oder ARGE) zur Aufsichtsperson zu bestellen (§ 84 Abs 1 BWG). Diese muss vom Kreditinstitut und seinen Gläubigern unabhängig (§ 80 ff IO analog) sowie unbescholten, verlässlich und geschäftskundig sein. Die Bestellung kann jederzeit widerrufen werden (§ 84 Abs 3 BWG).

Vor Bestellung oder Abberufung einer Aufsichtsperson ist die FMA anzuhören (§ 82 Abs 5 BWG).

Die Aufsichtsperson ist in erster Linie ein *überwachendes Organ*, sie handelt nicht als (gesetzlicher) Vertreter. Die aktive Geschäftsführung verbleibt beim Kreditinstitut. Insbesondere hat die Aufsichtsperson die Einhaltung der in den §§ 86 f BWG enthaltenen Vorschriften, die die Auswirkungen der Geschäftsaufsicht auf verschiedene Verbindlichkeiten des Kreditinstituts regeln, zu überwachen.

Von der Kontrolle umfasst sind sämtliche vermögensrechtlichen Handlungen und Unterlassungen des Kreditinstituts sowie alle übrigen Vorgänge, die das Geschäftsaufsichtsverfahren betreffen.

Die Aufsichtsperson kann sich die zur Erfüllung ihrer Aufgaben benötigten Unterlagen vom Kreditinstitut vorlegen lassen und darf in diese auch selbst Einsicht nehmen; weiters ist sie berechtigt, an den Sitzungen der Schuldnerorgane teilzunehmen, selbst solche Sitzungen einzuberufen sowie die Durchführung der Organbeschlüsse zu untersagen (§ 84 Abs 2 BWG).

In *Streitfällen*, die sich aus den Anordnungen der Aufsichtsperson ergeben, entscheidet das Gericht mit *unanfechtbarem Beschluss*. Es kann die erforderlichen Erhebungen auch von Amts wegen durchführen (Untersuchungsmaxime, § 89 BWG).

Die Aufsichtsperson hat gegen das Kreditinstitut *Anspruch auf Vergütung ihrer Tätigkeit sowie auf Barauslagenersatz* (§ 84 Abs 4 iVm § 90 Abs 5 BWG). Die Höhe wird vom Gericht durch Beschluss bestimmt.

Gegen diesen Beschluss kann das Kreditinstitut ***Rekurs*** an das OLG erheben; dieses entscheidet in letzter Instanz (§ 90 Abs 5 BWG).

Die Aufsichtsperson trifft die durch den Gegenstand ihrer Geschäftsführung gebotene Sorgfalt eines Sachverständigen (§ 1299 ABGB). Sie hat den Mangel an erforderlicher Sachkenntnis und an besonderem Fleiß für dieses Amt zu vertreten.

Bei Vorliegen der anspruchsbegründenden Voraussetzungen haftet sie allen Beteiligten für den Schaden, den sie durch die pflichtwidrige Führung ihres Amts [leicht fahrlässig] verursacht hat (§ 84 Abs 1 S 3 BWG).

Zu den *Beteiligten* zählen das unter Geschäftsaufsicht stehende Kreditinstitut, die FMA, Alt- und Neugläubiger des Kreditinstituts sowie die Aussonderungsberechtigten und Absonderungsgläubiger. Nach hA liegt eine Haftung aus Vertrag vor (vgl. *Engelhart*, Geschäftsaufsicht 89 mwN).

IV. Wirkungen der Geschäftsaufsicht

A. Beginn und Umfang der Wirkungen

Die Wirkungen der Geschäftsaufsicht treten mit Beginn Null Uhr des Tages ein, welcher der Aufnahme des Edikts über die Anordnung der Geschäftsaufsicht in die Insolvenzdatei folgt (§§ 85 BWG iVm 255, 256 IO).

Wurde das Geschäftsaufsichtsverfahren in Österreich eingeleitet, so erstrecken sich die Wirkungen auf das im gesamten EWR gelegene Vermögen des Kreditinstituts unter Einschluss der Zweigniederlassungen (§ 81 Abs 1 BWG).

B. Forderungen gegen das Kreditinstitut

1. Altforderungen

Altforderungen (= Schulden des Kreditinstituts und somit Forderungen gegen dieses einschließlich solcher aus Wechsel und Scheck) sind während der Dauer der Geschäftsaufsicht ***ex lege gestundet.***

Anderes gilt nur dann, wenn das Aufsichtsgericht ausnahmsweise ihre (teilweise) Befriedigung ausdrücklich gestattet.

Von einer *Altforderung* ist nur dann auszugehen, wenn die Forderung zum Zeitpunkt des Wirksamkeitsbeginns der Geschäftsaufsicht bereits bestanden hat und im Konkurs aus der gemeinschaftlichen Konkursmasse zu befriedigen wäre. Erfasst sind auch die auf diese Forderung entfallenden Zinsen und sonstigen Nebengebühren; selbst solche, die erst während der Dauer der Geschäftsaufsicht fällig geworden oder aufgelaufen sind (§ 86 Abs 1 BWG).

Die Absätze 3 bis 5 des § 86 BWG legen die ***Wirkung der Geschäftsaufsicht auf die gestundeten Forderungen*** fest:

- Altforderungen dürfen weder sichergestellt noch (vorbehaltlich der unten angeführten Ausnahme des § 86 Abs 2 BWG) ausbezahlt oder in irgendeiner anderen Weise befriedigt werden.
- An Sachen, die dem Kreditinstitut gehören, kann bis zur rechtskräftigen Aufhebung der Geschäftsaufsicht kein richterliches Pfand- oder Befriedigungsrecht erworben werden (Exekutionssperre).
- Verjährungs- und Klagefristen werden gehemmt.

Gemäß ***§ 86 Abs 2 BWG*** hat das Aufsichtsgericht nach Anordnung der Geschäftsaufsicht den Finanzstand des Kreditinstituts auf dessen Kosten durch Sachverständige feststellen zu lassen. Ist das Kreditinstitut in der Lage, einen bestimmten Bruchteil der Altforderungen zu bezahlen, so kann das Aufsichtsgericht gestatten, nach Gattung (zB. Spareinlagen) oder Höhe (zB. Kleinforderungen) zu bestimmende Altforderungen zur Gänze zu befriedigen.

2. Neuforderungen

Neuforderungen sind Finanzmittel, die dem Kreditinstitut aus den nach Wirksamkeitsbeginn der Geschäftsaufsicht abgeschlossenen (Rechts)Geschäften zufließen (zB. Spareinlagen). Diese sind gesondert zu verrechnen und zu verwalten und bilden eine ***Sondermasse***.

Dadurch wird das Insolvenzrisiko der Gläubiger entschärft. Neuforderungen bilden nämlich auch noch nach Erlöschen der Geschäftsaufsicht eine Sondermasse (§ 87 Abs 3 BWG), aus der ein Anspruch auf Rückzahlung der dem Kreditinstitut während der Geschäftsaufsicht zur Verfügung gestellten Mittel vorzugsweise befriedigt werden kann.

Das Kreditinstitut kann, sofern nicht innerhalb dieser Zeit über sein Vermögen der Konkurs eröffnet wurde, frühestens nach Ablauf von zwei Jahren ab Aufhebung der Geschäftsaufsicht die Befreiung von der Verpflichtung zur gesonderten Verrechnung und Verwaltung der Sondermasse beim ehemaligen Aufsichtsgericht beantragen.

Dieses hat daraufhin die aktuelle Vermögenslage des Kreditinstituts zu prüfen (erforderlichenfalls durch ein Sachverständigengutachten).

Ergibt die Prüfung, dass die Sicherheit der neuen Forderungen durch die Befreiung nicht gefährdet wird, so ist dem Antrag stattzugeben. Andernfalls ist der Antrag abzuweisen. Vom Tag der Beschlussfassung an gilt die Sondermasse als aufgelöst und wird Bestandteil des allgemeinen Vermögens des Kreditinstituts.

Der Beschluss, mit dem der Antrag abgewiesen wird, sowie auch der stattgebende Beschluss ist unanfechtbar (§ 90 Abs 5 BWG).

3. Forderungen aus nicht erfüllten Verträgen; Bestand- und Arbeitsverträge; Insolvenz-Entgelt

Forderungen gegen das Kreditinstitut aus beiderseitig nicht (vollständig) erfüllten Verträgen werden durch das Geschäftsaufsichtsverfahren nicht berührt.

Die zum Zeitpunkt der Anordnung der Geschäftsaufsicht bestehenden Verträge bleiben daher, vorbehaltlich einer Beendigung mit den Mitteln des allgemeinen Zivilrechts, weiterhin aufrecht (vgl. *Engelhart*, Geschäftsaufsicht 120 ff).

Auch ***Bestandverträge*** werden durch die Anordnung der Geschäftsaufsicht nicht berührt. Sie sind weiterhin gültig und erfahren keine inhaltliche Änderung.

Auch ***Arbeitsverträge*** werden durch das Geschäftsaufsichtsverfahren nicht berührt (kein außerordentliches Kündigungsrecht).

Die offenen Ansprüche der Dienstnehmer des Kreditinstituts, die den Zeitraum vor Anordnung der Geschäftsaufsicht betreffen, zählen jedoch zu den Altforderungen und sind somit ex lege gestundet.

Die für die Arbeitnehmer daraus resultierenden Unannehmlichkeiten werden aber durch ***§ 1 Abs 1 Z 2 IESG*** relativiert, da die Anordnung der Geschäftsaufsicht für die Arbeitnehmer einen Anspruch auf Insolvenz-Entgelt für Entgeltforderungen auslöst, die vor Anordnung der Geschäftsaufsicht entstanden sind.

Ansprüche auf laufendes Entgelt und Sonderzahlungen für die Zeit nach Anordnung der Geschäftsaufsicht sind gemäß ***§ 3a Abs 3 IESG*** gesichert.

Für unter Geschäftsaufsicht gestellte Kreditinstitute, die in der Rechtsform einer Genossenschaft organisiert sind, bestehen Sondervorschriften (§ 87 Abs 1 BWG).

V. Rechtshandlungen des Schuldners

Das Kreditinstitut kann seine Geschäftstätigkeit grundsätzlich so lange fortsetzen, bis das Aufsichtsgericht auf Antrag der Aufsichtsperson Gegenteiliges verfügt (§ 87 Abs 2 S 1 BWG).

Die Aufsichtsperson hat die Untersagung der weiteren Geschäftstätigkeit vor allem dann zu beantragen, wenn zu erwarten ist, dass durch die Fortsetzung der Geschäfte die Befriedigungsmöglichkeit der Gläubiger verringert wird.

Über diesen Antrag entscheidet das Aufsichtsgericht durch unanfechtbaren Beschluss (§ 90 Abs 5 BWG).

Rechtshandlungen, die nicht zum gewöhnlichen Geschäftsbetrieb gehören, dürfen nur mit Zustimmung der Aufsichtsperson vorgenommen werden.

Erhebt die Aufsichtsperson Einspruch gegen ***Rechtshandlungen, die zum gewöhnlichen Geschäftsbetrieb*** gehören, so sind auch diese zu unterlassen (§ 87 Abs 2 S 2 BWG).

Rechtshandlungen, die ohne Zustimmung oder gegen den Einspruch der Aufsichtsperson vorgenommen wurden, sind einem Dritten (Gläubiger) gegenüber unwirksam, wenn die Aufsichtsperson ihre Zustimmung nicht erteilt hat und der Dritte wusste oder wissen musste, dass sie über den gewöhnlichen Geschäftsbetrieb hinausgehen, oder dieser wusste oder wissen musste, dass die Aufsichtsperson dagegen Einspruch erhoben hat (§ 87 Abs 2 Satz 4 BWG).

VI. Erlöschen der Geschäftsaufsicht

Die Geschäftsaufsicht erlischt entweder

- durch einen ***Aufhebungsbeschluss*** des Aufsichtsgerichts oder
- durch ***Konkurseröffnung***.

A. Gerichtliche Aufhebung

Das Aufsichtsgericht hat die Geschäftsaufsicht durch Beschluss aufzuheben, wenn:

1. die ***für die Anordnung maßgebenden Voraussetzungen weggefallen*** sind (§ 90 Abs 2 Z 1 BWG; dies ist insbesondere dann der Fall, wenn die

Überschuldung oder die Zahlungsunfähigkeit beseitigt werden konnte) oder

2. seit der Anordnung ein Jahr verstrichen ist (§ 90 Abs 2 Z 2 BWG; Fristablauf).

Gegen den Aufhebungsbeschluss stehen der FMA und dem Kreditinstitut der ***Rekurs*** offen (§ 90 Abs 5 BWG). Das OLG entscheidet final.

Die Aufhebung der Geschäftsaufsicht ist vom Aufsichtsgericht nach Eintritt der Rechtskraft des Aufhebungsbeschlusses in der *Insolvenzdatei* öffentlich bekannt zu machen (§ 90 Abs 3 iVm § 91 Abs 1 BWG).

Zudem hat das Aufsichtsgericht die Löschung der Eintragung im Firmenbuch samt Löschung der Aufsichtsperson zu veranlassen.

B. Konkurseröffnung

Die Geschäftsaufsicht erlischt *ex lege* durch den Beschluss des Insolvenzgerichts, der dem Konkurseröffnungsantrag stattgibt.

Im Lauf des Geschäftsaufsichtsverfahrens ist ausschließlich die Aufsichtsperson zur Konkursantragsstellung legitimiert (§ 82 Abs 3 BWG). Das Aufsichtsgericht hat keine Möglichkeit, ein erfolgloses Geschäftsaufsichtsverfahren amtswegig in ein Konkursverfahren überzuleiten.

Die FMA hat nur außerhalb des Geschäftsaufsichtsverfahrens das Konkursantragsrecht. Ein Eigenantrag des Kreditinstituts auf Eröffnung des Konkurses ist ebenso unzulässig wie der Antrag eines Gläubigers.

Wird der Konkurs eröffnet, so ist in der Insolvenzdatei bei der das Geschäftsaufsichtsverfahren betreffenden Bekanntmachung die Eröffnung des Konkursverfahrens unter Hinweis auf das neue Aktenzeichen einzutragen.

Das *Erlöschen* der Geschäftsaufsicht kann nur *indirekt* durch *Rekurs* gegen den Konkurseröffnungsbeschluss angefochten werden. Da dem Rekurs gegen den Konkurseröffnungsbeschluss gemäß § 71c Abs 2 IO keine aufschiebende Wirkung zukommt, tritt das Erlöschen der Geschäftsaufsicht mit Beginn des Tages ein, welcher der öffentlichen Bekanntmachung des Konkursedikts folgt (§ 2 Abs 1 IO). Wird der Konkurs aufgehoben, so lebt die Geschäftsaufsicht wieder auf.

Wenn die Geschäftsaufsicht infolge der Eröffnung des Konkursverfahrens erloschen ist oder ein Konkursverfahren aufgrund eines binnen vierzehn Tagen nach Erlöschen der Geschäftsaufsicht eingebrachten Antrags eröffnet wird, sind die nach der IO vom Tag des Antrags auf Eröffnung eines solchen Verfahrens zurückzurechnenden Fristen von dem Tag an zu berechnen, an dem die Geschäftsaufsicht in Wirksamkeit getreten ist (§ 90 Abs 4 BWG).

Nach Konkursverfahrenseröffnung hat das Kreditinstitut weiter Dienstleistungen zu erbringen. Wenn die FMA als Abwicklungsbehörde (§ 61 BaSAG) eine Unterstützungsanordnung erlassen hat, so ist der Masseverwalter im Konkurs verpflichtet, dieser Folge zu leisten (§ 82 Abs 7 BWG).

Dritter Teil

Genossenschaftsinsolvenz

Rechtsquelle: ***Bundesgesetz über insolvenzrechtliche Sonderbestimmungen bei Erwerbs- und Wirtschaftsgenossenschaften (Genossenschaftsinsolvenzgesetz – GenIG)*** RGBl 1918/105 idF BGBl 1982/370, 1982/371, BGBl 1991/10, BGBl I 2010/29, BGBl I 2010/58.

Lit.: *Buchegger,* Die Ausgleichserfüllung (1988); *Dellinger* (Hrsg.), Genossenschaftsgesetz samt Nebengesetzen (2005); *Dellinger,* Aus aktuellem Anlass: Zur Einlage- und Deckungspflicht der Genossenschafter bei Liquidation, Konkurs oder Ausgleich ihrer Genossenschaft, GesRZ 1995, 91; *Demelius,* Gläubigerschutz und Gläubigerbefriedigung, ein Beitrag zum österreichischen Genossenschaftsrecht (1955); *Fruhstorfer* in Bartsch/Pollak/Buchegger (Hrsg.), Österreichisches Insolvenzrecht, Kommentar, Erster Zusatzband, Kommentar zur GenKonkV, S. 143 ff; *Kastner/Doralt/Nowotny,* Grundriss des österreichischen Gesellschaftsrechts[5] (1990); *Keinert,* Genossenschaftsrecht Lehr- und Handbuch (1988); *Pollacsek,* Über Genossenschafterhaftung, JBl 1928, 17; *Rechberger/Oberhammer,* Zur Nachschusspflicht der Genossenschafter im Ausgleich der GenmbH, ZIK 1995, 129 und 165; *Zahn,* Handbuch für Genossenschaften[2] (1963); *Zahn,* Kann die Haftsumme bei einer Erwerbs- und Wirtschaftsgenossenschaft in Liquidation im Wege der „Beitragsberechnung" realisiert werden? GZ 1928, 39.

I. Grundlagen

A. Wesen des GenIG

Das GenIG (vor Art 58 des IRÄ-BG BGBl I 2010/58 „Genossenschaftskonkursverordnung – GenKonkV) ist ein System von ***Spezialnormen im Insolvenzverfahren*** einer Erwerbs- und Wirtschaftsgenossenschaft. Das GenIG ist gleichermaßen auf Genossenschaften mit beschränkter und unbeschränkter Haftung anzuwenden.

In der Genossenschaftsinsolvenz findet im Liquidationsfall ein Umlageverfahren statt:

Nach der Prüfungstagsatzung hat der Insolvenzverwalter den Abgang festzustellen, den die Gläubiger erleiden würden. Auf der Basis dieser Berechnung berechnet er die von den Genossenschaftern zu leistenden Deckungsbeträge (***Beitragsberechnung,*** § 2 ff GenIG) und fordert sie in der Folge zur Abgangsdeckung auf. Ein direkter Zugriff der Gläubiger auf die Genossenschafter ist untersagt.

Das Umlageverfahren wird ***von der hM als Gruppenaußerstreitverfahren*** vor dem Insolvenzgericht angesehen. Diese weder im GenIG noch im AußStrG begründbare und vom OGH kaum substantiell begründete ***Ansicht ist abzulehnen*** (ebenfalls kritisch aber differenzierend dazu *Fruhs-*

torfer in Bartsch/Pollak/Buchegger (Hrsg.), Österreichisches Insolvenzrecht, Kommentar, Erster Zusatzband, Kommentar zur GenKonkV, zu § 1 Rz 5 mwN).

So verweist § 7 Abs 2 GenIG etwa subsidiär auf den Untersuchungsgrundsatz des § 254 Abs 5 IO und nicht auf § 16 AußStrG. Des weiteren verweist § 15 Abs 2 GenIG für die Antragsabweisung oder die Verfahrensaufhebung mangels Kostendeckung auf §§ 71 und 123a IO. Außerdem fallen Genossenschaftsinsolvenzen nicht unter § 1 Abs 2 AußStrG, der eine ausdrückliche Zuweisung ins außerstreitige Verfahren für die Anwendung des AußStrG verlangt.

Merke! Die ***Tätigkeit der Insolvenzgerichte*** ist, selbst wenn lege speciali ein sonst nicht vorgesehener Nukleus wie das Umlageverfahren ins Insolvenzverfahren eingebaut wird, ***niemals außerstreitige Gerichtsbarkeit.***

B. Insolvenzverfahren

Genossenschaften sind

- konkursfähig (§ 1 GenIG),
- sanierungsplanfähig (§§ 140 ff IO) und daher auch
- sanierungsverfahrensfähig (§ 17 GenIG).

Es gelten daher die oben, Erstes Buch, 4., 5. und 6. Teil, dargestellten Verfahrensbestimmungen, sofern das GenIG nicht Besonderes bestimmt.

Die Bestimmungen des materiellen Insolvenzrechts (oben, Erstes Buch, 2. Teil) sind auch im Genossenschaftsinsolvenzverfahren heranzuziehen.

Daneben gelten folgende Spezialnormen für das Insolvenzverfahren:

- Das jeweilige Insolvenzverfahren ist bis zur allgemeinen Prüfungstagsatzung durchzuführen. Nach der bis dahin erfolgten Masseermittlung und Forderungsprüfung hat der Insolvenzverwalter ***im Liquidationsfall*** das Umlageverfahren durchzuführen, an dessen Beginn eine ***Beitragsberechnung*** steht (§ 2 GenIG), die der Bestimmung der von den Genossenschaftern zu leistenden Deckungsbeträge dient. Ziel des ***Umlageverfahrens*** ist die Deckung der Abgänge durch die einzufordernden Zahlungen der Genossenschafter (§§ 2 ff GenIG) bei Genossenschaftsauflösung ***wegen Liquidation der Genossenschaft.*** Zum Umlageverfahren siehe sogleich unten II.

- Der Insolvenzverwalter (Masse- oder Sanierungsverwalter) kann in jedem Genossenschaftsinsolvenzverfahren selbst eine ***Generalversammlung*** einberufen (§§ 16, 17 GenIG).

- Der Antrag auf Eröffnung eines Sanierungsverfahrens mit Eigenverwaltung hat den Voraussetzungen des § 169 IO zu genügen. Das dort vorzulegende ***Vermögensverzeichnis*** (§ 169 Abs 1 Z 1 lit b iVm § 100a IO) hat auch die Beträge anzugeben, mit denen die Genossenschafter zur Beseitigung eines Abgangs haften und die Höhe der voraussichtlichen Einbringlichkeit (§ 17 S 3 GenIG).

- Eine Abweisung eines Insolvenzantrags oder eine Aufhebung des Insolvenzverfahrens ***mangels Kostendeckung*** (§§ 71 iVm 71b IO, § 123a IO) ist nur zulässig, wenn die Verfahrenskosten auch nicht durch die Nachschüsse der Genossenschafter Deckung finden (§ 15 Abs 2 GenIG). Nachschüsse aufgrund eines Umlageverfahrens können nur im Liquidationsverfahren erhoben werden (siehe sogleich II).

II. Das Umlageverfahren

Das Umlageverfahren entfällt, wenn die Genossenschaft nicht liquidiert sondern saniert wird.

Sein Anwendungsbereich umfasst daher Liquidationen im Konkurs sowie auch Liquidationspläne iSd §§ 140 ff, 157g, 157h, 157i bis 157m IO im Konkurs oder aber auch im Sanierungsverfahren.

Vgl. *Fruhstorfer* in Bartsch/Pollak/Buchegger (Hrsg.), Österreichisches Insolvenzrecht, Kommentar, Erster Zusatzband, Kommentar zur GenKonkV, zu § 1 Rz 10 f.

A. Beitragsberechnung

1. Erstellung und Inhalt

Die Beitragsberechnung ist nach der allgemeinen Prüfungstagsatzung zu erstellen.

Sie hat den Verbindlichkeiten samt den Verfahrenskosten iSd § 46 Z 1 IO gegenüber zu stellen die Aktiven der Genossenschaft gegenüber zu stellen.

Zum Zeitpunkt der Auflösung der Genossenschaft noch nicht fällige Forderungen auf Volleinzahlung von Geschäftsanteilen sind bei den Aktiva freilich nicht anzusetzen.

Auf diese Weise wird der Abgang, den die Gläubiger erleiden würden, ermittelt. Zu dessen Deckung fordert der Insolvenzverwalter die Genossenschafter zur Zahlung von Deckungsbeträgen auf, und zwar primär zu Beitragszahlungen, subsidiär zu Nachschusszahlungen.

Die Beitragsberechnung hat sämtliche zahlungspflichtigen Genossenschafter mit Namen, Anschrift, Geburtsdatum aufzuführen. Ist eine Gesellschaft Genossenschafter, so ist die Firmenbuchnummer anzugeben (vgl. *Fruhstorfer* in Bartsch/Pollak/Buchegger (Hrsg.), Österreichisches Insolvenzrecht, Kommentar, Erster Zusatzband, Kommentar zur GenKonkV, zu § 5 Rz 2).

Die dürftige Regelung des § 5 Abs 1 GenIG, der bloß die Namen der Zahlungspflichtigen verlangt, trägt dem Umstand, dass die Beitragsrechnung nach insolvenzgerichtlicher Genehmigung einen Exekutionstitel darstellt (§ 8 Abs 3 GenIG), nicht hinreichend Rechnung.

2. *Beitragspflicht und Nachschusspflicht*

Die Deckungsbeträge sollen primär aufgrund der Beitragspflicht, hilfsweise aufgrund einer Nachschusspflicht hereingebracht werden.

Beitragspflicht: Dazu werden die zur Volleinzahlung der Geschäftsanteile erforderlichen, zur Zeit der Auflösung der Genossenschaft noch nicht fälligen Beträge herangezogen. Die verhältnismäßige Höhe richtet sich nach dem Statut der Genossenschaft (§ 3 Abs 1 GenIG).

Nachschusspflicht: Reichen die Beträge iSd § 3 Abs 1 GenIG zur Deckung des Abgangs nicht aus, so sind die Genossenschafter im Verhältnis ihrer Geschäftsanteile zur Leistung von Nachschüssen, unter Umständen sogar bis zur vollen Höhe ihrer Haftung nach §§ 2, 53, 79 GenG, zu verpflichten; ordnet das Statut der Genossenschaft eine andere Verlustverteilung an, so ist dieser zu folgen (§ 3 Abs 2 GenIG).

Nachschusspflichtig sind alle Genossenschafter mit ***zum Zeitpunkt der Auflösung der Genossenschaft aufrechter Haftung.*** Veräußerer von Geschäftsanteilen werden erst in Anspruch genommen, wenn der Nachschussbetrag vom Erwerber nicht herein gebracht werden konnte (§ 3 Abs 3 GenIG).

Vor Auflösung der Genossenschaft ausgeschiedenen Genossenschaftern, die im Rahmen der durchzuführenden Auseinandersetzung (§§ 55 Abs 3, 79 GenG) einen Beitrag zur Deckung der Genossenschaftsverluste geleistet haben, ist diese Leistung bei der Nachschusspflicht anzurechnen (§ 3 Abs 4 GenIG).

Der Insolvenzverwalter hat nach Anhörung des Gläubigerausschusses zu prüfen, ob unter den Zahlungspflichtigen Genossenschafter vorhanden sind, die ihrer ***Deckungspflicht nicht oder nur zum Teil nachkommen können,*** etwa weil bei der Person Exekutionsverfahren anhängig sind usw. Da die Beitragsberechnung solch ein Unvermögen auszugleichen hat, ist der nicht hereinzubringende Betrag auf die anderen Genossenschafter aufzuteilen (§ 4 Abs 1 und 2 GenIG), bei Genossenschaften mit beschränkter Haftung freilich nur bis zur Höchstgrenze des Haftungsbetrags nach § 76 GenG.

B. Insolvenzgerichtliche Genehmigung der Beitragsberechnung und Zwangsvollstreckung

1. *Beitragsberechnungstagsatzung*

Das Insolvenzgericht prüft und berichtigt gegebenenfalls die vorgelegte Beitragsberechnung.

Es weist mit Einschaltung in die Insolvenzdatei darauf hin, dass es den in der Beitragsberechnung aufgenommenen Genossenschaftern sowie den Insolvenzgläubigern freisteht, bei ihm oder beim Insolvenzverwalter Einsicht zu nehmen, Abschriften herzustellen und binnen 14 Tagen gegen die Beitragsberechnung ***Erinnerungen*** dagegen bei Gericht einzubringen (§ 6 Abs 1 GenIG).

In derselben Kundmachung setzt das Gericht den Termin der ***Beitragsberechnungstagsatzung*** fest (§ 6 Abs 1 GenIG).

Vorstand und Aufsichtsrat der Genossenschaft, ferner die in Anspruch genommenen Genossenschafter, der Insolvenzverwalter und die Mitglieder des Gläubigerausschusses sind gesondert zu benachrichtigen (§ 6 Abs 2 GenIG).

Hegt das Insolvenzgericht gegen die Beitragsberechnung keine Bedenken und werden keine Erinnerungen eingebracht oder eingebrachte wieder zurück gezogen, so ist die Beitragsberechnung mit Beschluss zu genehmigen (§ 7 Abs 1 GenIG).

Ansonsten führt das Gericht Erhebungen iSd § 254 Abs 5 IO durch (Untersuchungsgrundsatz) und verhandelt und entscheidet über die eingebrachten Erinnerungen, gegebenenfalls nach Berichtigung der Beitragsberechnung (durch Gericht oder Verwalter) mit ***Genehmigungsbeschluss*** unter Ausschluss des Rechtswegs (§ 7 Abs 2 GenIG).

Erinnerungen zahlungspflichtiger Genossenschafter sind unzulässig, wenn sie den Antrag zum Gegenstand haben, man möge nur mit einem geringeren Betrag oder gar nicht zur Zahlung verpflichtet werden (§ 7 Abs 3 GenIG).

2. Genehmigungsbeschluss – Rekurs – Vollstreckungstitel

Der ***Genehmigungsbeschluss*** ist in der Insolvenzdatei bekannt zu machen. Er hat die Genossenschafter und die Insolvenzgläubiger darauf hinzuweisen, dass die genehmigte Beitragsberechnung bei Gericht, Verwalter und Vorstand eingesehen werden kann (§ 8 Abs 2 GenIG).

Ausfertigungen der gerichtlich genehmigten Beitragsberechnung sind dem Insolvenzverwalter und dem Vorstand zuzustellen, eine weitere Ausfertigung verbleibt zu Einsichtszwecken (§ 8 Abs 2 GenIG) bei Gericht (§ 8 Abs 1 GenIG).

Gegen den Genehmigungsbeschluss steht das ***Rechtsmittel des Rekurses*** binnen 14 Tagen ab der öffentlichen Bekanntmachung offen (§ 8 Abs 3 iVm § 9 GenIG). Nach neuerer Rechtsprechung kommt auch dem Insolvenzverwalter als Vertreter der Genossenschaft Parteistellung und Rekurslegitimation zu (OGH 8 Ob 8/07w, wbl 2007/154, 345 entgegen älterer Judikatur).

Der Rekurs hat keine aufschiebende Wirkung, jedoch kann die ***Aufschiebung der Exekution*** angeordnet werden (§ 9 Abs 2 GenIG).

Bei ungenutztem Verstreichen der Rekursfrist wird der Genehmigungsbeschluss mit Ablauf des vierzehnten Tages nach Kundmachung ***vollstreckbar.***

Der Insolvenzverwalter hat die hereinzubringenden Beträge darauf mittels Zwangsvollstreckung herein zu bringen (§ 10 Abs 1 GenIG).

Hereingebrachte Beiträge, deren Vorschreibung angefochten wird, hat der Insolvenzverwalter bis zur rechtskräftigen Entscheidung über die Anfechtung zurück zu behalten (§ 10 Abs 2 GenIG).

C. Zusatzberechnung

Wird aufgrund der hereingebrachten Beträge der Abgang nicht gedeckt, so hat der Insolvenzverwalter nach den Bestimmungen der §§ 3 bis 10 GenIG eine Zusatzberechnung aufzustellen, mit der weitere Nachschüsse hereingebracht werden sollen. Sie folgt den Regeln über die erste Beitragsberechnung (§§ 3 ff GenIG). Eine Zusatzberechnung kann schließlich, falls erforderlich, wiederholt werden (§ 11 GenIG).

D. Rückzahlung – Aufrechnung – Rückgriffausschluss

1. Selten bleiben zur Deckung nicht benötigte Beträge übrig. Sie sind den Genossenschaftern zurück zu zahlen und zwar (§ 12 GenIG):

- vorerst Mehrleistungen einzelner im Verhältnis zu anderen Genossenschaftern;
- darüber hinaus übrig bleibende Beträge anteilsmäßig nach dem Verhältnis der Geschäftsanteile.

2. Hat ein zur Deckungszahlung verpflichteter Genossenschafter eine Forderung gegen die Genossenschaft, so steht ihm das Recht der ***Aufrechnung nur mit der auf seine Forderung nach Maßgabe des rechtskräftig genehmigten Schlussverteilungsentwurfs entfallenden Quote*** zu (§ 13 GenIG).

Diese Aufrechnungsbeschränkung ist, wie *Fruhstorfer* zutreffend anmerkt, kaum umsetzbar: Die Beitragsberechnung erfolgt wesentlich früher als die Schlussverteilung; die Einschätzung, welche Quote auf den Genossenschafter und Insolvenzgläubiger entfallen wird, ist daher mehr als schwierig (*Fruhstorfer* in Bartsch/Pollak/Buchegger (Hrsg.), Österreichisches Insolvenzrecht, Kommentar, Erster Zusatzband, Kommentar zur GenKonkV, zu § 13 Rz 5).

3. Die Zahlung von Deckungsbeträgen aufgrund der Beitragsberechnung begründet ***kein Regressrecht*** gegen andere Genossenschafter (§ 14 GenIG).

III. Anwendung außerhalb des Insolvenzverfahrens

Außerhalb eines Insolvenzverfahrens (etwa nach Abweisung eines Insolvenzantrags mangels Kostendeckung oder nach Aufhebung gemäß § 123a IO) ist das GenIG dennoch anzuwenden. Die Aufgaben des Insolvenzverwalters haben die Liquidatoren, der Vorstand oder auf Antrag oder von Amts wegen vom Firmenbuchgericht bestellte Personen wahrzunehmen (§ 15 Abs 1 GenIG).

Vierter Teil

Insolvenzentgeltsicherung

Lit.: *Brenn/Schneider,* Straftäter haften für Insolvenzausfallgeld, EvBl 2016/45, 311; *Deriu,* Insolvenz-Entgeltsicherung zwischen EU-Recht und nationalem Recht (2013); *Deriu,* Anrechnung von Teilzahlungen im IESG, RdW 2014/383, 343; *Deriu,* Sittenwidrigkeit im Bereich der Insolvenz-Entgeltsicherung, ecolex 2016, 152; *Ehrenreich,* Insolvenz-Entgeltsicherungsgesetz (IESG) 1997; *Eypeltauer,* Der praktische Fall. Die Insolvenz-Entgeltsicherung, DRdA 1998, 143; *Frauenberger,* Insolvenz und Arbeitsverhältnis – Neuerungen durch das IRÄG 1994, ecolex 1994, 334; *Geist,* Eigenkapitalersatz im Arbeits- und Insolvenzentgeltsicherungsgesetz, in Achatz/Jabornegg/Karollus, Eigenkapitalersatz im Gesellschafts-, Steuer- und Arbeitsrecht (1999) 38; *Gerhartl,* Reichweite der Sicherung von arbeitsrechtlichen Ansprüchen bei Insolvenz, RdW 2015/556, 650; *Graf,* Eigenkapitalersatz und Insolvenzentgeltsicherung. Missbrauch durch Nicht-Austritt aus dem Arbeitsverhältnis bzw Stehenlassen der nicht erfüllten Entgeltforderungen? ZAS 2004/20, 113; *Grießer,* Beendigung des Arbeitsverhältnisses bei Insolvenz sowie Entgeltanspruch und dessen Sicherung nach dem IRÄG 1994 im Lichte der neueren Judikatur, ZAS 1993, 188; *Holzer/Reissner,* Neuerungen im Insolvenzrecht aus arbeitsrechtlicher Sicht, DRdA 1994, 255; *Holzer/Reissner/Schwarz,* Die Rechte des Arbeitnehmers bei Insolvenz, 5. Auflage (2006); *Höfle/Reisch,* Arbeitsrechtliche Aspekte bei Insolvenzen – Beendigungsansprüche aus Abfertigungen bzw Betriebspensionen und deren Bewertung, ZIK 1996, 114; *Kallab,* Sittenwidrigkeitskorrektiv: Geänderte Rechtslage nach der IESG-Novelle 2000? DRdA 2002, 416; *Karner,* IRÄG 1997: Neuregelungen für Arbeitnehmer, ecolex 1997, 782; *Kaszanits,* Insolvenz-Entgeltsicherung, ZAS 2001, 92; *Liebeg,* Ein Überblick über die IESG-Novelle 1997, WBl 1997, 401; *Liebeg,* Insolvenz-Ausfallgeld für Angestellte ex contractu, ASoK 2004, 420; *Liebeg,* Insolvenz-Entgeltsicherungsgesetz – Kommentar, 3. Auflage (2007); *Liebeg,* Betriebsübergang und Insolvenz-Ausfallgeld, wbl 2002, 12; *Mader,* Erfolgreiche Kündigungsanfechtung: Sicherung des nachzuzahlenden Entgelts durch den Insolvenz-Entgelt-Fonds, DRdA 2016/28, 254; *Mayr,* Vorstandsmitglied der AG fällt nicht in den Schutzbereich des IESG, GesRZ 2014, 260; *Neumayr/Reissner* (Hrsg.), Zeller Kommentar zum Arbeitsrecht, 3. Auflage (2017); *Nunner-Krautgasser/Reissner,* Praxishandbuch Insolvenz und Arbeitsrecht (2012); *Rebernig,* Auftraggeberhaftung: Aktuelle Rechtsfragen und anfechtungsrechtliche Gesichtspunkte, ZIK 2016/112, 97; *Ristic,* IRÄG 2010 – Änderungen im IESG, in Konecny (Hrsg.), IRÄG 2010 – Das Insolvenzrechtsänderungsgesetz 2010, ZIK Spezial (2010) 215; *Rohrer/Weber-Wilfert,* Grenzen der Insolvenz-Entgeltsicherung (zu 8 Ob S 7/14h), EvBl 2015/103; *Schönberger,* Insolvenz-Entgelt für Ansprüche nach dem Stichtag unter besonderer Berücksichtigung der Austrittsobliegenheit nach § 3a Abs 2 Z 5 IESG, juridikum 2014, 172; *Schuster,* Verringerte Lohnnebenkosten bei Vorständen , ASoK 2014, 263; *Schwarz,* Rechtsdogmatische Fragen des Insolvenz-Entgeltsicherungsgesetzes, DRdA 1980, 280; *Shubshizky,* Kein Insolvenzentgelt bei beherrschendem Einfluss über eine Stiftung, ASoK 2014, 157; *Shubshizky,* IESG-Beiträge für Vorstandsmitglieder, ASoK 2014, 278; *Sundl,* OGH: Zur Frage der Reichweite der österreichischen Insolvenz-Entgeltsicherung bei Sachverhalten mit Auslandsberührung, DRdA 2000, 431; *Sundl,* Erweiterter Ausschluss der Insolvenz-Entgeltsicherung durch richterliche Rechtsfortbildung, ASoK 2002, 88; *Taucher,* Insolvenzausfallgeld in Jelinek-FS (2002) 325; *Thaller,* Sind Fälligkeitsvereinbarungen für Überstundenentgelte Angestellter für die Beurteilung der Ansprüche auf Insolvenzentgelt in Verbindung mit § 3a IESG von Relevanz? ZIK 2011/128, 94; *Trattler,* Der Insolvenz-Entgelt-Fonds, taxlex 2012, 538; *Wachter,* Der Anstellungsvertrag von Vorstandsmitgliedern bei Insolvenz der Aktiengesellschaft, NZ 2015/80; *Weber,* Aktuelle Entwicklungen im IESG: Sparsamkeit wird groß geschrieben, RdW 2001/459, 413; *Weber,* Neue Tendenzen im IESG: Sittenwidrigkeit und Austrittsobliegenheit; ZIK 2000/244, 193; *Weber,* Insolvenz-Ausfallgeld für im Ausland beschäftigte Arbeitnehmer, RdW 1997, 408; *Weber-Wilfert,* EuGH: Sittenwidrigkeit und Eigenkapitalersatz im IESG, RdW 2004/209, 227; *Weber-Wilfert,* Legalzession und bedingte Arbeitnehmerforderung, ZIK 2016/283, 212; *Winkler,* Gesicherte Ansprüche nach dem IESG, ZIK 2002/5, 11.

I. Allgemeines

Insolvenzverfahren benachteiligen die Gläubigergruppe der Arbeitnehmer in besonderem Maß. Das *Insolvenz-Entgeltsicherungsgesetz (IESG)* BGBl 1977/324 idgF ermöglicht, ihre arbeitsvertraglichen Forderungen in bestimmtem Umfang vorweg zu erfüllen:

Zweck des IESG ist eine sozialversicherungsrechtliche Sicherung von Entgeltansprüchen und sonstigen aus dem Arbeitsverhältnis erwachsenden Ansprüchen von Arbeitnehmern im Fall der Insolvenz ihres Arbeitgebers. Gesichertes Risiko ist demnach die von den Arbeitnehmern typischerweise nicht selbst abwendbare und absicherbare Gefahr des gänzlichen oder teilweisen Verlusts ihrer Entgeltansprüche, auf die sie typischerweise zur Bestreitung des eigenen Lebensunterhalts und jenes ihrer unterhaltsberechtigten Angehörigen angewiesen sind.

Das IESG bezieht sich gleichermaßen auf männliche wie weibliche Arbeitnehmer. Personenbezogene Bezeichnungen, die nur in männlicher Form angeführt sind, beziehen sich auf Männer und auf Frauen (§ 2 Abs 1 IESG).

Bei Verweisen auf andere Gesetze geht das IESG den üblichen Weg der dynamischen Verweisung (§ 2 Abs 2 IESG).

Das IESG verschafft dem Arbeitnehmer bei Insolvenz des Arbeitgebers oder einem gleichzuhaltenden Auslösetatbestand für eine beschränkte Zeitspanne volle oder aber teilweise Befriedigung aus Mitteln des Insolvenz-Entgelt-Fonds. Die Differenz zu der auf die Arbeitnehmerforderung tatsächlich in der Insolvenz entfallende geringere Quote trägt der Insolvenz-Entgelt-Fonds.

Der ***Insolvenz-Entgelt-Fonds*** besitzt *Rechtspersönlichkeit* und wird durch den Bundesminister für Arbeit, Soziales und Konsumentenschutz vertreten (§ 13 Abs 1 IESG). Die Agenden des Fonds im hoheitlichen Bereich liegen bei der Insolvenz-Entgelt-Fonds-Service-GmbH, vor deren Geschäftsstellen (§ 5 IESG) ein ausgegliedertes ***Verwaltungsverfahren*** abgewickelt wird: Antragsteller ist der Arbeitnehmer, über seine Ansprüche wird mit Bescheid erkannt.

II. Anspruchsberechtigung

A. Gesicherte Personen

§ 1 Abs 1 IESG umschreibt taxativ den Kreis der Personen, die einen ***Anspruch auf Insolvenz-Entgelt*** haben ***(anspruchsberechtigte Personen):***

1. Arbeitnehmer sowie freie Dienstnehmer iSd § 4 Abs 4 ASVG (sie sind den Arbeitnehmern gleich gestellt)

2. Heimarbeiter,

3. ihre Hinterbliebenen,

4. ihre Rechtsnachfolger von Todes wegen.

- wegen ihrer aufrechten, nicht verjährten und nicht ausgeschlossenen ***Ansprüche*** (§ 1 Abs 2 IESG)
- aus einem ***aufrechten oder ehemaligen Arbeits-, Auftrags- oder freien Dienstverhältnis***,
- wenn sie gemäß § 3 Abs 1 oder Abs 2 lit a bis d ASVG ***als im Inland beschäftigt gelten oder galten*** und
- wenn ein ***Auslösetatbestand gemäß § 1 Abs 1 IESG verwirklicht ist*** (unten III); keines Auslösetatbestands bedarf es in den Ausnahmefällen des § 1a Abs 3 und 4 IESG.

B. Ungesicherte Personen

Keinen Anspruch auf Insolvenz-Entgelt haben folgende Personen (§ 1 Abs 6 IESG):

1. ***Arbeitnehmer der öffentlichen Hand*** (Bund, Land, Gemeindeverband, Gemeinde, § 1 Abs 6 Z 1 Hs 1 IESG),

2. Arbeitnehmer aus Ansprüchen gegen solche ***Arbeitgeber, die*** aufgrund allgemein anerkannter Regeln des Völkerrechts, völkerrechtlicher Verträge oder des Bundesgesetzes über die Einräumung von Privilegien und Immunitäten an internationale Organisationen (BGBl 1977/677 idgF) ***Immunität genießen*** (§ 1 Abs 6 Z 1 Hs 2 IESG),

3. ***gesellschaftsbeherrschende Gesellschafter,*** selbst wenn deren Einfluss auf der treuhänderischen Verwaltung oder auf der Weitergabe von Anteilen beruht (§ 1 Abs 6 Z 2 IESG),

4. wer nach § 66a AlVG der Arbeitslosenversicherungspflicht unterliegt ***(Strafgefangene),*** (§ 1 Abs 6 Z 3 IESG).

III. Auslösetatbestände

Das Gesetz geht grundsätzlich von der ***Eröffnung eines Insolvenzverfahrens – Konkurs- oder Sanierungsverfahren – der IO im Inland*** aus (§ 1 Abs 1 S 1 IESG), stellt diesen aber weitere Tatbestände gleich (§ 1 Abs 1 Z 1 bis 6 und Abs 1 letzter Satz IESG), so dass insgesamt ***neun Tatbestände*** einen Anspruch auf Insolvenz-Entgelt begründen. Wir bezeichnen sie als ***Auslösetatbestände.*** § 3 Abs 1 IESG Gesetz nennt den ***Zeitpunkt des Eintritts des anspruchsbegründenden Tatbestands (Stichtag):***

1. Eröffnung des Konkursverfahrens (oder Schuldenregulierungsverfahrens) über das Vermögen des (ehemaligen) Arbeitgebers im Inland (§ 1 Abs 1 S 1 IESG iVm §§ 1, 180, 182 IO),

2. Eröffnung des Sanierungsverfahrens (§ 1 Abs 1 S 1 IESG iVm §§ 166 ff IO),

3. Anordnung einer Geschäftsaufsicht (§ 1 Abs 1 Z 1 IESG),

4. Nichteröffnung des Insolvenzverfahrens mangels kostendeckenden Vermögens (§ 1 Abs 1 Z 2 IESG iVm § 71b IO),

5. Ablehnung der Eröffnung des Insolvenzverfahrens gegen eine aufgelöste juristische Person oder eingetragenen Personengesellschaft wegen Vermögenslosigkeit infolge bereits erfolgter Verteilung ihres Vermögens (§ 1 Abs 1 Z 3 IESG iVm § 68 IO),

6. Löschung gemäß § 40 oder § 42 FBG wegen Vermögenslosigkeit (§ 1 Abs 1 Z 4 IESG),

7. Zurückweisung des Antrags auf Eröffnung eines Insolvenzverfahrens wegen Unzuständigkeit nach § 63 IO (§ 1 Abs 1 Z 5 IESG),

8. Beschluss auf Unterbleiben der Verlassenschaftsabhandlung nach § 153 Abs 1 AußStrG oder auf Überlassung den Verlassenschaftsgläubigern an Zahlungs statt nach § 154 Abs 1 AußStrG (§ 1 Abs 1 Z 6 IESG),

9. Entscheidung eines ausländischen Gerichts, die nach der EuInsVO neu (Nr. 848/2015 vom 20. Mai 2015, ABl. Nr. L 141 vom 5.6.2015 S. 19), nach § 240 IO oder – bei Kreditinstituten oder Versicherungsunternehmen – nach §§ 243 bis 251 IO in Österreich anerkannt wird (§ 1 Abs 1 letzter Satz IESG idF Art 3 Z 1 IRÄG 2017), wenn

- die Voraussetzungen nach § 1 Abs 1 S 1 IESG erfüllt sind (gesicherte Person) *und*
- die Voraussetzungen des Art 2 Abs 1 der Arbeitnehmerschutz-RL 2008/94/EG vom 22. Oktober 2008, ABl. L 283 vom 18.10.2008 S. 36 erfüllt sind: Wenn über das Vermögen des Arbeitgebers ein Zahlungsunfähigkeit voraussetzendes Gesamtverfahren *beantragt* worden ist und entweder eröffnet wurde oder dies mangels Kostendeckung unterblieben ist.

IV. Gesicherte und ausgeschlossene Ansprüche

A. Voraussetzung der Sicherung

Kann der gesicherte Anspruch aufgrund insolvenzrechtlicher Vorschriften im Insolvenzverfahren angemeldet werden, so besteht ein ***Anspruch auf Insolvenz-Entgelt nur nach erfolgter Anmeldung.*** Dem Antrag ist ein Stück der Forderungsanmeldung (§§ 102 bis 104 IO) samt Abschriften der ihr angeschlossenen Urkunden beizufügen, es sei denn dem Anspruchsberechtigten war eine Forderungsanmeldung nicht möglich (§ 1 Abs 5 S 1 iVm § 6 Abs 2 IESG).

Der Anspruchsberechtigte kann bei seiner gerichtlichen Forderungsanmeldung auch den ***Antrag*** auf Insolvenz-Entgelt ***beim Insolvenzgericht*** einbringen, dieses hat ihn samt einer Abschrift der Forderungsanmeldung an die zuständige Geschäftsstelle der Insolvenz-Entgelt-Fonds-Service-GmbH weiterzuleiten (§ 104 Abs 1 IO).

Hat ein ***ausländisches Gericht*** eine im Sinn des § 1 Abs 1 letzter Satz IESG anerkannte Entscheidung gefällt (siehe oben III. 8.), so hat der Antragsteller eine nach dem jeweiligen ausländischen Recht erforderliche ***Forderungsanmeldung*** der Geschäftsstelle zur Kenntnis zu bringen (§ 1 Abs 5 S 2 IESG).

B. Gesicherte Ansprüche

Gesichert sind aufrechte, nicht verjährte und nicht ausgeschlossene Ansprüche aus dem Arbeitsverhältnis gesicherter Personen (§ 1 Abs 2 IESG), und zwar:

1. Entgeltansprüche, insbesondere auf laufendes Entgelt und aus der Beendigung des Arbeitsverhältnisses,

2. Schadenersatzansprüche aus dem Arbeitsverhältnis,

3. sonstige Ansprüche gegen den Arbeitgeber sowie

4. ausdrücklich genannte, zur zweckentsprechenden Rechtsverfolgung notwendige **Kosten;** § 1 Abs 2 Z 4 lit a bis i IESG zählen demonstrativ auf:

- dem Arbeitnehmer zugesprochene Prozesskosten (ebenso Exekutionskosten) für die Durchsetzung von Ansprüchen nach § 1 Abs 2 Z 1 bis 3 IESG (oben 1. bis 3.),
- insolvenzmäßig festgestellte Prozesskosten (§ 109 IO),
- rechtskräftig zugesprochener Kostenersatz in Prüfungsprozessen (§ 110 IO),
- rechtskräftig zugesprochene Exekutionskosten zur Hereinbringung der Ansprüche des Arbeitnehmers gegen den Arbeitgeber,
- tarifmäßige Prozesskosten, die dem Arbeitnehmer in einem Verfahren zur Durchsetzung seiner Ansprüche nach § 1 Abs 2 Z 1 bis 3 (oben 1. bis 3.) entstanden sind und deren Ersatz ihm aufgrund eines rechtswirksamen gerichtlichen oder außergerichtlichen Vergleiches oder Anerkenntnisses zusteht, sowie Prozesskosten, die dem Arbeitnehmer in einem derartigen Gerichtsverfahren entstanden sind, das gemäß § 7 IO unterbrochen worden ist,
- Barauslagen und Kosten für den Rechtsvertreter, die dem Arbeitnehmer anlässlich eines außergerichtlichen Vergleichs oder eines Anerkenntnisses in Verfahren nach § 1 Abs 2 Z 1 bis 3 IESG (oben 1 bis 3) entstanden sind; die Sicherung der Rechtsvertreterkosten ist allerdings mit der in TP 2 RATG festgesetzten Höhe beschränkt,
- tarifmäßige Verfahrenskosten und Barauslagen zur Teilnahme am Insolvenzverfahren bzw. einem gleichzuhaltenden Verfahren (§ 1 Abs 1 IESG),
- tarifmäßige Verfahrenskosten und Barauslagen für eine nachträgliche Prüfungstagsatzung zur Feststellung von Forderungen, die erst nach der allgemeinen Prüfungstagsatzung entstanden oder fällig geworden sind,

- die dem Arbeitnehmer zugesprochenen Kosten, wenn dieser vom Arbeitgeber die Ausstellung eines Dienstzeugnisses begehrt hat
- Prozesskosten, die der Arbeitgeber als Kläger dem Arbeitnehmer als Beklagten in einem Verfahren über Forderungen, die in Zusammenhang mit dem Arbeitsverhältnis stehen, zu ersetzen hat, soweit der Arbeitgeber diese wegen der Eröffnung eines Insolvenzverfahrens oder Vorliegen eines anderen Insolvenztatbestands nach § 1 Abs 1 IESG nicht mehr zahlen kann. Das gilt auch für Kosten in einem Verfahren nach § 7 Abs 7 IESG.

*5. **Zinsen*** für gesicherte Entgeltansprüche aus Entgelt, Schadenersatz oder aus sonstigen Ansprüchen gegen den Arbeitgeber (§ 1 Abs 2 Z 1 bis 3 IESG) sind ebenso gesichert und gebühren ab Fälligkeit des Anspruchs bis zum Stichtag (§ 3 Abs 2 IESG).

*6. **Abfertigungen*** nach §§ 23, 23a AngG sind teils gesichert, teils können sie ausgeschlossen sein (§ 1 Abs 4a IESG):

Bis zum Ausmaß der einfachen Höchstbeitragsgrundlage nach § 45 Abs 1 ASVG (§ 1 Abs 4 IESG) besteht Abfertigungssicherung in voller Höhe; steht ein höherer Anspruch zu, so gebührt Insolvenz-Entgelt bis zum Ausmaß der zweifachen Höchstbeitragsgrundlage pro Monatsbetrag (§ 1 Abs 4 IESG) in halber Höhe.

§§ 45 Abs 1 und 108 Abs 1 und Abs 3 ASVG bestimmen die Höchstbeitragsgrundlage für das Jahr 2005 pro Kalendertag mit 118 Euro. Der BM für Soziale Sicherheit, Generationen und Konsumentenschutz hat jährlich eine Aufwertungszahl (§ 108 Abs 2 ASVG), eine Höchstbeitragsgrundlage (§ 108 Abs 3 ASVG), Aufwertungsfaktoren (§ 108 Abs 4 ASVG) und die festen Beträge nach dem ASVG (§ 108 Abs 6 ASVG) zu ermitteln und kundzumachen (Verordnungsermächtigung des § 108 Abs 1 ASVG).

Dividiert man den Abfertigungsbetrag, der dem Arbeitnehmer zustehen soll durch die Anzahl der Tage aus der sich der Abfertigungsbetrag errechnen soll (3 Monatslöhne gleich drei Mal die Anzahl der Monatstage) und überschreitet das Ergebnis den Betrag von 118 Euro nicht, so ist die gesamte Abfertigung gesichert. Übersteigt das Ergebnis den Betrag von 118 Euro, so ist der überschießende Betrag nur mehr in der Höhe von 59 Euro pro Tag (in unserem Beispiel multipliziert mit den Monatstagen) gesichert.
Der 236 Euro pro Tag übersteigende Betrag der Abfertigung ist nicht gesichert.

7. Gesichert sind ***Abfertigungsansprüche*** auch dann, ***wenn der Arbeitgeber aufgrund eines Urteils*** nach § 23 Abs 2 AngG, § 22 Abs 2 GutsangG oder einer anderen gleichwertigen österreichischen Rechtsvorschrift ***von der Zahlung einer Abfertigung befreit wurde,*** ohne dass eine Insolvenz oder ein gleichzuhaltender Sachverhalt (oben III) verwirklicht wäre (§ 1a IESG).

Es besteht in diesen Fällen Anspruch auf den Teil der Abfertigung, den der Arbeitgeber aufgrund der Verschlechterung seiner Wirtschaftslage nicht ausbezahlen muss, ebenso für die dem Arbeitnehmer erwachsenen tarifmäßigen Verfahrenskosten und Barauslagen sowie zu ersetzenden Prozesskosten (§ 1a Abs 2 IESG).

Dabei gelten *folgende Besonderheiten (§ 1a Abs 4 IESG):*

- Ein Auslösetatbestand (§ 1 Abs 1 IESG) muss nicht vorliegen.
- Zuständig für das Verfahren ist die Geschäftsstelle der Insolvenz-Entgelt-Service-GmbH, in deren Sprengel sich das Gericht befindet, das das Urteil erster Instanz erlassen hat (zur Geschäftsstelle siehe unten VI.).
- Die Antragsfrist iSd § 6 Abs 1 IESG beginnt mit der Zustellung des dem Anspruchsberechtigten gegenüber rechtskräftig gewordenen Urteils.
- Eine Legalzession des Arbeitnehmeranspruchs auf den Fonds findet nicht statt (§ 11 IESG).

8. Erhält der anspruchsberechtigte Arbeitnehmer vom bedingt erberklärten Erben wegen aufgrund eines Urteils feststehender ***nicht ausreichender Nachlassaktiva*** keine vollständige Bezahlung, so ist der Differenzbetrag gesichert.

Ebenso gesichert sind die dem Arbeitnehmer erwachsenen tarifmäßigen Barauslagen und Verfahrenskosten sowie die dem Erben zu ersetzenden Prozesskosten (§ 1a Abs 3 IESG).

Es gelten (ebenso wie bei der Befreiung von der Abfertigungszahlung (§ 1a Abs 1 und 2 IESG, siehe oben 7.) die ***Sonderbestimmungen des § 1a Abs 4 IESG*** (s. oben)

9. Vom Arbeitgeber zu leistende ***Übertragungsbeträge*** gemäß § 47 Abs 3 BMSVG (Betriebliches Mitarbeiter- und Selbständigenvorsorgegesetz BGBl I 2002/100 idgF), soweit sie zum Stichtag (§§ 1 Abs 1, 3 Abs 1 IESG) noch offen sind, unterliegen der Sicherung nach § 1b IESG.

Wurde ein Arbeitsverhältnis bis zum 31.12.2002 angetreten, so können bzw. konnten Arbeitgeber und Arbeitnehmer ab dem 1.1.2003 vereinbaren, dass dieses Arbeitsverhältnis vom System der Abfertigung-alt in das der Abfertigung-neu übergeführt werden soll (§ 47 Abs 1 BMSVG). Der Arbeitgeber hat diesfalls binnen fünf Jahren ***Übertragungsbeträge*** in die Betriebliche-Vorsorge-Kasse (BV-Kasse) einzuzahlen (§ 47 Abs 3 BMSVG).

Sind solche Zahlungen zum Stichtag (§§ 1 Abs 1, 3 Abs 1 IESG) noch offen, so sind sie nach Maßgabe des § 1b IESG gesichert.

Es gelten folgende Besonderheiten:

- Gesichert sind die zum Stichtag noch aushaftenden Übertragungsbeträge, soweit diese die zum Stichtag gebührenden Monatsentgelte unter Berücksichtigung der Grenzbeträge des § 1 Abs 4a IESG iVm § 45 Abs 1 ASVG nicht übersteigen.

Die Berechnung erfolgt durch eine fiktive Anwendung der in § 47 Abs 1 BMSVG angeführten Rechtsvorschriften oder Vertragsbedingungen.

- Um dem Arbeitnehmer die Geltendmachung des Anspruchs zu ermöglichen, hat die BV-Kasse ihm auf sein Ersuchen eine schriftliche Auskunft über die Höhe der vom Arbeitgeber bis zum Stichtag (§§ 1 Abs 1, 3 Abs 1 IESG) geleisteten Zahlungen zu erteilen (§ 1b Abs 3 S 1 IESG).

Diese ist samt der Vereinbarung nach § 47 Abs 1 BMSVG der Geschäftsstelle bei Antragstellung vorzulegen (§ 1b Abs 3 S 3 IESG).

- Wird die BV-Kasse vom Arbeitnehmer binnen sechs Monaten ab dem Stichtag (§§ 1 Abs 1, 3 Abs 1 IESG) um eine solche schriftliche Bestätigung ersucht, so beginnt die Frist zur Beantragung von Insolvenz-Entgelt (§ 6 Abs 1 IESG) mit der Zustellung der Bestätigung (§ 1b Abs 3 S 2 IESG).

- Der Arbeitnehmer macht Übertragungsbeträge nicht unmittelbar für sich, sondern für die Mitarbeiter-Vorsorge-Kasse geltend. Zuerkannte Beträge sind vom Fonds an die BV-Kasse zu bezahlen; dieser ist der Zuerkennungsbescheid ebenfalls zuzustellen (§ 1b Abs 4 IESG).

C. Ausgeschlossene Ansprüche

Ausgeschlossen sind die im § 1 Abs 3 IESG taxativ genannten Forderungen:

1. nach § 1 Abs 2 IESG sonst gesicherte Ansprüche aus ***anfechtbaren Rechtshandlungen*** nach der AnfO bzw. der §§ 27 bis 43 IO (§ 1 Abs 3 Z 1 IESG),

2. nach § 1 Abs 2 IESG sonst gesicherte Ansprüche, wenn der Anspruchsberechtigte im Zusammenhang mit der Insolvenz nach § 1 Abs 1 IESG wegen einer in § 11 Abs 3 IESG genannten ***gerichtlichen Straftat verurteilt*** wird (§ 1 Abs 3 Z 1a IESG),

Die Einfügung der Z 1a wurde notwendig, weil mit der BGBl I 2005/102 zwei Personengruppen aus dem Kreis der ungesicherten Personen herausgenommen wurden (§ 1 Abs 6 Z 2 und 3 aF IESG wurden aufgehoben) und nunmehr gesichert sind:

- die Mitglieder des vertretungsbefugten Organs einer juristischen Person
- leitende Angestellte, denen – obwohl sie keine Mitglieder des außenvertretungsbefugten Organs sind – ein dauernder maßgeblicher Einfluss auf die Unternehmensführung zusteht.

Da diese Personengruppen in der Lage sind, Straftaten zu begehen, die dem Unternehmen und damit dem „Arbeitgeber" iSd § 11 Abs 3 IESG zuzurechnen sind, sieht die Neuregelung daher den Ausschluss ihrer Ansprüche auf Insolvenz-Entgelt bei rechtskräftiger Verurteilung iSd § 11 Abs 3 IESG bzw. bei späterer Verurteilung den Widerruf und die Rückzahlung iSd § 9 Abs 1 S 2 IESG vor.

3. Ansprüche aus ***Einzelvereinbarungen*** nach Eintritt der Zahlungsunfähigkeit (§ 1 Abs 3 Z 2 IESG). Sie können zwar Gegenstand des Insolvenzverfahrens, nicht aber der Insolvenzentgeltsicherung sein:

Ausgeschlossen sind Ansprüche aus solchen Einzelvereinbarungen, die in Überschreitung von Gesetz, Kollektivvertrag oder Betriebsvereinbarung oder betriebsüblicher Entlohnung erfolgen oder auf sonstigen Besserstellungen beruhen, wenn die höhere Entlohnung sachlich nicht gerechtfertigt ist und die Vereinbarung:

- nach dem Antrag auf Eröffnung des Insolvenzverfahrens oder auf Anordnung der Geschäftsaufsicht oder in den letzten sechs Monaten vorher abgeschlossen wurden;
- in den letzten sechs Monaten *vor Kenntnis* nach einem Beschluss iSd § 1 Abs 1 Z 2 bis 6 IESG abgeschlossen wurden; mithin binnen Frist vor:

•• Ablehnung der Eröffnung eines Insolvenzverfahrens mangels kostendeckenden Vermögens,

•• Ablehnung der Eröffnung eines Insolvenzverfahrens über eine juristische Person wegen erfolgter Vermögensverteilung (§ 68 IO)

•• firmenbücherliche Löschung wegen Vermögenslosigkeit (§§ 40, 42 FBG),

•• Zurückweisung des Antrags auf Eröffnung eines Insolvenzverfahrens nach Zuständigkeitsprüfung (§ 63 IO) oder

•• Unterbleiben der Verlassenschaftsabhandlung (§ 153 Abs 1 AußStrG) oder Überlassung den Verlassenschaftsgläubigern an Zahlungs statt (§ 154 Abs 1 AußStrG).

4. Ansprüche auf eine drei Monate übersteigende Kündigungsentschädigung sind hinsichtlich des Betrags ausgeschlossen, den der Arbeitnehmer durch Unterbleiben der Arbeitsleistung erspart, durch anderweitige Verwendung erworben oder zu erwerben absichtlich versäumt hat (§ 1 Abs 3 Z 3 IESG);

5. bei Konkurrenz von Kündigungsentschädigung und Anspruch auf laufendes Entgelt das laufende Entgelt, es sei denn die Insolvenzmasse (im Insolvenzverfahren) bzw. der Arbeitgeber ist nicht in der Lage für den bezüglichen Zeitraum das laufende Entgelt zu leisten; dies gilt bis zum frühestmöglichen Austritt wegen Vorenthaltung des Entgelts (§ 1 Abs 3 Z 3a IESG);

6. Entgeltansprüche mit Ausnahme solcher nach § 1 Abs 4a IESG, wenn der **Bruttobetrag** zum Zeitpunkt der bedungenen Zahlung den ***Grenzbetrag nach § 1 Abs 4 IESG übersteigt*** (§ 1 Abs 3 Z 4 IESG).

Als Grenzbetrag wird die doppelte Höchstbeitragsgrundlage nach § 45 Abs 1 ASVG herangezogen. Diese ist bei zeitlich begrenzten Entgeltansprüchen mit der Anzahl der Tage des jeweiligen Entlohnungszeitraums zu multiplizieren.

Bei zeitlich unbestimmten Entgeltansprüchen ist der Grenzbetrag mit der Anzahl der Tage desjenigen Quartals zu multiplizieren, in welchem der Anspruch abzurechnen gewesen wäre, abzüglich bereits geleisteter Zahlungen (§ 1 Abs 4 IESG).

7. sonst gesicherte ***Ansprüche nach § 1 Abs 2 IESG*** (oben B 1 bis 4), ***wenn*** kraft gesetzlicher Anordnung ***ein anderer als der (frühere) Arbeitgeber zahlungspflichtig*** ist (§ 1 Abs 3 Z 5 IESG);

8. Ansprüche nach dem BPG (BGBl 1990/282 idgF) gegenüber einer Pensionskasse nach dem PKG (BGBl 1990/281 idgF) oder einem Unternehmen gem. § 1 Abs 1 Z 1, 2, 4 oder 5 des Versicherungsaufsichtsgesetzes 2016 (VAG 2016 BGBl I 2015/34 idgF), (§ 1 Abs 3 Z 6 IESG);

9. Abfertigungen, die nach § 1 Abs 4a IESG nicht gesichert sind, weil sie den gesicherten Betrag übersteigen (arg § 1 Abs 4a IESG).

V. Ausmaß

A. Berechnung

Vom Bruttoanspruch in inländischer Währung zu subtrahieren sind die Dienstnehmerbeitragsanteile zur Sozialversicherung und solche gesetzlichen Abzüge, die von anderen öffentlich-rechtlichen Körperschaften im Insolvenzverfahren geltend zu machen sind (§ 3 Abs 1 IESG).

§ 13a IESG, der die ***Dienstnehmerbeitragsanteile*** zur Kranken- und Pensionsversicherung (nicht aber die Arbeitslosenversicherungsbeiträge) im Rahmen des Insolvenz-Entgelts mitberücksichtigt, bleibt indes unberührt. Diese Beiträge sind vom Fonds dem zur Einhebung zuständigen Sozialversicherungsträger direkt zu verrechnen.

Die Sonderbestimmungen über Betriebspensionen nach § 3d IESG bleiben von § 3 Abs 1 IESG unberührt.

Es gelten die ***Kapitalisierungsvorschriften der §§ 14 ff IO.***

Ist der gesicherte Anspruch nicht auf eine Geldleistung gerichtet, sein Geldbetrag unbestimmt oder nicht in inländischer Währung festgesetzt, so ist der Schätzwert zur Zeit der Eröffnung des Insolvenzverfahrens oder der Anordnung der Geschäftsaufsicht bzw. eines Beschlusses nach § 1 Abs 1 Z 2 bis 6 IESG maßgebend. Betagte Forderungen gelten als fällig (§ 3 Abs 4 S 3 IESG).

Bei nicht verzinslichen Forderungen ist die *Hoffmannsche Formel* anzuwenden (§ 3 Abs 1 aE IESG).

Bei der Berechnung des Insolvenz-Entgelts sind die gesetzlichen und kollektivvertraglichen Kündigungsfristen, -termine und -beschränkungen zu berücksichtigen (§ 3 Abs 3 S 1 IESG).

Das gilt auch für befristete Arbeitsverhältnisse, sofern nicht vor der Kündigung das Arbeitsverhältnis durch Fristablauf endet (§ 3 Abs 3 aE IESG).

Sollen im Rahmen eines individuellen Arbeitsvertrags Vordienstzeiten angerechnet werden, so zählen nur solche, die auch tatsächlich bei diesem Arbeitgeber geleistet wurden (§ 3 Abs 3 S 2 IESG).

Stichtag für die Berechnung des jeweiligen Anspruchs ist der Zeitpunkt der Eröffnung eines Insolvenzverfahrens im Inland (§ 1 Abs 1 S 1 IESG) oder im Ausland (§ 1 Abs 1 letzter Satz IESG), der Anordnung der Geschäftsaufsicht (§ 1 Abs 1 Z 1 IESG) oder der Zeitpunkt eines Beschlusses nach § 1 Abs 1 Z 2 bis 6 IESG (§ 3 Abs 1 S 2 IESG).

Zu unterscheiden sind der anspruchsbegründende ***Stichtag*** nach § 1 Abs 1 S 1 sowie Abs 1 Z 1 bis 6 und Abs 1 letzter Satz IESG zur Forderungsberechnung und der ***Stichzeitpunkt*** nach § 6 Abs 1 IESG, mit dem die Antragsfrist zu laufen beginnt.

B. Insolvenz-Entgelt

1. vor der Insolvenz

Insolvenz-Entgelt gebührt grundsätzlich auch für solche laufenden Entgeltansprüche samt Sonderzahlungen, die in den letzten sechs Monaten vor dem Stichtag fällig geworden sind (§ 3 Abs 1 S 1 IESG).

Ältere Ansprüche sind nur dann von der Sicherung ausgenommen, wenn binnen sechs Monaten ab ihrem Entstehen

- Klage erhoben und das Verfahren gehörig fortgesetzt wurde,
- ein kollektivvertraglich vorgesehenes Schlichtungsverfahren oder ein Verfahren vor der Gleichbehandlungskommission eingeleitet wurde (§ 3a Abs 1 S 2 IESG).

Ohne jede Beschränkung gebührt Insolvenz-Entgelt für die Differenz zwischen unterkollektivvertraglicher und kollektivvertraglicher Entlohnung (§ 3a Abs 1 S 2 aE IESG).

Insolvenz-Entgelt für Ansprüche aus nicht ausgeglichenen Zeitguthaben (*Zeitausgleich*) gebührt, wenn die abzugeltenden Arbeitsstunden binnen sechs Monaten vor dem Stichtag geleistet wurden, außer es gelten längere Durchrechnungszeiträume aufgrund von Altersteilzeitregelungen oder Betriebsvereinbarungen (§ 3a Abs 1 S 3 IESG).

2. bei Eröffnung des Insolvenzverfahrens im Inland

Bei Eröffnung des Insolvenzverfahrens über das Vermögen des Arbeitgebers gebührt Insolvenz-Entgelt einschließlich Sonderzahlungen:

- bis zur Berichtstagsatzung nach § 91a IO (§ 3a Abs 2 Z 1 IESG),
- wird das Arbeitsverhältnis vorher aufgelöst, dann bis zu dessen rechtlichem Ende (§ 3a Abs 2 Z 2 IESG),
- bis zum Ablauf des dritten Monats, der auf den Stichtag nach § 3 Abs 1 IESG folgt, sofern keine Berichtstagsatzung stattfindet (§ 3a Abs 2 Z 3 iVm § 3a Abs 5 IESG),

• bis zum Ende des Arbeitsverhältnisses bei Auflösung nach § 25 IO binnen eines Monats nach der Berichtstagsatzung, wenn in dieser kein Beschluss auf Fortsetzung des Unternehmens gefasst wurde (§ 3a Abs 2 Z 4 IESG),

• als Ausfallhaftung gemäß § 3a Abs 4 IESG (siehe unten 4.) bis zum rechtlichen Ende des Arbeitsverhältnisses, wenn der Arbeitnehmer

•• nach der Berichtstagsatzung oder

•• wenn keine Berichtstagsatzung stattfindet nach Ablauf der Dreimonatsfrist des § 3a Abs 5 oder 6 IESG bis zur Aufhebung des Insolvenzverfahrens

infolge der ersten nicht vollständigen Zahlung des ihm gebührenden Entgelts wegen ungebührlicher Entgeltschmälerung oder -vorenthaltung seinen berechtigten vorzeitigen ***Austritt*** erklärt (***Austrittsobliegenheit***) oder das Arbeitsverhältnis ***aus anderen Gründen gelöst*** wird (bloße *Ausfallshaftung* des Fonds, § 3a Abs 2 Z 5 iVm § 3a Abs 4 IESG).

Die Obliegenheit zum Austritt gilt *nicht* für Sonderzahlungen und bestrittene Ansprüche.

Die ***Ausfallshaftung*** nach § 3a Abs 4 IESG findet ***keine Anwendung*** auf den ***„Anlassanspruch“***, dessentwegen der Austritt erklärt wurde.

Zum Konzept der ***Ausfallshaftung*** siehe unten 4.

3. bei Anordnung der Geschäftsaufsicht

Wird die Geschäftsaufsicht angeordnet, so steht Insolvenz-Entgelt zu für Ansprüche auf laufendes Entgelt einschließlich Sonderzahlungen, die bis zum Ende des dritten Monats, in dem die Verfahrenseröffnung erfolgte, entstehen (***Ausfallshaftung***).

Darüber hinaus gebührt Insolvenz-Entgelt bis zum Ablauf des dritten Monats, der auf die Verfahrenseröffnung folgt (§ 3 Abs 3 iVm Abs 1 und Abs 5 IESG) nur dann, wenn der Arbeitnehmer infolge der ersten nicht vollständigen Zahlung des ihm zukommenden Entgelts seinen Austritt wegen ungebührlicher Entgeltschmälerung oder -vorenthaltung erklärt (***Ausfallshaftung mit Austrittsobliegenheit,*** § 3a Abs 3 iVm Abs 2 Z 5 IESG).

Zum Konzept der ***Ausfallshaftung*** siehe unten 4.

4. als Ausfallshaftung bei Eröffnung des Insolvenzverfahrens

Die ***Insolvenz-Entgelt-Ansprüche nach § 3a Abs 2 Z 5 und § 3a Abs 3 IESG (oben 2. aE und 3.) sind als Ausfallshaftung des Fonds konzipiert:***

Sie stehen nur zu, wenn der zuständige Verwalter (Insolvenz- oder Sanierungsverwalter) die teilweise oder gänzliche Leistungsunfähigkeit der

Masse bzw. des Arbeitgebers erklärt (§ 3a Abs 4 IESG) oder dem Insolvenzgericht die Masseunzulänglichkeit angezeigt hat (§ 124a IO).

5. in übrigen Fällen und bei Insolvenzfällen im Ausland

Sofern nicht anderes bestimmt ist, gebührt Insolvenz-Entgelt in den Fällen des § 1 Abs 1 Z 2 bis 6 IESG für laufendes Entgelt und Sonderzahlungen *bis zum Ende des dritten Monats, der dem Stichtag (§ 3 Abs 1 IESG) folgt (§ 3a Abs 5 IESG).*

Bei Vorliegen eines ausländischen Auslösetatbestands (§ 1 Abs 1 aE IESG), verlängert sich die Frist auf vier Monate, wenn nicht hinsichtlich desselben Arbeitgebers im Inland ein Sekundär- (Art 3 Abs 3 EuInsVO) oder Partikulärinsolvenzverfahren (Art 3 Abs 2 und 4 EuInsVO) anhängig ist (§ 3a Abs 6 S 1 IESG).

Beantragt der ausländische Verwalter die Fortführung des Unternehmens im Inland, so gebührt Insolvenz-Entgelt nur bis zum Ende des Monats, in dem die Fortführung in der Insolvenzdatei bekannt gemacht wurde (§ 3a Abs 6 S 2 IESG).

C. Weitere Ansprüche

Für andere als laufende Ansprüche gebührt Insolvenz-Entgelt nach § 3b IESG; gesichert sind:

- Ansprüche, die bis zum Ablauf der in § 3a Abs 2 Z 1 bis 4, § 3a Abs 3, § 3a Abs 5, § 3a Abs 6 IESG festgesetzten Fristen entstanden sind (§ 3b Z 1 IESG);

- weiters Beendigungsansprüche, wenn innerhalb eben derselben Fristen

  - das Arbeitsverhältnis gekündigt wurde,
  - das Arbeitsverhältnis einvernehmlich aufgelöst wurde,
  - die vorzeitige Auflösung des Arbeitsverhältnisses ausgesprochen wurde,
  - bei Arbeitnehmern mit besonderem Kündigungs- und Entlassungsschutz ein Antrag auf Zustimmung zur Kündigung oder vorzeitigen Auflösung gestellt oder eine entsprechende Klage erhoben wurde (§ 3b Z 2 IESG);

- Beendigungsansprüche bei Fortführung des Unternehmens nach der Berichtstagsatzung im Insolvenzverfahren bis zu dessen Aufhebung, wenn der Arbeitnehmer wegen Schmälerung oder Vorenthaltung der Bezüge unter den Voraussetzungen des § 3a Abs 4 IESG – ***Ausfallhaftung*** des Fonds – seinen Austritt erklärt (§ 3b Z 3 IESG);

- Beendigungsansprüche, die bis zur Aufhebung des Insolvenzverfahrens entstehen, wenn das Arbeitsverhältnis aus sonstigen Gründen (nicht nach § 3b Z 3 IESG) gelöst wird; wiederum gilt das Prinzip der ***Ausfallshaftung*** des Fonds: Die Voraussetzungen des § 3a Abs 4 IESG müssen gegeben sein (§ 3b Z 4 IESG);

- die zur zweckentsprechenden Rechtsverfolgung notwendigen Kosten (§ 1 Abs 2 Z 4 IESG, siehe oben IV B 4.; § 3b Z 5 IESG).

D. Fälle besonderen Kündigungs- und Entlassungsschutzes

Insolvenz-Entgelt gebührt bei besonderem Kündigungs- und Entlassungsschutz nach dem Väter-Karenzgesetz (VKG, früher EKUG BGBl 1989/651 idgF), dem Mutterschutzgesetz (MSchG BGBl 1979/221 idgF), dem Arbeitsplatzsicherungsgesetz (APSG BGBl 1991/683 idgF) oder nach gleichartigen österreichischen Vorschriften für gesicherte Ansprüche (§ 1 Abs 2 IESG) auch nach dem Stichtag (§§ 3 Abs 1 iVm 1 Abs 1 Z 1 bis 6 IESG)

- bei *Mutterschafts- oder Vaterschaftsaustritt* aus einem Angestelltenverhältnis (§ 23a Abs 3 und 4 AngG), einem Gutsangestelltenverhältnis (§ 22a Abs 3 und 4 GutsAngG) oder aus Arbeitsverhältnissen aufgrund gleichartiger österreichischer Rechtsvorschriften (§ 3c Z 1 IESG),

- bei *Lösung des Arbeitsverhältnisses bis unmittelbar nach Ablauf des jeweiligen besonderen Kündigungsschutzes* (§ 3c Z 2 IESG),

- sofern nach Beendigung des Karenzurlaubs, Präsenz-, Ausbildungs-, oder Zivildiensts der Arbeitnehmer wegen *Betriebsstillegung* nicht weiterbeschäftigt wird (§ 3c Z 3 IESG).

Im Insolvenzverfahren gebührt Insolvenz-Entgelt nur als Ausfallshaftung: §§ 3a Abs 4 und 3c aE IESG.

In den drei Fällen des § 3c IESG entstehen die Ansprüche jeweils nach Ablauf der Fristen der § 3a Abs 2 Z 1 bis 4, § 3a Abs 3, § 3a Abs 5 und § 3b IESG. Die Antragsfrist läuft ab dem Ende des Arbeitsverhältnisses (§ 6 Abs 1 Z 1 IESG).

E. Betriebspensionen

1. Wenn am Stichtag ein Pensionszahlungsanspruch aus einer Leistungszusage nach § 2 Z 2 BPG iVm Art V Abs 3 BGBl 1990/282 idgF besteht, gebühren als Insolvenz-Entgelt für die nach dem Stichtag zustehenden Leistungen 24 Monatsbeträge (§ 3d Abs 1 Z 1 IESG).

2. Besteht am Stichtag keine Leistungszusage nach § 2 Z 2 BPG (§ 3d Abs 1 Z 1 IESG, (oben 1), so gebührt für den Unverfallbarkeitsbetrag iSd § 7 Abs 1 bis Abs 2b BPG als Insolvenz-Entgelt eine Zahlung von 24 Monatsbeträgen. Ihre Höhe ergibt sich aus dem Unverfallbarkeitsbetrag entsprechend der Berechnungsvorschriften des § 7 Abs 3 Z 1 bis 3 BPG. Dabei ist unbeachtlich, ob eine Verfügung gemäß § 7 Abs 3 Z 1 bis 3 BPG erfolgt oder die unverfallbare Anwartschaft gemäß § 7 Abs 6 BPG abgefunden wird (§ 3d Abs 1 Z 2 IESG).

3. Besteht am Stichtag *Anspruch auf Leistung eines Abfindungsbetrags iSd § 5 Abs 2 AVRAG* (Arbeitsvertragsrechtsanpassungsgesetz, BGBl 1993/459 idgF), so gebührt als Insolvenz-Entgelt die Zahlung von 24 Monatsbeträgen, die unter sinngemäßer Anwendung des § 7 Abs 3 Z 4 BPG zu errechnen sind. Gleiches gilt, wenn der Anspruch auf Abfindung erst in einem Insolvenzverfahren wegen eines Betriebsüberganges entsteht (§ 3d Abs 1 Z 3 IESG).

4. Besteht am Stichtag ein *Anspruch aus einer nicht dem BPG unterliegenden Leistungszusage,* so gebührt als Insolvenz-Entgelt für die Leistungen, die nach dem Stichtag zustehen, eine Zahlung von 12 Monatsbeträgen (§ 3d Abs 2 IESG).

5. Soweit durch die Obergrenzen gemäß § 3d Abs 1 und Abs 2 IESG (s. oben 1. Bis 4.) die auf Grund der Richtlinie 2008/94/EG über den Schutz der Arbeitnehmer bei Zahlungsunfähigkeit des Arbeitgebers zwingend gebotene Mindestabsicherung nicht gewährleistet ist, gebührt als Insolvenz-Entgelt zumindest

- die Hälfte des Barwerts des Anspruches auf eine Pension aus einer direkten Leistungszusage nach § 2 Z 2 BPG in Verbindung mit Art V Abs 3 des Bundesgesetzes BGBl 1990/282 *oder* des Anspruchs aus einer Leistungszusage, die nicht dem BPG unterliegt, *oder*
- die Hälfte des Unverfallbarkeitsbetrages gemäß § 7 Abs 1 bis 2b BPG oder des Abfindungsbetrages gemäß § 5 Abs 2 AVRAG.

VI. Zuständigkeit

Zuständig für das Insolvenzentgelt-Sicherungsverfahren ist die ***Geschäftsstelle der Insolvenz-Entgelt-Fonds-Service-GmbH,*** in deren Sprengel sich das Gericht befindet, das das Insolvenzverfahren eröffnet (§ 1 Abs 1 S 1 IESG) oder einen Beschluss nach § 1 Abs 1 Z 1 bis 6 IESG gefasst hat (§ 5 Abs 1 IESG).

Die ***Insolvenz-Entgelt-Fonds-Service-GmbH*** befindet sich zu hundert Prozent in Bundeseigentum und handelt als ausgegliederte staatliche Einrichtung hoheitlich.

Im Bundesgebiet wurden ***neun Geschäftsstellen*** eingerichtet und die einzelnen Gerichtssprengel mit VO des BMASK BGBl II 2015/236 auf der Basis der Verordnungsermächtigung des § 5 Abs 2 S 1 IESG wie folgt zugeordnet:

Geschäftsstelle Eisenstadt für die Sprengel des LG Eisenstadt und des LG Wiener Neustadt;

Geschäftsstelle Graz für die Sprengel des LGZ Graz und des LG Leoben;

Geschäftsstelle Innsbruck für die Sprengel des LG Feldkirch und des LG Innsbruck;

Geschäftsstelle Klagenfurt für den Sprengel des LG Klagenfurt;

Geschäftsstelle Linz für die Sprengel des LG Linz, des LG Steyr und die zum Sprengel des LG Wels gehörenden politischen Bezirke Eferding, Wels und Wels Land;

Geschäftsstelle Ried für den Sprengel des LG Ried sowie für die zum Sprengel des LG Wels gehörenden politischen Bezirke Gmunden, Grieskirchen und Vöcklabruck;

Geschäftsstelle Salzburg für den Sprengel des LG Salzburg;

Geschäftsstelle St. Pölten für die Sprengel des LG Korneuburg, des LG Krems und des LG St. Pölten;

Geschäftsstelle Wien für die Sprengel des HG Wien und des LGZ Wien.

Änderungen der örtlichen Zuständigkeit der Geschäftsstellen hat der BMASK ebenfalls mittels Verordnung festzulegen, wobei auf die effiziente Vollziehung und die betriebswirtschaftlichen Erfordernisse der IEF-Service-GmbH Rücksicht zu nehmen ist (§ 5 Abs 2 IESG).

Hat ein ausländisches Gericht eine Entscheidung nach § 1 Abs 1 letzter Satz IESG getroffen, die im Inland anerkannt wird oder wurde ein Sekundärinsolvenzverfahren im Inland eröffnet (Art 3 Abs 3 EuInsVO), so ist die Geschäftsstelle Wien zuständig (§ 5 Abs 3 S 1 IESG).

Ist dagegen im Inland ein Partikularverfahren (Art 3 Abs 2 und Abs 4 EuInsVO) anhängig, so bleibt die nach § 5 Abs 1 und Abs 2 IESG zuständige Geschäftsstelle auch nach Eröffnung des Hauptverfahrens im Ausland zuständig (§ 5 Abs 3 S 2 IESG).

Der IEF-Fonds, die IEF-Service-GmbH und die Geschäftsstellen sind ermächtigt, die in § 5 Abs 5 IESG aufgelisteten Daten der Anspruchswerber bzw. ihrer Forderungen für den automationsunterstützten Datenverkehr zu ermitteln und zu verarbeiten (§ 5 Abs 5 IESG).

VII. Verfahren

A. Antrag

Der Arbeitnehmer setzt das Insolvenzentgelt-Sicherungsverfahren durch Antragstellung bei der Geschäftsstelle der IEF-Service-GmbH in Gang (***Dispositionsgrundsatz***). Es ist dies ein spezielles *Verwaltungsverfahren,* das mit Bescheid endet.

Der ***Antrag*** auf Insolvenz-Entgelt kann ***bei jeder Geschäftsstelle*** der Insolvenz-Entgelt-Fonds-Service-GmbH eingebracht werden. Sofern es nicht für die Entscheidung zuständig ist, muss es den Antrag an die zuständige Geschäftsstelle unverzüglich übersenden (§ 5 Abs 4 IESG).

Wurde der Antrag ***zusammen mit der Forderungsanmeldung*** gemäß § 104 Abs 1 IO ***beim Insolvenzgericht*** eingebracht, so gilt er als an die zuständige Geschäftsstelle gerichtet (§ 5 Abs 4 IESG).

Der Antrag ist mit einem bundeseinheitlichen Formular zu stellen. Nach Maßgabe der technischen Möglichkeiten kann dieses Formular oder ein inhaltlich übereinstimmendes Formular auch telegrafisch, fernschriftlich, per Telefax, mittels automationsunterstützter Datenübertragung, ja sogar in jeder anderen technisch möglichen Weise übermittelt werden (§ 6 Abs 2 S 1 IESG).

Der ***Antrag muss substantiiert sein;*** er hat Folgendes zu enthalten (§ 6 Abs 2 S 2 IESG):

- die Geschäftsstelle,
- den Anspruchsberechtigten,

- den Arbeitgeber bzw. dessen Insolvenzverwalter,
- den Betrag der Forderung des gesicherten Anspruchs (unter Angabe des Bruttoanspruchs, der Dienstnehmeranteile zur gesetzlichen Sozialversicherung und gesetzliche Abzüge, die von anderen öffentlich-rechtlichen Körperschaften im Insolvenzverfahren geltend zu machen sind),
- die Tatsachen, auf die sich die Forderung gründet samt Angabe der Beweismittel zu ihrem Nachweis.
- Ist oder war ein Rechtsstreit anhängig, so sind Prozessgericht und Aktenzeichen anzugeben. Allenfalls vorhandene Exekutionstitel sind anzuschließen (§ 6 Abs 2 S 2 aE IESG);
- Kann der gesicherte Anspruch aufgrund insolvenzrechtlicher Vorschriften im Insolvenzverfahren angemeldet werden, so ist dem Antrag die Forderungsanmeldung (§§ 102 bis 104 IO) samt Abschriften der ihr angeschlossenen Urkunden beizufügen, es sei denn dem Anspruchsberechtigten war eine Forderungsanmeldung nicht möglich (§ 1 Abs 5 S 1 iVm § 6 Abs 2 S 3 und Abs 6 IESG).

Der Anspruchsberechtigte kann bei seiner gerichtlichen Forderungsanmeldung auch den ***Antrag*** auf Insolvenz-Entgelt ***beim Insolvenzgericht*** einbringen, dieses hat ihn samt einer Abschrift der Forderungsanmeldung an die Geschäftsstelle der IEF-Service-GmbH weiterzuleiten (§ 104 Abs 1 IO).

Hat ein ***ausländisches Gericht*** eine im Sinn des § 1 Abs 1 letzter Satz IESG anerkannte Entscheidung gefällt (siehe oben III. 8.), so hat der Antragsteller eine nach dem jeweiligen ausländischen Recht erforderliche ***Forderungsanmeldung*** der Geschäftsstelle zur Kenntnis zu bringen (§ 1 Abs 5 S 2 IESG).

Im gesamten Verfahren – und damit auch für die Antragstellung – herrscht für Eingaben, Beilagen, Ausfertigungen, Vollmachten und Zeugnisse ***Stempel- und Rechtsgebührenfreiheit;*** §§ 76 bis 78 AVG samt allen darauf basierenden Verordnungen sind nicht anzuwenden (§ 15 IESG).

B. Antragsfrist

1. Stichzeitpunkt

Der Anspruchsberechtigte muss den Antrag auf Insolvenz-Entgelt bei sonstigem Ausschluss ***binnen sechs Monaten*** ab

- ***Eröffnung*** eines Insolvenzverfahrens nach § 1 Abs 1 IESG,
- ***Eröffnung*** eines Sekundärinsolvenzverfahrens nach Art 3 Abs 3 EuInsVO,
- ***Kenntnis*** vom Beschluss nach § 1 Abs 1 Z 2 bis 6 IESG

stellen; (Stichzeitpunkt, § 6 Abs 1 S 1 IESG).

Zu beachten ist § 6 Abs 8 IESG, der insbesondere die Antragstellung bei Pfändung, Verpfändung oder Übertragung von Insolvenz-Entgelt-Ansprüchen regelt:

• Die Berechtigung zur Antragstellung grundsätzlich kommt nur dem Berechtigten zu.

• Werden der Anspruch auf Insolvenz-Entgelt oder die nach § 1 Abs 2 IESG ***gesicherten Ansprüche*** aber ***gepfändet, verpfändet oder übertragen*** (siehe unten X.), ist der Anspruchsberechtigte zur Antragstellung hinsichtlich des pfändbaren Teils der gesicherten Ansprüche verpflichtet.

- Kommt in einem solchen Fall der Anspruchsberechtigte seiner ***Verpflichtung zur Antragstellung*** binnen der Frist des § 6 Abs 1 IESG nicht nach, so ist der ***Gläubiger hinsichtlich des pfändbaren Teils der Ansprüche antragsberechtigt,*** wenn er
- gegen den Anspruchsberechtigten einen ***Exekutionstitel zur Verpflichtung der Antragstellung*** erwirkt hat und diesen zusammen mit einem Antrag, der den Erfordernissen des § 6 Abs 2 IESG entspricht, vorlegt
- Die verfahrensrechtlichen Rechte und Pflichten/Lasten entsprechen jenen des Anspruchsberechtigten.
- Der ***Lauf der Frist*** gemäß § 6 Abs 1 IESG ist während des Verfahrens zur Erlangung des Exekutionstitels gehemmt.
- Eine durch Nachsicht (§ 6 Abs 1 aE IESG, s. unten 3.) ermöglichte ***verspätete Antragstellung*** des betroffenen Anspruchsberechtigten ist auf jenen Teil der gesicherten Ansprüche beschränkt, der nicht bereits anderen Personen zuerkannt wurde.

Durch den fristgerechten Antrag auf Insolvenz-Entgelt werden ***Verjährungs- und Verfallsfristen*** unterbrochen (§ 7 Abs 1 S 6 IESG).

Bei Antragstellung zur Geltendmachung von ***Übertragungsbeträgen*** zugunsten der BV-Kasse (§ 1b IESG) beginnt die Antragsfrist mit der Zustellung der Bestätigung der BV-Kasse an den Arbeitnehmer zu laufen, sofern der Arbeitnehmer binnen 6 Monaten ab dem Stichtag die Ausstellung einer Bestätigung der BV-Kasse beantragt hat (§ 1b Abs 3 S 2 IESG).

Bei Geltendmachung der Sicherung von ***Abfertigungsanprüchen***, von deren Zahlung der Arbeitgeber teilweise oder zur Gänze gerichtlich befreit wurde, beginnt die Antragsfrist iSd § 6 Abs 1 IESG mit der ***Zustellung des*** dem Anspruchsberechtigten gegenüber rechtskräftig gewordenen ***Urteils*** (§ 1a Abs 3 Z 3 IESG).

Beachte: Wird vom zuständigen Finanzamt eine ***Scheinunternehmerverdachtsmeldung*** nach § 8 Abs 4 Sozialbetrugsgesetz (SBGG, BGBl I 2015/113 idgF) an die IEF-Service-GmbH übermittelt, ***so setzt*** die Geschäftsstelle ***das Zuerkennungsverfahren*** gegenüber den in der Verdachtsmeldung genannten Antragstellern bis zur Klärung des Sachverhalts ***aus*** (§ 7 Abs 1a IESG).

2. Neuerlicher Fristenlauf

Die Antragsfrist beginnt neuerlich zu laufen (§ 6 Abs 1 S 2 Z 1 bis 4 IESG), wenn:

• das Arbeitsverhältnis nach dem gemäß § 6 Abs 1 S 1 IESG maßgeblichen Zeitpunkt endet, mit dessen Ende;

• der Anspruchsberechtigte vor Ablauf der Frist des § 6 Abs 1 S 1 IESG stirbt;

- Ansprüche nach § 1 Abs 2 IESG gerichtlich bis zum Ablauf der Frist nach § 6 Abs 1 S 1 IESG anhängig gemacht werden (die Frist beginnt hier neu zu laufen);
  - mit rechtskräftiger Beendigung des Verfahrens;
  - im Hinblick auf Rückerstattungsansprüche nach § 7 Abs 7 IESG mit Klagezustellung bzw. Übermittlung der schriftlichen Aufforderung ohne nachfolgende Klage an den Arbeitnehmer;
- Kosten nach Ablauf der Frist des § 6 Abs 1 S 1 IESG entstehen bzw. festgestellt werden (hinsichtlich des Antrags auf diese Kosten beginnt die Frist neu zu laufen.

3. Nachsichterteilung von der Fristversäumnis

Die Sechsmonatsfrist ist eine ***materiellrechtliche Ausschlussfrist*** und daher von Amts wegen wahrzunehmen. Anstelle der unzulässigen Wiedereinsetzung in den vorigen Stand sieht § 6 Abs 1 Ende IESG vor, dass aus berücksichtigungswürdigen Gründen (zB bei unverschuldeter Unkenntnis des Arbeitnehmers vom fristauslösenden Ereignis) von Amts wegen die Rechtsfolgen der Fristversäumnis nachzusehen *sind.*

Es handelt sich hier um ***keine Ermessensnorm,*** das Tatbestandselement „berücksichtigungswürdige Umstände“ ist allerdings ein *normativer Gesetzesbegriff.*

Sind seit der Eröffnung des Insolvenzverfahrens bzw. einem Beschluss nach § 1 Abs 1 Z 2 bis 6 IESG mehr als drei Jahre verstrichen, so ist eine Nachsichterteilung nicht mehr möglich (§ 6 Abs 1 aE IESG).

C. Forderungserfassung und Äußerungspflicht

Die Geschäftsstelle trägt die angemeldeten Ansprüche in ein ***Forderungsverzeichnis*** ein und stellt dieses in zweifacher Ausfertigung zu: im Insolvenzverfahren dem jeweils zuständigen Verwalter (Insolvenzverwalter bzw. Sanierungsverwalter), im Geschäftsaufsichtsverfahren der Aufsichtsperson, sonst dem Arbeitgeber (§ 6 Abs 3 und Abs 6 IESG).

Im Insolvenzverfahren sind die Forderungen gruppenweise entsprechend der Vorschriften der IO zu verzeichnen (§ 6 Abs 3 S 1 IESG).

Das Verzeichnis kann im Insolvenz- oder Geschäftsaufsichtsverfahren auch telegrafisch, fernschriftlich, per Telefax, mittels automationsunterstützter Datenübertragung oder auf jedem anderen technisch möglichen Weg erfolgen (§ 6 Abs 3 und 6 IESG).

Der Empfänger muss binnen 14 Tagen eine vorbehaltlose *Erklärung* über die Höhe und Richtigkeit der Ansprüche nach Maßgabe des § 3 Abs 1 S 1 IESG abgeben. Auf sein Verlangen ist dem Arbeitgeber Einsicht in die Anträge und Beilagen zu gewähren (***Äußerungspflicht,*** § 6 Abs 4 IESG).

Insolvenzverwalter bzw. Aufsichtspersonen können um Fristerstreckung ansuchen (§ 6 Abs 3 S 2 und Abs 6 IESG). Soweit es sich um eine Insolvenzforderung handelt, müssen Insolvenzverwalter anstelle der Erklärung unverzüglich einen Auszug aus dem Anmeldungsverzeichnis (§ 108 IO) übersenden (§ 3 Abs 5 S 3 IESG).

Der Arbeitgeber, der Arbeitnehmer, Personen, die Einblick in die Arbeitsentgeltunterlagen haben oder hatten, sowie alle Behörden, Ämter Sozialversicherungsträger und die Bauarbeiter-Urlaubs- und Abfertigungskasse sind verpflichtet, dem jeweils zuständigen Verwalter alle, für eine Erklärung iSd § 6 Abs 5 IESG erforderlichen Auskünfte zu erteilen (§ 14 Abs 2 IESG).

Wird Insolvenz-Entgelt aufgrund eines Beschlusses nach § 1 Abs 1 Z 3 IESG (Ablehnung der Eröffnung eines Insolvenzverfahrens gemäß § 68 IESG wegen Vermögenslosigkeit), Z 4 (Löschung aus dem Firmenbuch gemäß § 40 oder § 42 FBG wegen Vermögenslosigkeit), Z 5 (Zurückweisung eines Insolvenzantrags wegen Unzuständigkeit), oder Z 6 (Unterbleiben der Verlassenschaftsabhandlung oder Überlassung der Verlassenschaft den Verlassenschaftsgläubigern an Zahlungs statt) begehrt (§ 6 Abs 7 IESG), so

- kommt es zu keiner Forderungserfassung iSd § 6 Abs 3 IESG,
- wird der Arbeitgeber nicht zur Äußerung iSd § 6 Abs 4 IESG aufgefordert.

D. Beweis

Die Geschäftsstelle gibt dem Antrag ohne weitere Prüfung statt, wenn die Forderung im Anmeldungsverzeichnis als festgestellt eingetragen ist. Auch ist es an rechtskräftige Gerichtsentscheidungen über gesicherte Ansprüche grundsätzlich gebunden (§ 7 Abs 1 S 1 IESG).

Diese Bindung tritt nicht ein, wenn der gerichtlichen Entscheidung kein streitiges Verfahren vorangegangen oder ein Anerkenntnisurteil gefällt worden ist, sofern diese Gerichtsentscheidung vor weniger als sechs Monaten vor Eröffnung des Insolvenzverfahrens oder einem nach § 1 Abs 1 IESG gleichzuhaltenden Gerichtsbeschluss rechtskräftig geworden ist (§ 7 Abs 1 S 2 IESG).

Ist die Forderung im Insolvenzverfahren als Insolvenzforderung anzumelden, so bindet eine aus dem übersandten Anmeldungsverzeichnis ersichtliche insolvenzmäßige Feststellung der Forderung die Geschäftsstelle, es sei denn die Feststellung beruhte auf einem „jungen Titel ohne vorangegangenem streitigen Verfahren“ iSd § 7 Abs 1 S 2 IESG (§ 7 Abs 1 S 3 IESG).

Im Übrigen richtet sich das Beweisverfahren nach den §§ 45 bis 55 AVG.

Zur Ermittlung des Nettoanspruchs nach § 3 Abs 4 S 1 IESG ist allenfalls ein Steuerberater heranzuziehen, wenn der Arbeitgeber nach § 6 Abs 4 IESG (Äußerungspflicht) dazu nicht in der Lage ist.

E. Entscheidung

Die Geschäftsstelle entscheidet mit **Bescheid** (§ 7 Abs 2 IESG), der dem (ehemaligen) Arbeitgeber, in einem Insolvenzverfahren dem zuständigen Verwalter, bei Zuerkennung auch dem Insolvenz-Entgelt-Fonds und der Finanzprokuratur zuzustellen ist.

Ausfertigungen, die im Weg elektronischer Datenverarbeitungsanlagen oder in ähnlichen Verfahren hergestellt werden, bedürfen weder einer Unterschrift noch einer Beglaubigung (§ 7 Abs 3 IESG).

Bescheidausfertigungen sind – womöglich gesammelt – dem Arbeitgeber bzw. dem zuständigen Verwalter zuzustellen. Sie können telegrafisch, fernschriftlich, per Telefax, im Weg automationsunterstützter Datenübertragung oder in jeder anderen technisch möglichen Weise zugestellt werden (§ 7 Abs 4 IESG).

F. Berücksichtigungswürdige Umstände

Bei Vorliegen berücksichtigungswürdiger Umstände *hat* die Geschäftsstelle über den Antrag auf Zuerkennung von Insolvenz-Entgelt *besonders rasch zu entscheiden* (Vorziehen des Geschäftsfalls). § 4 IESG ist ***keine Ermessensnorm***.

Berücksichtigungswürdige Umstände sind stets ***glaubhaft zu machen.***
Sie liegen etwa vor, wenn glaubhaft gemacht wird, dass eine die Existenz gefährdenden Situation vorliegt und die Deckung des Lebensunterhalts in anderer zumutbarer Weise nicht gewährleistet ist (§ 4 S 2 IESG).

Das früher in § 4 IESG vorgesehene Rechtsinstitut des Vorschusses auf das Insolvenz-Entgelt ist mit dem IRÄG 2010 durch die „besonders rasch(e)“ Entscheidung über den Antrag als solchen ersetzt worden.

G. Zahlung

Zahlungen an den Anspruchsberechtigten erfolgen im Postweg, auf Antrag auch im Bankweg, Auslandsüberweisungen werden nur innerhalb der Eurozone vorgenommen (§ 7 Abs 5 IESG).

Insolvenz-Entgelt für Pensionskassenbeiträge oder für Prämien betrieblicher Kollektivversicherung, die als Teil des laufenden Entgelts bis zur Beendigung des Arbeitsverhältnisses oder im Rahmen einer Sonderzahlung, einer Kündigungsentschädigung, Urlaubsentschädigung, -abfindung gebühren, ist in die Pensionskasse oder das Versicherungsunternehmen einzuzahlen (§ 7 Abs 8 IESG).
Insolvenz-Entgelt für Übertragungsbeträge (§ 47 Abs 3 BMSVG iVm § 1b IESG) ist in die Mitarbeitervorsorgekasse einzuzahlen (§ 1b IESG).

Zahlungspflichtig ist der ***Insolvenz-Entgelt-Fonds;*** dieser besitzt *Rechtspersönlichkeit* und wird durch den Bundesminister für Arbeit, Soziales und Konsumentenschutz vertreten (§ 13 IESG).

Die ***Fondsmittel*** werden bestritten aus (§ 12 Abs 1 IESG):

- den nach dem IESG gesicherten Ansprüchen, die mit der Antragstellung oder Anmeldung, im Streitfall mit der Zahlung des bescheidmäßig zuerkannten Insolvenz-Entgelts auf den Fonds übergehen, der sie dann gegen den Arbeitgeber oder gegen die Insolvenzmasse geltend macht (§§ 11 bis 13 IESG, siehe unten VIII.),
- Eingängen aus Geldstrafen nach § 16 Abs 1 IESG (siehe unten XVI.),
- Zinsen aus dem Geldverkehr,
- einem mit Verordnung (IESG-ZuschlagsV BGBl II 2015/375 idgF) festzusetzenden Zuschlag zum Arbeitgeberanteil am Arbeitslosenversicherungsbeitrag nach § 2 Arbeitsmarktpolitik-FinanzierungsG (AMPFG BGBl 1994/315 idgF) für Arbeitnehmer bis zur Vollendung des 63. Lebensjahrs,
- Mitteln aus der Gebarung Arbeitsmarktpolitik nach Maßgabe des § 14 AMPFG und
- sonstigen, dem Insolvenz-Entgelt-Fonds zufließenden Mitteln.

Hatte ab Beginn der Beitragsperiode 2009 bis einschließlich 2012 der Zuschlag zu dem vom Arbeitgeber zu leistenden Arbeitslosenversicherungsbeitrag noch 0,55% betragen (VO damals des BMWA gemäß § 12 Abs 1 Z 4 IESG, BGBl II 2008/431), und gestattete § 19 Abs 5 IESG eine Neufestsetzung erst für das Jahr 2013, so sank der Zuschlag 2015 auf 0,45% und beträgt ab dem Jahr 2016 den verringerten Betrag von 0,35% (IESG-ZuschlagsVO des BMASK BGBl II 2015/375; § 12 Abs 3 IESG).

Parameter für die Planung der jeweiligen Neufestsetzung des Zuschlags enthält § 12 Abs 3 Z 1 und 2 sowie Abs 4 bis 6 IESG.

Die ***Mittel des Insolvenz-Entgelt-Fonds*** sind für die ihm gesetzlich übertragenen Aufgaben ***zweckgebunden*** (§ 12 Abs 7 IESG).

H. Rückzahlungspflicht des Fonds nach Anfechtung

Wird der Arbeitnehmer in einem Anfechtungsprozess (nach §§ 27 bis 43 IO bzw. nach der AnfO) verurteilt, erhaltene Zahlungen für Ansprüche aus dem Arbeitsverhältnis, freien Dienstverhältnis oder Auftragsverhältnis zurückzuerstatten, so geht diese Verpflichtung bei rechtzeitiger Antragstellung nach § 6 Abs 1 IESG auf den Insolvenz-Entgelt-Fonds über (§ 7 Abs 7 iVm § 1 Abs 3 Z 1 IESG).

Diese Verpflichtung besteht auch dann, wenn der Arbeitnehmer aufgrund einer nachweislich ihm zugegangenen schriftlichen Aufforderung solche Zahlungen für Ansprüche aus dem Arbeitsverhältnis, freien Dienstverhältnis oder Auftragsverhältnis zurückzuerstatten hat (§ 7 Abs 7 aE IESG).

VIII. Übergang der Ansprüche

A. Legalzession

Die nach dem IESG gesicherten Ansprüche gehen auf den Insolvenz-Entgelt-Fonds über (§ 11 Abs 1 IESG):

1. soweit sie nicht bestritten sind, mit der ***Antragstellung,*** sind sie im Insolvenzverfahren anzumelden, dann mit der ***Anmeldung,***

2. soweit sie bestritten sind, mit der ***Zahlung*** des bescheidmäßig zuerkannten Insolvenz-Entgelts.

Rechtsgrund, Rang und Bevorrechtung (zB Masseforderung) bleiben – unbeschadet § 47 Abs 2 IO (Masseunzulänglichkeit) – erhalten.

Es gehen auch alle vertraglichen Rechte des Anspruchsberechtigten Dritten gegenüber auf den Fonds über, wenn sie gesicherte Ansprüche betreffen, und soweit für sie Insolvenz-Entgelt gewährt wurde. Auf § 11 Abs 3 IESG (dazu unten B.) ist Bedacht zu nehmen (§ 11 Abs 1 S 2 und 3 IESG).

Der Insolvenz-Entgelt-Fonds macht die übergegangenen Ansprüche gegen den Arbeitgeber oder gegen die Insolvenzmasse geltend. Stundungen, Ratenzahlungen und Verzicht sind möglich. Der Fonds ist berechtigt, Stundungszinsen zu verrechnen, es sei denn es handelt sich um einen nach § 58 Z 1 IO ausgeschlossenen Zinsen- und Kostenanspruch für eine Insolvenzforderung (§ 13 Abs 5 IESG).

Bei ***Widerruf der Zuerkennung*** (§ 9 Abs 1 IESG, siehe unten IX.) tritt der Forderungsübergang in der Höhe des Widerrufsbetrags außer Kraft. Zahlungen, die der Arbeitgeber (der zuständige Verwalter) bis zur Zustellung des Widerrufsbescheids (§ 9 Abs 2 IESG) an den Insolvenz-Entgelt-Fonds geleistet hat, wirken schuldbefreiend und sind daher dem rückzahlungspflichtigen Antragsteller anzurechnen (§ 11 Abs 2 IESG).

B. Zukünftiges Vermögen des Arbeitgebers

Ein ***Zugriff*** auf künftiges Vermögen, das der Arbeitgeber nach Aufhebung des Insolvenzverfahrens erworben hat, ist ***grundsätzlich ausgeschlossen.*** Mithin bleibt der Fonds auf die Insolvenzquote beschränkt (§ 11 Abs 3 S 1 IESG).

Gleiches gilt sinngemäß für die Fälle des § 1 Abs 1 Z 1 bis 6 IESG (§ 11 Abs 3 S 2 Hs 1 IESG).

Ein ***Zugriff*** auf künftiges Vermögen des Arbeitnehmers ***findet jedoch ausnahmsweise statt,*** wenn:

- in den Fällen des § 1 Abs 1 Z 1 bis 6, in einem Sanierungsplan (§§ 140 ff IO), Zahlungsplan (§§ 193 ff IO) oder Abschöpfungsverfahren

(§§ 199 IO) dem Fonds zustehende Zahlungen auf Quoten, Abschöpfungserträge oder noch aushaftende Masseforderungen noch nicht erfolgt sind (§ 11 Abs 3 S 2 IESG);

- der Arbeitgeber bzw. dessen Organ im Zusammenhang mit der Insolvenz wegen schweren oder gewerbsmäßigen Betrugs (§§ 147, 148 StGB), Vorenthaltens von Dienstnehmerbeiträgen zur Sozialversicherung (§ 153c StGB), betrügerischen Vorenthaltens von Sozialversicherungsbeiträgen und Zuschlägen nach dem Bauarbeiter-Urlaubs- und Abfertigungsgesetz (§ 153d StGB), organisierter Schwarzarbeit (§ 153e StGB), Sachwuchers (§ 155 StGB), betrügerischer Krida, Schädigung fremder Gläubiger oder Begünstigung eines Gläubigers (§§ 156 bis 158 StGB) verurteilt wird.

Hier kann der Fonds zur Hereinbringung der auf ihn übergegangenen Forderungen auf das Vermögen des Verurteilten greifen (§ 11 Abs 3 IESG).

Gesicherte Ansprüche des verurteilten Organs werden durch dessen strafgerichtliche Verurteilung zu ausgeschlossenen Ansprüchen (§ 1 Abs 3 Z 1a IESG) und unterliegen dem Widerruf und der Rückforderung (§§ 9, 10 IESG, unten IX.).

IX. Widerruf und Rückforderung

- Wurde der Bezug von Insolvenz-Entgelt durch unwahre Angaben oder Verschweigung maßgebender Tatsachen herbeigeführt,

- musste der Empfänger erkennen, dass die Zahlung nicht oder nicht in dieser Höhe gebührt oder

- wurde Insolvenz-Entgelt für ausgeschlossene Ansprüche nach § 1 Abs 3 Z 1a IESG bezogen, weil der Inhaber des sonst nach § 1 Abs 2 IESG gesicherten Anspruchs aufgrund einer in § 11 Abs 3 IESG genannten gerichtlichen Straftat im Zusammenhang mit der Insolvenz verurteilt wurde, so ist die zu Unrecht bezogene ***Leistung mit Bescheid zu widerrufen und zurückzufordern (§ 9 Abs 1 IESG).***

Bescheidausfertigungen nach § 9 Abs 1 IESG sind auch dem (ehemaligen) Arbeitgeber, im Insolvenzverfahren aber dem zuständigen Verwalter (Insolvenz- oder Sanierungsverwalter) zuzustellen (§ 9 Abs 2 IESG).

Der Widerruf (§ 9 Abs 1 IESG) bewirkt das (teilweise Abs gänzliche) Außerkrafttreten des Legalzession in der Höhe des Widerrufsbetrags (zur Abrechnung siehe oben VIII. A.)

Die Erlassung eines Rückforderungsbescheids ist jedoch nicht mehr zulässig, wenn seit der Erlassung des Zuerkennungsbescheids oder seit der Kenntnis des Sachverhalts durch die Geschäftsstelle mehr als fünf Jahre vergangen sind (§ 9 Abs 1 letzter Satz IESG).

X. Übertragung, Verpfändung und Pfändung von Insolvenz-Entgeltansprüchen

Inwieweit Ansprüche auf Insolvenz-Entgelt übertragen, verpfändet und gepfändet werden können, regelt die EO (§ 8 Abs 1 IESG). Ist dabei der Insolvenz-Entgelt-Fonds Drittschuldner, so sind die diesbezüglichen Urkunden oder Gerichtsentscheidungen der zuständigen Geschäftsstelle als anweisender Behörde (§ 295 EO) zuzustellen (§ 8 Abs 2 IESG).

Im Fall der Übertragung, Verpfändung oder Pfändung der gesicherten Ansprüche oder des Anspruchs auf Insolvenz-Entgelt sind die entsprechenden Teilbeträge des Insolvenz-Entgelts dem Berechtigten zu zahlen, sofern die betreffenden Urkunden oder gerichtlichen Entscheidungen der Geschäftsstelle vor der Erlassung des Bescheids vorgelegt werden (§ 7 Abs 6 IESG). § 8 Abs1 IESG gilt sinngemäß.

Eine Pfändung, Verpfändung oder Übertragung eines Insolvenz-Entgeltanspruchs ist trotz Vorliegens der Voraussetzungen des § 7 Abs 6 IESG dann ***gegenüber dem Fonds rechtsunwirksam,*** die Auszahlung an den Anspruchsberechtigten vorzunehmen, wenn gesicherte Ansprüche nach § 1 Abs 2 IESG für den Gläubiger oder Zessionar erkennbar zur ***Entgeltvorfinanzierung*** für vor dem Stichtag nach § 3 Abs 1 IESG entstandene Ansprüche verwendet wurden (§ 7 Abs 6a S 1 Hs 1 IESG).

Das gilt nicht, wenn eine solche Vorfinanzierung nach einem Reorganisationsplan oder mit Zustimmung des Reorganisationsprüfers im Verfahren nach dem URG erfolgt, sofern das Reorganisationsverfahren nicht eingestellt wird (§ 7 Abs 6a S 1 Hs 2 IESG). Wird das Reorganisationsverfahren wegen eingetretener Insolvenz eingestellt, so sind nach dem Einstellungsbeschluss fällig werdende Ansprüche dem Anspruchsberechtigten auszuzahlen (§ 7 Abs 6a S 2 IESG).

XI. Rechtsstreitigkeiten (sukzessive Zuständigkeit)

Rechtsstreitigkeiten über Ansprüche auf Insolvenz-Entgelt nach dem IESG sind ***Sozialrechtssachen*** (§ 10 IESG iVm § 65 Abs 1 Z 7 ASGG).

Die Bestimmungen des ASGG sind sinngemäß anzuwenden. Dabei tritt an die Stelle des Versicherungsträgers die Geschäftsstelle, die den Bescheid erlassen hat oder zu erlassen hätte.

Gegen den Bescheid gibt es keine Berufung im Verwaltungsverfahren, sondern nur eine ***Klage beim Arbeits- und Sozialgericht,*** die den Bescheid im Umfang des Klagebegehrens außer Kraft setzt (§ 71 ASGG). Die Klage richtet sich gegen den Insolvenz-Entgelt-Fonds, für den die Geschäftsstelle als organschaftlicher Vertreter – nicht als gesetzlicher Prozessstandschafter – einschreitet.

Eine unrichtige Parteibezeichnung (Geschäftsstelle statt Fonds) begründet nicht den Mangel der Passivlegitimation, sondern ist bei Gelegenheit von Amts wegen richtig zu stellen, sonst aber als unerheblicher Formfehler zu vernachlässigen.

Zuständig ist nur das Gericht, in dessen Sprengel sich der Sitz des Gerichts erster Instanz befindet, das den Beschluss auf Eröffnung des Insolvenzverfahrens iSd § 1 Abs 1 S 1 oder einen Beschluss nach § 1 Abs 1 Z 1 bis 6 IESG gefasst oder ein Urteil nach § 1a IESG erlassen hat, bei ausländischen Gerichtsentscheidungen (§ 1 Abs 1 letzter Satz IESG), die im Inland anerkannt werden, das Arbeits- und Sozialgericht Wien (§ 7 Abs 4 ASGG).

Die Zustellung des rechtskräftigen Urteils zeitigt die Wirkungen der Legalzession nach § 11 IESG (§ 11 Abs 1 letzter Satz IESG).

XII. Abrechnung mit Sozialversicherungsträgern, der Bauarbeiter-Urlaubs- und Abfertigungskasse und der Betrieblichen Mitarbeiter- und Selbständigenvorsorge-Kasse

A. Dienstnehmer-Beitragsanteile zur gesetzlichen Sozialversicherung

1. Sicherung der Dienstnehmerbeitragsanteile

Der Anspruch auf Insolvenz-Entgelt umfasst auch die auf den Dienstnehmer entfallenden Beiträge zur gesetzlichen Sozialversicherung (***Dienstnehmerbeitragsanteile,*** § 13a Abs 1 IESG).

Der Fonds schuldet dem zur Beitragseinhebung zuständigen Sozialversicherungsträger

- Dienstnehmerbeitragsanteile zur gesetzlichen Sozialversicherung, die für gesicherte Ansprüche fällig werden,
- Dienstnehmerbeitragsanteile, soweit diese bis längstens zwei Jahre vor der Eröffnung des Insolvenzverfahrens oder vor den nach § 1 Abs 1 IESG dieser gleichgestellten Zeitpunkte rückständig sind (§ 13a Abs 2 S 1 IESG).

2. Verrechnung

Die Verrechnung erfolgt direkt zwischen dem Sozialversicherungsträger und dem Fonds (§ 13a Abs 2 S 2 IESG).

Dienstnehmerbeitragsanteile, die vom Sozialversicherungsträger weder

- im beantragten oder durchgeführten Insolvenzverfahren noch
- durch Verwertung von Absonderungsrechten, diesen gleichgestellten Rechten oder Aussonderungsrechten

hereinbringbar sind, hat der zuständige Sozialversicherungsträger für alle im laufenden Kalenderjahr *beendeten Insolvenzfälle* dem Fonds bis Ende April des Folgejahres bekannt zu geben (***Jahresabrechnung,*** § 13a Abs 3 S 1 IESG).

Auch hinsichtlich solcher Beitragsanteile, die nach § 67a Abs 2 und Abs 13 ASVG *nicht einbringlich* gemacht werden können, ist zunächst nach diesen Bestimmungen (oben, § 13a Abs 3 S 1 IESG) vorzugehen (§ 13a Abs 3 S 2 IESG):

§ 67a ASVG betrifft die Erbringung von Bauleistungen nach § 19 Abs 1a UStG 1994, die von einem Unternehmen (Auftrag gebendes Unternehmen) an ein anderes Unternehmen (beauftragtes Unternehmen) ganz oder teilweise weitergegeben werden; es haftet das Auftrag gebende Unternehmen für alle Beiträge und Umlagen iSd § 58 Abs 6 ASVG, die das beauftragte Unternehmen an österreichische Krankenversicherungsträger abzuführen hat oder für die es nach dieser Bestimmung haftet, bis zum Höchstausmaß von 20 % des geleisteten Werklohnes, es sei denn es liegt ein Befreiungsgrund nach § 67a Abs 3 ASVG vorliegt (§ 67a Abs 1 ASVG).

Die Haftung kann geltend gemacht werden, wenn zur Hereinbringung der in Abs. 1 genannten Beiträge und Umlagen erfolglos Exekution geführt wurde oder bezüglich des beauftragten Unternehmens ein Insolvenztatbestand nach § 1 IESG vorliegt. Die Haftung besteht unbeschadet von Ansprüchen nach § 13a IESG (§ 67a Abs 2 ASVG); Ansprüche aus der Haftung der Auftrag gebenden Unternehmen gehören vor die Handelsgerichte (§ 67a Abs 13 ASVG).

Als ***Beendigung der Insolvenz*** gelten (§ 13a Abs 3 Z 1 bis 8 IESG):

- die Aufhebung des Insolvenzverfahrens, im Fall eines Sanierungsplans dessen Erfüllung (Z 1),
- das Erlöschen bzw. die Aufhebung der Geschäftsaufsicht über ein Kreditinstitut (Z 3), wobei hier die Nennung der Aufhebung überflüssig ist, stellt sie doch neben der Konkurseröffnung einen der beiden Erlöschensgründe für die Geschäftsaufsicht dar (§ 90 Abs 1 BWG),
- die Nichteröffnung des Insolvenzverfahrens mangels hinreichenden Vermögens (Z 4),
- die Ablehnung der Eröffnung des Insolvenzverfahrens wegen erfolgter Vermögensverteilung und damit Vermögenslosigkeit einer juristischen Person (§ 68 IO),
- die Löschung aus dem Firmenbuch wegen Vermögenslosigkeit (§§ 40, 42 FBG) (Z 5),
- die Zurückweisung eines Antrags auf Eröffnung des Insolvenzverfahrens wegen Unzuständigkeit (§ 63 IO) (Z 6),
- Unterbleiben der Verlassenschaftsabhandlung (§ 153 Abs 1 AußStrG) oder Überlassung der Verlassenschaft den Verlassenschaftsläubigern an Zahlungs statt (§ 154 Abs 1 AußStrG) (Z 7).

Wird ein Sekundärinsolvenzverfahren eröffnet (Art 3 Abs 3 EuInsVO), so beziehen sich die genannten Zeitpunkte auf dieses Sekundärinsolvenzverfahren (§ 13a Abs 4 S 3 iVm Abs 3 Z 1 bis 7 IESG).

Wird ein Sanierungsplan nicht erfüllt, so erfolgt die Abrechnung erst nach

- Aufhebung des Insolvenzverfahrens (§ 13a Abs 4 S 1 iVm Abs 3 Z 1 IESG)
- Nichteröffnung des Insolvenzverfahrens mangels kostendeckenden Vermögens (§ 13a Abs 4 S 1 iVm Abs 3 Z 3 IESG).

Erlischt eine Geschäftsaufsicht durch Eröffnung des Insolvenzverfahrens (§ 90 Abs 1 und 4 BWG), so erfolgt die Abrechnung erst nach dessen Aufhebung (§ 13a Abs 4 S 2 iVm Abs 3 Z 1 IESG).

3. Abschlagszahlungen

Auf die Jahresabrechnung hat der Fonds den Sozialversicherungsträgern monatlich ***Abschlagszahlungen*** im Ausmaß von je einem Zwölftel der Summe der Vorjahresrechnungen zu gewähren (§ 13a Abs 5 IESG).

B. Zuschläge nach dem Bauarbeiter-Urlaubs- und Abfertigungsgesetz (BUAG)

Vom Arbeitgeber zu leistende Zuschläge nach dem Bauarbeiter-Urlaubs- und Abfertigungsgesetz (BUAG) schuldet der Insolvenz-Entgelt-Fonds nicht dem Arbeitnehmer sondern direkt der Bauarbeiter-Urlaubs- und Abfertigungskasse (BUA-Kasse), sofern diese Zuschläge längstens zwei Jahre vor der Eröffnung des Insolvenzverfahrens oder einem gleichzuhaltenden Beschluss nach § 1 Abs 1 IESG rückständig sind und nicht Beschäftigungszeiten betreffen, für die der Arbeitnehmer keinen Anspruch gegenüber der Bauarbeiter-Urlaubs- und Abfertigungskasse (§§ 4a und 8 sowie §§ 13c Abs 1 und 13j Abs 1 Z 5 BUAG) erwirbt (§ 13b Abs 1 IESG).

Für die ***Direktverrechnung*** zwischen Fonds und BUA-Kasse gelten die Bestimmungen des § 13a Abs 3 und 4 IESG sinngemäß.

Abschlagszahlungen auf die Jahresrechnung erfolgen indes hier nicht monatlich (§ 13a Abs 5 IESG), sondern vierteljährlich und zwar im Ausmaß eines Viertels der Vorjahresrechnung (§ 13b Abs 2 IESG).

C. Beiträge nach dem Betrieblichen Mitarbeiter- und Selbständigenvorsorgegesetz (BMSVG)

Für die vom Arbeitgeber ***nach § 6 Abs 1 BMSVG*** oder vergleichbaren Rechtsvorschriften ***zu leistenden Beiträge*** gilt § 13a IESG sinngemäß.

An die Stelle der Dienstnehmerbeitragsanteile zur Sozialversicherung des § 13a IESG treten die BV-Kassenbeiträge (§ 13d Abs 1 IESG).

Die Regelung des § 13d Abs 1 IESG gilt für die dem Sachbereich der Abfertigungsregelung nach dem BUAG unterliegenden Arbeitnehmer bzw. Lehrlinge und die diese beschäftigenden Betriebe bzw. Unternehmungen; an die Stelle des Sozialversicherungsträgers des § 13a IESG tritt die BV-Kasse (§ 13d Abs 3 IESG).

§ 13d IESG gilt nicht für die Geltendmachung von ***Übertragungsbeträgen*** iSd § 47 BMSVG. Hier stellt der Arbeitnehmer selbst den Antrag auf Insolvenz-Entgelt; Zahlungsempfänger ist die BV-Kasse (§ 1b IESG; vgl. oben IV. B. 8.).

XIII. Ansprüche bevorrechteter Gläubigerschutzverbände

Ein bevorrechteter Gläubigerschutzverband, der statutengemäß den Anspruchsberechtigten im Verfahren vor der Geschäftsstelle unentgeltlichen Rechtsschutz gewährt, erhält vom Fonds insbesondere die Kosten für die Ermittlung des Anspruchs – derzeit eine Pauschale von 59 Euro pro Anspruchsberechtigtem zuzüglich USt.

Dies gilt auch dann, wenn sich der Gläubigerschutzverband auf eigene Kosten eines Rechtsvertreters oder Steuerberaters bedient (§ 13c Abs 1 IESG).

Dieser Betrag unterliegt der mit Verordnung festzusetzenden Aufwertung nach § 108a ASVG (§ 13c Abs 2 IESG).

XIV. Rechtshilfe und Auskunftspflicht

A. Auskunftspflichten

Dem zuständigen Verwalter für die Erfüllung seiner Aufgaben nach § 6 Abs 5 IESG ***auskunftspflichtig*** sind (§ 14 Abs 2 IESG):

- der Arbeitgeber und der Arbeitnehmer,
- Personen, die Einblick in die Arbeitsentgeltunterlagen haben oder hatten;
- alle Behörden und Ämter,
- die Bauarbeiter-Urlaubs- und Abfertigungskasse.

Der Insolvenz-Entgelt-Fonds-Service-GmbH, ihren Geschäftsstellen und den Gerichten zur Durchführung des IESG ***auskunftspflichtig*** sind (§ 14 Abs 3 IESG):

- der Arbeitgeber,
- der zuständige Verwalter in einem Insolvenzverfahren,
- die Arbeitnehmer,
- Personen, die Einblick in die Arbeitsentgeltunterlagen haben/hatten.

B. Unterstützungspflichten

Der Insolvenz-Entgelt-Fonds-Service-GmbH und ihren Geschäftsstellen bei der Erfüllung ihrer Aufgaben ***unterstützungspflichtig*** sind (§ 14 Abs 1 IESG):

- alle Behörden und Ämter,
- die Träger der Sozialversicherung,
- die Bauarbeiter-Urlaubs- und Abfertigungskasse,
- die gesetzlichen Interessenvertretungen der Arbeitgeber und Arbeitnehmer.

C. Mitteilungspflicht bei Strafanzeige

Hat das Insolvenzgericht bei der Staatsanwaltschaft Anzeige iSd § 261 IO erstattet, so hat es davon die IEF-Service-GmbH in Wien zu verständigen (§ 14 Abs 7 IESG).

D. Datenübermittlung

Der ***Hauptverband der Sozialversicherungsträger*** hat der IEF-Service-GmbH, deren Geschäftsstellen, den Insolvenzgerichten und dem BMASK daten über die Versicherungszeiten des Arbeitnehmers beim insolventen Arbeitgeber sowie die Beträge, mit den der Arbeitgeber diesen Arbeitnehmer versichert hat, auf dem Weg automationsunterstützter Datenverarbeitung bekanntzugeben (§ 14 Abs 4 IESG).

Der ***Bundesminister für Inneres*** hat der IEF-Service-GmbH und ihren Geschäftsstellen die gespeicherten Meldeauskünfte derart elektronisch so zu übermitteln, dass der Gesamtdatensatz bestimmter Personen im Datenfernverkehr ermittelt werden kann (§ 14 Abs 5 IESG).

Die ***zentrale Koordinationsstelle für die Kontrolle illegaler Beschäftigung des BMF*** hat der IEF-Service-GmbH und ihren Geschäftsstellen Daten, die im Rahmen von Kontrollen oder bei der Führung der zentralen Verwaltungsstrafevidenz erhoben wurden, in technisch geeigneter Form zur Verfügung zu stellen (§ 14 Abs 6 IESG).

XV. Zusammenarbeit mit ausländischen Einrichtungen

A. Grenzüberschreitende Insolvenz

Die Regelungen des § 14a IESG über die Zusammenarbeit mit ausländischen Einrichtungen betreffen primär den Fall, dass ein insolventer Arbeitgeber auch in einem anderen EWR-Staat tätig ist.

Des Weiteren enthält die Norm auch Regelungen über die Zusammenarbeit mit Einrichtungen in Staaten, die nicht dem EWR angehören.

B. Informationsaustausch

Ist ein insolventer Arbeitnehmer auch in einem anderen EWR-Staat tätig, so hat die IEF-Service-GmbH der zuständigen ausländischen Verwaltung oder Garantieeinrichtung (gesetzlicher Oberbegriff: „ausländische Einrichtungen“) einen allenfalls vorhandenen inländischen Gerichtsbeschluss iSd § 1 Abs 1 IESG und die im Zusammenhang mit den Anträgen auf Insolvenz-Entgelt ergangenen Entscheidungen mitzuteilen, soweit dies zur Aufgabenerfüllung der ausländischen Einrichtung unbedingt erforderlich ist (§ 14a Abs 1 S 1 IESG).

Der Informationstransfer kann iSd § 5 Abs 5 IESG nach Maßgabe der technischen Möglichkeiten auch telegrafisch, fernschriftlich, mit Telefax, im Weg automationsunterstützter Datenübertragung oder in jeder anderen technisch möglichen Weise erfolgen (§ 14a Abs 1 S 2 IESG).

Näheres kann durch Vereinbarung zwischen der IEF-Service-GmbH und der ausländischen Einrichtung bestimmt werden (§ 14a Abs 1 S 3 IESG).

Diese Regelungen gelten auch, wenn die IEF-Service-GmbH bei Anträgen auf Insolvenz-Entgelt, die sich auf § 1 Abs 1 letzter Satz (Vorliegen einer ausländischen, in Österreich anerkannten Insolvenzentscheidung) stützen, die erforderlichen Informationen von der ausländischen Einrichtung benötigt (§ 14a Abs 2 IESG).

C. Vereinbarungen

1. innerhalb des EWR

Neben der Form der Informationsübermittlung kann in einer Vereinbarung auch geregelt werden, dass die jeweilige ausländische Einrichtung die IEF-Service-GmbH und den Fonds insbesondere zur Wahrnehmung der Rechte aufgrund von Legalzessionen nach § 11 IESG vertritt, oder dass die IEF-Service-GmbH eine solche ausländische Einrichtung im Inland vertritt.

Derartige Vereinbarungen bedürfen der Zustimmung des Bundesministers für Arbeit, Soziales und Konsumentenschutz (§ 14a Abs 1 S 5 IESG).

2. außerhalb des EWR

§ 14a Abs 1 und 2 IESG gelten auch für Vereinbarungen zwischen der IEF-Service-GmbH und ausländischen Einrichtungen in Staaten, die nicht dem EWR angehören, sofern diese Staaten das Übereinkommen betreffend den Schutz der Forderungen der Arbeitnehmer bei Zahlungsunfähigkeit ihres Arbeitgebers (BGBl III 1997/49) ratifiziert haben.

In einer solchen Vereinbarung ist auch festzulegen, dass die Übermittlung und Überlassung von Daten gemäß § 5 Abs 5 IESG nur erfolgen kann, wenn die im § 13 Abs 2 DSG genannten Voraussetzungen vorliegen (§ 14a Abs 3 IESG).

Wiederum besteht das Erfordernis der Zustimmung des BMASK (§ 14a Abs 1 S 5 IESG).

XVI. Strafbestimmungen

Arbeitgeber, die

- wissentlich unwahre Angaben machen oder vorsätzlich ihre gesetzlich vorgeschriebene Stellungnahme zu den Arbeitnehmerforderungen im Verfahren (§ 6 Abs 4 IESG) grundlos verweigern oder
- ihrer Auskunftspflicht gegenüber der IEF-Service-GmbH, deren Geschäftsstellen oder den Gerichten (§ 14 Abs 3 IESG) vorsätzlich nicht nachkommen,

begehen, sofern die Tat nicht mit strengerer Strafe bedroht ist, eine Verwaltungsübertretung und sind von der Bezirksverwaltungsbehörde mit einer Geldstrafe zu belegen. (§ 16 Abs 1 IESG).

Der Rahmen der Geldstrafe beträgt derzeit 365 Euro bis 1455 Euro (§ 16 Abs 1 IESG). Für mehrere strafbare Handlungen ist nur auf eine Strafe zu erkennen (§ 16 Abs 2 IESG), wobei die Bezirksverwaltungsbehörde eine höhere Strafe innerhalb des Rahmens festsetzen wird.

Die Eingänge aus solchen Verwaltungsstrafen fließen direkt dem Fonds zu (§§ 16 Abs 3, 12 Abs 1 Z 2 IESG).

Drittes Buch

Internationales Insolvenzrecht

Internationales Insolvenzrecht

Literatur: *Adolphsen*, Europäisches Zivilverfahrensrecht, 2. Auflage (2014); *Ahrens/Gehrlein/Ringstmeier* (Hrsg.), Insolvenzrecht – Kommentar, 3. Auflage (2017); *Arnold*, Straßburger Entwurf eines europäischen Konkursübereinkommens, IPRax 1986, 133; *Balz*, Das neue Europäische Insolvenzübereinkommen, ZIP 1996, 948; *Beck*, Verwertungs-, Verteilungs- und Abstimmungsfragen bei grenzüberschreitenden Insolvenzen nach der EU-Insolvenzverordnung, in Konecny (Hrsg.), Insolvenz-Forum 2005 (2006) 29; *Bock/Muhri*, Das neue Insolvenzrecht – Kurzkommentar zur Europä ischen Insolvenzverordnung und Insolvenzrechts-Novelle 2002 (2002); *Boll*, Die Anerkennung des Auslandskonkurses (1990); *Bodiroga/Knezevic*, Anerkennung ausländischer Insolvenzverfahren (EU und Serbien), in Clavora/Garber (Hrsg.), Grenzüberschreitende Insolvenzen im europäischen Binnenmarkt – die EuInsVO (2011) 169; *Bork*, Die Aufrechnung im internationalen Insolvenzverfahrensrecht, ZIP 2002, 690; *Brenner*, Die Mobiliarsicherheiten im Europäischen Insolvenzrecht, in Konecny (Hrsg.), Insolvenz-Forum 2005 (2006) 101; *Brinkmann*, Der Aussonderungsstreit im internationalen Insolvenzrecht – Zur Abgrenzung zwischen EuGVVO und EuInsVO, IPRax 2010, 324; *D. Buchberger/R. Buchberger*, Das System der „kontrollierten Universalität" des Konkursverfahrens nach der Europäischen Insolvenzverordnung, ZIK 2000/187, 149; *Buchegger*, Insolvenzanfechtung und EuInsVO – Internationale Zuständigkeit und Kollisionsrecht, in Smid (Hrsg.), Aktuelle Probleme des geltenden deutschen Insolvenzrechts (2009) 107; *Burgstaller*, Das anwendbare Recht nach der Europäischen Insolvenzverordnung, in Konecny (Hrsg.), Insolvenz-Forum 2001 (2002) 27; *Burgstaller*, Europäisches Zivilprozeßrecht (2001); *Burgstaller/Neumayr/Geroldinger/Schmaranzer* (Hrsg.), Internationales Zivilverfahrensrecht, 20. Auflage (2016); *Burgstaller/Keppelmüller*, Universalität oder Territorialität – Wirkt der österreichische Konkurs im Ausland? JBl 1996, 285 u. 366; *Carstens*, Die internationale Zuständigkeit im Europäischen Insolvenzrecht (2005); *Chalupsky*, Das Europäische Übereinkommen über Insolvenzverfahren, in Baudenbacher (Hrsg.), Aktuelle Probleme des Europäischen und Internationalen Wirtschaftsrechts, Band I (1998) 297; *Cranshaw*, Das Urteil „Interedil" des EuGH – Fortentwicklung des COMI, Durchbrechung von Bindungswirkungen, Folgen? DZWIR 2012, 53; *Deixler-Hübner/Klicka*, Zivilverfahren – Erkenntnisverfahren und Grundzüge des Exekutions- und Insolvenzrechts, 9. Auflage (2015); *Duursma-Kepplinger*, Eigentumsvorbehalt und Mobilienleasing in der Insolvenz – Eine Darstellung der österreichischen und deutschen Rechtslage (2002); *Duursma-Kepplinger/Chalupsky*, Grenzüberschreitende Sanierung unter besonderer Berücksichtigung der Konzerninsolvenz, in Feldbauer-Durstmüller/Schlager (Hrsg.), Krisenmanagement – Sanierung – Insolvenz (2002) 977; *Duursma-Kepplinger/Duursma*, Das Schicksal von dinglichen Sicherungsrechten sowie des Eigentumsvorbehalts nach der Insolvenzverordnung, wbl 2002, 59; *Duursma-Kepplinger/Duursma/Chalupsky*, Europäische Insolvenzverordnung – Kommentar (2002); *Eidenmüller*, Europäische Verordnung über Insolvenzverfahren und zukünftiges deutsches internationales Insolvenzrecht, IPRax 2001, 2; *Ernst*, Grundzüge des Internationalen Insolvenzrechts – insbesondere Zuständigkeitsregelungen nach der EuInsVO und deren Wirkungen, ZVI 2010, 253; *Fasching/Konecny* (Hrsg.), Kommentar zu den Zivilprozeßgesetzen – 5. Band / 1. Teilband, 2. Auflage (2008); *Feil*, Europäisches Insolvenzrecht (EuInsVO) trat am 31.5.2002 in Kraft, GesRZ 2002, V; *Fink*, Insolvenzrecht – Orac Rechtsskriptum, 9. Auflage (2015); *Fletzberger*, Gesetzliche Begleitmaßnahmen zur SRM-Verordnung; ZFR 2015/300, 601; *Fritz/Bähr*, Die Europäische Verordnung über Insolvenzverfahren – Herausforderung an Gerichte und Insolvenzverwalter, DZWIR 2001, 221; *Fucik*, Europäisches und internationales Zivilverfahrensrecht – Ein Wegweiser, RZ 2011, 28; *Garber*, Zur Abgrenzung zwischen EuInsVO und EuGVVO, in Clavora/Garber (Hrsg.), Grenzüberschreitende Insolvenzen im europäischen Binnenmarkt – die EuInsVO (2011) 41; *Geimer/Schütze*, Europäisches Zivilverfahrensrecht – Kommentar, 3. Auflage (2010); *Geroldinger*, Die Koordinierung von Parallelverfahren nach der EuInsVO, in Clavora/Garber (Hrsg.), Grenzüberschreitende Insolvenzen im europäischen Binnenmarkt – die EuInsVO (2011) 123; *Geroldinger*, Klarstellungen zu Art 3 EuInsVO und Aufweichung der (innerprozessualen) Bindungswirkung – Anmerkungen zu EuGH Rs C-396/09 (Interedil) und Rs C-112/10 (Zaza Retail), ZIK 2011/293, 208; *Geroldinger*, Verfahrenskoordination im Europäischen Insolvenzrecht – Die Abstimmung von Haupt- und Sekundärinsolvenzverfahren nach der EuInsVO (2010); *Geroldinger*, Wirkungserstreckung des Hauptinsolvenzverfahrens und Rechtsverfolgungsmaßnahmen im Ausland – Anmerkungen zu EuGH Rs C-444/07, ZIK 2010/4, 4; *Goeth*, Verordnung (EG) Nr. 1346/2000 über Insolvenzverfahren, ZIK 2000/186, 148; *Gottwald*, Grenzüberschreitende Insolvenzen – Europäische und weltweite Tendenzen und Lösungen (1997); *Haidmayer*, Sanierungsverfahren in der EuInsVO, Schwierigkeiten bei der Eröffnung von Sekundärinsolvenzverfahren – Anmerkungen zu EUGH Rs C-116/11, ZIK 2013/65, 46; *Herchen*, Das Übereinkommen über Insolvenzverfahren der Mitgliedstaaten der Europäischen Union vom 23.11.1995 (2000); *Hergenröder*, Internationales Verbraucherinsolvenzrecht, ZVI 2005, 233; *Hess*, Europäisches Zivilprozessrecht (2010); *Holzhammer*, Österreichisches Insolvenzrecht – Konkurs und Ausgleich, 5. Auflage (1996); *Huber*, Internationales Insolvenzrecht in Europa, ZZP 114 (2001) 133; *Jelinek*, Praxisprobleme bei grenzüberschreitenden Zivilprozessen mit insolvenzrechtlichen Zusammenhängen, in Kodek/Konecny (Hrsg.), Insolvenz-Forum 2007 (2008) 37; *Kasolowsky/Steup*, Insolvenz im internationalen Schiedsverfahren – lex arbitri oder lex fori concursus, IPRax 2010, 180; *Kasseroler*, Anmeldung, Prüfung und Feststellung von Forderungen im Haupt- und Sekundärinsolvenzverfahren, in Konecny (Hrsg.), Insolvenz-Forum 2005 (2006) 167; *Kebekus*, Grenzüberschreitende Insolvenzen – Neue Herausforderungen an die Insolvenzpraxis, in Konecny (Hrsg.), Insolvenz-Forum 2004 (2005) 85; *Kemper*, Die Verordnung (EG) Nr. 1346/2000 über Insolvenzverfahren – Ein Schritt zu einem europäischen Insolvenzrecht, ZIP 2001, 1609; *Keppelmüller*, An der Schwelle zu einem europäischen Insolvenzrecht? wbl 1996, 337; *Keppelmüller*, Österreichisches Internationales Konkursrecht (1997); *Klauser/Kodek*, Jurisdiktionsnorm und Zivilprozessordnung, 17. Auflage (2012); *Klauser/Maderbacher*, Europäische Insolvenzverordnung in Kraft, AnwBl 2002, 304; *Klicka*, Die insolvenznahen Prozesse – das unbekannte Wesen? Der Anwendungsbereich der Europäischen Insolvenzverordnung, ecolex 2010, 1060; *Kodek*, Das anwendbare Recht in grenzüberschreitenden Insolvenzen – Grundzüge und ausgewählte Probleme, in Kodek/Konecny (Hrsg.), Insolvenz-Forum 2007 (2008) 207; *Kodek*, EuGH zur Konkursanfechtung: Eine erste Analyse, ÖBA 2009, 629; *Kolmann*, Kooperationsmodelle im Internationalen Insolvenzrecht – Empfiehlt sich für das deutsche internationale Insolvenzrecht eine Neuorientierung? (2001); *Koller*, Auswirkungen der Insolvenzeröffnung auf ein anhängiges Schiedsverfahren in einem anderen EU-Mietgliedstaat, ZIK 2009, 52; *Koller*, Neues zum Abgrenzungsenigma EuGVVO/EuInsVO – Kurzanmerkung zur E des EuGH in Sachen F-Tex/"Jadecloud-Vilma", ecolex 2012, 693; *Konecny*, EuGH zu internationaler Zuständigkeit, Eröffnung und Anerkennung von Hauptinsolvenzverfahren, ZIK 2006/185, 149; *Konecny*, Internationale Zuständigkeit des Insolvenzeröffnungsstaates für Anfechtungsklagen, ZIK 2009/62, 40; *Konecny*, Neues zur Prüfung der internationalen Zuständigkeit für Insolvenzverfahren, ZIK 2006/89, 74; *Konecny*, Probleme grenzüberschreitender Insolvenzen, in Smid (Hrsg.), Neue Fragen des Deutschen und Internationalen Insolvenzrechts (2006) 106; *Konecny*, Thesen zum Mittelpunkt der hauptsächlichen Schuldnerinteressen, ZIK 2005/2, 2; *Konecny*, Vertrauen ist gut – will aber verdient sein!, in Clavora/Garber (Hrsg.), Grenzüberschreitende Insolvenzen im europäischen Binnenmarkt – die EuInsVO (2011) 17; *Konecny*, Vom Umgang mit dem europäischen Insolvenzrecht, in Kodek/Konecny (Hrsg.), Insolvenz-Forum 2007 (2008) 103; *König*, Die Anfechtung nach der Konkursordnung, 5. Auflage (2014); *Lachmair*, Die neuen österreichischen Bestimmungen zum Internationalen Insolvenzrecht – Auch auf Auslandsvermögen eines Gemeinschuldners kann zugegriffen werden, SWK 2003, W 134; *Lachmair*, EU-Verordnung zum Insolvenzrecht tritt mit 31.5.2002 in Kraft, RdW 2002, 259; *Laukemann*, Der ordre public im europäischen Insolvenzverfahren, IPRax 2012, 207; *Längle*, Wird da jemand im Ausland geklagt? Neuere Judikatur des EuGH zum europäischen Zivilprozess- und Insolvenzrecht, ÖJZ 2010/90; *Leible/Staudinger*, Die europäische Verordnung über Insolvenzverfahren, KTS 2000, 533; *Leipold*, Zuständigkeitslücken im neuen Europäischen Insolvenzrecht, in

Lüke/Mikami/Prütting (Hrsg.), Festschrift für *Akira Ishikawa* (2001) 221; *Leitner*, Der grenzüberschreitende Konkurs (1995); *Lüer*, Art. 3 Abs 1 EuInsVO – Grundlage für ein europäisches Konzerninsolvenzrecht oder Instrumentarium eines „Insolvenz-Imperialismus“? in FS Günter Greiner (2005) 201; *Lüke*, Das europäische internationale Insolvenzrecht, ZZP 111 (1998) 275; *Madaus*, Der Wettlauf ist eröffnet – die Nortel-Entscheidung des EuGH, ecolex 2015, 775; *Maderbacher*, EU-Außengrenzen und Art 5 EuInsVO – Anmerkungen zu EuGH Rs C-527/10, ERSTE Bank Hungary, ZIK 2012/181, 127; *Matscher*, Internationalrechtliche Bestimmungen der Zivilverfahrens-Novelle 1983, in BMJ (Hrsg.), Neuerungen im Zivilgerichtlichen Verfahrensrecht (1984) 201; *Mair*, Europäisches Insolvenzrecht und die Entscheidungen im Fall *Stojevic*, ZIK 2008/128, 83; *Mankowski*, Bestimmung der Insolvenzmasse und Pfändungsschutz unter der EuInsVO, NZI 2009, 785; *Mankowski*, Der ordre public im europäischen und im deutschen Internationalen Insolvenzrecht, KTS 2011, 185; *Mankowski*, EuInsVO und Schiedsverfahren, ZIP 2010, 2478; *Mankowski*, Insolvenznahe Verfahren im Grenzbereich zwischen EuInsVO und EuGVVO, NZI 2010, 508; *Mankowski*, Neues zur Europäischen Insolvenzverordnung (EuInsVO) – eine Momentaufnahme, in Konecny (Hrsg.), Insolvenz-Forum 2009 (2010) 51; *Mankowski*, Neues zur grenzüberschreitenden Forderungsanmeldung unter der EuInsVO, NZI 2011, 887; *K. Markowetz/ E. Markowetz*, Die Neuerungen durch das IRÄG 2010 im österreichischen internationalen Insolvenzrecht (§§ 217 – 251 IO), AnwBl 2010 485; *Mohr*, Auslandsvermögen im österreichischen Konkurs – Anerkennung ausländischer Insolvenzverfahren, ZIK 2003/104, 74; *Mohr*, Bundesgesetz über das Internationale Insolvenzrecht, ecolex 2003, 322; *Mohr*, Das neue Bundesgesetz über das Internationale Insolvenzrecht, in Konecny (Hrsg.), Insolvenz-Forum 2002 (2003) 98; *Mohr*, Die Insolvenzordnung, 11. Auflage (2012); *Mohr*, Insolvenzrecht 2002 – Insolvenzrechts-Novelle 2002, Europäische Insolvenzverordnung, ecolex spezial (2002); *Nunner-Krautgasser*, Rechtsprobleme der Prüfung der Zuständigkeit nach der EuInsVO, in Clavora/Garber (Hrsg.), Grenzüberschreitende Insolvenzen im europäischen Binnenmarkt – die EuInsVO (2011) 31; *Nunner-Krautgasser/Anzenberger*, Trennungsgebot in der Konzerninsolvenz – Anmerkungen zu OGH 8 Ob 104/11v und 8 Ob 105/11s, ZIK 2012/4, 2; *Nunner-Krautgasser/Garber/Jaufer* (Hrsg.), Grenzüberschreitende Insolvenzen im europäischen Binnenmarkt (2017); *Oberhammer*, Das internationale Insolvenzrecht und Österreich: Grundstrukturen und ausgewählte Probleme, ÖBA 2002, 698; *Oberhammer*, Von der EuInsVO zum europäischen Insolvenzrecht, KTS 2009, 27; *Oberhammer*, Zur Abgrenzung von EuGVVO und EuInsVO bei insolvenzbezogenen Erkenntnisverfahren, ZIK 2010/5, 6; *Oberhammer/Vogler*, Europäisches Insolvenzrecht ante portas, ecolex 2001, 658; *Ofner*, Neue Entscheidung zum Internationalen Insolvenzrecht, ZfRV 2010/1; *Paulus*, Grundfragen der Europäischen Insolvenzverordnung, in Konecny (Hrsg.), Insolvenz-Forum 2001 (2002) 126; *Paulus*, Europäische Insolvenzverordnung – Kommentar, 4. Auflage (2013); *Pannen* (Hrsg.), Europäische Insolvenzverordnung – Kommentar (2007); *Petritz*, Banken in der Krise – Betrachtung ausgewählter Besonderheiten und Probleme des europäischen Bankeninsolvenzrechts sowie österreichischer Krisenbewältigungsmaßnahmen im Lichte der Finanzmarktkrise, in Clavora/Garber (Hrsg.), Grenzüberschreitende Insolvenzen im europäischen Binnenmarkt – die EuInsVO (2011) 211; *Pinterich*, Das grenzüberschreitende europäische Insolvenzverfahren nach der EuInsVO, ZfRV 2008/30; *Pogacar*, Rechte und Pflichten des Hauptverwalters in Sekundärverfahren, NZI 2011, 46; *Posani*, Anspruch auf Restschuldbefreiung als Folge unionsrechtlicher Arbeitnehmerfreizügigkeit – Anmerkungen zu EuGH Rs C-461/11, ZIK 2013/7, 8; *Pröbsting*, Die grenzüberschreitende Sanierung und Liquidation von Kreditinstituten. Die Insolvenz von Kreditinstituten und deren Zweigstellen in anderen Mitgliedstaaten, ZfRV 2008/31, 239; *Prütting*, Die Europäische Insolvenzordnung und das grenzüberschreitende Insolvenzverfahren, in Konecny (Hrsg.), Insolvenz-Forum 2004 (2005) 157; *Rauscher* (Hrsg.), Europäisches Zivilprozess- und Kollisionsrecht, EuZPR / EuIPR – Kommentar, 4. Auflage (ab 2015); *Reckenzaun*, EU-Insolvenzverordnung, in *Petsch/Reckenzaun/Bertl//Isola* (Hrsg.), Praxishandbuch Konkursabwicklung, 2. Auflage (2003) 811; *Reckenzaun*, Bundesgesetz über das internationale Insolvenzrecht, in *Petsch/Reckenzaun/Bertl//Isola* (Hrsg.), Praxishandbuch Konkursabwicklung,

2. Auflage (2003) 824; *Reisch*, Befugnisse des jeweils ausländischen Verwalters in Hauptinsolvenzverfahren/Sekundärinsolvenzverfahren, in Konecny (Hrsg.), Insolvenz-Forum 2005 (2006), 243; *Reisch/Winkler*, Die Tücken der Eröffnung eines Parallelverfahrens nach der EuInsVO: Eröffnungsgründe, ZIK 2004/143, 118; *Reisenhofer*, Zur Insolvenzmasse nach der EuInsVO – Lohnpfändungsschutz in der grenzüberschreitenden Insolvenz, in Clavora/Garber (Hrsg.), Grenzüberschreitende Insolvenzen im europäischen Binnenmarkt – die EuInsVO (2011) 157; *Reisinger*, Die Befugnisse des Insolvenzverwalters, in Clavora/Garber (Hrsg.), Grenzüberschreitende Insolvenzen im europäischen Binnenmarkt – die EuInsVO (2011) 143; *Reuss*, Forum Shopping und das Rechtsmissbrauchsverbot im Europäischen Insolvenzrecht, in Clavora/Garber (Hrsg.), Grenzüberschreitende Insolvenzen im europäischen Binnenmarkt – die EuInsVO (2011) 81; *Riel*, Die Befugnisse des Masseverwalters im Zivilverfahrensrecht (1995); *Ruzik*, EU-RL: Sanierung und Liquidation von Kreditinstituten – Besonderheiten und Probleme des europäischen Bankeninsolvenzrechts, RdW 2009/649, 623; *Schack*, Internationales Zivilverfahrensrecht, 6. Auflage (2014); *Schmidt*, (Hrsg.) Hamburger Kommentar zum Insolvenzrecht,6. Auflage (2017); *Schneider*, Sicherungsrechte am Einkommen im grenzüberschreitenden Insolvenzverfahren, ZIK 2011/67, 45; *Schneider*, Zur Abgrenzung der insolvenznahen Verfahren – der Kreis wird enger – Anmerkungen zu EuGH Rs C-213/10, F-Tex/"Jadecloud-Vilma", ZIK 2012/180, 125; *Schumacher*, Die Europäische Insolvenzverordnung aus österreichischer Sicht, ZIK 2002/258, 182; *Schumacher*, Neues Internationales Insolvenzrecht in Österreich, in Grenzüberschreitendes Insolvenzrecht, Schriftenreihe der DACH (Europäische Anwaltsvereinigung eV), Nr. 22 (2004) 20; *Schumacher*, Österreichisches Internationales Insolvenzrecht unter europäischem Einfluss, in *König/Mayr* (Hrsg.), Europäisches Zivilverfahrensrecht in Österreich (2007) 131; *Säcker/Rixecker* (Hrsg.), Münchener Kommentar zum Bürgerlichen Gesetzbuch: BGB, Band 11, 6. Auflage (2015); *A. Simotta*, Die internationale Zuständigkeit für insolvenzrechtliche Annexverfahren, in Clavora/Garber (Hrsg.), Grenzüberschreitende Insolvenzen im europäischen Binnenmarkt – die EuInsVO (2011) 65; *Slonina*, Keine grenzüberschreitende Insolvenzerstreckung auf konzernabhängiges Unternehmen – Anmerkungen zu EuGH Rs C-191/10, Rastelli Davide e C. Snc/Jean-Charles Hidoux, ZIK 2012/5, 4; *Smid*, Europäisches Internationales Insolvenzrecht (2002); *Taupitz*, Das (zukünftige) europäische Internationale Insolvenzrecht – insbesondere aus international-privatrechtlicher Sicht, ZZP 111 (1998) 315; *Thole*, Die Anwendung des Art 13 EuInsVO bei Zahlungen auf fremde Schuld, NZI 2013, 113; *Thole*, Negative Feststellungsklagen, Insolvenztorpedos und EuInsVO, ZIP 2012, 605; *Thole*, vis attractiva concursus europaei? Die internationale Zuständigkeit für insolvenzbezogene Annexverfahren zwischen EuInsVO, EuGVVO und autonomem Recht, ZEuP 2010, 904; *Thomas/Putzo*, Zivilprozessordnung – Kommentar, 37. Auflage (2016); *Vallender*, Die Voraussetzungen für die Einleitung eines Sekundärinsolvenzverfahrens nach der EuInsVO, in Konecny (Hrsg.), Insolvenz-Forum 2004 (2005) 225; *Vallender*, EuInsVO – Kommentar (2017); *Virgós/Schmit*, Erläuternder Bericht vom 03.05.1996 (zum Entwurf eines Europäischen Insolvenzübereinkommens), abgedruckt ua in Stoll (Hrsg.), Vorschläge und Gutachten zur Umsetzung des EU-Übereinkommens über Insolvenzverfahren im deutschen Recht (1997) 32; *Vogler*, Die internationale Zuständigkeit für Insolvenzverfahren, ZIK 2001/290, 189; *Weismann*, Der Einheitliche Abwicklungsmechanismus, ecolex 2014/11, 1013; *Weller*, Die Aufrechnung nach der EuInsVO, in Clavora/Garber (Hrsg.), Grenzüberschreitende Insolvenzen im europäischen Binnenmarkt – die EuInsVO (2011) 105; *Wimmer*, Die Richtlinien 2001/17/EG und 2001/24/EG über die Sanierung und Liquidation von Versicherungsunternehmen und Kreditinstituten, ZinsO 2002, 897; *Wimmer* (Hrsg.) Frankfurter Kommentar zur Insolvenzordnung, 8. Auflage (2015), 7. Auflage (2013); *K. Wimmer*, Anmerkungen zum Vorlagebeschluss des irischen Supreme Court in Sachen Parmalat, ZinsO 2005, 119.

Literatur zur Reform der EuInsVO: *Albrecht*, Die Reform der EuInsVO nimmt Fahrt auf – der Änderungsvorschlag der Europäischen Kommission in der Übersicht, ZInsO 2013, 1623; *Albrecht*, Die Reform der EuInsVO ist abgeschlossen – eine Übersicht, ZinsO 2015, 1077; *Chalupsky/Bierbach*, Die Europäische Insolvenzverordnung (EuInsVO) – Grundlagen, Ausblick und Praxisanwendung, KSI 2013, 23; *Cherubini et al*, Harmonisation of Insolvency Law at EU Level, IILR, 2010, 87;

Commandeur/Römer, Aktuelle Entwicklungen im Insolvenzrecht – Neufassung der Europäischen Insolvenzverordnung, NZG 2015, 988; *Cranshaw,* Zehn Jahre EuInsVO und Centre of Main Interests – Motor dynamischer Entwicklungen, DZWIR 2012, 133; *Fritz*, Die Neufassung der Europäischen Insolvenzverordnung: Erleichterung bei der Restrukturierung in grenzüberschreitenden Fällen?, DB 2015, 1882 u, 1945; *Garcimartín,* The Review of the Insolvency Regulation: Hybrid Proceedings and other issues, IILR 2011, 321; *Haidmayer,* Sanierungsverfahren in der EuInsVO – Schwierigkeiten bei der Eröffnung von Sekundärinsolvenzverfahren, ZIK 2013/65, 46; *Hess/Oberhammer/Pfeiffer,* External Evaluation of Regulation No 1346/2000/EC on Insolvency Proceedings (im Internet abrufbar unter http://ec.europa.eu/justice/civil/files/evaluation/insolvency/en.pdf); *Hirte,* Sechs Thesen zur Kodifikation der Konzerninsolvenz in der EuInsVO, ZinsO 2011, 1788; *Hirte,* Towards a Framework for the Regulation of Corporate Groups' Insolvencies, ICFR 2008, 213; *Hübler,* Aktuelles Internationales und ausländisches Insolvenzrecht, NZI 2012, 131; *Kindler*, Hauptfragen der Reform des Europäischen Internationalen Insolvenzrechts, KTS 2014, 25; *Kindler/Sakka*, Die Neufassung der Europäischen Insolvenzverordnung, EuZW 2015, 460; *Koller,* Schwerpunkt Reform der EuInsVO – Internationale Zuständigkeit, ecolex 2013, 208; *Koller,* Schwerpunkt Reform der EuInsVO – Gläubigerinformation und Forderungsanmeldung, ecolex 2013, 216; *Konecny*, Die Reform der EuInsVO ist abgeschlossen, ZIK 2015/96, 83; *Nunner-Krautgasser/Garber/Jaufer* (Hrsg.), Grenzüberschreitende Insolvenzen im europäischen Binnenmarkt (2017); *Mankowski/Müller/Schmidt*, Kommentar zur EuInsVO 2015, 1. Auflage (2016); *Mock*, Das (geplante) neue europäische Insolvenzrecht nach dem Vorschlag der Kommission zur Reform der EuInsVO, GPR 2013, 156; *Moos/Paulus,* The European Insolvency Regulation – The Case for Urgent Reform, Insolvency Intelligence 1 (2006); *Oberhammer,* Schwerpunkt Reform der EuInsVO – Neues europäisches Insolvenzrecht, ecolex 2013, 204; *Oberhammer,* Schwerpunkt Reform der EuInsVO – Internationale Konzerninsolvenzen, ecolex 2013, 209; *Oberhammer,* Schwerpunkt Reform der EuInsVO – Verfahrenskoordination, ecolex 2013, 213; *Parzinger*, Die neue EuInsVO auf einen Blick, NZI 3/2016, 63; *Paulus,* Die EuInsVO – wo geht die Reise hin?, NZI 2008, 1; *Paulus,* EuInsVO: Änderungen am Horizont und ihre Auswirkungen, NZI 2012, 297; *Prager/Keller,* Der Vorschlag der Europäischen Kommission zur Reform der EuInsVO, NZI 2013, 57; *Prager/Keller,* Der Entwicklungsstand des Europäischen Insolvenzrechts, WM 2015, 805; *Reinhart,* Die Überarbeitung der EuInsVO, NZI 2012, 304; *Reith*, In Kraft: Die neue europäische Insolvenzverordnung, RdW 2015/655, 758; *Reuß,* Europäisches Insolvenzrecht 3.0 oder doch nur Version 1.1? – Der Vorschlag der Kommission vom 12. 12. 2012 zur Reform der Europäischen Insolvenzverordnung, EuZW 2013, 165; *J. Schmidt*, Das Prinzip „eine Person, ein Vermögen, eine Insolvenz" und seine Durchbrechungen vor dem Hintergrund der aktuellen Reformen im europäischen und deutschen Recht, KTS 2015, 19; *Senoner/Weber-Wilfert*, Die Prüfung der internationalen Zuständigkeit nach der EuInsVO neu, RZ 2016/6, 126; *Siemon/Frind,* Der Konzern in der Insolvenz – Zur Überwindung des Dominoeffekts in der (internationalen) Konzerninsolvenz, NZI 2013, 1; *Slonina,* Schwerpunkt Reform der EuInsVO – Einbezug „hybrider Verfahren"?, ecolex 2013, 205; *Slonina,* Schwerpunkt Reform der EuInsVO – Im Kollisionsrecht wenig Neues, ecolex 2013, 212; *Tett/Crinson*, The recast EC Regulation on Insolvency Proceedings: a welcome revision, Corporate Rescue and Insolvency 2015, 64; *Thole*, Die Reform der Europäischen Insolvenzverordnung, ZEuP 2014, 39; *Thole/Swierczok*, Der Kommissionsvorschlag zur Reform der EuInsVO, ZIP 2013, 550; *Vallender*, Europaparlament gibt den Weg frei für eine neue EuInsVO, ZIP 2015, 1514; *Vallender*, Neue Herausforderungen für Richter und Insolvenzverwalter durch reformierte EuInsVO, NZI 18/2015, I; K. *Wimmer*, Übersicht zur Neufassung der EuInsVO, jurisPR-InsR 7/2015 Anm 1.

I. Begriff

Die Insolvenz eines Unternehmens, dessen Vermögen nicht auf einen Staat beschränkt ist, bedingt zahlreiche rechtliche Probleme (*Oberhammer*,

ÖBA 2002, 698). Vor allem stellt sich die Frage, ob ausländisches Vermögen in inländische Insolvenzen mit einzubeziehen ist (*Burgstaller/Keppelmüller*, JBl 1996, 285 ff). Durch die stetig steigende internationale wirtschaftliche Verflechtung kommt dieser Frage immer größere Bedeutung zu (*Boll*, Die Anerkennung des Auslandskonkurses, 2). Das internationale Insolvenzrecht beschäftigt sich allgemein mit der Problematik, welche Regelungen für insolvenzrechtliche Sachverhalte mit grenzüberschreitenden Bezügen sachgerecht sind. Die Beantwortung dieser Frage ist auch für den europäischen Raum lange Zeit den jeweiligen nationalen Rechtsordnungen vorbehalten gewesen, zumal die EuGVVO 2012 für "Konkurse, Vergleiche und ähnliche Verfahren" nicht anwendbar ist (Art 1 Abs 2 lit b EuGVVO 2012; *Geimer* in Geimer/Schütze Art 1 Rz 125 ff EuGVVO; *Hüßtege* in Thomas/Putzo Art 1 EuGVVO Rz 12 ff; Erwägungsgrund 7 EuInsVO 2015).

Zur Abgrenzung des Anwendungsbereichs der EuGVVO 2012 von jenem der EuInsVO betreffend insolvenzrechtlich geprägte, also insolvenznahe Zivilverfahren (etwa Anfechtungsklagen) siehe unten III. B. 1.

II. Rechtsquellen

Als Rechtsquellen sind zu nennen:

- §§ 217 bis 251 IO sowie
- Die Verordnung EU 2015/848 des Europäischen Parlaments und des Rates vom 20. Mai 2015 über Insolvenzverfahren, ABl vom 05.06.2015, L 141/ 19 ff (EuInsVO 2015).

Die ***EuInsVO 2015*** ist am 25. Juni 2015 in Kraft getreten (Art 92 EuInsVO 2015); sie ist ab dem 26. Juni 2017 auf alle grenzüberschreitenden Insolvenzverfahren anzuwenden (Art 92 EuInsVO 2015).

Die EuInsVO 2015 löste damit – nach zweijähriger Legisvakanz – am 26. Juni 2017 die ***EuInsVO 2000*** ab (*Reith*, RdW 2015/655, 758). Diese Verordnung ist durch Art 91 S 1 EuInsVO 2015 aufgehoben worden.

Beachte: Verweisungen auf die (aufgehobene) EuInsVO 2000 gelten als Verweisungen auf die EuInsVO 2015 und sind nach der Entsprechungstabelle in Anhang D der EuInsVO 2015 zu lesen (Art 91 S 2 EuInsVO 2015).

Die EuInsVO 2000 ist am 31. Mai 2002 in Kraft getreten; sie stand daher seit beinahe 15 Jahren in Geltung. Bereits in der EuInsVO 2000 selbst war vorgesehen, dass die EU-Kommission dem Europäischen Parlament, dem Rat und dem Wirtschafts- und Sozialausschuss bis zum 1. Juni 2012 (danach alle fünf Jahre) einen Bericht über die Anwendung der EuInsVO vorlegt. Dieser Bericht sollte gegebenenfalls einen Vorschlag zur Anpassung der EuInsVO enthalten (Art 46 EuInsVO 2000).

Der Umstand, dass nach Art 46 EuInsVO 2000 ein Bericht mit möglichen Änderungsvorschlägen der EuInsVO erst bis zum 1. Juni 2012 zu erstatten war, hat dazu beigetragen, dass etwaige Fehlentwicklungen der Verordnung erst ab dem Jahr 2012 korrigiert werden konnten, was für die insolvenzrechtliche Praxis durchaus bedauerlich war.

Bereits im Jahr 2011 hat sich das Europäische Parlament für eine Überarbeitung der EuInsVO 2000 ausgesprochen, indem es am 15. November 2011 den Entschließungsbericht des Vorsitzenden des Rechtsausschusses des Europäischen Parlaments für eine Harmonisierung des Insolvenzrechts (*Klaus-Heiner Lehne*) im Rahmen des EU-Gesellschaftsrechts verabschiedet hat.

Weiters hat die EU-Kommission die Reform der EuInsVO 2000 als eines der wichtigsten Anliegen im Jahr 2012 bezeichnet. Am 12. Dezember 2012 publizierte die EU-Kommission das so genannte „insolvency package". Dieses bestand aus dem Vorschlag für die Reform der EuInsVO 2000 (Vorschlag für eine VO des Europäischen Parlaments und des Rates zur Änderung der VO [EG] 1346/2000 des Rates über Insolvenzverfahren, COM [2012] 744 final) sowie begleitenden Berichten.

Am 20. Mai 2015 hat das Europäische Parlament dem soeben erwähnten Reformentwurf der Europäischen Kommission zugestimmt. Wie schon oben erwähnt, ist die EuInsVO 2015 am 25. Juni 2015 in Kraft getreten und gilt seit dem 26. Juni 2017 (siehe nochmals Art 92 EuInsVO 2015).

Neben dem „insolvency package" der EU-Kommission existieren auch „private" Reformvorschläge der EuInsVO. Als wichtigste sind die *Revision of the European Insolvency Regulation* (INSOL Europe) und der *Heidelberg-Luxembourg-Vienna Report* (wissenschaftlicher Bericht der Universitäten Heidelberg und Wien) zu nennen.

Folgende Bereiche sind als Schwerpunkte der Reform der EuInsVO 2000 zu bezeichnen (*Oberhammer*, ecolex 2013, 204).

- der sachliche Anwendungsbereich der EuInsVO
- das Zuständigkeitsrecht
- die internationale Konzerninsolvenz
- die Verfahrenskoordination sowie
- die Gläubigerinformation und die Forderungsanmeldung.

Wenig Neues durch die Reformvorschläge gibt es im Kollisionsrecht der EuInsVO. Ihr Anerkennungsrecht wurde von vornherein nicht als reformbedürftig angesehen, da es in der Praxis in diesem Bereich kaum Probleme gab (*Oberhammer*, ecolex 2013, 205).

Die EuInsVO 2015 gilt in sämtlichen Mitgliedstaaten der Europäischen Union mit Ausnahme von Dänemark (MüKoInsO/*Reinhart* VO (EG) 2015/848 Art 1 Rn 12; Erwägungsgrund 88 EuInsVO 2015); sie ist nur auf solche Insolvenzverfahren anzuwenden, die nach dem 26. Juni 2017 eröffnet worden sind (Art 84 Abs 1 EuInsVO 2015).

Beachte: Unbeschadet der Aufhebung der EuInsVO 2000 (dazu oben) gilt diese Verordnung weiterhin für Verfahren, die in ihren Geltungsbereich fallen und vor dem 26. Juni 2017 eröffnet wurden.

A. Europa

Auf Initiative der Bundesrepublik Deutschland und der Republik Finnland hat der Rat der Europäischen Union – ermöglicht durch den Vertrag von Amsterdam – die EuInsVO 2000 verabschiedet (*Goeth*, ZIK 2000/186, 148). Als Verordnung iSv Art 288 AEUV (ex Art 249 EGV) ist sie – genauso wie die EuInsVO 2015 – dadurch gekennzeichnet, dass ihr allgemeine und unmittelbare Geltung in den Mitgliedstaaten zukommt (Erwägungsgrund 8 EuInsVO 2000). Die EuInsVO 2000 ist bis auf wenige Ausnahmen textgleich mit dem Europäischen Insolvenzübereinkommen über Insolvenzverfahren von 1995 (dazu noch unten) (*Burgstaller/Keppelmüller* in Burgstaller/Neumayr/Geroldinger/Schmaranzer Vor Art 1 Rz 3 InsVO; *Oberhammer/Vogler*, ecolex 2001, 658; *Schack*, Zivilverfahrensrecht Rz 1154).

Die wesentlichste Änderung zum EuInsÜ ist darin zu sehen, dass im Gegensatz zu einem Übereinkommen (Art 43 ff EuInsÜ), die Kompetenz des EuGH zur Vorabentscheidung bei einer Verordnung nicht ausdrücklich vorgesehen werden muss, da sie ohnehin nach Art 288 AEUV (ex Art 249 EGV) besteht (*Duursma* in Duursma-Kepplinger/Duursma/Chalupsky, Geschichte der EuInsVO Rz 10, FN 20).

Die entsprechenden bilateralen Konkursabkommen Österreichs wurden in ihrem sachlichen Anwendungsbereich mit Inkrafttreten der EuInsVO 2000 derogiert (Art 44 iVm Art 43 EuInsVO 2000). Entsprechendes gilt auch für die EuInsVO 2015 (Art 85 iVm Art 84 EuInsVO 2015). Betroffen davon sind die bilateralen Konkursabkommen mit Belgien (BGBl 1975/385), Deutschland (BGBl 1985/233), Frankreich (BGBl 1980/237) und Italien (BGBl 1990/44).

Vor dem Inkrafttreten der EuInsVO 2000 gab es bereits mehrfach Entwürfe für ein Europäisches Konkursübereinkommen, doch ist keiner dieser Entwürfe jemals wirksam geworden.

So legte der Europarat mit 5.6.1990 ein Europäisches Übereinkommen über bestimmte internationale Aspekte des Konkurses vor (*Arnold*, IPRax 1986, 135 ff). Dieses *Istanbuler Übereinkommen* (abgedruckt etwa in Wimmer FK[6] Anhang 5 nach § 358 IO) wurde bisher jedoch lediglich von Zypern ratifiziert (Paulus Einl Rz 8 EuInsVO). Für das Inkrafttreten dieses Übereinkommens wäre aber eine Ratifikation von mindestens drei Mitgliedstaaten des Europarates Voraussetzung gewesen (Art 34 Istanbuler Übereinkommen).

Das Ergebnis der Arbeitsgruppe „Konkursübereinkommen", die beim Rat der EG eingerichtet war und an die Resultate des Istanbuler Übereinkommens anknüpfte, war das *Übereinkommen über Insolvenzverfahren vom 23.11.1995 (EuInsÜ).* Auch dieses Übereinkommen ist nicht in Kraft getreten, da Großbritannien die Unterzeichnung aufgrund der BSE-Krise und des darauf folgenden Streits um den Import von britischem Rindfleisch in andere Mitgliedstaaten sowie des Streits mit Spanien um Gibraltar, verweigerte (*Duursma* in Duursma-Kepplinger/Duursma/Chalupsky, Geschichte der EuInsVO Rz 6; *Lüke*, ZZP 1998, 277 f).

B. Drittstaaten

Am 1. Juli 2003 ist das Bundesgesetz über das Internationale Insolvenzrecht – IIRG, BGBl I 2003/36 – in Kraft getreten. Es ist auf Verfahren anzuwenden, die nach diesem Zeitpunkt eröffnet worden sind (Art VI § 1 Abs 1 IIRG; *Mohr*, ecolex 2003, 322).

Die in der IO enthaltenen Bestimmungen über das Internationale Insolvenzrecht (§§ 217 – 251 IO) wurden jüngst mit dem IRÄG 2017 (Art 1 Z 35 bis 44) geändert und an die neue EuInsVO angepasst; so wurden beispielsweise auch Begleitregelungen zur neuen EuInsVO (vgl. §§ 219 ff IO) erlassen (vgl. dazu etwa näher unten 7., 11. sowie E. 3.).

Die Bestimmungen über das Internationale Insolvenzrecht (§§ 217 – 251 IO) finden sich seit dem Inkrafttreten des IRÄG 2017 im Achten Teil der IO; diese sind allerdings nur anzuwenden, soweit nicht nach Völkerrecht oder in Rechtsakten der Europäischen Union, insbesondere nach der Verordnung (EU) Nr. 848/2015 über Insolvenzverfahren (EuInsVO 2015) anderes bestimmt ist (§ 217 IO; ErläutRV 1588 BlgNR 25 GP, 12).

Das IIRG – in der Fassung vor dem IRÄG 2017 – lehnte sich insgesamt eng an die Regelungen der EuInsVO 2000 an (*Kodek* in Burgstaller/Neumayr/Geroldinger/Schmaranzer § 217 Rz 1 KO). Die aufgrund der Neufassung der EuInsVO durch das IRÄG 2017 vorgenommenen Änderungen der Bestimmungen über das internationale Insolvenzrecht berücksichtigen ebenfalls die Änderungen der neuen Verordnung (sie dienen ua der Anpassung der IO an die EuInsVO 2015).

Bis zum Inkrafttreten des IIRG (dazu noch genauer unten IV.) befasste sich im österreichischen Insolvenzrecht ausschließlich die Bestimmung des § 180 KO mit Fragen grenzüberschreitender Insolvenzverfahren. Aus dem Verweis von § 180 KO auf die §§ 79 bis 86 EO wurde gefolgert, dass ausländische Insolvenzverfahren nur bei formeller Gegenseitigkeit in Österreich anzuerkennen waren (*Oberhammer* in Konecny Vor § 217 KO Rz 4; *Mohr*, ecolex 2003, 322). Auch der OGH ging in ständiger Rechtsprechung davon aus, dass im Ausland belegenes Vermögen nur dann in ein österreichisches Insolvenzverfahren einzubeziehen war, wenn Staatsverträge Entsprechendes vorsahen (*Territorialitätsprinzip*; OGH 20.02.1986, 7 Ob 663/85; EvBl 1988/125 = JBl 1988, 653; ÖBA 1994, 567 = RdW 1994, 247; OGH 25.11.1999, 2 Ob 316/99f, JBl 2000, 394 mit krit Anmerkung *Burgstaller*; OGH 30.01.2002, 3 Ob 120/01w, ZIK 2002/122, 85). Diese Rsp wurde im Schrifttum nahezu einhellig kritisiert (*Boll*, Die Anerkennung des Auslandskonkurses, 5; *Leitner*, Der grenzüberschreitende Konkurs, 194; *Riel*, Die Befugnisse des Masseverwalters im Zivilverfahrensrecht, 27 f; *Keppelmüller*, Österreichisches Internationales Konkursrecht, Rz 41 ff; anders *Matscher*, Internationalrechtliche Bestimmungen der Zivilverfahrens-Novelle 1983, in BMJ, 251) und führte in der Praxis auch zu unbefriedigenden Ergebnissen (*Kodek* in Burgstaller/Neumayr/Geroldinger/Schmaranzer § 237 KO Rz 1). So durfte etwa der österreichische Masseverwalter nicht auf in der Schweiz oder Ungarn belegenes Vermögen greifen (ErläutRV 33 BlgNR 22 GP, 22).

Das IIRG hat diese Gesetzeslage geändert (*Schumacher* in Grenzüberschreitendes Insolvenzrecht, 24 spricht von einer „Kehrtwendung"). Im Ausland belegenes Vermögen wird nunmehr grundsätzlich in österreichische Insolvenzverfahren einbezogen (*Universalitätsprinzip*; *Kodek* in Burgstaller/Neumayr/Geroldinger/Schmaranzer § 237 KO Rz 2). Die (materielle oder formelle) Gegenseitigkeit ist für die Anerkennung ausländischer Insolvenzverfahren nicht (mehr) erforderlich (*Mohr* § 240 IO Anm 1 b).

III. Europäische Insolvenzverordnung (EuInsVO 2015)

A. Gliederung der EuInsVO 2015

Die EuInsVO 2015 gliedert sich in eine ausführliche Präambel, sieben Kapitel und vier Anhänge:

Die ***Präambel*** enthält die wesentlichen Gründe für den Erlass der Verordnung in Form von nicht weniger als 89 „Erwägungsgründen", denen für die Auslegung der EuInsVO überragende Bedeutung zukommt (*Müller* in Mankowski/Müller/J. Schmidt, Einleitung Rz 45 mit zahlreichen weiteren Nw; vgl. auch *Leipold* in FS Ishikawa, 234 noch zur EuInsVO 2000).

Kapitel I regelt insbesondere den Anwendungsbereich der EuInsVO (Art 1 EuInsVO), die Begriffsbestimmungen (Art 2 EuInsVO), die internationale Zuständigkeit für die Eröffnung des Insolvenzverfahrens (Art 3 EuInsVO), die Prüfung der Zuständigkeit (Art 4 EuInsVO), die Zuständigkeit für Klagen, die unmittelbar aus dem Insolvenzverfahren hervorgehen und damit in engem Zusammenhang stehen (Art 6 EuInsVO), das anwendbare Recht (Art 7 EuInsVO), die dinglichen Rechte Dritter, die sich bei Verfahrenseröffnung in einem anderen Mitgliedstaat befinden (Art 8 EuInsVO), die Aufrechnung (Art 9 EuInsVO), den Eigentumsvorbehalt (Art 10 EuInsVO), die Wirkungen des Insolvenzverfahrens auf Verträge über einen unbeweglichen Gegenstand (Art 11 EuInsVO), auf Arbeitsverträge (Art 13 EuInsVO), auf eintragungspflichtige Rechte (Art 14 EuInsVO) sowie auf anhängige Rechtsstreitigkeiten und Schiedsverfahren (Art 18 EuInsVO).

Kapitel II enthält die Vorschriften zur gegenseitigen Anerkennung des Insolvenzverfahrens und zur Vollstreckbarkeit (Art 19 bis 33 EuInsVO).

Kapitel III regelt das Sekundärinsolvenzverfahren, dessen Wirkungen sich auf das im Gebiet eines Mitgliedstaats belegene Schuldnervermögen beschränken (Art 34 bis 52 EuInsVO).

Kapitel IV betrifft die Anmeldung der Forderungen und die Unterrichtung der Gläubiger (Art 53 bis 55 EuInsVO).

Kapitel V enthält (erstmals) Regelungen betreffend das Insolvenzverfahren über das Vermögen von Mitgliedern einer Unternehmensgruppe („Konzerninsolvenzen") (Art 56 bis 77 EuInsVO).

Kapitel VI betrifft den Datenschutz (Art 78 bis 83 EuInsVO).

Kapitel VII beinhaltet die Übergangs- und Schlussbestimmungen. Insbesondere finden sich darin Regelungen bezüglich des zeitlichen Geltungsbereichs (Art 84 EuInsVO), des

Verhältnisses zu anderen Übereinkünften (Art 85 EuInsVO), zur Aufhebung der EuInsVO 2000 (Art 91 EuInsVO) sowie zum Inkrafttreten der EuInsVO 2015 (Art 92 EuInsVO).

Gemäß den in Art 2 EuInsVO 2015 vorgegebenen Begriffsbestimmungen (dazu noch genauer unten D. 1.) werden angeführt:

- In ***Anhang A*** die der Verordnung unterstellten Insolvenzverfahren (Art 2 Nr 4 EuInsVO),
- In ***Anhang B*** die Verwalter (Art 2 Nr. 5 EuInsVO),
- In ***Anhang C*** die aufgehobenen Verordnungen (etwa EuInsVO 2000 EuInsVO) sowie
- In ***Anhang D*** die Entsprechungstabelle (EusInsVO 2000 – EuInsVO 2015).

Diese Anhänge sind Bestandteile der Verordnung (*Duursma-Kepplinger* in Duursma-Kepplinger/Kepplinger/Chalupsky, Vorbemerkungen zur EuInsVO Rz 2).

Beachte: Die EuInsVO 2000 bestand aus insgesamt 47 Artikeln, während die reformierte Verordnung 92 Artikel umfasst.

B. Anwendungsbereich

1. Sachlicher Anwendungsbereich

Die EuInsVO 2015 gilt gem Art 1 Abs 1 für ***öffentliche Gesamtverfahren*** einschließlich ***vorläufiger Verfahren***, die auf der Grundlage gesetzlicher Regelungen zur Insolvenz stattfinden und in denen zu Zwecken der ***Rettung***, ***Schuldenanpassung Reorganisation*** oder ***Liquidation***

- dem ***Schuldner*** die ***Verfügungsgewalt*** über sein ***Vermögen*** ganz oder teilweise ***entzogen*** und ein ***Verwalter bestellt*** wird (lit a),
- das ***Vermögen*** und die ***Geschäfte*** des Schuldners der ***Kontrolle*** oder ***Aufsicht*** durch ein ***Gericht unterstellt*** werden (lit b) oder
- die vorübergehende ***Aussetzung*** von ***Einzelvollstreckungsverfahren*** von einem Gericht oder kraft Gesetzes ***gewährt*** wird, um ***Verhandlungen*** zwischen dem Schuldner und seinen Gläubigern zu ***ermöglichen*** (lit c).

  Voraussetzung ist in diesem Fall, dass das Verfahren, in dem die Aussetzung gewährt wird, einerseits geeignete Maßnahmen zum Schutz der Gesamtheit der Gläubiger vorsieht und andererseits – falls keine Einigung erzielt wird – einem der in den Buchstaben a oder b genannten Verfahren vorgeschaltet ist.

Beachte: Im Gegensatz dazu galt die EuInsVO 2000 für ***Gesamtverfahren***, welche die ***Insolvenz des Schuldners*** voraussetzten und den vollständigen oder teilweisen ***Vermögensbeschlag*** gegen den ***Schuldner*** sowie die ***Bestellung*** eines ***Verwalters*** zur Folge hatten (Art 1 Abs 1 EuInsVO 2000; dazu ausführlich *Geimer* in Geimer/Schütze Art 1 Rz 17 ff EuInsVO).

Der EuInsVO 2015 liegt somit ein anderer Gedanke als der EuInsVO 2000 zugrunde. Stellte diese noch – wie soeben angedeutet – auf die Insolvenz des Schuldners (inklusive Vermögensbeschlag gegen ihn samt Bestellung eines Verwalters) ab, wurde der sachliche Anwendungsbereich der reformierten Verordnung auf so genannte ***„Vorverfahren"*** erweitert. Die Verwertung des Vermögens in der Insolvenz soll nicht länger den Regelfall darstellen, sondern als ***ultima ratio*** dienen (*Hess/Oberhammer/Pfeiffer*, Heidelberg-Luxembourg-Vienna-Report, Rz 37 ff). Vielmehr soll bereits ein frühzeitiges Eingreifen in Fällen finanzieller Schwierigkeiten zur wirtschaftlichen Gesundung eines Schuldners beitragen (*Reith*, RdW 2015/655, 758).

Auf europäischer Ebene war die (frühzeitige) Rettung und Sanierung von in finanziellen Schwierigkeiten geratenen Personen ein zentrales Anliegen der Reform der EuInsVO 2000; die Liquidation sollte nicht mehr der Regelfall sein, sondern – wie schon ausgeführt – letzte Maßnahme (Rat der Europäischen Union 17.03.2015, 16636/5/14 REV 5 ADD 1, http://www.europarl.europa.eu/meetdocs/2014_2019/documents/cls/cons_cons(2014)16636(rev5)_/cons_cons(2014)16636(rev5)_de.pdf [letztes Abfragedatum: 17.07.2017]).

Der sachliche Anwendungsbereich der EuInsVO 2015 ist also im Vergleich zur EuInsVO 2000 erheblich erweitert worden (*J. Schmidt* in Mankowski/Müller/J. Schmidt, Art 1 EuInsVO 2015 Rz 6 f). ***Vorläufige Verfahren*** sind ebenso erfasst, wie Verfahren, die ***keine Insolvenz*** voraussetzen, sondern die ***Rettung***, ***Schuldenanpassung***, ***Reorganisation*** oder ***Liquidation*** bezwecken (*Konecny*, ZIK 2015/96, 83).

In den Anwendungsbereich dieser Verordnung sollten nach den Erwägungsgründen Verfahren einbezogen werden, die die Rettung wirtschaftlich bestandsfähiger Unternehmen, die sich jedoch in finanziellen Schwierigkeiten befinden, begünstigen und Unternehmern eine zweite Chance bieten. Einbezogen werden sollten vor allem Verfahren, die auf eine Sanierung des Schuldners in einer Situation gerichtet sind, in der lediglich die Wahrscheinlichkeit einer Insolvenz besteht, und Verfahren, bei denen der Schuldner ganz oder teilweise die Kontrolle über seine Vermögenswerte und Geschäfte behält (Erwägungsgrund 9 EuInsVO 2015).

Aus dem Verordnungstext ergibt sich auch, dass die nach der EuInsVO 2000 ***zwingende Bestellung*** eines ***Verwalters*** nach der EuInsVO 2015 ***entfällt***. Vielmehr ist es ausreichend, wenn das ***Vermögen*** und die ***Geschäfte*** des ***Schuldners*** einer ***gerichtlichen Kontrolle*** oder ***Aufsicht*** unterliegen (Art 1 Abs 1 lit b EuInsVO 2015).

Die Begriffe „Kontrolle" und „Aufsicht" sind weit auszulegen (*Reith*, RdW 2015/655, 758) und sollen auch Sachverhalte einschließen, in denen das Gericht nur aufgrund eines Rechtsbehelfs eines Gläubigers oder anderer Verfahrensbeteiligter tätig wird (Erwägungsgrund 10 EuInsVO 2015).

Die EuInsVO 2015 ist jedoch immer nur auf ***öffentliche*** Gesamtverfahren bzw. Vorverfahren anwendbar. Die Verordnung gilt also für Verfahren, deren Eröffnung öffentlich bekannt zu machen ist (Erwägungsgrund 12 EuInsVO 2015); sie gilt dementsprechend ***nicht für vertraulich geführte Insolvenzverfahren***.

Der Grund ist darin zu sehen, dass derartige Verfahren – mögen sie auch in manchen Mitgliedstaaten von großer Bedeutung sein – aufgrund ihrer Vertraulichkeit in anderen Mitgliedstaaten eben nicht wahrgenommen werden können. Ein Gläubiger oder ein Gericht in einem anderen Mitgliedstaat hat grundsätzlich keine Möglichkeit, sich von der Eröffnung eines solchen Verfahrens Kenntnis zu verschaffen (Erwägungsgrund 13 EuInsVO 2015).

Auch ***vertrauliche Präventivverfahren*** (etwa das im ADR-Bereich bekannte *conciliation* oder das im französischen Recht vorgesehene *mandataire ad hoc*) sind vom ***Anwendungsbereich*** der EuInsVO 2015 ***ausgenommen*** (Erwägungsgrund 12, 13 EuInsVO 2015; vgl. *Slonina*, ecolex 2013, 206).

Durch den Umstand, dass nicht-öffentliche Verfahren nicht von Art 1 EuInsVO 2015 erfasst werden, soll der kollektive Charakter der in den Anwendungsbereich der EuInsVO 2015 fallenden Verfahren betont werden (*Reith*, RdW 2015/655, 758).

Weitere Anwendungsvoraussetzung von Art 1 EuInsVO 2015 ist, dass sich die (öffentlichen) Gesamtverfahren auf gesetzliche Regelungen zur Insolvenz – also ***insolvenzrechtliche Regelungen*** – stützen (Erwägungsgrund 16 S 1 EuInsVO 2015). Nicht darunter zu verstehen sind Verfahren, die sich auf allgemeines Gesellschaftsrecht stützen, das nicht ausschließlich auf Insolvenzfälle ausgerichtet ist (Erwägungsgrund 16 S 2 EuInsVO 2015). Verfahren, die auf der Grundlage des Gesellschaftsrechts eingeleitet werden, sind somit von Art 1 EuInsVO 2015 nicht erfasst (*Vallender*, ZIP 2015, 1514).

Umstritten war bisher die Frage, ob das im englischen Recht vorgesehene scheme of arrangement (section 895 ff Companies Act 2006) in den Anwendungsbereich der EuInsVO 2000 gefallen ist (vgl. diesbezüglich *Prager/Keller*, WM 2015, 805). Durch die Formulierung in Erwägungsgrund 16 S 2 EuInsVO 2015 ist diese Frage nunmehr jedenfalls zu verneinen (siehe *Tett/Crinson*, Corporate Rescue and Insolvency 2015, 66).

Vom sachlichen Anwendungsbereich der EuInsVO 2015 mitumfasst sind auch Verfahren, die auf eine ***Sanierung des Schuldners*** in einer Situation gerichtet sind, in der ***lediglich die Wahrscheinlichkeit einer Insolvenz*** besteht (Art 1 Abs 1 vorletzter Satz EuInsVO 2015).

Damit sind (österreichische) Sanierungsverfahren, die wegen drohender Zahlungsunfähigkeit nach § 168 Abs 2 IO eröffnet worden sind, erfasst (*Senoner/Weber-Wilfert*, RZ 2016/6, 126).

Die EuInsVO 2015 gilt weiters für Verfahren, die nach dem Recht einiger Mitgliedstaaten für eine bestimmte Zeit ***vorläufig*** oder ***einstweilig eröffnet*** und ***durchgeführt*** werden können, bevor ein Gericht durch eine Entscheidung die Fortführung des Verfahrens als nicht vorläufiges Verfahren bestätigt (Erwägungsgrund 15 S 1 EuInsVO 2015). Abgesehen davon, dass diese Verfahren als „vorläufig“ bezeichnet werden, sollten sie aber alle anderen Anforderungen der EuInsVO 2015 erfüllen (Erwägungsgrund 15 S 2 EuInsVO 2015).

Das Insolvenzeröffnungsverfahren nach der IO ist davon grundsätzlich nicht umfasst (*Senoner/Weber-Wilfert*, RZ 2016/6, 126 f); das deutsche vorläufige Insolvenzverfahren ist allerdings als derartiges vorläufiges Verfahren anzusehen (vgl. *Parzinger*, NZI 3/2016, 64 sowie *J. Schmidt* in Mankowski/Müller/J. Schmidt, Art 1 EuInsVO 2015 Rz 24).

Welche Verfahren nun genau unter Gesamtverfahren fallen, wird in ***Anhang A*** EuInsVO 2015 bestimmt. Sowohl aus dem Verordnungstext selbst (Art 1 Abs 1 letzter S EuInsVO 2015) als auch aus den Erwägungsgründen (Nr. 9) ergibt sich, dass die Aufzählung in Anhang A ***abschließend*** ist (*J. Schmidt* in Mankowski/Müller/J. Schmidt, Art 1 EuInsVO 2015 Rz 34).

Beachte: Die Gerichte haben daher bei den in Anhang A angeführten Verfahren nicht mehr zu prüfen, ob diese den Voraussetzungen des (sachlichen) Anwendungsbereiches der EuInsVO 2015 entsprechen (*Klauser* in Konecny Art 1 Rz 12 EuInsVO). Insolvenzverfahren, die nicht in Anhang A aufgelistet sind, fallen nicht in den Anwendungsbereich der EuInsVO 2015; dies selbst dann nicht, wenn sie die abstrakten Kriterien des Art 1 EuInsVO 2015 erfüllen (*J. Schmidt* in Mankowski/Müller/J. Schmidt, Art 1 EuInsVO 2015 Rz 36; vgl. auch Erwägungsgrund 9 S 4 EuInsVO 2015).

In Österreich fallen unter Gesamtverfahren (siehe Anhang A):

- das ***Konkursverfahren*** (Insolvenzverfahren),
- das ***Sanierungsverfahren ohne Eigenverwaltung*** (Insolvenzverfahren),
- das ***Sanierungsverfahren mit Eigenverwaltung*** (Insolvenzverfahren),
- das ***Schuldenregulierungsverfahren,***
- das ***Abschöpfungsverfahren*** sowie
- das ***Ausgleichsverfahren***.

Da im Anhang A nicht angeführt, sind Verfahren nach dem österreichischen Unternehmensreorganisationsgesetz (URG) nicht erfasst (*Bock* in Bock/Muhri, Insolvenzrecht, 55; *Burgstaller/Keppelmüller* in Burgstaller/Neumayr/Geroldinger/Schmaranzer Art 1 Rz 1 InsVO). Das URG fällt aber schon deshalb nicht unter den sachlichen Anwendungsbereich der EuInsVO 2015, weil es sich dabei um kein öffentliches, sondern ein vertrauliches Präventivverfahren handelt (*Senoner/Weber-Wilfert*, RZ 2016/6, 126). Prüfungsprozesse iSd § 110 IO (nach dieser Bestimmung können Gläubiger, deren Forderungen hinsichtlich der Höhe, des Bestandes oder des Ranges bestritten werden, deren Feststellung mittels Klage geltend machen, dazu genauer *Konecny* in Konecny § 110 Rz 2 KO) fallen gleichfalls ebenso wenig unter die EuInsVO 2015 wie Aktivprozesse des Insolvenzverwalters. Diese unterliegen – wie auch Aus- und Absonderungsansprüche – der EuGVVO (*Garber* in Clavora/Garber, 61; *Kodek* in Fasching/Konecny Art 1 Rz 151 EuGVVO).

Beachte: Im Anhang A der EuInsVO 2015 wird – so wie auch im Anhang A der EuInsVO 2000 – das bis zum Inkrafttreten des IRÄG 2010 in Österreich geltende Ausgleichsverfahren angeführt. Hier bestand bereits hinsichtlich der EuInsVO 2000 Anpassungsbedarf. Warum das Ausgleichsverfahren (neuerlich) im Anhang A der EuInsVO 2015 zu finden ist, ist nicht nachvollziehbar.

2. Persönlicher Anwendungsbereich

Der Begriff des Schuldners wird in der EuInsVO 2015 – so wie auch in der EuInsVO 2000 – nicht näher definiert. Schuldner kann eine natürliche oder juristische Person, ein Kaufmann oder eine Privatperson sein (Erwägungsgrund 9 EuInsVO 2015; *Prütting* in Konecny, Insolvenz-Forum 2004, 158).

Die EuInsVO 2015 sieht für die Person des Schuldners daher keinen besonderen Status (etwa Kaufmann/Unternehmer) vor (*Duursma-Kepplinger* in Duursma-Kepplinger/Duursma/Chalupsky Art 1 Rz 35 EuInsVO).

Die Frage, ob eine konkrete natürliche oder juristische Person tatsächlich insolvenzfähig ist, richtet sich nach der *lex fori concursus* (also nach dem Insolvenzstatut des Eröffnungsstaates) (Art 7 Abs 2 S 2 lit a EuInsVO 2015) (dazu näher *Müller* in Mankowski/Müller/J. Schmidt, Art 7 EuInsVO 2015 Rz 13 f).

Beachte: Ob Schuldenregulierungsverfahren („Privatinsolvenzen") von der EuInsVO 2000 erfasst waren, war strittig (dafür *Mohr*, ecolex spezial, 137 f; *Paulus* Einl Rz 37 EuInsVO; dagegen *Bock* in Bock/Muhri, Insolvenzrecht, 55). Wie oben bereits ausgeführt, sind Schuldenregulierungsverfahren von der EuInsVO 2015 mitumfasst (Anhang A EuInsVO).

Ausdrücklich ***ausgenommen*** vom persönlichen Anwendungsbereich der Verordnung sind ***Insolvenzverfahren über das Vermögen von Versicherungsunternehmen und Kreditinstituten***, bestimmten ***Wertpapierfirmen*** sowie ***Organismen für gemeinsame Anlagen*** (Art 1 Abs 2 EuInsVO 2015). Diese Ausklammerung wurde in der Literatur kritisiert (*Gottwald*, Grenzüberschreitende Insolvenzen, 19; *Goeth*, ZIK 2000/186, 148), zumal gerade Versicherungsunternehmen und Finanzdienstleister für internationale Insolvenzen besonders anfällig sind. Diese Bereichsausnahmen vom Anwendungsbereich der EuInsVO 2015 werden damit gerechtfertigt, dass für solche Unternehmen besondere Vorschriften gelten und nationale Aufsichtsbehörden weitreichende Eingriffsbefugnisse haben (Erwägungsgrund 19 EuInsVO 2015).

Für Versicherungsunternehmen und Kreditinstitute sind inzwischen folgende Richtlinien ergangen: RL 2009/138/EG des Europäischen Parlaments und des Rates vom 25. November 2009 betreffend die Aufnahme und Ausübung der Versicherungs- und der Rückversicherungstätigkeit (Solvabilität II) (Neufassung), ABl vom 17.12.2009, L 335/1 sowie RL 2001/24/EG des Europäischen Parlaments und des Rates vom 04. April 2001 über die Sanierung und Liquidation von Kreditinstituten (ABl vom 5.5.2001, L 125/15), die in Österreich durch das IIRG bereits umgesetzt sind (*Mohr* in Konecny, Insolvenz-Forum 2002, 99; näher dazu unten IV. D.) (zu den Richtlinien betreffend Wertpapierfirmen und Organismen für gemeinsame Anlagen vgl. *J. Schmidt* in Mankowski/Müller/J. Schmidt, Art 1 EuInsVO 2015 Rz 49 f).

Gänzlich neu in die EuInsVO 2015 eingefügt wurden erstmals Regelungen betreffend ***Konzerninsolvenzen*** (Kapitel V EuInsVO). Die bisher von der EuInsVO 2000 völlig ausgeklammerten Konzerninsolvenzen werden nunmehr in den Art 56 bis 77 (also in 21 Artikeln) umfangreich geregelt.

Ziel der EuInsVO 2015 in Bezug auf Konzerninsolvenzen ist es, Insolvenzverfahren über das Vermögen verschiedener Gesellschaften, die einer Unternehmensgruppe angehören, effizient zu führen (Erwägungsgrund 51 EuInsVO).

Zur Umsetzung dieses Ziels sieht die EuInsVO 2015 einerseits eine enge ***Kooperation der beteiligten Verwalter*** und ***Gerichte*** vor, andererseits kann ein so genanntes ***Gruppenkoordinationsverfahren*** eröffnet werden (*Reith*, RdW 2015/655, 761) (siehe zur Konzerninsolvenz noch genauer unten K.).

Beachte: Die EuInsVO 2000 war auf „Konzerninsolvenzen" nicht anwendbar, da sie für derartige Insolvenzen schlichtweg keine entsprechenden Bestimmungen enthielt (*Duursma-Kepplinger/Chalupsky* in Feldbauer-Durstmüller/Schlager, 984; vgl. auch *Deixler-Hübner/Klicka*, Zivilverfahren[9] Rz 719b). War ein Konzern von der Insolvenz betroffen, war die Zuständigkeit nach der EuInsVO 2000 für jeden betroffenen Schuldner, der unter das Konzernverhältnis zusammengefasst war und dem eigene Rechtspersönlichkeit zukam, zu prüfen (*Klauser* in Konecny Art 1 Rz 25 EuInsVO).

3. Räumlicher Anwendungsbereich

Auch was den räumlichen Anwendungsbereich betrifft, enthält die EuInsVO 2015 keine ausdrückliche Regelung (*Klauser* in Konecny Art 1 Rz 29 EuInsVO). Sie umfasst alle ***grenzüberschreitenden Insolvenzverfahren*** innerhalb der ***Europäischen Union*** mit ***Ausnahme von Dänemark*** (Erwägungsgrund 88 EuInsVO 2015). Entscheidend ist, dass es sich um grenzüberschreitende Insolvenzen handelt. Rein nationale Verfahren fallen nicht in den Anwendungsbereich der EuInsVO (Erwägungsgrund 3 und 4 EuInsVO 2015; *Burgstaller/Keppelmüller* in Burgstaller/Neumayr/Geroldinger/Schmaranzer Vor Art 1 Rz 16 InsVO; *Mäsch* in Rauscher Art 1 EG-InsVO Rz 14; *Schack*, Zivilverfahrensrecht Rz 1156).

Nach Art 3 Abs 1 S 1 EuInsVO 2015 sind für die Eröffnung eines Insolvenzverfahrens die Gerichte des Mitgliedstaats zuständig, „in dessen Hoheitsgebiet der Schuldner den Mittelpunkt seiner hauptsächlichen Interessen hat" (zu diesem Begriff noch unten III. D. 2).

In allen anderen Fällen – der Mittelpunkt der hauptsächlichen Interessen des Schuldners liegt in einem Drittstaat – ist die EuInsVO nach wohl hM nicht anwendbar (vgl. etwa *Burgstaller/Keppelmüller* Art 3 Rz 20 InsVO; weiter *Duursma-Kepplinger/Duursma*, IPRax 2003, 505, 508; aA etwa *Wenner/Schuster* in FK Art 1 EuInsVO Rz 10 sowie *Mäsch* in Rauscher Art 1 EG-InsVO Rz 15) und es ist auf die jeweiligen nationalen Rechtsordnungen (Österreich: IIRG) oder auf zwischenstaatliche Abkommen zurückzugreifen (*Bock* in Bock/Muhri, Insolvenzrecht, 67). Zu beachten ist in diesem Zusammenhang auch die einschlägige Rsp des EuGH. Nach Meinung dieses Gerichts gilt Art 3 Abs 1 EuInsVO 2000 (entspricht Art 3 Abs 1 bzw. Art 6 Abs 1 EuInsVO 2015) auch in Fällen, in denen ein grenzüberschreitender Bezug (nur) zu einem Drittstaat besteht (Urteil des EuGH vom 16.01.2014, Rs. C-328/12, *Schmid*, ECLI:EU:C:2014:6, Rz 20 ff; diese Rechtsansicht wurde mit Urteil des EuGH vom 04.12.2014, Rs. C 295/13, *H./H.K.*, ECLI:EU:C:2014: 2410, Rz 33) bestätigt. Der EuGH hat sich somit der Ansicht angeschlossen, dass in Bezug auf das Erfordernis der grenzüberschreitenden Insolvenzen auch Drittstaatensachverhalte erfasst sind (vgl. zum Meinungsstand mit zahlreichen Nachweisen *J. Schmidt* in Mankowski/Müller/J. Schmidt Art 1 EuInsVO 2015 Rz 58 f).

4. *Zeitlicher Anwendungsbereich*

Wie bereits oben (II.) ausgeführt, ist die EuInsVO 2015 am 26. Juni 2015 in Kraft getreten (Art 92 EuInsVO 2015); sie ist (nur) auf solche Insolvenzverfahren anzuwenden, die nach dem 26. Juni 2017 eröffnet worden sind (Art 84 S 1 EuInsVO 2015).

Für Rechtshandlungen des Schuldners vor Inkrafttreten der EuInsVO 2015 gilt weiterhin das Recht, das auf diese Rechtshandlungen anwendbar war, als sie vorgenommen wurden (Art 84 S 2 EuInsVO 2015). Die EuInsVO 2015 greift daher – so wie auch die EuInsVO 2000 – im Sinne des Vertrauensschutzes nicht rückwirkend in Rechtsverhältnisse ein (*Kodek* in Burgstaller/Neumayr/Geroldinger/Schmaranzer Art 43 Rz 1 InsVO; vgl. auch *J. Schmidt* in Mankowski/Müller/J. Schmidt, Art 84 EuInsVO 2015 Rz 2, 10).

Beachte: Die EuInsVO 2000 wurde durch die EuInsVO 2015 aufgehoben (Art 91 S 1 EuInsVO 2015). Trotz der Aufhebung der EuInsVO 2000 gilt sie weiterhin für Verfahren, die vor dem 26. Juni 2017 eröffnet worden sind („Altfälle“) (Art 84 Abs 2 EuInsVO 2015).

C. Universalitätsprinzip

Nach dem ***Universalitätsprinzip*** genießt ein Insolvenzverfahren, das in einem Staat eröffnet worden ist, auch in anderen Staaten Geltung. Es geht also darum, *ein* einziges Insolvenzverfahren für den Schuldner abzuwickeln.

Demgegenüber steht das ***Territorialitätsprinzip***, das einem Insolvenzverfahren nur im jeweiligen Staat, in dem es eröffnet worden ist, Rechtswirkungen zukommen lässt. Es bekennt sich also zu so vielen Verfahren, wie es Länder mit Schuldnervermögen gibt.

Die EuInsVO 2015 geht grundsätzlich vom Universalitätsprinzip aus, schränkt es aber insofern ein, als sie neben dem ***Hauptinsolvenzverfahren*** noch so genannte ***Sekundärinsolvenzverfahren*** zulässt (*Burgstaller/Keppelmüller* in Burgstaller, Europäisches Zivilprozeßrecht, 86; *Oberhammer*, ÖBA 2002, 700). Man spricht daher auch von „Kontrollierter Universalität“ (*D. Buchberger/R. Buchberger*, ZIK 2000/187, 150; *Eidenmüller*, IPRax 2001, 2 f; *Feil*, GesRZ 2002, V) bzw. „gemäßigtem Universalitätsprinzip“ (*Mohr*, ecolex spezial, 117). Die Eröffnung mehrerer Hauptinsolvenzverfahren ist nicht möglich, da die EuInsVO 2015 nur ein einziges Hauptinsolvenzverfahren erlaubt (*Klauser* in Konecny Art 1 Rz 1 EuInsVO; *Konecny*, ZIK 2006/89, 75; vgl. weiter *Müller* in Mankowski/Müller/J. Schmidt, Einleitung EuInsVO 2015 Rz 15).

Dieses (eine) Hauptinsolvenzverfahren erfasst nach der EuInsVO das gesamte Vermögen des Schuldners, gleich wo es sich befindet (*Virgós/Schmit*, Erläuternder Bericht Rz 19).

Anders verhält es sich nur, wenn neben dem Hauptinsolvenzverfahren in einem anderen Staat ein Sekundärinsolvenzverfahren eröffnet wird. In diesem Fall wird das Schuldnervermögen im Staat des Sekundärinsolvenzverfahrens vom Hauptinsolvenzverfahren nicht mit umfasst.

Mit anderen Worten: Die Wirkungen des Hauptinsolvenzverfahrens werden durch die Eröffnung eines Sekundärinsolvenzverfahrens im betreffenden Staat suspendiert (Art 20 Abs 1 EuInsVO 2015; *Virgós/Schmit*, Erläuternder Bericht Rz 156).

Die Zulassung von Sekundärinsolvenzverfahren bedeutet also, territorial beschränkte Insolvenzverfahren unter bestimmten Umständen eröffnen zu können (zu den Sekundärinsolvenzverfahren noch genauer unten III. E.). Bereits an dieser Stelle sei darauf hingewiesen, dass durch die EuInsVO 2015 die Bestimmungen betreffend Sekundärinsolvenzverfahren gegenüber der EuInsVO 2000 deutlich ausgebaut wurden.

Grund für die Einfügung von Sekundärinsolvenzverfahren in die EuInsVO war unter anderem die Überlegung, dass das Schuldnervermögen so verschachtelt sein kann, dass ihm eine Verwaltung als Ganzes nicht gerecht wird.

Darüber hinaus bestehen (teilweise) große Unterschiede in den betroffenen Rechtsordnungen der Mitgliedstaaten, die zu unvermeidbaren Schwierigkeiten führen können, wenn das Recht des Staates der (Haupt-)Verfahrenseröffnung seine Wirkungen in allen anderen Staaten entfaltet, in denen Vermögensgegenstände des Schuldners belegen sind (*Vallender* in Konecny, Insolvenz-Forum 2004, 226; *Virgós/Schmit*, Erläuternder Bericht Rz 33; Erwägungsgrund 40 EuInsVO 2015).

Der Europäische Gesetzgeber entschied sich daher für ein System, welches zwar der Universalität gegenüber der Territorialität grundsätzlich den Vorzug gibt, nur territorial wirkende Sekundärinsolvenzverfahren aber unter bestimmten Voraussetzungen (unten III. E.) zulässt. Die EuInsVO 2015 brachte keinen „Europäischen Einheitskonkurs“ (*Duursma-Kepplinger* in Duursma-Kepplinger/Duursma/Chalupsky Art 27 Rz 2 EuInsVO) und „keine volle Vereinheitlichung des internationalen Insolvenzrechts“ (*Oberhammer*, ÖBA 2002, 698).

Auch Erwägungsgrund 22 EuInsVO 2015 geht davon aus, dass sich eine Rechtsangleichung auf dem Gebiet des materiellen Insolvenzrechts wegen der großen Unterschiede in den einzelnen Rechtsordnungen der Mitgliedstaaten der Europäischen Union kurzfristig nicht verwirklichen lasse.

Nach wie vor bestehen im Gefolge der EuInsVO zahlreiche, vor allem auf die unterschiedlichen europäischen Rechtskulturen zurückzuführende Konflikte (dazu und zu den Harmonisierungstendenzen im europäischen Insolvenzrecht vor Geltung der EuInsVO 2015 *Konecny* in Kodek/Konecny, Insolvenz-Forum 2007, 106 ff).

Das Universalitätsprinzip ermöglicht somit,

- in einem geeinten Europa ein einziges Insolvenzverfahren zu eröffnen, das in sämtlichen Mitgliedstaaten rechtliche Geltung hat und

- in diesem umfassenden Verfahren alle Gläubiger gleich zu behandeln (***par conditio creditorum***).

D. Hauptinsolvenzverfahren

1. Definitionen

Art 2 EuInsVO 2015 enthält einheitliche Definitionen der in der Verordnung häufig verwendeten Begriffe. Hier sind die wichtigsten genannt:

- ***Gesamtverfahren:*** Ein Verfahren, an dem ***alle*** oder ein ***wesentlicher Teil*** der ***Gläubiger des Schuldners*** beteiligt sind. Im zweit genannten Fall ist vorausgesetzt, dass das Verfahren nicht die Forderungen jener Gläubiger berührt, die nicht daran beteiligt sind (Art 2 Nr 1 EuInsVO 2015).

- ***Schuldner in Eigenverwaltung:*** Ein Schuldner, über dessen Vermögen ein Insolvenzverfahren eröffnet wurde, das nicht zwingend mit der Bestellung eines Verwalters oder der vollständigen Übertragung der Rechte und Pflichten zur Verwaltung des Vermögens des Schuldners auf einen Verwalter verbunden ist. Der Schuldner behält daher ganz oder zumindest teilweise die Kontrolle über sein Vermögen und seine Geschäfte (Art 2 Nr 3 EuInsVO 2015).

- ***Insolvenzverfahren:*** Ein in Anhang A angeführtes Verfahren (Art 2 Nr 4 EuInsVO 2015). Zu den unter diesen Begriff in Österreich fallenden Verfahren siehe oben III. B. 1.

- ***Verwalter:*** Jede Person oder Stelle, deren Aufgabe es ist, auch vorläufig

  → die in Insolvenzverfahren angemeldeten Forderungen zu prüfen und zuzulassen,
  → die Gesamtinteressen der Gläubiger zu vertreten,
  → die Insolvenzmasse entweder vollständig oder teilweise zu verwalten,
  → die Insolvenzmasse zu verwerten oder
  → die Geschäftstätigkeit des Schuldners zu überwachen.

Die Verwalter gem Art 2 Nr 5 EuInsVO sind in Anhang B EuInsVO 2015, der so wie Anhang A EuInsVO 2015 abschließenden Charakter hat (*J. Schmidt* in Mankowski/Müller/J. Schmidt, Art 2 EuInsVO 2015 Rz 15) aufgelistet. Dort finden sich Masseverwalter, Sanierungsverwalter, Ausgleichsverwalter, Besonderer Verwalter, Einstweiliger Verwalter, Sachwalter, Treuhänder, Insolvenzgericht und Konkursgericht. Wie bei Anhang A EuInsVO 2015 (dazu oben B. 1. aE) finden sich auch in Anhang B der EuInsVO 2015 „antiquierte" Begriffe. So ist vor dem Hintergrund des § 275 Abs 1 IO unverständlich, warum in Anhang B EuInsVO 2015 die Bezeichnungen „Masseverwalter", „Ausgleichsverwalter", „Sachwalter" und „Konkursgericht" genannt werden.

- ***Gericht:*** In bestimmten Artikeln (siehe dazu die Aufzählung in Art 2 Nr 6 lit i EuInsVO 2015) das Justizorgan eines Mitgliedstaats; in allen anderen Artikeln das Justizorgan oder jede sonstige zuständige Stelle eines Mitgliedstaats, die befugt ist, ein Insolvenzverfahren zu eröffnen, die Eröffnung eines solchen Insolvenzverfahrens zu bestätigen oder im Rahmen dieses Verfahrens Entscheidungen zu treffen (Art 2 Nr 6 EuInsVO 2015). Durch diese (weite) Definition von Gericht sind etwa auch Verwaltungsbehörden eindeutig erfasst, die in manchen Mitgliedstaaten – anstelle von Gerichten – insbesondere Privatkonkurse abwickeln (*Slonina*, ecolex 2013, 205).

• ***Entscheidung zur Eröffnung eines Insolvenzverfahrens:*** Darunter ist einerseits die Entscheidung eines Gerichts zur Eröffnung eines Insolvenzverfahrens oder zur Bestätigung der Eröffnung eines solchen Verfahrens zu verstehen (Art 2 Nr 7 lit i EuInsVO 2015); andererseits die Entscheidung eines Gerichts zur Bestellung eines Verwalters (Art 2 Nr 7 lit ii EuInsVO 2015).

• ***Zeitpunkt der Verfahrenseröffnung:*** Jener Zeitpunkt, zu dem die Entscheidung zur Eröffnung eines Insolvenzverfahrens wirksam wird, unabhängig davon, ob die Entscheidung endgültig ist oder nicht (Art 2 Nr 8 EuInsVO 2015).

• ***Niederlassung:*** Jeder Tätigkeitsort, an dem der Schuldner einer wirtschaftlichen Aktivität von nicht vorübergehender Art nachgeht oder in den drei Monaten vor dem Antrag auf Eröffnung eines Hauptinsolvenzverfahrens nachgegangen ist, die den Einsatz von Personal und Vermögenswerten voraussetzt (Art 2 Nr 10 EuInsVO 2015). Der Begriff der Niederlassung hat vor allem für die Frage Bedeutung, in welchen Mitgliedstaaten ein Sekundärinsolvenzverfahren (dazu noch genauer unten E.) eröffnet werden kann. Grundvoraussetzung für die Eröffnung eines derartigen Verfahrens ist, dass der Schuldner in dem betreffenden Mitgliedstaat eine Niederlassung hat (Art 3 Abs 2 S 1 EuInsVO 2015).

• ***Lokaler Gläubiger:*** Der Gläubiger, dessen Forderungen gegen den Schuldner aus oder in Zusammenhang mit dem Betrieb einer Niederlassung in einem anderen Mitgliedstaat als dem Mitgliedstaat entstanden sind, in dem sich der Mittelpunkt der hauptsächlichen Interessen des Schuldners befindet (Art 2 Nr 11 EuInsVO 2015). Im Rahmen des Verfahrens über eine Zusicherung gem Art 36 EuInsVO 2015 (dazu noch unten E. 3.) gilt der Insolvenz-Entgelt-Fonds als lokaler Gläubiger (vgl. Art 36 Abs 11 EuInsVO 2015 sowie § 220c Abs 2 IO).

• ***Ausländischer Gläubiger:*** Der Gläubiger, der seinen gewöhnlichen Aufenthalt, Wohnsitz oder Sitz in einem anderen Mitgliedstaat als dem Mitgliedstaat der Verfahrenseröffnung hat, einschließlich der Steuerbehörden und der Sozialversicherungsträger der Mitgliedstaaten (Art 2 Nr 12 EuInsVO 2015). Nicht erfasst sind von dieser Definition daher Gläubiger aus Drittstaaten (*J. Schmidt* in Mankowski/Müller/J. Schmidt, Art 2 EuInsVO 2015 Rz 67).

• ***Unternehmensgruppe:*** Ein Mutterunternehmen und alle seine Tochterunternehmen (Art 2 Nr 13 EuInsVO 2015).

• ***Mutterunternehmen:*** Ein Unternehmen, das ein oder mehrere Tochterunternehmen (darunter sind nicht nur direkte Tochterunternehmen, sondern auch Enkel-, Urenkel- Ururenkelunternehmen etc. zu verstehen) entweder unmittelbar oder mittelbar kontrolliert. Ein Unternehmen, das einen konsolidierten Abschluss gemäß der Richtlinie 2013/34/EU des Europäischen Parlaments und des Rates erstellt, wird als Mutterunternehmen angesehen (Art 2 Nr 14 EuInsVO 2015).

2. Internationale Zuständigkeit

Für die Verfahrenseröffnung im Bereich des Hauptinsolvenzverfahrens sind die Gerichte des Mitgliedstaats zuständig, in dessen Hoheitsgebiet der

Schuldner den Mittelpunkt seiner hauptsächlichen Interessen hat (Art 3 Abs 1 S 1 EuInsVO 2015; *Deixler-Hübner/Klicka*, Zivilverfahren[9] Rz 719c). Überaus gebräuchlich für „den Mittelpunkt der hauptsächlichen Interessen ist die Abkürzung COMI („centre of main interests“) aus der englischen Fassung.

Wie oben unter III. B. 3. ausgeführt, ist nach (wohl) hM stets zwingende Voraussetzung, dass der Schuldner den Mittelpunkt seiner hauptsächlichen Interessen innerhalb der Gemeinschaft hat. Liegt dieser hingegen in einem Drittstaat oder in Dänemark, ist die internationale Zuständigkeit und damit die Anwendbarkeit der EuInsVO 2015 – zumindest nach der hM – nicht gegeben (siehe aber auch die oben angeführte Literatur zur Gegenmeinung und die daran anknüpfende Rsp des EuGH).

Mittelpunkt der hauptsächlichen Interessen (dazu genauer *Konecny*, ZIK 2005/2, 2; *ders*, ZIK 2006/185, 149; *Prütting* in Konecny, Insolvenz-Forum 2004, 163 ff) ist jener Ort, an dem der Schuldner gewöhnlich der Verwaltung seiner Interessen nachgeht und der für Dritte feststellbar ist (Art 3 Abs 1 S 2 EuInsVO 2015).

Motiv für die Wahl dieses Anknüpfungspunktes war unter anderem der Gedanke, dass sich an diesem Ort die Mehrzahl der Gläubiger und auch der Großteil des schuldnerischen Vermögens befindet (*Vogler*, ZIK 2001/290, 189).

Der Begriff „Interessen“ meint ***allgemein wirtschaftliche Tätigkeiten***, sodass nicht nur gewerbliche oder berufliche, sondern auch Tätigkeiten von Privatpersonen (Verbrauchern) darunter fallen (*Burgstaller/Keppelmüller* in Burgstaller/Neumayr/Geroldinger/Schmaranzer Art 3 Rz 10 InsVO); rein persönliche und immaterielle Interessen fallen ebenso wenig unter den Begriff „Interessen“ wie soziale und individuelle Folgen der Insolvenz (*Mankowski* in Mankowski/Müller/J. Schmidt, Art 3 EuInsVO 2015 Rz 13). Das Wort „hauptsächlich“ dient als Abgrenzungskriterium für den Fall, dass der Schuldner verschiedene Tätigkeiten an verschiedenen Orten wahrnimmt (*Klauser* in Konecny Art 3 Rz 18 EuInsVO).

Wie bereits erwähnt, muss der Mittelpunkt der hauptsächlichen Interessen für ***Dritte feststellbar*** sein. Diese Bestimmung soll Rechtssicherheit und Vorhersehbarkeit bei der Bestimmung des COMI gewährleisten (BGH ZIP 2007, 899). Interessierte Dritte sollen kalkulieren können, wo die Eröffnung eines Insolvenzverfahrens über das Vermögen des Schuldners zu erwarten ist und welches Insolvenzstatut gem Art 7 EuInsVO 2015 berufen ist (*Lüer* in FS Freiner, 207 f). Feststellbar bedeutet ***erkennbar*** und intersubjektiv ***nachweisbar*** (*Mankowski* in Mankowski/Müller/J. Schmidt, Art 3 EuInsVO 2015 Rz 19). Dritten wird mittels dieser Bestimmung jedenfalls keine Prüfungsobliegenheit auferlegt (*Kegenhoff*, 172).

Beachte: Es kann und darf immer nur ***einen Mittelpunkt*** der hauptsächlichen Interessen geben; die Existenz zweier gleichwertiger Mittelpunkte der hauptsächlichen Interessen ist im Anwendungsbereich der EuInsVO 2015 ausgeschlossen (*Wimmer*, ZInsO 2005, 121; OGH, ÖJZ 2007, 327); dies gilt auch für den privaten Schuldner (*Hergenröder*, ZVI 2005, 236).

Der Mittelpunkt der hauptsächlichen Interessen war – obwohl für die insolvenzrechtliche Praxis von entscheidender Bedeutung – in der EuInsVO 2000 nicht definiert (*Konecny* in Smid, Neue Fragen des Deutschen und Internationalen Insolvenzrechts, 113). Dieser von der insolvenzrechtlichen Praxis besonders nachteilig empfundene Umstand wurde durch die EuInsVO 2015 dahingehend entschärft, als der Mittelpunkt der hauptsächlichen Interessen von der EuInsVO 2015 – wie oben ausgeführt – in Art 3 Abs 1 S 2 EuInsVO 2015 definiert wird, wobei die Art 3 EuInsVO 2000 zugrunde liegende Struktur grundsätzlich beibehalten wurde (*Koller*, ecolex 2013, 208).

Art 3 Abs 1 EuInsVO 2015 beinhaltet Erwägungsgrund 13 der EuInsVO 2000 als Definition des Mittelpunkts der hauptsächlichen Interessen (*Prager/Keller*, NZI 2013, 59). Danach gilt als Mittelpunkt der hauptsächlichen Interessen der Ort, an dem der Schuldner gewöhnlich der Verwaltung seiner Interessen nachgeht und der für Dritte feststellbar ist (vgl. bereits *Hess*, Jurisdiction – Article 3 EIR, in Hess/Oberhammer/Pfeiffer, Heidelberg-Luxembourg-Vienna-Report, 4.1.3.6.2.). Durch das Transferieren von Erwägungsgrund 13 EuInsVO 2000 in den Text der EuInsVO 2015 und der weiter unten noch darzulegenden – zum Zuständigkeitsregime der EuInsVO 2000 gefestigten – EuGH-Rsp (unter anderem Eurofood und Interedil) ergeben sich im Vergleich zur EuInsVO 2000 keine allzu großen Neuerungen. Mit anderen Worten, hat die EuInsVO 2015 die zu Art 3 EuInsVO 2000 ergangene (grundlegende) Rsp des EuGH – der somit maßgeblich zur Klärung des Begriffs COMI beigetragen hat – kodifiziert.

Die Definition des COMI in Art 3 Abs 1 EuInSVO wird durch (drei) ***widerlegbare Vermutungen*** ergänzt. Die sogleich darzustellenden Vermutungen des COMI gelten nur unter der Voraussetzung, dass der Sitz, die Hauptniederlassung oder der gewöhnliche Aufenthalt bereits für eine ***bestimmte Dauer vor der Verfahrenseröffnung bestanden*** hat. In dem Fall, dass innerhalb bestimmter Fristen der Sitz, die Hauptniederlassung oder der gewöhnliche Aufenthalt in einen anderen Mitgliedstaat verlegt werden, besteht der Verdacht, dass dies nur aus taktischen Gründen – Stichwort „forum shopping" [dazu noch genauer unten 3.] – erfolgte (*Reith*, RdW 2015/655, 759).

► *Juristische Personen und Gesellschaften*

Bei Insolvenzverfahren, die Gesellschaften und juristische Personen betreffen, wird bis zum Beweis des Gegenteils – wie schon bei der EuInsVO 2000 – vermutet, dass Mittelpunkt ihrer hauptsächlichen Interessen der ***Ort ihres Sitzes*** ist (Art 3 Abs 1 S 3 EuInsVO 2015; vgl. diesbezüglich *Wenner/Schuster* in FK Art 3 EuInsVO Rz 11). Diese Annahme gilt jedoch nur, wenn der Sitz nicht in einem Zeitraum von ***drei Monaten vor dem Antrag auf Eröffnung des Insolvenzverfahrens*** in einen ***anderen Mitgliedstaat*** verlegt wurde (Art 3 Abs 1 S 4 EuInsVO 2015).

Beachte: Entscheidend kommt es hinsichtlich des Sitzes von Gesellschaften und juristischen Personen auf den ***tatsächlichen (effektiven) Verwaltungssitz*** an (*Lüke*, ZZP 1998, 288; kritisch *Leible/Staudinger*, KTS 2000, 544; vgl. diesbezüglich auch ausführlich *Mankowski* in Mankowski/Müller/J. Schmidt, Art 3 EuInsVO 2015 Rz 44 ff).

Diese Sichtweise wird auch durch Erwägungsgrund 30 S 2 EuInsVO 2015 gestützt. Danach soll bei einer Gesellschaft die Vermutung des COMI widerlegt werden können, wenn sich die Hauptverwaltung der Gesellschaft in einem anderen Mitgliedstaat befindet als in dem Mitgliedstaat, in dem sich der Sitz der Gesellschaft befindet, und wenn eine Gesamtbetrachtung aller relevanten Faktoren die von Dritten überprüfbare Feststellung zulässt, dass sich der tatsächliche Mittelpunkt der Verwaltung und der Kontrolle der Gesellschaft sowie der Verwaltung ihrer Interessen in diesem anderen Mitgliedstaat befindet.

Der EuGH hat in seinem berühmten Eurofood-Urteil (C-341/04) zur EuInsVO 2000 judiziert, dass die Vermutung des Art 3 Abs 1 Satz 2 EuInsVO nur widerlegt werden kann, wenn „objektive und für Dritte feststellbare Elemente“ dies belegen. Gehe eine Gesellschaft in dem Mitgliedstaat, in dem sich ihr satzungsmäßiger Sitz befinde, einer Tätigkeit nach, so könne die Vermutung nicht allein dadurch entkräftet werden, dass die wirtschaftlichen Entscheidungen von einer Muttergesellschaft in einem anderen Mitgliedstaat kontrolliert werden. Die Eurofood IFSC Ltd. war eine Tochtergesellschaft der Parmalat SpA (eines großen international tätigen Lebensmittelkonzerns) mit Sitz in Irland und diente lediglich als Finanzierungsvehikel für Anleiheemissionen. Eurofood hatte keine Angestellten oder Geschäftsräume. Sitz der Gesellschaft war eine Anwaltskanzlei in Dublin (siehe zu dieser Entscheidung ausführlich *Mankowski* in Konecny, Insolvenz-Forum 2009, 52, der ausführt, dass die in Art 3 Abs 2 Satz 2 EuInsVO 2000 niedergeschriebene Vermutung ernst zu nehmen sei).

Auch in der Entscheidung Interedil Srl (C-396/09) entschied der EuGH zugunsten der Vermutung des Art 3 Abs 1 S 2 EuInsVO 2000 (jetzt: Art 3 Abs 1 S 3 EuInsVO 2015)und sprach aus, dass bei der Bestimmung des COMI einer Schuldnergesellschaft dem Ort der Hauptverwaltung dieser Gesellschaft, wie er anhand von objektiven und durch Dritte feststellbaren Faktoren ermittelt werden kann, der Vorzug zu geben ist (siehe zu dieser Entscheidung *Mohr* Art 3 EuInsVO E 7 c sowie ausführlich *Geroldinger*, ZIK 2011/293).

Gänzlich neu ist die (widerlegbare) Vermutung des ***COMI betreffend natürlicher Personen***, wobei zwei Fälle zu unterscheiden sind:

► ***Selbständige und Freiberufler***

Bei einer natürlichen Person, die eine selbständige gewerbliche oder freiberufliche Tätigkeit ausübt, wird bis zum Beweis des Gegenteils vermutet, dass der Mittelpunkt ihrer hauptsächlichen Interessen ihre ***Hauptniederlassung*** ist. Diese Annahme gilt nur, wenn die Hauptniederlassung der natürlichen Person nicht in einem Zeitraum von (wiederum) ***drei Monaten vor***

dem Antrag auf Eröffnung des Insolvenzverfahrens in einen anderen Mitgliedstaat verlegt wurde (Art 3 Abs 1 Unterabs 2 EuInsVO 2015).

Entscheidend für die Hauptniederlassung ist der ***Mittelpunkt der geschäftlichen Tätigkeit*** (*Reith*, RdW 2015/655, 762). Dieser Begriff wird bereits in der Rom I und Rom II-Verordnung verwendet und ist autonom auszulegen (*Koller*, ecolex 2013, 208).

► *Andere natürliche Personen*

Bei allen anderen natürlichen Personen wird bis zum Beweis des Gegenteils vermutet, dass der Mittelpunkt ihrer hauptsächlichen Interessen der ***Ort ihres gewöhnlichen Aufenthalts*** ist. Diese Annahme gilt nur dann, wenn der gewöhnliche Aufenthalt nicht in einem Zeitraum von ***sechs Monaten vor dem Antrag auf Eröffnung des Insolvenzverfahrens in einen anderen Mitgliedstaat verlegt*** wurde (Art 3 Abs 1 Unterabs 4 EuInsVO 2015).

Ort des gewöhnlichen Aufenthalts ist der ***vermögensmäßige Lebensmittelpunkt*** (*Hess*, Europäisches Zivilprozessrecht § 9 Rz 16; vgl. zu diesem Kriterium auch ausführlich *Mankowski* in Mankowski/Müller/J. Schmidt, Art 3 EuInsVO 2015 Rz 119 ff).

Bei natürlichen Personen, die weder einer selbständigen noch freiberuflichen Tätigkeit nachgehen, soll die Vermutung des COMI widerlegt werden können, wenn sich z. B. der Großteil des Vermögens des Schuldners außerhalb des Mitgliedstaats des gewöhnlichen Aufenthalts des Schuldners befindet oder wenn festgestellt werden kann, dass der Hauptgrund für einen Umzug darin bestand, einen Insolvenzantrag im neuen Gerichtsstand zu stellen, und die Interessen der Gläubiger, die vor dem Umzug eine Rechtsbeziehung mit dem Schuldner eingegangen sind, durch einen solchen Insolvenzantrag wesentlich beeinträchtigt würden (Erwägungsgrund 30 S 3 EuInsVO).

Beachte: Noch zur EuInsVO 2000 hat der EuGH zu Art 3 Abs 1 der VO entschieden, dass das Gericht des Mitgliedstaats, in dessen Gebiet der Schuldner *bei Stellung seines Antrags* auf Eröffnung des Insolvenzverfahrens den Mittelpunkt seiner hauptsächlichen Interessen hat, für die Entscheidung über die Eröffnung dieses Verfahrens auch dann zuständig bleibt, wenn der Schuldner nach Antragstellung, aber vor der Eröffnungsentscheidung den Mittelpunkt seiner hauptsächlichen Interessen in das Gebiet eines anderen Mitgliedstaats verlegt hat (*perpetuatio fori*; siehe EuGH 17.01.2006, C-1/04; vgl. weiter *Oberhammer*, ZinsO 2004, 762 f). Diese Rsp des EuGH ist auf die neue EuInsVO anwendbar (*Mankowski* in Mankowski/Müller/J. Schmidt, Art 3 EuInsVO 2015 Rz 28).

Ist die Zuständigkeit für die Eröffnung eines Verfahrens in einem Vertragsstaat gegeben, so sind die Gerichte eines anderen Vertragsstaats zur Eröffnung eines ***Sekundärinsolvenzverfahrens*** nur unter der Voraussetzung berechtigt, dass der Schuldner dort eine Niederlassung hat (Art 3 Abs 2 S 1 EuInsVO 2015; *Burgstaller/Keppelmüller* in Burgstaller/Neumayr/Geroldinger/Schmaranzer Art 3 Rz 27 InsVO). Die Wirkungen dieses Verfahrens sind auf das im Hoheitsgebiet des Niederlassungsstaates befindliche Vermögen des Schuldners beschränkt (Art 3 Abs 2 S 2 EuInsVO 2015) (zu den Sekundärinsolvenzverfahren siehe noch genauer unten III. E.).

Beachte: Die EuInsVO 2015 legt nur die internationale Zuständigkeit fest (*Paulus* Art 3 Rz 2 EuInsVO). Die entsprechenden Vorschriften bezeichnen also den Mitgliedstaat, dessen Gerichte Insolvenzverfahren eröffnen dürfen.

Die innerstaatliche Zuständigkeit des betreffenden Staats (sachliche, örtliche und funktionelle Zuständigkeit) ist nach dessen nationalem Recht zu beurteilen (Erwägungsgrund 26 EuInsVO 2015; *Mohr*, ecolex spezial, 119; *Kemper*, ZIP 2001 1612; *Virgós/Schmit*, Erläuternder Bericht Rz 72).

3. Prüfung der Zuständigkeit und Bekämpfung der Eröffnungsentscheidung

Eines der Hauptanliegen der EuInsVO 2015 war es, das Problem des „forum shoppings" besser in den Griff zu bekommen.

Nach Erwägungsgrund 29 EuInsVO 2015 sollte die reformierte EuInsVO eine Reihe von Schutzvorkehrungen enthalten, um betrügerisches oder missbräuchliches forum shopping zu verhindern.

Gerade im Bereich des (internationalen) Zuständigkeitsrechts wird auf verfahrensrechtlicher Ebene versucht, dem in der insolvenzrechtlichen Praxis als Insolvenztourismus bezeichneten *forum shopping* (dazu ausführlich *Reuss* in Clavora/Garber, 81 ff) zu begegnen. In manchen EU-Mitgliedstaaten wird – anders als in Österreich – ein Insolvenzverfahren zunächst auf Antrag und aufgrund der Angaben des Schuldners eröffnet, ohne dass die internationale Zuständigkeit geprüft wird (*Koller*, ecolex 2013, 209).

Dieser Umstand fördert nicht unerheblich das soeben genannte Problem des *forum shoppings*, indem potentielle Schuldner in der Regel kurz vor Stellung des Antrags auf Eröffnung des Insolvenzverfahrens ihren (Wohn) Sitz in einen anderen Mitgliedstaat verlegen, um von dem dort geltenden schuldnerfreundlichen Insolvenzrecht zu profitieren. Als besonders attraktive Länder in diesem Zusammenhang gelten England und Frankreich.

Um dem Problem des forum shoppings Herr zu werden, hat das mit dem Antrag auf Eröffnung eines Insolvenzverfahrens befasste Gericht nach der neuen EuInsVO ***von Amts wegen*** zu prüfen, ob es nach ***Art 3 EuInsVO 2015 zuständig*** ist; eingeführt wurde somit eine ***amtswegige Überprüfung der internationalen Zuständigkeit***. Das ***Gericht*** hat weiters seine ***Entscheidung*** (zur Eröffnung eines Insolvenzverfahrens) zu ***begründen*** und insbesondere anzugeben, ob sich die Zuständigkeit auf Art 3 Abs 1 EuInsVO 2015 (Mittelpunkt der hauptsächlichen Interessen) oder Art 3 Abs 2 EuInsVO 2015 (Niederlassung) stützt (Art 4 Abs 1 EuInsVO 2015).

Das zuständige Gericht hat also von Amts wegen zu prüfen, ob sich der Mittelpunkt der hauptsächlichen Interessen des Schuldners oder der Niederlassung des Schuldners tatsächlich in seinem Zuständigkeitsbereich befindet (Erwägungsgrund 27 EuInsVO 2015).

Durch die Bestimmung des Art 4 Abs 1 EuInsVO 2015 soll die in einzelnen Mitgliedstaaten gängige Praxis, Insolvenzverfahren rein auf den Angaben des Schuldners zu eröffnen, verhindert werden (*Nunner-Krautgasser* in Clavora/Garber Grenzüberschreitende Insolvenzen, 36 f).

Beachte: Da österreichische Gerichte ohnehin nach nationalen Vorschriften ihre Zuständigkeit amtswegig zu überprüfen hatten bzw. eine Begründungspflicht besteht (§§ 63 IO iVm 61 Abs 3 JN; §§ 69 Abs 1, 254 Abs 5 IO), bringt Art 4 Abs 1 EuInsVO 2015 insofern keine Neuerung.

In allen Zweifelsfällen kann das ***Gericht den Schuldner*** einerseits ***auffordern***, ***zusätzliche Nachweise für seine Behauptung vorzulegen***; andererseits kann es – sofern dies in den nationalen Vorschriften vorgesehen ist – den ***Gläubigern des Schuldners Gelegenheit geben, sich zur Frage der Zuständigkeit zu äußern*** (Erwägungsgrund 32 EuInsVO 2015).

In dem Fall, dass Insolvenzverfahren nach den jeweiligen nationalen Rechtsvorschriften ohne gerichtliche Entscheidung eröffnet werden, können die Mitgliedstaaten den in einem solchen Verfahren bestellten ***Verwalter*** damit ***betrauen, zu prüfen***, ob der ***Mitgliedstaat, in dem der Antrag auf Eröffnung des Verfahrens anhängig ist***, gemäß Art 3 EuInsVO 2015 ***zuständig*** ist.

Ist dies der Fall, hat (diesmal) der ***Verwalter*** die ***Gründe anzugeben***, ***auf welchen*** die ***Zuständigkeit*** beruht, insbesondere, ob sich die Zuständigkeit auf Art 3 Abs 1 EuInsVO 2015 (Mittelpunkt der hauptsächlichen Interessen) oder Art 3 Abs 2 EuInsVO 2015 (Niederlassung) stützt (Art 4 Abs 2 EuInsVO 2015).

Beachte: Durch Art 4 Abs 1 und Abs 2 EuInsVO 2015 wird eine ***„sorgfältige Prüfung“*** eingemahnt (*Vallender*, ZIP 2015, 1515).

Weiters kann der ***Schuldner*** oder ***jeder Gläubiger*** die gerichtliche ***Entscheidung*** zur Eröffnung des ***Hauptinsolvenzverfahrens*** – also die Entscheidung über die internationale Zuständigkeit – ***anfechten*** (Art 5 Abs 1 EuInsVO 2015).

Darüber hinaus kann die Entscheidung zur Eröffnung des Hauptinsolvenzverfahrens von ***anderen*** als den in Art 5 Abs 1 EuInsVO 2015 genannten ***Verfahrensbeteiligten*** (Schuldner oder Gläubiger) oder aus anderen ***Gründen*** als einer ***mangelnden internationalen Zuständigkeit angefochten*** werden, wenn dies nach ***nationalem Recht vorgesehen*** ist (Art 5 Abs 2 EuInsVO 2015).

Die nähere (verfahrensrechtliche) Ausgestaltung dieses Rechtsbehelfs wird in der EuInsVO 2015 nicht näher geregelt; sie richtet sich daher (wohl) nach der jeweiligen *lex fori* (*Wimmer*, jurisPR-InsR 7/2015 Anm 1; ebenso *Thole/Swierczok*, ZIP 2013, 552). *Koller* plädiert dafür, aus Gründen der Rechtssicherheit eine bestimmte Rechtsmittelfrist europarechtlich vorzusehen (*Koller*, ecolex 2013, 209).

Die Anfechtungsmöglichkeit von insolvenzrechtlichen Entscheidungen in Österreich ergibt sich aus §§ 171 IO iVm 45 JN. Als andere Verfahrensbeteiligte nach Art 5 Abs 2 EuInsVO 2015 sind nach österreichischem Recht etwa die bevorrechteten Gläubigerschutzverbände zu nennen (deren Rekurslegitimation ergibt sich aus § 71c Abs 1 IO).

Der ***Hintanhaltung des forum shoppings*** dient weiters auch die bereits erwähnte Bestimmung des Art 3 Abs 1 EuInsVO 2015 (dazu oben 2.), wonach die Vermutungen des COMI nur unter der Prämisse gelten, dass der Sitz, die Hauptniederlassung sowie der gewöhnliche Aufenthalt bereits für eine bestimmte Dauer bestanden haben müssen. Wie ebenfalls bereits ausgeführt, ist die Verlegung des Sitzes, der Hauptniederlassung oder des gewöhnlichen Aufenthalts innerhalb der Fristen verdächtig (sie erfolgt oftmals aus rein taktischen Gründen). Ergänzt werden diese zeitlichen Schranken durch die – ebenfalls bereits dargestellten – Möglichkeiten, die gesetzlichen Vermutungen aus anderen Gründen zu widerlegen (siehe dazu Erwägungsgrund 30 S 2 und S 3 EuInsVO 2015 und ebenfalls oben 2.).

4. Zuständigkeit für insolvenznahe Verfahren (Annexverfahren)

Eine weitere wesentliche Änderung im Bereich des Zuständigkeitsrechts ist der neue Art 6 EuInsVO 2015, der die Überschrift „Zuständigkeit für Klagen, die unmittelbar aus dem Insolvenzverfahren hervorgehen und in engem Zusammenhang damit stehen" trägt. Art 6 EuInsVO 2015 ist also auf Klagen anwendbar, die ***unmittelbar aus dem Insolvenzverfahren hervorgehen*** und in ***engem Zusammenhang damit stehen*** (so genannte Annexverfahren).

Beachte: Da die EuInsVO 2000 keinerlei Bestimmungen für Annexverfahren kannte, hatte sich der EuGH öfters mit Abgrenzungsfragen des (sachlichen) Anwendungsbereichs von EuGVVO 2012 und EuInsVO 2000 zu beschäftigen:

Eine überaus wichtige Entscheidung zur Abgrenzung des Anwendungsbereichs von EuGVVO und EuInsVO ist die Entscheidung des EuGH vom 22. 2. 1979 im Fall *Gourdain/Nadler* (Slg 1979, 733). Nach dieser Entscheidung (dazu *Buchegger* in Smid, Probleme 109 f sowie *Garber* in Clavora/Garber, 50 ff) fallen Klagen, die unmittelbar aus einem Insolvenzverfahren hervorgehen und sich eng innerhalb des Rahmens eines Konkurs- oder Vergleichsverfahrens halten, unter den Ausnahmetatbestand des Art 1 Abs 2 EuGVÜ (nunmehr Art 1 Abs 2 lit b EuGVVO 2012).

Inhaltlich ging es bei *Gourdain/Nadler* um die insolvenzrechtliche Ausfallshaftung eines Geschäftsführers nach französischem Recht. Für die Beurteilung des Kriteriums „insolvenznah" waren für den EuGH sechs Kriterien (darunter etwa die ausschließliche Zuständigkeit des Insolvenzgerichts, die Aktivlegitimation des Insolvenzverwalters, die Umkehr der Beweislast im Gegensatz zur normalen zivilrechtlichen Geschäftsführerhaftung) ausschlaggebend. Der EuGH hat also darauf abgestellt, ob das Verfahren insgesamt insolvenzrechtlich geprägt ist (*Kodek*, ÖBA 2009, 629).

Zwei weitere wichtige Entscheidungen zur Abgrenzung von EuGVVO und EuInsVO bei insolvenzbezogenen Zivilverfahren sind die Entscheidungen EuGH, 10.9.2009, C-292/08, *German Craphics/van der Schee* sowie EuGH, 2.7.2009 C-111/08, *SCT Industri/Alpenblume*. In diesen beiden Entscheidungen betont der EuGH die Fortgeltung der Maßstäbe aus *Gourdain/Nadler* (*Mankowski* in Konecny, Insolvenz-Forum 2009, 52); siehe zu diesen Entscheidungen ausführlich *Garber* in Clavora/Garber, 62 ff sowie *Oberhammer*, ZIK 2010/5, 6 ff; weiters *Mohr* Art 25 EuInsVO E 2 ff.

Der EuGH hat weiters die bislang umstrittene Rechtsfrage, ob Insolvenzanfechtungsklagen der EuGVVO oder der EuInsVO 2000 unterliegen, mit Urteil vom 12.02.2009, C-339/07 [*Christopher Seagon/Deko Marty Belgium* NV], über Vorabentscheidungsverfahren des BGH [ZIP 2007, 1415 ff]) zugunsten der EuInsVO 2000 entschieden. Für Insolvenzanfechtungsklagen folge aus der EuInsVO die (internationale) Zuständigkeit der Gerichte des Mitgliedstaats, in dessen Gebiet das Insolvenzverfahren eröffnet worden ist (*Mohr* Art 25 EuInsVO E 2); die örtliche und sachliche Zuständigkeit sei vom Mitgliedstaat selbst zu bestimmen.

Der neue Art 6 Abs 1 EuInsVO 2015 kodifiziert die soeben dargestellte Rsp des EuGH, nach der sich die internationale Zuständigkeit der Gerichte des Eröffnungsstaats auch auf jene Klagen erstreckt, „die unmittelbar aus diesem Verfahren hervorgehen und in engem Zusammenhang damit stehen" (EuGH C-339/07, *Seagon/Deko Marty*, Slg 2009, I-767). Gemeint sind damit eben unter anderem Insolvenzanfechtungsklagen; die EuInsVO 2015 führt diese Klage explizit an (Art 6 Abs 1 aE EuInsVO 2015).

Das Erfordernis des engen Zusammenhangs ist ***autonom*** auszulegen (ausführlich dazu *Laukemann*, Jurisdiction – Annex Proceedings, in Hess/Oberhammer/Pfeiffer, Heidelberg-Luxembourg-Vienna-Report, 4.2.2., 4.2.4. sowie 4.2.5.3.). Nach dem neu gefassten Erwägungsgrund 7 ist die EuInsVO 2015 so auszulegen, dass Rechtslücken zwischen EuInsVO und EuGVVO soweit wie möglich vermieden werden. Ein Rückgriff auf autonome (international insolvenzrechtliche) Zuständigkeitsregelungen soll damit ausgeschlossen werden (*Koller*, ecolex 2013, 208).

Neben der Anfechtungsklage, die im Verordnungstext – wie bereits erwähnt – explizit angeführt wird (Art 6 Abs 1 aE EuInsVO 2015), zählen zu den insolvenznahen Klagen auch jene in Bezug auf Verpflichtungen, die sich im Laufe des Insolvenzverfahrens ergeben, wie beispielsweise ***Vorschüsse für Verfahrenskosten*** (*Commandeur/Römer*, NZG 2015, 989); ***nicht*** als ***insolvenznah*** anzusehen sind ***Klagen*** wegen der ***Erfüllung vertraglicher Verpflichtungen***, die vom Schuldner vor Eröffnung des Insolvenzverfahrens eingegangen wurden (Erwägungsgrund 35 EuInsVO 2015).

Diese Aufzählung gibt zwar einen gewissen Ansatzpunkt dafür, welche Klagen als insolvenznah anzusehen sind; die EuInsVO 2015 enthält allerdings keinerlei konkrete Kriterien, wie der Begriff „insolvenznah" zu definieren ist (zu Recht kritisch etwa *Reith*, RdW 2015/655, 759 f).

Für insolvenznahe Klagen (Annexverfahren) sind die ***Gerichte des Mitgliedstaats***, in ***dessen Hoheitsgebiet*** das ***Insolvenzverfahren*** nach Art 3 EuInsVO 2015 ***eröffnet*** worden ist, ***zuständig*** (Art 6 Abs 1 EuInsVO 2015). Diese Bestimmung sieht nach hM eine ***ausschließliche Zuständigkeit*** vor (*Wimmer*, jurisPR-InsR 7/2015 Anm 1; vgl. weiter *Thole*, ZEuP 2014, 60).

Die Bestimmung des Art 6 Abs 1 EuInsVO 2015 begründet nur eine ***internationale Zuständigkeit*** der Gerichte im Mitgliedstaat der Insolvenzeröffnung; die (innerstaatliche) örtliche und sachliche Zuständigkeit wird dadurch nicht geregelt (*Mankowski* in Mankowski/Müller/J. Schmidt, Art 3 EuInsVO 2015 Rz 30; vgl. auch Erwägungsgrund 26 EuInsVO 2015, wonach die EuInsVO 2015 die örtliche Zuständigkeit grundsätzlich nicht regeln will; vgl. weiter *Völzmann-Stickelbrock*, KTS 2015, 347).

Wird das Insolvenzverfahren in Österreich eröffnet, ist das Insolvenzgericht sachlich und örtlich für Insolvenzanfechtungsklagen zuständig (dazu genauer *Konecny*, ZIK 2009/62, 40 sowie *König*, Anfechtung Rz 18/5). Vgl. zur Problematik Insolvenzanfechtung und europäisches Insolvenzrecht – noch zur Geltung der EuInsVO 2000 – ausführlich *Buchegger* in Smid, Probleme 107 ff, zum Fall Deko Marty Belgium 126 ff.

Beachte: Abzuwarten bleibt, ob durch die Neuregelung in Art 6 Abs 1 EuInsVO 2015 (mit ihrem Verweis auf Art 3 EuInsVO 2015) der „Wettlauf zwischen den Gerichten" beendet ist. Durch den Verweis auf Art 3 EuInsVO 2015 sind sowohl die Gerichte des Hauptverfahrens als auch jene des Sekundärverfahrens berechtigt, Annexverfahren zu eröffnen (dies hat der EuGH in der E vom 11.06.2015, C-649/13, *Nortel Networks* jüngst entschieden; siehe diesbezüglich *Madaus*, ecolex 2015, 776 f).

Steht eine ***Klage nach Art 6 Abs 1 EuInsVO*** im ***Zusammenhang*** mit einer anderen ***zivil- oder handelsrechtlichen Klage*** gegen ***denselben Beklagten***, kann der ***Verwalter beide Klagen*** bei den ***Gerichten*** in dem ***Mitgliedstaat***, in dessen ***Hoheitsgebiet der Beklagte seinen Wohnsitz*** hat, erheben; Voraussetzung ist, dass die betreffenden ***Gerichte*** nach der Verordnung ***(EU) Nr. 1215/2012 (EuGVVO 2012) zuständig*** sind (Art 6 Abs 2 EuInsVO 2012).

Mit anderen Worten kann der ***Verwalter insolvenznahe Klagen*** nach Art 6 Abs 1 EuInsVO 2015, die mit einer ***zivil- oder handelsrechtlichen Klage*** gegen ***denselben Beklagten*** in ***engem Zusammenhang*** stehen, auch bei den Gerichten am ***Wohnsitz des Beklagten*** einbringen, sofern dort eine ***Zuständigkeit*** nach der ***EuGVVO 2012*** gegeben ist (*Reith*, RdW 2015/655, 760). Dabei handelt es sich um einen ***beschränkten Wahlgerichtsstand*** des Verwalters (*Dellinger/Oberhammer/Koller*, InsR³ Rz 555).

Insolvenznahe Klagen und zivil- oder handelsrechtliche Klagen stehen in engem Zusammenhang, wenn zwischen ihnen eine ***so enge Beziehung*** gegeben ist, dass eine ***gemeinsame Verhandlung und Entscheidung zweckmäßig*** ist, um die ***Gefahr zu vermeiden***, dass in ***getrennten Verfahren miteinander unvereinbare Entscheidungen ergehen*** (Art 6 Abs 3 EuInsVO 2012).

Nach den Erwägungsgründen der EuInsVO 2015 sollte der Verwalter beide Klagen – also insolvenznahe und zivil- oder handelsrechtliche Klagen – vor die Gerichte am Wohnsitz des Beklagten bringen können, wenn er sich von einer Erhebung der Klagen an diesem Gerichtsstand einen ***Effizienzgewinn*** verspricht; dies kann beispielsweise dann der Fall sein, wenn der Verwalter eine insolvenzrechtliche Haftungsklage gegen einen Geschäftsführer mit einer gesellschaftsrechtlichen oder deliktsrechtlichen Klage verbinden will (Erwägungsgrund 35 EuInsVO 2012).

5. Positive und negative Kompetenzkonflikte

Da die Bestimmung des Art 3 Abs 1 EuInsVO 2015 die internationale Zuständigkeit eher allgemein mit dem Mittelpunkt der hauptsächlichen Interessen des Schuldners definiert, besteht die latente Gefahr, dass sich die Gerichte zweier oder mehrerer Mitgliedstaaten (gleichzeitig) zur Eröffnung eines Hauptinsolvenzverfahrens für zuständig erklären bzw. ihre Zuständigkeit verneinen.

Durch die Einführung der amtswegigen Zuständigkeitsprüfung in Art 4 EuInsVO 2015 und der gerichtlichen Nachprüfung der Insolvenzeröffnungsentscheidung nach Art 5 EuInsVO (siehe zu beiden Rechtsinstituten oben 3.) sollten solche Zuständigkeitskonflikte der Vergangenheit angehören. Trotz dieser in der EuInsVO 2015 enthaltenen Regelungen, die die Existenz von Kompetenzkonflikten hintanhalten sollen, sind diese nicht gänzlich auszuschließen.

Beachte: Zwischen einer Haupt- und einer Sekundärinsolvenz gibt es keinen Kompetenzkonflikt im eigentlichen Sinn (*P. Huber* in FS Heldrich, 692); beide Verfahren bezeichnen qualitativ Verschiedenes; sie koexistieren „gesteuert und reguliert nebeneinander“ (*Mankowski* in Mankowski/Müller/J. Schmidt, Art 3 EuInsVO 2015 Rz 158).

Hinsichtlich der Variante, dass sich zwei Gerichte zur Eröffnung eines Hauptinsolvenzverfahrens für zuständig erklären, muss man sich etwa nur das Beispiel vor Augen führen, dass eine natürliche Person ihren gewöhnlichen Aufenthalt in einem Mitgliedstaat hat, ihrer beruflichen Tätigkeit aber in einem anderen Mitgliedstaat nachgeht (*Duursma-Kepplinger* in Duursma-Kepplinger/Duursma/Chalupsky Art 3 Rz 27 EuInsVO). Denkbar ist also, dass die Gerichte verschiedener Mitgliedstaaten der Ansicht sind, der Schuldner habe in ihrem Staate den hauptsächlichen Interessensmittelpunkt. Möglich ist weiters, dass ein Gericht von einem bereits in einem anderen Mitgliedstaat eröffneten Hauptinsolvenzverfahren keine Kenntnis hat oder sich darüber hinwegsetzt (*Reischl*, $InsR^4$ Rz 928).

So ist es nicht verwunderlich, dass es auch in der insolvenzrechtlichen Praxis bereits mehrfach zur Eröffnung eines Hauptinsolvenzverfahrens durch die Gerichte zweier Staaten gekommen ist. Im Fall *Stojevic* eröffnete etwa der High Court of Justice London mittels Beschluss vom 27.03.2003 das Insolvenzverfahren iS eines Hauptinsolvenzverfahrens gegen Herrn *Stojevic*. Der High Court of Justice London ging davon aus, dass der hauptsächliche Interessensmittelpunkt von Herrn *Stojevic* in London angesiedelt war (siehe den Bericht des High Court of Justice London vom 20.12.2006, 9849/02 Rz 19, ZIK 2007/290,

176). Am 28.01.2004 eröffnete das HG Wien aufgrund des Antrags einer österreichischen Gläubigerbank ebenfalls ein Hauptinsolvenzverfahren gegen Herrn *Stojevic*. Im Gegensatz zum High Court of Justice London, gelangte das österreichische Gericht zur Auffassung, dass der hauptsächliche Interessensmittelpunkt von Herrn *Stojevic* in Österreich gelegen ist. Zu der Eröffnung zweier Hauptinsolvenzverfahren kam es, da Herr *Stojevic* zwar in Wien wohnhaft, aber über mehrere Gesellschaften zu 100 % an einer englischen Gesellschaft beteiligt war. Dies führte schließlich zur gleichzeitigen Inanspruchnahme der internationalen Zuständigkeit durch englische und österreichische Gerichte (siehe zum Fall *Stojevic* ausführlich *Mair*, ZIK 2008/128, 83 sowie *Konecny* in Kodek/Konecny, Insolvenz-Forum 2007, 134).

Die EuInsVO 2015 trifft für solche ***positiven Kompetenzkonflikte*** – wie auch die EuInsVO 2000 – keine ausdrückliche Regelung (vgl. zur EuInsVO 2000 *Chalupsky* in Baudenbacher, 339 sowie *Klauser* in Konecny Art 3 Rz 117 EuInsVO). Zur Vermeidung derartiger Konflikte haben die Gerichte der Mitgliedstaaten primär ihre Kompetenzen sachgerecht auszuüben (*Kolmann*, Kooperationsmodelle, 286). Nach den in der EuInsVO 2015 verwendeten Kriterien ist jeweils nur ein Mitgliedstaat für die Eröffnung des Hauptinsolvenzverfahrens zuständig. Kompetenzkonflikte sollten die absolute Ausnahme sein (*Bock* in Bock/Muhri, Insolvenzrecht, 66).

Der Umstand, dass zumindest die Praxis nach der EuInsVO 2000 durchaus ein anderes Bild zeigt, wurde bereits durch den Fall *Stojevic* dargestellt. Beanspruchen tatsächlich die Gerichte verschiedener Mitgliedstaaten die internationale Zuständigkeit für sich, so ist gemäß dem „***Community-trust-Prinzip***“ (Grundsatz des gemeinschaftlichen Vertrauens, dazu näher *Carstens*, Die internationale Zuständigkeit im Europäischen Insolvenzrecht, 89 ff sowie *Konecny* in Clavora/Garber, 17 ff) jenes Gericht international zuständig, dessen Eröffnungsentscheidung zuerst wirksam wird (***Prioritätsprinzip***, *Nunner-Krautgasser* in Clavora/Garber, 33; *Mäsch* in Rauscher Art 3 EG-InsVO Rz 38; vgl. auch ausführlich *Mankowski* in Mankowski/Müller/J. Schmidt, Art 3 EuInsVO 2015 Rz 165 ff mwN).

Abgestellt wird auf die materielle Wirksamkeit der Eröffnungsentscheidung (*Burgstaller/Keppelmüller* Art 3 Rz 18 InsVO). Auf den Grundsatz des gemeinschaftlichen Vertrauens zur Lösung eines positiven Kompetenzkonflikts stellt nunmehr explizit auch Erwägungsgrund 65 EuInsVO 2015 ab.

Beachte: Die Entscheidung des Gerichts des ersten Mitgliedstaats ist in den übrigen Staaten *ipso iure* und ohne vorausgehende Überprüfung der internationalen Zuständigkeit des Erstgerichts anzuerkennen (*Fritz/Bähr*, DZWIR 2001, 224; *Keppelmüller*, Österreichisches Internationales Konkursrecht Rz 392).

Im Fall *Stojevic* wurde das österreichische Verfahren mangels Kostendeckung bei festgestellter Masseunzulänglichkeit aufgehoben (OLG Wien 14.07.2006, 28 R 15/06s, ZIK 2007/47, 31). Im englischen Insolvenzverfahren kam es zu einer Aufhebung des Insolvenzeröffnungsbeschlusses, da der High Court of Justice London im Rechtsmittelverfahren feststellte (High Court of Justice London 20.12.2006, 9849/02 Rz 59 ff), dass der Mittelpunkt der hauptsächlichen Schuldnerinteressen zum Zeitpunkt der Insolvenzantragsstellung nicht in England war (*Mair*, ZIK 2008/128, 83).

Auch zur Lösung von ***negativen Kompetenzkonflikten*** – zwei oder mehrere Gerichte lehnen die internationale Zuständigkeit nach der EuInsVO 2015 ab – enthält die EuInsVO 2015 keinerlei Regelungen (*Pannen* in Pannen EuInsVO Art 3 Rz 78; vgl. weiter *Mankowski* in Mankowski/Müller/J. Schmidt, Art 3 EuInsVO 2015 Rz 179 ff). Nach dem Grundsatz des gemeinschaftlichen Vertrauens ist eine Bindung des zweiten Gerichts an die Ablehnungsentscheidung des Erstgerichts anzunehmen (*Mair*, ZIK 2008/128, 87; *Mankowski* in Mankowski/Müller/Schmidt, Kommentar zur EuInsVO 2015 Art 3 Rn 186 geht von einer eingeschränkten Bindungswirkung der erststaatlichen Entscheidung aus).

Eine andere Möglichkeit zur Lösung von positiven sowie negativen Kompetenzkonflikten stellt das ***Vorabentscheidungsverfahren*** des EuGH dar (*Virgós/Schmit*, Erläuternder Bericht Rz 79; aufgrund des Zeitaufwandes eines derartigen Verfahrens insgesamt zweifelnd *Duursma-Kepplinger* in Duursma-Kepplinger/Duursma/Chalupsky Art 3 Rz 37 EuInsVO). In diesem Fall legt ein nationales Gericht dem EuGH die Frage nach der internationalen Zuständigkeit nach der EuInsVO 2015 in einem konkreten Rechtsstreit vor. Der EuGH trifft sodann eine die Gerichte bindende Zuständigkeitsentscheidung. Dem Vorabentscheidungsverfahren dürfte diesbezüglich jedoch keine allzu große praktische Bedeutung zukommen, da die Vorlagebefugnis nur letztinstanzlichen Gerichten zusteht (*Burgstaller/Keppelmüller* Art 3 Rz 18 InsVO; *Klauser* in Konecny Art 3 Rz 132 EuInsVO).

6. *Anwendbares Recht*

Gleich vorweg ist zu sagen, dass die kollisionsrechtlichen Regelungen der EuInsVO 2015 (Art 4 – 18) durch die Reform der EuInsVO 2000 keine einschneidenden Änderungen erfahren haben und es somit in diesem Bereich nur kleinere Modifizierungen gibt (*Slonina*, ecolex 2013, 212 zum Entwurf für eine Neuregelung der EuInsVO 2000).

Für das Insolvenzverfahren und seine Wirkungen gilt, soweit die EuInsVO 2015 nichts anderes bestimmt, grundsätzlich das ***Insolvenzrecht des Mitgliedstaats, in dessen Hoheitsgebiet das Verfahren eröffnet*** worden ist (Art 7 Abs 1 EuInsVO 2015; *Burgstaller* in Konecny, Insolvenz-Forum 2001, 27; *Schack*, Zivilverfahrensrecht Rz 1190; *Reckenzaun* in Petsch/Rekkenzaun/Bertl/Isola, 816).

Das Recht des Staats der Verfahrenseröffnung regelt unter welchen Voraussetzungen das Insolvenzverfahren eröffnet wird, wie es durchzuführen und zu beenden ist (Art 7 Abs 2 EuInsVO 2015); es regelt somit alle verfahrensrechtlichen (Eröffnung, Durchführung und Beendigung) sowie materiell rechtlichen Wirkungen des eröffneten Verfahrens (Erwägungsgrund 66

EuInsVO 2015; *Bock* in Bock/Muhri, Insolvenzrecht, 71; *Kodek* in Kodek/Konecny, Insolvenz-Forum 2007, 207 f; vgl. weiter *Müller* in Mankowski/Müller/J. Schmidt, Art 7 EuInsVO 2015 Rz 8).

Art 7 Abs 2 EuInsVO 2015 enthält eine demonstrative Aufzählung jener Bereiche, die nach dem Recht des Staats der Verfahrenseröffnung zu beurteilen sind (*Burgstaller* in Burgstaller/Neumayr/Geroldinger/Schmaranzer Art 4 Rz 2 InsVO; *Maderbacher* in Konecny Art 4 EuInsVO Rz 22). Beispielhaft werden etwa aufgezählt: Art von Schuldnern, bei welchen ein Insolvenzverfahren zulässig ist (lit a), Massezugehörigkeit (lit b), Befugnisse des Schuldners und des Verwalters (lit c), Verteilung des Erlöses, Rechte der Gläubiger nach Verfahrensbeendigung (lit i) sowie Kosten des Insolvenzverfahrens (lit l) (vgl. zu den Beispielen nach Art 7 Abs 2 EuInsVO 2015 näher *Mohr*, ecolex spezial, 127 f sowie *Müller* in Mankowski/Müller/J. Schmidt, Art 7 EuInsVO 2015 Rz 12 ff). Zu den nicht vom Recht des Staats der Verfahrenseröffnung umfassten Ausnahmetatbeständen (Art 5 bis 15 EuInsVO) siehe unten III. G.

7. Maßnahmen zur Massesicherung

Vor allem bei grenzüberschreitenden Insolvenzverfahren sind rasche und effektive Sicherungsmaßnahmen von besonderer Bedeutung (*Mäsch* in Rauscher Art 38 EG-InsVO Rz 1). Im Anwendungsbereich der EuInsVO 2015 ist der so genannte ***vorläufige Verwalter*** (dazu *Reisinger* in Clavora/Garber, 145 f; zum Begriff des Verwalters noch unten III. D. 7.) berechtigt, zur Sicherung und Erhaltung des in einem anderen Mitgliedstaat befindlichen Schuldnervermögens bestimmte Maßnahmen zu ergreifen (Art 52 EuInsVO 2015).

Namentlich darf der vorläufige Verwalter jene vorläufigen Sicherungsmaßnahmen verlangen, die nach dem Recht des Staats des Schuldnervermögens zwischen dem Antrag auf Eröffnung eines Insolvenzverfahrens und dessen Eröffnung vorgesehen sind (Art 52 EuInsVO 2015). Ist österreichisches Recht anzuwenden, sieht § 73 IO zur Vermeidung von Vermögensverschiebungen den Erlass von Einstweiligen Vorkehrungen durch das Insolvenzgericht vor (*Kodek* in Burgstaller/Neumayr/Geroldinger/Schmaranzer Art 38 Rz 21 InsVO; *Pogacar* in Konecny Art 38 Rz 24 EuInsVO).

Dem Schuldner können insbesondere Rechtshandlungen, die nicht zum gewöhnlichen Unternehmensbetrieb gehören, das Veräußern oder Belasten von Liegenschaften, das Bestellen von Absonderungsrechten, das Eingehen von Bürgschaften sowie unentgeltliche Verfügungen überhaupt oder ohne Zustimmung des Richters oder eines von ihm bestellten einstweiligen Verwalters verboten werden (zu den Sicherungsmitteln nach § 73 IO vgl. *Holzhammer*, InsR 134 und *Schumacher* in Bartsch/Pollak/Buchegger § 73 Rz 18 f KO).

Für Sicherungsmaßnahmen nach Art 52 EuInsVO ist das in § 63 IO bezeichnete Gericht zuständig (§ 219 Abs 1 IO). In dem Fall, dass der Schuldner im Inland kein Unternehmen betreibt und im Inland weder eine Niederlassung noch einen gewöhnlichen Aufenthalt oder Vermögen hat, ist das Handelsgericht Wien zuständig (§ 219 Abs 2 IO).

Beachte: Ein derartiger vorläufiger Verwalter darf jedoch nur dann bestellt werden, wenn dies im jeweiligen nationalen Recht vorgesehen ist. Art 52 EuInsVO 2015 schafft kein einheitliches materielles Recht dafür, dass in jedem Mitgliedstaat zwischen Insolvenzantrag und Insolvenzeröffnung ein vorläufiger Verwalter zu bestellen wäre (*Duursma-Kepplinger/Chalupsky* in Duursma-Kepplinger/Duursma/Chalupsky Art 38 Rz 6 EuInsVO).

In der bereits oben (III. D. 2.) angeführten Eurofood Entscheidung (C-341/04) hat der EuGH – im Geltungsbereich der EuInsVO 2000 – entschieden, dass die auf einen Eröffnungsantrag hin erfolgte Bestellung eines vorläufigen Verwalters (in casu provisional liquidator nach irischem Recht) eine Verfahrenseröffnung iSd Art 16 Abs 1 EuInsVO 2000 (nunmehr Art 19 Abs 1 EuInsVO 2015) bewirke, „wenn sie den Vermögensbeschlag gegen den Schuldner zur Folge hat und durch sie ein in Anhang C der Verordnung genannter Verwalter bestellt wird". Ein solcher Vermögensbeschlag setze voraus, „dass der Schuldner die Befugnisse zur Verwaltung seines Vermögens verliert". Siehe zur Eurofood Entscheidung betreffend diesen Problembereich ausführlich *Geroldinger* 84 ff.

In Ergänzung zu den Maßnahmen zur Massesicherung nach Art 52 EuInsVO 2015 sieht Art 32 Abs 1 EuInsVO 2015 zudem die Anerkennung und Vollstreckung einzelner Entscheidungen in anderen Mitgliedstaaten, die zur Durchführung und Beendigung eines Insolvenzverfahrens ergangen sind, vor (*Kodek* in Burgstaller/Neumayr/Geroldinger/Schmaranzer Art 25 Rz 32 ff InsVO; vgl. zu Art 32 EuInsVO 2015 weiter ausführlich *Müller* in Mankowski/Müller/J. Schmidt, Art 32 EuInsVO 2015 Rz 1 ff).

Der Sicherung einzelner Maßnahmen dient schließlich die dem Universalitätsprinzip entspringende Regel, dass die im Eröffnungsverfahren angeordneten Sicherungsmaßnahmen in allen Mitgliedstaaten in gleicher Weise gelten (Erwägungsgrund 36 EuInsVO 2015).

8. Anerkennung und ihre Wirkungen

Die Eröffnung eines Insolvenzverfahrens wird in den anderen Mitgliedstaaten ohne weitere Voraussetzungen (kein förmliches Anerkennungsverfahren) *ipso iure* anerkannt, sobald die Entscheidung im Staat der Verfahrenseröffnung wirksam ist (Art 19 Abs 1 EuInsVO 2015; *Oberhammer/Vogler*, ecolex 2001, 660; *Virgós/Schmit*, Erläuternder Bericht Rz 143, 160). Der Begriff „Wirksamkeit" entspricht dabei nicht dem österreichischen innerstaatlichen Verständnis nach § 416 ZPO (Wirksamkeit von gerichtlichen Entscheidungen).

Von ausschlaggebender Bedeutung ist, dass die betreffende Entscheidung nach dem Recht des Eröffnungsstaats bereits Rechtswirkungen entfaltet (*Müller* in Mankowski/Müller/J. Schmidt, Art 19 EuInsVO 2015 Rz 15; vgl. weiter *Kodek* in Burgstaller/Neumayr/Geroldinger/Schmaranzer Art 16 Rz 9 InsVO).

Regelmäßig wird es sich dabei um jene Wirkungen handeln, die unmittelbar aus der Eröffnungsentscheidung resultieren (*Bock* in Bock/Muhri, Insolvenzrecht, 96 f; *Duursma-Kepplinger* in Duursma-Kepplinger/Duursma/Chalupsky Art 16 Rz 11 EuInsVO).

Die Wirksamkeit eines österreichischen Insolvenzverfahrens richtet sich in zeitlicher Hinsicht nach § 2 Abs 1 IO. Die Wirkungen treten somit mit Beginn des Tages ein, der der öffentlichen Bekanntmachung des Inhalts des Insolvenzedikts in der Insolvenzdatei folgt (*Bock* in Bock/Muhri, Insolvenzrecht, 60 FN 56; *Mohr*, ecolex spezial, 123).

Auch bloß „vorläufige" Entscheidungen, gegen die ein ordentliches oder außerordentliches Rechtsmittel noch zulässig ist, werden von Art 19 Abs 1 EuInsVO 2015 erfasst. Sie sind daher in den anderen Mitgliedstaaten automatisch wirksam, sofern sie nur im Staat der Verfahrenseröffnung bereits Wirksamkeit entfalten. Die formelle oder materielle Rechtskraft einer Entscheidung ist somit keine Voraussetzung für die Anerkennung einer solchen (*Huber*, ZZP 2001, 145; *Keppelmüller*, wbl 1996, 342; *Schumacher*, ZIK 2002/258, 183; *Smid*, Insolvenzrecht, 67).

Durch die Anerkennung einer in einem anderen Mitgliedstaat ergangenen Entscheidung zur Eröffnung eines Insolvenzverfahrens erhält diese dieselbe Rechtskraft, die ihr in dem Staat, in welchem sie ergangen ist, beigelegt wird, auch im Hoheitsgebiet der anerkennenden Mitgliedstaaten.

Im Ergebnis bedeutet dies nichts anderes, als eine ***Wirkungserstreckung*** der Insolvenzeröffnungsentscheidung eines Mitgliedstaats auf das gesamte Gebiet der Europäischen Union mit Ausnahme von Dänemark (*Duursma-Kepplinger/Chalupsky* in Duursma-Kepplinger/Duursma/Chalupsky Art 16 Rz 34 EuInsVO; *Schack*, Zivilverfahrensrecht Rz 1217; vgl. dazu weiter *Bodiroga/Knezevic* in Clavora/Garber, 176 ff).

Nach Art 20 Abs 1 EuInsVO 2015 kommen einem eröffneten Insolvenzverfahren in allen anderen Mitgliedstaaten, ohne dass es hierfür irgendwelcher Förmlichkeiten bedarf, dieselben (materiellrechtlichen und verfahrensrechtlichen) Wirkungen wie im Eröffnungsstaat zu (*Bock* in Bock/Muhri, Insolvenzrecht, 96; *Virgós/Schmit*, Erläuternder Bericht Rz 151; *Schack*, Zivilverfahrensrecht Rz 1225). Auch bei Art 20 Abs 1 EuInsVO 2015 werden somit die ***Wirkungen*** des eröffneten Verfahrens vom Staat der Verfahrenseröffnung auf die übrigen Mitgliedstaaten (ausgenommen wieder Dänemark) ***erstreckt*** (*Gottwald*, Grenzüberschreitende Insolvenzen, 25; *Kodek* in Burgstaller/Neumayr/Geroldinger/Schmaranzer Art 17 Rz 3 InsVO; *Wenner/Schuster* in FK Art 17 EuInsVO Rz 2; *Müller* in Mankowski/Müller/J. Schmidt, Art 20 EuInsVO 2015 Rz 6).

Während also Art 19 EuInsVO 2015 die Anerkennung von in anderen Mitgliedstaaten ergangenen Entscheidungen hinsichtlich der *Eröffnung* eines Insolvenzverfahrens regelt, bezieht sich Art 20 EuInsVO 2015 auf die *Wirkungen* dieser Anerkennung im Einzelnen (*Duursma-Kepplinger* Duursma-Kepplinger/Duursma/Chalupsky Art 17 Rz 1 EuInsVO).

9. Ordre Public Vorbehalt

Durch den ordre public Vorbehalt kann sich jeder Mitgliedstaat ***weigern***, ein in einem anderen Mitgliedstaat eröffnetes ***Insolvenzverfahren anzuerkennen*** oder eine in einem solchen Verfahren ergangene ***Entscheidung*** zu ***vollstrecken***, soweit die ***Anerkennung*** oder ***Vollstreckung*** zu einem ***Ergebnis*** führen würde, das ***offensichtlich*** mit seiner ***öffentlichen Ordnung***, insbesondere mit den Grundprinzipien oder den verfassungsmäßig garantierten Rechten und Freiheiten des einzelnen, ***unvereinbar*** ist (Art 33 EuInsVO 2015; *Paulus* Art 26 Rz 5 ff EuInsVO; *Wenner/Schuster* in FK Art 26 EuInsVO Rz 4).

Gemeint ist damit die Einhaltung ***grundlegender Verfahrensgarantien***, wie etwa das Recht auf rechtliches Gehör sowie das Recht auf Beteiligung am Verfahren (*Bock* in Bock/Muhri, Insolvenzrecht, 118; *Wenner/Schuster* in FK Art 26 EuInsVO Rz 7; *Virgós/Schmit*, Erläuternder Bericht Rz 205). Ein Verstoß gegen den ordre public liegt somit bei Verletzung der elementaren Grundsätze des fairen Verfahrens (Art 6 EMRK) vor (*Kodek* in Burgstaller/Neumayr/Geroldinger/Schmaranzer Art 26 Rz 11 InsVO); genannt seien etwa Korruption sowie (politische) Willkür (dazu und zu weiteren Beispielen *Müller* in Mankowski/Müller/J. Schmidt, Art 33 EuInsVO 2015 Rz 22).

Aber auch eine Missachtung von ***fundamentalen materiellrechtlichen*** Bestimmungen ist als ordre public widrig anzusehen (*Duursma-Kepplinger* in Duursma-Kepplinger/Duursma/Chalupsky Art 26 Rz 6 EuInsVO). Eine Verletzung des materiellrechtlichen ordre publics liegt etwa vor, wenn einem ausländischen Exekutionstitel ein mit der inländischen Rechtsordnung vollkommen unvereinbarer (ausländischer) Rechtsgedanke zugrunde liegt (OGH RdW 1986, 144; *Kodek* in Burgstaller/Neumayr/Geroldinger/Schmaranzer Art 26 Rz 13 InsVO). Die Tatsache, dass ein ausländisches Gericht seine Entscheidung beispielsweise nicht (oder erst nachträglich) begründet, wird generell (noch) nicht als ordre public widrig angesehen (*Paulus* Art 26 Rz 12 EuInsVO). Der OGH hat in ZIK 2005/106 103 zur EuInsVO 2000 ausgesprochen, dass die fälschliche Inanspruchnahme der Zuständigkeit nach Art 3 Abs 1 EuInsVO 2000 per se ebenso wenig eine ordre public-Verletzung darstellt, wie der Umstand der mangelhaften Begründung der internationalen Zuständigkeit. Beides hindere nicht die Anerkennung des Hauptinsolvenzverfahrens in einem Mitgliedstaat.

Der ordre public darf nur in Ausnahmefällen herangezogen werden (*Kodek* in Burgstaller/Neumayr/Geroldinger/Schmaranzer Art 26 Rz 6 InsVO). Die zulässigen Gründe für eine Versagung der Anerkennung sollen *„auf das unbedingt notwendige Maß“* beschränkt werden (Erwägungsgrund 65 EuInsVO 2015). Der OGH spricht von *„sparsamstem Gebrauch“* (ZfRV 2001/76) und fordert *„größte Zurückhaltung“* (SZ 71/26 = ecolex 1998, 549) bei Anwendung der Bestimmungen des ordre public.

Beachte: Die Berufung auf den ordre public durch einen Staat darf keinesfalls dazu führen, dass die ausländische Entscheidung in der Sache selbst nachgeprüft wird. Dies würde dem Verbot der *révision au fond* widersprechen (*Virgós/Schmit*, Erläuternder Bericht Rz 202; *Smid*, Insolvenzrecht, 74).

Gelangt man zum Ergebnis, dass eine anzuerkennende oder zu vollstreckende Entscheidung tatsächlich dem ordre public des anerkennenden Staats widerspricht, so hat dies zur Folge, dass diese nicht anerkannt und somit im Anerkennungsstaat nicht wirksam bzw. eine Entscheidung nicht vollstreckt wird (*Kodek* in Burgstaller/Neumayr/Geroldinger/Schmaranzer Art 26 Rz 9 InsVO; ausführlich *Müller* in Mankowski/Müller/J. Schmidt, Art 20 EuInsVO 2015 Rz 33 ff).

10. Verwalter des Insolvenzverfahrens

Der durch ein zuständiges Gericht bestellte Verwalter darf im Gebiet eines anderen Mitgliedstaats alle Befugnisse ausüben, die ihm nach dem Recht des Staats der Verfahrenseröffnung zustehen. Dies allerdings nur solange, als in dem anderen Staat nicht ein weiteres Insolvenzverfahren eröffnet oder eine gegenteilige Sicherungsmaßnahme aufgrund eines Antrags auf Eröffnung eines Insolvenzverfahrens ergriffen wurde (Art 21 Abs 1 S 1 EuInsVO 2015). Vorbehaltlich der Regelungen über dingliche Rechte Dritter (Art 8 EuInsVO 2015) und des Eigentumsvorbehalts (Art 10 EuInsVO 2015), darf der Verwalter insbesondere die zur Masse gehörenden Gegenstände aus dem Gebiet eines Mitgliedstaats, in dem sie sich befinden, entfernen lassen (Art 21 Abs 1 S 2 EuInsVO 2015; dazu insgesamt *Mäsch* in Rauscher Art 18 EG-InsVO Rz 3 ff sowie *Wenner/Schuster* in FK Art 18 EuInsVO Rz 2 ff).

Durch die (etwas kompliziert geratene) Regelung des Art 21 Abs 1 S 1 EuInsVO 2015 können die Befugnisse des Verwalters eines Hauptinsolvenzverfahrens sowohl durch die Einleitung eines Sekundärinsolvenzverfahrens als auch durch vorläufige Sicherungsmaßnahmen, die vor Eröffnung eines Sekundärinsolvenzverfahrens ergriffen wurden, eingeschränkt werden (*Duursma-Kepplinger/Chalupsky* in Duursma-Kepplinger/Duursma/Chalupsky Art 18 Rz 11 EuInsVO). Eine weitere Einschränkung der Befugnisse des Verwalters ergibt sich aus Art 21 Abs 3 S 1 EuInsVO 2015, wonach der Verwalter das Recht des Mitgliedstaats zu beachten hat, in dessen Gebiet er handeln will (dazu sogleich im übernächsten Absatz).

Der Verwalter ist ferner berechtigt, in jedem anderen Mitgliedstaat gerichtlich und außergerichtlich geltend zu machen, dass ein beweglicher Gegenstand nach Eröffnung des Insolvenzverfahrens aus dem Hoheitsgebiet dieses Staats in das Hoheitsgebiet eines anderen Mitgliedstaats verbracht worden ist. Durch dieses gerichtliche Klagerecht räumt die EuInsVO 2015 dem Verwalter ein effizientes Rückholrecht ein (*Paulus* Art 18 Rz 11 EuInsVO). Außerdem kann er eine den Interessen der Gläubiger dienende Anfechtungsklage erheben (siehe dazu insgesamt Art 21 Abs 2 EuInsVO 2015 sowie Müller in Mankowski/Müller/J. Schmidt Art 21 EuInsVO 2015 Rz 15 ff; vgl. auch *Kodek* in Burgstaller/Neumayr/Geroldinger/Schmaranzer Art 18 Rz 12 f InsVO).

Bei Ausübung seiner Befugnisse hat der Verwalter – wie ausgeführt – das Recht des Mitgliedstaats, in dessen Gebiet er handeln will, zu beachten. Dies gilt vor allem hinsichtlich der Art und Weise der Verwertung der Gegenstände. Die Befugnisse des Verwalters umfassen weder die Anwendung von Zwangsmitteln (ohne Anordnung durch ein Gericht des Mitgliedstaats) noch die Entscheidung über Rechtsstreitigkeiten oder andere Auseinandersetzungen (Art 21 Abs 3 EuInsVO 2015; *Bock* in Bock/Muhri, Insolvenzrecht, 100; *Kodek*, in Kodek/Konecny, Insolvenz-Forum 2007, 222; *Mohr*, ecolex spezial, 124).

Ein österreichischer Insolvenzverwalter kann etwa in Italien, Irland oder Spanien so agieren, wie es ihm die österreichische IO erlaubt. Geht man davon aus, dass das Insolvenzverfahren in Österreich eröffnet worden ist, richten sich die Befugnisse des Verwalters daher grundsätzlich nach österreichischem Recht (Recht des Staats der Verfahrenseröffnung). Bei Ausübung der Befugnisse hätte der österreichische Insolvenzverwalter aber die entsprechenden insolvenzrechtlichen Vorschriften Italiens, Irlands oder Spaniens zu beachten. Ist etwa deren Verwertungsrecht die freihändige Verwertung unbekannt, so muss der österreichische Verwalter eine Zwangsversteigerung durchführen, die nach dem lokalen Recht zulässig ist (siehe zu diesem Beispiel *Schumacher*, ZIK 2002/258, 184).

Beachte: So wie für Sicherungsmaßnahmen nach Art 52 EuInsVO 2015 ist auch für die Anordnung von Zwangsmitteln nach Art 21 Abs 3 EuInsVO 2015 das in § 63 IO bezeichnete Gericht zuständig (§ 219 Abs 1 IO). In dem Fall, dass der Schuldner im Inland kein Unternehmen betreibt und im Inland weder eine Niederlassung noch einen gewöhnlichen Aufenthalt oder Vermögen hat, ist das Handelsgericht Wien zuständig (§ 219 Abs 2 IO).

Die Bestellung zum Verwalter ist durch eine beglaubigte Abschrift der Bestellungsurkunde oder durch eine andere vom zuständigen Gericht ausgestellte Bescheinigung nachzuweisen (Art 22 S 1 EuInsVO 2015); diese ist auf Antrag des Verwalters oder des Schuldners in Eigenverwaltung in jedem anderen Mitgliedstaat, in dem sich eine Niederlassung des Schuldners befindet, nach den in diesem Mitgliedstaat vorgesehenen Verfahren zu veröffentlichen (Art 28 Abs 1 EuInsVO 2015). Eine Übersetzung in die Amtssprache des Mitgliedstaats, in dessen Hoheitsgebiet der Verwalter handeln will, kann verlangt werden (Art 22 S 2 EuInsVO 2015).

Der im Rahmen eines ausländischen Hauptinsolvenzverfahrens bestellte Verwalter ist allen Beteiligten für Vermögensnachteile, die ihnen durch Verletzung seiner Pflichten nach Art 28 und 29 EuInsVO 2015 (siehe dazu sogleich unter 11.) entstehen, verantwortlich (§ 220a Abs 3 IO).

11. Öffentliche Bekanntmachung und Eintragung in öffentliche Register

Auf Antrag des Verwalters oder des Schuldners in Eigenverwaltung ist in jedem anderen Mitgliedstaat, in dem sich eine Niederlassung des Schuldners befindet, die Bekanntmachung der Entscheidung zur Eröffnung des Insolvenzverfahrens (und – wie bereits ausgeführt – zur Bestellung des Verwalters) entsprechend den in diesem Mitgliedstaat vorgesehenen Verfahren, zu veröffentlichen (Art 28 Abs 1 EuInsVO 2015). Darüber hinaus kann der Verwalter oder der Schuldner in Eigenverwaltung beantragen, dass die Bekanntmachung nach Art 28 Abs 1 EuInsVO 2015 in jedem anderen Mitgliedstaat, in dem er dies für notwendig hält, nach dem in diesem Mitgliedstaat vorgesehenen Verfahren der Bekanntmachung veröffentlicht wird (Art 28 Abs 2 EuInsVO 2015).

Nach § 220a Abs 1 IO hat das Handelsgericht Wien auf Antrag des Verwalters oder des Schuldners in Eigenverwaltung die Entscheidung über die Eröffnung des Insolvenzverfahrens und die Bestellung des Verwalters öffentlich bekannt zu machen. In der Bekanntmachung ist anzugeben, wer als Verwalter bestellt wurde und ob sich die Zuständigkeit aus Art 3 Abs 1 oder Abs 2 EuInsVO 2015 ergibt.

Im Anwendungsbereich der EuInsVO hat das (österreichische) Gericht in der Entscheidung über die Eröffnung des Insolvenzverfahrens weiters auszusprechen, ob es sich um ein Haupt-, Partikular- oder Sekundärverfahren iSd EuInsVO handelt. Dies ist im Insolvenzedikt auch öffentlich bekannt zu machen (§ 220 Abs 1 IO). Nicht geregelt war bisher, was zu gelten hat, wenn sich erst während des Insolvenzverfahrens herausstellt, dass Auslandsbezug gegeben ist. Nach der Rsp des EuGH fällt ein Insolvenzverfahren auch dann in den Anwendungsbereich der EuInsVO, wenn nachträglich ein grenzüberschreitender Bezug hervorkommt (C-328/12, *Schmid-Hertel*). Da es auch in diesem Fall zweckmäßig ist, auszusprechen, ob es sich um ein Haupt-, Partikular- oder Sekundärverfahren iSd EuInsVO handelt und dies öffentlich bekannt zu machen, wurde der Bestimmung des § 220 IO durch das IRÄG 2017 ein entsprechender Abs 2 angefügt (siehe näher ErläutRV 1588 BlgNR 25 GP, 13).

Weiters ist auf Antrag des Verwalters oder des Schuldners in Eigenverwaltung die Eröffnung des Insolvenzverfahrens nach § 220a Abs 1 IO durch das zuständige Gericht im Grundbuch, Firmenbuch oder in einem sonstigen öffentlichen Register einzutragen (§ 220a Abs 2 IO).

Die Bekanntmachung ausländischer Insolvenzverfahren regelt § 218 IO. Danach sind Anträge, ausländische Insolvenzverfahren öffentlich bekannt zu machen, an das Handelsgericht Wien zu richten; dieses hat die bekannt gegebenen Daten in die Insolvenzdatei aufzunehmen (§ 218 Abs 1 IO).

Die öffentliche Bekanntmachung der Eröffnung eines Insolvenzverfahrens soll insbesondere enthalten (vgl. § 218 Abs 2 IO):

- das Datum der Eröffnung des Insolvenzverfahrens (Z 1),
- das Gericht, das das Insolvenzverfahren eröffnet hat sowie das Aktenzeichen des Verfahrens (Z 2),
- die Art des eröffneten Insolvenzverfahrens (Z 3),
- bei einer Gesellschaft oder einer juristischen Person: die Firma, die Registernummer, den Sitz oder, sofern davon abweichend, die Postanschrift des Schuldners (Z 4),

- bei einer natürlichen Person: den Namen, gegebenenfalls die Registernummer sowie die Postanschrift des Schuldners oder, falls die Anschrift geschützt ist, den Geburtsort und das Geburtsdatum des Schuldners (Z 5),
- den Namen, die Anschrift, die Telefonnummer und die E-Mail-Adresse des Insolvenzverwalters und, wenn eine juristische Person bestellt wurde, der Person, die sie bei Ausübung der Insolvenzverwaltung vertritt, und ob dem Schuldner Eigenverwaltung zusteht (Z 6) sowie
- die Frist für die Anmeldung der Forderungen (Z 7).

Beachte: Die Fassung des § 218 IO vor dem IRÄG 2017 nimmt lediglich auf die öffentlichen Bekanntmachungen nach der EuInsVO Bezug. Da auch ausländische Verfahren, die nicht in den Anwendungsbereich der EuInsVO fallen, gem § 242 Abs 1 IO öffentlich bekannt zu machen sind, wenn deren Wirkungen anzuerkennen sind, hat der Gesetzgeber die Bestimmung des § 218 IO allgemeiner gefasst, sodass die Bekanntmachung aller ausländischen Insolvenzverfahren erfasst ist (näher ErläutRV 1588 BlgNR 25 GP, 13).

In dem Fall, dass es in einem Mitgliedstaat, in dem sich eine Niederlassung des Schuldners befindet und diese Niederlassung in einem öffentlichen Register dieses Mitgliedstaats eingetragen ist oder in dem unbewegliches Vermögen des Schuldners belegen ist, gesetzlich vorgeschrieben, dass die Informationen nach Art 28 EuInsVO 2015 über die Eröffnung eines Insolvenzverfahrens im Grundbuch, Handelsregister oder einem sonstigen öffentlichen Register einzutragen sind, hat der Verwalter oder der Schuldner in Eigenverwaltung die Eintragung im Register durch alle dazu erforderlichen Maßnahmen sicherzustellen (Art 29 Abs 1 EuInsVO 2015 [siehe dazu bereits oben § 220a Abs 2 IO]).

Weiters kann der Verwalter oder der Schuldner in Eigenverwaltung diese Eintragung (gemeint ist wiederum jene über die Eröffnung eines Insolvenzverfahrens) in jedem anderen Mitgliedstaat beantragen, sofern das Recht des Mitgliedstaats, in dem das Register geführt wird, eine solche Eintragung zulässt (Art 29 Abs 2 EuInsVO 2015).

Die Kosten der öffentlichen Bekanntmachung nach Art 28 EuInsVO 2015 und der Eintragung nach Art 29 EuInsVO 2015 sind als Kosten und Aufwendungen des Verfahrens anzusehen (Art 30 EuInsVO 2015).

E. Sekundärinsolvenzverfahren – Partikularinsolvenzverfahren

1. Allgemeines

Neben der Eröffnung eines umfassenden Hauptinsolvenzverfahrens bietet die EuInsVO 2015 die Möglichkeit, territorial beschränkte Verfahren (Sekundärinsolvenzverfahren) zu eröffnen (Art 3 Abs 2, 34 EuInsVO 2015). Diese auf das Gebiet eines Mitgliedstaats beschränkten Verfahren

(*Bock* in Bock/Muhri, Insolvenzrecht, 122; *Reckenzaun* in Petsch/Reckenzaun/Bertl/Isola, 820) werden, je nachdem ob sie vor oder nach Eröffnung des Hauptinsolvenzverfahrens beantragt werden, als ***Partikularinsolvenzverfahren*** oder ***Sekundärinsolvenzverfahren*** bezeichnet (*Oberhammer*, ÖBA 2002, 699; ausführlich *Mankowski* in *Mankowski*/Müller/J. Schmidt Vor Art 34-51 EuInsVO 2015 Rz 1 ff).

Der Sinn derartiger Verfahren liegt häufig in einer effizienteren Verwaltung der Masse sowie im Schutz inländischer Interessen (*Duursma-Kepplinger/Chalupsky* in Feldbauer-Durstmüller/Schlager 988; *Kodek* in Burgstaller/Neumayr/Geroldinger/Schmaranzer Art 27 Rz 10 ff InsVO; Erwägungsgrund 40 EuInsVO 2015).

Notwendige Voraussetzung für die Eröffnung von Sekundärinsolvenzverfahren ist, dass der Schuldner in dem Staat, in dem ein derartiges Verfahren eröffnet werden soll, eine Niederlassung hat (Art 3 Abs 2 EuInsVO 2015; *Balz*, ZIP 1996, 948; *Beck* in Konecny, Insolvenz-Forum 2005, 31; *Kemper*, ZIP 2001, 1612) (zum Begriff „Niederlassung" siehe Art 2 Z 10 EuInsVO 2015 und bereits oben III. D. 1.).

Nicht ausreichend ist, dass der Schuldner im betreffenden Mitgliedstaat lediglich über sonstiges Vermögen verfügt. Der Gerichtsstand des Vermögens (§ 63 Abs 2 IO) kommt somit als Anknüpfungspunkt für die Eröffnung von Sekundärinsolvenzverfahren nicht in Betracht (*Virgós/Schmit* Erläuternder Bericht Rz 70; vgl. auch *Mankowski* in *Mankowski*/Müller/J. Schmidt Vor Art 34-51 EuInsVO 2015 Rz 24).

Die Wirkungen eines Territorialverfahrens beschränken sich auf das Vermögen des Schuldners im Gebiet des betreffenden Mitgliedstaats (Art 3 Abs 2 S 2, Art 34 letzter S EuInsVO 2015). Diese territoriale Wirkung darf von keinem anderen Mitgliedstaat in Frage gestellt werden (Art 20 Abs 2 S 1 EuInsVO 2015).

Die territoriale Begrenzung geht aber nicht so weit, dass auch die Rechte des Verwalters auf die Vermögensgegenstände im jeweiligen Staat beschränkt wären. Der Verwalter eines Sekundärinsolvenzverfahrens darf beispielsweise sehr wohl in jedem anderen Mitgliedstaat geltend machen, dass ein beweglicher Gegenstand nach Eröffnung des Sekundärinsolvenzverfahrens aus dem Staat der Verfahrenseröffnung in ein anderes Staatsgebiet verbracht worden ist (Art 21 Abs 2 EuInsVO 2015; *Kodek* in Burgstaller/Neumayr/Geroldinger/Schmaranzer Art 18 Rz 12 InsVO; genauer oben III. D. 10.).

Die Eröffnung eines Sekundärinsolvenzverfahrens kann gem Art 37 Abs 1 EuInsVO 2015 beantragt werden von dem ***Verwalter des Hauptinsolvenzverfahrens*** (lit a) sowie von ***jeder anderen Person*** oder ***Behörde***, die nach dem Recht des Mitgliedstaats, in dessen Hoheitsgebiet die Eröffnung des Sekundärinsolvenzverfahrens beantragt wird, dazu befugt ist (lit b) (vgl. ausführlich *Pogacar* in Konecny Art 29 Rz 2 ff EuInsVO).

Strittig ist, ob auch dem Schuldner eine entsprechende Antragsberechtigung zukommt (dagegen *Mäsch* in Rauscher Art 29 EG-InsVO Rz 5; dafür

Kodek in Burgstaller/Neumayr/Geroldinger/Schmaranzer Art 29 Rz 2 InsVO sowie *Mankowski* in *Mankowski*/Müller/J. Schmidt Art 37 EuInsVO 2015 Rz 20).

Ist das Hauptinsolvenzverfahren bereits eröffnet worden, hat das Sekundärgericht die Insolvenz des Schuldners – wenn diese für das Hauptinsolvenzverfahren erforderlich war – nicht mehr (neuerlich) zu prüfen (Art 34 S 2 EuInsVO 2015; *Deixler-Hübner/Klicka*, Zivilverfahren[9] Rz 719e; *Reisch/Winkler*, ZIK 2004/143, 119). Bei Partikularinsolvenzverfahren, die ja vor Eröffnung eines Hauptinsolvenzverfahrens beantragt werden, ist das Vorliegen der materiellen Insolvenz – wiederum, wenn diese zur Verfahrenseröffnung notwendig ist – hingegen sehr wohl vom Partikulargericht zu prüfen (*Eidenmüller* IPRax 2001, 12; *Paulus* Art 27 Rz 7 EuInsVO).

Auf Sekundärinsolvenzverfahren ist das Recht jenes Staats anzuwenden, in dessen Hoheitsgebiet sie eröffnet worden sind (Art 35 EuInsVO 2015; *Pogacar* in Konecny Art 28 Rz 1 EuInsVO). Sekundärinsolvenzverfahren sowie deren prozessuale und materiellrechtliche Wirkungen unterliegen daher dem Recht des Eröffnungsstaats (*Virgós/Schmit*, Erläuternder Bericht Rz 90).

Zur Wahrung des ***rechtlichen Gehörs des Verwalters*** und des ***Schuldners in Eigenverwaltung*** bei der Entscheidung über die Eröffnung eines Sekundärinsolvenzverfahrens hat das Gericht entweder den Verwalter oder den Schuldner (in Eigenverwaltung) umgehend darüber in Kenntnis zu setzen und ihnen Gelegenheit zur Stellungnahme zu geben (Art 38 Abs 1 EuInsVO 2015).

Art 38 Abs 1 EuInsVO 2015 ist eine Neuerung (er hat somit keinen Vorgänger in der EuInsVO 2000) und dient der besseren Koordination von Haupt- und Sekundärinsolvenzverfahren bereits in der Eröffnungsphase der Sekundärinsolvenz (*Mankowksi* in Mankowski/Müller/J. Schmidt Art 38 EuInsVO 215 Rz 1).

Der ***Verwalter des Hauptinsolvenzverfahrens*** kann die Entscheidung zur ***Eröffnung eines Sekundärinsolvenzverfahrens*** – also den Eröffnungsbeschluss – bei dem ***Gericht*** des Mitgliedstaats, in dem das Sekundärinsolvenzverfahren eröffnet wurde, mit der ***Begründung anfechten***, dass das ***Gericht den Voraussetzungen*** und ***Anforderungen*** des Art 38 EuInsVO 2015 ***nicht entsprochen*** hat (Art 39 EuInsVO 2015).

Art 39 EuInsVO 2015 hat – so wie Art 38 EuInsVO 2015 – keinen Vorgänger in der EuInsVO 2000 und gewährt dem Hauptinsolvenzverwalter einen ***Mindestrechtsschutz*** (*Mankowski* in *Mankowski*/Müller/J. Schmidt Art 39 EuInsVO 2015 Rz 1 f).

2. Insolvenz keine Voraussetzung mehr für die Eröffnung von Sekundärinsolvenzverfahren

Sekundärinsolvenzverfahren hatten nach der EuInsVO 2000 zwingend die Liquidation des Schuldnervermögens zum Ziel (*Mohr*, ecolex spezial,

121; *Pogacar* in Konecny Art 27 Rz 128 EuInsVO). Grund dafür war, dass nach Art 3 Abs 3 S 2 EuInsVO 2000 (ebenso Art 27 S 2 EuInsVO 2000) als Sekundärinsolvenzverfahren ausschließlich Verfahren iSd Art 2 lit c iVm lit a EuInsVO 2000 eröffnet werden konnten, die ***zwingend die Liquidation des schuldnerischen Vermögens*** zur Folge haben mussten (*Vallender* in Konecny, Insolvenz-Forum 2004, 229; *Mäsch* in Rauscher Art 27 EG-InsVO Rz 16). Dies schränkte den Anwendungsbereich von Sekundärinsolvenzverfahren gegenüber Hauptverfahren erheblich ein (*Kodek* in Burgstaller/Neumayr/Geroldinger/Schmaranzer Art 27 Rz 7 InsVO).

Beachte: War österreichisches Recht anwendbar, fiel darunter ausschließlich das Insolvenzverfahren als Konkursverfahren mit Liquidation (Anhang B EuInsVO 2000; *Bock* in Bock/Muhri, Insolvenzrecht, 59).

Die ***Beschränkung in Art 27 EuInsVO 2000***, wonach es sich bei Sekundärinsolvenzverfahren lediglich um eines der in Anhang B zur EuInsVO 2000 genannten Liquidationsverfahren handeln durfte, ***entfällt nach der EuInsVO 2015***. Die Begrenzung nur auf Liquidationsverfahren wurde einhellig als unpraktisch angesehen (*Oberhammer*, ecolex 2013, 215). ***Sekundärinsolvenzverfahren*** können also nach der EuInsVO 2015 – im Gegensatz zur EuInsVO 2000 – sowohl als ***Sanierungs-*** als auch ***Liquidationsverfahren*** durchgeführt werden (*Reith*, RdW 2015/655, 760).

Unabhängig davon, ob Sekundärinsolvenzverfahren nach der reformierten EuInsVO auch als Sanierungsverfahren eröffnet werden können, können sie (auch zukünftig) eine effiziente Verwaltung der Insolvenzmasse behindern. Daher sind in der EuInsVO 2015 zwei spezifische Situationen vorgesehen (dazu sogleich unter 3. bzw. 4.), in denen das mit einem Antrag auf Eröffnung eines Sekundärinsolvenzverfahrens befasste Gericht auf Antrag des Verwalters des Hauptinsolvenzverfahrens die Eröffnung eines Sekundärinsolvenzverfahrens aufschieben oder ablehnen können sollte (Erwägungsgrund 41 EuInsVO 2015).

3. Vermeidung von Sekundärinsolvenzverfahren

Nach Art 36 Abs 1 EuInsVO 2015, der die Überschrift „Recht, zur Vermeidung von Sekundärinsolvenzverfahren eine Zusicherung zu geben" trägt, kann der Verwalter des Hauptinsolvenzverfahrens – um die Eröffnung eines Sekundärinsolvenzverfahrens zu vermeiden – in Bezug auf das Vermögen, das in dem Mitgliedstaat, in dem ein Sekundärinsolvenzverfahren eröffnet werden könnte, belegen ist, eine ***einseitige Zusicherung*** dahingehend abgeben, dass er bei der Verteilung dieses Vermögens oder des bei seiner Verwertung erzielten Erlöses die ***Verteilungs- und Vorzugsrechte*** nach ***nationalem Recht*** die Gläubiger hätten, wenn ein Sekundärinsolvenzverfahren in diesem Mitgliedstaat eröffnet worden wäre, ***wahrt***.

Mit anderen Worten erhält der Verwalter des Hauptinsolvenzverfahrens die Möglichkeit, den lokalen Gläubigern (zur Definition siehe Art 2 Z 11 EuInsVO 2015 und oben III. D. 1) die Zusicherung zu geben, dass sie so behandelt werden, als wäre das Sekundärinsolvenzverfahren eröffnet worden. Nochmals anders ausgedrückt, gibt der Verwalter den (lokalen) Gläubigern das Versprechen, dass sie ***nicht schlechter gestellt*** werden, als bei Durchführung eines Sekundärinsolvenzverfahrens (*Reith*, RdW 2015/655, 760). Die Gläubiger im Niederlassungsstaat dürfen also nicht weniger bekommen, als ihnen im Falle der Eröffnung eines Sekundärinsolvenzverfahrens (im Niederlassungsstaat) zustünde (*Oberhammer*, ecolex 2013, 215)

Die Zusicherung hat in ***schriftlicher Form*** – in der Amtssprache des Mitgliedstaats, in dem ein Sekundärinsolvenzverfahren hätte eröffnet werden können (vgl. Art 36 Abs 3 EuInsVO 2015) – zu erfolgen; sie unterliegt den im Staat der Eröffnung des Hauptinsolvenzverfahrens geltenden Formvorschriften und Zustimmungserfordernissen hinsichtlich der Verteilung (Art 36 Abs 4 EuInsVO 2015). Die Zustimmungserfordernisse bei der Verteilung regeln – in dem Fall, dass österreichisches Recht anwendbar ist – die Bestimmungen der §§ 129 und 130 IO. Danach hat der Insolvenzverwalter dem Insolvenzgericht einen vom Gläubigerausschuss genehmigten Verteilungsentwurf vorzulegen (ErläutRV 1158 BlgNR 25. GP, 14).

Das Insolvenzgericht hat die Vorlage und den wesentlichen Inhalt der vom Gläubigerausschuss genehmigten Zusicherung zur Vermeidung eines Sekundärinsolvenzverfahrens in einem anderen Mitgliedstaat nach deren Prüfung und allfälliger Berichtigung öffentlich bekannt zu machen und den Schuldner sowie die Gläubiger davon mit dem Beifügen zu verständigen, dass es ihnen freisteht, Einsicht zu nehmen und binnen 14 Tagen Erinnerungen anzubringen (§ 220b Abs 1 IO). Die Zusicherung hat auch Angaben darüber zu enthalten, welche Gegenstände der Insolvenzverwalter nach dem Antrag auf Eröffnung des Insolvenzverfahrens in einen anderen Staat verbracht hat (§ 220b Abs 2 IO).

Die Zusicherung muss von den bekannten lokalen Gläubigern in Form einer ***qualifizierten Mehrheit*** gebilligt – also angenommen – werden. In Bezug auf das Verfahren über die Abstimmung der Zusicherung wird auf das Recht des Mitgliedstaats (über die Annahme von Sanierungsplänen [vgl. § 220c Abs 1 IO]), in dem das Sekundärinsolvenzverfahren hätte eröffnet werden sollen, verwiesen; verwiesen wird also auf die *lex fori concursus* (Art 36 Abs 5 EuInsVO 2015; Erwägungsgrund 42 EuInsVO 2015).

Ist österreichisches Recht anwendbar, wird auf § 147 IO verwiesen (ErläutRV 1158 BlgNR 25. GP, 15; vgl. auch *Reith*, RdW 2015/655, 760).

Gibt es nach nationalem Recht unterschiedliche Verfahren für die Annahme von Sanierungsplänen, sollten die Mitgliedstaaten das spezifische Verfahren benennen, das für die Zusicherung nach Art 36 Abs 1 EuInsVO 2015 maßgeblich sein sollte (Erwägungsgrund 44 S 2 EuInsVO 2015).

Art 36 Abs 5 EuInsVO 2015 regelt nicht, wer dic Abstimmung über die Zusicherung durchzuführen hat (Gericht oder Verwalter). Wie die Abstimmung durchzuführen ist, ergibt sich aus dem nationalen Recht des Mitgliedstaates des virtuellen Sekundärverfahrens, auf das die EuInsVO 2015 verweist. Daher enthalten die §§ 220d und 220e IO Regelungen für eine ***Abstimmungstagsatzung*** bei Gericht; zuständig ist das für die Eröffnung des Sekundärinsolvenzverfahrens zuständige Gericht (vgl. näher ErläutRV 1158 BlgNR 25. GP, 15).

Die von den lokalen Gläubigern in der Abstimmungstagsatzung angenommene Zusicherung bedarf – wie der Sanierungsplan – der ***gerichtlichen Bestätigung*** (§ 220g Abs 1 IO); dabei hat das Gericht insbesondere das Vorliegen der beim Sanierungsplan vorgesehenen Versagungsgründe zu prüfen (ErläutRV 1158 BlgNR 25. GP, 16). Wird die ***Mehrheit*** der ***Gläubiger nicht erreicht***, ist der ***Antrag abzuweisen***; dies ist öffentlich bekannt zu machen (§ 220g Abs 2 IO).

Die ***Forderungen*** der Gläubiger sollten für die Zwecke der Abstimmung über die Zusicherung – auch ohne vorangegangene Prüfungstagsatzung – als ***festgestellt gelten***, wenn die Abstimmungsregeln für die Annahme eines Sanierungsplans nach nationalem Recht die vorherige Feststellung dieser Forderungen vorschreiben (Erwägungsgrund 44 S 2 EuInsVO 2015). Der Grund dafür ist darin zu sehen, dass eine Zusicherung nach Art 36 Abs 1 EuInsVO 2015 regelmäßig in einem frühen Verfahrensstadium erfolgen wird (*Reith*, RdW 2015/655, 760).

Sind die ***Forderungen*** im Hauptinsolvenzverfahren ***noch nicht festgestellt***, bedarf es einer ***Forderungsprüfung***; hierzu kann ein ***besonderer Verwalter*** bestellt werden (vgl. diesbezüglich § 220f IO).

Beachte: Wie ausgeführt, bedarf die Zusicherung der Zustimmung der bekannten lokalen Gläubiger; eine Zustimmung anderer Gläubiger ist nicht vorgesehen; dies selbst dann nicht, wenn ein Großteil der Vermögenswerte in dem Mitgliedstaat des potenziellen Sekundärinsolvenzverfahrens belegen ist. Wird die Zusicherung des Verwalters pflichtwidrig abgegeben, könnte dies haftungsrechtliche Konsequenzen haben (zu all dem *Wimmer*, jurisPR-InsR 7/2015 Anm 1).

In dem Fall, dass die ***lokalen Gläubiger*** der ***Zusicherung*** des Verwalters ***zustimmen***, wird grundsätzlich ***kein Sekundärinsolvenzverfahren eröffnet*** (Art 38 Abs 2 EuInsVO 2015; *Konecny*, ZIK 2015/96, 83). Selbst im Falle der Annahme der Zusicherung durch die Gläubiger kann allerdings ein Sekundärinsolvenzverfahren (doch noch) eröffnet werden:

► Zum Einen kann ein ***Gläubiger*** binnen ***30 Tagen*** nach Erhalt der Mitteilung über die Billigung der Zusicherung einen ***Antrag*** auf ***Eröffnung*** eines ***Sekundärinsolvenzverfahrens*** stellen (Art 37 Abs 2 EuInsVO 2015).

Durch die Möglichkeit eines Gläubigers binnen 30 Tagen ein Sekundärinsolvenzverfahren auch bei Annahme der Zusicherung zu beantragen, besteht die Gefahr, die Vermeidung von Sekundärinsolvenzverfahren „ins Leere laufen zu lassen“ (*Reith*, RdW 2015/655, 760). In der Literatur wird daher vorgeschlagen, dass Art 37 Abs 2 EuInsVO 2015 nur in Ausnahmefällen angewendet werden darf, etwa, wenn die Interessen eines Gläubigers grob vernachlässigt werden (*Wimmer*, jurisPR-InsR 7/2015 Anm 1; kritisch zur Regelung des Art 37 Abs 2 EuInsVO 2015 auch *Mankowski* in Mankowski/Müller/J. Schmidt Art 37 EuInsVO 2015 Rz 41 demzufolge eine kraft Zustimmung wirksam gewordene Zusicherung später erfolgende Sekundärinsolvenzanträge automatisch unzulässig machen sollte).

► Zum Anderen können auch die ***Gerichte*** im Falle einer angenommenen Zusicherung ein ***Sekundärinsolvenzverfahren eröffnen***, wenn sie der ***Überzeugung*** sind, dass die Zusicherung die allgemeinen ***Interessen*** der lokalen ***Gläubiger nicht angemessen schützt*** (Art 38 Abs 2 EuInsVO 2015 *e contrario*; vgl. auch Erwägungsgrund 42 S 3 EuInsVO 2015 sowie *Tett/ Crinson*, Corporate Rescue and Insolvency 2015, 67).

Nach Erwägungsgrund 42 letzter S EuInsVO 2015 sollte das Gericht bei der Beurteilung der Frage, ob die Interessen der lokalen Gläubiger durch die Zusicherung angemessen geschützt sind, die Tatsache berücksichtigen, dass die Zusicherung von einer qualifizierten Mehrheit der lokalen Gläubiger gebilligt worden ist. *Mankowski* ist der Ansicht, dass ein Antrag auf Eröffnung einer Sekundärinsolvenz – obwohl eine wirksame Zusicherung nach Art 36 EuInsVO 2015 vorliegt – nur erfolgreich sein darf, wenn das Interesse des antragstellenden Gläubigers beim Zustandekommen der Zusicherung grob vernachlässigt wurde (*Mankowski* in Mankowski/Müller/J. Schmidt Art 38 EuInsVO 2015 Rz 9 mwN).

4. *Aufschiebung von Sekundärinsolvenzverfahren*

Neben der Vermeidung der Eröffnung eines Sekundärinsolvenzverfahrens durch Abgabe einer Zusicherung des Verwalters eines Hauptinsolvenzverfahrens an die lokalen Gläubiger, besteht nach der EuInsVO 2015 darüber hinaus die Möglichkeit, die ***Eröffnung eines Sekundärinsolvenzverfahrens aufzuschieben*** (Erwägungsgrund 45 EuInsVO 2015).

Ein ***Gericht*** kann im Falle einer vorübergehenden ***Aussetzung*** eines ***Einzelvollstreckungsverfahrens*** – um ***Verhandlungen*** zwischen dem ***Schuldner*** und seinen ***Gläubigern*** zu ermöglichen – auf ***Antrag*** des ***Verwalters*** oder des ***Schuldners in Eigenverwaltung*** die ***Eröffnung*** eines ***Sekundärinsolvenzverfahrens*** für einen ***Zeitraum*** von höchstens ***drei Monaten aussetzen***; dies allerdings nur dann, wenn geeignete Maßnahmen zum ***Schutz*** der ***Interessen*** der ***lokalen Gläubiger*** bestehen (Art 38 Abs 3 EuInsVO 2015).

In der EuInsVO 2015 sollte also die Möglichkeit vorgesehen werden, dass das Gericht die Eröffnung des Sekundärinsolvenzverfahrens vorläufig aussetzen kann, wenn im Hauptinsolvenzverfahren eine vorläufige Aussetzung von Einzelvollstreckungsverfahren gewährt wurde, um die Wirksamkeit der im Hauptinsolvenzverfahren gewährten Aussetzung zu wahren. Das Gericht sollte die vorläufige Aussetzung gewähren können, wenn es der Überzeugung ist, dass geeignete Maßnahmen zum Schutz der Interessen der lokalen Gläubiger bestehen (Erwägungsgrund 45 S 2 u. S 3 EuInsVO 2015).

5. *Verfahrenskoordination*

Zwischen dem Verwalter eines Hauptinsolvenzverfahrens und jenem eines oder mehrerer Sekundärinsolvenzverfahren bestanden bereits nach der

EuInsVO 2000 umfangreiche ***Kooperations- und Unterrichtungspflichten*** (Art 31 EuInsVO 2000; *Kodek* in Burgstaller/Neumayr/Geroldinger/Schmaranzer Art 31 Rz 1 InsVO; *Pogacar* in Konecny Art 31 Rz 1 EuInsVO; Erwägungsgrund 20 EuInsVO 2000).

Die Verwalter hatten einander unverzüglich alle Informationen zukommen zu lassen, die für das jeweils andere Verfahren von Bedeutung sein können. Art 31 Abs 1 EuInsVO 2000 nannte Informationen über den Stand der Anmeldung und Prüfung der Forderungen sowie alle Maßnahmen zur Beendigung eines Insolvenzverfahrens (siehe zu Art 31 EuInsVO 2000 *Mankowski* in Konecny, Insolvenz-Forum 2009, 56 ff).

Die Neuregelungen nach der EuInsVO 2015 im Bereich der Verfahrenskoordination betreffen das ***Verhältnis*** von ***Hauptinsolvenzverfahren*** und ***Sekundärinsolvenzverfahren*** (dazu nach der EuInsVO 2000 ausführlich *Geroldinger*, 135 ff sowie *ders* in Clavora/Garber, 125 ff).

Die nach der EuInsVO 2000 bereits bestehenden Kooperations- und Unterrichtungspflichten zwischen dem Verwalter eines Hauptinsolvenzverfahrens und dem Verwalter eines oder mehrerer Sekundärinsolvenzverfahren wurden jedoch als grundsätzlich verbesserungsbedürftig angesehen (*Oberhammer*, ecolex 2013, 214).

► Zunächst ist in der EuInsVO 2015 – so wie schon bisher in der EuInsVO 2000 – eine ***Zusammenarbeit*** und ***Kommunikation unter*** den ***Verwaltern*** vorgesehen. Nach Art 41 Abs 1 EuInsVO 2015 arbeiten der Verwalter des Hauptinsolvenzverfahrens und der oder die in Sekundärinsolvenzverfahren über das Vermögen desselben Schuldners bestellten Verwalter soweit zusammen, wie eine solche Zusammenarbeit mit den für das jeweilige Verfahren geltenden Vorschriften vereinbar ist. Die Zusammenarbeit kann in ***beliebiger Form***, einschließlich durch den ***Abschluss*** von ***Vereinbarungen*** oder ***Verständigungen***, erfolgen.

Bei der Durchführung der Zusammenarbeit nach Art 41 Abs 1 EuInsVO 2015 obliegt es den Verwaltern etwa einander so bald wie möglich alle Informationen mitzuteilen, die für das jeweilige andere Verfahren von Bedeutung sein können (Art 41 Abs 2 lit a EuInsVO 2015), die Möglichkeit einer Sanierung des Schuldners zu prüfen und, falls eine solche Möglichkeit besteht, die Ausarbeitung und Umsetzung eines Sanierungsplans zu koordinieren (Art 41 Abs 2 lit b EuInsVO 2015); weiters obliegt den Verwaltern die Koordination der Verwertung oder Verwendung der Insolvenzmasse sowie der Verwaltung der Geschäfte des Schuldners (Art 41 Abs 2 lit c EuInsVO 2015).

► Im Gegensatz zur EuInsVO 2000, die nur eine Zusammenarbeit zwischen den Verwaltern kannte, wird die ***Zusammenarbeit und Kommunikation*** nach der EuInsVO 2015 auf die ***Gerichte ausgedehnt***. Konkret sind zur Zusammenarbeit die mit den ***Verfahren befassten Gerichte*** (Art 42 EuInsVO 2015) sowie die ***Gerichte und Verwalter untereinander*** (Art 43 EuInsVO 2015) verpflichtet.

Ein ***Gericht***, das mit einem Antrag auf Eröffnung eines Insolvenzverfahrens befasst ist oder das ein solches Verfahren eröffnet hat, ***hat*** mit ***jedem***

anderen Gericht, das mit einem Antrag auf Eröffnung eines Insolvenzverfahrens befasst ist oder das ein solches Verfahren eröffnet hat, ***zusammenzuarbeiten***, soweit diese Zusammenarbeit mit den für jedes dieser Verfahren geltenden Vorschriften vereinbar ist (Art 42 Abs 1 EuInsVO 2015).

Bei der Durchführung der Zusammenarbeit nach Art 42 Abs 1 EuInsVO 2015 können die Gerichte direkt miteinander kommunizieren oder einander direkt um Informationen und Unterstützung ersuchen, vorausgesetzt, bei dieser Kommunikation werden die Verfahrensrechte der Verfahrensbeteiligten sowie die Vertraulichkeit der Informationen gewahrt (Art 42 Abs 2 EuInsVO 2015).

Die Zusammenarbeit nach Art 42 Abs 1 EuInsVO 2015 kann auf jedem von dem Gericht als geeignet erachteten Weg erfolgen. Sie kann sich gem Art 42 Abs 3 EuInsVO insbesondere beziehen auf

- die Koordinierung bei der Bestellung von Verwaltern (lit a),
- die Mitteilung von Informationen auf jedem von dem betreffenden Gericht als geeignet erachteten Weg (lit b),
- die Koordinierung der Verwaltung und Überwachung des Vermögens und der Geschäfte des Schuldners (lit c),
- die Koordinierung der Verhandlungen (lit d) sowie
- soweit erforderlich die Koordinierung der Zustimmung zu einer Verständigung der Verwalter (lit e).

Wie oben bereits erwähnt, ist die Zusammenarbeit und Kommunikation zwischen Verwaltern und Gerichten in Art 43 EuInsVO geregelt. Nach Abs 1 dieser Bestimmung ***arbeitet*** der ***Verwalter***

- des ***Hauptinsolvenzverfahrens*** mit ***jedem Gericht***, das mit einem ***Antrag*** auf ***Eröffnung*** eines ***Sekundärinsolvenzverfahrens*** befasst ist oder das ein solches Verfahren eröffnet hat, ***zusammen*** und ***kommuniziert mit diesem*** (lit a),

- eines ***Partikularverfahrens*** oder ***Sekundärinsolvenzverfahrens*** mit dem ***Gericht***, das mit einem ***Antrag auf Eröffnung*** des ***Hauptinsolvenzverfahrens*** befasst ist oder das ein solches ***Verfahren eröffnet*** hat, ***zusammen*** und ***kommuniziert mit diesem*** (lit b), und

- eines ***Partikularverfahrens*** oder ***Sekundärinsolvenzverfahrens*** mit dem ***Gericht***, das mit einem ***Antrag auf Eröffnung*** eines ***anderen Partikularverfahrens*** oder ***Sekundärinsolvenzverfahrens*** befasst ist oder das ein solches ***Verfahren eröffnet*** hat, ***zusammen*** und ***kommuniziert mit diesem*** (lit c),

soweit diese Zusammenarbeit und Kommunikation mit den für die einzelnen Verfahren ***geltenden Vorschriften vereinbar*** sind und ***keine Interessenkonflikte*** nach sich ziehen.

Die Zusammenarbeit nach Art 43 Abs 1 EuInsVO 2015 kann auf jedem geeigneten Weg, wie es etwa in Art 42 Abs 3 EuInsVO 2015 für die Zusammenarbeit zwischen den Gerichten bestimmt ist, erfolgen (Art 43 Abs 2 EuInsVO 2015).

Beachte: Die Zusammenarbeit und Kommunikation auf Ebene der Gerichte (Art 42 und 43 EuInsVO 2015) darf nicht zur Folge haben, dass diese einander die entsprechenden Kosten in Rechnung stellen (Art 44 EuInsVO 2015).

F. Einrichtung von Insolvenzregistern

Einerseits zur ***Verhinderung*** der ***Eröffnung von Parallelverfahren***, andererseits um eine ***bessere Information der betroffenen Gläubiger*** und ***Gerichte*** zu ***gewährleisten***, sollten die Mitgliedstaaten durch die EuInsVO 2015 verpflichtet werden, ***relevante Informationen*** in ***grenzüberschreitenden Insolvenzfällen*** in einem ***öffentlich zugänglichen*** elektronischen ***Register*** („Insolvenzregister") ***bekanntzumachen*** (Erwägungsgrund 76 EuInsVO 2015).

Dementsprechend haben die ***Mitgliedstaaten*** in ihrem ***Hoheitsgebiet*** ein oder mehrere ***Register*** („Insolvenzregister") zu ***errichten*** und zu ***unterhalten***. In diesen Registern sind Informationen über Insolvenzverfahren zu veröffentlichen; die entsprechenden Informationen sind so bald als möglich nach Eröffnung eines solchen Verfahrens bekanntzumachen (Art 24 Abs 1 EuInsVO 2015).

Die in das bzw. die Insolvenzregister jedenfalls aufzunehmenden Informationen (***„Pflichtinformationen"***) betreffen nach Art 24 Abs 2 EuInsVO 2015 etwa:

- das Datum der Eröffnung des Insolvenzverfahrens (lit a),
- das Gericht, das das Insolvenzverfahren eröffnet hat, und – soweit vorhanden – das Aktenzeichen (lit b),
- die Art des eröffneten Insolvenzverfahrens nach Anhang A EuInsVO 2015 (lit c),
- Angaben dazu, ob die Zuständigkeit für die Eröffnung des Verfahrens auf Artikel 3 Absatz 1, 2 oder 4 beruht (lit d),
- den Namen, die Registernummer, den Sitz oder, sofern davon abweichend, die Postanschrift des Schuldners, wenn es sich um eine Gesellschaft oder eine juristische Person handelt (lit e),
- den Namen, gegebenenfalls die Registernummer sowie Postanschrift des Schuldners oder, falls die Anschrift geschützt ist, den Geburtsort und das Geburtsdatum des Schuldners, wenn er eine natürliche Person ist, unabhängig davon, ob er eine selbständige gewerbliche oder freiberufliche Tätigkeit ausübt (lit f),
- gegebenenfalls den Namen, die Postanschrift oder E-Mail-Adresse des für das Verfahren bestellten Verwalters (lit g) sowie
- gegebenenfalls das Datum der Beendigung des Hauptinsolvenzverfahrens (lit i).

Beachte: Den Mitgliedstaaten ist es erlaubt, über die Pflichtinformationen hinausgehende ***(zusätzliche) Informationen*** in den Insolvenzregistern aufzunehmen (Art 24 Abs 3; Erwägungsgrund 77 S 2 EuInsVO 2015). Die Mitgliedstaaten sind weiters nicht verpflichtet, Informationen über natürliche Personen, die keine selbständige gewerbliche oder freiberufliche Tätigkeit ausüben, in ihre Insolvenzregister aufzunehmen (Art 24 Abs 4 EuInsVO 2015). In solchen Fällen sollten die Mitgliedstaaten sicherstellen, dass die einschlägigen Informationen durch individuelle Mitteilung an die Gläubiger übermittelt werden und die Forderungen von Gläubigern, die die Informationen nicht erhalten haben, durch die Verfahren nicht berührt werden (Erwägungsgrund 80 EuInsVO 2015). Mit Hilfe der Bestimmung des Art 24 Abs 4 EuInsVO 2015 soll es den Mitgliedstaaten ermöglicht werden, ihren – gerade in diesem Bereich oftmals verfassungsrechtlich vordeterminierten – Standard des ***Persönlichkeitsrechtsschutzes*** zu wahren (*Müller* in Mankowski/Müller/J. Schmidt Art 24 EuInsVO 2015 Rz 14).

Art 27 Abs 1 EuInsVO 2015 bestimmt weiters, dass die Mitgliedstaaten der Europäischen Union sicherzustellen haben, dass die soeben aufgezählten Pflichtinformationen ***gebührenfrei*** zur Verfügung stehen. In der Folge wird die Kommission die ***Insolvenzregister vernetzen***; als Zugangspunkt soll das ***Europäische Justizportal*** dienen (Art 25 Abs 1 EuInsVO 2015).

Die entsprechenden Durchführungsakte sind bis zum 26. Juni 2019 zu erlassen (Art 25 Abs 2 iVm Art 87 EuInsVO 2015).

Beachte: Obwohl die Pflichtinformationen – wie soeben ausgeführt – „gebührenfrei zur Verfügung stehen" müssen, ist es den Mitgliedstaaten durch die EuInsVO 2015 nicht verwehrt, „für den Zugang zu den Dokumenten oder zusätzlichen Informationen … eine angemessene Gebühr zu erheben." (Art 27 Abs 2 EuInsVO 2015).

Da die Einrichtung des Insolvenzregisters auf europäischer Ebene die ***Speicherung personenbezogener Daten*** umfasst, war auch die Einführung entsprechender datenschutzrechtlicher Bestimmungen notwendig; diese finden sich in Kapitel VI (Art 78 ff) EuInsVO 2015 (dazu ausführlich *J. Schmidt* in Mankowski/Müller/J. Schmidt Art 78 ff EuInsVO 2015).

G. Prozesse und Exekutionen

Bezüglich der Wirkungen eines Insolvenzverfahrens auf einen anhängigen ***Rechtsstreit*** (etwa Unterbrechung/Fortsetzung des Verfahrens) oder ein anhängiges ***Schiedsverfahren*** über einen ***Gegenstand*** oder ein ***Recht der Insolvenzmasse*** gilt ausschließlich das Recht des Mitgliedstaats, in dem der Rechtsstreit anhängig ist oder in dem das Schiedsgericht belegen ist (Art 18 EuInsVO 2015; *Mohr*, ecolex spezial, 133; *Virgós/Schmit*, Erläuternder Bericht Rz 142; eingehend dazu *Jelinek* in Kodek/Konecny, Insolenz-Forum 2007, 48 ff).

Gänzlich neu ist die Einbeziehung von (anhängigen) Schiedsverfahren in Art 18 EuInsVO 2015. Die EuInsVO 2000 kannte lediglich Regelungen in Bezug auf einen (anhängigen) Rechtsstreit (Art 15 EuInsVO 2000). Durch die Neuregelung in Art 18 EuInsVO 2015 wird die Entscheidung des Court of Appeal London 9.7.2009 (2009) EWCA Civ 677, *Elektrim S.A./Vivendi Universal S.A.* festgeschrieben (*Prager/Keller*, NZI 2013, 62).

In diesem Fall entschied das englische Höchstgericht, dass sich nach Art 15 EuInsVO 2000 die Wirkungen der Insolvenzeröffnung auf bereits anhängige Gerichtsverfahren (nach Ansicht des Gerichts sind darunter auch Schiedsverfahren zu verstehen) nach dem (Prozess-)Recht des Schiedsorts und nicht nach der *lex fori concursus* richten (zu dieser Entscheidung ausführlich *Koller*, ZIK 2009, 52 ff).

Der Begriff „Schiedsverfahren" wird in der EuInsVO 2015 nicht definiert. Er entspricht – im Sinne einer gleichmäßigen Anwendung europarechtlicher Rechtsbegriffe – dem wortgleichen Begriff des Schiedsverfahrens in Art 1 Abs 2 lit d und Erwägungsgrund 12 EuGVVO 2012 (MüKoInsO/*Reinhart* VO (EG) 2015/848 Art 18 Rn 2).

Der Begriff „Schiedsverfahren" ist danach weit zu verstehen und erfasst alle Verfahren vor Privatpersonen, denen die Parteien die Befugnis zur Entscheidung ihres Streitfalles überlassen haben (BGH IPrax 2009, 428; *Kropholler/von Hein*, EuZPR[9] Art 1 Rn 41). Da ein Mediator über keine entsprechende Entscheidungsbefugnis verfügt, fallen Mediationsverfahren nicht unter den Begriff „Schiedsverfahren" (MüKoInsO/*Reinhart* aaO).

Beachte: Die Bestimmung des Art 18 EuInsVO 2015 sollte die nationalen Vorschriften über die Anerkennung und Vollstreckung von Schiedssprüchen nicht berühren (Erwägungsgrund 73 S 2 EuInsVO 2015).

Ein ***Gegenstand*** oder ein ***Recht*** der ***Insolvenzmasse*** betrifft alle in die ***Insolvenzmasse fallenden Rechte*** und ***Verbindlichkeiten*** (OGH ZIK 2005/146, 136 zur EuInsVO 2000). Zu den von Art 18 EuInsVO 2015 erfassten Verfahren zählt – abgesehen von Schiedsverfahren – unstrittig das (streitige) Erkenntnisverfahren.

Die Einbeziehung von Außerstreitverfahren sowie Verwaltungsverfahren ist hingegen zweifelhaft (*Duursma-Kepplinger/Chalupsky* in Duursma-Keppliner/Duursma/Chalupsky Art 15 Rz 24 ff EuInsVO; vgl. diesbezüglich weiter *Müller* in Mankowski/Müller/J. Schmidt Art 18 EuInsVO 2015 Rz 12).

Die Vorschrift des Art 18 EuInsVO gilt für Aktiv- und Passivprozesse (*Balz*, ZIP 1996, 951), jedoch nur für solche, die zum Zeitpunkt der Insolvenzeröffnung bereits anhängig waren (*Mäsch* in Rauscher Art 15 EG-InsVO Rz 5).

Ist österreichisches Recht anwendbar, so sind die §§ 6 bis 8 IO einschlägig (dazu *Holzhammer*, Insolvenzrecht, 20 ff sowie *Buchegger* in Bartsch/Pollak/Buchegger §§ 6 bis 8 KO).

In Bezug auf Exekutionen ist auszuführen, dass ***ausländische Hauptinsolvenzverfahren*** wegen der ***Anerkennung der Verfahrenseröffnung*** (vgl. Art 19 EuInsVO 2015) ***jede Einzelzwangsvollstreckung*** im ***Inland*** generell ***ausschließen*** (*Schack*, Zivilverfahrensrecht Rz 1229; vgl. auch EuGH, IPRax 2011, 89 Tz 43 f – MG Probud Gdynia). Sekundärinsolvenzverfahren erfassen hingegen nur das im Eröffnungsstaat belegene Vermögen, so dass einer Titelerlangung und Vollstreckung im Ausland nichts entgegensteht.

H. Einheitliche Kollisionsnormen

1. Dingliche Rechte Dritter

Dingliche Rechte eines Gläubigers oder eines Dritten an körperlichen und unkörperlichen, beweglichen und unbeweglichen Schuldnersachen, die sich zum Zeitpunkt der Eröffnung des Insolvenzverfahrens nicht im Hoheitsgebiet des Eröffnungsstaats befinden, werden von der Eröffnung des Verfahrens nicht berührt (Art 8 Abs 1 EuInsVO 2015; *Deixler-Hübner/Klicka*, Zivilverfahren[9] Rz 719d).

Als dingliche Rechte werden insbesondere Pfandrechte, Hypotheken, Sicherungsabtretungen und der Nießbrauch genannt (Art 8 Abs 2 EuInsVO 2015; *Mohr*, ecolex spezial, 129 f; *Maderbacher* in Konecny Art 5 EuInsVO Rz 17 ff; *Paulus* Art 5 Rz 12 – 17 EuInsVO). Weiters ist auch das im englischen Recht vorkommende *floating charge* als dingliches Recht iSv Art 8 Abs 1 EuInsVO 2015 zu qualifizieren (*Wenner/Schuster* in FK Art 5 EuInsVO Rz 4).

Beachte: Art 8 Abs 1 EuInsVO 2015 bezieht sich nur auf solche dinglichen Rechte Dritter, die bereits vor der Eröffnung des Insolvenzverfahrens entstanden sind. Liegt der Zeitpunkt ihrer Entstehung nach Verfahrenseröffnung, gilt gem Art 7 EuInsVO 2015 die lex fori concursus (*J. Schmidt* in Mankowski/Müller/J. Schmidt Art 8 EuInsVO 2015 Rz 29 (zu Art 7 EuInsVO 2015 vgl. bereits oben III. D. 6.). Anwendbar ist dann das Recht des Staats der Verfahrenseröffnung (*Duursma-Kepplinger/Duursma*, wbl 2002, 62).

Weitere Voraussetzung für die Anwendung von Art 8 Abs 1 EuInsVO 2015 ist, dass der mit einem dinglichen Recht Dritter belastete Gegenstand nicht im Staat der Verfahrenseröffnung belegen sein darf (*Paulus* Art 5 Rz 3 EuInsVO). Weiters ist – als ungeschriebene Voraussetzung – notwendig, dass im Mitgliedstaat, in dem sich die Sache befindet, kein Partikularinsolvenzverfahren eröffnet wird; sofern ein solches eröffnet wird, kommt Art 8 EuInsVO 2015 nicht zur Anwendung (*Müller* in Mankowski/Müller/J. Schmidt Art 8 EuInsVO 2015 Rz 7 mit zahlreichen weiteren Nachweisen).

Der Sinn der Bestimmung von Art 8 Abs 1 EuInsVO 2015 ist vor allem darin zu sehen, den Inhabern dinglicher Rechte ihre Befugnisse zur Aus- oder Absonderung an dem Sicherungsgegenstand auch nach Eröffnung eines Insolvenzverfahrens zu ermöglichen (Erwägungsgrund 68 EuInsVO 2015; *Bock* in Bock/Muhri, Insolvenzrecht, 74).

2. Eigentumsvorbehalt

Bei ***Insolvenz des Käufers*** bleiben die Rechte des Vorbehaltsverkäufers an dem im Ausland befindlichen Vorbehaltsgut vom Hauptinsolvenzverfahren unberührt (Art 10 Abs 1 EuInsVO 2015).

Diese Vorschrift bezieht sich nur auf den ***einfachen Eigentumsvorbehalt*** (*Herchen*, Das Übereinkommen über Insolvenzverfahren, 120 f; *Paulus* Art 7 Rz 3 EuInsVO).

Der ***erweiterte*** oder ***verlängerte Eigentumsvorbehalt*** ist von Art 10 Abs 1 EuInsVO 2015 ***nicht erfasst*** (*Brenner* in Konecny, Insolvenz-Forum 2005, 106; *Duursma-Kepplinger*, Eigentumsvorbehalt und Mobilienleasing, 208; *Kodek* in Kodek/Konecny, Insolvenz-Forum 2007, 215).

Bei ***Insolvenz des Verkäufers*** ist der ***Eigentumsvorbehalt insolvenzfest***. Die ausländische Verfahrenseröffnung führt nicht zur Auflösung oder Beendigung des Kaufvertrags und steht dem Eigentumserwerb des Käufers nicht entgegen (Art 10 Abs 2 EuInsVO 2015).

Der Insolvenzverwalter kann daher vom Vertrag nicht zurücktreten, solange der Käufer seinen Verpflichtungen nachkommt (*Burgstaller* in Burgstaller/Neumayr/Geroldinger/Schmaranzer Art 7 Rz 2 InsVO; *Mäsch* in Rauscher Art 7 EG-InsVO Rz 7).

Beachte: Auch Art 10 EuInsVO 2015 kommt nur dann zur Anwendung, wenn sich der Gegenstand zum Zeitpunkt der Verfahrenseröffnung in einem anderen Mitgliedstaat als dem Staat der Verfahrenseröffnung befindet (*Maderbacher* in Konecny Art 7 EuInsVO Rz 4).

3. Aufrechnung

Die Wirksamkeit der Aufrechnung richtet sich grundsätzlich nach dem Recht des Staats der Verfahrenseröffnung, mithin nach dem Recht des insolventen Schuldners (***Insolvenzstatut,*** Art 7 Abs 2 lit d EuInsVO 2015).

Damit werden vom Insolvenzstatut sowohl das ***Vorliegen*** der ***materiellrechtlichen Aufrechnungslage*** (§§ 1438 ff ABGB) als auch die ***Zulässigkeit*** der ***Aufrechnung*** und ihre ***Wirkungen*** im ***Insolvenzverfahren*** (§§ 19 f IO) geregelt (*Bork*, ZIP 2002, 692 ff; *Taupitz*, ZZP 1998, 343).

Die Befugnis eines Gläubigers, mit seiner Forderung gegen eine Forderung des Schuldners aufzurechnen, wird von der Eröffnung eines Insolvenzverfahrens nicht berührt, wenn die Aufrechnung nach dem für die Forderung des insolventen Schuldners maßgeblichen Recht (***Schuldstatut***) zulässig ist (Art 9 Abs 1 EuInsVO 2015; vgl. diesbezüglich *Maderbacher* in Konecny Art 6 EuInsVO Rz 6).

Auf diese Art und Weise wollte man der Aufrechnung eine Art Garantiefunktion aufgrund von Rechtsvorschriften zubilligen, auf die sich der betreffende Gläubiger zum Zeitpunkt der Entstehung der Forderung verlassen konnte (Erwägungsgrund 70 EuInsVO 2015; *Burgstaller* in Burgstaller/Neumayr/Geroldinger/Schmaranzer Art 6 Rz 1 InsVO; *Mäsch* in Rauscher Art 6 EG-InsVO Rz 1).

Beachte: Art 9 Abs 1 EuInsVO 2015 hat als Regelungsinhalt lediglich das Recht zur Aufrechnung hinsichtlich gegenseitiger Forderungen, die jeweils bereits ***vor Eröffnung des Insolvenzverfahrens*** entstanden sind (*Kodek* in Kodek/Konecny, Insolvenz-Forum 2007, 213; *Paulus* Art 6 Rz 2 EuInsVO).

Für Aufrechnungen, die erst ***nach Verfahrenseröffnung entstanden*** sind, gilt ausnahmslos Art 7 Abs 2 lit d EuInsVO 2015 (*Bock* in Bock/Muhri, Insolvenzrecht, 78; *Mohr*, ecolex spezial, 130; *Virgós/Schmit*, Erläuternder Bericht Rz 110). Zum systematischen Verhältnis von Art 7 Abs 2 lit d EuInsVO 2015 und Art 9 EuInsVO 2015 siehe *Weller* in Clavora/Garber, 111 f.

Auch die EuInsVO 2015 enthält – so wie die EuInsVO 2000 – keine spezielle Regelung für ***netting agreements*** (*J. Schmidt* in Mankowski/Müller/J. Schmidt Art 9 EuInsVO 2015 Rz 24). Demgegenüber sieht die IO in § 233 vor, dass für netting agreements ausschließlich das Recht maßgebend ist, das auf derartige Vereinbarungen anzuwenden ist (näher dazu *Maderbacher* in Konecny § 233 KO Rz 1 ff).

4. Arbeitsverhältnisse

Für die ***Wirkungen*** eines ***Insolvenzverfahrens*** auf einen ***Arbeitsvertrag*** und auf das ***Arbeitsverhältnis*** gilt ausschließlich das ***Recht*** des ***Mitgliedstaats***, das auf den ***Arbeitsvertrag anzuwenden*** ist (***Vertragsstatut***; Art 13 Abs 1 EuInsVO 2015).

Arbeitsverträge sind Vereinbarungen zwischen Arbeitgebern und Arbeitnehmern, die eine gegen Vergütung erfolgende, abhängige, weisungsgebundene Tätigkeit während einer bestimmen Zeit zum Gegenstand haben (*Simotta* in Fasching/Konecny Art 18 Rz 11 EuGVVO; *Klauser/Kodek* Art 18 Anm 1 EuGVVO; *Wenner/Schuster* in FK Art 10 EuInsVO Rz 2).

Der Begriff Arbeitsverhältnis soll klarstellen, dass auch bei Fehlen eines gültigen oder formellen Vertrags (beispielsweise bei nichtigen, aber in Vollzug gesetzten oder faktischen Arbeitsverhältnissen) Art 13 EuInsVO 2015 anwendbar ist (*Burgstaller* in Burgstaller/Neumayr/Geroldinger/Schmaranzer Art 10 Rz 4 InsVO; *Mankowski* in Mankowski/Müller/J. Schmidt Art 13 EuInsVO 2015 Rz 8).

Sinn und Zweck der Bestimmung des Art 13 EuInsVO 2015 liegt im Schutz des Arbeitnehmers vor der Anwendung ihn benachteiligender Rechtsvorschriften (Erwägungsgrund 72 EuInsVO 2015; *Bock* in Bock/Muhri, Insolvenzrecht, 83 f). Art 13 EuInsVO 2015 verweist inhaltlich auf Art 8 Abs 1 Rom I-VO.

Nach der Vorschrift des Art 13 Abs 1 EuInsVO 2015 ist im Bereich des Arbeitsvertragsrechts eine Rechtswahl der Parteien zulässig. Zwingende Vorschriften des Mitgliedstaats, dessen Rechtsordnung mangels Rechtswahl anzuwenden wäre (Art 8 Abs 2 – 4 Rom I-VO) bleiben aber anwendbar (*Maderbacher* in Konecny Art 10 EuInsVO Rz 25). Insoweit vermag sich im Arbeitsrecht ein ausländisches Insolvenzstatut nicht durchzusetzen (*Schack*, Zivilverfahrensrecht Rz 1195).

Gänzlich neu eingefügt in die EuInsVO 2015 wurde Art 13 Abs 2. Nach dieser Bestimmung ***verbleibt*** die ***Zuständigkeit*** für die ***Zustimmung*** zu einer ***Beendigung*** oder ***Änderung*** von ***Arbeitsverträgen*** bei den ***Gerichten*** (oder falls vorgesehen bei den Verwaltungsbehörden) des ***Mitgliedstaats***, in dem ein ***Sekundärinsolvenzverfahren eröffnet*** werden kann, auch wenn in dem ***betreffenden Mitgliedstaat kein Insolvenzverfahren eröffnet*** worden ist.

Durch diese Vorschrift sollte also in Fällen, in denen zur Beendigung von Arbeitsverträgen die Zustimmung eines Gerichts oder einer Verwaltungsbehörde erforderlich ist, die Zuständigkeit zur Erteilung dieser Zustimmung bei dem Mitgliedstaat verbleiben, in dem sich eine Niederlassung des Schuldners befindet, selbst wenn in diesem Mitgliedstaat kein Insolvenzverfahren eröffnet wurde (Erwägungsgrund 72 S 2 EuInsVO 2015).

Die Bestimmung des Art 13 Abs 2 EuInsVO 2015 spielt insbesondere bei der Kündigung von Arbeitsverträgen eine wichtige Rolle (vgl. *Slonina*, ecolex 2013, 213; vgl. zu Art 13 Abs 2 EuInsVO 2015 auch ausführlich *Mankowski* in Mankowski/Müller/J. Schmidt Art 13 EuInsVO 2015 Rz 34 ff).

5. Erwerb und Nutzung unbeweglicher Sachen

Für die ***Wirkungen*** eines ***Insolvenzverfahrens*** auf einen ***Vertrag***, der zum ***Erwerb*** (Kauf, Tausch, Schenkung) oder zur ***Nutzung*** (Miete, Pacht, Leasing) eines ***unbeweglichen Gegenstands*** berechtigt, ist ***ausschließlich*** das ***Recht*** des ***Mitgliedstaats maßgebend***, in dessen ***Hoheitsgebiet*** sich der ***Gegenstand befindet*** (Art 11 Abs 1 EuInsVO 2015; *Bock* in Bock/Muhri, Insolvenzrecht, 81 f; *Kodek* in Kodek/Konecny, Insolvenz-Forum 2007, 216).

Art 11 Abs 1 EuInsVO 2015 beruft also nicht – wie im Bereich des Arbeitsrechts – das Vertragsstatut, sondern unmittelbar das Recht des Lageorts der Sache (***lex rei sitae***; *Maderbacher* in Konecny Art 8 EuInsVO Rz 4; *Schack*, Zivilverfahrensrecht Rz 1196).

In zeitlicher Hinsicht bezieht sich Art 11 Abs 1 EuInsVO 2015 nur auf solche Verträge, die zum Zeitpunkt der Insolvenzeröffnung bereits abgeschlossen, somit rechtlich existent waren (*Duursma-Kepplinger* in Duursma-Kepplinger/Duursma/Chalupsky Art 8 Rz 3 EuInsVO; *Mäsch* in Rauscher Art 8 EG-InsVO Rz 6).

Gänzlich neu eingefügt ist die Bestimmung des Art 11 Abs 2 EuInsVO 2015. Danach liegt die ***Zuständigkeit*** für die ***Zustimmung*** zu einer ***Beendigung*** oder ***Änderung*** von ***Verträgen*** nach ***Art 11 EuInsVO 2015*** bei dem ***Gericht***, das das ***Hauptinsolvenzverfahren eröffnet*** hat, wenn

- ein ***derartiger Vertrag*** nach den für diese Verträge geltenden ***Rechtsvorschriften*** des ***Mitgliedstaats*** nur ***mit Zustimmung*** des ***Gerichts*** der Verfahrenseröffnung ***beendet*** oder ***geändert*** werden kann (lit a) und

- in dem ***betreffenden Mitgliedstaat kein Insolvenzverfahren eröffnet*** worden ist (lit b).

Die Bestimmung des Art 11 Abs 2 EuInsVO 2015 weist also dem eröffnenden Gericht – somit dem Forum der (Haupt-)Insolvenz – die Zuständigkeit für die Zustimmung zu einer Beendigung oder Änderung von Verträgen nach Art 11 EuInsVO 2015 zu (*Mankowski* in Mankowski/Müller/J. Schmidt Art 11 EuInsVO 2015 Rz 43 ff mit weiteren Details).

I. Anmeldung der Forderungen

Im Bereich der Forderungsanmeldung haben sich in der EuInsVO 2000 im Laufe der Jahre einige Problembereiche herauskristallisiert. Zu nennen sind hier vor allem zu kurze Fristen für die Forderungsanmeldung (zu den Fristen noch unten), Sprachbarrieren (das ursprünglich als Ausnahme intendierte Verlangen einer Übersetzung nach Art 42 Abs 2 EuInsVO 2000 ist in einigen Mitgliedstaaten zur Regel geworden), Kosten (etwa für Übersetzungen und lokale Rechtsvertreter) sowie schließlich Informationsmängel hinsichtlich der formalen Voraussetzungen der Forderungsanmeldung und der Person des Verwalters. Insbesondere für Klein- und Mittelbetriebe können diese Hürden durchaus unüberwindbar sein (vgl. zu all dem ausführlich *Koller*, ecolex 2013, 216).

Jeder Gläubiger (einschließlich der Steuerbehörden und Sozialversicherungsträger, dazu *Geroldinger* 313 ff sowie *Pogacar* in Konecny Art 39 Rz 11 EuInsVO) kann seine ***Forderungen in jedem Haupt- und Sekundärinsolvenzverfahren*** anmelden (Art 45 Abs 1, Art 53; Erwägungsgrund 63 EuInsVO 2015; *Kasseroler* in Konecny, Insolvenz-Forum 2005, 167; *Mohr*, ecolex spezial, 133 f; *Wenner/Schuster* in FK Art 39 EuInsVO Rz 3 jeweils zur EuInsVO 2000).

Die Bestimmung des Art 45 Abs 1 EuInsVO 2015 ermöglicht es allen ***weltweit ansässigen*** Gläubigern (*Mankowski* in Mankowski/Müller/J. Schmidt Art 45 EuInsVO 2015 Rz 3, für eine Beschränkung auf jene Gläubiger, die in der EU ansässig sind *Geroldinger* 312) ihre Forderungen in der Hauptinsolvenz bzw. in jedem Sekundärinsolvenzverfahren anzumelden.

Nach Art 45 Abs 1 EuInsVO 2015 ist auch die ***Kumulation von Anmeldungen*** zulässig. Jeder Gläubiger kann daher sowohl in der Haupt- als auch in jeder Sekundärinsolvenz anmelden (*Mankowski* in Mankowski/Müller/J. Schmidt Art 45 EuInsVO 2015 Rz 3, 9).

Auch um die eingangs erwähnten Probleme der Forderungsanmeldung besser in den Griff zu bekommen, wurde in die EuInsVO 2015 ein ***Standardformular zur Forderungsanmeldung*** gänzlich neu eingefügt (Art 55 EuInsVO 2015). Nach dieser Bestimmung können ausländische Gläubiger – zu deren Definition siehe oben III. D. 1. und Art 1 Z 12 EuInsVO 2015 – ihre Forderungen mithilfe eines Standardformulars, anmelden. Dieses hat die Überschrift „Forderungsanmeldung" in sämtlichen Amtssprachen der Organe der Union zu tragen (Art 55 S 2 EuInsVO 2015).

Durch die Bereitstellung eines Standardformulars in allen Amtssprachen der Organe der Europäischen Union sollte Gläubigern die Anmeldung ihrer Forderungen in Verfahren, die in einem anderen Mitgliedstaat eröffnet werden, erleichtert werden (Erwägungsgrund 64 S 3 EuInsVO 2015).

Die Kommission erlässt zur näheren Ausgestaltung des Formulars Durchführungsrechtsakte (Art 88 EuInsVO 2015).

Das Formular zur Forderungsanmeldung hat unter anderem zu enthalten (Art 55 Abs 2 EuInsVO 2015):

- den Namen, die Postanschrift, sofern vorhanden, die E-Mail-Adresse sowie die Bankverbindung des ausländischen Gläubigers (lit a),
- den Forderungsbetrag unter Angabe der Hauptforderung und gegebenenfalls der Zinsen (lit b),
- den Zinssatz, falls die Forderung Zinsen umfasst (lit c),
- die Art der Forderung (lit e),
- die Angabe, ob für die Forderung eine dingliche Sicherheit oder ein Eigentumsvorbehalt geltend gemacht wird (lit g) sowie weiters
- die Angabe, ob eine Aufrechnung beansprucht wird (lit h).

Trotz der Einführung eines Standardformulars für die Forderungsanmeldung, ist es für Gläubiger auch zukünftig möglich, ihre Forderungen auch auf ***anderem Wege anzumelden***. In diesem Fall muss die ohne Standardformular durchgeführte Anmeldung die in Art 55 Abs 2 EuInsVO 2015 angeführten Angaben enthalten (Art 55 Abs 4 EuInsVO 2015).

Nach Art 55 Abs 5 S 1 EuInsVO 2015 haben Gläubiger nach der EuInsVO 2015 die Möglichkeit, ihre Forderungen in ***einer Amtssprache der Organe*** der ***Europäischen Union anzumelden***. Grundsätzlich kann ein Gläubiger somit zwischen allen Amtssprachen der Union wählen (zu den Amtssprachen vgl. *J. Schmidt* in Mankowski/Müller/J. Schmidt Art 54 EuInsVO 2015 Rz 29).

Das Gericht, der Verwalter oder der Schuldner in Eigenverwaltung können vom Gläubiger eine Übersetzung in die Amtssprache des Staats der Verfahrenseröffnung oder – falls es in dem betreffenden Mitgliedstaat mehrere Amtssprachen gibt – in die Amtssprache oder in eine der Amtssprachen des Ortes, an dem das Insolvenzverfahren eröffnet wurde, oder in eine andere Sprache, die dieser Mitgliedstaat zugelassen hat, verlangen. Jeder Mitgliedstaat hat anzugeben, ob er neben seiner oder seinen eigenen Amtssprachen andere Amtssprachen der Organe der Union für eine Forderungsanmeldung zulässt (Art 55 Abs 5 S 2 EuInsVO 2015).

Hinsichtlich der ***Frist für die Forderungsanmeldung*** legt Art 55 Abs 6 S 1 EuInsVO 2015 fest, dass Forderungen innerhalb der im Recht des Staats der Verfahrenseröffnung festgelegten Frist anzumelden sind. Melden ausländische Gläubiger ihre Forderungen an, beträgt die Frist mindestens 30 Tage nach Bekanntmachung der Eröffnung des Insolvenzverfahrens im Insolvenzregister des Staats der Verfahrenseröffnung (Art 55 Abs 6 S 2 EuInsVO 2015).

Beachte: Ausländische Gläubiger können sich zur Anmeldung ihrer Forderungen im Insolvenzverfahren aller Kommunikationsmittel bedienen, die nach dem Recht des Staats der Verfahrenseröffnung zulässig sind; weiters ist für die Anmeldung einer Forderung allein die Vertretung durch einen Rechtsanwalt oder sonstigen Rechtsbeistand nicht zwingend (Art 53 EuInsVO 2015).

In dem Fall, dass ein Gericht, ein Verwalter oder ein Schuldner in Eigenverwaltung Zweifel an einer nach Art 55 EuInsVO 2015 angemeldeten Forderung hat, hat er dem Gläubiger Gelegenheit zu geben, zusätzliche Belege für das Bestehen und die Höhe der Forderung vorzulegen (Art 55 Abs 7 EuInsVO 2015).

Zum Zweck der Forderungsanmeldung haben der ***Verwalter*** oder das ***zuständige Gericht*** sämtliche bekannten ***ausländischen Gläubiger*** unverzüglich von der ***Eröffnung eines Insolvenzverfahrens zu benachrichtigen*** (Art 54 Abs 1 EuInsVO 2015; *Bock* in Bock/Muhri, Insolvenzrecht, 139).

Zur Wahrung der Gleichbehandlung der Gläubiger (***Grundsatz der par conditio creditorum***) ist in Art 23 Abs 2 EuInsVO 2015 vorgesehen, dass ein Gläubiger, der bereits in einem Insolvenzverfahren eine Quote erhalten hat, an der Verteilung an einem anderen Verfahren erst dann teilnehmen darf, nachdem die anderen Gläubiger gleichen Rangs ebenfalls eine entsprechende Quote erhalten haben (Erwägungsgrund 63 EuInsVO 2015; *Bock* in Bock/Muhri, Insolvenzrecht, 105; *Kasseroler* in Konecny, Insolvenz-Forum 2005, 170 ff; *Reckenzaun* in Petsch/Reckenzaun/Bertl/Isola, 821).

Die Teilnahme eines Gläubigers an allen oder mehreren Insolvenzverfahren würde, im Vergleich zu jenen Gläubigern, die an weniger Verfahren teilnehmen, unweigerlich zu Ungerechtigkeiten führen (*Duursma-Kepplinger/Chalupsky* in Duursma-Kepplinger/Duursma/Chalupsky Art 20 Rz 28 EuInsVO).

Ziel der Vorschrift von Art 23 Abs 2 EuInsVO 2015 ist es, finanziell potente Gläubiger, die ihre Forderungen mehrfach anmelden gegenüber finanzschwachen Gläubigern (Forderungsanmeldungen im Ausland sind in der Praxis auch nach der EuInsVO 2015 mit entsprechenden Mühen verbunden) nicht zu bevorteilen (*Kodek* in Burgstaller/Neumayr/Geroldinger/Schmaranzer Art 20 Rz 13 InsVO; siehe zum Normzweck von Art 23 Abs 2 EuInsVO 2015 auch *Müller* in Mankowski/Müller/J. Schmidt Art 23 EuInsVO 2015 Rz 2).

J. Gutgläubige Leistung an den Schuldner

Wer in einem Mitgliedstaat an einen Schuldner leistet, über dessen Vermögen in einem anderen Mitgliedstaat ein Insolvenzverfahren eröffnet worden ist, obwohl er an den Verwalter des Insolvenzverfahrens hätte leisten müssen, wird befreit, wenn ihm die Eröffnung des Insolvenzverfahrens nicht bekannt war (Art 31 Abs 1 EuInsVO 2015; *Oberhammer*, ÖBA 2002, 702).

Diese Bestimmung schützt somit jene Personen, die tatsächlich keine Kenntnis von der Verfahrenseröffnung gehabt und gutgläubig im Widerspruch zur neuen Sachlage gehandelt haben (*Virgós/Schmit*, Erläuternder Bericht Rz 187). Für derartige Fälle sieht Art 31 Abs 1 EuInsVO 2015 eine schuld befreiende Leistung vor (Erwägungsgrund 81 EuInsVO 2015).

Der schuld befreienden Wirkung steht nur die positive Kenntnis von der Verfahrenseröffnung im anderen Mitgliedstaat durch den leistenden Dritten entgegen (*Schumacher*, ZIK 2002/258, 185; *Kolmann*, Kooperationsmodelle, 316). Selbst grob fahrlässige Unkenntnis der Verfahrenseröffnung schadet im Anwendungsbereich der EuInsVO 2015 nicht (*Müller* in Mankowski/Müller/J. Schmidt Art 31 EuInsVO 2015 Rz 12; vgl. auch *Duursma-Kepplinger/Chalupsky* in Duursma-Kepplinger/Duursma/Chalupsky Art 24 Rz 5, 12 EuInsVO).

Strenger ist die entsprechende Bestimmung der österreichischen IO (§ 3 Abs 2), bei der bereits fahrlässige Unkenntnis ausreichend ist (arg „bekannt sein musste"), um nicht mehr in den Genuss der schuld befreienden Wirkung zu kommen (*Buchegger* in Bartsch/Pollak/Buchegger § 3 Rz 70 ff KO). Art 31 EuInsVO 2015 ist als lex specialis zu § 3 Abs 2 IO anzusehen (*Mohr*, ecolex spezial, 127).

Der ***Zeitpunkt*** der ***öffentlichen Bekanntmachung der Verfahrenseröffnung*** nach Art 28 Abs 1 EuInsVO 2015 stellt eine ***Zäsur*** dar (Art 31 Abs 2 EuInsVO 2015):

- Bis zu diesem Zeitpunkt wird vermutet, dass dem Leistenden die Eröffnung des Verfahrens nicht bekannt war.

- Ab Eintritt dieses Zeitpunkts gilt umgekehrt die Vermutung, dass der Leistende von der Eröffnung informiert war.

Es handelt sich um ***qualifizierte Vermutungen***, die durch den Beweis des Gegenteils widerlegbar sind, doch kehrt sich in diesem Fall die Beweislast um (*Leible/Staudinger*, KTS 2000, 565; vgl. zu den Vermutungen des Art 31 EuInsVO 2015 auch *Müller* in Mankowski/Müller/J. Schmidt Art 32 EuInsVO 2015 Rz 18 f).

Nach erfolgter Bekanntmachung der Verfahrenseröffnung muss der Leistende Beweise zur Widerlegung der gesetzlichen Vermutung erbringen (*Bock* in Bock/Muhri, Insolvenzrecht, 111; *Virgós/Schmit*, Erläuternder Bericht Rz 187).

K. Aussetzung der Verwertung im Sekundärverfahren

Das ***Gericht***, das ein ***Sekundärinsolvenzverfahren eröffnet*** hat, muss auf ***Antrag*** des ***Verwalters*** des ***Hauptinsolvenzverfahrens*** grundsätzlich die ***Verwertung*** der ***Masse ganz*** oder ***teilweise aussetzen*** (Art 46 Abs 1 S 1 EuInsVO 2015; *Pogacar* in Konecny Art 33 Rz 2 EuInsVO; *Wenner/Schuster* in FK Art 33 EuInsVO Rz 7). Es kann jedoch vom Antragsteller verlangen, alle ***angemessenen Maßnahmen*** zum ***Schutz*** der ***Interessen*** der ***Gläu-***

biger des Sekundärverfahrens sowie einzelner Gläubigergruppen zu ergreifen (Art 46 Abs 1 S 2 EuInsVO 2015). Der Antrag des Verwalters kann nur abgelehnt werden, wenn die Verfahrensaussetzung für die Gläubiger des Hauptverfahrens offensichtlich nicht von Interesse ist (Art 46 Abs 1 S 3 EuInsVO 2015; *Kodek* in Burgstaller/Neumayr/Geroldinger/Schmaranzer Art 33 Rz 1 ff InsVO; *Paulus* Art 33 Rz 8 ff EuInsVO).

Die Aussetzung der Verwertung kann nur für längstens drei Monate angeordnet und um jeweils denselben Zeitraum verlängert oder erneuert werden (Art 46 Abs 1 S 4 EuInsVO 2015; *Geroldinger* 355 f; *Reisch* in Konecny, Insolvenz-Forum 2005, 255). Sie bewirkt keine Aufhebung, sondern lediglich eine Innehaltung von Verwertungsmaßnahmen (*Bock* in Bock/ Muhri, Insolvenzrecht, 131).

Grund für einen Antrag des Verwalters des Hauptinsolvenzverfahrens auf Aussetzung der Verwertung im Sekundärverfahren kann die Unzweckmäßigkeit der getrennten (Zerschlagungs-)Verwertung des Vermögens des Sekundärverfahrens im Hinblick auf die angestrebten Ziele des Hauptverfahrens sein. Dies kann etwa dann der Fall sein, wenn im Hauptverfahren eine Sanierung des Schuldners mit Fortführung des Unternehmens erfolgen soll und dazu das Weiterbestehen der Niederlassung im Staat des Sekundärverfahrens aufgrund von dort befindlichen Produktionsmitteln oder etablierten Geschäftsbeziehungen notwendig ist (dazu *Duursma-Kepplinger/Chalupsky* in Duursma-Kepplinger/Duursma/ Chalupsky Art 33 Rz 4 EuInsVO). Ziel von Art 46 EuInsVO 2015 ist es, primär eine Sanierungschance in Abstimmung mit der Hauptinsolvenz zu eröffnen (*Mankowski* in Mankowski/Müller/J. Schmidt Art 46 EuInsVO 2015 Rz 2).

Beachte: Wie bereits oben (III. E. 2.) ausgeführt, ***können*** nach der EuInsVO 2015 Sekundärinsolvenzverfahren Liquidationsverfahren sein – dies im Gegensatz zur EuInsVO 2000, in deren Anwendungsbereich Sekundärinsolvenzverfahren zwingend Liquidationsverfahren sein mussten.

Das Gericht hat die Aussetzung der Verwertung der Masse nach Art 46 Abs 2 EuInsVO 2015 aufzuheben:

- Auf Antrag des Verwalters des Hauptinsolvenzverfahrens (lit a)
- Von Amts wegen, auf Antrag eines Gläubigers oder des Verwalters des Sekundärinsolvenzverfahrens, wenn die Aussetzung nicht mehr im Interesse der Gläubiger des Haupt- oder Sekundärinsolvenzverfahrens gelegen ist (lit b).

L. Insolvenzverfahren über das Vermögen von Mitgliedern einer Unternehmensgruppe

1. Allgemeines

Wie schon oben (II.) ausgeführt, ist die Regelung der (internationalen) Konzerninsolvenzen als einer der Schwerpunkte der Reform der EuInsVO 2000 anzusehen; ebenfalls schon ausgeführt wurde, dass die EuInsVO 2000 keinerlei Regelungen in Bezug auf Konzerninsolvenzen kannte.

Der Umstand, dass Insolvenzverfahren über Konzerninsolvenzen von der EuInsVO 2000 nicht umfasst wurden, wurde teilweise als nicht befriedigend bzw. Mangel angesehen (siehe etwa *Paulus*, RabelsZ 70 [2006] 459 sowie *Reinhart*, NZI 2012, 310).

Die Regelungen betreffend Konzerninsolvenzen finden sich in Kapitel V (Art 56 bis 77 EuInsVO 2015). Die Art 56 ff EuInsVO 2015 sehen besondere Vorschriften für ***Insolvenzverfahren über das Vermögen von Mitgliedern einer Unternehmensgruppe*** („*group of companies*") vor (*Prager/Keller*, NZI 2013, 63; *Oberhammer*, ecolex 2013, 210).

Die EuInsVO 2015 geht in Bezug auf die Regelung von Konzerninsolvenzen von einem Netzwerkdenken aus. Installiert wurde durch die EuInsVO 2015 einerseits eine umfangreiche und enge ***Zusammenarbeit und Kommunikation*** der ***involvierten Verwalter und Gerichte*** (Art 56 ff EuInsVO 2015), andererseits die Möglichkeit zur Eröffnung eines so genannten ***Gruppen-Koordinationsverfahrens*** (Art 61 ff EuInsVO 2015).

Beachte: Die neuen Bestimmungen beinhalten jedoch – was man an dieser Stelle vielleicht vermuten könnte – keine Regelung, wonach etwa der obersten Muttergesellschaft eine führende Rolle zukommt und man daher die gesamte Konzerninsolvenz in jenem Mitgliedstaat abwickelt, wo diese Gesellschaft lokalisiert ist.

Auch konnte man sich nicht darauf verständigen, gewissen Unternehmensgrößen (Umsatz, Aktivvermögen) als entscheidend für die Eröffnung der Konzerninsolvenz in einem bestimmten Mitgliedstaat (dort, wo eben die Gesellschaft mit dem höchsten Umsatz oder Aktivvermögen angesiedelt ist) vorzusehen; es gibt also ***keinen einheitlichen Gerichtsstand bei Konzerninsolvenzen***. Auch eine Zusammenlegung von Insolvenzmassen der einzelnen Mitglieder der Unternehmensgruppe ist nicht vorgesehen (*Konecny*, ZIK 2015/96, 83).

Anwendungsvoraussetzung der Bestimmungen über Konzerninsolvenzen nach der EuInsVO 2015 ist jedenfalls, dass ***Insolvenzverfahren über das Vermögen verschiedener Mitglieder derselben Unternehmensgruppe in mehr als einem Mitgliedstaat eröffnet*** worden sind (Erwägungsgrund 62 EuInsVO 2015); notwendig ist also ein ***grenzüberschreitender Bezug*** (*Reith*, RdW 2015/655, 761).

Wiederholend seien an dieser Stelle nochmals die Begriffe Unternehmensgruppe und Mutterunternehmen angeführt (siehe dazu bereits oben III. D. 1.). Eine ***Unternehmensgruppe*** besteht aus einem Mutterunternehmen und allen seinen Tochterunternehmen (Art 2 Nr 13 EuInsVO 2015). Ein ***Mutterunternehmen*** wird definiert als ein Unternehmen, das ein oder mehrere Tochterunternehmen entweder unmittelbar oder mittelbar kontrolliert (Art 2 Nr 14 EuInsVO 2015).

2. Zusammenarbeit und Kommunikation

Die Bestimmungen der Art 56 ff EuInsVO 2015 enthalten – wie bereits ausgeführt – für die Insolvenzverfahren der Mitglieder einer Unternehmensgruppe besondere Vorschriften zur Zusammenarbeit und Kommunikation.

Die ***Zusammenarbeit*** und ***Kommunikation*** der ***Verwalter*** regelt Art 56 EuInsVO 2015, jene der ***Insolvenzgerichte*** Art 57 EuInsVO 2015. Entsprechende Vorschriften über die ***Zusammenarbeit*** und ***Kommunikation zwischen*** den ***Verwaltern*** und ***Gerichten untereinander*** enthält schließlich Art 58 EuInsVO 2015.

Durch diese Regelungen über eine enge Zusammenarbeit und Kommunikation soll – so wie bei der Durchführung von Haupt-, Partikular- und Sekundärinsolvenzverfahren – auch bei Insolvenzverfahren über einzelne Mitglieder einer Unternehmensgruppe eine enge Kooperation der beteiligten Akteure erreicht werden (*Oberhammer*, ecolex 2013, 211).

Nach Art 56 Abs 1 S 1 EuInsVO 2015 haben die ***Verwalter*** bei Insolvenzverfahren über das Vermögen von zwei oder mehr Mitgliedern derselben Unternehmensgruppe ***zusammenzuarbeiten***, soweit diese Zusammenarbeit die wirksame ***Abwicklung der Verfahren erleichtern kann***, mit den für die einzelnen Verfahren ***geltenden Vorschriften*** – also mit der *lex fori concursus* – ***vereinbar*** ist und ***keine Interessenkonflikte*** nach sich zieht.

Die Zusammenarbeit der Verwalter sollte nicht den Interessen der Gläubiger in den jeweiligen Verfahren zuwiderlaufen; das Ziel dieser Zusammenarbeit sollte das Finden einer Lösung sein, durch die Synergien innerhalb der Gruppe ausgeschöpft werden (Erwägungsgrund 52 S 3 EuInsVO 2015).

Die Zusammenarbeit nach Art 56 Abs 1 EuInsVO 2015 kann in beliebiger Form, einschließlich durch den Abschluss von Vereinbarungen oder Verständigungen, erfolgen (Art 56 Abs 1 S 2 EuInsVO 2015).

Bei der Durchführung der Zusammenarbeit obliegt es den Verwaltern etwa zu prüfen, ob die ***Möglichkeit einer Sanierung von Gruppenmitgliedern*** besteht und – wenn ja – sich entsprechend untereinander abzustimmen (Art 56 Abs 2 lit c EuInsVO 2015). Darüber hinaus ist jeder Verwalter berechtigt, in dem ***Verfahren*** über das ***Vermögen*** eines ***anderen Gruppenmitglieds gehört*** zu werden, – unter bestimmten Voraussetzungen – die ***Aussetzung*** der ***Verwertung*** sowie die ***Eröffnung*** eines ***Gruppen-Koordinationsverfahrens*** gem Art 61 EuInsVO 2015 zu beantragen (Art 60 Abs 1 lit a – c EuInsVO 2015).

Die Regelungen über die ***Zusammenarbeit*** und ***Kommunikation*** zwischen den ***Gerichten untereinander*** sowie zwischen den ***Gerichten*** und den beteiligten ***Verwaltern*** enthalten – wie bereits ausgeführt – die Art 57 bzw. 58 EuInsVO 2015; sie entsprechen in ihrer Struktur Art 56 EuInsVO 2015.

3. Gruppen-Koordinationsverfahren

Ziel des ebenfalls gänzlich neu eingefügten Gruppen-Koordinationsverfahrens (Art 61 ff EuInsVO 2015) ist einerseits eine ***koordinierte Sanierung*** sowie andererseits eine ***wirksame Vermögensverwaltung*** der Mitglieder der Unternehmensgruppe (Erwägungsgründe 54, 57 EuInsVO 2015).

Beachte: Noch bevor ein Überblick über die wichtigsten Bestimmungen dieses Verfahrens geboten werden soll, ist darauf hinzuweisen, dass die ***Teilnahme*** an diesem ***Verfahren***

nicht zwingend ist (vgl. Art 65 EuInsVO 2015); im Rahmen dieses Verfahrens ***empfohlene Maßnahmen*** sind daher ***nicht bindend*** (vgl. weiter Art 70 Abs 2 und Art 72 Abs 4 EuInsVO 2015).

Ein Gruppen-Koordinationsverfahren kann von einem Verwalter, der in einem Insolvenzverfahren über das Vermögen eines Mitglieds der Gruppe bestellt worden ist, bei jedem Gericht, das für das Insolvenzverfahren eines Mitglieds der Gruppe zuständig ist, beantragt werden (Art 61 Abs 1 EuInsVO 2015); maW kann dieses ***Verfahren jeder Verwalter*** bei ***jedem Gericht***, bei dem ein ***Insolvenzverfahren*** über ein ***Gruppenmitglied anhängig*** ist, ***beantragen*** (*Reith*, RdW 2015/655, 761).

Im Antrag auf Eröffnung eines Gruppen-Koordinationsverfahrens sind Angaben zu den wesentlichsten Elementen der Koordinierung zu machen. Jedenfalls ist im Antrag gem Art 61 Abs 3 EuInsVO 2015 ein Vorschlag für die als Gruppen-Koordinator zu bestellende Person zu unterbreiten (lit a), die angestrebte Gruppen-Koordination zu erläutern (lit b), eine Liste der für die Gruppenmitglieder bestellten (anderen) Verwalter beizulegen (lit c) sowie eine Übersicht der geschätzten Kosten für die Koordinierung vorzulegen (lit d) (siehe zum Inhalt eines Antrags auch Erwägungsgrund 55 EuInsVO 2015).

Beachte: Ein Antrag auf Eröffnung eines Gruppen-Koordinationsverfahrens erfolgt gemäß dem für das Verfahren, in dem der Verwalter bestellt wurde, geltenden Recht (Art 61 Abs 2 EuInsVO 2015).

Die Aufgaben und Rechte eines Gruppen-Koordinators sind in Art 72 EuInsVO 2015 festgelegt. Nach Abs 1 dieser Bestimmung hat der Koordinator ***Empfehlungen*** für die ***koordinierte Durchführung*** der ***Insolvenzverfahren*** festzulegen und darzustellen (lit a) sowie einen ***Gruppen-Koordinationsplan vorzuschlagen***, der einen umfassenden Katalog geeigneter Maßnahmen für einen integrierten Ansatz zur Bewältigung der Insolvenz der Gruppenmitglieder festlegt, beschreibt und empfiehlt (lit b).

Es wurde weiter oben bereits darauf hingewiesen, dass das Gruppen-Koordinationsverfahren ein ***freiwilliges Verfahren*** darstellt (vgl. *J. Schmidt* in Mankowski/Müller/J. Schmidt Art 64 EuInsVO 2015 Rz 4); dem entspricht auch Art 64 EuInsVO 2015. Nach dieser Bestimmung kann jeder für ein Gruppenmitglied bestellter Verwalter ***Einwendungen*** gegen die Einbeziehung des Insolvenzverfahrens, für das er bestellt wurde – also „seines" Verfahrens – in ein Gruppen-Koordinationsverfahren erheben (Art 64 Abs 1 lit a EuInsVO 2015).

Die Frist für die Erhebung von Einwendungen beträgt 30 Tage ab Erhalt der gerichtlichen Mitteilung über den Antrag auf Eröffnung eines Gruppen-Koordinationsverfahrens (Art 64 Abs 2 EuInsVO 2015).

In dem Fall, dass ein ***Verwalter*** gegen die Einbeziehung des Verfahrens, für das er bestellt wurde, in ein Gruppen-Koordinationsverfahren ***Einwand*** erhoben hat, wird dieses ***Verfahren nicht in das Gruppen-Koordinations-***

verfahren einbezogen (Art 65 Abs 1 EuInsVO 2015). Das Gruppen-Koordinationsverfahren hat in diesem Fall ***keinerlei Auswirkungen*** auf das von ihm zu verwaltende Verfahren (*Reith*, RdW 2015/655, 761).

Die Eröffnung eines Gruppen-Koordinationsverfahrens regelt Art 68 EuInsVO 2015. Ist ein Gericht davon überzeugt, dass ein Gruppen-Koordinationsverfahren

- die ***effektive Führung*** der ***Insolvenzverfahren*** über das Vermögen der verschiedenen Mitglieder der Gruppe ***erleichtern*** kann,
- ***nicht zu erwarten*** ist, dass ein ***Gläubiger*** eines Mitglieds der Gruppe (das voraussichtlich am Verfahren teilnehmen wird) ***durch*** die ***Einbeziehung dieses Mitglieds*** in das ***Verfahren finanziell benachteiligt*** wird, und
- ein geeigneter ***Gruppenkoordinator vorgeschlagen*** wurde,

kann es ein ***Gruppen-Koordinationsverfahren eröffnen*** (Art 68 Abs 1 iVm Art 63 Abs 1 lit a – c EuInsVO 2015).

Die Entscheidung zur Eröffnung eines Gruppen-Koordinationsverfahrens ist in Art 68 EuInsVO 2015 geregelt. Nach Abs 1 S 1 dieser Bestimmung kann das Gericht – nach Ablauf der 30tägigen Frist für die Erhebung von Einwänden gem Art 64 Abs 2 S 1 EuInsVO 2015 – ein Gruppen-Koordinationsverfahren eröffnen, sofern es davon überzeugt ist, dass die Voraussetzungen nach Art 63 Abs 1 EuInsVO 2015 (siehe dazu soeben) erfüllt sind.

Wird vom Gericht ein Gruppen-Koordinationsverfahren eröffnet, hat dieses gem Art 68 Abs 1 S 2 EuInsVO 2015

- einen ***Koordinator*** zu ***bestellen*** (lit a),
- über den ***Entwurf*** der ***Koordination*** zu ***entscheiden*** (lit b) sowie
- über die ***Kostenschätzung*** und den Anteil, der von den Mitgliedern der Gruppe zu tragen ist, zu ***entscheiden*** (lit c).

Die Entscheidung zur Eröffnung eines Gruppen-Koordinationsverfahrens ist den beteiligten Verwaltern und dem Koordinator mitzuteilen (Art 68 Abs 2 EuInsVO 2015).

Beachte: Hat ein Verwalter Einwände gegen die Einbeziehung des Verfahrens, für das er bestellt worden ist, in ein Gruppen-Koordinationsverfahren geltend gemacht und hat dieses für „sein" Verfahren somit keine Auswirkungen, besteht für ihn grundsätzlich noch die Möglichkeit des nachträglichen Opt-in (vgl. näher Art 69 EuInsVO 2015).

Auf den Umstand, dass im Rahmen des Gruppen-Koordinationsverfahrens gemachte Empfehlungen nicht bindend sind, wurde bereits hingewiesen (vgl. nochmals Art 70 Abs 2 und Art 72 Abs 4 EuInsVO 2015). Ein Verwalter ist daher etwa nicht verpflichtet, Vorgaben des Gruppen-Koordinators auch zu erfüllen (*Reith*, RdW 2015/655, 761; vgl. weiter *J. Schmidt* in Mankowski/Müller/J. Schmidt Art 70 EuInsVO 2015 Rz 8).

M. Zusammenfassung und Bewertung der Reform der EuInsVO 2000

Durch die aufgezeigten, umfangreichen Reformen der EuInsVO 2000 soll versucht werden, die in der (internationalen) insolvenzrechtlichen Praxis aufgetretenen Probleme einer möglichen Lösung zuzuführen. Einer der zentralen Reformpunkte der EuInsVO 2000 liegt in der ***Erweiterung ihres Anwendungsbereichs*** auf so genannte ***hybride Verfahren*** („Sanierungsverfahren").

Weiterer wesentlicher Punkt der reformierten Verordnung ist die Einführung einer ***Definition*** des ***Mittelpunkts der hauptsächlichen Interessen*** (COMI) in die EuInsVO im Rahmen der Regelungen über die internationale Zuständigkeit (Art 3 EuInsVO 2015).

In diesen Regelungsbereich fällt auch der gänzlich neu geschaffene Art 6 EuInsVO 2015, der die internationale Zuständigkeit der Gerichte des Eröffnungsstaats auf jene Klagen erstreckt, „die unmittelbar aus diesem Verfahren hervorgehen und in engem Zusammenhang damit stehen" ***(Annexverfahren)***.

In Bezug auf die ***Neuregelungen*** im Bereich der ***Verfahrenskoordination*** ist an erster Stelle zu nennen, dass es sich bei ***Sekundärinsolvenzverfahren nicht*** mehr um ***Liquidationsverfahren*** handeln muss. Darüber hinaus werden die ***Kooperations- und Informationspflichten*** unter Verwaltern, Gerichten und zwischen Gerichten und Verwaltern ***ausgebaut*** (siehe auch Konzerninsolvenzen).

Im Bereich der ***Gläubigerinformation*** und ***Forderungsanmeldung*** sind einerseits die Schaffung mitgliedstaatlicher ***Insolvenzregister*** bzw. deren ***Vernetzung untereinander*** (Art 24 ff EuInsVO 2015) sowie die Einführung eines ***Standardformulars zur Forderungsanmeldung*** (Art 55 EuInsVO 2015) von wesentlicher Bedeutung.

Hinsichtlich der Regelung ***internationaler Konzerninsolvenzen*** wurde einerseits eine enge ***Zusammenarbeit*** und ***Kommunikation zwischen*** den ***beteiligten Akteuren*** sowie andererseits die Institution von ***Gruppen-Koordinationsverfahren*** eingeführt.

Beides ist als erster wichtiger Schritt für eine Koordinierung internationaler Konzerninsolvenzen anzusehen, die bisher vom Regelungsbereich der EuInsVO 2000 ja gänzlich ausgenommen waren.

Insgesamt enthält die Reform der EuInsVO 2000 durchaus viel versprechende Änderungen und ist zu begrüßen (*Haidmayer*, ZIK 2013/65, 48; *Reuß*, EuZW 2013, 167, 169). Vor allem dadurch, dass die anerkannte Rsp des EuGH kodifiziert wurde, ist eine stabile, vorhersehbare Rechtsentwicklung sowie eine weitgehende Akzeptanz gewährleistet (*Prager/Keller*, NZI 2013, 64).

IV. Bundesgesetz über das Internationale Insolvenzrecht – IIRG

A. Österreichische Insolvenzverfahren und Auslandsvermögen

In der Einleitung oben (II. 2.) wurde bereits erwähnt, dass die Wirkungen eines österreichischen Insolvenzverfahrens auf Vermögen, das sich im außereuropäischen Ausland befindet, bis zum Inkrafttreten des IIRG umstritten waren. Insolvenzverfahren in Drittstaaten waren nur bei formeller Gegenseitigkeit in Österreich anzuerkennen (*Mohr*, ecolex 2003, 322; *Schumacher* in Grenzüberschreitendes Insolvenzrecht, 23).

Gleichermaßen hat auch der OGH in ständiger Rechtsprechung (etwa ZIK 2002/122, 85) die Ansicht vertreten, dass im Ausland belegenes Vermögen nur dann in ein österreichisches Insolvenzverfahren einzubeziehen ist, wenn Staatsverträge Entsprechendes vorsehen.

§ 237 Abs 1 IO sieht nun explizit vor, dass Auslandsvermögen nach dem Universalitätsprinzip grundsätzlich von einem österreichischen Insolvenzverfahren erfasst wird (*Lachmair*, SWK 2003, W 134; *Oberhammer* in Konecny § 237 KO Rz 3).

Eine Ausnahme von diesem Grundsatz liegt dann vor, wenn der Mittelpunkt der hauptsächlichen Interessen (zu diesem Begriff oben III. D. 2.) im Ausland gelegen ist, dort ein Insolvenzverfahren eröffnet wurde und in dieses Verfahren Auslandsvermögen einzubeziehen ist (§ 237 Abs 1 Z 1 – 3 IO; *Mohr* in Konecny, Insolvenz-Forum 2002, 101; *ders*, ZIK 2003/104, 74; *Reckenzaun* in Petsch/Reckenzaun/ Bertl/Isola, 827).

Ein österreichisches Insolvenzverfahren soll daher dann nicht (auch) Auslandsvermögen mitumfassen, wenn dieses Vermögen ohnedies in das Insolvenzverfahren jenes Staats, zu dem der Schuldner die stärkste Beziehung hat, einzubeziehen ist (ErläutRV 33 BlgNR 22 GP, 22). Daraus ergibt sich der Vorrang eines ausländischen Insolvenzverfahrens gegenüber einem österreichischen, wenn der Mittelpunkt der Interessen im Ausland gelegen ist (*Mohr*, ecolex 2003, 323). Dies gilt dann nicht nur hinsichtlich des Vermögens, das im Staat des Interessensmittelpunkts (Ausland) belegen ist, sondern auch hinsichtlich des in anderen Staaten befindlichen Vermögens (*Kodek* in Burgstaller/Neumayr/Geroldinger/Schmaranzer § 237 KO Rz 4; *Mohr*, ZIK 2003/104, 74).

Beachte: Selbst dann, wenn ein ausländischer Staat das inländische Insolvenzverfahren nicht anerkennt (vorausgesetzt, im Ausland wird kein Insolvenzverfahren eröffnet), ist eine Einbeziehung ausländischen Vermögens in das österreichische Verfahren gegeben (*Mohr*, ecolex 2003, 323). Die Einbeziehung erfolgt in der Weise, dass der Schuldner gemäß § 237 Abs 2 IO verpflichtet ist, in Abstimmung mit dem Insolvenzverwalter an der Verwertung des im Ausland belegenen Vermögens mitzuwirken (*Mohr* in Konecny, Insolvenz-Forum 2002, 101; *Reckenzaun* in Petsch/Reckenzaun/Bertl/Isola, 827; EvBl 1988/152 = JBl 1988, 653).

Dies bedeutet eine Verpflichtung des Schuldners, den Insolvenzverwalter zur Verwertung zu bevollmächtigen (*Mohr*, ZIK 2003/104, 74). Weigert sich der Schuldner, an der Verwertung mitzuwirken, so kann diese nach § 101 IO durch Beugestrafen erzwungen werden (§ 237 Abs 2 IO; vgl. auch *Mohr* § 237 Anm 3 IO; ErläutRV 33 BlgNR 22 GP, 22; vor Inkrafttreten des IRÄG 2017 zweifelnd *Oberhammer* in Konecny § 237 KO Rz 15).

B. Anerkennung ausländischer Verfahren

Mit dem IIRG wurden auch die Voraussetzungen festgelegt, bei deren Vorliegen ausländische Insolvenzverfahren in Österreich anerkannt werden (§ 240 IO; *Lachmair*, SWK 2003, W 135; *Mohr*, ZIK 2003/104, 76). Die Wirkungen eines im Ausland eröffneten Insolvenzverfahrens und die in einem derartigen Verfahren ergangenen Entscheidungen werden in Österreich anerkannt, wenn der Mittelpunkt der hauptsächlichen Interessen des Schuldners im Ausland liegt und das ausländische Insolvenzverfahren in den Grundzügen einem österreichischen vergleichbar ist (§ 240 Abs 1 Z 1 u. Z 2 IO; vgl. *Reckenzaun* in Petsch/Reckenzaun/Bertl/Isola, 828). Hinsichtlich der Vergleichbarkeit der Insolvenzverfahren ist kein strenger Maßstab anzulegen (*Mohr* in Konecny, Insolvenz-Forum 2002, 105; *Schumacher* in Grenzüberschreitendes Insolvenzrecht, 25). Insbesondere muss sichergestellt sein, dass österreichische Gläubiger ausländischen gegenüber nicht benachteiligt werden (§ 240 Abs 1 Z 2 letzter S; ErläutRV 33 BlgNR 22 GP, 23 f; *Mohr*, ecolex 2003, 323).

Die Anerkennung hat gem § 240 Abs 2 IO zu unterbleiben, wenn

- in Österreich bereits ein Insolvenzverfahren (Konkurs- oder Sanierungsverfahren) eröffnet wurde (Z 1) oder

Der Begriff des Ausgleichsverfahrens, der in § 240 Abs 2 Z 1 IO noch bis zum Inkrafttreten des IRÄG 2017 genannt wurde, war überflüssig und ist nunmehr durch den Gesetzgeber beseitigt worden. Zu Recht eliminiert wurde der Begriff Ausgleichsverfahren durch das IRÄG 2017 auch in § 240 Abs 3 IO.

- einstweilige Vorkehrungen (§ 73 IO) angeordnet wurden (Z 1) oder
- die Anerkennung zu einem Ergebnis führt, das den Grundwertungen der österreichischen Rechtsordnung *(ordre public)* offensichtlich widersprechen würde (Z 2).

Durch die Eröffnung eines Insolvenzverfahrens in Österreich kann daher die Einbeziehung österreichischen Vermögens in ein ausländisches Insolvenzverfahren verhindert werden (*Lachmair*, SWK 2003, W 135; *Mohr*, ZIK 2003/104, 76). *Kodek* in Burgstaller/Neumayr/Geroldinger/Schmaranzer § 237 KO Rz 4 spricht davon, dass die Wirkungen eines Auslandsverfahrens auf in Österreich belegenes Vermögen durch Eröffnung eines inländischen Verfahrens „abgeblockt" werden können. Der ordre public Vorbehalt findet sich auch in Art 33 EuInsVO 2015 (oben III. D. 9.).

Beachte: Ein ausländisches Insolvenzverfahren steht der Eröffnung und Durchführung eines österreichischen Insolvenzverfahrens nicht entgegen (§ 240 Abs 3 IO; *Oberhammer* in Konecny § 240 KO Rz 14; *Reckenzaun* in Petsch/Reckenzaun/Bertl/Isola, 828). Hierin liegt ein wesentlicher Unterschied zur Regelung des Partikular- bzw. Sekundärinsolvenzverfahrens nach der EuInsVO 2015 (*Schumacher* in Grenzüberschreitendes Insolvenzrecht, 29). Wie oben (III. E. 1.) dargelegt, kann nach der Eröffnung eines Hauptinsolvenzverfahrens in einem Staat, in einem anderen Staat ein Sekundärinsolvenzverfahren nur dann eröffnet werden, wenn der Schuldner im Gebiet des anderen Staats eine Niederlassung hat. Nach der IO ist dagegen das Bestehen einer Niederlassung für die Eröffnung eines inländischen Insolvenzverfahrens – nachdem bereits ein ausländisches Insolvenzverfahren eröffnet worden ist – keine Voraussetzung. Vielmehr genügt das bloße Vorhandensein von Schuldnervermögen iSv § 63 Abs 2 IO (*Lachmair,* SWK 2003, W 135; *Mohr,* ecolex 2003, 323).

Für die Anerkennung der Wirkungen eines ausländischen Insolvenzverfahrens selbst ist kein gesondertes Verfahren vorgesehen. Sie erfolgt ***ipso iure*** (*Mohr* § 240 Anm 1 a IO; *Oberhammer* in Konecny § 240 KO Rz 4).

Ausländische Insolvenzverwalter und deren Vertreter dürfen in Österreich alle Befugnisse ausüben, die ihnen in dem Staat, in dem das Insolvenzverfahren eröffnet wurde, zustehen (§ 241 Abs 1 IO; *Mohr*, ecolex 2003, 324).

Bei der Ausübung ihrer Befugnisse haben sie jedoch österreichisches Recht, insbesondere hinsichtlich der Art und Weise der Verwertung von Vermögen und der Unterrichtung von Arbeitnehmern zu beachten. Die Befugnisse umfassen nicht die Anwendung von Zwangsmitteln oder das Recht, über Rechtsstreitigkeiten oder andere Auseinandersetzungen zu befinden (§ 241 Abs 2 IO; *Schumacher* in Grenzüberschreitendes Insolvenzrecht, 33). Zu den Vorbildbestimmungen der EuInsVO vgl. bereits oben III. D. 10.

Die Bewilligung der Exekution auf Grund von Akten und Urkunden, die

- zur Durchführung des Insolvenzverfahrens erforderlich (Z 1),
- im anderen Staat vollstreckbar (Z 2) und
- nach Abs 1 und 2 in Österreich anzuerkennen sind, (Z 3)

setzt voraus, dass sie für Österreich in einem Verfahren nach den §§ 409 bis 416 EO für vollstreckbar erklärt wurden. Für andere Akte und Urkunden richtet sich die Bewilligung der Exekution nach den §§ 406 ff EO (§ 240 Abs 4 IO).

C. Bekanntmachungen und Registereintragungen

Wird im Ausland ein Insolvenzverfahren eröffnet, dessen Wirkungen nach § 240 IO anzuerkennen sind, und hat der Schuldner im Inland eine Niederlassung, hat der im Rahmen des ausländischen Insolvenzverwalters bestellte ***Verwalter*** oder die nach dem Recht des Staates der Verfahrenseröffnung ***zuständige Stelle*** die ***öffentliche Bekanntmachung*** der ***Eröffnung*** des ***Verfahrens*** im ***Inland*** zu beantragen (§ 242 Abs 1 IO).

Hat der ***Schuldner*** im ***Inland unbewegliches Vermögen*** oder eine ***Niederlassung***, hat der im Rahmen des ausländischen Insolvenzverfahrens bestellte ***Verwalter*** oder die nach dem Recht des Staates der Verfahrenseröffnung ***zuständige Stelle*** die ***Eintragung*** der ***Eröffnung des Verfahrens*** im ***Grundbuch*** bzw. ***Firmenbuch*** zu beantragen. Das Grundbuchs- bzw. Firmenbuchgericht hat die Eröffnung des Verfahrens einzutragen (§ 242 Abs 2 IO).

Der die Bekanntmachung oder Eintragung begehrende Verwalter hat das Vorliegen der Anerkennungsvoraussetzung nach § 240 Abs 1 Z 1 IO durch eine ***öffentliche Urkunde nachzuweisen***. Behauptet der Schuldner, dass die Voraussetzungen für eine Anerkennung nicht gegeben sind, entscheidet das in § 63 IO bezeichnete Gericht (§ 242 Abs 3 IO).

Weiters ist der im Rahmen eines ausländischen Insolvenzverfahrens bestellte Verwalter allen Beteiligten für Vermögensnachteile, die ihnen durch Verletzung seiner Pflichten nach Abs 1 und 2 entstehen, verantwortlich (§ 242 Abs 4 IO).

Schließlich ist auf Antrag des ausländischen Insolvenzverwalters vom Handelsgericht Wien die Fortführung des Unternehmens öffentlich bekannt zu machen (§ 242 Abs 5 IO).

D. Sonstige wichtige Bestimmungen

Die IO (§§ 221 ff IO) regelt auch das bei grenzüberschreitenden Insolvenzverfahren anzuwendende Recht (*Mohr* in Konecny, Insolvenz-Forum 2002, 99), wobei die entsprechenden Bestimmungen weitestgehend mit den Regelungen der EuInsVO 2015 übereinstimmen (*Schumacher* in Grenzüberschreitendes Insolvenzrecht, 38).

Für die Voraussetzungen und Wirkungen der Eröffnung eines Insolvenzverfahrens sowie für das Verfahren selbst gilt grundsätzlich das Recht des Staats, in dem das Verfahren eröffnet worden ist (§ 221 Abs 1 IO; *Burgstaller/Katzmayr* in Burgstaller/Neumayr/Geroldinger/Schmaranzer § 221 KO Rz 2).

Die Ausnahmen von diesem Grundsatz finden sich in den §§ 222 bis 235 IO. Sie betreffen unter anderem dingliche Rechte Dritter (§ 222 IO), die Aufrechnung (§ 223 IO), den Eigentumsvorbehalt (§ 224 IO), den Erwerb und die Nutzung unbeweglicher Sachen (§ 225 IO) sowie Arbeitsverhältnisse (§ 227 IO). Inhaltlich entsprechen die erwähnten Ausnahmen im Wesentlichen jenen der EuInsVO 2015 (dazu oben III. G.).

Die Vorschriften über die Forderungsanmeldung (§ 236 IO) und die gutgläubige Leistung an den Schuldner nach Eröffnung eines Insolvenzverfahrens (§ 235 IO) stimmen mit den Bestimmungen der EuInsVO 2015 ebenfalls grundsätzlich überein (oben III. H. und I.).

E. Umsetzung der Richtlinien für Kreditinstitute und Versicherungsunternehmen

Das IIRG setzt auch die Richtlinien über die Liquidation von Kreditinstituten und Versicherungsunternehmen um (§§ 243 bis 251 IO; *Kodek* in Burgstaller/Neumayr/Geroldinger/Schmaranzer § 243 KO Rz 1; *Mohr*, ecolex 2003, 324; *Petritz* in Clavora/Garber, 230 f; *Reckenzaun* in Petsch/Reckenzaun/Bertl/Isola, 824). Dies war notwendig, da diese Unternehmen vom Anwendungsbereich der EuInsVO ausgenommen sind (oben III. B. 2).

Die Sonderbestimmungen für Kreditinstitute sind am 5. Mai 2004 in Kraft getreten, jene für Versicherungsunternehmen wurden am 19. April 2003 wirksam (*Mohr* in Konecny, Insolvenz-Forum 2002, 116).

Die Regelungen für Kreditinstitute und Versicherungsunternehmen sind anzuwenden, wenn diese Unternehmen innerhalb des Europäischen Wirtschaftsraums (EWR) zugelassen sind oder in einem EWR-Staat zumindest eine Zweigstelle oder Zweigniederlassung haben (§ 243 IO; *Kodek* in Burgstaller/Neumayr/Geroldinger/Schmaranzer § 243 KO Rz 4; *Maderbacher* in Konecny § 243 IO Rz 8 ff).

Unter den Begriff „Kreditinstitut" fallen auch bestimmte Wertpapierfirmen (§ 243 Abs 1 S 2 IO).

Beachte: Im Gegensatz zur EuInsVO 2015 (Erwägungsgrund 88) gibt es im Bereich der IO für Kreditinstitute und Versicherungsunternehmen keine Ausnahmebestimmung für Dänemark (*Mohr* in Konecny, Insolvenz-Forum 2002, 100 FN 5), sodass auch dort befindliches Vermögen erfasst wird.

Österreichische Gerichte sind zur ***Eröffnung eines Insolvenzverfahrens*** über das ***Vermögen*** von ***Kreditinstituten*** und ***Versicherungsunternehmen***, die im ***EWR zugelassen*** sind, nur ***zuständig***, wenn ***diese*** in ***Österreich*** nach § 1 Abs 1 BWG oder § 1 Abs 1 VAG ***zugelassen*** sind (§ 244 Abs 1 IO; *Mohr*, ecolex 2003, 323).

Anders als nach der EuInsVO 2015 (Art 3 Abs 2 iVm 34) existieren im Bereich der Richtlinien für Kreditinstitute und Versicherungsunternehmen keine Partikular- und Sekundärinsolvenzverfahren im Land der Niederlassung (kritisch dazu *Wimmer*, ZinsO 2002, 899; befürwortend *Schumacher*, ZIK 2002/258, 187, der das Sekundärinsolvenzverfahren als Systembruch der EuInsVO bezeichnet). Über das Vermögen von Kreditinstituten und Versicherungsunternehmen gibt es daher innerhalb des EWR nur ein Insolvenzverfahren. Der Grundsatz der Universalität ist damit verwirklicht (*Kodek* in Burgstaller/Neumayr/Geroldinger/Schmaranzer § 245 KO Rz 1; *Mohr* in Konecny, Insolvenz-Forum 2002, 110).

Handelt es sich um ***Kreditinstitute*** und ***Versicherungsunternehmen*** mit ***Sitz außerhalb des EWR***, ist es für die ***Insolvenzeröffnung ausreichend***, wenn diese in ***Österreich*** zumindest eine ***Zweigstelle*** oder ***Zweigniederlassung*** haben (§ 244 Abs 2 IO; *Kodek* in Burgstaller/Neumayr/Geroldinger/Schmaranzer § 244 KO Rz 2; *Maderbacher* in Konecny § 244 IO Rz 3). Bloßes Vermögen des Schuldners im Inland kann die Zuständigkeit der österreichischen Gerichte – entgegen der allgemeinen Regel des § 63 IO – grundsätzlich nicht begründen (ErläutRV 33 BlgNR 22 GP, 25). EWR-weit sind in diesem Fall ***mehrere Insolvenzverfahren parallel*** möglich (*Mohr*, ecolex 2003, 324).

§ 245 IO schreibt daher eine Koordination des österreichischen Insolvenzgerichts und des österreichischen Insolvenzverwalters mit ausländischen Behörden, Gerichten und Liquidatoren fest. Die einzelnen in- und ausländischen Verfahrensbeteiligten haben sich entsprechend abzustimmen (*Mohr* in Konecny, Insolvenz-Forum 2002, 113).

Beachte: Wie bereits erwähnt, ist § 244 IO – so wie die Sonderbestimmungen für Kreditinstitute und Versicherungsunternehmen der IO insgesamt – auf Kreditinstitute bzw. Versicherungsunternehmen mit Sitz außerhalb des EWR nur dann anzuwenden, wenn in zumindest einem EWR-Staat eine Zweigstelle oder Zweigniederlassung besteht (§ 244 Abs 2 IO; *Kodek* in Burgstaller/Neumayr/Geroldinger/Schmaranzer § 244 KO Rz 3).

Im gegenteiligen Fall ist die österreichische internationale Zuständigkeit nach der allgemeinen Regel (§ 63 IO) zu bestimmen. In diesem Fall ist das (bloße) Vorhandensein von inländischem Schuldnervermögen für das Bestehen der österreichischen internationalen Zuständigkeit ausreichend (ErläutRV 33 BlgNR 22 GP, 25).

Die Entscheidung eines EWR-Staats zur Eröffnung eines Liquidationsverfahrens über das Vermögen eines Kreditinstituts oder eines Versicherungsunternehmens wird in Österreich generell, daher ohne Rücksicht auf das Vorliegen der Voraussetzungen des § 240 IO (oben IV. B.) anerkannt (§ 250 IO; *Maderbacher* in Konecny § 250 IO Rz 1). Die Eröffnung erlangt Wirksamkeit, sobald der Eröffnungsbeschluss im Staat der Verfahrenseröffnung wirksam ist (*Mohr* in Konecny, Insolvenz-Forum 2002, 112).

§ 250 IO ist als *lex specialis* zu § 240 IO anzusehen. Es besteht kein ordre public Vorbehalt (*Kodek* in Burgstaller/Neumayr/Geroldinger/Schmaranzer § 250 KO Rz 1).

Der Insolvenzverwalter hat das ***Insolvenzedikt*** im ***Amtsblatt der Europäischen Union*** und bei Insolvenzverfahren über das ***Vermögen von Kreditinstituten*** auch in ***mindestens jeweils zwei überregionalen Zeitungen jener Staaten bekannt*** zu machen, in denen das ***Kreditinstitut*** eine ***Zweigstelle*** hat oder ***Dienstleistungen*** erbringt. Bei ***Insolvenzverfahren*** über das ***Vermögen*** von ***Kreditinstituten mit Sitz außerhalb des EWR*** ist das ***Insolvenzedikt*** nur im ***Amtsblatt der Europäischen Union*** bekannt zu machen. Bei ***Insolvenzverfahren*** über das ***Vermögen von Versicherungsunternehmen*** ist in der ***Bekanntmachung*** darauf ***hinzuweisen***, dass ***österreichisches Recht*** anwendbar ist (§ 247 IO).

V. Richtlinie zur Sanierung und Abwicklung von Kreditinstituten und Wertpapierfirmen

Die viel zitierte Finanzkrise, die auch und vor allem die Bankenwelt heftig erschüttert hat, machte es notwendig, dass letztere oftmals nur mehr mit Steuermitteln gerettet werden konnten.

Die Insolvenz von Banken hat häufig negative Auswirkungen für die gesamte Volkswirtschaft eines Staates. Oftmals sind durch die Insolvenz einer (Groß-)Bank auch andere europäische Staaten oder sogar Staaten weltweit nachteilig davon beeinflusst.

Dies vor allem deshalb, weil die Insolvenz einer – zB. weltweit tätigen – Bankengruppe auch deren Gläubiger (im schlimmsten Fall andere Banken und deren Kunden) mit in den Abgrund reißen kann.

Gerade das Bankengeschäft basiert in hohem Maße auf Vertrauen. Kunden und Geschäftspartner der Banken müssen damit rechnen können, dass die Banken ihren Verpflichtungen regelmäßig nachkommen. Gibt es Gerüchte um eine mögliche Insolvenz einer Bank, so geht dieses Vertrauen selbstredend in aller Regel umgehend verloren.

Die Finanzmärkte sind heutzutage weltweit, vor allem aber in Europa, häufig derart eng miteinander verflochten, dass große Insolvenzen in diesem Bereich oftmals sehr rasch auf andere Mitgliedstaaten der Europäischen Union übergreifen können. Dies ist der Grund, warum es auf europäischer Ebene Bemühungen gibt, für künftig auftretende Krisen bei Finanzinstituten Vorsorge zu treffen.

Ergebnis dieser Bemühungen war zunächst ein Vorschlag der Europäischen Kommission für eine Richtlinie des europäischen Parlaments und des Rates zur Festlegung eines Rahmens für die Sanierung und Abwicklung von Kreditinstituten und Wertpapierfirmen – KOM(2012) 280 final/2.

Dieser Vorschlag mündete schließlich in die ***Richtlinie 2014/59/EU des europäischen Parlaments und des Rates vom 15. Mai 2014 zur Festlegung eines Rahmens für die Sanierung und Abwicklung von Kreditinstituten und Wertpapierfirmen***, häufig auch „bank recovery and resolution directive“, abgekürzt BRRD oder „Abwicklungsrichtlinie“ genannt. Die Richtlinie ist im ABl der Europäischen Union vom 12. Juni 2014 (L 173/190) veröffentlicht worden.

Mit Hilfe der Abwicklungsrichtlinie sollte ein rechtlicher Rahmen für die Sanierung und Abwicklung von Kreditinstituten und Wertpapierfirmen auf europäischer Ebene geschaffen werden. Eines der wesentlichsten Ziele der Richtlinie ist, dass im Falle einer neuerlichen Finanzkrise, die eine Bankeninsolvenz zur Folge hat, keine bzw. möglichst wenig

Steuermittel aufgewendet werden müssen (siehe Erwägungsgrund 5 und Erwägungsgrund 45 der Abwicklungsrichtlinie).

Die Richtlinie ist am 1. Jänner 2015 in Kraft getreten (Art 130 Abs 1 S 3 der Abwicklungsrichtlinie). Die Frist für die Mitgliedstaaten zur Umsetzung der Richtlinie in nationales Recht endete am 31. Dezember 2014 (Art 130 Abs 1 S 1 der Abwicklungsrichtlinie).

Im Folgenden sollen die wichtigsten Regelungsbereiche der Richtlinie dargestellt werden.

Die Richtlinie sieht drei Phasen mit unterschiedlichen Inhalten vor:

In der ersten Phase, der ***Prävention*** sind die Kreditinstitute verpflichtet, Sanierungspläne auf Instituts- und Gruppenebene zu erstellen sowie Maßnahmen der gruppeninternen Unterstützung zu definieren.

Diese Pläne sind detailliert, insbesondere betreffend Kapital- und Liquidationsmaßnahmen, anzufertigen. Wesentlich ist auch ein möglicher Zugang zu alternativen Finanzierungs- und Liquiditätsressourcen. Die Informationen, die im Sanierungsplan enthalten sein müssen, werden im Abschnitt A des Anhangs zur Abwicklungsrichtlinie aufgelistet.

Parallel zur Erstellung von Sanierungsplänen durch die Kreditinstitute, erarbeiten die für die Abwicklung von Banken zuständigen Behörden (in Österreich die FMA) instituts- und gruppenspezifische Abwicklungspläne für den Fall, dass selbst ein frühzeitiges Eingreifen die Insolvenz nicht mehr abwenden kann. Die inhaltlichen Informationsanforderungen hinsichtlich der Abwicklungspläne werden in Abschnitt B des Anhangs zum Richtlinienentwurf genannt.

Im Rahmen der zweiten Phase, der ***Frühintervention***, wird bei sich aufzeichnenden Problemen eine Aufsicht angeordnet. Durch diese Aufsicht sollen die Aufsichtsbehörden in die Lage versetzt werden, entsprechende Maßnahmen durchzusetzen, falls ein Kreditinstitut wahrscheinlich seine Eigenkapitalanforderungen nicht mehr erfüllen kann. Darüber hinaus kann die Aufsicht auch den Einsatz eines Sonderverwalters umfassen, wenn vom Institut angestoßene Maßnahmen nicht greifen.

Die dritte Phase schließlich bildet im Falle der Insolvenz eines Kreditinstituts dessen ***Abwicklung***. Dabei haben die Aufsichtsbehörden unter bestimmten Voraussetzungen die Möglichkeit, das Institut oder Institutsteile entweder zu restrukturieren oder zu liquidieren.

Zu den wichtigsten Instrumenten hierfür gehören unter anderem die Veräußerung an eine andere Bank, die Ausgliederung von „schlechten“ Vermögenswerten an eine Zweckgesellschaft („Bad Bank“) samt Restrukturierung der verbleibenden „Kernbank“ sowie so genannte *„Bail-in“-Instrumente*, mittels derer unbesicherte und nachrangige Verbindlichkeiten gekürzt bzw. in Eigenkapital umgewandelt werden können.

Die Abwicklungsrichtlinie wurde in Österreich durch das BaSAG umgesetzt. Die dort vorgesehenen Regelungen orientieren sich inhaltlich im Wesentlichen an der soeben aufgezeigten Richtlinie (siehe zum österreichischen BaSAG oben 2. Buch, 2. Teil, I. B).

Die Abwicklungsrichtlinie wird durch die ***Verordnung zum Einheitlichen Abwicklungsmechanismus*** (Single Resolution Mechanism Verordnung, SRM-VO), die seit dem 1. Jänner 2016 anwendbar ist, ergänzt (ABl vom 30.07.2014, L 225/1). Die darin enthaltenen Vorschriften sollen gewährleisten, dass insolvente Banken geordnet aus dem Markt ausscheiden und Abwicklungsbeschlüsse in den teilnehmenden Mitgliedstaaten koordiniert gefasst werden können (vgl. zu dieser Verordnung ausführlich *Weismann*, ecolex 2014/11, 1013; siehe auch *Fletzberger*, ZFR 2015/300, 601).

Sachverzeichnis

Abschlagsverteilung 154 f
Abschöpfungsverfahren 10, 234 ff
Absonderungsansprüche
→Absonderungsrechte
Absonderungsgründe 68 f
–, Pfandrecht 68 f
–, Sicherungsabtretung 69
–, Sicherungseigentum 69
–, Zurückbehaltungsrecht 69
Absonderungsklage 71
Absonderungsrechte 67 ff, 180
–, Aufschiebung der Exekution 72
–, Ausfallshaftung 69 f
–, Durchsetzung 70 ff
–, Zinsenansprüche 70
–, Zwangsstundung 66 f, 72
Abwicklung
– gegenseitiger Verträge
→ schwebende Rechtsgeschäfte
Anlaufkosten 127
Anmeldung → Forderungsanmeldung
Anmeldungsverzeichnis 4, 143, 145
Anspannungsgrundsatz
–, insolvenzrechtlicher 31 f, 231, 237 f
Ansprüche
–, ausgeschlossene 62 f
–, insolvenzfeste 59 f
Anträge 59
Antragssperre 133
Anzeigepflicht
– der Drittdetentoren 141
Arbeitseinkünfte
–, Aus- und Absonderungsansprüche 38 f, 73
Arbeitsverträge 53 ff, 265 f, 362 f
–, Austritt 54, 56
–, Austrittssperre 56
–, Rationalisierungskündigung 56, 219
–, Schließungskündigung 53 ff, 54 f
Aufrechnung 44 ff, 60, 179, 327, 361 f
–, Erleichterungen 46
–, Sperren 47 f
–, –, Durchbrechung 47 f
Aufträge 59
Ausfallsfeststellung
–, vorläufige 184 f
Ausgleich
–, außergerichtlicher 226
Außerstreitverfahren 33, 36
Aussonderungsansprüche
→ Aussonderungsrechte
Aussonderungsklage 66
Aussonderungsrechte 63 ff, 180
–, Aussonderungsgründe 64 f
–, Durchsetzung 65 f
–, Zwangsstundung 66 f
–, –, erweiterte 67

Bagatellkonkurs
→ Konkurs, geringfügiger
Bankenaufsicht 257 f
Banksperre 137, 219
BaSAG 258 ff
Begleitregelungen 113, 123 f
Berichtstagsatzung 147 ff, 169 f
–, Fortführungsbeschluss 149, 169
–, Unternehmenslage 150
–, –, nachher 150
–, –, Prüfung 148 f
–, –, vorher 148 f
Bestandverträge 53, 219 f, 265
Bilanz 141 f, 214
Bruchteilsregelung
→ Wiederaufleben, quotenmäßiges
Bürgen 43 f, 47 f, 186 f

Dauerschuldverhältnis 52, 53 ff
Differenzhaftung 193, 194
Distanzkauf → Verfolgungsrecht

Eigenkapitalersatzleistungen 39 f, 59, 62, 67
–, Aus- und Absonderungsansprüche 67, 73
Eigentumsvorbehalt 51, 64, 360 f
–, verlängerter 61
Eigenverwaltung 8, 11, 208, 212 ff, 227 ff
–, Beschränkung 220 f
–, Entziehung 221 f
–, Umfang 218 ff
Einkünfte
– aus Arbeitsverhältnis 38 f, 73, 231, 237 f
Einstweilige Vorkehrungen 133 f
Einzelvollstreckungen 37 ff
Erfüllungsverzug 182 ff
Ersatzaussonderung 66
Europäische Insolvenzverordnung 314 ff, 318 ff

→ auch Internationales Insolvenzrecht
Exekutionssperre 4, 37 ff
Exekutionstitel → Insolvenztitel
Existenzminimum 30 ff, 234 ff

Fälligkeit 42
Fixgeschäfte 52
Forderungen
–, bedingte 42 f, 46
–, bestrittene 143 ff, 146 f
–, betagte 42, 46
–, gemeinschaftliche 172
–, nachrangige 62, 130 f
–, nicht vollstreckbare 146 f
–, ungleichartige 46
–, unbestimmte 42 f
–, unverzinsliche 42
–, verzinsliche 42
–, vollstreckbare 147
Forderungsanmeldung 28, 142 f, 278 f
–, Frist 143
–, nachträgliche 143
–, Verzeichnis 4, 143, 145
Forderungsfeststellung 143 ff, 159 f
–, Bindungswirkung 146, 159 f
–, vorläufige 184 f
Forderungsprüfung 143 ff, 198 f, 220
Forderungsrang 147
Fortbestehensprognose 132
–, negative 132
Fortführungsgarantie 169

Gebrauchsüberlassung
– durch Gesellschafter 59, 67
Generalexekution 3 ff
Genossenschaftsinsolvenz 269 ff
–, GenIG
–, –, Wesen 269 f
–, Grundlagen 269 ff
–, Insolvenzverfahren 270 f
–, Liquidation 270 f, 271 ff
–, Umlageverfahren 270, 271 ff
–, –, Aufrechnung 274
–, – außerhalb des Insolvenzverfahrens 274
–, –, Beitragsberechnung 271 f
–, –, –, Genehmigung 272 f
–, –, –, Rekurs 273
–, –, –, Zwangsvollstreckung 273
–, –, Beitragsberechnungstagsatzung 272 f
–, –, Beitragspflicht 272
–, –, Nachschusspflicht 272
–, –, Rückgriffausschluss 274
–, –, Rückzahlung 274
–, –, Zusatzberechnung 274
Geschäftsaufsicht Kreditinstitute 257 ff
–, Aufsichtsperson 263, 266
–, –, Bestellung 263
–, Erlöschen 266 ff
–, –, Aufhebung 266 f
–, –, Konkurseröffnung 267 f
–, Eröffnungsverfahren 261 ff
–, –, Antragslegitimation 261
–, –, Eröffnungsbeschluss 262
–, Parteien 261 f
–, Rechtshandlungen des Schuldners 266
–, Voraussetzungen 260 f
–, Wirkungen 264 ff
–, –, Altforderungen 264
–, –, Neuforderungen 265
–, –, Verträge 265 f
–, Zuständigkeit 261
Geschäftsverteilung
– in Insolvenzsachen 124
Gesellschafterinsolvenz 61 f, 105, 171, 201 f
Gesellschaftsinsolvenzgläubiger 105, 171
Gesellschaftsinsolvenz 61 f, 200 f
Gläubigerausschuss 106 ff
–, Aufgaben 107 f
–, Auslagenersatz und Vergütung 108
–, Beschlussfassung 108
–, –, Sistierung 108
–, Bestellung 106 f
Gläubigerschutzverbände 109 ff 113, 124, 303
–, Aufgaben 109 f
–, Bevorrechtung 109
–, Belohnungsanspruch 110 f
Gläubigerversammlung 104 ff
–, Aufgaben 105 f
–, Einberufung 104
–, Beschluss
–, –, Erfordernisse 104 f
–, –, Sistierung 106
–, Stimmrecht 104 f
–, –, vorläufiges 105
–, Stimmrechtsentscheidung 105
Grundbuch 134, 138
Grundbuchssperre 41

Gruppenverfahren 101, 160 f, 368 ff
–, Allgemeines 368 f
–, Kommunikation 161, 369 f
–, Koordinationsverfahren 101, 161, 324, 370 ff
–, –, Koordinator 101, 161, 370 ff
–, Zusammenarbeit 161, 369 f

Hoffmannsche Formel 42

Individualleistungsansprüche 42, 46
Insolvenz 131 ff
– natürlicher Personen 223 ff
– –, Abschöpfungsverfahren 10, 234 ff
– –, Eigenverwaltung des Schuldners 227 ff
– –, Restschuldbefreiung 240 ff
– –, Schuldenregulierungsverfahren 227 ff
– –, Schuldnerantrag 226
– –, – ohne Kostendeckung 226
– –, Schuldnervertretung 229
– –, Zahlungsplan 10, 230 ff
– –, Zuständigkeit 224 f
Insolvenzanfechtung 80 ff
–, Absichtsanfechtung 84
–, Anfechtungsgegner 89, 91 f
–, –, Ansprüche 91 f
–, Anfechtungsklage 91
–, –, Doppelbegehren 91
–, –, Leistungsbegehren 91
–, Anfechtungsprozess 89 ff
–, Anfechtungstatbestand
–, –, allgemeiner 82 ff
–, Begünstigungsanfechtung 86 f
–, Kenntnisanfechtung 87 ff
–, nahe Angehörige 81 f
–, Schenkungsanfechtung 85 f
–, Verschleuderungsanfechtung 85
Insolvenzanhangsachen 122
Insolvenzantrag 124 ff
–, Abweisung
–, – mangels Kostendeckung 130
–, Beschluss 130, 134 f, 135 ff
–, –, Rekurs 116 ff, 134 f
–, –, Revisionsrekurs 116 ff, 134 f
– des Gläubigers 127 ff
– des Schuldners 125 ff
–, –, Antragspflicht 125 ff
Insolvenzbeschlag 4, 26 ff
Insolvenzdatei 26, 119 ff
Insolvenzedikt 135 ff
Insolvenzentgelt 265 f, 275 ff, 284 f, 285 ff
–, Anspruch 276 f, 278 ff
–, –, Pfändung 299
–, –, Übertragung 299
–, –, Verpfändung 299
–, Ausmaß 284 ff
–, – bei Insolvenzverfahrenseröffnung 285 f
–, –, –, Ausfallshaftung 286 f
–, –, – im Ausland 287
–, –, – im Inland 285 f
–, –, Berechnung 284 f
–, –, übrige Fälle 287
–, –, vor der Insolvenz 285
Insolvenzentgeltsicherung 275 ff
–, Abrechnungen
–, – mit der Bauarbeiter-Urlaubs- und Abfertigungskasse 300 ff, 302
–, – mit der Betrieblichen Mitarbeiter- u. Selbständigenvorsorge-Kasse 300 ff, 302 f
–, – mit Sozialversicherungsträgern 300 ff
–, Ansprüche
–, –, ausgeschlossene 278, 282 ff
–, – bevorrechteter Gläubigerschutzverbände 303
–, –, gesicherte 278 ff
–, –, weitere 287 f
–, Anspruchsberechtigung 276 f
–, –, gesicherte Personen 276
–, –, ungesicherte Personen 277
–, Auslösetatbestände 277 f
–, Betriebspensionen 288 f
–, Entlassungsschutz 288
–, Insolvenzentgelt-Fonds 172, 276, 295 f, 297 f, 299 f
–, Insolvenzentgelt-Fonds-Service-GmbH 276, 289 f
–, Kündigungsschutz 288
–, Legalzession 297
–, Rechtshilfe 303 f
–, –, Auskunftspflicht 303
–, –, Datenübermittlung 304
–, –, Mitteilung bei Strafanzeige 304
–, –, Unterstützungspflicht 304
–, Rechtsstreitigkeiten 299 f
–, Strafbestimmungen 306
–, sukzessive Zuständigkeit 299 f

–, Übergang der Ansprüche 297 f
–, Verfahren 290 ff
–, –, Antrag 290 f
–, –, Antragsfrist 291 ff
–, –, –, neuerliche 292 f
–, –, –, Versäumnis 293
–, –, –, –, Nachsichterteilung 293
–, –, Äußerungspflicht 293 f
–, –, Beweis 294
–, –, Entscheidung 295
–, –, Forderungserfassung 293 f
–, –, Rückzahlungspflicht des Fonds 296
–, –, –, Anfechtung 296
–, –, Umstände
–, –, –, berücksichtigungswürdige 295
–, –, Zahlung 295 f
–, –, Zuständigkeit 289 f
–, Widerruf und Rückforderung 298
–, Zusammenarbeit mit ausländischen Einrichtungen 304 f
Insolvenzeröffnungsanspruch 27
Insolvenzfähigkeit 5
Insolvenzforderungen 60, 61 f 130 f, 180 f
insolvenzfreies Vermögen
→ Vermögen, insolvenzfreies
Insolvenzgericht 90, 93, 94 ff, 122 f, 224 f
–, Aufgaben 96 f
–, Rechtsstreitigkeiten 122 f
–, –, ausschließliche Zuständigkeit 122 f
–, –, Insolvenzanhangsachen 122
–, –, insolvenznahe 96, 122
–, –, Wahlzuständigkeit 123
–, Zuständigkeit 94 ff, 113, 206, 208, 224 f
Insolvenzgläubiger
→ Insolvenzforderungen
Insolvenzgründe 124, 131 f
Insolvenzmasse 4, 7 f, 23 ff
–, Aktivenfeststellung 139 ff
–, allgemeine 75, 151
–, gemeinschaftliche 60
–, Sondermasse 75 f, 152
–, Unzulänglichkeit 77, 78 f
–, Verteilung 153 ff
–, Verwertung 150 ff
–, –, Innehaltung 170
–, Veräußerung 151 f
Insolvenzprophylaxe 12, 245 ff, 257 ff
Insolvenzrecht
–, formelles 14, 93 ff, 113 ff, 163 ff, 203 ff, 223 ff
–, materielles 14, 23 ff
Insolvenzteilnahmeanspruch 26 ff
–, Eröffnungsanspruch 27
–, Prüfungsanspruch 28 f
–, Verwertungs- und Befriedigungsanspruch 28
Insolvenzteilnahmeverzicht 29, 145
Insolvenztitel 4, 32, 145 f, 160, 185 f
–, Bindungswirkung 146, 159 f, 186
–, Einmaligkeitswirkung 144 ff, 146 f, 187
–, Urteilssurrogat 146, 186
Insolvenzverfahren 5 f, 8 ff, 14
– als Konkurs 6, 113 ff
– als Sanierungsverfahren 6, 10 f, 203 ff
–, Aufhebung 138 f, 157 ff
–, –, ex lege 158 f, 177, 235 f
–, –, konstitutiver Beschluss 158
–, –, Voraussetzungen 159 f
–, –, Wirkungen 159 f
–, Eröffnung 135 ff, 209 f, 217 f
–, –, Benachrichtigungen 137 f
–, –, Firmenbuch 138
–, –, öffentliche Bücher u. Register 138
–, Eröffnungswirkungen 25 ff
–, neuerliches 200
–, Organe 93 ff
–, Wiederaufnahme 198 f
Insolvenzverwalter 7, 97 ff, 147 ff, 151 ff
–, Aufgaben 99 ff
–, – im Konkursverfahren 99 f
–, – im Sanierungsverfahren 100, 209, 215 ff
–, Auswahl 97 ff
–, Bestellung 97 f, 229
–, Enthebung 102
–, Entlohnung 102 ff
–, Geschäftsführung 151
–, Haftung 101
– im Privatkonkurs 229
–, Rechnungslegung 101
–, Rechtsstellung 102
–, Überwachung 102
–, Unabhängigkeit 98 f
Insolvenzverwalterliste 98, 124
Internationales Insolvenzrecht 161 f, 309 ff
–, Anmeldung der Forderungen 364 ff

–, – auf anderem Weg 365
–, –, Frist 365 f
–, –, Standardformular 364 f
–, Aussetzung der Verwertung 367 f
–, Begriff 313 f
–, EuInsVO 160 ff, 318 ff
–, –, Anwendungsbereich 319 ff, 373 f
–, –, forum shopping 333
–, –, Gesamtverfahren
–, –, –, öffentliche 320 f
–, –, Gläubiger
–, –, –, ausländischer 328
–, –, –, lokaler 328
–, –, Gliederung 318 f
–, –, Mutterunternehmen 328
–, –, Unternehmensgruppe 328
–, gutgläubige Leistung an den Schuldner 366 f
–, Hauptinsolvenzverfahren 327 ff
–, –, Anerkennung 342 f
–, –, Anwendbares Recht 340 f
–, –, Bekanntmachung 346 ff
–, –, Definitionen 327 f
–, –, Massesicherung 341 f
–, –, Ordre Public Vorbehalt 344 f
–, –, Reform 373 f
–, –, Registereintragung 346 ff
–, –, Verwalter 345 f
–, –, Zuständigkeit 328 ff, 333 ff, 373
–, –, –, Annexverfahren 335 ff
–, –, –, Kompetenzkonflikte 338 ff
–, –, –, Prüfung 333 ff
–, IIRG 374 ff
–, Insolvenzregister 357 f
–, Kollisionsnormen 360 ff
–, –, Arbeitsverhältnisse 362 f
–, –, Aufrechnung 361
–, –, dingliche Rechte Dritter 360
–, –, Eigentumsvorbehalt 360 f
–, –, Erwerb und Nutzung unbeweglicher Sachen 363 f
–, Konzerninsolvenzen
→ Gruppenverfahren
–, Kreditinstitute 257 ff, 323, 378 f, 380 ff
–, Partikularinsolvenzverfahren 348 ff
–, Prozesse und Exekutionen 358 f
–, Rechtsquellen 314 ff
–, –, Drittstaaten 317 f
–, –, Europa 316
–, Sekundärinsolvenzverfahren 348 ff
–, –, Aufschiebung 354
–, –, Verfahrenskoordination 354 ff
–, –, Vermeidung 351 ff
–, Universalitätsprinzip 325 f
–, Versicherungsunternehmen 323, 378 f
–, Wertpapierfirmen 380 ff
Inventar und Schätzung 139 f
Istmasse 24, 64

Kollektivhypothek 195 f
Konkurs 8, 11, 15, 113 ff
–, geringfügiger 160
Konkursantrag → Insolvenzantrag
Konkursgründe → Insolvenzgründe
Konkursverfahren 6, 8, 11, 113 ff, 135 ff, 160
Kostendeckung 126 f, 127 ff
–, amtswegige Prüfung 127 f
– bei juristischen Personen 129 f
Kostenvorschuss 119, 127 ff
–, Rückgriffsrecht 119, 128
–, –, erweitertes 129

Liquidierungsklage
→ Prüfungsklage
Liquidierungsprozess
→ Prüfungsprozess

Massebeteiligte 59 ff
Masseforderungen 60, 74 ff, 128, 180, 219
–, allgemeine 75 f
–, Durchsetzung 77 f
–, –, Abhilfeantrag 78
–, –, Leistungsklage 78
–, Einteilung 76 f
–, Masseunzulänglichkeit 78 f
–, Rangordnung 77
–, Sondermasseforderungen 75 f
Masseverwalter
→ Insolvenzverwalter
Maßregeln gegen den Schuldner 141
Mitschuldner 43 f, 186

Nachtragsverteilung 157
Nachverfahren 189 ff
Natürliche Personen
–, Sonderbestimmungen 15, 223 ff
Neuerwerb
–, exekutionsfreier 30

–, exekutionsunterworfener 31
–, insolvenzfreier 30

Offenlegungstagsatzung 141, 218

Paritätsprinzip 3 f, 60 ff, 180 f
Pauliana 84
Pauschalgebühr 159
Pfandrecht
– an Insolvenzforderung 172
Pfändungspfandrecht 3
Postsperre 137, 219, 228
Prioritätsprinzip 3
Privatkonkurs
→ Insolvenz natürlicher Personen
Prozesssperre 4, 33 ff, 35 f, 219
Prozessunterbrechung 34 ff
Prüfungsklage 146 f
–, Frist 146 f
Prüfungsprozess 146 f
Prüfungstagsatzung 4, 143 ff, 209 f, 217 f, 228

Räumungssperre 40
Rechnungslegung 153, 195, 216 f
–, beim Sanierungsplan 173 f
Rechnungstagsatzung 153, 170, 173 f, 195, 210, 217
Rechtsstreitigkeiten 33 ff
– die die Masse betreffen 34 ff
– die die Masse nicht betreffen 33
– über Absonderungsansprüche 34
– über Aussonderungsansprüche 34
– vor dem Insolvenzgericht 96, 122 f
Rekurs 116 ff
–, einseitiger 117
–, Entscheidung 118
–, Frist 116
–, mehrseitiger 117
–, Neuerungserlaubnis 118
–, Parteienvertretung 117
–, remonstrativer 118
–, Statthaftigkeit 116
–, Wirkung 116 f
Restrukturierungsverfahren
–, RL-Entwurf 245, 255 f
Restschuldbefreiung 240 ff
Revisionsrekurs 116, 118
Rückschlagsperre 37 f
–, erweiterte 39 f
Rücktrittsrecht
– des Insolvenzverwalters 50 ff
– des Schuldners 219 f

Sanierung 4, 8 ff, 10 ff, 12
Sanierungsplan 4, 8 ff, 163 ff, 208 ff, 212 ff
–, Abstimmung 172 f
–, Antrag 166, 208, 213
–, –, Inhalt, notwendiger 167 f
–, –, Zurückweisung 166 f
–, Berichtstagsatzung 169 f
–, Bestätigung 174 ff
–, –, Entscheidung 176 f
–, –, Rekurs 176 f
–, Bestätigungsvoraussetzungen 174 f
– einer eingetragenen Personengesellschaft 200 ff
– –, ausgeschiedener Gesellschafter 201
– einer Verlassenschaft 200 f
– eines unbeschränkt haftenden Gesellschafters 201 f
–, Exekutionstitel 185 ff
–, – gegen den Schuldner 185 f
–, – gegen Sanierungsplangaranten 186 f
–, Grundlagen 164 ff
–, Nichtigkeit 198 f
–, Nomenklatur 165 f
–, Rechtswirkungen 177 ff
–, –, Aufrechnung 179
–, –, Befriedigung, volle 180
–, –, Erlasstheorie 178 f
–, –, Haftungsentkleidung 177 ff
–, –, Naturalobligationstheorie 177 ff
–, –, Paritätsprinzip 180 f
–, –, Schuldbefreiung 177, 178 f
–, –, Universalitätsprinzip 177
–, Sanierungsplangaranten 186 f
–, Sonderbegünstigungen 180 f
–, Unwirksamerklärung 181, 199 f
–, Versagung 175 f
–, –, Gründe 175 f
–, –, Rekurs 176 f
–, Vorschlag 166 ff, 208 ff, 212 ff
–, –, geänderter 170 f
–, –, neuer 170 f
–, Wesen 164 f
–, –, Entscheidungstheorie 165
–, –, Vertragstheorie 165
Sanierungsplanannahme 170 ff
–, Erfordernisse 172 f
–, –, Kopfmehrheit 172

–, –, Summenmehrheit 172
Sanierungsplanerfüllung 187 ff
–, autonome 188
–, treuhänderische 188, 189 ff
–, Treuhandsanierungsplan 188, 189 ff
–, –, Beendigung 196
–, –, Einstellung 197
–, –, mit Überwachung 189 ff
–, –, mit Vermögensübergabe 192 ff
–, –, – und Insolvenzverfahren 196
–, Verzug 182 ff
–, –, qualifizierter 182 ff
–, –, –, Wirkungen 182 f
–, –, Beweislast 184
Sanierungsplangaranten 186 f
Sanierungsplantagsatzung 170 ff, 209 f, 217 f
–, Abstimmung 171 f, 172 f
–, Anberaumung 169, 170 f, 209 f, 217 f
–, Beschlussfähigkeit 171
–, Erstreckung 173
–, Stimmrecht 171 f
–, Stimmrechtsentscheidung 171 f
–, Verschlechterungsverbot 170 f
Sanierungsprognose 132
Sanierungsverfahren 10 ff, 14, 203 ff
–, Antragsteller 206 f
– mit Eigenverwaltung 11, 14 f, 212 ff
– –, Eigenverwaltung 218 ff
– –, –, Beschränkung 220 f
– –, –, Entziehung 221 f
– –, –, Umfang 218 ff
– –, Organe 215 ff
– –, Tagsatzungen 217 f
– –, Verfahrensablauf 217 f
– –, Verfahrensvoraussetzungen 213 ff
– ohne Eigenverwaltung 11, 208 ff
– –, Fortsetzung als Konkurs 211 f
– –, Organe 209
– –, Tagsatzungen 209 f
– –, Verfahrensablauf 209 ff
– –, Verfahrensvoraussetzungen 208
–, Verfahrensauslöser 206 f
–, Wesen 204, 208 f, 212
–, Zuständigkeit 206, 208
Sanierungsverwalter 7 f, 212, 215 ff, 217, 218 ff, 220 f
–, Aufgaben 215 f, 217, 219 f, 220 f
–, Auswahl 215
–, Bericht 216, 217
–, Bestellung 215
–, Enthebung 215
–, Entlohnung 216
–, Haftung 216 f
–, Rechnungslegung 216 f
–, Überwachung 215
Schlussverteilung 156 f
–, Beschluss 157
–, Entwurf 156
–, Erinnerungen 157
–, Tagsatzung 156 f
Schuldenberatungsstellen
–, anerkannte 111 f, 124, 229
–, –, Aufgaben 112, 229
–, –, Bevorrechtung 111 f
Schuldenregulierungsverfahren 6, 8, 10, 227 ff
Schuldner 3, 5, 7 ff, 30 ff, 125 ff
–, Rechtshandlungen 29 f, 133 f, 218 ff, 227 ff, 237 f, 266
–, Unterhalt 30 ff
–, –, Zuschuss 31 f
Schuldnersanierung
– im Konkurs 8 ff
– im Sanierungsverfahren 10 ff
– im Schuldenregulierungsverfahren 8 ff
– vor Insolvenz 12
Schuldverhältnisse
–, wiederkehrende 52
schwebende Rechtsgeschäfte
–, Abwicklung 48 ff, 219 f, 265 f
–, gegenseitige Verträge 50 ff
–, –, Eigentumsvorbehalt 51
–, –, teilbare Leistungen 51 f
–, –, Vorleistungspflicht 51
Sicherungseigentum 69
Sicherungsmaßnahmen 137 f, 189 f
Simultanhaftung
–, Verbot 145
Sollmasse 7, 24, 64
Sondermasse 68, 69, 70 ff, 75 f, 152, 155 f
Spezialexekution 3, 37 ff, 65 f, 70 ff

Terminsverlust 183
Treugutprozesse 193 f
Treuhänder
– im Abschöpfungsverfahren 234, 236 ff
– im Sanierungsplan 188, 189 ff
– –, Ansprüche 191 f
– –, Aufgaben 189 ff, 192 ff
– –, Enthebung 192

– –, Haftung 191, 194
– –, Rechte und Pflichten 191
– –, Rechnungslegung 195
– –, Überwachung 192
Treuhandplan 189 ff
–, Formen 189
Treuhandsanierungsplan
→ Sanierungsplanerfüllung
Treuhandvorschlag 171, 188, 189 ff

Übergabe von Vermögen
– an den Treuhänder 192 ff
– –, Haftung 194
– –, Voraussetzungen 192 f
– –, Rechnungslegung 195
– –, Wirkungen 192 f
– –, Zahlungsfrist 194
– –, zur Liquidation 192 ff, 194
– –, zur Sanierung 192 ff, 194
Überlassung
– zur freien Verfügung 152 f
Überschuldung 7, 131 f
–, kridamäßige 131 f
–, –, Bescheinigung 132
Überwachung
–, treuhänderische 188, 189 ff
–, –, Rechtsstellung des Schuldners 189 f
–, –, Sicherungsmaßnahmen 189 f
–, –, Verfügungsbeschränkungen 190
–, –, –, Verletzung 190 f
Unentbehrlichkeitsgrundsatz 31
Unternehmensreorganisation 245 ff
–, Ansprüche Beteiligter 251 f
–, Anwendung von IO und ZPO 246
–, Anwendungsbereich 245 f
–, Haftung 253 ff
–, –, Entfall 255
–, –, Geltendmachung 255
–, –, Nichteintritt 254 f
–, Reorganisationsplan 247 f
–, –, Durchführung 250 f
–, –, –, Berichtspflichten 250 f
–, Reorganisationsprüfer 248 f
–, –, Ansprüche 251
–, –, Aufgaben 249
–, –, Auswahl 248
–, –, Enthebung 248
–, –, Gutachten 249
–, Verfahren 247 ff
–, –, Aufhebung 249 f
–, –, Einleitung 247
–, –, –, Antrag 247
–, –, –, Beschluss 247
–, –, Einstellung 249 f
–, –, Wirkungen 252 f
–, –, Zuständigkeit 246
Unternehmensreorganisationsgesetz 245 ff
Unterwerfungsklausel 186

Vereinbarungen
–, unwirksame 58 f
–, unzulässige 168, 172, 235
Verfahren
–, insolvenznahe 96, 122, 335 ff
Verfahrensaufhebung 138 f, 157 ff, 177, 235 f
Verfahrensbestimmungen 15, 113 ff
–, Anträge 113
–, Anwendung der Prozessgesetze 113
–, Bekanntmachung 118, 119 ff
–, Entscheidungen 115 f
–, Fristen und Fristversäumnis 114 f
–, Rechtsstreitigkeiten 122 f
–, Rekurs 116 ff
–, Revisionsrekurs 116 ff
–, Stoffsammlung 115 f
–, Strafanzeige 121
–, Verhandlungen 115
–, –, Säumnis 115
–, Verständigungen 119, 120
–, Vertretung 113 f, 117
–, Zuständigkeit 94 ff, 113
–, Zustellungen 119, 120 f
Verfolgungsrecht 65
Verjährung 41 f
Vermögen
–, insolvenzfreies 8, 24, 34, 152 f
Vermögensverzeichnis
– des Schuldners 140 f, 213, 218
Vernehmungstagatzung
– vor Verfahrenseröffnung 127, 133
Verstrickung der Insolvenzmasse 4, 26
Verteilung des Masseerlöses 153 ff
Verteilungsbeschluss 157
Verteilungstagsatzung 156 f
Vertragsauflösung
–, erschwerte 57 f
Verwertung
–, Innehaltung 170
Verwertungs- und Befriedigungsanspruch 28 f

Verwertungssperre 169, 173, 209, 221
Vollstreckungssperre 37
Vorabentscheidungsersuchen 123 f
Vorleistungspflicht 51

Wiederaufleben
–, absolutes 182, 183
–, – und Treuhandplan 184
–, quotenmäßiges 182 ff
–, relatives 182
Wohnraum
–, unentbehrlicher 30, 32

Zahlungsplan 10, 230 ff
–, Änderung 232 f
–, Begriff 230
–, Besonderheiten 231 ff
–, Erfüllungszeitraum 231
–, Forderungen
–, –, nicht angemeldete 233
–, Masseverwertung 231 f
–, Nichtigkeit 233
–, Quote 231
–, Tagsatzung 232
Zahlungseinstellung 126, 131
Zahlungsunfähigkeit 7, 127, 131
–, Bescheinigung 127, 131
–, drohende 207
Zession
– nach Verfahrenseröffnung 172
Zinsenstopp 42, 62 f
Zurückbehaltungsrechte 69
Zwangsverwaltungen
–, Erlöschen 41
Zwangsvollstreckung
– und Insolvenzverfahren 37 ff
Zwischenzinsenabzug 42

Über den Autor

Univ.-Prof. Dr. Walter Buchegger

Vorstand des Instituts für Zivilprozessrecht, Insolvenzrecht und vergleichendes Prozessrecht an der Rechtswissenschaftlichen Fakultät der Johannes-Kepler-Universität Linz, Herausgeber und Mitautor des im gleichen Verlag erschienenen Großkommentars zum Österreichischen Insolvenzrecht, Verfasser zahlreicher Veröffentlichungen zum Insolvenzrecht und zum Verfahrensrecht mit einer langjährigen Lehrerfahrung im Zivilverfahrensrecht und insbesondere im Insolvenzrecht sowie mit internationaler rechtsvergleichender Vortragstätigkeit in Deutschland, Griechenland, Japan, USA.